# N & K

# Kuno Raeber
# Werke in 5 Bänden

Herausgegeben von
Christiane Wyrwa und
Matthias Klein

BAND 2:
Erzählende Prosa

# Kuno Raeber
# Erzählende Prosa

Die Lügner sind ehrlich
Calabria
Die Düne
Der Brand
Mißverständnisse

Nagel & Kimche

Die UBS Kulturstiftung hat die Produktion
der Kuno Raeber Werkausgabe mit einem
großzügigen Beitrag ermöglicht.

Der Verlag dankt außerdem der
Schweizer Kulturstiftung Pro Helvetia
sowie der Kulturförderungskommission des
Kantons Luzern für ihre freundliche
Unterstützung.

1 2 3 4 5   07 06 05 04 03

© 2003 Nagel & Kimche
im Carl Hanser Verlag München Wien
Herstellung: Meike Harms und Hanne Koblischka
Satz: Filmsatz Schröter GmbH
Druck und Bindung: Friedrich Pustet
Printed in Germany
ISBN 3-312-00300-8

# Inhalt

Die Lügner sind ehrlich ................................. 7

Calabria ............................................... 143
Tageszeiten 147 · Eisenbahngespräche 149 · Das Hotel 154 · Streifzüge 157 · Ein Liebesbrief 161 · Die Pinien und die Katzen 165 · Die Menschenfreundlichen 167 · Banditen 170 · Ein Ausflug 174 · Die Madonna 176 · Die Taufe 179 · Ecce Homo 181 · Die Terrasse 183 Ein bürgerliches Mittagessen 186 · Der Fasan 189 · Der Platz des Pythagoras 193 · Café Asturi 197 · Der Museumsdirektor 200 · Die Stadt des Herakles 204 · Die Gewölbe 206 · Madonna di Capocolonna 208 · Nächtlicher Hafen 210 · Die Post 212 · Das Feuerwerk 215 Hermes im Hafen 217 · Der Geburtstag 221 · Schloß im Gebirge 225 Die Übertreibung 227 ·Tageszeiten 229

Die Düne ............................................. 231

Der Brand ............................................ 313

Mißverständnisse ..................................... 339
Vorwort 343 · Arethusa I 345 · Arethusa II 349 · Dädalos und Talos 353 Labyrinthischer Brief I 357 · Labyrinthischer Brief II 359 · Der Kaiser und der Basilisk 363 · Heillos 369 · Die schwedische Krone 372 · Der Palast 374 · Löwenjagd 377 · Der Schiffbruch oder Die Seifenblase 380 Die Mumie 385 · Die Botschaft 389 · Das Gerüst 392 · Die vatikanischen Gärten 395 · Die Walfische 399 · Flucht aus Eleusis 402 · Die Tränen 405 · Der Heilige 410 · Panathenäen 415 · Der Walfisch 417 Blumen 420 · Zwei Bäume 423 · Die Pyramide 426 · Erinnerung und Gegenwart 429 · Memmius 432 · Der Bienenstein 435 · Narziß 438 Die Sünde 440 · Veronika 443 · Salamander und Phönix 446 · Phönix und Salamander 452 · Die Schildkröten 455

# ANHANG

Nachworte .............................................. 461

Raebers Werke in Abkürzungen ........................ 493

Kommentare ............................................ 495

# Die Lügner sind ehrlich

«… so wie ich einmal in einem Vergrößerungsglas ein Stück von der Haut meines kleinen Fingers gesehen hatte, das einem Blachfeld mit Furchen und Höhlen glich, so ging es mir nun mit den Menschen und ihren Handlungen. Es gelang mir nicht mehr, sie mit dem vereinfachenden Blick der Gewohnheit zu erfassen. Es zerfiel mir alles in Teile, die Teile wieder in Teile, und nichts mehr ließ sich mit einem Begriff umspannen. Die einzelnen Worte schwammen um mich; sie gerannen zu Augen, die mich anstarrten und in die ich wieder hineinstarren muß: Wirbel sind sie, in die hinabzusehen mich schwindelt, die sich unaufhaltsam drehen und durch die hindurch man ins Leere kommt.»

HOFMANNSTHAL: *Brief des Lord Chandos*

# I

Isa fiel immer häufiger hinab in den Abgrund, den sie aus Verlegenheit am ehesten als Vergangenheit bezeichnete. Aber es war in ihr selber dann jeweils, für diesen Augenblick, Gegenwart: eine Landschaft, deren Lage man nicht erkennen konnte. Das Licht war diffus und wechselnd und ließ keine Farbe richtig aufkommen, nicht einmal das Grau, obwohl die Neigung zum Grau unverkennbar war. Aber auch nicht mehr als eine Neigung. Es konnte sich alles immer wieder von Grund aus verändern.

Dieses Gemisch – Gedanken, Gefühle, Befürchtungen, Hoffnungen – bestimmte sie auch in dem Augenblick, als sie mit Jörg und Bodo in das Lokal trat: sie bemühte sich, ihre inneren Verhältnisse zu ignorieren, besonders aber die Erinnerung an das eben Überstandene zu verdrängen, und nahm befriedigt, erleichtert die Ablenkung an, die ihr die Situation bot. Man setzte sich an den Fensterplatz, von wo der Blick auf die zentrale Allee und den Großen Kanal ging. Sie genoß es, das Harmlose, wie es schien, das nur Zerstreuende, Erheiternde, Auftreibende aus sich zu produzieren, eine glückliche Flucht durch die Mitte zu suchen, ihrer inneren Gegenwart und der unmittelbaren Vergangenheit der letzten Stunden in das windstille Tal einer fernen und toten Zeit zu entkommen. «Hier saß ich oft mit Heinrich», sagte sie, «der Ort zog uns an, weil er genau auf der Grenze liegt zwischen dem Teil des Parks, den man noch heute als Park pflegt, und dem andern, den man – weil es für die Regierung sonst wohl zu teuer wäre – verwildern läßt. So daß jetzt auf den in ihrer Absicht verwischten, wenn auch noch erkennbaren Alleen und Wegen die Autos fahren; daß man die Gebüsche und Wäldchen, die Teiche wohl noch sieht, aber nie recht weiß, was noch Park ist und was, in der Zeit der Vernachlässigung entstanden, seinen Ursprung neuen Zwekken verdankt. Ich selber traue meinem Urteil hier nicht, alles ist schon zu weit weg: ich weiß oft nicht, was ich nun als besonders schön, als Rest eines Kunstwerks, was dieser Park doch wohl war, was ich als Zutat und Verschandelung ansehen soll: es geht alles ineinander über.» Sie sprach schnell, in einer aufgekratzten Erregtheit, so daß man leicht merken konnte, daß es ihr mehr darum ging, anderes nicht zu sagen und sagen zu lassen, zu denken und denken zu lassen, als darum, gerade das zu sagen und zu denken, was sie ihren Begleitern als alleinigen Inhalt des Augenblicks suggerieren wollte.

«Im Gegensatz zum kleineren Teil um das Schloß, zum viel kleineren Teil, den ihr kennt und durch den wir eben kamen. Da ist alles noch, wie es sein soll. Ein reines Vergnügen. Man ärgert sich höchstens über die schäbigen Kinderwagen der Arbeiterfrauen, noch mehr vielleicht über die großkotzigen der Neureichen, über alles, was jetzt hier so herumwimmelt. Vor allem über die Kinder, die den Park als ihr Eigentum ansehen, und hinter Vasen und Statuen Verstecken spielen. Das ist eine Profanierung an einem Ort, wo man sich nur die distinguierteste Gesellschaft mit diskreten Gesten und Worten vorstellen kann. Da waren die Spiele anders, die Heinrich und ich hier spielten, ich glaub' schon ...» Sie sah sich auf einmal hilfesuchend um, als erwarte sie Neugier, Fragen nach der Natur dieser Spiele. Hatte sie nicht ein Recht darauf, hatte sie nicht genügend provoziert? Aber nichts Derartiges geschah. Der Kellner kam und erhielt von den beiden, die wie abwesend dagesessen hatten, je eine Bestellung auf helles Bier und Kaffee. Sie wollte Schokolade und fuhr dann gleich, enttäuscht und ungeduldig geworden, fort: «Das Ganze ist schrecklich. Der Kontrast stört mich eigentlich nur: die Vollkommenheit des einen Teils, die vieldeutige und verwirrende Vernachlässigung des andern. Und hier an dieser Stelle, wo sie zusammenkommen, wird das ganz unerträglich.» Damit aber hatte sie sich zu sehr der Gefahr genähert. Das Boot konnte sich kaum mehr nach der Seite neigen, ohne zu kentern. Oder vielleicht mußte es jetzt kentern, war es schon soweit, war nichts mehr zu machen.

Das Gleichgewicht der Stunde, das zu erhalten Isa bisher anscheinend gelungen war, ließ sich nicht mehr retten, als jetzt Bodo, der ruhig rauchend dagesessen hatte, als ob er höchstens mit einem Ohr hinhörte, ihr brüsk das Gesicht zuwandte und – im Gegensatz zu dieser Bewegung – im gleichen beiläufigen Ton, mit dem er dem Kellner seine Bestellung aufgegeben hatte, fragte: «Aber wenn ihr es unerträglich fandet hier, Heinrich und du, warum seid ihr dann hergekommen? Und sogar oft hergekommen?» Sie hörte jetzt ein Rauschen, wieder, ihre Angst wuchs; sie konzentrierte sich ganz darauf, die Bewegung, die sie bisher aufgehalten hatte, weiter aufzuhalten, obwohl sie wußte, daß es immer schwerer wurde: sie erblickte, wenn sie genau hinsah, am Rande der Ödnis das Meer, ein mißfarbiges, das mit dem, was man sonst unter Meer versteht, nur die Unergründlichkeit und Tücke, nicht aber die Frische und Lebendigkeit gemein hatte, und darin einen Strudel, der alles an sich riß und von dem sie nicht wußte, wie sie sich ihm entziehen sollte: es sei denn für einen Augenblick noch, wenn es ihr gelänge zu verhindern, daß auch Jörg sprach. Sonst aber wäre wohl alles verloren. So setzte sie schnell ein sorglos verwundertes Lachen: «Oh, das war einfach Langeweile; wenn wir lange genug durch die Stadt gelaufen waren, nahmen wir gegen vier Uhr den Autobus hier heraus. Die Straßen waren heiß, und stanken, die Füße taten uns weh, unsere Reden fingen an, sich zu wiederholen, und so zogen wir vor, hier draußen Tee zu trinken. Man konnte hoffen, im Autobus um diese Zeit vom Gedränge auseinandergerissen zu werden. Das war mir lieb. Denn Heinrich strengte mich doch sehr an; sowenig ich ihn entbehren konnte, war ich doch froh, wenigstens für diese zwanzig Minuten einen kleinen Abstand von ihm zu gewinnen. Hier draußen aber war es dann doch größer, weiter, eine freiere Luft. Man mußte über den Park nachdenken, er zwang einen dazu, zog einen in seinen Widerspruch. Das alles war günstig, lenkte ab ...»

Aber Bodo hörte jetzt nicht genauer zu als vorher. Abgesehen davon, daß er sich zutraute, jeweils schon vorher zu wissen, oder doch schon nach den ersten Worten, was ein anderer dachte und sagen wollte – welches Zutrauen er nicht aufgab, obwohl es sehr oft trog und ihn in unangenehme Lagen und in den Ruf der Arroganz brachte –, abgesehen davon kamen ihm jetzt die Worte von Heinrich, als sie sich vor einem Jahr das letztemal vor seiner Abreise gesehen hatten, zu deutlich herauf, als daß er sie hätte überhören können. Überhören zugunsten einer Rede, die ihm gewichtlos und nur ein Vorwand schien, deren Wert für ihn allenfalls gerade in ihrer Beziehung auf jene Erzählung von Heinrich bestand, die der Text war, das Thema, wozu das, was sein Ohr im Augenblick vernahm, als Paraphrase und Variation erschien. Und Paraphrasen und Variationen aufzunehmen, fiel ihm noch schwer. Er hatte noch kaum eine Ahnung von ihrer Bedeutung. Während damals, vor einem Jahr, die Begegnung mit Heinrich eine der wenigen Fälle gewesen war, wo er wirklich zugehört hatte. Darauf war er sehr stolz: «Schon immer liebte ich nächtliche Spaziergänge. Als Schüler hatte ich eine Zeitlang die Gewohnheit, kurz nach Mitternacht aus dem Hause und schnell die Uferanlagen entlangzugehen. Gelegentlich traf ich zufällig einen Schulkameraden, den ich seit langem bewunderte, weil er malte. Später ging er als Maler nach Paris und kam nach ein paar Jahren als Fotograf zurück. Meistens aber blieb ich allein und genoß die Stille auf den Straßen und in den Anlagen. Ich hatte dann das Gefühl, die Welt gehöre mir. Ich glaubte mich mit mir und allem ringsum so sehr einverstanden, daß ich mir dieses Gefühl, ohne zu zittern, erlauben konnte. Es war das die Zeit, wo ich mit meiner wenig älteren Schwester durch die Villenviertel ging, um über den schlechten Geschmack der Häuser zu spotten. Und der städtische Friedhof war unser Paradies. Wir machten uns lustig über die weißmarmornen Engel und Heilande, die Genien, die ihre Fackeln senkten und im Winter oft in Holzschränke mit Glastüren eingeschlossen wurden. Meine Schwester leitete mich. Sie lebte in einer Welt außerhalb der ängstlichen Plüschmöbel und gehäkelten Deckchen, die unsere Zimmer füllten. Sie ließ sich nicht beirren durch die Tabus, mit denen uns die Familie nach allen Seiten sorglich abgeschirmt hatte. Es gab da Stunden, wo wir zusammen im kleinen Nähzimmer der Mutter saßen, erfüllt vom Gefühl unserer Auserwähltheit und Besonderheit, unserer bedeutungsvollen Abgetrenntheit von der Umwelt, die Qual des Verkanntseins wollüstig genießend, und einander Rilke vorlasen. Es war vor allem das ‹Stundenbuch› und dies und jenes Stück aus dem ‹Buch der Bilder›, das sie mir eröffnete. Wenn man das eröffnen nennen kann: dies Schwelgen in fremdartigen großen Gefühlen, in Worten und Bildern und Klängen, dem wir uns willig und ohne Überprüfung hingaben. Diese Stimmung auch brachte mich dazu, in der Schule vor der ganzen Klasse ‹Der Schauende› entzückt und ergriffen vorzutragen. Der Absturz war schrecklich: der Lehrer, der mich wohl leiden mochte, entschuldigte mich bei meinen hilflosen, etwas schockierten Kameraden. Tadelte mich aber auch, weil ich ein Stück gewählt hätte, das die Fassungskraft meiner Zuhörer und meine eigene so sehr überstiege. Das war alles. Von Erschütterung keine Spur. Ich mußte froh sein, daß der Zwischenfall ohne weiteren Schaden für mich vorüberging. – Heute ertrage ich von Rilke wenig mehr als die Duineser Elegien und die Sonette an Orpheus. Und auch sie empfinde ich als noch fast unerlaubt eindeutig. Dafür kann ich jetzt die Villen von der Jahrhundertwende und die marmornen segnenden Heilande und die Genien mit den gesenkten Fackeln leichter ertragen. Warum auch soll man seine Haustür nicht von griechischen Säulen flankieren lassen oder den Giebel eines römischen Palastes nicht über sein eigenes Haus setzen, wenn man sich so am genauesten äußern kann? Es ging uns damals, wie wir glaubten, um Einfachheit und Aufrichtigkeit. Aber heute scheint es mir, daß das nicht das gleiche zu sein braucht und daß sich ein kompliziertes Verhältnis zur Welt auch in einem Grabmal und einer Hausfassade ausdrücken darf. Gerade um der Aufrichtigkeit willen. Damals aber waren wir puritanisch. Meine Schwester hat längst geheiratet und hat vier Kinder. Ich bewundere die Ausgeglichenheit und Ruhe, mit der sie ihr Leben führt. Sie liest nicht mehr Rilke, sondern amerikanische Romane und verbietet sich streng jede Problematik, die die kunstvolle Gleichgewichtigkeit ihres Lebens in Gefahr bringen könnte. Daß sie recht damit hat, beweist mein augenblicklicher Zustand: meine

Neigung zu nächtlichen Spaziergängen ist zur Manie geworden. Ausdruck eines totalen Zerfalls mit der Welt, mit mir selbst, dessen Ausmaß zu erkennen und zu beschreiben mir selber nicht mehr möglich ist. Das Schmutzigste und Niedrigste zieht mich dann an. Was ich am Morgen und am frühen Nachmittag nicht ertrüge, wo mir die großen Geschäftsstraßen, die vornehmen Konzertcafés als Aufenthalt gerade gut genug sind: es ist mir, sobald die Dunkelheit einbricht, unentbehrlich, das einzig Erträgliche. Wie ein Fieber erfaßt mich die Begier nach den Spelunken der Hafenviertel, wo sich Zuhälter, Dirnen und Strichjungen um betrunkene Matrosen zanken. Jede dunkle Ecke, jede Schutthalde zieht mich unwiderstehlich an. Ich bin in einem seligen Zustand: jeder Entscheidung enthoben, muß ich nichts mehr tun, nichts mehr wollen. Kaum je trinke ich etwas, höchstens so viel, als nötig ist, um mir den Aufenthalt in einer Spelunke zu erkaufen. Aber meistens genügt es mir, an einer Straßenecke zu stehen, mir von den Dirnen zuzwinkern zu lassen und die andern Herumsteher genau zu beobachten: meistens sind es Männer mittleren Alters und ältere, die, wie ich selber, stundenlang scheinbar zweck- und ziellos dastehen; manchmal gehen sie plötzlich weg und kommen nach einer Viertelstunde wieder. Bei genauerem Hinschauen merkt man, wie sie die Vorübergehenden mit vorgeblich beiläufigen Blicken scharf mustern und in eine geheime innere Kartei einordnen. Gelegentlich – wenn auch selten – verschwindet einer mit einer Dirne oder einem Strichjungen. Manchmal spricht mich jemand an: was ich hier wolle, warum ich ihm nachgeschaut hätte, ob ich etwa schwul sei; oder man fragt mich nach einer bestimmten Straße, nach einem Lokal, bittet mich um Feuer.

Das alles genieße ich als einen Weg zum Selbstverlust, zur Auflösung meines Ichs in viele winzige Teile. Zum Vollzug dieser längst beschlossenen Auflösung. Denn schließlich bin ich längst nicht mehr identisch mit mir, meine einzelnen Handlungen, Gedanken, Wünsche hängen immer weniger zusammen. Und ich habe nur noch ein Bedürfnis: dies auch nach außen hin zu dokumentieren, den Sack, der alles doch noch zusammenhält, zu zerreißen und mich auszustreuen in die

Welt. Einen neuen Zusammenhalt zu finden auf dem größten und sichersten Umweg: mich in winzigen Teilchen so ganz in die Welt zu zerstreuen, daß jedes Teilchen von der ihm zufällig zunächst wirkenden Kraft angezogen und aufgesogen wird. Bis ich schließlich nicht mehr vorhanden bin. – Was sind die vornehmen und wohlausgestatteten Orte, die ich am Morgen aufsuche, anderes als Häute, die ich um das Chaos meines Inneren lege? Als Versuche, eine Einheit zu behaupten, an die ich nicht mehr glaube? Aber der Betrug gelingt mir nie lange. Gerade die Flucht in jene Paradiese, die ich mir außerhalb meiner gewöhnlichen Welt vorbehalten habe, damit sie mir meine eigene Existenz überhaupt wieder bestätigen: gerade die Flucht dahin zeigt mir nur immer wieder meine Ausgesetztheit auf einen Stern, der ziellos durch das schwarze All rast.

Kürzlich fuhr ich in einen italienischen Küstenort. Aber die Sonne dort erschreckte mich in ihrer Heftigkeit noch mehr, als mich hier im Norden die Nebel, die hängenden Wolken, der lange Regen bedrücken. Und ich bemerkte auch, daß der Himmel rings um die Sonne – nicht nur am Abend beim plötzlichen Einfallen der Nacht – ganz schwarz war, daß es hier immer schwarz war und das Licht eigentlich nur den Zweck hatte, auf diese Schwärze so grausam und rücksichtslos wie möglich hinzuweisen. Eines Abends gab man im Fernsehen ‹Figaros Hochzeit›; vor jedem Ristorante und jeder Trattoria auf dem großen Platz stand ein Empfänger, so daß ich ganz von den Szenen, von der Musik des Figaro umgeben war. Aber dieses Kunstwerk, das mir bisher der Inbegriff der Heiterkeit, des Trostes, der Sicherheit oberhalb und jenseits der Welt gewesen war, es benützte seine Grazie jetzt nur noch, um die Grundlosigkeit, die Verlorenheit, die Angst zu enthüllen und in einem unüberwindlichen Angriff an mich heranzutragen. Ein junger Mann aus dem Heer der fremden Gäste, der mir durch sein offenes Wesen schon seit Tagen aufgefallen war und sich vor einer der Trattorien die Aufführung ansah, stand, kaum hatte er mich erkannt, auf und ging weg, mit einem finsteren Blick, dessen ich ihn nie für fähig gehalten hätte. Ich war ein Schwamm, der allen Schrecken der Welt in sich aufgesogen hatte und ihn nun ausdünstete, selbst den Organen der lichtesten und arglosesten Seele vernehmbar. Dafür zog ich Menschen wie jenen Hinkenden an, der mir am Abend jeweils stundenlang folgte, ein verlorener Hund dem anderen. Einmal standen wir in einem Winkel nebeneinander, sagten und taten nichts, als daß einer in des anderen Auge den Schlund suchte und fand, der ihn jeden Augenblick verschlingen konnte. Aber ich wollte dir ja von Isa reden …»

Isa sprach jetzt immer schneller und fing an, unbeherrscht ihre Hände zu werfen, weil ihre ganze Kraft von der wachsenden Anstrengung des Zurückdrängens aufgebraucht wurde. Es war, als ob sie einen großen, dunklen Ball niederpreßte, der von irgend jemandem aufgepumpt wurde und ihre ganze Seele langsam aufzufüllen und alles andere und sie selber daraus zu verdrängen begann. Sie preßte mit aller Kraft und hatte für nichts anderes mehr Aufmerksamkeit. Der Beobachter mochte denken, sie ließe sich gehen, er habe hier einen Fall peinlicher Ausgelassenheit und Ausschweifung vor sich: was fast ebenso zutraf wie das Gegenteil. Der Prozeß war unaufhaltsam. Denn es ist ja oft so, daß die verbissene Bemühung des Skiläufers, dem Baum, den er am Steilhang mitten in seinem Weg sieht, auszuweichen, ihn gerade mit voller Geschwindigkeit in diesen Baum hineinfahren läßt. Das Ausweichen aus einem Raum in einen anderen konnte Isa, wie jedem im gleichen Fall – vorausgesetzt, daß es gleiche Fälle überhaupt gibt –, nichts helfen. Sie mußte die gleichen Bilder, die sie dort floh, hier wiederfinden, nur noch genauer, leuchtender, unübersehbarer. Die Maßlosigkeit und die Unermüdlichkeit ihres Wollens mußte sie in noch heißere Flammen und in noch dürrere Wüsten führen, als die waren, denen sie mit so großer Anstrengung, Umsicht und Findigkeit entfloh. Der Zwang zur größten Freiheit riß sie sehr schnell in die strengste Konformität und in die unerbittlichste Abhängigkeit. – Isa sprach mit fast schriller Stimme und versuchte, die nervöse Bewegung ihrer Hände durch Rühren in der Schokolade, Aufheben und Abstellen der Tasse, Zurechtrücken ihres Schmucks zu verbergen.

Sie sprach jetzt von den Spaziergängen, die sie mit Heinrich nach der Fahrt im Autobus im Park gemacht habe, oft im Regen: sie hätten ihn dann als Schauplatz ihrer Unterhaltungen besonders geeignet gefunden. Zum Spielplatz, ja, Spielplatz könne man ruhig sagen. Denn oft seien sie trotz allem sehr ausgelassen gewesen und hätten Fangen gespielt und sich hinter den Sockeln der Götterbilder und der Vasen versteckt. – Sie lachte wieder und suchte mit ihrem Blick nach Beifall, indes Bodo sich wieder fester in den Stollen der Erinnerung eingeschlossen fand, in den Isas Rede gerade noch, eher noch Jörgs gequält schweifender Blick, herabdrang. Auf jeden Fall war Bodo mit Heinrich, dem Abwesenden, so gut wie allein. Und dabei fiel die Eigenart von Heinrich mehr auf als sonstwo, seine Geschwätzigkeit, sein fast grenzenloser Mitteilungsdrang. Er hatte Bodo immer irritiert. Erst in diesem Augenblick wurde ihm klar, daß diese Geschwätzigkeit eine positive Funktion haben könne, über den Zweck einer Flucht aus einem mit Erfahrungen überfrachteten Innern, über den Zweck des Ablegens und Wegwerfens einer Last, die man allein nicht tragen kann, hinaus: indem sie sein Gefängnis öffnete, sollte sie eine Beziehung zwischen ihm und der Welt herstellen, eine Auseinandersetzung erzwingen, ihn durch die Kritik, die Skepsis der andern, die sie provozierte, auf ein menschliches Maß reduzieren. Heinrich redete, weil er sich zu ernst nahm, aber auch, weil er sich nicht zu ernst nehmen wollte, weil er hoffte, durch diese extreme Äußerung seiner Eitelkeit seine Eitelkeit zu überwinden. Ein Unternehmen freilich, das nicht gelingen konnte, dessen einzelne Bewegungen einander immer wieder aufhoben. Er errichtete einen babylonischen Turm, bestenfalls, der nie fertig würde. Und immer wieder sah man in dem Augenblick, da man ausruhen wollte, daß man das Gebäude auch nicht eine Sekunde so lassen konnte, daß seine Disproportion so groß war, daß es nicht nur ganz und gar unharmonisch anzusehen, sondern sogar vom Einsturz bedroht war. So war er gezwungen weiterzubauen, ohne Aufschub, ohne Atempause. Heinrich bot den Anblick eines Läufers, der in der ovalen Aschenbahn einem Ziel zuläuft, das die Veranstalter des Rennens längst abgebaut haben. Er aber weiß es nicht und läuft immer schneller, verzweifelter und erbitterter weiter.

Bodo hörte ihn von Isa sprechen. Sie war schon am zweiten Abend mit Heinrich zum Sommerfest der Technischen Hochschule gegangen. In den Beeten und zwischen den Büschen des Schulgartens hatte man Scheinwerfer installiert. Isas Augen leuchteten, aber ihr Mund blieb mitten im Tanz noch zusammengepreßt. Und selbst als er sie küßte, veränderte sich ihr Mund nicht. Nicht, daß sie Widerstand geleistet hätte – das hatte er eigentlich erwartet –, sie bot sich ihm willig und mit einer Art Wollust dar. Aber ihr Mund blieb streng geschlossen, auch wenn ihr Arm ihn umfaßte und ihre Hand seinen Nacken mit Leidenschaft griff. Es war die Wollust der Entsagung: sie stellte sich den Wert dessen, was sie aufgab, so deutlich wie möglich vor die Sinne und erfand so eine raffinierte Form der Askese. Heinrich erklärte sich Isas Verhalten aus einer gewissen Zurückgebliebenheit ihrer Seele und ihrer Sinne, aus der erotischen Unreife des Mädchens aus gutem Hause. Denn ganz jung war sie ja nicht mehr, wohl schon vierundzwanzig. Die Hintergründe begannen ihm erst nach einigen Tagen deutlich zu werden, an seinem Geburtstag. Da kam Isa am Abend auf sein Zimmer. Sie begrüßte ihn besonders zärtlich und übergab ihm ein in Seidenpapier eingeschlagenes Paket. Es enthielt, zu seiner großen Überraschung, ein einfaches Holzkreuz, eingerahmt von Tannenreisern. Es war dies eine Deklaration. Sie stand da mit blitzenden Augen und, wie immer, zusammengepreßtem Mund. Nur daß sie jetzt seine Winkel auf beiden Seiten etwas, ganz wenig, nach unten zog, so daß nicht so sehr der Eindruck des Mürrischen als vielmehr der herrscherlicher Erhebung entstand.

Mittel und Waffen hatte sie viele. Und so bot Isas Umgang Heinrich immer wieder neuen Reiz, obwohl er jetzt wußte oder doch ahnte, was sie wollte und nicht wollte. Der Einsatz, den sie machte, die Einfälle, unendlich variiert, die sie aufbot, um in ihn einzudringen und sich seines Innersten zu bemächtigen, das reizte und amüsierte ihn immer wieder. So schenkte sie ihm ein anderes Mal eine kleine Kopie des Sarkophags der heiligen Konstantia, wie man sie überall in den Devotionalienläden kaufen konnte. Vor diesem Präsent war er nun völlig ratlos gewesen. War es aber so sicher, daß Isa nur ein jenseitiges Ziel verfolgte, daß ihr alles andere gleichgültig oder zuwider war? Darin bestand ja das Dämonische, aber auch das Berückende ihrer Methode, daß man immer annehmen konnte, sie bediene sich ihrer Mittel nicht nur um des Zieles willen, sondern auch aus Lust an diesen Mitteln selber. Heinrich erzählte von den gemeinsamen Gängen durch Museen, von Besuchen alter Kirchen – nicht nur der Grabkirche der heiligen Konstantia, in die man ohnehin immer wieder geriet, sondern auch der Kathedralen in der Umgebung. Am Portal der einen hatten sie vor allem die Gruppe Abrahams und Isaaks bewundert. Der zum Opfer bestimmte Knabe hob sein Gesicht zum Vater auf. Heinrich schien es Isas Gesicht zu sein. Offen der Welt, von der es nichts wußte. So war Isa wohl als Kind gewesen. Als er es ihr sagte, tat sie, als ob sie nur die Schmeichelei spürte, nicht den Vorwurf. Die Schmeichelei: daß sie auf dem Holzstoß Welt, den die Jahrmilliarden aus dem All zusammengetragen hatten, zu verbrennen bestimmt war; daß diese unendliche Menge von Materie zur Erde gesammelt, verdichtet und geballt war, nur damit sie darauf verbrenne als ein reines Opfer. So ließ sie sich den Vergleich mit Isaak gern gefallen. Isaak aber sei im letzten Augenblick gerettet worden, man habe sein Opfer abgelehnt und ihn, im Gegenteil, zum Stammvater eines großen Volkes gemacht: diese Bemerkung von Heinrich überhörte sie oder fand sie nicht wichtig. Sie hatte die Kunst zu überhören entwickelt: sie lief nur auf Bahnen, die zum Ende führten; für das Schweben dazwischen, worin doch nach der Meinung von Heinrich das Leben bestand, schien sie keine Vorrichtung zu haben. Flüge waren für sie immer ikarische Flüge. Man mußte in die Sonne eingehen oder abstürzen. Heinrich erschreckte diese Haltung zuerst, dann langweilte sie ihn. Es gab freilich auch bei Isa Stunden, wo die Luftströmung stärker war als die Kunststoffkabine, in der sie fuhr, und sie an einer Stelle eindrückte. Dann gab es im Innern eine Umkehrung aller Verhältnisse. So war es an jenem letzten Nachmittag, als sie zusammen in den Park hinausfuhren, gewesen. Das taten sie immer dann, meinte Heinrich, wenn sie spürten, daß sie sich besonders nahe waren; wenn sie den Kompromiß, in dem sie zusammen lebten, für einen Augenblick vergessen wollte, weil er zu lästig war und, an diesem Tag wenigstens, ihrem Verhältnis nicht entsprach. Wenn sie sich so nahe waren, daß sie eine Umwelt suchten, die sie den Bedingungen, unter denen sie litten, also vor allem ihnen selber entrückte. An solchen Tagen schlug Isa stets einen Besuch des Parks vor. An diesem letzten Nachmittag war ihnen der Park das reine Paradies. Nicht erst der Park: im Autobus riß sie das Gedränge schnell auseinander und schob sie, je nach Bewegung der Fahrgäste, die wegen des zu dieser Stunde besonders starken Vorortverkehrs sehr zahlreich waren, hin und her, näherte sie bald, entzog sie einander wieder in die abgelegensten Winkel des Fahrzeugs. Schon dieses Spiel genossen sie: lächelten und winkten sich durch die Lücken des Gedränges zu, reichten sich die Hand über Schultern weg, tauchten Auge in Auge an den dumpfen Blicken der Gewohnheitsreisenden vorüber. Heinrich konnte sich an keine innigere Vereinigung mit Isa erinnern. Was auch daran lag, daß sie nicht sprach, nicht sprechen konnte. Und die Worte richtig, ihrer Vorstellung von dem, was sie denken und fühlen sollte, gemäß zu suchen und zu setzen, diese Bemühung nahm sie sonst so sehr in Anspruch, daß sie, so schien es Heinrich, keine Kraft mehr übrig hatte, jenen Regungen und Ansprüchen ihres Wesens zu gehorchen, die ihr nicht interessant, nicht wesentlich genug waren, an deren Wert und Erlaubtheit, ja vielleicht sogar Vorhandensein sie zweifelte. Das entfiel hier. Und so war der Stand der Unschuld bei der Ankunft im Park schon erreicht. Die Atmosphäre des Enthobenseins, des Nichtwissens und Nichtwissenmüssens bestimmte selbst die nicht mehr gepflegten, langsam der Welt anheimfallenden Teile. Die Büsche und Wäldchen, wenn auch verwildert, kamen Heinrich und Isa heute leuchtender, plastischer, genauer gegen den Himmel abgesetzt vor als Büsche und Wäldchen anderswo. Das Singen der Vögel klang ihnen zauberischer und unbeteiligter als das Singen der Vögel irgendwo sonst. Nachher aber, in jenem Teil, den auch die jetzige Regierung noch pflegte, da steigerte sich diese Erfahrung ins schwer mehr Erträgliche, an die Grenze des Ekstatischen. Was auch immer die Absicht seiner Pfleger sein mochte, die ganze übrige Welt war eher ein Museum als diese Stelle, wo der Garten des geistigsten und zugleich naivsten Anfangs vor aller Vertreibung lag. Man konnte die gewöhnliche Autobusfahrkarte lösen und in einer halben Stunde Fahrt an den Ort zurückkehren, von dem man einst ausgegangen war und von dem man an jedem andern Punkt der Erde fest glaubte, daß man ihn nie mehr sehen würde. Isa wurde heute ganz und gar zum Falter; was sie hier immer versucht hatte, es gelang ihr zum erstenmal. Ihr Körper, in einem weiten, hellen Kleid, das ein halbsteifer Unterrock, wie sie eben Mode geworden waren, zum Schweben ermutigte, ihr Körper war nur noch Geschmeidigkeit, Biegsamkeit, Enthobenheit und verlor für diese Stunde ganz die Anzeichen der Verhärtung, des Verholzens, die sich sonst in seinen Bewegungen – unter aller Grazie – als Folge der dauernden Anstrengung der Seele, alle Kräfte nach innen zu ziehen, schon hier und da zeigten. Heinrich beschrieb, wie sie ihr altes kindliches Versteckspiel um die Statuen und Vasen trieben, wie sie sich auf den Marmorrändern der Teiche niederließen und einander mit Wasser besprizten; bis sie plötzlich ihre Bilder in der hellen Fläche nah aneinander entdeckten und, der Einladung folgend, sich umarmten und küßten. Der Park war fast leer, kaum ein Spaziergänger zu sehen. Und das steigerte ihre Lust. Sie waren allein in dem Paradies, das die Welt war. Doch auf einmal sah Heinrich einen Tropfen auf Isas Stirn; er glaubte zuerst, es sei ein Spritzer von ihrem Brunnenspiel. Aber die hatte er ihr schon alle weggeküßt. Es hatte unversehens zu regnen begonnen. Das Zelt, das die Verzückung über ihnen aufgebaut hatte, sank unter der Last der Atmosphäre, die die Substanz der Büsche und Hecken, der Brunnen und Bildwerke furchtbar verwandelt und sich angeglichen hatte, in einem Nu zusammen. Sie blieben einander zum Schrecken. Dies verbesserte Heinrich: Nein, Schrecken sei es zuerst noch nicht gewesen, sondern Verlegenheit. Er faßte Isa unter und ging mit ihr auf dem Kiesweg vorwärts, um schnell den Ausgang und den Autobus zu finden. Der Regen wurde stärker. Isa drückte sich an ihn, offenbar um nicht allzu naß zu werden. So hatte er keinen Grund, wie ungewöhnlich es auch zu einer andern Stunde gewesen wäre, sich sehr zu wundern und zu freuen. Aber auf einmal zog sie ihn hinter eine der großen Vasen; ganz anders, als das bei ihren Versteckspielen üblich gewesen war. Da war alle Berührung immer eher flüchtig, halb zufällig, halb ironisch gewesen. Jetzt zog sie ihn sehr heftig, kniff ihn in den Arm, daß es schmerzte, warf sich an seine Brust und preßte zwischen ihren Lippen, die bleich und wieder ganz schmal waren und zitterten, die Worte hervor: «Bitte, mach, daß es aufhört zu regnen, daß es sofort aufhört! Befiehl es, du kannst das, du allein!» Und sie sah ihn mit verzweifelt flehentlichem, mit dringlich wartendem Blick an. – Heinrich konnte sich nicht enthalten, wenn auch nicht ohne Hemmung, zu erzählen, daß er sich später zeitweise eingebildet habe, die Szene habe unter jener Vase stattgefunden, deren Relief den Abschied Hektors von Andromache zeigt. Aber er fügte gleich hinzu, daß dies sicher eine Täuschung war, ein Streich, den ihm seine nach Übereinstimmungen und Anspielungen süchtige Phantasie gespielt habe. Bodo hatte sofort begriffen, daß Heinrich im Augenblick nötig hatte, ein Bild aufzustellen, den Sturz ins Graue, ins völlig Konturlose, womit ihn schon die Erinnerung an jenen Augenblick bedrohte, durch dieses alte und stehende und so trotz seiner Traurigkeit doch noch erhellte Bild zu mildern. Das war eine begreifliche, aber eine hilflose Geste: war er doch damals Isa, ohne ein Wort zu sagen, schnell vorangegangen zur Haltestelle. Seine Ohnmacht hatte sich erwiesen, und Isa schickte sich an, die Erinnerung als Trophäe mitzunehmen auf den Auszug, den sie nun immer entschiedener begann. So wenigstens glaubte es Heinrich, so mußte es von ihm aus auch aussehen. Seit diesem Tage hatte er sie geflohen, hatte auch sie keinen Versuch gemacht, ihn wiederzusehen.

Fast unbewußt schwimmend, mit ruhigen Bewegungen, stieg Bodo zurück in Isas Rede, die immer noch schnell durch eine angstvolle Heiterkeit dahinfuhr, aber ihm ein Netz entgegenwarf, das ihn schon auf halbem Wege faßte und mitzog: «Auf einem solchen Spaziergang nahm unsere Freundschaft ein komisches Ende. Nein, natürlich nicht die Freundschaft. Aber unser fast täglicher Umgang. Wir konnten an diesem Tag besonders wenig miteinander anfangen. Wir hatten uns alles gesagt, schon seit Tagen, was wir uns zu sagen hatten. Und wir waren besonders froh, den Ausweg hierher zu haben. Ich merkte gleich, daß Heinrich traurig war, ich wußte auch warum. Aber was kann man in einer solchen Lage tun? Man ist gezwungen, aus Menschenfreundlichkeit, aus Nächstenliebe etwas zu heucheln, vorzumachen, nicht zuviel, um keine Illusionen zu erwecken, aber doch so viel als nötig ist, um die ärgste Finsternis aufzuhellen. Da man ja daran selber nicht unschuldig ist. Und ich liebte ja Heinrich sehr, wie euch alle. Im Autobus ging es noch an. Da kam man mit jenen Gebärden aus, die in ihrer stummen Unverbindlichkeit auf vielfache Weise gedeutet werden können. Und in dem Gedränge – es war die Stunde, wo die Leute aus der Stadt nach Hause in die Vororte zurückkehren – war es ihm unmöglich, Erklärungen zu meinen Blicken und Gesten zu erlangen: wir wurden sehr schnell auseinandergetrieben, und die Bewegung der Fahrgäste riß uns nach verschiedenen Richtungen. Glücklicherweise. So hatte ich Gelegenheit, ihm meine Sympathie, mein Wohlgefallen auf eine herzliche und allgemeine, nicht zu direkte und ausschließende Weise zu zeigen. Wie ich das hätte tun müssen, wenn ich mit ihm allein gewesen wäre, wie ich es dann nachher auch wirklich tun mußte. Das Lächeln und die zärtlichen Blicke, die ich ihm durch die Menge zuwarf, das leichte, aufmunternde Winken mit der freien Hand, die nicht durch die Bemühung, mich im Rütteln des Fahrzeugs irgendwo festzuhalten, abgezogen war: dies alles war durchaus aufrichtig, drückte meinen Willen aus, ihm zu helfen, ihn im Gleichgewicht zu halten, ihn über das Unberechenbare, das plötzliche Absacken, die plötzlichen Stockungen und Beschleunigungen, die mir Sorge machten, so sanft wie möglich hinwegzuziehen. – Daß ihr das nie begreift, daß ihr jede Äußerung falsch deutet, übertrieben, ausschließend, oder dann als Heuchelei: daß es kein Mittel gibt, sich euch klarzumachen!» wandte sie sich jetzt an Bodo und Jörg, die das plötzliche Umdrehen der Rede Isas auf die Anwesenden hin aufschreckte und einen Augenblick verblüffte. Immerhin hatte Bodo das Verhalten von Heinrich immer ein wenig erstaunt und distanziert betrachtet. Er hatte sich nie betroffen gefühlt. Anders war es mit Jörg. Er hatte seine Stellung zu Isas Erzählung sorgfältig gewählt und fürchtete sich vor nichts mehr, als sie auch nur im geringsten zu verändern. Isas plötzliche Ansprache mußte ihn darum erschrecken und gefährden. Denn ihm war das unmittelbar Vergangene ebenso gegenwärtig wie Isa selber, er suchte es genauso auszuklammern, dem gemeinsamen Bedenken oder gar Bereden zu entziehen, wie Isa es tat. Daß es beiden schwer war, erwies sich in diesem Augenblick: denn damit, daß Isa es nicht lassen konnte, ihre Begleiter direkt anzugehen, verriet sie, wie nah sie dem Sog der frischen Erinnerung war. Aber Isa erkannte die Lage schnell, schon im Blick Jörgs, ohne daß sie die gefährlichere Kontrolle an sich selber hätte beginnen müssen, und fuhr, die Schokoladentasse in der Hand, lächelnd und scheinbar leichthin fort: «Ich hätte mir fast Vorwürfe machen müssen, ich hätte langsam wissen sollen, daß er alles mißverstand, und diesmal tat er es gründlicher als jemals. Aber Gott sei Dank, Glück im Unglück, ging es noch gut aus an diesem Nachmittag, nahm alles, wie gesagt, zwar ein Ende, aber, da dies wohl schon lange unvermeidlich war, ein komisch-versöhnliches.»

Isa log dies zuerst naiv, im ersten Augenblick glaubte sie selber, was sie sagte. Aber schon beim zweiten Satz ergriff sie Schrecken. Sie merkte, daß sie sich zu weit vorgewagt hatte. Doch die Anziehung war zu groß. Kinder fürchten sich vor nichts mehr als vor Gespenstern. Dennoch dürsten sie nach Gruselgeschichten. Und wenn sich jemand, um diesem Trieb der Kinder genugzutun, vor allem aber aus Lust am Grauen und der augenaufreißenden Furcht der andern, bereit erklärt, solche Geschichten zu erzählen, dann drängen die Kinder dicht heran, im Gesicht Furcht und Schrecken, schon bevor die Erzählung beginnt. Sie wissen, daß ihnen nur Übles bevorsteht und daß sie in der Nacht weiße Nachtmahre mit schwarzen

Riesenaugen befallen werden. Dennoch können sie es nicht erwarten, bis die Geschichte anfängt. Sie drängen den scheinbar Zögernden, der alles tut, um die Spannung zu erhöhen und so die im Innern der Zuhörer geweckten Dämonen zu mächtiger Größe zu steigern. Isa log, um zu verharmlosen, immer den Zweck verfolgend, mit dem sie ihre Reden begonnen hatte. Aber überall, wohin sie auch kam, begegnete ihr das, was sie um alles vermeiden wollte. In jeder Ecke stand es auf. Und je mehr sie sich mühte, die eine letzte Erinnerung abzuweisen, desto mehr war diese identisch mit jeder älteren, die sie an deren Stelle hervorrief. Sie lief schnell über die Eisfläche hin und wußte wohl, wie sie beschaffen war. Aber da sie nichts daran ändern konnte, suchte sie das Eis durch die Schönheit und Leichtigkeit ihrer Figuren zu beschwören. Und Bodo und Jörg war es klar, daß sie einer magischen Handlung beiwohnten. Sie schwiegen. Und Isa log. Aber man könnte wohl keinen Augenblick leben ohne diese Art Lüge: Isa mußte, wenn sie überleben wollte, was in ihr lag, ordnen. Sie mußte dem bedrohlichen Stoff die Form aufzwingen, in der er ihr zur Nahrung dienen oder doch wenigstens nicht mehr schädlich werden konnte.

«Hier im Garten liefen wir wieder ganz nebeneinander, aneinander hin. Ich litt sehr unter seiner heftigen Zärtlichkeit, die er durch eine jungenhafte Ausgelassenheit zu verwischen suchte. Er tat sich gerade so viel Zwang an, als ihm unerläßlich schien zur Aufrechterhaltung der Fiktion, er sei ein großer Junge, der tollt. Im Halbchaos des äußeren Parks hätte mich das weniger angestrengt. Ich hätte es auch dort nicht geliebt. Aber ich hätte es wenigstens im Einklang mit der beschädigten, wenn auch prunkvollen Umgebung gefunden. Wo man von keinem Busch und keinem Baum mehr weiß, ob man ihn aus Rücksicht auf den alten Gartenmeister und sein Werk hier gelassen hat oder ob man bloß vergessen hat, ihn zu entfernen, oder das Geld noch nicht hatte, um den Weg so zu verbreitern, wie der wachsende Autoverkehr es verlangte. Wie gesagt, auch im äußeren, verwilderten Teil des Parks hätte das Verhalten von Heinrich mich angestrengt und in Verlegenheit gesetzt. Aber ich hätte es dort leichter ertragen und irgendwie sogar angemessen gefunden. Aber gerade an diesem Tag bestand er darauf, gleich in den eigentlichen Park zu gehen. Wir betraten ihn nicht von der Rückseite wie sonst, um vom untern Ende des Großen Kanals zuerst bis hierher zum Restaurant vorzudringen und etwas zu trinken und dann erst, auf das Bevorstehende ganz allmählich vorbereitet, mit gesammeltem Vergnügen durch das Gitter einzutreten. Nein, heute zog er mich kurzerhand, immer im Scherz, aber doch fast gewaltsam direkt über den Schloßplatz und durch das Haupttor in den Marmorhof und von da in die Treppenhalle und durch den rückwärtigen Ausgang in die Mitte der ganzen Anlage, auf das Parterre vor der Hauptfassade. Was blieb mir anderes übrig, als dem Spiel die Spitze abzubrechen, indem ich es selber auf die Spitze trieb. Ich lief ihm voran zur Statue der Flora und rief ihm zu, er solle mich fangen. Er lief wie ein Bär, als ob er jeden Augenblick das Gleichgewicht zu verlieren fürchtete. Seine Schritte waren viel zu groß, als daß er meiner Flucht um die Statuen und Vasen mit angemessener Behendigkeit hätte folgen können. Er schoß immer übers Ziel hinaus. Und bis er sich jeweils verbesserte und seinen Schritt auf das nützliche Maß verkürzt hatte, war ich schon wieder ganz woanders. Ihr könnt euch kaum denken, wie verhaßt und qualvoll mir dies Spiel war an einem Ort, den ich wegen seiner Ruhe und der Übereinstimmung eines jeden mit einem jeden über alles liebe. Die Proportionen dieser Landschaft, wo alles stimmt, geben mich mir selber zurück, weisen mir und allem, was in mir ist, sofort seinen Platz zu. Und jetzt trat das Gegenteil ein. Ich steigerte mich und ließ mich ganz aus und trat so in Gegensatz zum Park, dessen Gesetze mir so wohlbekannt waren. Zuerst fürchtete ich darum das Schlimmste, konnte mir nicht denken, daß man mich nicht bestrafen, mit der äußersten Verzweiflung schlagen würde. Aber das geschah nicht. Sondern allmählich gelang es dem Park, sich meiner, sich unser trotz unserem Widerstand und gerade durch ihn zu bemächtigen. Unser Spiel, das ein Opfertanz war vor den Dämonen, das die Fröhlichkeit nur als Vermummung angenommen hatte: langsam wurde es wirklich fröhlich. Heinrich und ich, wir verwandelten uns beide. Mein Kichern, das ich nicht anhören konnte, das mir Ekel vor mir selber einflößte, wurde zum Lachen. Ich habe nie mehr so frei gelacht wie an jenem Nachmittag. Und als wir uns schließlich auf der Brüstung des Apolloteiches niederließen, zuerst vielleicht nur, um einen Augenblick auszuruhen, konnte ich es nicht lassen, Heinrich mit beiden Händen zu bespritzen, so daß ihm die Haare naß ins Gesicht hingen, sein Hemd auf der Brust und die Hose an den Schenkeln klebte. Dies erboste ihn vor allem, und er rächte sich nach Kräften. Mein Haar und meine Kleider waren sehr schnell naß und außer aller Form. Und hatte ich bisher die Brunnen und Teiche des Parks immer wegen ihrer Stille geliebt und es vermieden, an jenen Tagen hinzugehen, wo die Wasserspiele spielten, weil ich mir von der Unterbrechung der Stille und der festen und ruhenden Konturen nichts Gutes versprach, so machte es mir heute großes Vergnügen, das Becken des Apollo aufzuwerfen und sein durchsichtiges Wasser an unserem Toben zu beteiligen.»

Die beiden Zuhörer waren verblüfft, obwohl sie Isa lange kannten, mit welcher Inbrust sie sich jener Vergangenheit hinzugeben, mit welcher Lebendigkeit sie diese in sich wieder aufzurichten und andern mitzuteilen vermochte, ohne auch nur einen Augenblick aus der gewählten Rolle zu fallen: sie war im Begriff und kannte keinen sehnlicheren Wunsch, als sich von allem, was mit dieser Vergangenheit ihr Besitz geworden war, zu trennen. Das hieß für Bodo: in einen Raum einzutreten, dessen Beschaffenheit, dessen Luft und Licht man sich überhaupt nicht vorstellen konnte. Und wenn man auch voraussetzte, daß Reproduktion immer auch Umdeutung war, so blieb es doch verwunderlich – und erschreckend –, wie sehr es Isa gelang, das, was in ihr noch so mächtig war, farbig und plastisch aufzustellen, es aber zugleich des Bedrohlichen zu entleeren. Dabei gab doch wohl gerade dieses Bedrohliche den Ereignissen der Vergangenheit ihren Wert für Isa und erlaubte ihnen, in ihrer Seele mächtig und zum Hervortreten im richtigen Moment bereit zu bleiben.

«Das Wasser des Apollobeckens ließ sich durch unser Spiel

nur gerade so weit beunruhigen, als nötig war, damit es uns seine eigene Helligkeit, Klarheit, Duchsichtigkeit mitteilen konnte. Es erhielt für einen kleinen Kaufpreis sehr viel. Dieser Park ist allmächtig.»

Das rief Isa jetzt mit einer schnellen Wendung ihres Gesichts zum Fenster, wo man den Großen Kanal im letzten Licht wie Quecksilber liegen sah. Zugleich hob sie die Hand und hielt sie schalenförmig hin, als ob sie bereit wäre, ein Geschenk anzunehmen. Bodo empfand den Ausruf peinlich, als neuen Beweis dafür, daß Isa in ihren Formulierungen nicht sicher war und, wie jemand, der weiß, daß er auf einem sehr gefährlichen Weg geht, oft daneben trat. Freilich, nicht weniger erstaunlich schien ihm, wie geschickt und wie leicht sie jeweils wieder zurückfand. Die Bewegung ihrer Hand aber fand er vollends zu stark, als einen Klecks in dem Bild, das sie mit so viel Sorgfalt malte. Sie mußte sich vorher mit größter Anstrengung zusammengefaßt haben, daß sie auf einmal zu einem solchen Eingeständnis genötigt war. Bodo wischte sich mit der Hand über den Mund, als wollte er ihn zurechtrücken, nachdem er sich eben zu einem Lachen angeschickt hatte. Und auch Jörg, der mit gesenktem Gesicht immer unbeweglich dagesessen hatte, sah einen Augenblick, mit einem Anflug von Lächeln in den Augen, auf. Isa tat, als ob sie davon keine Notiz nähme, stieß aber sehr schnell und entschieden durch den heiklen Augenblick hindurch: «Selbst der Himmel mußte sich ihm fügen. Heinrich hatte mir die Wasserspritzer auf dem Gesicht mit dem Taschentuch weggetrocknet, als er auf einmal merkte, daß wieder Tropfen darüber rannen, hinaufschaute und sagte: es regnet. Der Nachmittagshimmel war über unserem Spiel grau geworden. Er hing jetzt tief in die Bäume herab. Aber das änderte nichts. Uns gefiel auch diese in sich gekehrte Regenwelt. Wir hatten keinen Regenschutz bei uns, brachen dennoch auf, fröhlich, wenn auch nicht mehr laut, aneinander geschmiegt wie Geschwister am Morgen nach einem Fest.

Nur einmal fing ich nochmals an zu laufen und zog Heinrich mit mir hinter eine Vase. Ich drängte mich an ihn und bat ihn, den Regen aufhören zu machen, weil er, er allein, die Macht dazu habe. Ein stärkeres Zeichen meiner Sympathie, das zugleich so genau deren Art und Begrenzung bestimmte, konnte ich ihm nicht geben. Ich liebte ihn als Beherrscher einer Sphäre, in der wir alle wurzeln. Und in dieser Sphäre traute ich ihm alles zu, sogar das Schwierigste. Aber es mußte ihm klar sein, und meine ganze Bemühung war es, ihm klarzumachen, daß mir diese Sphäre nicht genügt, daß es mir nicht gestattet ist, in ihr zu bleiben. Daß es niemandem gestattet ist, der einmal weiß, daß es etwas anderes gibt. Denn wir sind hier nicht zu Hause.»

Jörgs Kopf blieb unbeweglich gesenkt. Sie merkte daran, daß Bodo die Geste von eben wiederholte, daß sie die Grenze, die sie sich gesetzt hatte, wieder überschritt und, unfähig, dem Reiz der Gefahr zu widerstehen, sehr schnell auf den Strudel zufuhr. Vor allem brachte sie gegen sie selbst der Umstand auf, daß sie sich eine Blöße gab, indem sie in jenen lehrhaft missionarischen Ton verfiel, den sie an den durchschnittlichen Frommen so verabscheute und der im Kreis um Petra so verpönt war; denn man glaubte da, viel bessere Mittel zu besitzen, das Innere des Menschen um und um zu wenden. Nun, es gelang ihr, ihre Geschichte zu Ende zu bringen: «Ich glaube, daß Heinrich den Sinn meiner Geste sofort verstand, etwas, wozu er früher unfähig gewesen wäre. Endlich nahm er meine Bedingungen zur Kenntnis und zog daraus die Konsequenz. Wir fuhren in die Stadt zurück, in einer Stimmung herzlichen Abschieds. Wir waren uns so nah wie noch nie. Die Spannung, die all unsere Begegnungen zur Qual gemacht hatte, war auf einmal weg. Dieser unser letzter Tag war der erste eines geschwisterlichen Einverständnisses – wozu ja immer auch einige Reserven gehören, einige Dinge, über die man nicht spricht, weil man weiß, daß es im Augenblick zu nichts führen würde – wie ich es mir vom ersten Tag an gewünscht hatte. Wir wollten nichts mehr voneinander oder hatten es zumindest aufgegeben, unsern Willen direkt durchzusetzen. Seither haben wir einander nicht mehr gesehen. Heinrich ist bald darauf weggefahren.»

Bodo registrierte mit Genugtuung, daß sie mit dem Ausdruck ‹unseren Willen direkt durchzusetzen› sich verraten und eingeräumt hatte, daß es ihr auch um ihren eigenen Willen ging, von dem sie doch sonst so entschieden behauptete, daß sie ihn aufgegeben und ganz in einen höheren Willen versenkt habe. Aber er wies sich gleich zurecht: was hatte es schon für eine Bedeutung, ob sie ihren eigenen oder einen fremden Willen durchfocht? Es handelte sich nur um einen Unterschied in der Formulierung. Und das eine gegen das andere auszuspielen, lohnte sich nur für ein rachsüchtiges Ressentiment, das er – vielleicht wegen Heinrich – gegen Isa und das hegte, was sie ihren Weg oder, in Augenblicken, wo sie sich weniger in der Hand hatte, ihren Auftrag nannte. So verbot er sich, etwas von seinen Empfindungen zu äußern, sie überhaupt nur schon in seinem Innern zu voller Schärfe auszuschleifen. Doch jetzt schaute Jörg auf und schaute Isa an, die schon sicher gewesen war, die Herrschaft über sich selbst und damit über die Lage zurückgewonnen und genügend befestigt zu haben, um sich nun schnell von den Freunden verabschieden und zu Petra gehen zu können. – In Jörgs aufgehobenen Augen stand das Ereignis des Nachmittags, in ihnen war die Mauer durchbrochen, die sie aufgebaut, der Vorhang entzweigerissen, den sie vorgezogen hatte mit ihren Reden: in diesen Augen sah Isa das eben Erzählte eingegangen und vereinigt mit dem Ereignis des Nachmittags. In diesem Blick bestätigte das eben erzählte Geschehen das an diesem Nachmittag erlebte, bestätigte und berichtigte das erlebte das eben erzählte. Für Isa war der Blick in Jörgs Augen der Blick in einen Brand, von dem sie naiverweise geglaubt hatte, sie könne ihn durch einen Kinobesuch aufhalten. Aber unterdessen hatte er nur weiter um sich gegriffen, sie hatte ihn durch ihren Weggang nur befördert; und außerdem, der Film hatte ebenfalls einen Brand gezeigt, worin alles unterging bis zur völligen Einäscherung der ganzen Stadt.

Sie sah sich wieder draußen in der Kirche und am Grab der heiligen Konstantia, hingewendet zum Schrein und zu dem Bild, das dahinter an der Wand hing und die Heilige zeigte, wie sie aus dem Schlaf erwacht, in dem sie versucht hat, die Heilkraft der an diesem Ort beigesetzten Märtyrin auf sich zu ziehen. Konstantia sieht mit entzückt aufgerissenen Augen die Märtyrin selbst vor sich, die ihr den Ring an den Finger steckt und damit nicht nur Heilung schenkt, sondern zugleich ein neues Herz, ein umgewandeltes, der Welt entzogenes, allein ihrem Gott und Bräutigam zuschlagendes. Nicht nur Isas Auge hing an dem Bild, sondern sie war nur noch Begierde nach Identifikation mit der wunderbaren Jungfrau Konstantia, war nur noch Begierde, ihr eigenes Herz durch deren Herz zu ersetzen, ihr eigenes Leben, einen Tropfen Bitternis, in die Süßigkeit dieses längst vergangenen, halb legendären Lebens aufzulösen, so wie Konstantia sich identifiziert hatte mit der Märtyrin, ihr Herz ersetzt hatte durch deren Herz, ihr Leben aufgelöst hatte in deren Leben. Ein Rausch erfüllte Isa in diesem Augenblick, eine wollüstige Hitze stieg ihr in die Brust und ins Gesicht. Und wenn sie dabei auch etwas wie schlechtes Gewissen hatte, bemühte sie sich doch nicht, dessen Ursachen nachzuforschen, obwohl sie sich eine der nächstliegenden, das Hinwegspringen nämlich über die Grenze zwischen dem bloß Legendären und dem Historischen als Voraussetzung des Kultes der Heiligen, auch nur in solchen Stunden des Gebets, der Hingerissenheit, der Entfesselung und des Wegströmens ihres ganzen Gefühls auf den geliebten Gegenstand verbergen konnte. Man liebte im Kreise Petras solche Skrupel nicht. Überhaupt, man vermied eine zu deutliche Ausbildung des kritischen Vermögens, weil es die Hingabe, das Sich-völlig-Überlassen, worauf allein es am Ende ankomme, behindere. In solchen Augenblicken des Gebets steigerte die Erinnerung an diese Art Bedenken die Inbrunst Isas. Waren sie doch ein Anlaß zu andern Skrupeln, zu Skrupeln um der Skrupel willen: sie hatte um so mehr Anlaß, sich ganz in die Liebe, in die von der Heiligen ihr zufließende und angebotene Gnade hinabzustürzen, als sie wußte, daß sie dieser Gnade noch nicht würdig war, daß immer wieder Zweifel sie heimsuchten an der Richtigkeit und Gangbarkeit des Weges, den die Heilige ihr vorangegangen war. Petra empfahl ihr immer wieder dies brünstige Gebet, daß sie sich so Verzeihung und Nachsicht verschaffe für ihr Zögern im Annehmen der Gnade, die gerade ihr unter Millionen von Menschen wunderbar zugedacht sei. Freilich, so Petra, auch daran solle sie nicht zu viel denken: das würde sie nur in sich selbst verstricken, die Entäußerung der Seele, ihre Entleerung zum Gefäß der Gnade erschweren. Es sei besser und sie erweise ihren höchsten Dank dadurch, daß sie immer wieder die Heilige bitte, die Gnade, die ihr zur Verfügung stehe, gleicherweise wie ihr, Isa, auch denen, die sie liebe, zuzuwenden. – Hier lag die Begründung, die sie sich selber zu geben pflegte, für die Beziehungen zu ihren Freunden und für die besondere Art dieser Beziehungen. Worin den Qualen, die zu menschlichen Beziehungen offenbar meistens gehören, noch die Qual dieses halben Gewährens und halben Versagens hinzugefügt war, des auch noch im Gewähren Versagens, des noch im Versagen Gewährens. Nein, das war wohl nicht das Besondere, das mag in sehr vielen Freundschaften ähnlich sein. Das Eigentümliche an Isas Freundschaften war die ernsthafte Bewußtheit, mit der Versagen und Gewähren gemischt und begangen, ja gefeiert wurden. Sie führte von vornherein in alle diese Bewegungen ein Pathos ein, das ihrem Wissen von einer höheren Bestimmung entsprang, von einer göttlichen Lenkung, vom Charakter eines Mittels und einer Lockspeise, der jeder menschlichen Leidenschaft zukomme. Das Verhalten Isas zu ihren Freunden, das immer etwas angestrengt Geplantes und Berechnetes hatte, mußte diesen, wenigstens solange sie nicht selber Isas Haltung übernommen hatten, als bizarr, ja als zynisch und grausam erscheinen. Isa konnte ihre Ungeduld schwer unterdrücken, wenn sie diese Art des Befremdens bei ihren Freunden bemerkte. Waren sie denn so begriffsstutzig, daß sie den Sinn ihrer Begegnung mit Isa nicht erkannten, daß sie den Lockruf Gottes daraus nicht hörten? Isa wunderte sich immer wieder darüber, daß man mit großer Mühe zwar einen Turm bestieg, aber, endlich oben angelangt, sich damit begnügte, die Balustrade zu betrachten oder die Konstruktion der Treppe zu studieren, statt sich ausschließlich und ganz und gar der Beschauung des Gestirns zu widmen, wofür allein schließlich der Turm gebaut worden war, wofür allein auch die Fügung den Schritt dieses und jenes Wanderers hergelenkt hatte. Diesen Vergleich ihrer

selbst mit einem Turm machte Isa freilich nur gelegentlich und
verstohlen. Sie hätte sich gehütet, ihn vor anderen, gar etwa
vor Petra zu äußern. Petra hätte ihr ihre Eitelkeit vorgeworfen, als deren bedenkliches Symptom sie auch Isas Ungeduld
gegen ihre Freunde tadelte. Denn die ließ sich nicht verbergen
und kam bei den Nachmittagstees und den geselligen Abenden, die allwöchentlich in Petras Wohnung stattfanden, immer wieder zum Vorschein: Petras Schülerinnen durften ihre
Freunde immer mitbringen, und fast jedesmal passierte es, daß
Isa auf einmal, wie gekränkt, verstummte oder ihr Gesicht heftig wegdrehte. Petra stellte ihr immer wieder vor, daß nur
höchste Geduld und Einfühlung, deren Grundlage eine liebevolle Höflichkeit sei, zum Ziel führe. Daß Isa durch Mangel an
Höflichkeit, Geduld und Einfühlung sich als untauglich für
ihre Aufgabe erweise. Daß sich ihr, Petra, so die Frage stelle,
ob sie sich nicht in ihr getäuscht und sie in einen Raum eingelassen habe, dessen Licht und Atmosphäre Isa zu ertragen noch
nicht oder überhaupt nicht imstande sei. Heute nachmittag
war das Schreckliche der Stunde, die Gefahr, in die sie geraten
war, Isa daran deutlich geworden, daß sie das bekümmerte und
von Strenge und Mitleid gleicherweise düster leuchtende Gesicht Petras auf einmal vor sich sah: würde einmal der Tag kommen, wo dieser Mund immer so bliebe, auch noch das leise Zittern der Unterlippe verlöre, nur noch Verurteilung, Ablehnung
wäre? Isa mußte an Petras ersten Brief denken, den sie ihr von
einer Reise, kurz nachdem sie einander kennengelernt, geschrieben hatte. Sie hatte ihn am Morgen erhalten, gerade als sie, im
letzten Augenblick wie immer, von zu Hause wegging. Sie mußte sich sehr beeilen, um noch rechtzeitig in die Modeschule zu
kommen. Sie steckte den Brief in die Mappe und vergaß ihn
da – sie konnte sich später nicht mehr erklären, wie das möglich gewesen war – bis zu dem Augenblick, wo sie zu Mittag
die Treppe der Schule herunterkam und unten Heinrich warten sah. Seine Augen erinnerten sie sofort an den Brief. Noch
auf der Treppe nahm sie ihn aus der Mappe und riß ihn auf:
Petra warf ihr in scharfen Worten ihre Eitelkeit vor, ihre fatale
Neigung, sich bei jeder Handlung, jedem Gedanken selber

zuzusehen. Dies mache ihr, Petra, große Sorge und sei ihr vor allem jetzt wieder, wo sie auf der Reise aus einer gewissen Distanz die Ruhe habe, alles zu überdenken, aufgefallen als das eigentliche Hindernis für Isas inneren Fortschritt. Als großes Hindernis, von dem sie nicht wisse, ob es ohne eine vollständige Wandlung jemals beseitigt werden könne. Der Brief war kurz. Die große Halle voller fröhlicher, rufender, lachender Menschen, voller Sonne war jetzt grau. Alles hatte seinen Umriß verloren, die Farben verblaßten, ein Film überzog Isas Augen. Das Gelächter, die Reden drangen nur noch wie durch Watte in ihre Ohren. Es war das erstemal, daß sie an der Welt irre wurde. Es war noch eine Verschiebung, eine Veränderung vom einen zum anderen. Dies andere war vielleicht furchtbar, aber es war noch ein Zustand, etwas, woran man sich vielleicht gewöhnen konnte mit der Zeit. Seither hatte sie Dinge erfahren, von denen dies nur ein Anfang war: den Wechsel der Zustände, so schnell, daß man von Zuständen gar nicht mehr sprechen konnte, die dauernde Bewegung, den Fluß ohne Richtung. Aber davon wußte sie damals noch nichts, als sie, den Brief in der Hand, sich umzusehen und sich zurechtzufinden versuchte, Heinrich unten noch eben unterscheiden konnte und ihm entgegenstürzte. Sie sog seinen Trost begierig auf; daß man einen Brief nicht zu ernst nehmen dürfe; ernst sei er wohl gemeint, irgendwie, selbstverständlich. Aber vor allem sei er doch ein Zeichen der Sympathie, die Petra für sie habe. Und dieser Umstand wiege den Tadel, der darin enthalten sei, zumindest auf. – Isa hatte nachher auf ihrem Zimmer für Heinrich noch einen Kaffee gekocht. Den Klang, den seine Stimme damals hatte, konnte sie seither jederzeit in ihrem Gedächtnis hervorrufen. Aber der Trost seines Blicks und seines Tonfalls, mehr als die Worte, die er sagte, erweckte in ihr eine neue, noch größere Angst: wagte sie es nicht, sich dem Bild ihrer selbst, das Petra ihr vorhielt, zu stellen? War nicht die Begier, mit der sie seinen Trost aufnahm, mit der sie seinen Geschmack immer wieder von neuem kostete, ein neuer Beweis für ihre Unfähigkeit, sich selbst zu verlassen, sich auf ihr Nichts, auf ihre Leere zurückstoßen zu lassen? War nicht die Freude an seiner Zärtlichkeit, die sie damals gefühlt hatte und immer wieder fühlte, der strengste Beweis für das, was Petra ihr vorwarf: daß sie immer nur sich selber suchte, sich selber genoß, auch Trauer und Schmerz und Verzweiflung als Mittel dieses Selbstgenusses zu verwenden wußte? Mißbrauchte sie nicht sogar das Heilmittel, den Brief Petras, als Rauschgift? So steigerte am Ende dieser Trost nur ihre Qual, bestätigte ihr die Veränderung, das Absterben der Welt, das mit Petras Brief begonnen hatte. Wirklichen Trost hatte ihr erst die nächste Begegnung mit Petra selber gebracht, sehr bald nach deren Rückkehr. Petra empfing sie in ihrem Anwaltsbüro. Das Lächeln auf ihrem Gesicht zeigte ihre Befriedigung darüber, daß das Erwartete eingetreten war. Denn sie hatte das Risiko des Briefes genau berechnet, war sich bei der Abfassung klar gewesen, daß sie das Vertrauen und die Freundschaft Isas nicht verlieren würde, höchstwahrscheinlich. Daß der Brief zwar eine Krise auslösen würde, die nicht ungefährlich wäre, aber daß sich nur durch diese Krise jene Steigerung und Umwandlung der Beziehung erreichen ließe, an der ihr vor allem lag, für die sie die Zeit nun reif hielt. Sie hätte lieber auf die ganze Beziehung als auf diese Umwandlung verzichtet. Denn sosehr ihr die Verehrung und Bewunderung der jungen Mädchen schmeichelte, so streng auch verbot sie es sich, darin auszuruhen. Sie war ganz Werkzeug geworden und konnte, wie sie wenigstens glaubte, menschliche Beziehungen nur noch in ihrer Funktion für den höchsten Zweck sehen. Und sie duldete auch bei ihren Schülerinnen nichts anderes. Was von der Eigentümlichkeit der Freundschaften Isas gesagt wurde, galt in noch höherem Maße von denen Petras, nur mit dem Unterschied, daß Petra viel älter war und entsprechend planmäßiger und konsequenter handelte, daß sie Schwankungen und jenem plötzlichen Zaudern, das Isa, zu ihrer Bestürzung, ihren Freunden reizvoll machte, kaum mehr unterworfen war. Isa hatte sich vorgenommen, ein Äußerstes zu tun und Petra um Verzeihung zu bitten dafür, daß sie ihr Anlaß gegeben hatte zum Tadel: sozusagen global um Verzeihung zu bitten, nicht für diese oder jene Handlung – von einer solchen war ja im Brief auch gar nicht die Rede gewesen –, sondern gleichsam für sich selber ganz und gar. Kurz, Isa kam mit der Absicht, um der Freundschaft Petras willen, an die sie, trotz der Reden von Heinrich, schon nicht mehr zu glauben wagte, alles aufs Spiel zu setzen und sich selbst ganz und gar zu verleugnen. Petra, deren Macht über andere nicht zuletzt darauf beruhte, daß sie deren innere Lage, ihre unausgesprochenen Absichten sofort erkannte und sich darauf einstellte, benutzte die Gelegenheit zu einer scharfen Wendung: sie legte den Arm um die Schulter Isas und führte sie zu dem Sessel, der sonst den Klienten vorbehalten war, begann dann sofort von ihrer Reise zu sprechen, so daß Isa überhaupt nicht zu Worte kam. «Ich will Ihnen was Schönes zeigen.» Sie nahm aus einem Fach des Schreibtisches eine Serie Alinari-Fotografien und gab sie Isa eine nach der anderen in die Hand. Es waren vor allem die Caravaggios der Villa Borghese und des Palazzo Corsini, die Lorrains des Palazzo Doria am Corso, ein oder zwei Rubens und Poussins. Bisweilen machte Petra auf ein Bild, auf eine Einzelheit besonders aufmerksam. Aber Isa schaute die Bilder nicht sehr aufmerksam an. Petras neue und überaus herzliche Freundlichkeit hatte ihre Seele in einen Schwebezustand versetzt.

Diese Veränderung war offenbar nur möglich als Reaktion auf die vergangenen furchtbaren Tage. Das Licht war jetzt tiefgolden, fast rötlich und ließ alle Umrisse rein und alle Gegenstände plastisch wie noch nie erscheinen: und dies nur darum, weil Isa in dieser letzten Zeit, seit jenem Augenblick auf der Treppe, die Welt vergessen hatte; ihr Bild war ihr abhanden gekommen. Es gibt Erfahrungen, die alles Frühere, mag es auch noch so lange gedauert haben und noch so tief eingedrungen sein, sogar die Erinnerung daran, fast auslöschen. Jetzt war die Welt wieder da, prall und tönend wie nie zuvor. Isa, von einem Ende ihrer Amplitude in einer rapiden Bewegung zur andern gerissen, sah sich oben auf dem Riesenrad, emporgehoben über die Dächer und Türme einer Stadt, die ihr eben noch, unten zwischen den Häusern, eng und wie ein Alpdruck gewesen war; jetzt erschien die Stadt in der ganzen Schönheit ihrer Anlage, in der Reinheit ihrer Perspektiven, ein bewußtes geistiges

Kunstwerk, beherrscht von den an wohlberechneten Stellen eingefügten Kuppeln und Türmen. Die Rauschstimmung, die Entrücktheit, die sie paradoxerweise der Welt auch inniger einfügte und verwob, wurde durch die Bilder, die Petra ihr zeigte, bestätigt und gesteigert, überhaupt erst formulierbar. Auch ließ dieser neue Zustand Isa durchaus die Möglichkeit einer Reflexion sogar über Petra, obwohl sie jetzt tiefer in deren Seele und Geist eingegangen war als je zuvor. Sie merkte sofort, warum Petra gerade diese Bilder liebte, warum sie sie ihr gerade jetzt zeigte: Isa erkannte ihren Zustand als ein Überfließen der eigentümlichen Gestimmtheit Petras auf sie selber; die Bilder aber lebten von der Spannung, einem kritischen und gefährdeten Entzücken, einer Anstrengung zum Runden hin, die man hier als verwandt empfinden und die sich als verwandt aufdrängen mußte.

Wohl könnte man auf den ersten Blick hin glauben, die Bilder des Caravaggio zum Beispiel lebten von der ins Unheimliche gesteigerten Spannung zwischen Licht und Dunkel – man denke an die Bekehrung des Paulus in Santa Maria del Popolo, an den David mit dem abgeschlagenen Haupt des Goliath, an den Narziß, den Petra als das vollkommenste Gemälde Roms zu bezeichnen liebte, wenn sie sich einmal in einer lässigen Minute derart absolute Urteile erlaubte. (Es sei trotz allen Bedenken manchmal richtig, solche Urteile zu fällen, bemerkte sie einmal; denn sie würfen ein entschiedenes Licht auf die Gegenstände; sie machten, und zwar sie allein, jene Seiten eines Gegenstandes, auf die es dem Urteilenden gerade ankomme, auch dem Fernstehenden, also allen andern, ganz sichtbar. Sicher, sie seien ungerecht. Aber nur wer diese Ungerechtigkeit in Kauf nehme, genüge dem absoluten Anspruch, den jede Erscheinung und vor allem jedes Kunstwerk erhebe. Das genaue Auswägen und Gegeneinandersetzen der Dinge sei zwar normalerweise nötig, eine moralische Verpflichtung; aber es müsse Stunden der Freiheit geben, in denen man sich unter Freunden erlauben dürfe, einseitig zu sein: wie anders sollte man sich sonst dem Höchsten öffnen, wie der Erschütterung, der Kraft, die einen weiterziehe, zur Verfügung halten können?)

Wohl könnte man auf den ersten Blick hin glauben, die Bilder des Caravaggio lebten von der unheimlich gesteigerten Spannung zwischen Licht und Dunkel, zwischen den fanatisch (es fiel ihr kein besseres Wort ein) voneinander wegstrebenden Gestalten. Man könnte es glauben. Aber zugleich oder doch sehr schnell wird einem klar, daß diese ins Dämonische gesteigerte Erfahrung des Gegensatzes kein einziges Bild zustande brächte ohne die komplementäre Kraft der Harmonisierung, die Fähigkeit, diese Spannung, diese als unheilbar erlittene Qual der Gegensätze zuletzt wieder zur Einheit zu zwingen, durch eine höchste Hitze des Geistes zu einer haltbaren, begrenzten, in sich selber bewegten Welt zu verschmelzen. Es ging in diesen Bildern um eine Wiederholung der Weltschöpfung aus Urelementen und Urkräften, die sich zwar hassen und abstoßen, aber von einer überlegenen Anziehung und Sympathie zu einem Zusammenspiel gezwungen und überlistet werden. – Und Isa brauchte auch nicht lange, um zu erkennen, daß Claude Lorrains Bilder durchaus in diesen Zusammenhang gehörten. Nur ging es hier um das Umgekehrte: die Einheit und Übereinstimmung lagen so sehr auf der Hand, daß man den Zweifel sofort spüren mußte. Daß man sofort erkannte, wie unwahrscheinlich und allem unseren Erleben fern solche Einheit und Übereinstimmung war. Sie war nur zu verstehen als ein Vorwurf an die zerfallende, sich immer schnellerer Verwesung überlassende Welt, als ein Versuch äußerster Askese: um ihr ihr Gegenbild vorzuhalten, oder als ein aus höchster Ruhe und Konzentration erhobener Befehl an die Welt, eine Beschwörung, in ihr Urbild zurückzukehren. Doch es war immer Skepsis in diesen Bildern, Zweifel an der Unternehmung von Anfang an. Das war der gloriose goldene Abend, der schon sinkende späte Nachmittag darin. – Isa tauchte ein in die Bewegung der einen, in die Ruhe und Verklärtheit der andern Bilder. Ihre Gedanken fingen an, in der Verzückung zu ertrinken. Sie nahm an einer Beschwörung teil, deren Natur und Charakter sie erst zum Teil erkannte; sie spürte aber, daß die Zeremonie erst begann und daß ihr die entscheidenden Einweihungen noch bevorstanden. Auf jeden Fall hatte es in dieser Stunde nur

Übereinstimmung zwischen ihr und Petra gegeben; sie hatte Mühe gehabt, daran zu glauben, daß sie jenen Brief überhaupt jemals empfangen hatte.

Und jetzt, in Jörgs zu ihr aufgehobenen Augen las sie die Bestätigung, daß sie heute wieder am andern Ende der Amplitude war, daß sie wieder ganz hinabgestürzt war. In Jörgs Auge stand der Nachmittag, die Stunde am Grab der heiligen Konstantia, die sie von da an mit allen Mitteln in ihren Sarkophag einzuschließen versucht hatte. Und in dieser Stunde, als in einem Kraterzentrum, in das hinabzugleiten sie sich immer wieder vergebens wehrte, stand das bekümmerte, das mitleidvolle, das anklagende, das verurteilende Gesicht Petras. Wieder stand es vor ihr.

Der Herzrausch, das entzückte Drängen strömte ihr durch Brust und Gesicht, so stark, daß sie nicht mehr an sich zu halten imstande war und – die eine Mahnung Petras vergessend, die andere befolgend – nur noch eine Begierde hatte, den Freunden, die sie allein hinten in der sonst leeren Kirche wußte, ihr Erlebnis mitzuteilen, sie in ihr Erlebnis hereinzuziehen, in das Meer der Gnade, in dem sie sich schwimmen fühlte, gewaltsam hereinzureißen. Sie wußte sich in diesem Augenblick stark, allmächtig, als ein unfehlbares Werkzeug des göttlichen Willens. Schon erfüllte sie der Triumph, schon überschwoll er das Gefühl des Eingeschmolzenseins, der Gemeinschaft mit den Heiligen: der Triumph, auch diese abseits Stehenden oder Zögernden auf einmal und von einem Augenblick auf den andern zur vollen Hingabe und Erkenntnis geführt zu haben. Sie zog ihr Gebet aus ihrem Herzen, aus ihrer Gebärde, ihrem Blick – hatten nicht Jörg und Bodo aus ihrem Anblick schon genug erraten? – ganz heraus auf ihre Zunge und fing – fast unmöglich, es zu sagen – an, laut zu sprechen: sie beschwor in tönenden und feierlichen Worten das Leben der Heiligen, ihre Bekehrung in der Begegnung mit der Märtyrin, der mystischen Begegnung mit jenem Schlaf, in dem sie sich selber, ihr kaiserliches Bewußtsein aufgab und auf das Zeichen wartete. Wartete, ohne zu erwarten, ohne Anspruch, auch ohne bestimmte Hoffnung, sie schlief ja. Ihre Glieder, ihr Herz, ihr Geist waren gelöst, ohne Bewegung, ohne Richtung. Und so konnte die Hand der Märtyrin sie fassen, richten, bewegen. Isa pries die kunstvolle und fast raffinierte Verfahrensweise der göttlichen Gnade, dem Menschen den Menschen vor Augen zu stellen und ihn so an sich zu ziehen; die Schwäche des Menschen, der den Menschen braucht, sich zunutze zu machen, um ihn desto sicherer allem Menschlichen zu entfremden, ihn durch den sanften Lichtschein menschlicher Sympathie und Zuwendung umzugewöhnen und anzugewöhnen an das überhelle Licht, das unmenschliche und tödlich lebenspendende, das den geliebten Auserwählten bestimmt ist, dem sie bestimmt sind. Isa zeigte die Kette der geistlichen Eltern- und Kindschaften, die sich durch die Zeiten fortsetzte und nach scheinbarem Abbruch plötzlich wieder fortwuchs: wie Konstantia von der Märtyrin adoptiert und hineingeführt worden war, so hatte sie selbst ihre Töchter um sich gesammelt und mit ihnen an diesem Ort die Lampen zur Hochzeit gerüstet. Und diese Töchter wiederum hatten, so sagte Isa, geistlich fortgeboren durch die Jahrhunderte. Und jetzt, nach der langen Leere, nach der Aufhebung des Hauses der Heiligen, der Vertreibung ihrer Töchter, über ein Jahrhundert nachher, genügte immer noch das Grab, die Gegenwart der Heiligen in ihrem Grab, um jenes permanente Wunder sich neu ereignen, den scheinbar toten Baum wieder grünen zu lassen: eine offene Seele dieser Zeit, ein zu seinem Heil schlafender Geist war wiederum von Konstantia an dieser Stelle erfaßt, gerichtet, bewegt worden. Und das neu Begonnene setzte sich auch gleich schon wieder fort: um die neue Mutter scharten sich neue Töchter, um diese Töchter Schwestern, um diese auch schon geliebte Brüder. War nicht schon Ähnliches früher auch anderswo geschehen? Hatte es nicht Teresa und Johannes vom Kreuz gegeben, und vorher schon, näher an Konstantia, Franz und Klara, und, schon ganz nahe an ihr, Scholastika und Benedikt?

Isa lief mit ihrer Rede weiter, widerstandslos vorwärts: möchte doch die Heilige die noch Zögernde mit ihrem Lächeln immer mehr ziehen! Möchte sie doch nur gestatten und bewirken, daß das Lächeln einer jeden einzelnen ihrer neuen

Töchter nur noch Erneuerung und Abglanz ihres eigenen Lächelns werde, durchsichtig auf dieses Lächeln, lockend in dieses Lächeln; und durch ihr Lächeln wiederum hindurch durchsichtig und lockend hinein in den unbeschreiblichen Abgrund und das unzulängliche Licht, das die Welt aufhebt. Mit solchen Sätzen etwa, mit einer Wiederholung der Bitte, daß den Zögernden die Augen schnell, schnell geöffnet werden, daß sie sich doch bald vom bloßen Abbild und Instrument zum Urbild und Zweck hinwenden möchten, vom blinden Spiegel zur schwach darin abgespiegelten Gestalt – anders müßte der Spiegel verzweifeln an seiner Tauglichkeit, vorziehen, daß man ihn hinwegnähme und zerbräche –, mit solchen Sätzen, solcher Bitte versank ihre Gebetrede, zugleich mit dem ganzen Rausch, der ganzen Verzücktheit, sehr schnell, nachdem sie die letzten Worte gerade eben noch gestammelt hatte, in die Jauche der Anklagen und des Vorwurfs.

Aus dem Garten voller Büsche, die mit Blüten aller Farben dufteten, war sie unversehens auf kahlen und rissigen Kalkboden, in den alle Feuchtigkeit längst versickert war, hinausgeraten. Es war das Gesicht Petras, auf dem sie ging, in dessen drohende Spalten sie schon im nächsten Augenblick versinken, selber versickern würde. Grauen, Furcht vor sich selber faßte sie. Ihre Rede hallte in ihr wider, ein fratzenhaftes Echo warf ihr von nassen schleimigen Wänden jedes Wort wieder zu. Hatte sie wirklich diese abgeschmackt feierlichen Dinge gesagt? Hatte sie vom sanften Lichtschein und dem überhellen Licht gesprochen, dem tödlich lebenspendenden? Hatte sie wirklich von den geliebten Auserwählten geredet, von der Kette der geistlichen Eltern- und Kindschaften, von den Hochzeitslampen, von den geistlichen Fortgeburten, von einem zu seinem Heil schlafenden Geist, von Teresa und Johannes, Franz und Klara, Benedikt und Scholastika? Vom unbeschreiblichen Abgrund und vom unzulänglichen Licht, vom Abbild und vom Urbild, vom Spiegel und vom Abgespiegelten? ‹Ja› schrie es in ihr (oder war es Petra, die schrie?): ‹Du hast dich dieser Abgeschmacktheit schuldig gemacht, du hast dieses gipserne Monstrum aufgerichtet. Und jetzt ist es wieder nur deine Eitelkeit, die dich zur Reue und Scham bewegt: weil du dich vor deinen Freunden lächerlich gemacht hast. Weil sie dich noch weniger ernst nehmen werden als bisher, Mitleid mit dir haben werden. Zu ihrer Schwärmerei wird jetzt noch Mitleid kommen, Sorge, Nachsicht. Das allein ist dir unerträglich. Und dabei ist das, was du getan hast, ganz einfach Verrat. Die stille und allmähliche Wirkung, die bescheidene Vermittlung durch alltägliche Gespräche im alltäglichen Leben, durch ein einfaches und diskretes Beispiel und Vorleben war dir nicht genug. Du wolltest auftreten, das, was dich innen bewegt, laut und glänzend demonstrieren. Du wolltest mit deiner Auserwähltheit glänzen. Aber damit ist das, was bisher kostbar und geheim gewesen war, plötzlich offen und öffentlich und billig und flach geworden. Das war Fastnachtsseide, in die du dich gehüllt hast. Die großen Figuren, die du beschworen hast, waren Schaufensterpuppen. Und die Freunde hast du nicht nur nicht hingewiesen und gezogen, du hast sie zurückgestoßen und weggeschoben von der Quelle (schon wieder sagte es ‹Quelle›, wie sollte man das vermeiden?), zu der du sie hättest sacht hinführen sollen, der sie vielleicht schon ganz nah gewesen waren.›

Ein Block lag auf ihrer Brust; sie glaubte, keine Luft mehr zu bekommen. Ein Block lag ihr im Gehirn. Das Grab der Heiligen, eben noch Glanz, Leben ausströmend, ein Schrein voller Kraft und voller Wunder: das war jetzt nur noch Stein, ein Klotz, gemeißelt in der Konvention einer vergangenen Zeit, die niemanden mehr etwas anging. Isa war in einem Traum gewesen. Nun war sie erwacht: die Welt war verworren, nicht zu ordnen, aber vor allem war sie banal. War es Bodo, der das sagte? Sie wandte sich um, Jörg und Bodo waren nicht mehr da. Sie lief zum Ausgang, auf die Straße. An der Haltestelle fand sie die beiden: sie hörten mit ihrem Gespräch sofort auf, als sie Isa kommen sahen. Im Autobus setzten sich alle drei nebeneinander. Aber niemand sprach ein Wort, bis sie hier draußen am Fenster des Parkkaffees saßen. Ihr Gerede, mit dem sie abzulenken, den Rückfall in das eben Geschehene zu verhindern, die unvermeidliche Konfrontation hinauszuschieben versuchte, erreichte das Gegenteil: war alles, was sie gesagt hatte, nur eine dürftige Entschuldigung, nein, vielmehr Kommentar, Begründung für die schwerste Anklage gegen sie selber gewesen, so war nun in Jörgs Auge all das, was sie am meisten fürchtete, versammelt, geballt, so dicht konzentriert, daß sie es nicht zu ertragen glaubte. Dieses Auge verschlang die ganze Welt ringsum. Bodo, die andern Gäste, die sich jetzt zum Abend an den Tischen niederließen, der Garten sogar, dessen Kraft und Zauber sie eben beschrieben hatte: er wurde in Jörgs Auge gespiegelt, um dämonisch – eine Falle, ein Labyrinth – Ahnungslose in seine Irrgänge zu locken und zu vernichten. Diese sanften Augen, die Isa geliebt hatte vom Moment an, wo sie ihren freundlichen Blick erwidert hatten (‹freundlichen Blick›: wie Isas Blicke eben waren, nach Menschen unersättlich, nach Begegnungen süchtig, aber ebenso voll Furcht vor diesen Begegnungen: kaum trat sie in eine ein, war die Angst auch schon so groß, daß sie um alles daraus wieder zu entkommen versuchte, doch wiederum nicht konsequent, weil sie ohne Menschen nicht leben konnte. Also war sie halb heftig, halb kalt, halb betörend, halb abstoßend, sich selber eine Hölle), diese sanften Augen, in die sie sich als in ein mildes, löschendes Bad geworfen hatte, die sie für Augenblicke entwirrt und aus ihrer Schleuderbewegung gelöst hatten: sie selber hatte sie im Laufe dieser Monate in einen Brand, in einen Krater verwandelt, dessen Untiefen sie nicht mehr kannte, von dem sie nur zu wissen glaubte, daß er irgendeinmal ausbrechen würde. Und wenn sie außerstande war, zu löschen, was sie selber angezündet hatte, so war Petra schuld daran. Petra hatte sie zum Werkzeug gemacht, sie einer Macht unterworfen und eingefügt, die sie zwang, sich so zu verhalten, intensiv, herausfordernd und zugleich reserviert, unpersönlich, grausam. Aber war es nicht die gleiche Petra, die ihr dieses Verhalten auch immer wieder vorwarf, sie als schlechtes Werkzeug tadelte? Die von ihr eine Beziehung zu den Menschen verlangte, die so schwer, so kompliziert war, daß man sie einfach nicht leisten konnte? Es war immer falsch, wie sie es machte, und wenn sie den einen Fehler zu vermeiden trachtete, fiel sie in den – schlimmeren – gegenteiligen. Mit Jörg wiederholte sich, was sie mit

Heinrich und an Heinrich erlebt hatte, nur ungleich schärfer, unerbittlicher: um so viel schärfer und unerbittlicher, als Jörg jungenhafter, weicher, unerfahrener war als Heinrich. Die Desillusionierung bei ihm, so fürchtete sie manchmal, war total, war tödlich. Und wenn Petra den Sturz zu wünschen schien, ihn für den Anfang aller Dinge hielt, wer garantierte, daß einer richtig stürzte, wer hatte die Macht, das Wissen, die Kunst, den Fall so zu lenken, daß er nicht endgültig Tod war? «Du hast die Verantwortung für ihn, dir ist er aufgegeben», sagte dann Petra. Isa schwindelte. Wie sollte sie diese Verantwortung tragen? Hier die Furcht, nichts zu tun, die Zeit zu vertändeln, träge im angenehmen Augenblick zu bleiben. Dort, als Lohn der Unbedachtsamkeit, des Pathos törichten Verhaltens der Brand ganzer Städte in den verwüsteten Augen, der Sog nach der Tiefe, darin das strafende, das abweisende, das verdammende Gesicht: Isa stand auf, umstellt von Jörgs Blick. Das Gurgeln, das Rauschen stieg. Vielleicht hatte sie einen Augenblick gehofft, durch die Kapitulation vor der Erinnerung an jene Stunde ihre Sache zu Ende gebracht zu haben, zerschellt und vernichtet zu sein. Aber sie stürzte immer weiter, die Angst nahm kein Ende. Das Boot drehte sich rasend immer weiter. Sie winkte Jörg und Bodo zu, rief, schon auf dem Weg zur Tür: «Ich habe mich verspätet, entschuldigt bitte!», lief hinaus und fuhr zu Petra, die sie, wie sie wußte, schon erwartete.

II

Bodo und Jörg gingen zu Fuß nach Hause. Jörg rauchte sogar auf der Straße, nachdem er sich gleich nach dem Weggang Isas die erste Zigarette angezündet hatte. Das wunderte Bodo, hatte Jörg doch immer behauptet, er könne im Gehen nicht rauchen.

War Bodo die unbestimmte Schmuddligkeit der Gegend schon unangenehm, die rostigen Fahrräder, die an den kannelierten Eisenpfählen alter Gaslaternen lehnten, die dunkel gestrichenen Zeitungskioske, die Fleischerläden, wo im öden Schaufenster noch ein Schwein hing, allein und blutig über einem schwärzlich gemaserten Marmortisch an einer glatten, gelblich gekachelten Wand; und der Metzgerbursche kam gerade heraus: blonde Bartstoppeln, aufgerollte blaue Hemdsärmel, pfiff den schon für den Abend geschmückten Mädchen zu, die auf der andern Straßenseite Arm in Arm gingen: sie hatten ihre braunen Kraushaare in Dauerwellen gelegt und lachten breit mit ihren ungeschickt geschminkten Mündern: war ihm die ganze Schäbigkeit dieser Gegenden schon unangenehm, so ertrug er sie sonst doch, nahm sie hin als eine Bereicherung der Welt, als einen ihrer Aspekte. Heute aber, als er so neben Jörg ging, schien ihm das alles unerträglich. Jörg, die fragwürdigste Seite Jörgs, erfuhr hier eine plötzliche und peinliche Bestätigung und Betonung. Jörgs Naivität – wie Bodo es oft lobend nannte –, seine Unbestimmtheit, das bloß lose Zusammenspiel zwischen seinem Innern und seinem Äußern, das Hinterherlaufen seiner Seele hinter seinem Geist, seines Leibes hinter seiner Seele, dies Verstreute und Zerstreute, dies unscharf Träumerische, das ihn an Jörg enervierte und dann doch wieder anzog – wie ein wildes Gebirge voller seltener Gesteine und Pflanzen den Naturforscher anzieht –, in diesem zwielichtigen Übergang von der konzentrierten Stille der alten Parkresidenz zum rauschenden, bewegten, organisierten Zentrum der Großstadt, erschien es ihm nur noch fatal, bloßer Stoff, heillos verworren, fast verächtlich. Er fragte sich, wie lange er wohl noch imstande sei, Jörg zu ertragen. Der Anblick des braunen, hell gestreiften, doppelreihigen Kammgarnanzugs, der aussah, als habe ein Bankdirektor ihn abgelegt (tatsächlich hatte Jörg ihn von seinem kürzlich verstorbenen Onkel geerbt), erregte den Ekel Bodos; er streifte Jörg mit einem kalten scharfen Blick. Jörg spürte ihn denn auch wie den Schnitt eines Rasiermessers auf Stirn, Lippen und Brust und sagte: «Du weißt, daheim wurden wir sehr fromm erzogen, meine Geschwister und ich. Und meine Selbständigkeit bestand schließlich darin, daß ich das, was man von mir verlangte, noch überbot. Ich akzeptierte, was man mir gab, mit Leidenschaft, entlief meinen Erziehern nach vorn, in die Richtung, die man mir wies, so schnell, daß sie mich nun schon seit langem aus den Augen verloren haben. Ihr allzu großer Erfolg ängstigte sie wie ein Mißerfolg. Man muß wissen: in meinem Elternhaus wurde alles Gefühl an die Religion gewendet. Und ebenso war schon immer eine Abneigung gegen alle sinnlichen Leidenschaften dagewesen.» Er lachte. «Mit elf Jahren schrieb ich einmal, unter dem Eindruck des ‹Lohengrin›, dessen Textbuch mir ein Schwager meiner Mutter, ein Wagnerianer, geschenkt hatte, ein Theaterstück, worin der Held auf einem von Gänsen gezogenen Wagen nach Athen kommt. Sonst weiß ich nicht mehr viel von dem, was in dem Stück passierte. Aber es war eine Liebesgeschichte, und meine Mutter schockierte das. Sie meinte nur, es gäbe doch auch andere Themen. Und merkwürdig, ich erinnere mich, daß ich deswegen schon ein schlechtes Gewissen hatte, als ich zu ihr ging, um ihr mein Werk zu überreichen. Doch worüber hätte ich sonst schreiben sollen? In allen Theaterstücken, die ich kannte, gab es nur dies eine Thema, das, vor allem seit der Scheidung meiner Eltern, in der Familie verpönt war. Die schlimme Erfahrung meiner Mutter bestätigte nur eine im Grunde schon fertige Ansicht. Von den sechs Schwestern hatten bloß zwei geheiratet. Und die glückliche Ehe der ältesten, die eben jenen Wagnerianer zum Mann hatte, wurde einfach nicht gezählt: das

Paar hielt Abstand von der in der Familie herrschenden religiösen Lebensstimmung und galt darum als fast abtrünnig, als nicht voll zugehörig.

Freilich, bei mir schlug die fromme Erziehung, zum Kummer meiner Mutter, zunächst weniger an als bei meinen Geschwistern. Ich war zu träumerisch, immer zu sehr mit mir beschäftigt, als daß ich die Pünktlichkeit und Disziplin, die unsere Frömmigkeitsübungen verlangten, hätte aufbringen können. Man ging – Mutter und Kinder gemeinsam – alle vierzehn Tage zur Beichte, und noch öfter, jede Woche mindestens einmal, zur Kommunion. Dazu kam das regelmäßige, gemeinsame Morgen-, Abend- und Tischgebet. Dazu kam die Regel, in jede Kirche – wenigstens auf dem Lande –, an der man vorbeikam, zu einer kurzen Andacht einzutreten, und anderes mehr. Ich machte alle diese Dinge natürlich mit, etwas anderes hätte ich mir gar nicht denken können. Aber ich war unlustig bei der Sache: diese Übungen waren mir zu fertig, überstiegen in ihrer unveränderlichen Regelmäßigkeit bei weitem alles, was ich im Halbdunkel meiner Phantasien zu leisten vermochte. Aber man täuschte sich in mir, wenn man glaubte, ich sei kein frommes Kind. In Wahrheit war es so, daß ich von meinem zehnten bis zu meinem sechzehnten Lebensjahr überzeugt war, im Stande der Todsünde und verdammt zu sein. Ich sprach zu niemandem von diesem furchtbaren Wissen diese ganze Zeit hindurch – was hätte es mir genützt? Und ich fürchtete wohl, von meiner Familie, wenn sie etwas wüßte, wie ein Aussätziger ausgestoßen zu werden. Ich fürchtete mich vor jeder Kirche, wo mir mein Zustand immer wieder schrecklich deutlich wurde. Ich fürchtete mich vor jeder Beichte, vor jeder Kommunion, wo ich mich immer tiefer verstrickte, indem ich das Göttliche mit meiner Sündhaftigkeit beschmutzte und es in mir aus einem Heilmittel zu einem Gift verwandelte, das meine Krankheit immer mehr verschlimmerte. Und es gab keinen Arzt. Denn die Priester fürchtete ich, weil sie, wie ich wohl wußte, nur versucht hätten, mich den Regeln der kirchlichen Frömmigkeit zu unterwerfen, von denen ich überzeugt war, daß ich sie nicht erfüllen könne. Sie waren ein System, das ich bewunderte, dem mich einzufügen ich mich aber zu klein, zu schwach fühlte. Gerade mein Sinn für die Vollkommenheit, die Präzision, die Unfehlbarkeit dieses großen Systems aus Warnungen, Strafen, Tröstungen, Belohnungen, als welches die Religion, wie sie meine Umwelt übte, vor mir stand, war die Quelle meiner Verzweiflung. Ich spürte nicht so sehr die Hilfe, die mir hier geboten wurde, sondern viel mehr die Unerbittlichkeit der Forderungen, denen alle andern offenbar leicht nachkamen. Ich allein war klein, verächtlich, verdorben unter so vielen Großen, Anständigen, Sauberen.»

Bodo hörte diese Rede an, ohne sie zu unterbrechen, wie er vorher auch die Rede Isas angehört hatte. Aber hier fühlte er seine Aktivität in anderer Weise provoziert als durch Isa. Handelte es sich doch bei ihr um etwas, womit er schon nahezu sich abzufinden begann; er hatte Isa zu einem Zeitpunkt kennengelernt, wo sie ihm schon fast geschlossen und fertig schien – so sehr unterschied sich Bodos Bild von ihr von jenem, das sie selber von sich hatte.

Jörg aber zeigte sich ihm in voller und noch ganz ungerichteter Bewegung, in die einzugreifen, die mitzubestimmen er die größte Lust hatte. Auch jetzt, wo ihn die Art seines Freundes verstimmte und er die Eröffnungen über seine Jugend unleidlich geschwätzig fand (so etwas erinnerte ihn immer an Heinrich), mußte er darüber nachdenken, warum wohl Jörg zu diesem Rechtfertigungsversuch kam: war Jörg noch derart abhängig von ihm, lag ihm noch so viel an seinem Verständnis, an seiner Zustimmung, trotz Isa, trotz Petra, die ihn in ihren Kreis einzuschließen versuchten, ihm ihre Gesetze schon weithin auferlegt hatten? Wie konnte ein Mensch leben, wo mußte sich ein Mensch befinden, der die Gedanken und die Blicke eines anderen nicht mehr ertrug, sie nicht einfach abzuschütteln imstande war? Das Wissen, daß Jörg das nicht konnte, daß seine Reaktion ihm von Bedeutung war, ließ Bodo geradeaus auf den Weg sehen, vielleicht gelegentlich einen Blick in eines der vollgepfropften Vorstadtschaufenster werfen, aber peinlich vermeiden, Jörg ins Auge zu sehen, ihn durch irgendeine Bewegung zu stören. Jörg senkte jetzt jedesmal die Stimme, wenn jemand zu nahe vorüberging, als fürchtete er, sein Geheimnis Unwürdigen preiszugeben:

«Erst als ich fünfzehn Jahre alt war, entdeckte ich das Heilmittel, den Dreh, der alles veränderte. Aber nein, es war nichts, was ich irgendwo fand, keine Technik, die ich nach langem Suchen entdeckte und zu praktizieren begann. Es war vielmehr etwas wie ein Schub. An einem Abend, an dem ich mich wieder einmal über etwas ganz Gleichgültiges mit meiner Mutter gezankt hatte, war mir so elend zumute, daß ich mich in eine Ecke flüchtete und zu weinen anfing. Ich weinte haltlos vielleicht eine halbe Stunde lang, bis ich merkte, daß sich in mir alles plötzlich veränderte, umwälzte: ich merkte, daß die Trauer und Verzweiflung einer Entschlossenheit wichen, die ich bisher überhaupt nicht gekannt hatte. Der Entschlossenheit nämlich, meinen Zustand um jeden Preis zu verlassen als ein Verlies, in dem ich nicht mehr leben konnte und auch nicht mehr leben wollte und jetzt auch nicht mehr zu leben brauchte. Die Tür stand offen, ich mußte nur hinausgehen.»

Bodo konnte noch im letzten Augenblick vermeiden, Jörg anzusehen, indem er schnell nach der andern Seite auf einen großen hölzernen Bären schaute, der in einem Schaufenster kauerte und, wie sich bei näherem Zusehen zeigte, als Lehnstuhl gedacht war. Er lief hinüber, um die erstaunliche Erfindung zu betrachten … Wie konnte man so leben, indem man immer wieder sich ganz umdrehte, sich immer wieder von einer Klippe hinabstürzte, wie konnte man leben in solch grauenhafter Diskontinuität?

Aber er wollte diesen Gedanken Jörg jetzt nicht zeigen, sonst würde jener seinen Bericht abbrechen. Schon hörte er ihn rufen: «Was tust du denn? Komm doch zurück!» Sie gingen wieder nebeneinander.

«Ich wußte jetzt, was ich zu tun hatte, was allein ich tun konnte und mußte: nach vorn laufen aus Leibeskräften, die Hindernisse einfach überspringen, alles hinter mir lassen, indem ich dem neuen Ton aus meinem Innersten, dem plötzlichen heftigen Zug bedenkenlos folgte. Ich nahm meinen Mantel und lief durch den dunklen Herbstabend zur Kirche der heiligen Konstantia, zu dem Marterort, wo ich immer wieder alle Qualen der Verdammten gespürt hatte. Hier standen von Allerseelen her noch jene Bilder, die mich immer so geängstigt hatten: alte Tafelbilder, die man alljährlich zum zweiten November wie Kulissen für ein schauerliches Drama, das vor dem Hochaltar zu spielen wäre, auf beiden Seiten des Chorraums aufstellte. Sie zeigten in grober Manier die nackten Büßer mit verzerrten Gesichtern, die Arme flehentlich ausgestreckt, mitten in den Flammen des Fegefeuers. Und das war erst das Fegefeuer. Wo immerhin, wie man deutlich sehen konnte, die eine und andere Seele von der auf Wolken über dem ganzen Elend thronenden Madonna, von einem Engel, von einem Heiligen an der Gebetsschnur aus Holzperlen, dem sogenannten Rosenkranz, bereits herausgezogen wurde. Den plumpen Anthropomorphismus solcher Darstellungen nimmt man auch als Gläubiger schon früh nicht mehr ernst. Ich tat das damals schon lange nicht mehr. Aber an meiner Angst beim Anblick der Bilder hatte das bisher nichts geändert. Wußte ich auch, daß man es mit den roten und gelben Flammen nicht so genau nehmen durfte, so war die Pein, die sie versinnbildeten, nur desto schlimmer, ein Brennen der Seele, wogegen mir biedere Feuerflammen harmlos schienen. Dies Brennen war immer in mir, und bis zu jenem Tag hatte ich es für unauslöschlich gehalten. Die Bilder standen auch jetzt da, aber es war das erstemal, daß sie mir gleichgültig waren, daß ich sie übersah. Vielmehr sah ich das Ewige Licht, das über ihnen vor dem Hochaltar schwebte, eine Ampulle, gefüllt mit leuchtendem Blut, das mir auf einmal seine Kraft mitteilte. Ich wußte jetzt, woher die Kraft kam, die ich zu Hause in mir gespürt hatte. Ich erfuhr ihre Erklärung und Bestätigung. Ich war ganz frei, der Fluch war weggenommen. Ich wußte mich aufgenommen, die fürchterliche Einsamkeit war zu Ende. Seither entzog ich mich den gemeinsamen Andachtsübungen der Familie, um das, was sie forderten, von innen heraus desto leidenschaftlicher und eifriger zu tun. Meine Mutter und die Tanten tadelten mein Verhalten als Eigenbrötelei. Meine Geschwister ließen mich in Ruhe, aber sie wunderten sich. Das mit der Eigenbrötelei hatte wohl sein Richtiges, aber ich wußte es damals nicht besser. Erst Isa hat mir die Augen geöffnet. Ich habe sie durch meinen Bruder kennengelernt, der mit ihr zur Schule gegangen war. Er stellte mich ihr eines Tages in der Mensa vor. Sie trug ein blaugrünes Kleid, das genau zu ihren Augen paßte. Mein Bruder sagte ihr das auch. Aber sie ging nicht darauf ein, sondern sprach über den Glauben. Jemand erzählte, Heinrich ‹glaube nicht mehr›. (Es war kurze Zeit, nachdem er und Isa sich getrennt hatten.) ‹Das gibt es nicht›, sagte sie, ‹wenn einer aufhört zu glauben, dann hat er eben nie geglaubt. Den Glauben kann man nicht verlieren.› – Noch am selben Abend lud sie mich zu sich ein. Die Plötzlichkeit der Einladung überraschte mich, schmeichelte mir aber vor allem; ich war sehr neugierig, aber auch mißtrauisch. Als ich dann bei ihr war, bezauberte sie mich sofort, ich hatte so etwas noch nicht gekannt. In dem enganliegenden Kleid war sie eine Wassernymphe, aber ich nannte sie an diesem Abend ‹Artemis›. Ihre nackten Arme waren vielleicht etwas zu muskulös. Aber die Entschiedenheit ihrer Formen forderte mich heraus. Genauso wie die der Brüste. Ich hatte vorher nicht gewußt, daß ein Körper so gegenwärtig sein kann. Ich war ganz eingeschlossen, ich schwamm in ihr wie in einem grünen Wasser. Nur noch ihre graugrünen Augen schwebten darüber. Doch war das Wasserrätsel auch darin. Nur ein bräunlicher Schimmer deutete den Wald an. Kühl war auch er. Ich meinte damals noch, er liege im Wasser, man müsse ihn heben, einen versunkenen Urwald. Ich selber versank, aber ich wußte nicht wohin.

Isa hatte die Sache mit Heinrich noch kaum verwunden, es war kurz nach seiner Abreise. ‹Es geht dabei gar nicht um mich›, sagte sie, als wir darauf kamen. ‹Aber er ist zu sich selber weggelaufen, er wollte sich nicht lassen.›

Ich habe von ihren Haaren noch nichts gesagt. Sie trug sie damals glatt und dicht, zu einem Knoten aufgesteckt. Das war sehr streng und grenzte ab und wies doch zugleich auch hin, zog hinein in die Geheimnisse des Gesichts, des Blicks, der Gestalt. Ich hörte das, was sie sagte, kaum. Und das, was ich selber sagte, sagte ich nur, um zu reden. Bei ihr freilich wird das kaum so gewesen sein. Sie hatte immer etwas zu sagen, und zwar etwas ganz Bestimmtes. Mit jemandem, dem sie nichts zu sagen hat, läßt sie sich schon gar nicht ein.»

Sie waren jetzt in der Nähe des großen Straßenrings, der die Innenstadt einfaßte: die fast unabsehbaren Fluchten von fünf- bis sechsstöckigen Häuserblöcken aus der Zeit um 1900 wurden dort von großen Grünflächen unterbrochen. Es war Nacht geworden und die Stadt hell und farbig. Ein hohes, von Glühbirnen eingefaßtes Tor führte auf einen Rummelplatz. Sie traten ein, ohne vorerst auf den Tingeltangel, auf die flimmernde Bewegung, die Musik und den Lärm ringsum mehr zu achten als bisher auf die Lichter und den vagen Lärm der Stadt.

«Aber du hast sie nicht geküßt», Bodo konnte sich jetzt doch nicht mehr zurückhalten. «Du hast dich mit der bloßen Betrachtung begnügt. Ich wundere mich nicht, daß du auch heute wieder so dreinschautest, zerfressen von Reue. Aber ich denke, es ist jetzt zu spät, sie ist dir endgültig über den Kopf gewachsen.»

«Du verstehst nichts», rief Jörg ungeduldig und etwas ängstlich, «du weißt nicht, worum es hier geht.» Bodo lachte. «Und ob ich das weiß. Aber du, du magst dich nicht so, wie du bist, auch heute noch nicht.» – «Du bist primitiv und brutal», schmollte Jörg leise, fast nur noch der Form halber: denn er blieb gebannt vor einer weißen Figur stehen, die sich vor ihm bewegte. War das nicht die gleiche Konstantia, mit der Isa heute nachmittag geredet hatte? Oder war es Petra? Es fiel Jörg zum erstenmal auf, wie ähnlich Petra dem Bild der heiligen Konstantia schon geworden war, wie sehr sie sich ihr über die Jahrhunderte hinweg auch äußerlich angeglichen hatte. Bodo, neben dem wie angewachsen und unverwandt schauenden Begleiter, hatte Mühe, in der bunten Vielfalt ringsum den Gegenstand zu erraten, der diesen so anzog: es war eine hölzerne Musikantin von halber Lebensgröße, die sich auf der Orgel eines Karussells, einigermaßen im Takt der Musik, mechanisch hin und her drehte. Da aber der Mechanismus offenbar schon längere Zeit nicht mehr geölt worden war, hörte man jedesmal, wenn sie, nach kurzem Stocken, sich von rechts wieder nach links wandte oder umgekehrt, ein leises Schnarren. Die Figur hielt eine Leier in der Hand, deren Rahmen von grellroten und -gelben Glühbirnen besetzt war. Ihr Gewand war goldgerändert und glänzte in schneeweißer Lackfarbe. Als Bodo, gelangweilt und etwas belustigt von den kindlichen Reaktionen Jörgs, hinüberblickte über das Karussell hinauf und über die Krone der Kastanie dahinter, sah er von der Terrasse im vierten Stock eines Hauses Menschen herunterschauen. ‹Wir sind schon hier›, dachte er, ‹haben schon den ganzen Platz überquert. Und das ist schon die Terrasse Petras.› Hinter der Terrasse lag ein erleuchtetes Zimmer; man sah Leute herauskommen und hineingehen. ‹Isa ist auch dabei›, dachte Bodo, ‹Petra hat ihren Mittwoch.›

Davon sah Jörg nichts, er sah Petra in der schnarrenden Leierspielerin auf der Karussellorgel. Wie jetzt überhaupt die Gestalten, die in ihm umgingen, sich nicht damit begnügten, alle anderen, die bisher dagewesen waren, an die Wand zu drängen, wo sie langsam immer blasser wurden, sondern auch aus der äußeren Welt von allen Seiten auf ihn zutraten und in ihn eindrangen. Auf Schritt und Tritt stieß er auf die gleichen wenigen Figuren, vor denen er eben geflohen war. Floh er überhaupt noch? Hätte er in einer anderen Welt als in dieser zauberisch vereinfachten, die sich seit der Begegnung mit Isa um ihn zu schließen begann, überhaupt noch leben können? Die Magie dieser Veränderung war so mächtig, daß er kaum mehr imstande war, darüber nachzudenken, ob er nicht in eine Gefahr geriet, ob er auf die Dauer wirklich vertragen werde, daß man ihm sein Herz aus dem Leibe zog und ihm ein fremdes Herz einzusetzen versuchte. Die Frage stellte er sich sowenig wie irgend sonst jemand aus dem Kreise Petras. Und die wenigen anderen, die nicht zu diesem Kreis gehörten und mit denen er trotzdem noch umging, kamen ihm nicht mehr nahe genug, um die Verschiebung aller Schichten, den Umsturz in ihm in seinem ganzen Umfang zu erkennen oder ihn etwa sogar aufzuhalten. Sie sahen wohl die Vulkanausbrüche, die solche Umwälzungen begleiten, aber von den Ursachen wußten sie nicht viel und wollten auch nicht viel wissen.

Bodo war vielleicht der einzige, der sah, was mit und in Jörg vorging – außer den Interessierten um Petra natürlich –: er sah Jörg die Figur anstarren, ohne zu wissen, was sie für ihn bedeutete. Aber daß sie, wie alles, eine Beziehung hatte zu Jörgs augenblicklicher Verfassung, das war ihm sofort deutlich; vor allem auch, weil er darüber Petras beleuchtete Wohnung und Terrasse, bevölkert von ihren Freunden, als absolute Dominante erkannte. Er spürte das Unheimliche der Situation. Noch zögerte er, Jörg anzusprechen. Er zögerte, den Schlafwandler aufzuschrecken. Und einen Augenblick lang fürchtete er einen geheimnisvollen Zorn, der vom Balkon auf ihn niederstürzen könnte, wenn er es wagen sollte, in unerbittliche Verfügungen einzugreifen. Er hätte sicher noch um vieles klarer gesehen, wenn ihm Jörg gesagt hätte, was er in der Orgelfigur sah, oder wenn er ihm zum Beispiel erzählt hätte, was er wenige Wochen vorher auf einer Ferienreise erlebt hatte, auf die ihn sein Wagnerianer-Onkel und dessen Frau mitgenommen hatten.

Auf der Fahrt entlang dem Ufer eines der oberitalienischen Seen hatten sie sich ein altes Schloß angeschaut. In einem der Zimmer fand sich an der Wand gegenüber einem grün verhangenen Himmelbett das stark nachgedunkelte Bild einer Heiligen. Jörg erkannte in ihr, ohne erst genau hinzusehen, Konstantia: er erkannte sie an seinem Herzen, das das Abbild jener Macht, die es beherrschte, mit heftigen Schlägen begrüßte. Als dann sein Onkel die Inschrift unten am Rande laut entzifferte: «Sancta Constantia virgo», hörte er es nicht. Er verließ schnell das Zimmer und sagte sich selbst ein Mal nach dem andern: ‹Schon wieder, schon wieder.› Die großen fordernden Augen des Bildes hatten ihn angesengt, bis zum Abend hatten sie ihn ganz durchglüht.

«Wir sind ja schon hier.» Bodo durchbrach jetzt seine Barrikade und sah auch auf das Karussell selber: da fuhren alle möglichen Fahrzeuge im Kreis, das größte und schönste war ein Feuerwehrauto, rot, dessen Glocke ein kleiner Junge jauchzend läutete. «Da drüben wohnt, glaub' ich, Petra. Willst du noch hinaufgehen?» Er tippte Jörg an die Schulter; der fuhr hoch: «Was sagst du? Was, wir sind schon da?» Er brauchte seine Augen kaum zu bewegen, damit sie von der Leierspielerin hinaufglitten zu Petras Balkon: «Doch, das könnten wir eigentlich, du könntest mitkommen, warum nicht? Man wird sich sehr freuen.» – «Was man da oben jetzt wohl redet?» wich Bodo aus. Jörg bereute die Einladung schon halb. Es war ihm lieber, Bodos Gedanken bei Petra zu wissen, als ihn selber. Er fürchtete – man spürte oben seine Furcht und hatte ihn darauf schon öfter angesprochen – die Veränderung der Atmosphäre durch die Beimischung der neuen Substanz.

«Ich denke, man hat eben aus einer neuen Arbeit des Herrn Doktor vorgelesen. Das wurde für heute abend versprochen. Und jetzt macht man eine Pause.» – «Was für eine Arbeit?» – «Über Novalis, glaube ich. Aber ich bin nicht sicher; ich weiß nur, daß der Herr Doktor auch über Novalis arbeitet.» Jörg steckte beide Hände in die Hosentasche und ging voran zum Ausgang des Rummelplatzes: «Als Isa mich das erste Mal mit hinaufnahm, tat man das auch. Petra liest sehr schön, sehr klar vor. Aber damals las der Herr Doktor selber, etwas undeutlich und zu schnell. Er tat das, glaube ich, um seinem Lesen den Charakter der Beiläufigkeit zu geben. Er will zwar, daß man von seiner Arbeit Kenntnis nimmt, aber man soll sie nicht zu wichtig nehmen. Man soll sie als Kommentar zu einem Text auffassen, den man schon von anderswoher in sich trägt, dessen Kenntnis vorausgesetzt wird. Damals saß ich auf einem Schemel am Kamin, und Petra bediente sich meiner ausgestreckten Arme, um einen großen Wollknäuel aufzuwinden. Darüber machte alles Witze, obwohl ich wußte, daß dies eine besondere Ehre und zugleich eine Art Aufnahmeprüfung für den Neuling war. Aber das zu sagen, wäre in der Gegenwart Petras und des Herrn Doktor nicht möglich gewesen. Wieder aus dem gleichen Grund: es soll alles beiläufig und fast gewichtlos geschehen, mit der linken Hand. Wenn ich das manchmal vergesse – und es geschieht oft, leider –, dann runzelt Petra die Stirn ein wenig und dreht das Gesicht halb weg, wechselt dann schnell das Thema, das mir zu der unpassenden Bemerkung Anlaß gab. Ich bin dann den ganzen Abend außerstande, noch ein einziges Wort zu sagen. Und niemand erwartet noch etwas von mir, niemand spricht mich an. Das ist nicht immer schön. An diesem ersten Abend verspottete man mich als Herakles bei Omphale.»

«Du und Herakles?» Bodo sah Jörg wiederum von der Seite an. Sie waren jetzt schon über den Ring und in den Straßen der Innenstadt. Jörg hatte Bodo schnell an Petras Haus vorbei, aus dessen Nähe weggezogen. «Das Wollewinden war die einzige Ähnlichkeit, und bei Petra denkt man viel mehr an das andere, an den Scheideweg.» – «Von diesem Herrn Doktor hast du noch nie gesprochen, ist der da so wichtig?» Bodo ärgerte sich sogleich, daß er seine Neugier offen gezeigt hatte, glaubte er doch, nur durch Nichtfragen, durch Zuhören allein in Jörgs Vertrauen einzudringen. Schon mehr als einmal hatte er bemerkt, das Fragen Jörg erschreckten, daß sie seinen Mitteilungsdrang hemmten: ihn plötzlich darauf hinwiesen, daß er im Begriffe war, Zäune zu übersteigen, die zu übersteigen er bewußt nicht gewagt hätte. Dann schwieg er jeweils, riß sich die Haut an der Seite der Daumennägel ab, schaute sich ängstlich um.

Heute war Bodos Furcht unbegründet. Jörgs Mitteilungsdrang war so groß, daß anderes nicht dagegen aufkam.

«Er ist auch nicht sehr oft da. Aber wichtig ist er schon. Isa meint, er habe Petra überhaupt erst zu Konstantia gebracht. Es muß da etwas passiert sein, nach dem Tod ihres Mannes, eine Veränderung in ihr. Der Herr Doktor muß ihr damals sehr geholfen haben. Und damit begann Petra, in einer langen Zeit der Zurückgezogenheit – sie soll ihre Wohnung ein halbes Jahr lang überhaupt nicht verlassen haben – langsam so zu werden, wie wir sie heute kennen. Nach einem halben Jahr fing sie an, täglich das Grab Konstantias zu besuchen. Zuerst einige Male in Begleitung des Herrn Doktor, dann immer allein. – Aber», Jörg fiel sich ins Wort; der Punkt, den Bodo fürchtete, schien nahe zu sein, «das ist alles mehr oder weniger Klatsch, der um Petra läuft, den Isa mir weitergab. Sie sagt immer, sie wisse nichts Genaues. Der Herr Doktor gehört auf jeden Fall dazu. – Doch wir sind bei dir, das ging schnell.»

Bodo suchte in seinem Kopf zusammen, was er über den Herrn Doktor wußte: Heinrich hatte ihn gekannt auf der Universität, wo er Dozent für Literaturwissenschaft war. Heinrich hatte anfänglich begeistert von seinen Vorlesungen erzählt und hatte an einem kleinen, fast privaten Kolloquium teilgenommen. Hatte er nicht Isa dort kennengelernt? Bodo wußte es nicht mehr genau. Jedenfalls war Isa auch dort. Denn der Herr Doktor schien in die Beziehung Heinrichs zu Isa eingegriffen zu haben, so daß Heinrich wegblieb, mit dem Herrn Doktor nicht mehr verkehrte, ihn bald auch kaum mehr erwähnte. Und erst später erfuhr Heinrich von Isas Freundschaft mit Petra, von der Bedeutung dieser Freundschaft für sie. Es war lange her, daß er mit Heinrich über diese Dinge gesprochen hatte. Alles schien ihm jetzt etwas verwirrlich, er wurde nicht ganz klug daraus.

Sie blieben vor Bodos Haustür stehen und schwiegen. Dann sagte Bodo: «Ich würde dich eigentlich gern noch zu mir heraufnehmen. Aber das geht nicht gut, meine Mutter schläft im Nebenzimmer, nur durch eine Tür getrennt, und sie hat einen sehr leichten Schlaf.»

Jörg hob die Augen zu dem Älteren auf, einen Augenblick, so daß es diesem schien, er wolle etwas fragen. Dann ging er schnell. Bodo blieb im Zweifel: hatte er Jörg enttäuscht? Aber durfte er direkt eingreifen? Durfte er ihm jetzt schon sagen, was er dachte, wie von ihm aus die Stelle aussah, auf der Jörg stand, der Weg, auf dem er ging? Denn das war doch ein Seil, von dem man bei der kleinsten ungeschickten Bewegung abstürzen mußte. War es da nicht besser, zu warten, bis der Schlafwandler auf der anderen Seite ankam, zu hoffen, daß er ankam? Es sei denn, man stellte sich selber hin und fing ihn auf. Aber wie konnte er sich das zutrauen? Auf einer oder zwei Treppenstufen auf dem Weg zu seiner Wohnung fürchtete er sich: was muß ich tun? War diese Frage so wichtig, daß sie ihm den Atem nehmen konnte, wenn auch nur für eine Sekunde? – In seinem Zimmer fand er Marion. Sie saß auf der Bettkante und las in Machiavellis ‹Mandragola›. «Ist das eine Lektüre für dich?» lachte er. «Wie bist du hier hereingekommen?» – Er konnte zuerst nicht viel aus ihr herausbringen. Seine Mutter schien sie schon vor Stunden hereingelassen zu haben, war dann selber offenbar weggegangen. Marion saß schlaff da; ihre Augen, unruhig, wollten sich nirgends niederlassen. Sie hatte kaum sehr aufmerksam gelesen. Auch als er sich neben sie setzte und den Arm um sie legte, staute es sich noch eine Zeitlang in ihr, bis es die Höhe des Wehrs erreichte, herunterstürzte: «Ich mußte weg von Olga, sie hat mich einfach hinausgesetzt.» – «Dann suchen wir eben etwas anderes für dich», beschwichtigte Bodo. – «So etwas Billiges finde ich nicht mehr, das ging ja nur, weil Olga für das kleine Zimmer bloß vierzig Mark von mir verlangte. Einfach so aus Laune. Aber ein teureres Zimmer dürfte ich nie nehmen. Meine Eltern finden es überhaupt unnötig, daß ich hier wohne; sie meinen, ich könne ruhig jeden Tag von zu Hause herüberkommen. Und so wird es jetzt auch geschehen, ich sehe keinen Ausweg. Eine Vermieterin wie Olga, wo findet man die denn? Die einem ein Zimmer so billig vermietet und außerdem noch das Wohnzimmer den ganzen Tag überläßt? Du hast die Schaljapin-Platten mit der russischen Liturgie zum letztenmal gehört. Und ich meinen Strawinsky gleichfalls. Und die englischen, französischen, russischen Romane im großen Bücherschrank: ich habe mich so daran gewöhnt, daß das alles mir, alles uns gehörte, und kann mir jetzt den Verlust nur noch schwer vorstellen. Aber» – sie tat, als merke sie nicht, daß Bodo ihr schon das Kleid auf dem Rücken geöffnet hatte und ihr schon die Brüste aus dem Mieder schälte, als beachte sie seine heute so übergangslos schnelle Heftigkeit nicht –, «aber ich habe die wogende Freundlichkeit, die glänzende Güte Olgas immer als nicht ganz geheuer empfunden. Als einen Strom, von dem man nicht weiß, ob er sein Wasser nicht bloß einem heftigen Regen oder einer plötzlichen Schneeschmelze verdankt. Der dann auf einmal in tausend Löchern versickert und einen auf dem trockenen sitzen läßt.

Als ich heute nach Hause kam, stand Olga in der Tür. Und daß Tanja wartend hinten im Flur stand, bestätigte meinen Eindruck. Denn Tanja war von unseren Zusammenkünften immer streng ausgeschlossen worden. Ich habe sie manchmal bedauert, weil sie für ihre Schwester nicht mehr zu sein schien als eine Dienstmagd. Dieses Bedauern hätte ich mir schenken können. Sie wisse schon lange, fing Olga an, daß es mir bei ihr nicht gefalle, daß ich es ihr nur nicht zu sagen gewagt hätte. Das sei begreiflich. Der Umstand, daß ich den Wohnungsschlüssel vorgestern nicht aus den Ferien zurückgebracht und verloren hätte, habe ihr aber nun deutlich gezeigt, daß für sie die Zeit zum Handeln gekommen sei, daß sie, um meiner Bequemlichkeit willen, nicht mehr zögern dürfe, offen zu reden. Denn der Verlust des Schlüssels sei bezeichnend gewesen für meine Beziehung zu ihr, die jetzt auch äußerlich und rechtlich aufzulösen wohl das beste sei. Sie glaube nicht, daß es unter diesen Umständen richtig wäre, wenn ich noch eine weitere Nacht in ihrer Wohnung verbrächte.

Das sagte sie mit der sanften, leidenden Stimme, mit der sie immer sprach, indem sie mich mit ihren grauen Eulenaugen ansah, soweit sie eben überhaupt jemals jemanden oder etwas ansah: Ich saß also auf der Straße, gegen das Verhängnis anzukämpfen, war sicher zwecklos. Trotzdem versicherte ich ihr, daß sie sich täusche, daß es mir bei ihr sehr gut gefalle und daß ich auch nicht einen Augenblick daran gedacht hätte, von ihr fortzugehen. Sie lächelte und entgegnete mit der gleichen sanften und leidenden Stimme, sie schätze meine Rücksicht und Freundlichkeit; sie wisse auch, daß es mir offenbar schwerfalle, mir meine eigenen tieferen Wünsche und Empfindungen zuzugeben; aber das ändere nichts an diesen Wünschen und Empfindungen selber. Glücklicherweise sehe wenigstens sie klar, was in mir vorgehe. Und sie sei glücklich, mir einen Dienst erweisen zu können, sosehr es sie schmerze, sich von mir trennen zu müssen.

Während des ganzen Gesprächs stand Tanja hinten im Flur, und ihr ganzes sonst ernstes und fast immer mürrisches Gesicht überzog sich mit einem gutmütigen, vielleicht sogar mitleidigen Lachen, das mir mehr als die Rede Olgas klarmachte, woran ich war. Das Verhältnis zwischen Tanja und mir stand plötzlich auf dem Kopf. Tanja war zwar nur der Schatten Olgas, wurde von ihr immer wieder an die Wand gedrückt und übergangen. Aber Olga brauchte diesen Schatten, er war ihr unentbehrlich. Mich brauchte sie nicht, nicht mehr.

Tanja half mir beim Packen und zeigte dabei eine überlegene und mitleidig herablassende Liebenswürdigkeit, die mir um vieles unerträglicher war als das befremdliche Verhalten Olgas.»

Marions Kleid war eng. Als Bodo es ihr über die Hüften wegzog, stöhnte sie kurz und ungeduldig. Aber das störte ihn noch nicht; der Reiz ihres Leibes, die Berauschung durch ihre üppigen und doch genauen Formen war zu stark, als daß er hätte davon ablassen können, wenigstens mit einer Hand ihre Schultern, ihre Brüste, ihren Bauch zu betasten. So ging es verhältnismäßig lange, bis er auch sich selber ausgezogen hatte und neben ihr lag und, zu spät, wahrnahm, daß die Stunde nicht günstig war. Beide sagten nichts und spielten das Spiel. Aber Marions Abgezogenheit fing an, auch auf Bodo zu wirken. Und obwohl seine Leidenschaft und Empfindlichkeit in jedem Augenblick stark genug blieb, seinen Leib den andern spüren und genießen zu lassen, so fächelten doch Marions fremde Gedanken zu kühl über ihn hin, als daß nicht auf die Dauer auch aus ihm hätten Grübelei und Frage aufsteigen müssen. Marion war zwar nicht nur körperlich anwesend, aber ihr Inneres tönte noch von der Auseinandersetzung mit Olga, wovon sie Bodo nur die letzte und eben noch mitteilbare Szene erzählt hatte.

Der Tag ihrer Ankunft, ihres Einzugs bei Olga war ein Freudentag gewesen. Hatte sie gefürchtet, in der Stadt allein zu sein und schwer Anschluß zu finden, so hatte ihr eine Empfehlung des Herrn Doktor, den ihre Familie kannte, schon für den ersten Abend eine Einladung zu Olga verschafft. Tanja hatte die Tür aufgemacht und sie in den Salon geführt.

Als Marion eintrat, kam ihr Olga entgegen und rief: «Was für schöne Haare Sie haben! Wie Sie mich an meine Jugend erinnern!» Ob Marion nicht bei ihr wohnen wolle? Das Zimmer, das sie immer vermiete, stehe zufällig frei; ihr, Marion, würde sie es mit dem größten Vergnügen geben. – Marion erschreckte dieser Ausbruch, er machte sie mißtrauisch: sie zweifelte an der

Aufrichtigkeit der Frau, die ihr gleich ihr ganzes Herz anbot, ohne sie zu kennen. Aber der Sturm dieser enthusiastischen Sympathie war zu heftig, als daß ihre Zweifel ihm lange hätten standhalten können.

Olga führte sie in ein kleines Zimmer, das an den Empfangsraum stieß, der Bibliothek genannt wurde und von diesem nur durch eine Glastür getrennt war. Dort standen ein Bettsofa, ein Tischchen, ein Stuhl und ein Schrank, sonst nichts. Es war eher eine Zelle. – Das sei ihr Zimmer: ob sie wohl damit vorliebnehmen wolle, ob man ihr das überhaupt anbieten dürfe, für den Preis von vierzig Mark? – Marion schwankte. Denn kaum sah Olga nur den ersten Schatten des Zögerns auf ihrem Gesicht, als sie auch schon fortfuhr: nein, sie wisse genau, daß sie ihr das nicht anbieten dürfe; wie sie überhaupt nur einen Augenblick habe den Anschein erwecken können, sie wolle ihren Gast in diesen Winkel verbannen? Natürlich stehe die Bibliothek Marion den ganzen Tag zur Verfügung; denn sie selber sei den ganzen Tag entweder in ihrer Schule, oder sie arbeite in ihrem Zimmer. Und nur in der Nacht wolle sie sich manchmal in der Bibliothek aufhalten, und auch dann werde ihr Marion immer willkommen sein. Selbstverständlich stünden ihr mit dem Raum auch alle Bücher und der Plattenspieler mit allen Platten zur Verfügung. – Tanja wurde mit keinem Wort erwähnt, es schien sie auf dieser Ebene gar nicht zu geben.

Marion wurde auch in der Folge nicht klug aus Olga, eigentlich immer weniger. Sie gewöhnte sich schnell ab, über sie nachzudenken. Und obwohl sie auch ihr Mißtrauen gegen das Phänomen Olga nie ganz verlor: ob es so etwas überhaupt geben, ob so etwas dauern könne, so gelang es Olga doch im ganzen recht gut, Marion in ihren Strudel, in ihre dauernde flimmernde Bewegung zu ziehen und von dem abzuhalten, was sie am meisten zu verabscheuen schien. Eben vom Nachdenken, von jedem Versuch, sich über irgend etwas im Nachdenken klarzuwerden. Denn Olga lebte von Assoziationen, in Assoziationen, gab sich dem Spiel der Eindrücke und Einfälle hin, die sie schnell und behende und mit einem höchst verfeinerten Sinn für Effekte miteinander verknüpfte. Sie lebte ganz im Augenblick und verlangte von ihrer Umwelt, daß sie dasselbe tat. In einem phantastischen Augenblick, zusammengesetzt aus gewaltsamen Wunschbildern, die sie in die äußere Wirklichkeit projizierte, aufs höchste gesteigerten Sympathien und Antipathien, durchsetzt mit Elementen der äußeren Wirklichkeit, die aber eine ausschließlich dienende Funktion hatten. Sie lebte in einem sich drehenden Kaleidoskop. Nichts war da geplant oder beabsichtigt, Olga glitt von einem dieser Augenblicke zum andern, und ihr Bewußtsein enthielt sich jedes Eingriffs so sehr, daß Marion, als sie jetzt in Bodos Armen darauf zurückschaute, Olgas Verhalten wie eine große akrobatische und asketische Leistung bewunderte. Jede Festlegung, jedes Innehalten an einem Punkt, alles, was man unter Konsequenz versteht, war Olga ein Greuel. So wenigstens schien es Marion lange Zeit. Inzwischen hatte sie erfahren, daß Olga sehr wohl zu einer Art, zu ihrer Art von Konsequenz imstande war, daß sie Ziele unerbittlich und mit allen Mitteln verfolgen konnte, auch wenn diese Ziele nichts mit dem zu tun hatten, was die Vernunft anderer Leute darunter verstehen mochte. – Marion griff plötzlich heftig nach Bodos Arm.

Bodo mißverstand das als Lust am Spiel, die seine Nähe nun doch noch geweckt hatte. Er wollte antworten, selber heftiger werden, als er merkte, daß Marions bisheriges Verhalten bereits gewirkt hatte und daß er für das, was ihm bisher immer das Leichteste gewesen war, zum ersten Male Mühe aufwenden mußte. Er war nicht geradezu kühl geworden; aber jeden Augenblick drohten die Gedanken und Bilder in seinem Kopf die Oberhand zu gewinnen und seiner Lust die Säfte, die sie zu ihrem Spiel brauchte, zu entziehen.

Wie war wohl Jörg nach Hause gekommen? War er überhaupt nach Hause gegangen, oder irrte er irgendwo, wie Heinrich das unter ähnlichen Umständen getan hatte, herum? Er sah Jörgs Auge als Glühwurm zwischen Gipfeln und Schluchten auf und nieder schwanken, vor dem Dunkel der einen genauso zucken wie vor dem blitzenden Gischt der andern. Er bedrohte das Auge mit seinen Salzspritzern. Es war ein qual-

voller Anblick. Doch bemühte man sich nicht in Petras Kreis
gerade darum, das Salz noch zu schärfen? Jörg war unruhig,
Petras Kreis schloß ihn noch nicht ein, sosehr er selber dies
auch glauben mochte, sosehr man es ihn glauben machen wollte. Sollte er, Bodo, versuchen, ihn durch die Lücke, die der Ring
noch hatte, herauszuziehen? Aber warum denn? War es nicht
richtig so für Jörg? Aber war er nicht unglücklich? Was hieß
das schon? War er selber etwa glücklich, gerade in diesem
Augenblick zum Beispiel? Aber Jörg war zerrissen, drohte in
Stücke zu gehen. Er mußte ihm helfen. Konnte er ihm denn
helfen? Nein, höchstens, wenn er sich ganz dafür einsetzte,
sich selber hinabwarf in das Brodeln, worin Jörg trieb: aber
gerade davon war er eben wieder zurückgeschreckt. – Bodo
stöhnte, und dies gab wieder Marion Anlaß zum Mißverständnis. Fast ärgerlich glaubte sie, daß seine Begierde immer noch
stieg. Und dabei war sie selber immer entschiedener dort, wohin sie nicht mehr zurückkehren konnte, machte immer ange-
strengter den Versuch, aufzulösen, zu erkennen, einzuordnen.
Das kam aus einer Leidenschaft zur Pedanterie, die sie noch
nicht abgelegt hatte, obwohl ihr schon gelegentlich bei ihren
Ordnungsübungen ein Unbehagen aufgestiegen war. Aber solche Blasen waren immer, kaum an die Oberfläche ihres Geistes
gelangt, wieder geplatzt und hatten nicht lange gestört. Es war
das erste Mal, daß sie sich über Stunden hin so hilflos fühlte.
Aber immer noch nicht kam ihr der Gedanke, daß man die
meisten Dinge am besten ruhen läßt, bis sie in die Seele einge-
sunken sind. Denn dort erst beginnen sie langsam die Gestalt
anzunehmen, die sie für uns verwendbar macht. Was in die
Seele eintritt, ist immer ein Lebewesen. Ereignisse beginnen im
Augenblick, wo sie in uns eintreten, erst ihr Leben. Ihr äußerer Ablauf, den die Sinne wahrnehmen, ist nur ein Vorleben.
Das hatte Marion bisher nicht gewußt.

Olga kam oft sehr spät nach Hause, nachdem sie bei Freunden, im Theater, im Kino, im Konzert gewesen war. Oder sie
hörte in ihrem Zimmer erst zu arbeiten auf, wenn sich Marion
aus der Bibliothek schon in ihr Zimmerchen zurückgezogen
hatte. Dann bat sie sie nochmals hinüber, zu einer Tasse Tee,

wie sie sagte. Es störte Olga nicht, wenn Marion schon im Bett lag. Sie weckte sie einfach. Marion hatte sich daran gewöhnt, die nächtlichen Teestunden mit Olga zu ihren Pflichten zu rechnen. Und sie erfüllte sie meistens gern. Mitten auf dem Teppich stand der große Samowar. Olga trank viele Tassen starken Tee und ermunterte Marion, dasselbe zu tun. Man sprach über Literatur und Musik. Lieblingsthemen Olgas waren Oper und Ballett. Oft fing sie an, vom Herrn Doktor zu sprechen, der früher, bevor er Dozent war, in der gleichen Schule unterrichtet habe wie sie; er habe jahrelang in Marions Zimmerchen, in Marions Bett geschlafen. Zuerst wunderte sich Marion: sie hatte nicht gedacht, daß Olga und der Herr Doktor sich so gut kannten. Sie hatte früher, auf Grund seiner Äußerungen, den Eindruck einer eher flüchtigen Bekanntschaft gehabt: der Herr Doktor hatte Olga, die wenigen Male, da er überhaupt von ihr sprach, mit einer betonten, aber sehr distanzierten Achtung erwähnt. Von Olga her schien es anders auszusehen. Marion merkte schnell, daß er ihr sehr wichtig war, obwohl sie nicht sah, in welcher Weise. Und Olga selber, obwohl sie das Thema immer wieder aufgriff, schien gleichzeitig, wenigstens am Anfang, bemüht, es zu vermeiden. Eine Anstrengung, die schon aus dem Charakter Olgas heraus scheitern mußte: als rein improvisierender Geist, der von Einfall zu Einfall glitt, war es undenkbar, daß sie etwas, das sie erfüllte, aus ihrer Rede über längere Zeit hin erfolgreich hinausdrängte. So gewöhnte sich Marion daran, daß der Herr Doktor bei Olga immer wieder vorkam, daß sie bei der Erwähnung dieses und jenes Buches bemerkte, er habe sie zuerst darauf aufmerksam gemacht, daß sie die eine und andere Schallplatte auflegte mit dem Hinweis, sie sei zwar schon etwas abgespielt, Marion müsse entschuldigen, aber der Herr Doktor habe sie fast jeden Tag hören wollen. Das sagte sie vor allem von den Aufnahmen der Osterliturgie aus der russischen Kirche in Paris. Die sie besonders liebte, obwohl sie nicht nur abgespielt, sondern auch zerkratzt waren und den Zuhörer mehr quälten als erbauten. Aber Olga fragte nie nach Marions Wünschen. Marion hatte sich ihrem Geschmack und ihren Stimmungen zu fügen. Und das für Marion selber Erstaunliche war, daß sie sich so lange fügte und daß sie es ohne Anstrengung oder doch fast ohne Anstrengung tat. Olga gab sich als die Königin eines Zauberreichs voller seltener und über jede Beschreibung herrlicher Schätze, die sich herabließ, das kleine Mädchen Marion, das von sich aus sowenig wie irgend jemand anders den Eingang gefunden hätte, zu sich einzulassen und ihm eins der Gewölbe nach dem andern zu zeigen. Wie hätte Marion da noch Wünsche äußern können?

Sie wunderte sich, daß ihr auch dies alles erst jetzt in dem fast dunklen Zimmer, im Arm ihres Freundes auffiel. Solange sie bei Olga gelebt hatte, war es ihr selbstverständlich gewesen. Das lag an der Unbedingtheit, mit der Olga in jedem Augenblick auftrat, mit der sie alles ringsum in sich einbezog und aufsog. Sie war dauernd mit der Erfindung eines Theaterstücks beschäftigt, dessen unendlich viele Szenen sie auch immer sogleich inszenierte, wobei sie alle und alles, was eben um sie war, dafür zu verwenden und einzusetzen wußte. Und zwar so, daß die Betroffenen es oft lange Zeit kaum merkten. Es sei denn, daß Olga ihre Forderungen überspannte. Daß sie eine Aktivität verlangte, die die Möglichkeiten des Mitspielers überstieg. Und das war mit Marion vor dem Bruch in der vergangenen Nacht geschehen; der Bruch selber war endgültig in jener Nacht geschehen. Die Kündigung des Mietverhältnisses, wie bizarr sie auch begründet sein mochte, hatte sich daraus notwendig ergeben. Warum war Marion überhaupt überrascht gewesen? Gerade darum, weil dies vielleicht das erste Mal war, daß Olgas Verhalten den üblichen Vorstellungen entsprach, daß sie – wenn auch mit vierzehn Stunden Verspätung – aus einem Ereignis die Konsequenzen zog.

Auch in der vergangenen Nacht hatte Olga sie wieder zu sich in die Bibliothek gebeten. Am Anfang hatte sich ihre Unterhaltung nicht viel von den Unterhaltungen abgehoben, die sie sonst führten. Nur fand Marion Olga erregter als sonst; die Sanftheit ihrer Stimme war nur eine dünne Aschenschicht, durch die jeden Augenblick der Zorn brechen konnte. So wenigstens schien es Marion jetzt in der Rückerinnerung. Sie fühlte sich das erste Mal unbehaglich bei Olga, fast bedroht. Und sie glaubte sich zu erinnern, daß Olga sie mit ihren verschleierten Augen mehrmals fixierte – und dabei war doch Marion seit jeher davon überzeugt, daß diese Augen richtungslos waren und gar nicht fixieren konnten, als wollten sie fragen: warum sich Marion wie hilfesuchend hin und her wende, warum sie häufiger als sonst von ihrem Sitzkissen hinter dem Samowar aufstehe, zu den Büchern hinübergehe, das eine oder andere herausgreife, wieder einstelle? Das alles hatte Marion immer getan, während Olga in ihrem Sessel saß, Tee einschenkte, trank, sprach, immer, fast ununterbrochen sprach, über Marions Äußerungen wegsprach; obwohl sie auch auf diese Äußerungen zu warten, auf sie geradezu angewiesen zu sein schien, sich durch sie reizen ließ. Aber in der vergangenen Nacht war von Anfang an alles unruhiger gewesen. Der Streit, den sie miteinander ausfochten, den sie bisher immer als ein Spiel aufgefaßt hatten, gestern hatte er von Anfang an etwas Bösartiges, etwas Erbittertes. Oder schien das Marion nur nachträglich so? Oder waren ihre Unterhaltungen immer so gewesen, hatte Marion das früher nur nicht erkannt? Zuerst hatten sie von Richard Strauss gesprochen, nachdem sie den ‹Don Juan› von einer Platte gehört hatten. Olga fand daran nur auszusetzen, erging sich in einer umständlichen Verurteilung des ganzen Zeitgeistes, dem solche Musik, solche Kunst entstamme: sie sei im Grunde morbid, vom Kern her krank, substanzlos. Eine bloße Wiederholung und Neuauflage des Alten, Vollkommenen. Richard Strauss sei nicht viel mehr als ein Nachklang Mozarts in den überreizten Nerven, in den verdorbenen, zu keiner ungebrochenen Empfindung mehr fähigen Seelen des spätbürgerlichen Zeitalters. – Marion wunderte sich, daß Olga auf solchen Gemeinplätzen weidete, daß sie so einseitig und, wie sie fürchtete, ohne genügende Sachkenntnis urteilte. Aber sehr schnell spülte Olgas Rede die Gefühlswurzel frei, aus der ihr Urteil wuchs; dieser schwarze, unförmige Strunk lag bald bloß, quer durch die ganze Rede, durch den ganzen Raum, durch die ganze Nacht. – «Ich verstehe jetzt, es ist mir jetzt ganz klar, liebe Marion (Warum ‹liebe Marion›? Das war abgeschmackt, so hatte Olga sonst nie gesagt), warum der Herr Doktor Richard Strauss immer so geliebt hat. Diese Musik entspricht genau seinem Geist. Der heillosen Verwirrung darin, diesem Schwanken, das er noch als eine faszinierende Bewegung auszugeben sucht, das er als eine faszinierende Bewegung ausgeben kann, es gelingt ihm. Selbst das bodenlos Chaotische in seinem Innern weiß er noch als eine Disziplin aufzumachen, die verpflichtet, der man sich zu unterwerfen hat.»

Ihre sanfte Stimme klang noch sanfter als sonst, im Gegensatz zum aggressiven Inhalt ihrer Worte. Und außerdem lächelte sie. Wenn man nicht genau hinsah, konnte man das Lächeln für freundlich halten. Aber ihre sehr sanfte Stimme war unsicher und zitterte etwas, das hatte Marion noch nie bemerkt.

«Dieses Schwanken zwischen Vergangenheit und Gegenwart, aus dem er in die Traumhäuser flüchtet, wie ihm Richard Strauss eines anbot, bis sich ihm ein neues auftat, ein viel verderblicheres, verderblich für ihn und für viele andere.» Marion unterbrach und erschrak gleich über ihre Frage, aber es war zu spät: «Richard Strauss hörte er doch bei Ihnen, mit Ihnen?» – «Aber freilich tat er das, natürlich ... ja, dies neue Traumhaus, dies Lügenhaus, wo man durch die Wände sieht und durch die Stockwerke mühelos auf und nieder schwebt, auch das hätte er sich nicht allein einrichten können, dazu braucht er immer andere, die ihm helfen. Die er dann einschließt, verzaubert, der Welt wegnimmt. Und immer mehr Menschen verzaubert er, schließt er ein, zwingt er, sein Luftreich zu teilen. Ein Ariel, Marion, ein Ariel. – Sie kennen doch Petra?» – «Nein, nicht direkt, aber Sie wissen, mein Freund kennt Leute aus ihrem Kreis.» – «Ich glaube, Sie haben einmal so etwas gesagt. Sie sollten unbedingt versuchen, da einmal hinzukommen. Es ist sicher interessant für Sie, schon weil Sie Geschichte studieren. Man hört dort auch Richard Strauss. Aber die Aufnahmen der russischen Liturgie mit Schaljapin hat man dort nicht. Dort geht es um etwas anderes. Das neue Traumhaus ist solider. Es hat festere Wände als das alte. Man löst dort alles, es gibt dort immer weniger Fragen ohne Antwort ... Aber ich verstehe nicht, warum Sie noch nicht dorthin gegangen sind, es wäre Ihnen doch ein leichtes. Und man nähme Sie dort sicher sehr gern auf.»

Aus Olgas Stimme klang der in Sanftheit gehüllte Haß: der Haß der Zuhälterin, die den untreuen Geliebten in allen Männern verfolgt, die sie mit sanfter Stimme ins Bett der ihr hörigen Mädchen lockt; jener Mädchen, die sie Tag für Tag befriedigt: aus unersättlicher Gier, ihre eigene Macht zu genießen, aus Berechnung, daß den Männern nur noch Schalen blieben, mechanische Puppen, zu keiner Empfindung, zu keiner Lust mehr fähig, dafür aber desto treuer den Vorteil, den Zweck ihrer Herrin verfolgend.

Auf den Vergleich mit der Zuhälterin wäre Marion natürlich niemals gekommen, auch jetzt in den Armen Bodos nicht, wo sich ihr alles so gesteigert, so überdeutlich darstellte. Aber das Gefühl, das sie aus ihrer Erinnerung sog, glich am ehesten dem eines so betrogenen Mannes. Oder noch mehr dem eines der beherrschten Mädchen, das sich mehr unbewußt, instinktiv gerettet hat und nachträglich bemerkt, welchem Zweck es gedient hat, welcher Gefahr es noch eben entronnen ist. – Marion drückte sich eng an Bodo, der ihr schon entgleiten wollte. Er verstand falsch, verstand überhaupt nicht. Sein Leib reagierte sofort. Eine Woge überflutete ihn nochmals. Aber Marion hatte Schutz gesucht vor dem, was nun weiter geschehen war, was nun in ihr wieder bloßlag.

Olga: «Man nähme Sie dort sehr gern auf, wie man Ihren Bodo auch gern aufnähme. Am liebsten hätte man beide zusammen, den einen durch den andern. Denn wer die Lösung hat, behält sie nicht für sich, er will sie allen mitteilen. – Gehen Sie hin, ich bitte Sie, liebe Marion: wenn Sie etwas für mich tun wollen, lassen Sie sich durch Ihren Freund dort einführen. Und alles andere werden wir genau überlegen und bereden. Sie könnten sehr weit hineinkommen in Petras Kreis, Sie haben das Geschick dazu. Und wenn Sie sie oft, jeden Tag sehen, dann läßt sich vielleicht etwas machen. Es gibt Gifte, die, im Tee, im Kaffee regelmäßig eingenommen, sicher wirken, ohne daß man nachher irgend etwas feststellen kann. Machen Sie sich keine

Sorgen, Kosten sollen Ihnen keine entstehen, ich nehme alles auf mich.»

Olgas sanfte Stimme hatte während dieser Rede in einer großen Wollust gezittert. Ihr nun ganz schleierloses Auge hatte in eine wunderbare Fata Morgana, in ein Rauschbild hineingeblickt. Sie betrank sich an ihren Worten und sah die wirkliche Marion, die vor ihr saß, überhaupt nicht mehr. Sie hatte sie vielleicht nie gesehen. Aber jetzt verlor sie auch den letzten Kontakt, war sie ganz allein mit einer imaginären Mitverschwörerin, einem zweiten Ich, das sie Marion nannte. – Dachte sie im Ernst daran, Petra zu töten? Glaubte sie, wenn auch nur in diesem Augenblick der Berauschung, an diesen abgeschmackten Vergiftungsplan, den ihr die vermischten Nachrichten der Zeitungen nahegelegt hatten? War dieser Plan, das Reden darüber, nicht einfach eines ihrer gewagten Spiele? Aber sie verlangte von Marion, daß sie mit in dieses Spiel eintrat und sie nicht verriet. Denn hier nicht mitmachen war Verrat. Jetzt im Bett Bodos wußte es Marion.

Sie hatte stumm dagesessen, fassungslos zugehört, die begeisterte Olga wie ein Wunder angeschaut. Plötzlich kam Olga zurück, sah sich vor einer erstaunten, neugierigen Fremden. Sie fing an zu lachen, nicht laut, nicht heftig, hüstelte dazwischen, goß sich dann frischen Tee ein und bot auch Marion an. Marion brauchte länger, um ihre Fassung wiederzufinden. Es war ihr auf einmal, als sei sie es gewesen, die sich entfernt hatte und jetzt nicht mehr zurück konnte. Olga war wieder wie immer: mit ihrem verschleierten Blick sanft, freundlich, sprühend, mitteilsam. Aber Marion war es, als hätte sie eben erst bemerkt, wem sie sich gegenüber befand, daß sie längst in die Randzonen eines magischen Raumes eingetreten war, in dessen Zentrum sie plötzlich hineinsah. Wirklich hineinsah? Kaum. Aber in der Richtung des Zentrums war eine Tür aufgesprungen, und sie hatte einen Augenblick hindurchgesehen. Und wenn die Tür auch wieder zugeschlagen war, sie vergaß nicht sofort, was sie gesehen hatte: es war eine furchtbare Ordnung, eine Macht, die alle Freiheit tötete, für die Marion keinen Namen wußte. Dieser Macht gehörte Olga zu, vielleicht nur negativ, als Widersacherin, aber sie war ihr hörig, sie war dadurch bestimmt und aus all dem herausgenommen, was für Marion das Allgemeine, das Menschliche, das Selbstverständliche war. Und irgendwo noch tiefer in diesem Raum, auf jeden Fall an einer ganz anderen Stelle darin, war Petra, war der Herr Doktor. Nun, Olga war eifersüchtig, in außerordentlichem Grade eifersüchtig. Sie hatte etwas verloren, was ihr offenbar mehr bedeutete als ein Mensch: die Herrschaft, ein Reich oder doch die Anwartschaft darauf. Der Herr Doktor war nur der Hüter dieses Reiches. Er war nur der Geist des Ringes. Aber als solcher war er unentbehrlich. Und Petra hatte ihr den Ring und mit ihm seinen Geist und dessen Wissen geraubt.

Marion preßte sich an Bodo, betastete ihn mit der Hand: wo in diesem Raum war Bodo, war er schon darin, wollte er hineingehen, was bedeutete seine Freundschaft mit Jörg, seine Beziehung zu Isa? Zogen sie ihn mit sich, nach sich? Oder umgekehrt? Wohin zog man sie selber? Sollte sie sich ziehen lassen? – Das alles war ihr die Nacht vor dieser Nacht mit Bodo, als sie schweigend Olga gegenübersaß und sich frischen Tee eingießen ließ und eine neue Zigarette zu rauchen begann, aufgestiegen und gegenwärtig geblieben. Nicht so ausdrücklich, so formuliert wie jetzt bei Bodo. Aber dafür drängender und bedrückender. Sie hatte dann etwas wie einen Schmerz im Kopf gespürt. Sie waren nicht mehr lange zusammengeblieben. Olga hatte sich bald zurückgezogen. Am Morgen hatte Marion nicht die Fakten vergessen, aber ihre Bedeutung, die Vermutungen, Einsichten, Erkenntnisse. Sie hatte sich schon zu sehr an die zerklüftete Landschaft Olga, an diese von stark duftenden Büschen überwachsenen Klippen und Hänge, an die heftig und unerwartet hervorspringenden Wasserfälle gewöhnt, sie war dieser Landschaft der starken Reize und Überraschungen schon zu bedürftig geworden, als daß nicht auch diese neue Erfahrung in ihr hätte Platz finden können. Nein, sie wunderte sich selber: am Morgen beim Aufwachen war Marion nicht einmal mehr erstaunt, wenn sie zurückdachte, geschweige denn schokkiert. Erst das nächste Zusammentreffen mit Olga am Abend, die Verweisung aus der Wohnung, hatte den Faden an jene schreckliche Stunde wieder angeknüpft. Bei Olga war er nicht abgerissen, Olga hatte gleich genau gesehen.

Sie hatte gleich erkannt, daß sie sich in Marion getäuscht hatte. Es war verwunderlich, daß sie es erst jetzt erkannte. Nachdem doch ihr ganzes Leben mit anderen Menschen seit jeher aus einer Reihe von Enttäuschungen dieser Art bestand. Nachdem sie seit jeher nur eine Form des Umgangs kannte: aus jenen, die in ihre Sphäre traten, das zu machen, was sie brauchte, und über alles, was in ihnen zwar da war, aber nicht gebraucht werden konnte, einfach wegzusehen. Das ging oft eine kurze Zeit gut. Solange die Neugier, das Interesse des neuen Freundes, der neuen Freundin größer war als die Forderung nach Hingabe, nach Selbstaufgabe, die Olga stellte. Diese Neugier, dieses Interesse wurde mit der Gewöhnung bald geringer, Olgas Forderung nach Hingabe, nach Selbstaufgabe täglich größer, je mehr sie, ermutigt durch die Geduld ihres Gegenübers, sich in ihre Illusion hineinsteigerte. Die Geduld, die Toleranz, vorerst gegründet in Neugier und Interesse, bestenfalls in Sympathie oder sogar Bewunderung, mußte in dem Augenblick zusammenbrechen, wo das Fundament ganz weggespült war. Und das trat immer spätestens dann ein, wenn Olgas Forderung unüberhörbar und unerbittlich an die Wand des Partners zu klopfen begann, wenn nur noch Angst vor dem Verschlungenwerden da war und dem Bedrohten nichts anderes übrigblieb, als seine Tür ganz fest zu verriegeln. Wie oft mußte Olga das nicht schon erlebt haben? Und dennoch begab sie sich immer wieder in die gleiche Lage, lief immer wieder den gleichen Steilhang hinauf, um sich am Ende immer wieder über dem gleichen Abgrund zu finden ...

Immerhin, sie erkannte die Lage noch vor Marion, wenn auch reichlich spät. Und die umwegige Art, mit der sie sich der Verräterin entledigte, war einfach ein Versuch, sich vor den schlimmsten Konsequenzen dieser wieder einmal erneuerten alten Erfahrung zu schützen. Olga mußte sich eine Art Überlegenheit erhalten. Wenn sich schon nicht vermeiden ließ, daß sie ihre Enttäuschung zugab, so durfte sie doch nicht zugeben, wie tief diese Enttäuschung saß, wie nahe dem Zentrum ihres nach Übereinstimmung mit der Welt dürstenden Herzens. Sie mußte wenigstens äußerlich die Aktivität behalten, den Stoß, den Marion durch ihre Weigerung, sich mit ihr zu identifizieren, in ihr aufzugehen, ihr versetzte, dadurch abfangen, daß sie ihren Gegenstoß setzte, bevor Marion überhaupt bemerkte, was sie selber durch Unterlassen, durch Beharren getan hatte. Denn Olga mußte ja ihr Spiel weiterspielen können, um weiterzuleben. Das Spiel der großen Freundin und Herrin, die verfügte, die aufnahm, formte, verwarf. Verwarf: da ihr nichts im Ernst gelingen konnte, da sie in sich selbst eingeschlossen war und nur das Schauspiel des Feuerwerks ihres Geistes zu bieten hatte, seit dem Fortgehen des Herrn Doktor aber alle Machtmittel verloren hatte, mußte sie immer auch jene letzte Szene spielen: zu verwerfen, wenn sie in Wirklichkeit selber verworfen und verlassen wurde. – Wie sehr mußte Olga Petra hassen, der offenbar gelang, was sie nicht vermochte: die nicht nur spielte, sondern wirklich handelte und besaß.

Marion fing an zu weinen und bedeckte Bodos Brust und Schulter mit Küssen: das Gefühl der Einsamkeit, der Verlorenheit flutete von Olga her auf sie über und langte jetzt bei ihr an. Sie empfand etwas Neues, eine Sympathie für das Leiden. War nicht diese scheinbar nur Rücksichtslose zuletzt ganz ohnmächtig und damit unschuldig? War sie nicht ganz eingekapselt in sich und warf, indem sie in ihrer Verzweiflung gegen die Wände ihres Gehäuses antobte, immer mehr schweren Lehm an diese Wände hinauf und machte sie so immer dichter? Marion sah ein neues Leiden, von dem sie vorher nichts gewußt hatte. Und die Küsse, die sie Bodo gab, waren das Zeichen dafür, daß sie dieses Leiden auch schon in ihrem Innersten fühlte; die Küsse entsprachen, heftig, wie sie waren, dem Toben Olgas, dessen Vergeblichkeit sie doch eben erkannt hatte: gibt es Krankheiten, zu deren Bild ganz bestimmte Abwehrreaktionen des Kranken gehören? Deren Sieg erst durch diese Reaktionen möglich wird? Wo war sie, Marion, selber noch anders als Olga, verschieden von ihr? War nicht jetzt durch die endgültige Trennung gerade das erreicht, was, solange sie bei ihr war, nicht erreicht werden konnte: die Identität? Was sie mit

Bodo nicht erreichen konnte, gerade weil sie nackt bei ihm lag und ihn küßte?

Bodo begann zu verstehen und spürte die Gemeinschaft mit Marion. Auch seine Seele war frei geworden und lief weg, sie streifte die zwanghafte Bindung an die Sinne und ihre bisher allmächtige Forderung ab. Er sah Isa verzaubert in Petras Salon sitzen und der Vorlesung aus der neuesten Arbeit des Herrn Doktor und der Diskussion darüber lauschen: es war die Rede von Novalis, von der Erfahrung Gottes, die sich in seinen Werken äußere, weil sie in jedem Menschen unauslöschlich sei, und die immer wieder hinweise auf die Offenbarung des Glaubens. – Möglicherweise war es ganz primitiv, was Bodo sich da vorstellte; aber nach den Berichten Jörgs, den Andeutungen Isas mußte es etwa so sein. Es gelang dort, alles auf eines zu beziehen, die Welt und alles, was darin war, durch einen Handgriff in ein System zu bringen, worin das Verwirrte auf einmal klar war und woraus sich für jeden einzelnen und für jede Lage Folgerungen und konkrete Anweisungen ergaben. War das nicht faszinierend? Warum erschreckte ihn der bloße Gedanke daran? Während Isa doch dasaß in einer Art Verzückung – die sie freilich diskret verbarg: denn man zeigte bei Petra so etwas nicht – und ihre Zigarette rauchte, die Augen, deren Ränder vielleicht ganz leicht gerötet waren, groß geöffnet. Aber das konnte auch vom Rauch kommen. Nein, für Isa gab es hier vielleicht wirklich nichts mehr zu fragen. Anders für Jörg: Bodo konnte nicht über ihn wegdenken. Jörg saß jetzt an seinem Tisch und brachte es nicht zustande, in dem Buch vor sich wirklich zu lesen, las jeden Satz dreimal und riß sich die Haut am Rand der Daumennägel unter Selbstvorwürfen ab, nahm die Schere aus der Tischlade und fing an, sich die Nägel zu schneiden. Aber die Schere war stumpf, sie knickte nur die weißen Nagelränder. Jörg biß sie ab. Der linke Daumen blutete an zwei Stellen.

Bodo rief jetzt seine Sinne und seine Jugend zu Hilfe. Er hatte sich fern unten liegen sehen, unterhalb dessen, was in ihm dachte, grübelte und bangte. Und er hatte gefürchtet, gar nicht mehr beteiligt, ein anderer als er selber zu sein. Was drohte da in ihm zu beginnen? War das das Alter, der Tod? Seine Sinne und seine Jugend gehorchten. Er erwiderte Marions Küsse und Liebkosungen. Die Lust des Spiels erfüllte ihn, erfüllte beide, prall bis zum Hals, bis zum Mund, bis zu den geschlossenen Augen, die sich verwandelt und dem übrigen Leib angeglichen hatten, zu blinden empfindsamen Tastorganen geworden waren. Aber es blieb ganz innen, ganz oben irgendwo, sogar in der stummen Stunde, die jetzt kam, ein Auge, dessen Schauen nicht zuletzt darin bestand, bei Bodo und bei Marion, daß es sich über sich selber, über sein eigenes Vorhandensein wunderte. Über seine eigene Geburt; denn zumindest hatten sie beide bisher nichts davon gewußt, daß es so etwas in ihnen gab, daß sie auch dies waren und daß sie tot in der Mitte dieser Stunde wirklich dazusein anfingen.

## III

Jörg ging nach dem Abschied von Bodo nicht nach Hause; er kehrte zurück zum Hause Petras und ging unter dem Balkon gegenüber dem Rummelplatz auf und ab. Zwischendurch ging er auch einmal hinüber zu den Ständen, wo man lilafarbene Plüschbären schießen und mit Münzen auf Mundharmonikas und Schokoladetafeln zielen konnte: wenn die Münze den Gegenstand traf, gehörte er dem Werfer, sonst gehörte die Münze dem Budenbesitzer. Die Gegenstände waren natürlich so angeordnet, daß die Münzen normalerweise in die Zwischenräume fielen. Jörg fragte sich, warum er nicht wie die jungen Arbeiter, die um diese Stunde hier mit ihren Mädchen flanierten, auch ein Mädchen hatte, das kein größeres Vergnügen kannte, als sich von ihm ein großes Lebkuchenherz schenken zu lassen, mit der zuckergegossenen Inschrift: ‹Bleib mir treu!› oder ‹Die Nacht ist für die Liebe da› oder ‹Du Gauner›, ein Mädchen, das vielleicht eine Viertelstunde schmollte, weil das Herz zu klein war, aber dann auch wieder versöhnt war, wenn man ihm dafür ein Eis bezahlte. Er schämte sich zwar gleich dieser Sehnsucht, wenn er wieder hinaufsah zu dem Balkon vor den erleuchteten Fenstern: warum wagte er nicht hinaufzugehen? Schließlich erwartete man ihn, er war ja eingeladen. Aber er fürchtete sich mehr, als daß er sich angezogen fühlte. Heute abend brachte er es jedenfalls nicht zustande, sich dort zu zeigen. Sicher, schon die Namen Petra, Herr Doktor, Konstantia veränderten die Atmosphäre, erfüllten, faszinierten ihn. Aber nicht mehr, als Isa selber es tat, durch Isa hindurch. Ihr Gesicht, ihr Auge – (war es nicht romantischer Unsinn, dieses Auge gleichzeitig träumerisch, kühl, seraphisch zu finden? Diese Eigenschaften widersprachen sich, schlossen sich aus. Und doch, ihr Blick war träumerisch, war kühl, war seraphisch, je nachdem. Ja, so unglaublich er es selber fand, manchmal alles zugleich) – ihr Gesicht, ihr Auge enthielt alles, wovon sie zu sagen pflegte, daß sie dafür da sei, daß sie es repräsentiere. Und enthielt von alldem genug für ihn, er wollte es nicht anders, nicht unmittelbarer. Isa pflegte ihm das vorzuwerfen, indem sie ungehalten wegblickte, das Thema wechselte und etwa sagte: er verstehe eben doch noch nicht, was sie meine. Doch, er verstand alles. Aber er wollte Isa. Isa war ihm das alles. Er wollte jetzt keine anderen Menschen, er wollte mit ihr allein sein. Die Leute da oben, sie mochten die gescheitesten Leute der Welt sein, er konnte sie nicht ertragen, wenn sie ihn davon abhielten, einfach still neben Isa zu sitzen und ihr zuzuhören, ihr Gesicht und ihre Bewegungen ungestört zu betrachten.

Es war Mitternacht, als sich die Haustür öffnete und Petras Gäste herauskamen: Jörg floh schnell über die Straße und schaute aus dem Gewühl vor den Buden hinüber. – Zuerst erschien in einer Gruppe junger Leute und Mädchen, von denen Jörg einige von der Universität her zu kennen glaubte, der Herr Doktor. Jörg fing schon an, die lila Bären im nächsten Stand ärgerlich zu zählen, als Isa allein als letzte herauskam. Gleich hinter ihr wurde das Treppenhaus dunkel. Jörg folgte ihr, zuerst mit einem großen Abstand, der dann schnell kleiner wurde: sie hätte ihm verlorengehen können. Aber verlieren kann man nur, was man einmal, einen Augenblick lang zumindest, besessen hat. Doch wie konnte man ein Reh, wie konnte man einen Falter besitzen? Ob man Isa nun für das eine oder für das andere, ob man sie für beides nahm: Falter und Reh waren beide beweglich und immer auf der Flucht. Man konnte sie sich überall vorbeigehen und an jedem Horizont entlangfliehen vorstellen, aber nirgends fest und nirgends angesiedelt und zugehörig. Sie waren nur Hinweise. Hatte es einen Sinn, ein solches Wesen festhalten zu wollen? Jörg sprach Isa an: «Ich habe auf dich gewartet.» – «Warum bist du nicht heraufgekommen?» Aber das sagte sie diesmal viel eher zärtlich als vorwurfsvoll. Petra hatte sie oben noch beiseite genommen und hatte ihr wieder eingeschärft, zu Jörg nicht zu hart zu sein. Hart zu sein wäre in Isas jetziger Lage natürlich, ja fast unvermeidlich, vom Natürlichen her betrachtet. Es gäbe da ja nichts anderes als nachzugeben oder eben zu widerstehen. Und da sie nicht nachgeben könne, sei sie zum Widerstand fast gezwungen, aber eben nur fast. Denn es gäbe noch etwas anderes, für sie komme am Ende nur dieses andere in Frage, das mehr sei als Nachgeben, mehr aber auch als bloßes Widerstehen. Sie, Isa, sei schließlich auf dem Weg in jene Gemeinschaft, wo es sich um beides gar nicht mehr handeln könne, wo das Natürliche gar keine Bedeutung mehr habe, weder positiv noch negativ. Nein, Isa solle auch jetzt, wo die härteste Zeit für sie langsam zu Ende gehe, wo sie frei zu werden beginne, nicht hart sein zu Jörg: sie sei ja sicher, sie habe das ja nicht nötig. Oder doch noch?

So überließ Isa jetzt Jörg sogar ihren Arm; daß er ihn überhaupt zu nehmen wagte, war das nicht schon eine Folge ihrer plötzlichen Sicherheit? Petra hatte ja gesagt, sie sei sicher. Jörg hatte die Veränderung in ihrer Stimme und in ihrem Blick gleich bemerkt. Für ihn war es die endlich erwachte Zärtlichkeit, die Frucht seiner Treue und seiner Bewunderung, die ihm nun endlich zufiel. Man hätte sich keinen größeren Gegensatz denken können: die Gründe, von denen Isa in ihrem Verhalten bestimmt zu sein glaubte, und die Gründe, auf die Jörg dieses gleiche Verhalten zurückführte. Auf jeden Fall glaubten beide einen Anlaß zum Feiern zu haben, und sie liefen in die Budenstadt, um einen Ort zu suchen, wo sie sich hinsetzen und etwas trinken konnten. Aber man schloß eben; die Karussells und Achterbahnen stimmten, da das bunte Licht, der Lärm, die fortwährende Bewegung zu ihnen gehörten, jetzt traurig. Und die Fröhlichkeit der beiden war nicht stark genug, dieser Anzweiflung von außen standzuhalten. Und wenn auch diese und jene Kaffee- oder Bierstube noch offen war, so übersahen sie das oder sahen nur die Stühle, die man schon auf die Tische gestellt hatte. – Und so meinte Isa denn, es sei wohl das beste, wenn Jörg zu ihr komme: sie könne einen Kaffee machen, und auch einen Kognak gebe es wohl noch bei ihr. Hatte sie sich zumeist gescheut, Jörg am Abend zu sich zu bitten – gelegentlich hatte sie es doch schon getan –, so ließ ihre neue Sicherheit sie diese Einladung leichthin und mit einem unbefangenen Lachen aussprechen.

Das Zimmer, das Isa in einem der wenigen alten Häuser, die in der Stadt übriggeblieben waren, bewohnte, lag im fünften Stockwerk auf den Fluß hinaus. Als sie in den dunklen Raum eintraten, schien er so groß wie ein Saal; das wenige Licht, das über die Decke spielte, schien ausschließlich ein Reflex des geheimnisvoll strömenden Flusses zu sein. Der Eindruck eines von einem Lichtfluß von fern her vage erhellten, nirgends genau begrenzten Raumes blieb Jörg um so länger, als es in Isas Zimmer offenbar keinen Lichtschalter an der Türwand gab, oder sie es zumindest vorzog, ehe sie Licht machte, durch die Dunkelheit bis zum Fenster zu gehen. Jörg glaubte, sich schnell zurechtzufinden, und holte sie schon in der Mitte ein, freilich erst, nachdem er einen kleinen Tisch angestoßen hatte, von dem irgend etwas klirrend zu Boden fiel. Er umfaßte Isa und küßte sie auf den Mund. Aber es blieb ihm doch noch viel Verwunderung über die eigene Kühnheit, viel Furcht vor der möglichen Reaktion Isas, viel zitternde Verehrung für eine fremde und rätselhafte Gottheit übrig: Isa hatte keinen Grund, sich überwältigt, ausgeliefert vorzukommen. Sie hatte ihrerseits keinen Grund zur Furcht. Sie lachte ganz leise, nicht höhnisch, sondern wohlwollend, wand sich dann los, war schnell am Fenster und schaltete einen der großen japanischen Papiermonde ein, wie sie eben in Mode gekommen waren: das milde Licht verwandelte den Raum in eine künstliche Mondlandschaft, wo die Gegenstände alle gewichtlos neutral und zugleich sphinxhaft unwiderstehlich von innen leuchteten und Jörg provozierten. Das galt von dem Sofa mit den abgegriffenen haarlosen Teddybären darauf, von dem kleinen Tisch, den er vorhin fast umgeworfen hatte, neben dem zwei Kaffeetassen mit Untertassen und Löffeln, glücklicherweise unbeschädigt, jetzt auf dem Teppich lagen; das galt von der kleinen Kopie des Schreins der heiligen Konstantia auf dem Arbeitstisch am Fenster, auf der die Inschrift, die er am Original noch nie betrachtet hatte, frisch golden leuchtete: ‹Sanctae Constantiae virgini Christi intactae sponsae›. Und auf der Schmalseite der Wappenspruch jenes mittelalterlichen Ordens, der längst untergegangen war: ‹Hic est ordo approbatus non a sanctis fabricatus sed a summo solo Deo.› – Das galt aber vor allem von dem Flügel, ganz hinten rechts, der über und über bedeckt war von bunten amerikanischen Illustrierten und Modejournalen: sein Anblick bedrängte Jörg aufs höchste; er meinte, er müsse dieses große schwarze Schiff gleich besteigen, es gebe keine andere Rettung für ihn. Rettung wovor? Er hatte noch nie gehört, daß Isa Klavier spielte.

Isa hatte die Kaffeetassen aufgehoben und brachte sie schon bald mit dem Kaffee zurück. Auch den Kognak hatte sie in einem Schrank ihrer Tante gefunden. Sie setzte sich zu Jörg auf das Bettsofa. Aber diesmal sagte sie nichts, lächelte bloß und schien nichts anderes zu wollen, als wortlos mit ihm zu sein, ohne wie sonst zu versuchen, gleich über sich und über ihn hinaus auf Dinge zu kommen, die sie für höheren Ranges und für die alleinige Rechtfertigung ihres Zusammenseins hielt. Es sah vor sich das helle Gesicht und die Augen, ganz ohne die Begeisterung diesmal, die ihn darin immer beängstigt und bezaubert hatte. Er glaubte, ganz einfach ein junger Mann zu sein, der ein junges Mädchen vor sich hat. Und so umfaßte er sie wieder, küßte sie auf die Augen und auf den Mund, legte sie hin auf ihr Bett und legte sich zu ihr, voller Leidenschaft und voller Vorsicht: das Ganze konnte ja eine Täuschung sein, ein Versehen Isas, dem sehr schnell das Erwachen, die Rückkehr zur alten grausamen Reserve folgen würde.

Er betastete ihre Haare, ihr Gesicht und ihren Hals, auch etwa die Brüste, diese aber noch vorsichtiger, indem er sich hütete, ihre Kleider zu verschieben. Und Leib und Schenkel näherte er nur behutsam ihrem Leib und ihren Schenkeln und fürchtete die Berührung nicht weniger als die Trennung: sie lagen da wie Tristan und Isolde, das Schwert König Markes zwischen sich. Wie Geschwister, die sich lieben und sich dieser Liebe schämen. Wie Liebende, die zweifeln, ob ihre Liebe nicht eher geschwisterlicher Art ist. Isa hatte zuerst wirklich die Meinung, sie sei nun sicher, es könne ihr von Jörg keine Anfechtung mehr kommen, wie sie ihr von Heinrich noch gekommen war, ja selbst von Bodo, obwohl sie ihn nur als den Freund Jörgs und immer nur mit diesem zusammen gesehen hatte. Jörg ist ein Knabe an jenem Punkt, dachte sie, wo er jeden Augenblick zum Manne werden kann. Schon wieder fürchtete sie die Zärtlichkeit, die plötzlich zur Brutalität wird. Sie fing an, seiner Vorsicht die ihre entgegenzustellen und seiner Behutsamkeit zu mißtrauen. Was Jörg geahnt und gefürchtet hatte, es bewahrheitete sich genau: es war nur ein Augenblick des Sichgehenlassens gewesen. Dabei änderte sich an Isas Verhalten gar nichts. Gerade das war das Schreckliche, daß sich an ihrem Verhalten nichts änderte, wo es sich hätte ändern müssen. Isa weigerte sich, Jörg entgegenzukommen; denn nur durch ihr Entgegenkommen wäre er frei geworden. Sie zwang ihn in den Knaben zurück.

Da die Herrschaft ihr nicht einfach von selbst blieb, wie sie gehofft hatte, ergriff Isa sie von neuem. Sie beteiligte sich sogar aktiver am Spiel, mit dem Zweck, es zu lenken und sich von nichts überraschen zu lassen. Was konnte es schaden, wenn sie ihrerseits Jörgs Haar und Gesicht und Hals streichelte und ihm sogar die obersten Hemdknöpfe öffnete und die nackte Brust berührte? Für sie war nur wichtig, daß sie nicht einfach ruhig blieb und sich nicht einfach dem Augenblick überließ. Diesen Augenblick durfte es nicht geben. Lange bewegten sie sich an der von Isa gesetzten Grenze hin, nicht ganz ohne Lust für Jörg (vielleicht gelang es doch noch, weiterzukommen? Er wußte zwar nicht wie. Er wußte kaum, was jenseits der Grenze war). Vor allem aber war es die größte Qual seines Lebens: er stand auf einer Klippe und wußte nicht, was unten war. Und die Stimme, auf die er wartete und die ihm zurief: «Komm, spring, du mußt es nur wagen!», ertönte nicht. Er war jener Tiefseefisch, der sich der Wasseroberfläche näherte und den das wachsende Licht und die wachsende Wärme ebensosehr mit Furcht erfüllten wie anzogen. Erinnerte er sich doch, daß aus dem Jenseits dahinter einmal der Überfisch herabgestürzt war (eine Götterstatue, die nun, von Korallen und Meergewächsen bedeckt, in der Tiefe lag). Schon oft hatte er ihn auf dem Grund liegen sehen und betrachtet. Aber nur immer ängstlich von weitem. Denn der Überfisch war zu schön, er war das Vollkommenste, was sich vom Fisch her denken ließ. Aber er war tot und starr und hatte offenbar jene Zonen jenseits, wo es ganz warm und ganz hell war, nicht ertragen. Vielleicht konnte man die höchste Gestalt wirklich nur dort erreichen. Aber nur einen Augenblick. Dann wurde man auch schon mit dem Tode bestraft, weil man zu viel gewollt hatte. Und waren nicht schon Fische, auch aus dem Kreis seiner eigenen Freunde und Verwandten, dort hinauf verschwunden und nie wiedergekommen?

Es blieb ihm, wenn er dies alles bedachte, nichts übrig, als wieder in seine gewohnte Dämmerung zurückzukehren. Vielleicht siedelte er sich im steinernen Ohr des Überfisches an – er wußte ja nicht, daß es sich um ein Kunstwerk, nicht um eine Leiche handelte: aber vielleicht war der Unterschied wirklich nicht so groß – und hatte so den Hinweis auf das ihn unerreichbar Übersteigende in jedem Augenblick genauso gegenwärtig wie die Warnung vor dem Abenteuer, vor der Grenzüberschreitung und ihren Folgen. Isa genoß ihren Triumph gerade in der nur teilweisen Hingabe, die sie von Minute zu Minute sicherer manipulierte. Petra hätte ihr vielleicht wiederum Hochmut vorgeworfen. Aber was für ein besseres Verhalten hätte sie ihr raten können? Es war das erstemal, daß für Isa die Meinung Petras nicht den Ausschlag gab, daß sie nicht ohne Verwunderung ihren eigenen Platz in Petras Welt zu erkennen glaubte, und sich als erwachsene Schülerin fühlte, wenigstens für die Stunden, die sie mit Jörg zusammen war. Sie hatte ihn noch nie so geliebt wie jetzt, wo sie daran zu zweifeln begann, ob sie ihm überhaupt je würde helfen können. Und sie merkte, nicht ohne Befriedigung, daß es ihr gar nicht das Wichtigste war, diesem einen zu helfen. Daß es ihr mehr darauf ankam, das zu tun, was Petra mit ‹Gehorchen› bezeichnete: sie war Werkzeug der Rettung, aber nur jener Rettung, die beschlossen war. Die Rettung zu beschließen, das war nicht ihre Sache.

Kaum war Jörg weggegangen, fuhr Isa mit dem Rad zum Schwimmbad. Sie erinnerte sich, daß sie mit Jörg und Bodo gestern eine vage Abmachung getroffen hatte, man wolle sich am

Morgen dort wieder treffen. – Außer den großen Kastenwagen der Müllabfuhr war noch kaum etwas auf den Straßen. Isa konnte ihre Gedanken und Träumereien neben und vor sich herlaufen lassen, selbst auf die Gefahr hin, daß sie ihr die übrige Welt verstellten. Die übrige, die Außenwelt war nur schattenhaft am Rande, oder höchstens eine unbewegte Kulisse vor der Theateraufführung, eine Spieluhr, die abgelaufen war und die man noch nicht wieder aufgezogen hatte. Das eben Erlebte war ihr jetzt schon Objekt, auf ähnliche Weise wie die Welt ringsum: sie wendete es ruhig hin und her. Heinrich hatte sie beherrscht, zu beherrschen versucht, er hatte ihr sein starkes Gefühl aufgenötigt. Er hatte sie ganz auf sich ausgerichtet. Sie hatte sich dauernd von ihm wegziehen müssen, wenn sie nicht in ihm versinken wollte. Wäre sie gefallen, sie hätte wenigstens gewußt, wohin: sie wäre einfach in Heinrich hineingefallen. Vielleicht war es nur Petra gewesen, die dies verhindert hatte. Jörg hingegen war kein Gegner und war auch kein Schlund, der anzog. Er war wehrlos, er bewegte sich nur durch sie. Er konnte sie nicht von ihrem Weg abziehen, er konnte nur mit seinen Spielen und Träumen ihr Inneres so erfüllen, daß sie plötzlich einmal jeden entschiedenen Schritt und ihren ganzen vorbestimmten Weg vergaß. Gab es doch Flöten, die sogar Felsen von der Stelle rührten ... aber jetzt konnte ihr nichts mehr geschehen.

Das Schwimmbad war schon belebter als die Straße. Eine Anzahl junger Leute schwamm in dem offenen Becken. Andere liefen auf dem Rasen um die Wette, die einen sprangen über die anderen, die sich mit gebeugten Rücken als Hindernisse aufgestellt hatten. Bodo übte den Hochsprung am Stab: Isa sah ihn, wie von einem Riesenfinger in großem Bogen geworfen, gerade auf sie zuspringen. Er gab ihr den Schlüssel seiner Ankleidekabine und lachte: es geniere sie doch nicht? Nein, im Gegenteil, sie sei ihm sehr dankbar. Am Haken hing seine Hose aus schwarzem Riffelsamt, darüber sein schwarzes Hemd, darüber sein weißes Unterhemd. Sie spürte doch eine Hemmung, ihr helles Waschkleid, ihre Unterwäsche an den Haken daneben zu hängen. Leicht und harmlos hingen ihre Kleider neben den aggressiven Sachen Bodos. Aber das waren ja nur Kleider. Isa belächelte gleich, daß sie sich hatte anfechten lassen. Und sie tadelte sich, dem erreichten Stand für eine Sekunde nicht genügt, sich selber, der Kraft, die sie erfüllte und trug, nicht bedenkenlos vertraut zu haben. Warum sollte sie sich gerade jetzt anfechten lassen, nachdem sie ähnliche Lagen in Zeiten größerer Schwäche, als sie noch schreckhaft und schwankend war, ausgehalten hatte, ohne sie überhaupt als verfänglich zu bemerken?

Sie trat vorsichtig ins Wasser, ohne auf Bodo, der am Rand des Beckens stand, zu achten. Obwohl sie seine Blicke spürte und in ihnen das, was er ihr zu Anfang des Sommers immer gesagt hatte: sie solle doch springen, ob sie denn dazu den Mut nicht habe? Er hätte sie eigentlich am liebsten Artemis genannt. Aber jemanden, der sich vor dem Wasser fürchte, könne man nicht so nennen. Auch wenn er, Bodo, natürlich wisse, daß sie schließlich hineingehe; aber mit Anstrengung, nach Überwindung ihrer Furcht, vorsichtig Schritt für Schritt, für jeden Quadratzentimeter ihrer Haut, die das Wasser nun gleich berühren würde, neu und besonders fürchtend. So jemanden könne man unmöglich Artemis nennen. Auch wäre das mehr Spott als Schmeichelei gewesen. Und zudem hatte sie nie ein Hehl daraus gemacht, daß sie vor vielem Angst hatte. Aber sie hatte auch ihren berühmten Mut. Doch war er ihr ins Zentrum eingegossen worden und gehörte eigentlich nicht ihr. Und er reichte eben für die Anstrengung, für den Kampf, auf den allein es ankam: das Herdfeuer gegen alle Regengüsse und Sandstürme am Leben zu erhalten und es immer, täglich etwas größer, anzufachen, damit es schließlich das ganze Haus erfaßte und verbrannte.

Isa gestattete sich den Triumph, die wachsende Monotonie ihrer Gedankengänge zu erkennen, ihre stete Wiederkehr, die Gleichheit der Bilder, deren sie sich bediente. Sie war auf dem Weg, den Petra ihr vorangegangen war: zog alles nur noch auf eines. Sie lebte in einem Haus, wo alle Größen fest waren, wo es niemandem mehr einfallen konnte, von Arroganz zu reden. Wenn alles von Gott kam, wie wäre das noch möglich gewesen? Daran änderten auch Petras häufige Reden von Stolz und Hochmut nichts: sie waren vor allem pädagogisch zu verstehen. Es kam ihr nicht darauf an, die Umrisse der Gestalten aufzulösen, es kam nur darauf an, daß man ihren Ort sehen lernte, das Auge durch Übung so veränderte, daß es das göttliche Meer, seine Oberfläche zumindest, wahrnahm, in dessen Grund die Gestalten ihre Fundamente hatten. Nein, der dort hatte keinen Anlaß, ihr Mut abzusprechen. Sie war ihm fremd, so wie er ihr fremd war.

Dieser Gedanke wiederum ärgerte sie einen Augenblick: daß sie ihm fremd war, ja. Aber er ihr: stand sie nicht an einer Stelle, von wo man in eines jeden Mitte gelangen konnte? Sie schob die Frage weg, teilte mit den Armen das gechlorte Wasser, schwamm schneller als ihre Gewohnheit war und tauchte sogar den Kopf gelegentlich unter, um so die Blicke Bodos und seine Gedanken wie Mücken wegzuscheuchen.

Bodo fragte sich, wo wohl Jörg geblieben sei: er war sonst jeden Tag gekommen. Hatte er gefürchtet, Isa zu treffen, hatte er sie nicht mehr ertragen? Jörg war sonst noch vor ihm da gewesen. Was erstaunlich war, da er eigentlich zu den Spätaufstehern gehörte. Und Bodo war stolz darauf, ihn dahin gebracht zu haben. Er schrieb sich die Macht zu, ihn allmählich aus seiner Versponnenheit herauszuziehen. Er hätte es gekonnt, wenn er alleine gewesen wäre. Er hätte Jörg darauf aufmerksam gemacht, daß es die Welt gab. Er hätte ihm die Welt vielleicht sogar zeigen können: wenn nicht Isa gewesen wäre, die Jörg immer wieder neu einspann. Es mochte sein, daß sie Jörgs Körper erregte, aber perfiderweise nur, um ihn dieses Körpers desto überdrüssiger zu machen, um ihn mit seinem Körper zu quälen. Man mußte ihm die Augen öffnen, so glaubte Bodo. Isa meinte das Gegenteil: man konnte die Augen nicht fest genug schließen, um desto mehr zu sehen. Er sah nirgends eine Möglichkeit der Versöhnung. Aber das Schwimmbad wurde langsam voll. Die Sonne war über die Bäume emporgekommen. Die Bauten des Schwimmbads, so niedrig und dürftig in ihren Ausmaßen sie waren, sammelten sich in sich selber und sonderten sich vom Rasen, von den Büschen und Bäumen feindselig ab.

Und so taten es auch wieder die Gewächse ihrerseits, so tat es das Wasser der Schwimmbecken, das heftig und herausfordernd glänzte und nicht mehr als einfache Unterbrechung des Rasens, als Lücke, als bloße Variante und Dekoration erschien. Am meisten aber verloren die menschlichen Leiber ihre sanfte Gutmütigkeit und erhoben sich feindselig gegen die Morgenwelt. Jeder beanspruchte, alles in seine Form einzuschließen, die Welt selber zu sein, die Welt zu ersetzen, sich selber an die Stelle aller andern Leiber zu setzen. Und jede Bewegung unterstützte diesen Anspruch. Jede war gewollt, entschieden, zweckvoll: griff an, nahm in Besitz, drängte zur Seite, zertrat, erdrückte. Es verschwand jede Versöhnlichkeit, jede Nachsicht. Vielleicht hatte Bodo das, indem er dastand und voll Groll auf Isa schaute, provoziert. Vielleicht hatte Bodo die Sonne zu seiner Unterstützung hinter den Wipfeln und Dächern heraufgeholt. Oder er und die Sonne waren miteinander verabredet und aufeinander abgestimmt, so daß es müßig wäre zu fragen, wer wen zuerst zu etwas veranlaßt habe. Auf jeden Fall, die Welt war in eine fatale Bewegung geraten. Und Bodo stand in ihrem Zentrum. Man warf ihm manchmal Brutalität, manchmal Charakterlosigkeit vor. Er fühlte die Welt als ein vielfältiges Ganzes, das ihm zur Lenkung anvertraut sei. Diese Arroganz, so naiv sie bei ihm auch war, stieß viele ab und machte ihm viele Feinde. Er galt als unloyal und unverläßlich. Er handelte aus einer besonderen Art von Verantwortungsgefühl, aus einer besonderen Einsicht, gegen die man einwenden mußte, daß sie zu sehr gleichzeitig nur auf die Situation und nur auf die ganze Welt bezogen sei, daß er sich ein Recht oder sogar eine Pflicht anmaße, die geheimsten und empfindlichsten Stellen der Welt zu berühren und so Veränderungen und Bewegungen zu erzwingen, wie das einem Menschen eigentlich nicht zustehe. Hier war Bodo tatsächlich ähnlich seinen Widersachern, Petra und dem Herrn Doktor – er hielt sie wenigstens für seine Widersacher –, denen man vorwarf, daß sie Menschen einfach manipulierten, sich ihres Zentrums zu bemächtigen und es auszurichten versuchten. Aber diese Ähnlichkeit hörte dort auf, wo man bedachte, daß es Petra und auch dem Herrn Doktor, soweit man ihn überhaupt kannte, vor allem daran gelegen war, die Menschen in ein System zu bringen, sie einem Ziel, einer Macht, wie immer man das nennen wollte, dienstbar zu machen. Es war bei ihnen alles Strategie. Und das lag Bodo fern, weil er nichts wollte. Wenn man nämlich das, was einen Menschen wie Petra bestimmte und antrieb, mit Wollen bezeichnet. In diesem Sinn hatte Bodo überhaupt keinen Willen.

Bodos Wille war nicht so sehr ein Wille des Geistes, er war ein Wille der Seele. In Bodo war ein heftiger Antrieb, ein Zwang, zu bestimmen, zu lenken, umzuformen. Aber dieser Zwang war ihm selbstverständlich, er war identisch mit seinem Herzen; er dachte kaum darüber nach, was letztlich für ihn und seine Mitmenschen daraus sich ergeben könne, wohin er sie führen werde. Er lebte in einzelnen Situationen, die er aber immer auf das Ganze bezog. Dieses Ganze war so allgemein, daß es niemals mit einem konkreten Zweck, einer konkreten Gruppierung, einer konkreten Macht im Sinne dessen, was etwa Petra vertrat, übereinkommen konnte. So ist jemand wie Bodo viel schwerer als andere zu beschreiben: denn jede Beschreibung ist gezwungen, ihn zu fassen, ihn zu umreißen, was in ihm geschieht, zu formulieren. Und damit wird es schon entstellt und in unstatthafter Weise festgelegt. Bodo dachte nicht so über seine Handlungen, über seine Mitmenschen, über sein Verhältnis zu ihnen, über ihre Verhältnisse untereinander nach, wie hier der Eindruck erweckt werden muß. Er war viel mehr nach außen gewendet und viel spontaner; seine Antriebe stiegen aus ihm auf und bemächtigten sich seines ganzen Wesens viel umwegloser und darum auch totaler, als das hier deutlich gemacht werden kann.

*Die Gewissenhaftigkeit der Beobachtung befindet sich also, wie dieses Beispiel zeigt, im Widerspruch und Wettlauf mit der Lust am Beschreiben und Erzählen. Und es kommt darauf an, daß sie sich die Waage halten, einen Kompromiß eingehen, damit die Erzählung richtig wird. Überwiegt nämlich die Leidenschaft zur Genauigkeit zu sehr, so wird sie dem Erzähler das Wort aus der Feder schlagen, nie ist ein Gegenstand, von einem Menschen gar nicht zu reden, so sehr in irgendeines Besitz, daß er sich darüber gültig und unverbindlich äußern könnte. Der Erzähler wird immer fühlen, daß er mit der einen Aussage alle andern gleichzeitig möglichen verdrängt und ausschließt, daß er also ein schrecklicher Vereinfacher ist. Dagegen gibt es nur die Rettung ins Schweigen. Um erzählen zu können, muß er seine Bedenken überspringen, ein Unverantwortliches tun, um ein anderes zu vermeiden. Dazu muß er freilich überzeugt sein, daß Schweigen noch schlechter wäre, daß es nötig ist, zu reden. Das ist der Rest Naivität, den jede, auch die differenzierteste Äußerung zur Voraussetzung hat. Anderseits: überwiegt die Lust am Erzählen zu sehr, so entsteht leicht etwas Oberflächliches, ein Ablauf, den man als rein äußerlich empfindet, der durch seinen Anspruch, im Leser Spannung zu erzeugen und ihn so vom Denken abzuhalten, gerade jene, denen etwas mitzuteilen sich am meisten lohnt, durch seine plumpen Reizmittel abstößt.*

Als Isa aus dem Wasser stieg, stand Bodo nicht mehr da. Das war ihr angenehm. Er war vielleicht doch rücksichtsvoller, als sie bisher geglaubt hatte: Worüber hätte sie heute mit ihm reden sollen? Sie fürchtete die Anstrengung, die Dinge, die ihr auf der Zunge lagen, zu verschweigen. Und statt dessen von Dingen zu reden, die sie und Bodo gemeinsam interessierten und unverfänglich waren. Diese Anstrengung scheute sie heute besonders, weil sie bemerkte, daß er gar keinen Wert mehr darauf legte, ihr den Zutritt zu ihm zu öffnen und ihr eine Leiter oder wenigstens ein Seil zuzuwerfen. Früher hatte er das immerhin versucht. Wenn es auch nie gelungen war, sei es, weil er nicht gut genug warf, sei es, weil sie nicht gut genug fing. Aber es war doch immer ein Hin und Her, eine Art Spiel, eine Art Gespräch gewesen. Isa spürte, daß auch er ihr heute fast gleichgültig war, viel gleichgültiger, als sie sonst je sich erlaubt hätte, als Petra ihr je erlaubt hätte, einen Menschen, der einmal in ihren Lebenskreis getreten war, sich gleichgültig sein zu lassen. Sie nahm auch das als Zeichen dafür, daß sie eine neue Stufe erreicht hatte, daß sie unabhängiger geworden war und die Kräfte und Situationen allmählich selber einschätzen lernte. In diesem Augenblick vermißte sie Jörg. Trotz der vergangenen Nacht war Jörg ihrem Zustand angemessen. Ertrug sie nur noch das Schwache? Sie lächelte unter ihrer Gummimütze, die ihr Gesicht nun wirklich wie ein Helm umschloß, leise und ihrer eigenen Befürchtung überlegen. Die Burschen, die ihre Beine in das Schwimmbecken baumeln ließen oder ringsum auf dem Rasen lagen, schauten nach ihr, auch wenn sie im Augenblick schläfrig waren und gar nicht, wie sonst immer, auf der Lauer lagen. Der Schatten Isas weckte sie im Vorüberstreifen auf. Sie wandten sich alle nach ihr um: wenn sie sonst Mädchen nachsahen, taten sie das ganz triebhaft, ohne sich dabei etwas zu denken. Das gehörte sozusagen zu den Pflichten ihres Standes und Alters. Sie sogen mit ihrem Auge bestimmte Körperformen auf, die aufzusaugen sie sich seit eh und je präpariert, ja gedrillt hatten. Und ein angenehmer Rausch stieg in ihnen von unten nach oben. Eine süße Verblödung bemächtigte sich ihrer. Der Mädchenkörper, der durch das Auge in sie eingetreten war, erlaubte ihnen, die Orgie, von der sie sich kaum je zugegeben hätten, daß sie sie suchten, innerlich und privat und ohne Gefahr zu feiern.

So war es sonst. Isa zog sie zwar auch an und ließ im ersten Augenblick die gleiche Berauschung in ihnen aufsteigen. Sogleich jedoch wurde diese Berauschung durch etwas anderes zurückgestoßen, daß stärker war und in jedem Augenblick stärker wurde. Isa war so sehr auf einen Kern konzentriert, der damit, daß sie ein junges Mädchen war, gar nichts zu tun hatte und weit innerhalb dieser vergleichsweise nur zufälligen Bedingung lag, daß ihr Körper nur wie übergestreift, wie eine achtlos umgenommene und der Trägerin nicht allzu wichtige Hülle erschien. Auch den dumpffesten und gedankenlosesten Mann, vielleicht gerade ihn, mußte dies erschrecken und beunruhigen. Wohl keiner wußte, woran es lag, woher das Zwiespältige und Ärgerliche dieser Erscheinung kam. Von keinem aber auch blieb es unbemerkt.

Isa ging in die Kabine zurück, um ein Badetuch zu holen und sich in der Sonne darauf zu setzen. Bodo war in der Kabine, trocknete sich und schien im Begriff, sich anzuziehen. Als Isa eintrat, fuhr er sich mit dem Tuch nochmals über die Brust, hob dann den linken Arm und trocknete sich unter der Schulter. Dann ließ er das Tuch auf die Bank fallen und stand auch schon vor Isa. Was würde er wohl zu ihr sagen? Diese Frage, ein neuer blitzender Draht war quer durch Isas Kopf gespannt und durchschnitt alles: was würde er sagen, wie er jetzt so vor ihr stand? Sie suchte in sich alle Antworten auf alle Fragen zusammen, die er hätte an sie richten können. Sie tat es in höchster Eile, als gelte es, sich im letzten Augenblick vor einer Katastrophe zu retten. Sie stand ganz still, aber sie war in heller Panik und schickte die Feuerwehr nach jener Richtung aus, woher nach ihrer Erfahrung allein Gefahr kommen konnte. Ihre Stadt war so wohl gebaut und mit allen Schutzeinrichtungen versehen, daß, wie sie voraussetzte, nur an dieser einen Stelle, in diesem einen nicht sanierten Viertel Feuer ausbrechen konnte. Der Gedanke, Bodo würde und wolle gar nicht sprechen, kam ihr nicht. Sie spürte nur ihre Angst ins Unerträgliche wachsen. Sie spürte einen Orkan aufsteigen, der den glühenden neuen harten Draht löschte und zerriß. Etwas Unbekanntes zog ihr den Boden weg: ein riesiges Gestirn, dessen Meere aus rotglühender Lava durch die rasende Drehung kaum zusammengehalten wurden, kreiste in ihr. Isa hing an Bodos Hals, an seinem Mund, sie biß ihn in die Lippe, sog ihm die Zunge brutal aus der Höhle. Sie krallte die Finger in seine Schultern und in seinen Rücken. Seine Badehose lag als ein roter Knäuel in einer kleinen Lache in der Ecke. Er hatte Mühe, ihr den Badeanzug abzustreifen, zu fest preßte sie sich an ihn. Später wunderte sie sich, daß sie so unbequem auf einer feuchten Holzbank lag. Oben an den Balken, die das Wellblechdach trugen, gab es Spinnweben, der Boden war voll nasser Fußspuren, und dort lag auch immer noch der rote Knäuel in der Lache, die nun größer war und jene Sandale schon erreicht hatte: die hatte offenbar der vorherige Benützer der Kabine vergessen. Nein, ein Mann hob sie auf und stellte sie sorgfältig neben eine zweite, genau unter der schwarzen Hose, die von der Wand hing. Warum tat er das? Er mußte sie ja doch gleich wieder nehmen, um sie anzuziehen. Der Mann war noch nackt und pfiff leise vor sich hin, aber er nahm nicht, wie sie es für selbstverständlich gehalten hatte, das Unterhemd vom Haken, um es überzustreifen – oder nein, eigentlich müßte er zuerst die Unterhose nehmen, zuerst zieht man doch die Unterhose an: sie war unzufrieden mit sich, eine falsche Reihenfolge aufgestellt zu haben – nein, er griff nach dem Knäuel in der Lache, wand ihn langsam aus, zog ihn auseinander und streifte die Badehose über. Erst jetzt hörte er auf zu pfeifen, schon den Türknopf in der Hand: «Willst du nicht mehr mit herauskommen, Isa? Ich will nochmals ins Wasser.» Bodo hörte sich das sagen wie einen Fremden: den zurechtzuweisen er Lust gehabt hätte. Der Satz war ganz unpassend gewesen und ohne Beziehung zur Situation. Die Frau, die dort lag, ging ihn nichts an. Er war soeben wie durch einen Orkan durch sie hindurchgegangen. Sie lag immer noch auf der Holzbank und schaute ihn ruhig an: «Weißt du eigentlich, daß Petra den Orden der heiligen Konstantia wiederbegründet hat?» Es schien ihm, sie bewege sich rasend davon, würde immer kleiner und entschwinde in einem riesigen Raum. Dem abzuhelfen, genügte freilich eine entschlossene Bewegung des Augenlids. Dann machte er die Tür schnell auf und schloß sie hinter sich.

Isa zog sich langsam und ruhig an. Ihr Blick fiel beim Hinausgehen nochmals auf die Lache, in der Bodos Badehose gelegen hatte: wie hatte er sie nur dorthin werfen und dort so lange liegenlassen können? Erst als sie schon auf dem Rad saß, fiel ihr ein, daß sie sie selber dorthin geworfen hatte. Sie wandte ihr Rad um und fuhr in der umgekehrten Richtung, hinaus in die Vorstädte.

Als sie in die Kirche der heiligen Konstantia eintrat, fror sie zuerst und sah nichts. Sie war sehr schnell gefahren und hatte geschwitzt. Sie sah am Sarkophag der Heiligen eine einzige Kerze flackern und kniete sich gleich daneben hin. Die übrigen Fassungen in dem großen schmiedeeisernen Leuchter, wo sonst die vielen Votivkerzen brannten, waren um diese Stunde leer, oder es waren höchstens erloschene Stümpfe darin. Dafür schoß eine grünlichweiße Flamme in ihr immer steiler und saugender auf. Ihr Inneres lag im scharfen und schattenlosen Licht. Sie hielt sich mit dem Blick am Sarkophag fest, las genau die Inschrift, fünfmal nacheinander und sagte den Text leise vor sich hin. Aber sie merkte, daß sie schon erlahmte und sich nicht mehr lange festhalten konnte. Der Draht in ihrem Kopf war wieder hart und scharf gespannt. Irgend jemand hielt ihn an einem Ende fest und bewegte ihn sehr schnell hin und her und auf und ab. So daß sie fürchten mußte, im nächsten Augenblick in zwei Stücke, in vier Stücke, in zehn, in hundert Stücke zerschnitten zu werden. Immer mehr Drähte waren es, die durch sie gespannt waren, an denen man riß. Und die grünlichweiße Flamme schlug aus ihrem Herzen herauf bis zu den Drähten und beleckte sie, so daß sie aufglühten, aber nicht etwa schmolzen, sondern nur immer härter wurden. Plötzlich trat Jörg hinter dem Sarkophag hervor – er hatte die Kerze angezündet und sich dann in einer der Kirchenbänke auf der andern Seite des Sarkophags versteckt – und ging an ihr vorbei, ohne sie zu bemerken. Erst das leise Knarren, als sie aufstand, ließ ihn aufgeschreckt zurückschauen. Er ging ihr voraus in den Kreuzgang und setzte sich unter einem der Bögen auf die niedrige Mauer.

Sie blieb vor ihm stehen, lehnte sich an die Säule und blinzelte in die Sonne. Ihn sah sie nur ungenau; es lag ihr auch nichts daran, ihn genau zu sehen. Sein Kopf war gesenkt und seine Wangen in die Hände gestützt. So stellte er sich auf die Absicht ein, mit der Isa ihm gefolgt war: nämlich ihn aufzurichten. – Es sei nicht wichtig am Ende, daß man sich einmal vergessen und die Ordnung der Dinge umzukehren versucht habe. Solche Versuche seien bei der Lage der Dinge vielleicht sogar unvermeidlich. Solange die Unterwerfung des Fleisches nicht zur Ausmerzung des Fleisches geworden sei.

Er wisse so gut wie sie selber, daß weder Unterwerfung noch Ausmerzung verlangt seien, daß diese harten und grausamen Ausdrücke etwas überaus Wunderbares und Seliges verbürgen, wovon zu reden man sich fast fürchten müsse. Diese Unterwerfung und Ausmerzung des Fleisches sei am Ende nur die Außenseite einer Tür, deren Innenseite Aufsaugung heiße. Das

Fleisch werde einfach umgewandelt in das Licht und seine Liebe werde aufgesogen von dieser ganz anderen, und übermächtigen Substanz. So daß am Ende ein geistiges Fleisch übrigbleibe, das mit all seinen Antrieben zwar noch da, aber ganz geläutert und ausschließlich dem einen, auf das allein es ankomme, dienlich sei. Bis dahin aber gelte es, einen unerbittlichen Kampf zu führen. Denn die Gefahr, daß das Licht im Blut ersticke, sei da. Und sie beide, Jörg und Isa, hätten wenig Grund, sich etwas darauf einzubilden, daß sie vergangene Nacht doch noch widerstanden hätten und nicht vollständig erlegen seien: schließlich seien sie nahe genug am Äußersten gewesen und hätten die Rettung wahrhaftig nicht sich selber zu verdanken. Aber es sei wunderbar und bedeutungsvoll, daß sie sich hier am Grab der Heiligen wiedergefunden hätten.

Isas Worte fielen, große Tropfen lang abgestandenen lauen Wassers, in eine Zisterne, in Jörgs Seele hinein. Isa selber bemerkte das gleich, kaum hatte sie das erste Wort gesprochen. Aber das hinderte sie am Weiterreden nicht. Sowenig wie der andere Umstand sie hinderte, daß man oben nicht hören und nicht sehen konnte, wie die Tropfen in der Zisterne ankamen. Waren sie das Wasser, das die Pflanzen und Tiere in der vertrocknenden Tiefe brauchten und worauf sie gewartet hatten? Oder im Gegenteil, war dieses Wasser chemisch so beschaffen, daß es das spärliche Wasser in der Tiefe so völlig veränderte, daß die Pflanzen und Tiere daran starben und vielleicht sogar alle, die in Zukunft daraus schöpften? Diese Befürchtung verfinsterte Isa einen Augenblick. Aber sie übersah und vergaß den Schatten leicht. Denn es war ihr klar, daß ihre Bemühung, Jörg zu trösten, ihn trösten mußte. Beweis dafür war die Wirkung ihrer Worte auf sie selber: das Wasser, das sie in die tiefe und dunkle Zisterne hinabgoß, begann seltsamerweise sehr schnell, sie selber zu kühlen; die steil aufzüngelnde grünlichweiße Flamme sank zuckend und vermochte die Drähte nicht mehr zu belecken: diese kühlten schnell ab, und wenn sie vorerst auch noch schnitten, so brannten sie wenigstens nicht mehr. Und wenn die Wirkung ihrer Rede auf sie selber so war, wie sollten sie auf den Komplizen so viel anders sein? Sie selber war die letzte, das Abgeschmackte, Phrasenhafte, Unaufrichtige ihrer zwischen Zögern und Anmaßung schwebenden Rede nicht zu sehen. Sie hütete sich aber, dieses Wissen in sich eindringen zu lassen. Dann hätte sie ja schweigen müssen. Und vor nichts auf der Welt fürchtete sie sich mehr. In dieser Lage wenigstens, wo Reden für sie die Rettung war, was sie bei jedem Wort mehr spürte. So versuchte sie, die Peinlichkeit wenigstens zu verwischen, Lücken und Durchblicke zu schaffen, durch die man alles Ungesagte und Unsagbare, obwohl sie nicht die Mittel hatte, es unmittelbar zu geben, wenigstens ahnen konnte. Sie sprach abwechselnd sehr langsam und dann wieder schnell, mit längeren Pausen, manchmal lauter, meistens aber leise oder sogar sehr leise. So gelang es ihr, das klischeehaft Billige eines erbaulichen Traktats in ihrer Rede so weit zu dämpfen, daß das Hauptgefühl, das nun allmählich in ihr aufstieg, nicht gestört wurde:

Das war ein bunter Drachen, behangen mit vielen Bändern, der aus den letzten Zuckungen der grünlichweißen Flamme aufstieg und von einem frischen Wind emporgetragen wurde. Und schon sprangen auch die durch ihr Hirn gespannten schmerzenden Drähte, so daß der Drachen frei schwebte und sich nicht verfing, sondern ihren Himmel ganz mit seinem Flug erfüllte. Die Heilige hatte ihr den Drachen geschickt. Isa hielt ihn an der Leine fest, lief hinter ihm her und dachte nur «Gnade». Es war ihr von neuem gelungen, sich selber zu verlassen, sich der Ordnung einzufügen und alle Besonderheit abzuwerfen. Die vergangene Nacht und der Morgen waren im Licht ertrunken, das der Drache voraustrug. Sie sah nur noch ihn. Sie hatte Mühe, das «Gnade» in sich zu verschließen und es nicht laut hinauszurufen. Aber sie wollte die Gelegenheit nicht vorübergehen lassen und den Triumph, die Befreiung, die Entzückung in der Faust festhalten: einen Vogel, der dem Unvorsichtigen allzu leicht entwischt.

Zurückgekehrt in ihre schimmernde Kugel, wo die Bilder an der Innenfläche wieder bunt leuchteten, kreiste sie über die Welt hin und beugte sich wortlos zu Jörg, um das Komplizentum, das sie neu begründet zu haben glaubte, zu besiegeln: sie küßte ihn auf die Wange, auf die schmale Stelle, die von seiner Hand nicht bedeckt war. Es ärgerte sie etwas, daß seine Stellung so ungünstig war. Sie mußte ihren Hals unbequem biegen, damit ihre Lippen die Stelle erreichen konnten.

Als er jetzt aufstand und neben ihr zurück in die Kirche und auf die Straße ging, war er für sie schon ein zu Ende gelesenes Buch, das sie gerade zugeklappt hatte und befriedigt und dankbar auf seinen Platz im Bücherschrank zurückbrachte. Isa in ihrer Kugel wußte vor allem von ihrer Mission und sah die Beziehung zu Jörg als Teil dieser Mission. Und dieser Teil schien ihr vorerst zu einem guten Abschluß gelangt: sie hatte Jörg am Abgrund vorbeigeführt, ganz knapp daran vorbei. Es war unvermeidlich gewesen, der Saumpfad führte genau an dieser Stelle durch. Aber nun war man weiter. Es konnte nichts mehr geschehen. Sie identifizierte Jörg und Bodo und ihre Erlebnisse mit beiden. Sie beschwichtigte die Erschütterung ihrer Begegnung mit Bodo, indem sie sie in den Rahmen der Resignation, den ihr die Begegnung mit Jörg bot, einfügte. Sie hatte mit Bodo ein Äußerstes verwirklicht. Jörg gehörte zu den Vorspielen und Fingerübungen, war die letzte Stufe einer Treppe, an deren Ende sie mit Bodo angekommen war. Nun ging sie weiter. Jörg und Bodo waren ein Erlebnis geworden, das sie schon nicht mehr interessierte. Und selbst wenn Isa die Vormittagsstunde mit Bodo für wichtiger hielt, so war sie doch nur ein Vulkanausbruch im Meeresgrund, der eine Insel aufwirft, die schnell und zum Schrecken aller Seefahrer wächst, aber ebenso bald und plötzlich wieder versinkt. Isa näherte sich dem Zustand, wo nur noch Meer ist, wo jede Bewegung geringfügig erscheint und durch die nächste sofort wieder verwischt wird, wo Lichter und Farben so ineinander spielen, daß man sie nicht mehr genau begrenzen und unterscheiden kann.

Sie fuhr gleich zu Petra. Auf der Treppe befiel sie plötzlich eine Angst, wie sie sie an dieser Stelle noch nie gefühlt hatte. Sooft sie auch schon hier gewesen war, noch nie hatte sie den Eindruck gehabt, mit dem Ersteigen dieser Treppe etwas Unwiderrufliches zu tun. Eine Angst, von der sie bisher geglaubt hatte, Bodo vielleicht spüre sie, wenn er vom Sprungturm ins Wasser springe. Aber ihr Herz lief in diesem Fall wohl hinter ihrem Geist her: denn sie hatte sich ja schon lange entschieden. Ihre Angst, die Angst einer Treppenstufe, war nur ein Nachholen. Offenbar war es nötig, vor dem letzten Schritt die Angst einmal zu erleiden. Und wenn dieser Schritt in viele kleine Schritte zerfiel, die Entscheidung ganz langsam und wie von selbst geschah, so wollte das Herz doch seine kompakte Angst auf einmal haben und konnte sich dem neuen Zustand und einem neuen Leben nicht anpassen, ohne die Angst wenigstens einmal gefühlt zu haben. Die Angst gehörte zum Ritual einer jeden Veränderung auch für Isa, die viele ihrer Freunde für furchtlos hielten. Aber Isa war nur zu fassen, wenn man sie überraschte und hinterrücks anfiel, zum Beispiel in der Badekabine oder hier auf der Treppe von Petras Haus. (Der Aufzug fuhr heute nicht, es hing eine Tafel an der Tür: ‹Wird überholt›.) Sie läutete, und Petra ließ sie von der Sekretärin gleich hereinbitten, obwohl ein Ehepaar im Wartezimmer saß.

«Ich habe heute früh an Sie gedacht und dies hier für Sie bereitgelegt. Und jetzt müssen Sie meine neue Zigarettenmarke versuchen.» Isa ließ sich Feuer geben und zog aus dem großen Umschlag eine Reproduktion: die heilige Anna selbdritt von Lionardo. Annas Gesicht erstrahlte in einem vorwissenden Lächeln, das aus der Grotte der Kenntnis aller Vergangenheit hervordrang, so sehr, daß Isa das Blatt betroffen wieder einsteckte und aufstand, um zu gehen. Denn Petra hatte schon mit der Sekretärin zu telefonieren begonnen, wegen einer Gütertrennung. Es handelte sich um das Ehepaar im Vorzimmer. Als Isa bei der Tür war, legte Petra den Hörer auf den Tisch und rief ihr zu: «Auf Wiedersehn, Isa. Ich glaube, es ist jetzt gut. Sie können in die Grabenstraße gehen. Ich habe schon angerufen. Man erwartet Sie.» Isa erinnerte sich ihrer Angst von vorhin und wollte auf Petra zugehen. Aber diese hatte den Hörer schon aufgenommen und sprach mit der Sekretärin. Isa ging in die Grabenstraße.

Jörg ging durch die Straßen, erst schlendernd, dann immer schneller, und schob alle Neigung zur Ruhe immer wieder weg.

Einen großen Lederball, der an einem Seil herabhing und immer wieder zurückkam; je heftiger man ihn wegstieß, desto entschiedener kam er zurück. Was den Ball aber wegstieß, was vorerst stärker blieb und noch immer stärker wurde, war Jörgs Wissen, verworfen und weggeworfen zu sein. Er wurde langsam identisch mit diesem Wissen. Er wurde darin so selbstmörderisch stark, daß er den schweren Lederball schließlich mühelos wegschob und den Schmerz des immer neuen Aufpralls kaum noch spürte.

Als er endlich vor dem Schwimmbad stand, wohin er an diesem Morgen auf keinen Fall hatte gehen wollen, glaubte er an eine Wendung: er müsse mit geöffneten Armen auf den Ball stürzen und ihn fest umklammern und sich ihm anhängen: dann würde der Ball ihn wegtragen. Er glaubte das wirklich und merkte nicht, wie fast hoffnungslos seine Lage dadurch war, daß der Tod und die Verzweiflung in seinem Innern sich schon an die Stelle seiner selbst gesetzt hatten, daß er selber und daß der Glaube an sich selber gleichsam nur noch von außen auf ihn zukamen und er nach sich selber haschen und greifen mußte. Es war alles schon verkehrt. Das Fremde und Vernichtende war er selber, er selber aber war sich fremd geworden. Isa hatte beim Abschied, als sie mit dem Rad wegfuhr und zurückwinkte, ein letztes Stück von ihm mit sich fortgenommen; eines der Bilder, die er sich von sich selber gemacht und lange mit sich getragen hatte. Er war immer in diesen Bildern gewesen, die er sich in einer bestimmten Lage, im Umgang mit bestimmten Menschen von sich gemacht, die die Menschen sich von ihm gemacht hatten. Er war mit diesen Bildern identisch und hatte sie immer akzeptiert und sich gesagt: da bin ich endlich, da habe ich endlich mich selber, der bin ich also. Aber nun hatte Isa dieses sein letztes Bild mit sich fortgenommen. Schon ihre Rede im Kreuzgang war an einen Jörg gerichtet gewesen, den man bereits aus sich weggenommen und vor seine Tür gestellt hatte. Isa hatte ihn selber gar nicht mehr vorgefunden und ihn nicht mehr berührt. Ihre Rede diente ihm nur als Beweis dafür, daß er nicht der war, mit dem sie sprach, nicht der war, der zu sein er geglaubt oder doch gehofft hatte. Er saß unten in der Zisterne und sah, wie unter den Worten Isas, die in alles eindrangen und alle Flüssigkeit vergifteten, die Kaulquappen und die Fische, die noch da waren, starben und die Algen sich verfärbten und einen süßlichen Geruch ausströmten, vor dem er sich am liebsten die Nase zugehalten hätte.

Er warf sich dem heranfliegenden Ball entgegen, hing sich an ihn und ließ sich von ihm mittragen. Das Schwimmbad war jetzt voll. Es wimmelte von Schulmädchen, die einander jagten und, wenn sie einander berührten, grell aufquietschten. Die Orte, wo sie aufeinander stießen, waren immer die gleichen Kreuzungen, wo der Verkehr unvermeidlich durchlief und sich staute: es waren die Stellen, die unter den Blicken der jungen Männer lagen. Sie hatten sich zu Gruppen wie zur Abwehr oder zum Angriff gesammelt und lagen träge da, bestrichen aber Rasen und Schwimmbecken immer noch mit unermüdlichen Augen. Und wenn diese auch bloß halb geöffnet waren und eine Zeitung oder sogar ein Buch zu lesen vorgaben, ihre Aufmerksamkeit war desto gespannter.

Der Schwimmlehrer sammelte die Schulmädchen immer wieder, reihte sie am Rand des Beckens auf und ließ eine nach der andern ins Wasser springen. Immer aber wenn ein Springer auf das Brett hinaustrat, ein paar Augenblicke über das Becken hinsah, ob er wohl genug Raum habe, dann ein paarmal auf und nieder wippte und endlich sprang, hielt die Kette der Mädchen inne und brach entzwei; der eine Teil oben schob sich eng zusammen und blieb unbeweglich. Die anderen trieben im Wasser. Sie schauten alle hinauf zu dem einen Springer, dem sie doch ganz gleichgültig zu sein schienen. Mit kühlen Blicken ging er über sie hin, und das nur, um eine Bestandsaufnahme zu machen, um das Gelände, die Bedingungen für sein Unternehmen zu prüfen. Auch das tat er beiläufig, aus einem Gefühl der Verpflichtung mehr als aus Besorgnis; denn die Mädchen waren zu weit weg, und die Gefahr, daß eine zu nahe heranschwamm, war gering. Er stieg immer wieder auf den Turm und sprang immer wieder ins Wasser, hielt sich dort keine Sekunde länger als nötig auf, sondern schwamm gleich zu dem Punkt des Beckenrandes, dem er am nächsten war, schwang sich hinauf und begann von vorn.

Jörg erschrak, als er die Mädchen in ihrer stockenden Bewegung, die jungen Leute auf den Rasen geduckt und die Verlegenheit des Schwimmlehrers sah. Er hatte zwar mit letzter Kraft den Ball ergriffen, sich daran gehängt und sich wegtragen lassen. Aber das Seil schwang zu schnell nach der anderen Seite und er haftete an dem runden glatten Leder trotz aller Anstrengung nicht fest genug, um nicht beim plötzlichen Halt in den windstillen Raum abzustürzen. Bodo stand auf dem Sprungturm und hielt mit aller Bewegung ringsum auch die Schwingung an, auf der Jörg sich hatte retten wollen, auf der er sich schon gerettet glaubte. Jörg saß im Gras und wunderte sich, daß die Mädchen und die jungen Leute mit einem Spiel einverstanden waren, das doch nur mit ihrer Vernichtung enden konnte. Er erklärte sich das damit, daß sie nicht wußten, mit wem sie es zu tun hatten. Denn man mußte ihnen zugute halten, daß sie sich noch nie von Bodo zu einer Fahrt mit dem Wagen hatten einladen lassen, wie das Jörg schon einmal getan hatte. Als sie nachher wieder vor Jörgs Wohnung angekommen waren, hielt Bodo einen Augenblick an, fuhr dann aber gleich weiter, ehe Jörg die Tür hatte öffnen können, und sagte: «Ich habe vorhin gemerkt, daß du Angst hattest, wir müssen noch ein wenig fahren.» Es regnete, und Bodo raste über die nassen Straßen hinaus aus der Stadt auf die große Überlandstraße, immer schneller. – «Wohin fahren wir?» – «Nirgendwohin, wir fahren, bis du keine Angst mehr hast.» Bodo hatte viel getrunken, starke Schnäpse, es war Mitternacht gewesen, seither war Jörg nie mehr mit ihm gefahren.

Vor einigen Tagen war Bodo über den Rand der Fahrbahn hinausgeraten und umgestürzt. Der Wagen war wohl beschädigt, denn Bodo ging gestern und heute zu Fuß. Aber er hatte den Unfall nur nebenher erwähnt und schien ganz unbeeindruckt.

Isa hatte ein Bild von Jörg mit sich genommen; eines der Bilder, die er sich unter dem Blick ihrer Augen von sich gemacht hatte. Es war das letzte vollkommene Bild von ihm gewesen. Es war nachher nichts übriggeblieben. Und trotzdem war noch ein Bild von ihm dagewesen, ein weniger beachtetes, woran man nicht so lange und so mühsam gearbeitet hatte: war Jörg unerschöpflich? War in ihm noch immer ein neuer Grund, wenn er längst glaubte, ganz unten angekommen zu sein?

Jetzt stellte er sich diese Frage nicht mehr. Mit Isa war er von sich selbst weggegangen, und es war ihm nur noch ein quälendes Widerbild, seine umrißlose, schwammige Fratze übriggeblieben. Und jetzt, in diesem Moment wiederholte sich dieses letzte Mal. Jetzt ging er wieder von sich selber fort. Es zählte nur der schreckliche Augenblick: hätte Jörg einen Freund gehabt, der in seiner Seele hätte aus und ein gehen können, er hätte ihn auf die Übereinstimmung der Situation von vorhin, beim Abschied von Isa, mit der jetzigen aufmerksam gemacht, ihn damit zu trösten versucht, daß ein Ende, das sich wiederholen kann, eben kein Ende sei, ein Tod, nach dem man noch weiterlebt, eben kein Tod sei. Aber auch nicht einmal von einem solchen Freund hätte Jörg sich beschwichtigen lassen.

Denn im Grund tritt das Wunder nie ein, im Grund übersteht man keine der Krisen. Man stirbt jedesmal. Was nachher ist, das ist nicht mehr man selber, das ist immer jemand anders, der mit dem Gestorbenen zwar noch gewisse Ähnlichkeiten hat, den man darum, der Bequemlichkeit halber und wegen der Leute, auch wieder als sich selber akzeptiert und ausgibt. Aber im Grund ist es jedesmal, wenn man sich selber verläßt, das letzte Mal.

Als Jörg jetzt Bodo auf dem Sprungturm sah, wie er auf und nieder wippte und kühl und ohne jede Erregung über das Becken und den Rasen hinsah, war er selber Bodo und spürte sich aufstehen, sich nochmals umsehen und sich anschicken … Er wagte nicht, sich den Abschied vorzustellen, der ihm jetzt bevorstand: er würde ihn nicht überstehen. Er stand da oben und kümmerte sich um nichts und niemanden. Er war seiner selbst sicher, und darum liebte er das Spiel und das Risiko leidenschaftlich. Die Welt würde ihm kein Vergnügen mehr machen, wenn sie ihm nicht immer wieder die Lust böte, aus seiner Mitte heraus in ihre Maschinerie zu treten, hier eine

Donner-, dort eine Regenmaschine anzulassen und zu beobachten, wie ein Blitz wirkt, was für einen Effekt ein Steppenbrand oder ein Erdbeben macht. Und selber immer gerade an allem vorbeizukommen, sich zu ducken und zurückzubiegen, damit nicht die Katastrophe, die er im Spiel ausgelöst, ihn selber zerstörte. Aber auch diese Vorsicht, dieses Ducken und Wenden gehörte zum Spiel. Wie hätte ihm etwas passieren sollen, ihm, der in der Mitte saß? Er war in der Mitte, er stand oben auf dem Turm, er Jörg, er Bodo. Diese beiden waren in diesem Augenblick das erste und das letzte Mal identisch. Jörg war nur noch Bodo, dessen Freund er gewesen war, dessen Freund zu sein er versucht hatte. Bis jetzt, wo diese Freundschaft starb, wo dieser Bodo, den er dort oben sah, sich umblickte und, wie um einem Ritual zu genügen, kühl über den Rasen und das in Huldigung geduckte Volk hinschaute und sich anschickte, zehn Meter hinabzuspringen ins Wasser.

Das Tödliche an diesem Tode aber war, daß jenes Bild von ihm selber, das Jörg in Bodo erschien und dessen Ende er in dieser Agonie vor sich sah, immer nur ein Bild blieb und er den Trost nicht sehen und nicht fassen konnte, der in der Erkenntnis lag: daß derjenige, den er in Bodo sah als nicht verwirklichten und unerreichbaren Teil seiner selbst, nur als Anspruch existierte, wirklich war nur als jenes Bild, das er – in unüberwindlicher Begierde nach Verleiblichung – aus seiner Seele in den Freund hineinspiegelte, weil dieser in dem einen oder andern Zug diesem Bild gleichen und diesem Anspruch genügen mochte. Daß es aber diesen Bodo, den er bewunderte, nur in ihm selber gab, genauso wie den Jörg, der er sein und werden wollte. Der eine oder andere Zug, der seinen Bodo ausmachte, war auch im wirklichen Bodo, genauso, wie der eine oder andere Zug, der seine Isa ausgemacht hatte, auch in der wirklichen Isa gewesen war. Aber der größere Teil Bodos, der größere Teil Isas lebte nur in ihm, Jörg, selber. Das mochten Binsenwahrheiten sein. Aber zur Konvention der Welt, in der Jörg lebte, gehörte es, solche Dinge nicht zu sagen. Ihm aber hätte man sie sagen müssen. Sie hätten zu den für ihn unentbehrlichen Kenntnissen gehört, nicht weniger unentbehrlich als Lesen und

Schreiben. Es war unvermeidlich, daß es auch Jörg irgendeinmal klar wurde: noch nie gelang es einem Menschen, mit einem anderen Menschen auch nur einen Augenblick umzugehen. Jeder begegnet in jedem andern immer nur einem andern Stück seiner selbst, aber immer nur sich selber. Und je früher man weiß, daß man in einem Zimmer ohne Türen lebt, desto schneller wird man sich darin einrichten und kein Aufheben mehr davon machen.

Jörg mußte hilflos zusehen – die Burschen lagen still da und schauten neidisch-kritisch hinüber, die fließende Kette der Mädchen stockte, einzelne schwammen fast bewegungslos –, mußte zusehen, wie Bodo hinabsprang: er überschlug sich in der Luft zweimal kunstvoll. Als das Schwatzen auf dem Rasen wieder anfing und die Kette wieder zu gleiten begann, schwang er sich bereits, mit triefenden Haaren und laut pustend, auf den Rand des Schwimmbeckens hinauf.

## IV

Vor dem Fenster flogen die Vögel in einem großen Schwarm über die Bäume herauf; sie hatten in den Zweigen gesessen und flohen nun. Zum Teil hatten sie auch auf dem Geländer gesessen, das die Straße gegen die Flußböschung abgrenzte und beschützte: denn die Straße fürchtete sich vor der Böschung. Vor ihrer Nacktheit, denn sie hielt sich für angezogen; vor ihrem Chaos, denn sie hielt sich für geordnet: mit ihrem glatten Asphalt, dem Trottoir, den Straßenbahnschienen.

Was hatte die Straße mit der Erde, die darunter war, mit dem Gestein, mit dem Wasser zu tun? Die unverkleidete Flußböschung, sie war eine Fortsetzung dessen, was unter ihr lag, sie gehörte zu all dem, was es da gab an Gestein und Gewässer bis hinein in den Kern des Erdballs. Dennoch nützte ihr das nichts. Die Böschungen verschwinden alle. Auch von dieser war bekannt, daß sie schon sehr bald betoniert werden sollte, daß das Gras, die Blumen, die Käfer überdeckt werden sollten. Dafür wollte man das Geländer wegnehmen und eine Treppe von der Straße zum Fluß bauen.

Jetzt war das Geländer noch da, und die Vögel flogen davon. Sie waren frei, in großen Schwärmen wegzufliegen vom Geländer, von den Bäumen; sie waren auch frei, darin zu sitzen und zu wohnen. Sie hatten Flügel, und es war ihnen nicht so wichtig, wo sie waren. Es kam ihnen darum auch nicht so sehr darauf an, ob man die Flußböschung verbaute, ob man eine Treppe anlegte und das Geländer wegnahm. Sie lebten aus der Situation und reagierten darauf schnell und instinktiv. Sie wurde ihnen nicht zum Problem.

Jörg beneidete die Vögel, wunderte sich aber auch über sie und ihren Leichtsinn, als er erwachte und sie vor seinem Fenster auffliegen sah. Die Gedanken, Assoziationen, Empfindungen lagen in seinem heißen Kopf über- und nebeneinander, quollen fast ordnungslos auf und beherrschten ihn, bevor er mit seiner Vernunft Ordnung in die Herde bringen konnte. War auch seine Mißbilligung vorerst noch schläfrig und äußerte sich in dem Erwachenden bloß in einem allgemeinen Unbehagen, so war sie doch gleich mit dem Erwachen da. Denn das Auffliegen der Vögel vor dem Fenster hatte er eigentlich vor dem Erwachen wahrgenommen: nur seine Augen hatten es gesehen, und sein Hirn hatte es sozusagen illegitimerweise aufgenommen. Eine Sensation war ins Hirn eingedrungen, das soeben noch bereit und gewohnt war, Traumbilder zu produzieren und zu verarbeiten. Und so behandelte es auch dieses Bild der auffliegenden Vögel wie ein Traumbild und assoziierte damit hemmungslos und ohne die zu andern Zeiten übliche Gewissenhaftigkeit. Mit der Wachheit wuchs Jörgs Mißbehagen und seine Unzufriedenheit mit dem, was in ihm vorging, wenn auch das Mißbehagen schon vom ersten Augenblick an dabei und darin gewesen war. Es war aber zuerst ein Mißbehagen gewesen, das ebensogut die Unzufriedenheit des Körpers mit der Seele sein konnte, die ihn nicht trug. Jörgs Körper reagierte mit schlechter Laune auf einen Schlaf, der ihm um die Mittagsstunde von innen her aufdiktiert worden war. Er reagierte mit Kopfweh und mit Schmerzen in den Armen und Beinen und in der Brust. Wie ein Staat, dessen Regierung aus Angst vor der Verantwortung abgedankt hat, in Verwirrung gerät: die Leute laufen durcheinander, einzelne Verbrecher und ganze Gruppen von Verbrechern bemächtigen sich der Herrschaft über einzelne Städte und Stadtviertel und sperren, um sich Widerstrebende gefügig zu machen, plötzlich da und dort Gas und Wasser und Strom. So war Jörgs Körper, weil seine Seele sich fürchtete und sein Geist abzudanken gewillt war, ohne Regierung und zeigte die Anzeichen der verschiedensten Übel. Aber jedes dieser Anzeichen war flüchtig und ging schnell wieder in ein anderes über.

Mit zunehmendem Erwachen fügte der Geist immer mehr seine eigene Unzufriedenheit und sein eigenes Mißbehagen hinzu. Er erkannte die Gründe für die Verstimmtheit des Körpers, der nicht nur nicht ausgeruht, sondern elender war als vor dem

Einschlafen, und tadelte sich selber wegen seiner halb unbewußten Reaktion auf das von den Augen illegitimerweise eingelassene Bild der über die Bäume aufschwärmenden Vögel.

Jörgs erste Empfindung war wirklich Neid gegen die Vögel gewesen, für die es keine Situation gab, weil sich in ihnen nichts verfestigte. Stand dieser Neid am Anfang seines Mißbehagens, so war es beim vollen Wachsein die Erkenntnis, daß er sich einen solchen Neid nicht leisten dürfe und daß seine halbwachen Reflexionen ein schlechter Versuch gewesen waren, die Vögel in ihrem fröhlichen Assoziieren nachzuahmen. War er schon so tief im Chaos? So stellte sich ihm die Frage, weil er sich selber nichts nachsehen konnte, aber auch nicht die Kraft hatte, seinen eigenen Forderungen zu genügen. Waren es überhaupt seine eigenen Forderungen? Wußte er schon, was er von sich selbst verlangen mußte? Kamen diese Forderungen nicht alle bloß von außen, aus jener Schicht, welche die Erziehung um ihn gelegt hatte?

Der Vogelschwarm war noch nicht verschwunden, ein paar Vögel waren ganz oben im Fenster sichtbar, als Jörg seinen Namen rufen hörte: man wünschte ihn am Telefon zu sprechen. Vielleicht war es das zweite oder das dritte Mal schon, daß man ihn rief. Es war ihm nachträglich so, als hätte er seinen Namen schon eher gehört. Aber erst jetzt gelang es der Stimme, die Tür aufzustoßen, hinter die er schon wieder zurückgekehrt war, nachdem er die vergangenen Wochen und Monate, mit Hilfe von Isa und Bodo, versucht hatte hinauszugehen. Nachdem seine Seele versucht hatte, sich aus der alten und kranken Frau, die ihre Wohnung nicht mehr verläßt und nur an die Tür geht, um die Milch, das Brot und die Zeitung in Empfang zu nehmen, in einen jungen Mann, der er doch eigentlich war, zu verwandeln. Aber nun war er wieder zurückgeschreckt. Die alte Frau hatte den Mut nicht, ihren ersten Ausgang zu wiederholen: irgend jemand hatte hinter der halboffenen Tür gelacht, weil sie große alte Filzpantoffeln trug. Und es bestand die Gefahr, daß sie sich jetzt um so fester in ihre Wohnung einschloß. Die Gesellschaft bemühte sich zwar, den jungen Mann aus der Wohnung herauszulocken, indem sie ihm die Umwelt gab, die ihn ganz und ausschließlich zum jungen Mann machen sollte. Aber dieser Versuch war eben wieder gescheitert. Wollte der Telefonanruf das korrigieren?

Es war Marion, die Jörg bat, zu Olga zu ziehen. «Warum soll ich zu Olga ziehen?» – «Hörst du mich, Jörg, hörst du nicht, was ich sage?» – Er hatte nicht geantwortet und die Frage nicht ausgesprochen. Er war in eine schwarze Höhle getreten, wo eine Stimme auf seine unvorbereitete Stimme lauerte. Selber war sie unangreifbar im Apparat. Aber die seine wollte sie aus ihm herausziehen in die Dunkelheit, wo sie sich nicht zurechtfinden konnte, wo sie nicht wußte, worauf sie traf und wie sie aufgenommen würde. Die andere Stimme, die ruhig und eindringlich sprach, war von vornherein überlegen. Er wollte sich der Gewalt nicht beugen und seine Stimme nicht in den dunklen Flur hinausschicken.

«Hörst du mich, Jörg? Man hat uns doch nicht unterbrochen? Bitte zieh zu Olga! Sie hat mich eben angerufen, es sei alles ein Mißverständnis gewesen; sie will, daß ich zu ihr zurückkehre. Sie hat mir sogar gesagt, ich brauche nur noch die halbe Miete zu bezahlen, wenn ich zurückkäme. – Hörst du mich, Jörg? – Aber ich will nicht wieder hingehen. Ich kann mich ihren Launen nicht aussetzen. Und doch darf man sie nicht allein lassen mit ihrer Schwester, sie kann mit ihr nicht leben. Sie töten einander. Darum mußt du bei ihr wohnen. Sie wird alles tun für dich, und du wirst ihr beinahe den Herrn Doktor ersetzen. Dir wird sie nur die Vorderseite ihres Charakters zeigen. Außerdem wohnst du viel billiger als jetzt.» Jörg brach der Schweiß aus den Händen. Er fürchtete sich also wirklich. Von Heinrich hatte Bodo ihm erzählt, er sei als Kind auf dem Lande mit seiner Schwester oft eine Stunde zwischen zwei Bauernhöfen hin- und hergelaufen und nicht weiter gekommen, weil sie sich beide vor den großen Hunden gefürchtet hätten. Bodo lachte darüber: es sei doch bekannt, daß Hunde nur dann beißen, wenn man Furcht zeige. Seither hatte Jörg sich Mühe gegeben, seine Furcht zu verbergen. Aber seine Hände schwitzten. Und diese eindringliche Stimme aus der Finsternis war schlimmer als ein Hund auf dem Lande. Denn sie wollte etwas und hatte es auf ihn abgesehen. Aber es schien ihm jetzt besser, daß seine Stimme sich herauswagte und vorlief und versuchte, sich der Gegenstimme zu stellen und ihr standzuhalten. Er wollte, daß sie sich aussetzte, damit er sich selber desto besser zurückhalten und aufsparen konnte: «Das ist nett, daß du an mich gedacht hast, Marion, an meine Zimmersorgen. Aber ich muß mir das noch überlegen, ich kann das nicht sofort entscheiden ...» – Von was für einem Mißverständnis hatte sie gesprochen? Sie wohnte also nicht mehr bei Olga? Sie dachte wohl, Bodo hätte es ihm erzählt. Sie konnte nicht wissen, daß er Bodo heute zwar gesehen hatte wie jeden Tag, daß er aber aus dem Schwimmbad weggegangen war, ohne ein Wort mit ihm gesprochen zu haben. Es fiel ihm ein, daß das noch nie vorgekommen war. Marion konnte unmöglich ahnen, daß er von ihrem Auszug bei Olga und von dessen Umständen nichts gehört hatte.

Jörgs Hände schwitzten nicht mehr. Seine Stimme hatte den Flur ohne Mühe durchdrungen und sich durch die Finsternis nicht hindern lassen. Er hatte seine Stimme falsch eingeschätzt. Sie sah. Er hatte von den Augen auf die Stimme geschlossen. Seine Augen bemerkten erst jetzt, daß er die Dunkelheit überschätzt hatte: die Tür seines Zimmers war angelehnt geblieben, und es fiel ein Schein in den Flur, so daß, wer ihn kannte, sich darin leicht zurechtfand. Wie hätte er sonst überhaupt zum Telefon gefunden? Merkwürdig, er mußte also gleich gesehen haben, schon als er in den Flur hinaustrat. Und überhaupt, das Gegenteil dessen, was er gefürchtet hatte, traf zu. Es war keine dunkle Grotte hier, und seine Stimme war schon vor jener andern hier gewesen. Jetzt, wo er sie hörte, merkte er, daß sie allen Klang erweckte, der von allen andern Malen, wo er hier gesprochen hatte, im Flur zurückgeblieben war. Marions Stimme war nur scheinbar zuerst dagewesen und hatte ihm nur scheinbar aufgelauert. In Wirklichkeit war es umgekehrt, er durfte den Vorteil nur nicht aus der Hand geben. Darum fragte er Marion nichts. Denn sonst hätte sie ihn sicher mit Eröffnungen über Olga überrascht, und Olga erschien ihm nicht weniger unheimlich, rätselhaft und bedrohlich als Petra. Seine Empfindungen waren in beiden Fällen absurd: er kannte Petra sowenig wie Olga persönlich. Was er von ihnen wußte, hatte er von Isa und von Marion über Bodo. Gerade jetzt aber wollte er nichts über Olga hören. Obwohl er zu wissen glaubte, daß Olga keine Beziehung zu Petra und ihrem Kreis hatte, und obwohl er vermutete, daß Olga Petra haßte. Dennoch hätte sie ihn jetzt an Petra und an Isa erinnert. Er hätte es nicht ertragen, er durfte seinen Vorteil nicht aus der Hand geben: seine Stellung war besser, als er gefürchtet hatte, aber sicher war sie nicht.

Jörg sah durch den Paß, der den Kamm teilte, den er nicht besteigen wollte, den Gipfel, der ihn lockte. Auf dem Gipfel besaß er am Ende den Kamm und alle Höhen ringsum. Er mußte sich ganz darauf konzentrieren, dann würde er Bodo einholen. Und Bodos Methode zu springen würde ihn mitten hineintreffen lassen in Isas Geheimnis und ihn auch Isa einholen lassen. Aber er mußte darauf achten, es genauso zu machen wie Bodo. Er mußte langsam nach vorn an das Ende des Sprungbretts gehen, seine Zehenspitzen durften ruhig darüber hinausragen. Es kam nur darauf an, daß er auf den Fußballen wippte und das Gleichgewicht immer wieder aufgab und immer wieder herstellte. Indem das Brett federte, drohte es, ihn abzuwerfen. Aber er mußte immer wieder vorn auf die Kante zurückfallen und zurückspringen und immer leichter und höher wippen. Bis zu jenem Augenblick, da er wußte, daß die Situation und sein Wille übereinstimmten: dann würde er seine Arme hochreißen, er würde wie eine Rakete hochschießen, seine Beine würden hinter ihm weg-, die Füße hochfliegen; und er würde hinabschießen ins Wasser. Das Wasser würde über ihm zusammenschlagen, er würde keine Spur darin lassen und mit seinen Händen den Boden des Beckens berühren. Es sei denn, daß der Ball ihm über die Wasserfläche entgegenflog und er sich wieder daran festklammern konnte. Das wäre ein glücklicher Zufall und ein großes Kunststück, es würde ihm das Untertauchen ersparen. Aber um das Hinaustreten aufs Brett, um das Wippen und die Straffung aller Glieder und Muskeln und um das Abspringen im richtigen Augenblick kam er nicht herum. Wenn er sich überhaupt erst einmal entschloß, es Bodo gleichzutun und Stufe für Stufe auf den Turm hinaufzusteigen.

Er fragte Marion nichts mehr und wollte den Hörer gleich wieder hinlegen. Marion aber hielt ihn noch auf und erinnerte ihn daran, daß Olga schnell von Entschluß und ungeduldig sei. – «Wie lange habe ich denn Zeit?» – «Ich rufe dich in einer Stunde wieder an. Aber länger wartet sie sicher nicht. Wenn du dich bis dahin nicht entschieden hast, sucht sie einen anderen Mieter. Vielleicht hat sie bis dahin schon einen, das ist leicht möglich bei dem großen Zimmermangel.»

Jörg trug nur Strümpfe und ging geräuschlos durch den Flur in sein Zimmer. Der Nachhall von Marions Stimme trug ihn. Er fürchtete sich nicht mehr vor ihr. Es war eine ruhige Woge, die nur sehr wenig glänzte. Denn die Sonne stand hinter einem Schleier, der immer dichter wurde oder auch immer dünner wurde und langsam wegschmolz. Das wußte er jetzt nicht auf dem Rückweg in sein Zimmer. Er war ganz beschäftigt mit dem Nachdenken über die Natur dieser Stimme, dieser Woge, die ihn zurücktrug. Sie war ganz ruhig und unerschütterlich. Nichts hätte sie aus ihrem Rhythmus und aus ihrer Richtung werfen können. Hier war Marion nicht anders als Bodo, Isa und Petra. Mit ihrer Stimme hatte Marion sich ihm verraten. Jetzt wußte er, wer sie war, selbst wenn er bisher nichts von ihr gewußt hätte, als daß sie Bodos Freundin war. (Aber schließlich war auch er Bodos Freund, was hieß das schon?) Er trat in den hellen Lichtstreifen, der aus seiner angelehnten Tür auf den Boden des Flurs fiel, als ihm eine alte Geschichte in den Sinn kam: Isa erzählte ihm einmal, wie sie eines Tages mit Petra und deren Freunden einen Ausflug zu einer Kathedrale in der Nähe gemacht habe. Zu einer Kathedrale, die Isa besonders geliebt habe, seit sie Heinrich auf ein Bildwerk am Portal aufmerksam gemacht habe, das Abraham mit dem Knaben Isaak darstellte. Es sei ein Sommernachmittag und der riesige Raum ganz leer gewesen. Sie hätten sich nach der Betrachtung der Plastiken im Chorumgang und an der Kanzel, die ein Kunsthistoriker aus dem Kreis sachverständig erklärte – freilich hätten ihm nur wenige zugehört; die meisten verabscheuten Führungen – alle im Querschiff in das Gestühl gesetzt, und der Herr Doktor habe, angeregt durch die Höllendarstellung über einem der Portale, eine Stelle aus einem alten Buch vorgelesen: «Schauen sollst du mit den Augen der Seele Länge, Breite und Tiefe der Hölle, gewaltige Feuergluten und die Seelen der Verdammten wie in brennenden Leibern eingeschlossen. Hören sollst du Weinen, Geheul, Geschrei, Lästerungen. Riechen sollst du Rauch, Schwefel, Unrat und faulende Dinge. Schmecken sollst du Tränen, Traurigkeit, den Wurm des Gewissens. Tasten sollst du die Feuergluten, welche die Seelen erfassen und verbrennen ...» Sie, Isa und, soviel sie gemerkt habe, auch die anderen alle seien betroffen gewesen von dem brutalen Hinweis auf das Schicksal, das ihnen drohte für den Fall, daß sie die angebotene Gnade ausschlugen und sich der Auserwählung unwürdig erwiesen. Ob Jörg sich das vorstellen könne: die furchtbare Strafe für alle Zukunft vor sich zu sehen, sollte es einem nicht gelingen, den Deckel des Sarkophags aufzustemmen und hinauszuklettern? Sie seien damals aus der Kathedrale zu einem Kollegen des Herrn Doktor von der Universität gegangen, hätten Tee getrunken und dazu den ‹Don Giovanni› auf Platten gehört. Sie, Isa, habe den Gastgeber verstimmt, als sie ihn nach einem der späten Werke Beethovens fragte. «In diesem Haus hört man keinen Beethoven», habe er geantwortet. Jörg hatte nicht verstanden, warum. Aber Isa hielt die Zurechtweisung offenbar für berechtigt.

Dies fiel ihm jetzt auf dem schmalen Lichtbalken des Flurs wieder ein: die Hölle Isas war auf alten Bildern, sie stand, fertig beschrieben, in Büchern; und wenn das nicht genug war, ließ man sie sich durch Mozarts ‹Don Giovanni› bei einer Tasse Tee ins Ohr tönen. Isas Hölle hatte eine Gestalt schon dadurch, daß sie im Gegensatz zu etwas anderem stand. Ob man es Himmel nannte oder, kaum konkreter, Gehorsam, Hingabe, Zugehörigkeit zur Gemeinschaft der Auserwählten, es war immer noch etwas verhältnismäßig Einfaches. Vielleicht war Isa jetzt schon bei den Töchtern der heiligen Konstantia eingetreten. Damit waren für sie, Jörg sah es wohl, nicht einfach alle Fragen gelöst. Aber sie gehörte einer Schar an, deren Kampf sie kämpfte, und wußte genau, wie sie sich verhalten mußte, damit der Deckel nicht zufiel. Für ihn, Jörg, aber gab es keine Hölle, darum drohte ihm die Hölle überall. Er hatte sich als Kind beim Anblick der Höllenbilder in der Kirche gefürchtet. Das war besser gewesen. Jetzt hatte ihn die Erzählung Isas, ihre ungenaue Zitierung eines alten Textes, den ein anderer vorgelesen hatte, die vage Erinnerung an den letzten Aufzug des ‹Don Giovanni› mehr erschreckt und erschüttert, als Isa und ihre Freunde ihr direkteres Erlebnis erschreckt und erschüttert hatte: Jörg kannte kein Entweder-Oder, worin man ihn mit der Warnung vor der einen auf die andere Seite treiben konnte. Er lebte nicht auf jener Tag-Nacht-Grenze, wo man durch einen Schritt aus der Kälte und der Dunkelheit in die Wärme und das Licht gelangen konnte, wo man sich nur zu entscheiden brauchte.

Der Lichtbalken lag hart auf dem alten dunklen Linoleum des Flurs. Jörg wußte jetzt, warum er sich mit Isa nicht hatte verstehen können. Er glaubte es jetzt zu wissen, weil er endlich Begriffe und Worte dafür gefunden hatte. Aber trug ihn nicht der Ball, an den er sich geklammert hatte, so schnell über alles hin und über alles wieder zurück, daß für ihn die Sekunden das waren, was für Isa Stunden? Ihn schwindelte wieder. Er griff nach der Klinke seiner Tür, obwohl es genügt hätte, da sie nur angelehnt war, sie mit einer leichten Bewegung aufzustoßen: er nahm die Klinke fest in die Hand. Waren nicht die Leute in den Häusern alle Sektierer? Auch wenn ihre Häuser noch so groß waren? Jene, die vor Jahrhunderten die Bilder der Hölle gemacht hatten, sie hatten dadurch eine äußerste, unbeschreibliche Erfahrung für sich und für ihre Zeitgenossen gerade erträglich gemacht. Für Isa und Petra und für die Heutigen dienten die Bilder dazu, ihnen die äußerste, unbeschreibliche Erfahrung zu ersparen. Die Bilder waren für sie Wände, in die sie sich einschlossen und von denen sie sich zusammenhalten ließen. Die farbigen Bilder ersetzten ihnen die Fenster hinaus auf die Welt. Für Jörg aber waren diese Bilder weder Wände noch Böden. Er fiel durch sie hindurch.

Die Klinke in seiner Hand war ganz naß. Wenn sie nur nicht

abglitt! Nur weil er sich an der Klinke festhielt, sackte er mit dem brüchigen Boden nicht ab ins untere Stockwerk und mit dessen Boden in das nächstuntere und so immer weiter, bis er nach unendlich vielen Böden ins Leere stürzen würde. Diese Leere, das war wohl die Hölle. Oder war eben dieses Stürzen ohne Ende die Hölle, dieses Stürzen, von dem man zwar wußte, daß es im Leeren, im Grau enden würde, aber das vorerst immer weiter dauerte und von dem man nicht wußte, wann es enden würde? Jörg sah seine Hand. Sie ekelte ihn aus dem gleichen Grund, aus dem sie Isa gefallen hatte: sie war weiß und feingliedrig. Bis heute hatte sie ihm auch gefallen. Aber jetzt dachte er, daß Isa nicht maßgebend war. Maßgebend war vielmehr jenes Mädchen, das er vor einigen Wochen am Bartisch einer Kneipe kennengelernt hatte. Ihre Blondheit hätte ihn nach seinen früheren Erfahrungen einschüchtern und sogar abstoßen müssen. Aber in ihren Augen saß in der Nähe der Pupillen, während das Weiße fast nur Geilheit war, ein Bedürfnis nach Zärtlichkeit und, was viel mehr war, nach Abenteuern, deren Ausgang man nicht kennt und nicht vorausberechnen kann. Er lud sie zum Trinken ein und nahm sie dann, weil sie ihn darum bat, mit auf den Rummelplatz. An jeder Bude blieb sie stehen: «Oh, diese Puppe hätte ich gern! Schenk mir dieses Herz!» Er kaufte ihr die Puppe, er kaufte ihr das Herz mit der Zuckergußaufschrift: «Die Nacht ist für die Liebe da.» Und wenn ihn auch die Ungeniertheit, die routinierte Kindlichkeit ärgerte, so rührte ihn das echt kindliche Vergnügen, womit sie die Puppe herzte und sich das Lebkuchenherz um den Hals hing. Er war entschlossen, diese Nacht mit ihr zu schlafen. Aber im Hotel, wohin der Kneipenwirt für sie telefonierte, gab es keinen Platz mehr. Sie bestellte ihn auf den folgenden Nachmittag um fünf Uhr in die Kneipe. Als er hinkam, hing an der Tür ein Zettel: ‹Bis acht Uhr geschlossen.› Aber sie öffnete sich gleich, und das Mädchen kam heraus: sie müsse schnell beim Apotheker etwas holen, ob er sie begleiten wolle? Sie gingen vielleicht fünf Minuten, das Mädchen war sehr zärtlich, legte den Arm um ihn und küßte ihn. Er war glücklich. Ob er gut geschlafen habe vergangene Nacht, fragte sie, sie selber habe fast nicht geschlafen.

Sie kehrten zur Kneipe zurück: sie müsse das Medikament dem Chef bringen, der habe einen Kater und liege im Bett. Sie ging hinein und sperrte von innen zu. Jörg wartete auf der Straße fünf Minuten, zehn Minuten, eine Viertelstunde. Er klopfte an die Tür. Nach einiger Zeit machte sie auf und sagte: «Komm mit ins Lokal gegenüber, ich muß etwas trinken.» Er bestellte für sie einen Whisky, für sich einen Kaffee. Sie sagte: «Ich habe das Hotelzimmer für heute nachmittag gehabt. Aber eben mußte ich es abbestellen. Auch darum ließ ich dich so lange warten.» – «Was heißt hier: mußte?» – «Ich darf nicht aus der Kneipe weg, ich muß aufräumen helfen heute nachmittag. Und am Abend, wenn sie offen ist, kann ich ohnehin nicht weg.» – «Aber du bist doch dort nicht angestellt? Abgesehen davon, daß du den ganzen Tag vorher Zeit gehabt hättest, aufzuräumen. Komm jetzt mit, wir gehen ins Hotel. Ich will es so, und niemand hat das Recht, es dir zu verbieten.» – «Nein, du kannst es mir glauben, ich käme gern mit dir, aber ich kann nicht, ich darf nicht ...» Sie wich seinem Blick aus. Aber ihr Knie wich nicht zurück, wenn er es mit dem seinen berührte. Sie kritzelte etwas auf einen Bierteller. – «Du bist in der Gewalt dieses Kneipwirts, du mußt die Leute zum Trinken anhalten und selber viel trinken, damit ihre Zeche möglichst hoch wird. Aber weggehen läßt er dich mit keinem, damit du bei keinem hängenbleibst. Und in der Frühe, wenn das Lokal geschlossen ist, treibt er es so mit dir, daß dir alle Lust nach Männern schnell vergeht.» – Zuerst sagte sie nur, sie könne über diese Dinge nicht sprechen, und es sei natürlich nicht so, wie er glaube. Oder ob sie irgend so etwas erzählt habe? Sie konnte nicht vermeiden, daß ihr Blick den seinen traf. Dann gab sie zu: «Ich halte das nicht mehr aus. Du mußt mir ein Zimmer suchen. Ich kann es nicht, er läßt mich nie weggehen. Du mußt mich holen, einmal am Abend, wenn die Kneipe offen ist. Aber wir müssen den richtigen Moment wählen. Er hat mein Geld, meine Kleider und meinen Koffer in Verwahrung. Ich muß alles aus seinem Zimmer tragen, wenn er es nicht sieht.» – Jörg bestand darauf, daß sie sofort mit ihm ins Hotel käme. Sonst würde er sie nicht mehr sehen wollen. – «Ich kann nicht, ich habe ihn schon viel zu lange warten lassen.» – Sie lief hinaus und über die Straße, klopfte, und man machte ihr auf. Er sah sie noch lange innen an der Scheibe stehen und zuschauen, wie er auf und ab ging. Am andern Tag rief er in der Kneipe an und gab dem Mädchen die Adresse eines Maklers, der ihr ein Zimmer vermitteln wollte. Aber er wagte nicht, wieder hinzugehen oder nochmals anzurufen. Er trug den Wirt zu genau im Gedächtnis: einen ehemals wohl athletischen, jetzt aber fetten Mann, Mitte der Dreißig, dessen vage hübsches Gesicht immer lächelte, aber nur für einen, der angetrunken war, vielleicht anziehend sein konnte, eine Mischung von Weichlichkeit und skrupelloser Brutalität. Er war aus dem Hintergrund der Kneipe hervorgekommen, in einem alten, braunen Schlafrock, das Haar zerwühlt und in die Stirn hängend. Das Lächeln hatte als eine breite schmutzige Öllache über dem ganzen verschwitzten Gesicht gelegen. Aber als Jörg mit dem Mädchen vom Rummelplatz zurückgekommen war, mißfiel er ihm noch mehr. Das zerwühlte Haar, das schläfrige Grinsen hatte ihm noch etwas von einem großen Jungen, von einem Fußballspieler gegeben, der nach einem anstrengenden Spiel getrunken und geschlafen hat. Jetzt stand er angezogen hinter der Theke und roch nach einem starken Parfüm. Seine weichen Wangen waren glatt rasiert? Sein Haar lag glänzend gescheitelt an seinem Schädel. Das Lächeln war korrekt auf die vollen Knabenlippen zurückgezogen, beherrschte sie aber ganz und ließ sich bestätigen durch die auffällig tiefen Wangengruben an beiden Enden des Mundes. Seine Augen hingegen, von ihren Schlafwülsten befreit, schauten Jörg kühl und feindselig an, als er ihm seinen Kognak einschenkte und freundlich, mit dem Ton des erfahrenen Mannes sagte: «Man darf es nicht tragisch nehmen, wenn die Mädchen manchmal spröde sind. Sie werden zu oft enttäuscht.» Seine Hand, die den Kognak einschenkte, war groß und weiß. Die Innenfläche muß sehr weich sein, dachte Jörg. Der Wirt war es gewesen, der im Auftrag des Mädchens wegen des Hotelzimmers telefoniert und den abschlägigen Bescheid gebracht hatte. Und Jörg glaubte zu sehen, daß seine Augen dabei lachten.

Jörg war nicht mehr hingegangen und hatte auch nicht mehr angerufen. Er wollte mit dem Wirt nichts mehr zu tun haben. Damals, als dieser ihm so freundschaftlich zusprach, hatte das Mädchen Jörgs Hand genommen, sie aber gleich wieder fahrenlassen und gerufen: «Deine Haut ist ja ganz weich. Pfui!» Und wirklich, seine Hand schien ihm der des Wirts zum Verwechseln ähnlich. Jetzt, wo er sie auf der Klinke sah, erinnerte er sich auf einmal an den Ausruf des Mädchens und schämte sich seiner Hand. Die ganze Episode war wieder da: sie war ohne Beziehung zu allem übrigen in ihm geblieben, überspült und weggesunken. Jetzt war sie wieder da: die höchste Stelle eines überschwemmten Landes, die zuerst hervortritt, wenn das Wasser anfängt, sich zu verlaufen. Nicht einmal gestern abend, als er auf Isa wartete, an den Buden auf dem Rummelplatz entlangging und die Burschen beneidete, die ihren Mädchen Lebkuchenherzen kauften, hatte er an das Mädchen gedacht. Jener, der das Mädchen gekannt und ihm ein Lebkuchenherz gekauft hatte, war ein anderer als der Freund Isas, sie wußten nicht einmal voneinander: erst einem heftigen Stoß, der ekligen Empfindung der Feuchte, dem Anblick der Hand auf der Klinke gelang es, die Wand zwischen dem Freund des Mädchens und dem Freund Isas zu durchstoßen. Wenn es nicht schon zu spät gewesen wäre, hätte das genügt, um die Hand sofort von der Klinke wegzuziehen. Jetzt mußte die Hand ihn halten, daß er nicht durch alle Böden hindurch in die Hölle abstürzte. Aber konnte er hier oben bleiben und sich hier einschließen, solange er wußte, daß es die Hölle gab und daß man – wenn es mit rechten Dingen zuging – abstürzen mußte? Daß das Obenbleiben ein Zufall war, ein Wunder: daß eine Türklinke hielt, daß man, wie Isa, eingehen konnte zu den Töchtern der heiligen Konstantia, in ein festes Haus, dessen Wände aus ehrwürdigen und tröstlichen Bildern bestanden? Auf jeden Fall aus Bildern?

Jörg riß die Hand von der Klinke weg. Er konnte in den Häusern nicht atmen. Ihre Bewohner waren Sektierer. Was sie selber freilich nicht bemerken konnten, weil das Haus für sie die Welt war; außerhalb war für sie nichts da, oder eben nur die

Hölle, die sie mit allen Kräften flohen. Jörg aber liebte die Hölle, heute wußte er es. Wenn er die Hand noch länger auf der Klinke gelassen hätte, wäre sie verbrannt.

Vor dem Fenster seines Zimmers saßen die Vögel schon wieder da wie vorher, als ob nichts geschehen wäre, als ob sie nicht vor wenigen Minuten angstvoll davongestoben wären. Sie saßen auf dem Geländer über der Böschung, sie saßen in den Ästen der Bäume. Sie waren inkonsequent wie Heinrich. Das Schicksal der Böschung interessierte sie nicht: daß man sie mit Beton überdecken und eine Treppe darauf anlegen, daß man das Geländer wegnehmen und die Bäume umhauen wollte. Sie würden wieder auffliegen und einen bequemeren Ort suchen. Sie würden ihn gar nicht suchen, sie würden ihn von selbst finden, ganz in der Nähe wahrscheinlich.

Bodo hatte ihm gestern, gerade bevor sie, um Isa zu finden, die Kirche der heiligen Konstantia betraten, den letzten Brief von Heinrich gezeigt: Heinrich hatte sich auf der Universität eingeschrieben und Jura zu studieren begonnen. Er wollte sich später auf römisches Recht spezialisieren. Nicht allein, weil ihn dieses Fach besonders interessiere; er habe sich von mehreren Seiten bestätigen lassen, daß die Romanisten in der Rechtswissenschaft immer mehr ausstürben und daß sie sehr gesucht seien. Er habe begründete Hoffnung, hier schnell vorwärts zu kommen und einen Lehrstuhl zu erhalten. Er gehe kaum mehr aus und sitze fast immer hinter seinen Büchern. Bodo könne sich kaum vorstellen, wie gut ihm diese Umstellung bekommen sei. Er fühle sich gesünder als jemals, und erste Erfolge hätten sich auch schon eingestellt; er habe von hundertfünfzig Seminarteilnehmern die beste Arbeit gemacht. Und die Fakultät habe ihn jetzt für das höchste Stipendium vorgeschlagen. Er, Heinrich, sei darüber um so glücklicher, als man ihn anfänglich auch bei den Professoren mit Mißtrauen betrachtet habe, weil er ganz gegen alle Ordnung in einem Alter, wo man sonst schon promoviert sei, in die juristische Fakultät übergetreten war. Jetzt beneide man ihn vielleicht noch, aber man respektiere ihn. Er habe sich durchgesetzt.

Die Vögel reagierten schnell, als die Straßenbahn kam, sie

reagierten schnell, sobald sie merkten, daß sie für diesmal vorbei war. Heinrich hatte unter seinen Freunden und dann mit Isa gelebt, er war weggegangen, hatte jetzt einen neuen Rahmen gefunden, akzeptierte ihn und schloß sich darin ein. Für Jörg war alles Verführung ins Weite, die Vögel erinnerten ihn an alle Orte, wohin man hätte fliegen können, wenn man Flügel gehabt hätte. Man würde dann nicht durch die Böden fallen, man flöge oben hinaus durch die Decken und Dächer. Aber am Ende wäre es das gleiche wie das Stürzen: man sänke ins Unbegrenzte, wo es weder oben gibt noch unten. Vielleicht waren Himmel und Hölle das gleiche? Jörg haßte die Vögel und haßte die Fenster, verachtete Heinrich und haßte sich selber, weil er sich vorwarf, daß er nur verachtete, was er nicht begriff und nicht erreichen konnte, weil er Identität mit allem wollte. Er blieb allem gleich fern, weil er nicht wählte und kein Entweder-Oder annahm.

Tränen des Hasses stürzten ihm in die Augen, er trieb sie zurück. Er riß sich den Pullover ab. Diesen Pullover hatte ihm Isa geschenkt, er war grün, mit Rollkragen. Sie hatte – klüger geworden – ihm dieses Geschenk gemacht, so wie sie Heinrich das Kreuz und den Sarkophag der Konstantia geschenkt hatte: als Köder. Aber seit der vergangenen Nacht und seit diesem Vormittag trieb es Jörg nicht mehr zu Isa. Und auch der Pullover, die Tracht einer Welt, aus der ihn Isa mit dieser Tracht hatte herauslocken wollen, gefiel ihm nicht mehr. Das Toben in den Bars und in den Tanzkellern war doch immer noch Bewegung, vielleicht in der andern Richtung, von Isa, von Petra, von Konstantia weg; aber es blieb Rauschbewegung. Und sie konnte jederzeit ihre Richtung umkehren. Jörg riß sich den Pullover, er riß sich alle Kleider vom Leib und warf sich nackt wieder auf sein Bett.

Eine Stunde hatte er Zeit, dann würde Marion wieder anrufen: er sah Bodo auf dem Sprungturm. Er brannte darauf, das, was Bodo tat, auf seine Weise zu versuchen. Bodo allein war ihm ähnlich, weil er sein absolutes Gegenteil war. Bodo sprang zwar, aber er sprang mitten in der Stille, für ihn gab es keine Bewegung. Jetzt war Jörg nackt wie Bodo beim Springen. Aber wenn Bodo seinen Körper mit seiner ganzen Kraft durchdrang, so daß alles in ihm eins wurde, so war Jörgs Nacktheit vielmehr Gleichgültigkeit: was bedurfte sein Körper einer Hülle, nachdem er mit diesem Körper nicht mehr zu tun hatte als mit einem Stundenhotel, worin er sich zufällig aufhielt. Er lag auf seinem Bett, weil er seinen Körper weglegen wollte. Sein Blick glitt über ihn hin. In seinem Geschlecht regte es sich – Jörg war verwundert darüber, so keine Beziehung hatte er jetzt dazu – wie in der vergangenen Nacht mit Isa. Aber nur so, daß er es, weil er darauf achtete, leise spürte. Und sein Blick streute, so gleichgültig er auch war, die Erinnerung an Isas Haut über seine eigene Haut hin: die Zärtlichkeit der Berührung und den Vorbehalt darin. Auch diese Zärtlichkeit war ein Köder gewesen, um ihn dorthin zu ziehen, woher der Vorbehalt wuchs und immer größer wurde, bis er die Nacht beherrschte und die Umarmung zerschnitt.

Jörg schnappte nicht nach dem Köder. Er wohnte nur noch zufällig in diesem Körper, der, beiseite geräumt, auf dem Bett lag und sich an die Lüste erinnerte, die ihm die Seele nochmals zuwarf. Aber sie selber war unbeteiligt, schaute zu und machte ihre Studien. Sie war frei. Sie schwebte als ein Falter und drang in die Bibliothek des Hauses an der Grabenstraße, wo eben Isa das Amt der Bibliothekarin übernommen hatte. Sie saß ganz ruhig und wandte den Kopf nur dann, wenn sie ein Buch beiseite gelegt hatte und ein anderes aus dem Regal nahm, um den Titel, den Verfasser, den Verlag, den Erscheinungsort und das Erscheinungsjahr auf eine Karteikarte zu schreiben. Kaum hob sie dazwischen einmal die Augen; und wenn, so geschah es nur, um sich für eine Sekunde auszuruhen. Sie sah nur die Bücher und nicht den Falter, der über ihr hin und her flog und zu merken begann, daß sein Fliegen ein Irren war, daß er die Freiheit, die er zu besitzen geglaubt hatte, noch nicht besaß. Isa war ihm jetzt endlich gleichgültig. Er brauchte sie nicht mehr. Aber das war nur die eine Isa, die ihm jetzt gleichgültig war, jene, mit der er vergangene Nacht gewesen war, die er während der vergangenen Monate täglich gesehen hatte. Die ihn, den Falter, in seinem Gehäuse und mit seinem Gehäuse gezogen und festgehalten hatte. Die unruhige und vieldeutige Isa, die beim Sprechen ihre Hände warf, mit einer nervösen Grazie ihre Halskette zurechtzog und eine Zigarette nach der andern anzündete und zerdrückte. Die mit ihm gespielt und ihn dann wie eine Mutter oder Schwester in den Armen gehalten, nachdem sie die Küsse des Liebhabers empfangen hatte. Die mit ihm hinausgefahren war zum Park und mit ihm auf dem Rand des Brunnens gesessen hatte, die von ihm verlangt hatte, daß er den Regen aufhören machte, hinter einer Vase, auf der die Szene des Abschieds Hektors von Andromache abgebildet war. (Wem war das widerfahren? Ihm, dem Falter, der in der Bibliothek hin und her flog? Ob er Jörg hieß? Ob er nicht noch einen andern, viele andere Namen trug? Heinrich zum Beispiel?) Jene Isa gab es nicht mehr, die mit ihm im Kreuzgang der heiligen Konstantia gesprochen und mit ihrer Rede von Sünde und Gnade einen, der Jörg hieß, endgültig getötet hatte. Die Isa, über der der Falter jetzt hin und her flog, war eine andere, eine zweite, eine dritte Isa, eingegangen in eine Höhle, wo sie alle Macht abgelegt hatte. Das war Sankt Anna selbdritt, die über die Welt hinschaute ohne einen Rest eigenen Willens oder eigener Macht. Aber es war in ihr mehr Wille und mehr Macht, als jene andere Isa je besessen hatte: das war nur eine Ambition gewesen, jetzt war es Realität. Wessen Wille und wessen Macht erschien in der Ruhe dieses Wesens, das hier am Tisch saß und aufmerksam und genau Büchertitel auf Karteikarten schrieb? Isa hätte gesagt, es sei der Wille und die Macht der heiligen Konstantia, und im Willen und in der Macht Konstantias sei es Gottes Wille und Macht. Der Falter wußte es nicht, vielleicht war es so, wie Isa sagte. Er sah es nicht, er sah nur das Sichtbare und glaubte nicht, daß jemand die letzten Quellen der großen Kräfte und Mächte kannte. Man mochte sie Gott nennen oder wie immer. Aber es war etwas da, was diese ruhige Gestalt am Arbeitstisch noch beunruhigender machte, als jene Isa es gewesen war, die Jörg gelockt und zurückgestoßen hatte.

Der Falter irrte an der Decke des Raumes und flog an den Wänden hin. Die Bücherregale waren die Stäbe eines Käfigs, in den er geraten war. Er war nicht allein darin. Der andere Falter saß still da und bewegte kaum seine Flügel. Er war nicht in den Käfig hereingeraten, er wohnte darin schon so selbstverständlich, daß ihm der Käfig zur Welt geworden war und ihm die Welt ersetzte. Es mochte sein, daß man, wenn man den Käfig eine Zeitlang bewohnte, die Welt ringsum wieder sah, daß man durch lange Übung lernte, zwischen den Stäben des Käfigs durchzuschauen. Aber man würde dann wohl eine andere Welt sehen als die, in der man vorher gelebt und die man vorher gesehen hatte. Auf allen Gegenständen würde immer der Schatten der Gitterstäbe liegen, sie würden alle Dinge verändern und bezeichnen: diese Schatten würden ein Maßstab werden, mit dem alle Dinge gemessen und bewertet würden. Jene andere Seele, die hier still in der Mitte ihre Flügel nur selten bewegte, wußte das sicher genauso wie er selber. Aber sie würde wohl meinen, das sei gut so, nur in diesem Käfig sei es auf die Dauer möglich, zu leben und zu sehen. Indem man sich nach den ersten wunderbaren Flügen freiwillig jener Hand überließ, die den Käfig gebaut hatte und ihn jetzt an der Kette hielt und leicht schaukeln machte. Der Falter würde wohl zugeben, daß er eingeschlossen war, daß er sich so verhielt, als ob er eingeschlossen wäre (obwohl er doch jederzeit zwischen den Stäben hindurch hätte entweichen können). Er würde seine Situation für besser halten, auch wenn er sich nicht mehr so bewegen konnte und wollte wie früher, auch wenn er das dauernde leichte Schaukeln als unangenehm empfand. Er würde den eben hereingeflogenen, an den Stäben auf und ab irrenden Bruder an die Gefahr und Qual der Freiheit erinnern: man war am Anfang wohl fasziniert von den Schluchten und den Gebirgen, von der Möglichkeit, immer und überallhin zu fliegen, hinab in die Finsternis und dann wieder hinauf in das grelle Licht, wo die Sonne und die entschiedene Weiße des Schnees und des Eises sich in einen fürchterlichen Kampf ohne Ende verstrickt hatten. Doch wie bald wurde man nicht müde von der unendlichen Strecke der Flüge, die einem noch bevorstanden, von der Unübersehbarkeit der Zukunft, viel mehr als von den Anstrengungen, die man schon ertragen hatte? Und bald würde man sich auch fürchten: fürchten vor den Schluchten; es wäre ja möglich, daß man einmal zu tief hineinflöge und nicht mehr hinausfände, sich orientierungslos langsam zu Tode flöge und daß einen die Tropfen, die auf die Flügel niederfielen und allmählich den Schutzstaub wegwüschen, bald flugunfähig machen und stürzen lassen würden. Sich fürchten vor den Gebirgen: daß man geblendet zwischen den Gipfeln und den Eisschollen, wie in einem Spiegellabyrinth, immer entzückter taumeln würde. Bis die Nacht käme, die Sonne wegginge und die Kälte die Bewegung der Flügel hinderte und einen schließlich niederzwänge aufs Eis, wo einen der nächste Morgen als schön konservierten Fremdling, als Eisfigur im Eis wiederfände. – Man würde sich fürchten. Schon das mußte einen zur Abkehr mahnen. Aber schlimmer als die Furcht, würde der Bruderschmetterling sagen, sei die Müdigkeit, die Erschöpfung. Das endlose Hin und Her und Auf und Ab: die Berauschung durch die Gipfel, die Blendung durch das Licht, das Hinunterfliegen wieder in die Schluchten, das oft, wenn der Wind von der Höhe kommt, mehr ein Stürzen ist – das sei wie das Fahren in der Gondel des Riesenrades auf dem Rummelplatz: man schließt die Augen, wenn es einen plötzlich hinabreißt; aber das, was auf der Innenseite der Lider erscheint, ist das gleiche, das man vorher außen gesehen hat und durch Schließen der Augen loswerden wollte. Man wird es nicht nur nicht los, es kommt aus unserem Zentrum hundertmal vermehrt und gesteigert empor: die Stadt hat jetzt hundert Glockentürme, einen Wald von Türmen, die riesig heraufschießen und ebenso schnell wieder versinken. Die Pferde des Karussells nebenan sind eine ganze Phalanx gewaltiger Rosse, die heranstürmt und im nächsten Augenblick alles zertrampeln wird – und sofort wieder sind es winzige Spielzeugpferdchen, die man in eine Schachtel sammelt und in die Tasche steckt. Die weiße Leierspielerin aber auf der Orgel fährt heran als eine riesige Nike, die mit dröhnenden Saiten das Ende aller Dinge ankündigt. Gleich aber ist sie wieder ein winziges Püppchen und versinkt spurlos mit den Pferden und Türmen: ringsum ist nur noch ein leeres Sausen in den Ohren, das Sausen der Sterne im Weltraum. Dann öffnet man lieber die Augen wieder und sieht die wenigen Türme draußen groß werden und wieder klein, die paar Pferde näher im Kreis laufen und dann wieder ferner, die Leierspielerin sich drehen, einmal größer, einmal kleiner, aber doch immer eine hölzerne Puppe. Man öffnet das Ohr lieber den äußeren Geräuschen: dem Geschrei derer, die in lüsternem Gruseln über die Achterbahn sausen, dem Zischen und Knallen des Feuerwerks, das anzeigt, daß es schon Mitternacht ist. Was außen geschieht und die Sinne füllt, ist immer noch leicht und fern und flach im Vergleich zu der Vergrößerung, die es durch die Lautsprecher und Projektionslinsen in unserem Innern erfährt.

Dieses Fliegen mit den Winden, der Wechsel von Angst und Entzücken, von Hoffnung, Verzweiflung, grellem Licht und Finsternis, diese Bewegung, deren Ziel und Ende nirgends zu sehen und nirgends zu fühlen sei, von der man wisse, daß sie immer weiter gehen werde, weil der Raum, den man durchfliegen könne, keine Grenzen habe: dieses Fliegen, diese Bewegung, dieser anfänglich so faszinierende Wechsel in jeder Sekunde strenge an und ermüde über die Maßen und über alle Kräfte hinaus. Es sei dem Schmetterling gar nicht erlaubt, sich dieser furchtbaren Ermüdung mit all ihrer Gefahr auszusetzen. Vielmehr sei sie nur dazu da, die Einladung des Schmetterlingsfängers, der seinen Käfig an der Kette in das Labyrinth herabhängen lasse, reizvoller zu machen. Einen Käfig, durch dessen Stäbe ein jeder herein- und hinauskönne, wie es ihm beliebe. Aber wer einmal in dem Käfig drin sei, der wolle nicht mehr hinaus, wer einmal die Welt aus diesem schaukelnden Zimmer gesehen habe, der wünsche keinen Augenblick mehr, sie anders und ohne die Schatten der Stäbe zu sehen. Die Dinge würden ihm ohne diese Schatten bald gar nicht mehr als sie selber erscheinen. Ohne dieses Zeichen, das alles erst zusammenhängend und zusammengehörend mache, wäre alles nur eine verwirrende Anhäufung von Gegenständen. In dem Käfig lasse sich das Labyrinth ruhig bewohnen: man sei drinnen und doch außerhalb, aufgehoben, herausgenommen in den von Stäben umgrenzten Raum, zwar schaukelnd, aber gehalten an der Kette, deren Ende fest in der Hand des Fängers und Käfigbauers liege.

Der Schmetterling oben flatterte an den Stäben entlang auf und ab und vernahm in den sachten Bewegungen der Flügel des Bruderschmetterlings die eindringliche Einladung: «Gib dich nur einen Augenblick hin, laß das Flattern, laß dich hier nieder, das ruhige Schaukeln des Käfigs wird dir alle Flügel ersetzen; du wirst mehr sehen und wissen, wenn du von hier aus in die Welt schaust: man nimmt dir nichts, was du brauchst. Man enthebt dich nur dessen, was zuviel für dich ist und deine Kräfte übersteigt.»

Jörg zitterte, der Schweiß rann ihm über die Stirn, als er sich auf dem Bett wiederfand und der Schmetterling zu ihm zurückkehrte. Zu dem Leib, über den der Schweiß im Nabel und in die Schamhaare hinabrann: oder schwitzten seine Hoden und sein Glied selber, ängstlich, nutzlos, wie eben Sterbende schwitzen? Der Schmetterling hatte zu Jörg zurückgefunden, seine Seele war seinem Leib, der sie hatte fahrenlassen, wiedergekommen, wenigstens in seine Nähe gekommen; vielleicht konnte er sie fassen, wenn er danach griff. Aber das hatte er zu früh gedacht. Denn plötzlich zögerte der Schmetterling. Jörg sah ihn über einem Kästchen, das auf dem Schreibtisch stand, verweilen, als ob er sich darauf niederlassen wollte. Das Kästchen schaute zwischen der gelben Krawatte – vom Bett aus erschienen die Suppenspritzer darauf, die er immer gleich mit heißem Wasser wegzubringen versucht hatte, nur wie leichte Schatten, aber man sah sie doch –, dem grüngeränderten Taschentuch und dem hellbraunen Portemonnaie hervor.

Das Kästchen ragte zwischen diesen Gegenständen hervor, ein Wüstengrab, das zwischen Geröll und Dünen langsam versinkt und nur für den aufmerksamen Reisenden noch eben sichtbar ist. Das Kästchen war ein Grab, es war die kleine billige Nachbildung des Sarkophags der heiligen Kontantia aus Isas Zimmer. Die Sonne hinter dem Wolkenschleier erlaubte dem Messing nicht, grell aufzuprotzen und zu schreien: ich bin Gold, ich bin Gold! Aber Jörg genügte es, zu wissen, daß es nur wenig brauchte, damit dies geschähe. Es genügte ihm, um sich darüber zu ärgern, daß der Schmetterling sich dort aufhielt. Er wollte ihn wegrufen. Aber der Falter zögerte nun nicht mehr bloß, er blieb hartnäckig über dem Sarkophag schweben. Einmal senkte er sich ganz hinunter und streifte mit dem Flügel über die Inschrift an der Seite: ‹Hic est ordo praedicatus, non a sanctis fabricatus, sed a summo solo Deo.› Der Spruch mußte wohl so primitiv sein, damit er über so lange Zeit hin wirken konnte. Jene Töchter der heiligen Konstantia, die ihn vor Jahrhunderten hatten auf den Sarkophag setzen lassen, fanden sich in ihrem Stolz einig mit dem Herrn Doktor, mit Petra und mit den Töchtern des von ihnen erneuerten Ordens, mit Isa. Nur dieser primitive Stolz konnte so verschiedene Zeitalter vereinigen: die Menschen einer Epoche, für die der Aufschwung zu der Heiligen, das Eintauchen ihrer Seelen in den Sarkophag um der gemeinsamen Auferstehung mit dem Leichnam willen die höchste Leistung ihres ganzen Wesens gewesen war, mit diesen Kritischen und Skeptischen, für die der Kult der Heiligen zugleich immer ein gewaltsames Zurückstoßen und Hinabdrücken der einen Hälfte ihres Wesens war. Hatte nicht Isa gestern nachmittag im Parkkaffee ihn, Jörg, dadurch erschreckt, daß vor den Spiegeln ihrer kühlen und manchmal ironischen Rede immer eine rauchige Flamme züngelte? Diese Flamme würde bald alle Spiegel schwärzen. Die Flamme züngelte noch mehr als in ihren Worten in Isas unruhigen Bewegungen und in ihrem unsteten Blick. War Petra darum so ruhig und auf eine ganz andere Weise faszinierend, schauten ihre Augen darum aus der Tiefe eines Meeres herauf, das sich zwischen sie und die Welt, die sie nicht mehr anfocht, gelegt hatte: weil die Flamme ihre Spiegel schon alle geschwärzt und die eine Hälfte ihres Wesens schon verzehrt hatte?

Jörgs Falter über dem Messingsarkophag hätte diese Vermutung bestätigt: am Ende des Prozesses würde keine Sprache mehr zurückbleiben. Die Flamme würde alle Rede und alle Schrift verzehrt haben, bis auf einen so simplen und geistlosen Spruch wie den auf dem Sarkophag. Was nach der Abtötung aller Begierden, aller Lüste und aller Unruhe blieb, das war ein stiller Hochmut, der um so unsterblicher und unangefochtener in den Herzen brannte, als jedes einzelne dieser Herzen sich dafür aufgegeben und getötet hatte. Der Hochmut der Gemeinschaft erwuchs aus der demütigen Unterwerfung eines jeden einzelnen. Jeder war demütig für sich selbst und konnte daher um so hochmütiger für alle sein. Der Falter über dem Sarkophag hätte diese Vermutungen bestätigt. Kam er doch eben aus dem Haus der heiligen Konstantia, von Isa her, die es nicht mehr gab und die nur noch jener andere Schmetterling war, der in seinem Käfig, ohne das Bedürfnis hinauszufliegen oder auch nur an den Gitterstäben entlangzuschaukeln, ruhte. Der Schmetterling, der von Isa übriggeblieben war, besaß in der Mitte seines Käfigs alles, was er brauchte, und besah von da aus die Welt als ein Spielzeug der Schatten, die die Stäbe auf die Dinge warfen. Jörgs Falter über dem Wüstengrab, dem Käfig eben entkommen, wunderte sich nicht und verstand jetzt, warum Olga Petra im Ernst nicht töten konnte und warum sie Marion bloß im Scherz zum Mord aufgefordert hatte. Olga hätte völlige Blindheit leichter ertragen als den Tod Petras:

Der Tod Petras wäre der Sieg Petras und die endgültige Bestätigung dafür gewesen, daß es ihr gelungen war, die in der Vergangenheit abgerissene Kette aufzunehmen und über die Gegenwart hin in die Zukunft zu spannen. Sie hatte sich selbst als ein neues Glied dieser Kette angefügt, ihr Tod mußte die Tragkraft des einzelnen Gliedes und damit der ganzen Kette steigern. Und ihr Tod als Märtyrin hätte sie vollends zur zweiten Konstantia gemacht. War Konstantia schon in dieser ruhigen und klaren, wegen der Treffsicherheit ihres Plädoyers bewunderten Anwältin wiedererstanden, in dieser von der Welt Abwesenden, die sich der Mittel der Welt fast wie im Traume – wie jemand, der perfekt Maschine schreibt, ohne auf die Tasten zu schauen – vollkommen und immer erfolgreich zu bedienen wußte: so mußte sie als Tote ganz eins mit ihr werden und ihre volle Macht erlangen. Der Märtyrertod aber hätte diese Macht nochmals um das Mehrfache erhöht. Vielleicht gerade dann, wenn nie jemand ihn als Märtyrertod erkannt hätte, wenn es Olga und Marion gelungen wäre, das Geheimnis für immer zu bewahren. Olga wäre dann zum reinen Widerbild Petras geworden, zum Rücken aus Schlangen und Würmern, dessen Anblick jeden schnell vorbeizugehen und die goldene Vorderseite des Bildes zu suchen zwingt. Wer Olga nachher gesehen hätte, hätte immer an Petra denken müssen, wenn er auch nichts von allem gewußt hätte. Olga war eine aufgeklärte Russin, aber im Grund glaubte sie mehr an die Macht der Dämonen und Engel, die in den Seelen, verborgen hinter der Fassade unseres Wissens, wirken, als an die Macht dieses Wissens selber. Sie trieb den Kult des Verstandes, liebte nichts mehr als das intellektuelle Gespräch, die scharfe und verblüffende Argumentation, aber das änderte nichts für sie. Es fehlte ihr jede Logik, und sie gab das ohne weiteres zu. Sie fürchtete Petra, weil sie sie den Engeln oder den Teufeln verbündet glaubte, und verachtete sie andererseits als abergläubische Hexe: Olga war überzeugt, Petra habe ihr den Herrn Doktor entführt und ihn sich angeeignet, um ihre eigene Macht zu steigern und Olga zu vernichten:

Die Entführung war in jenem Augenblick nicht schwer gewesen. Olga hatte es ihrer Feindin zu leicht gemacht. Sie hatte mit dem Herrn Doktor drei Jahre lang in Nachtgesprächen, in Kunst und in Musik geschwelgt. Sie hatte seine Neugier, seine geistige Abenteuerlust nach Kräften gereizt und gefördert. Aus Lust und auch aus Neugier. Doch vor allem, um ihn an sich zu binden. Aber konnte man das trennen? Alle Kunst und alle Musik war ihr damals eins gewesen mit dem Herrn Doktor und hatte sie interessiert als ein Teil seines Wesens, insofern und wenn es ein Teil seines Wesens wurde. Sie sah heute, lange Zeit nachher, je schwächer ihre Augen wurden, um so häufiger und um so genauer, wie der hohe, schmale Kopf des Herrn Doktor sich gegen das Bücherregal lehnte, sie sah immer öfter und genauer das weiße Gesicht mit den vollen und seltsam weichen formlosen Lippen, um die immer ein leicht verächtlicher Zug spielte. Und darunter das weiche unentwickelte Kinderkinn. Diese untere Gesichtspartie war nicht schön; man hätte ihn, wäre es möglich gewesen, einen Teil des Gesichts für sich allein zu nehmen, darob geradezu verachten können. Die obere Gesichtshälfte dominierte. Die Nase zwar fuhr vorerst in dem Stil fort, den Kinn und Mund angegeben hatten: sie war weich, weiß, knollig, aufgequollen. Aber schon die Nasenwurzel war schmal und führte in einer Linie über zu den Bogen der Brauen. Und darüber war die hohe und schmale Stirn. Die Augen aber hatte sie seither nie mehr vor sich gesehen. Ihre Erinnerung sah den Herrn Doktor nur mit geschlossenen Lidern. Die Augen waren schwarze Kiesel und glänzten kalt und brutal. Aber in dieser Kälte brannte eine Verwundung. Hatte er sie selbst erlitten, oder war sie das Kennzeichen einer Gemeinschaft, der er von Geburt an zugehörte? Olga tadelte sich für diese abwegigen Spekulationen, denen sie aber nicht wehren konnte und die sie immer mehr beschäftigten. Sie hätte die Warnung, die in diesem Gesicht und in diesen Augen lag, erkennen müssen. Jetzt war es zu spät. Man hörte zusammen Musik, viel Richard Strauss und viel russischen Kirchengesang. Olga liebte diese Dinge damals, weil sie glaubte, daß er sie liebte. Seine Lippen, sein Kinn, seine Nase liebten diese Musik. Seine geschlossenen Augen aber und seine Stirn erhoben schwerere Einwände dagegen, als er in den Gesprächen formulierte. Seine Stirn und seine Augen nahmen die Einwände ernst, die seine Lippen jeweils zu formulieren begannen, sobald die Platte auf dem alten dunklen Mahagoni-Grammophon zu Ende gespielt war. Er hob dann schnell den zurückgelehnten Kopf, öffnete die Kieselaugen – hatte er sie geschlossen gehalten, nicht nur, um konzentrierter zu hören, sondern vielmehr um sie ganz auszuschließen vom Hören, damit sie nicht sahen, daß er so hörte? – und fing an zu reden, während noch die Nadel, an dem schweren Metallarm eintönig knirschend, auf den innersten leeren Rillen kreiste. Wollte er seine Einwände entkräften, indem er sie äußerte? Sie kamen von seiner Stirn und seinen Augen und quälten ihn, weil sie im Streit lagen mit seiner Liebe. Er aber näherte sich schnell der Entscheidung; Petra hatte das gleich erkannt, Olga jedoch erst, als die Entscheidung gefällt war, gegen sie. Seinem Kinn, seinen Lippen, seiner amorphen Nase war es zwar gelungen, die Krise zu verzögern. Aber die Brauen hielt es nicht, sie zogen ihn hinauf in das Stirnfirmament. Und erst die Augen: die Kiesel waren scharf und wollten schneiden. Und ganz innen brannte die Wunde alles, was brennen konnte, unerbittlich durch.

Mit Richard Strauss mochte es noch eine Zeit gehen: diese Zwischenmusik selber war janusköpfig und übte ihren Reiz auf die Zeitgenossen dadurch aus, daß sie alles gleichzeitig war und doch nicht war. Der Herr Doktor konnte sich in seinem Augenblick bestätigt fühlen: seine Problematik war die Problematik der Zeit. Aber eben nur für einen Augenblick, über den ihn seine Stirn, seine Brauen, seine Augen eilig hinwegzogen. Die russische Kirchenmusik jedoch förderte die Krise mächtig: sie war die Fortsetzung Olgas in die Musik. Jener Olga, die nicht in den einzelnen Ansichten der emanzipierten Frau erschien, auch nicht in den dunklen, etwas altmodischen und gerade dadurch raffiniert eleganten Seidenroben, die sie bei diesen nächtlichen Sitzungen zu tragen pflegte: sie trug lange, enganliegende, weit ausgeschnittene Kleider mit Spitzeneinsätzen. Und um den Hals trug sie die doppelt und dreifach geschlungene Bernsteinkette, die ihr bis zur Taille niederhing. Und nur darum bloß bis zur Taille, weil in die Kette über der Brust ein großer Knoten geknüpft war. Sie war elegant in dieser Aufmachung, mit der sie den Typus der vornehmen russischen Emigrantin auf die Spitze trieb und ad absurdum führte. (Sie war gar keine russische Emigrantin, sie hatte lange nach der Revolution einen ausländischen Ingenieur geheiratet und war mit ihm, als sein Auftrag in der UdSSR abgelaufen war, nach Westeuropa gekommen, freilich schon mit der Absicht, sich dort von ihm scheiden zu lassen.) Marion machte sich zwar gelegentlich lustig über sie, doch auch sie hätte sich im Grunde Olga nicht anders vorstellen können. Der Herr Doktor aber ganz sicher nicht. Denn die Olga, die sich in die russische Kirchenmusik fortsetzte, war bereits in dieser Aufmachung da: bei schärferem Hinsehen verlor sich das Moment der frivolen Karikatur und der Maskerade. Olga erschien schon durch das lange, der Zeit entrückte, kostbare Kleid und durch den schweren Schmuck als die Ikone, als die sie die damals zwar noch gesunden, aber doch schon verschleierten, über alles wegsehenden Augen auswiesen. Für den Herrn Doktor war die russische Kirchenmusik ein und dasselbe wie Olga. Ihre Ruhe, ihre mystische Unbewegtheit, ihre nur scheinbare Bewegtheit zwang ihn zur Revolte, verekelte ihm jede Neigung zur Trägheit und trieb ihn, wenn er noch stillstand, zum Gehen, zum Laufen, zum Rennen. Es war eine Überdosis des Stoffes, der bisher in ihm vorgeherrscht, seine Seele gefärbt und in ihrer Dichtigkeit bestimmt hatte, die Überdosis eines schweren und zähdunklen Stoffes, die nun sehr schnell, fast von einem Tag auf den andern, den Umschlag bewirkte. Olga erkannte es sofort und doch schon zu spät.

Sie hatte eines Abends Petra, die sie seit langem flüchtig kannte, aber als zu betriebsam wenig schätzte, eingeladen. Immerhin, Petra war intelligent. Sie mochte für einen Abend Olgas Unterhaltung mit dem Herrn Doktor bereichern und Stoff heranbringen, den man dann später, ohne Petra, im Gespräch verwerten konnte. Es vergingen keine zehn Minuten und Olga wußte, daß sie sich getäuscht hatte. Sie war noch mit dem Samowar beschäftigt, im Begriff, Tee einzuschenken. Petra hatte sich eine Zigarette angezündet, staunte belustigt und nachsichtig: «Was für ein kurioses Möbel, das habe ich noch nie gesehen!» und fing gleich an, dem Herrn Doktor von ihrem Aufsatz über den Kult der heiligen Konstantia zu erzählen, den sie kürzlich in einer Zeitschrift veröffentlicht habe. Er wünschte den Aufsatz zu lesen. Und Petra versprach, ihn schon am andern Tag zu schicken. Es liege ihr sehr daran, daß der Herr Doktor ihn lese, weil sie bei ihren Vorstudien, die sie zuerst nur ganz nebenher betrieben habe, auf sehr viel Material gestoßen sei, das sie gar nicht in dem kleinen Aufsatz habe bewältigen können. So gebe es eine ganze Reihe mittelalterlicher Hymnen, die offenbar an den Festen der Heiligen an ihrem Grab gesungen worden seien und ihre Legende zum Gegenstand hätten. Diese verschiedenen Darstellungen zu vergleichen und aus ihnen Schlüsse auf das Leben der historischen Konstantia zu ziehen, dazu hätte sie große Lust, sie habe sogar schon daran gedacht, ihren Aufsatz zu einem Buch zu erweitern. Anderseits schrecke sie vor den Schwierigkeiten der Aufgabe, zu der sie als Juristin, als Laie also in solchen Dingen, ja nicht vorgebildet sei, zurück. Und nun geschah das für Olga Unfaßliche: der Herr Doktor ging auf diese Anbiederung sofort ein. Sein

Sinn für Distanz setzte plötzlich aus. Olga bemerkte es schon nach den ersten Sätzen Petras: sie stellte ihm seine Teetasse hin und schaute ihn gradaus mitten ins Gesicht an, mit ernsthafter Miene. Die Ironie zeigte sich nur darin, daß sie die Augen angestrengt aufriß und jedes Zwinkern unterdrückte. Und dann geschah es, daß er überhaupt nicht reagierte, daß er wegsah und tat, als ob er das alte Zeichen nicht bemerkt und nicht verstanden hätte. Er bot Petra sofort seine Hilfe an: er stehe ihr gern zur Verfügung, wenn sie Fragen an ihn habe; vielleicht gebe sie ihm zugleich mit dem Aufsatz ihre noch unverarbeiteten Notizen, er werde ihr dann sagen, was man nach seiner Meinung damit anfangen könne.

Nachher hatte man noch Musik gehört, wie es der Ritus verlangte. Olga wenigstens glaubte, der Herr Doktor würde einen Abend, an dem man nur redete, nicht ertragen. Und an diesem Abend hatte das Gespräch auch bald aufgehört: der Herr Doktor wurde einsilbig, als ob er über irgend etwas intensiv nachdächte. Auch Petra sagte nichts mehr. Olgas Staunen und Schrecken wuchs: das war eine Verschwörung, an der sie nicht teilhatte. Die Fronten verschoben sich plötzlich. Olga war isoliert und wußte auch, warum sie isoliert war. Um so schlimmer. Als sie das Grammophon öffnete, wollte sie eigentlich eine Vivaldi-Platte auflegen. Aber der Herr Doktor war es, der jetzt – wie von einem Ausflug zurückgekehrt – entschieden um die alte Aufnahme der Osterliturgie aus der Pariser russischen Kirche mit Schaljapin bat. Olga zögerte und warf einen Blick auf Petra, die höflich schwieg. Wußte Petra, daß es bei der Wahl der Platten um ihrer beider Schicksal ging? Der Herr Doktor hörte zu wie immer, die Augen geschlossen, den Kopf an das Bücherregal gelehnt (eine Totenmaske, die aber wußte, daß man sie ansah). Petra rauchte und schaute aufmerksam auf ihr Schneiderkleid nieder. Warum kam Petra in einem Straßenkleid zu ihr? dachte Olga. Aber sie gab zu, daß es ihr stand.

Der Herr Doktor besuchte Olga nur noch sehr selten nach diesem Abend, er habe viel Arbeit. Bald kam er überhaupt nicht mehr. Dafür sah Olga in einem seiner nächsten Vorträge

Petra in der vordersten Reihe sitzen. Und man erzählte, daß er häufig bei Petra sei. Schließlich vernahm Olga, daß er mit Petra zusammen den Orden der heiligen Konstantia wiederbegründet habe, gegen den heftigen Widerstand gewisser kirchlicher Behörden. Aber der Versuch schien zu gelingen, die Unbeirrbarkeit und Geschicklichkeit der beiden verschaffte ihnen die Toleranz der Hierarchie, ja, eine gewisse skeptische Achtung. Aber das sozusagen nur auf Abruf. Die Ordensgründung geschah etwa gleichzeitig mit der Veröffentlichung von Petras Buch, das sie unter einem Pseudonym erscheinen ließ. Es fand bei der Kritik eine verhältnismäßig wohlwollende Aufnahme, obwohl man ihm da und dort eine gewisse, hinter wissenschaftlicher Genauigkeit und Trockenheit nur schlecht verborgene schwärmerische Verstiegenheit vorwarf. Nicht zuletzt, um über die Dinge auf dem laufenden zu bleiben, hatte Olga Wert darauf gelegt, Marion, die ihr der Herr Doktor in einem kurzen Brief empfohlen hatte, als Untermieterin bei sich zu behalten: seit sie nämlich wußte, daß Marion über Bodo, Jörg und Isa mit Petra in Verbindung stand. Und wenn sie sich auch bis zu jenem letzten Abend nie über Petra geäußert und sich damit begnügt hatte, aus Marions gelegentlichen Bemerkungen ihre Schlüsse zu ziehen, so war ihr das doch immer schwergefallen. Ihr Haß wurde gerade dadurch, daß sie seine Äußerungen zu unterdrücken suchte, immer größer. Größer als ihr Stolz, der ihn zu unterdrücken suchte. Aber auch als der Haß siegte, als ihr der Gedanke kam, Petra zu töten, und sie ihn Marion mitteilte – der Mord sollte ja zugleich ein Mittel sein, ihre Herrschaft über Marion und damit einen Kreis zu begründen, den sie dem Kreise Petras und ihrem Orden entgegenstellen und mit dem sie Petras Kreis Glied für Glied zu sich herüberziehen wollte –, auch dann gelang es dem Haß nicht, ihren Verstand so zu vernebeln, daß sie den Mordgedanken mehr als einen Augenblick ernst genommen und ihn als etwas anderes gebraucht hätte denn als ein Spielzeug. Damit konnte sie sich wenigstens in der Phantasie erleichtern. Zuerst jedenfalls glaubte sie das. Dann merkte sie schnell, daß das Gegenteil zutraf: gerade das Mordprojekt zeigte ihr, wie machtlos sie war und wie alles, was sie unternahm, ihre Feindin nur größer machte. Mit dem Herrn Doktor hatte der Geist des Ringes sie verlassen und war zu Petra übergegangen. Sie, Olga, hatte ihm den Weg selber gewiesen. Mit der Tötung Petras hätte sie deren Triumph besiegelt, weil die Macht und das eigentliche Leben Petras nicht zuerst in ihrer physischen Existenz begründet war, sondern durch diese physische Existenz eher verdünnt und behindert als verdichtet und getragen wurde.

Der Tod Petras erschreckte Jörg, der ganz in Schweiß lag. Es raschelte, er wandte den Kopf, man hatte die Zeitung unter der Tür durch ins Zimmer geschoben. Das erste war, daß seine Verstimmung von vorhin wegen der Krawatte und wegen des Taschentuchs, ein Flecken, den die kurze Zeit nicht hatte tilgen können, sich wieder verstärkte, durch den Anblick der klaffenden Lücke zwischen Schwelle und Tür. Das Holz verzog sich, die Lücke wurde jeden Tag größer. Dann erst schaute er auf die Zeitung. Sie war, zusammengefaltet, ein schmaler Streifen, den der schwarze Rand und das Kreuz einer Todesanzeige fast ganz bedeckten: War Petra gestorben? Sie hatte Isa immer tiefer in Konstantia hineingezogen, die das Wesen eines jeden, der mit ihr in Berührung kam, auf die Dauer ganz verändern, die Individualität immer inniger durchtränken und allmählich ersetzen mußte: sie hatte Isa vernichtet. Seine Isa wenigstens, so vereinfachte er jetzt, gab es nicht mehr. Durch ihren Tod ging Petra selber ganz in Konstantia auf, ihr bloß Individuelles, das Zufällige, Zeitliche, Irdische versank in diesem Augenblick ganz in ihr. Und verstärkte so zugleich die Dichtigkeit, die Würze, die Schärfe dieser geheimnisvollen Substanz. Petra trat damit als neues Bild in die Ikonenwand, riesig, unbewegt, die starken Farben übergangslos gegeneinander gesetzt. Sie war erst jetzt durch ihren Tod so ganz Konstantia, daß ihr jede Eigenbewegung, das, was ihr Leben gewesen war, genommen, dafür aber eine ewige Dauer in diesem neuen Zustand gesichert war. Erst jetzt wurde Petra die riesige goldene Königsmumie, die zwar bewegungslos, aber unsterblich und allmächtig war. Über der man Pyramiden bauen würde, und Heere von Sklaven würden die Schätze aus den Städten und Palästen in die Felskammern schleppen. Und diesem Zug ging nun Isa voran, das, was einmal Isa gewesen war, sie wurde zum neuen Abbild der neuen Einheit Konstantia-Petra, zur lebenden Ikone. Zwar ging und sprach sie noch auf der Erde. Aber sie ging und sprach schon nicht mehr als sie selber, sondern nur noch bewegt von den Fäden, die sie mit der riesigen, unbewegten Konstantia-Petra verbanden.

Draußen fuhr wieder eine Straßenbahn vorbei, die Vögel stürzten über das Fenster herauf auseinander. Mußte er nicht zu Olga ziehen? War nicht dort seine Stelle, war er nicht ihr Verbündeter in diesem Augenblick? Mußte er sich nicht mit ihr zusammenschließen, wo auf der andern Seite die Gottheit Konstantia-Petra-Isa sich erhob als ein neuer goldener Koloß, der bis in den Himmel ragte und Anbetung verlangte? Jörg lachte laut: wie pompös waren die Bilder, die ihm durch den Kopf gingen! Wie primitiv die Stilisierung, der er die Welt unterwarf. Gerade das hatte ihm Isa immer abzugewöhnen versucht. Es war ihr nicht ganz gelungen, aber mehr, als sie gewollt hatte. Denn sie hatte ihm das Pathos, die Lust zum reinen Gegensatz und zur unbedingten Entscheidung nur außen an seiner Peripherie abgewöhnen und zersetzen wollen, um das Pathos und diese Lust in seinem Herzen zusammenzuballen. Damit in ihm der Punkt entstehe, an dem man ihn fassen und von dem aus man ihn bewegen konnte. Das Gegenteil war geschehen. In seiner Denk- und Ausdrucksweise war er geblieben, wie er schon immer gewesen war. Aber er glaubte nicht mehr, was er dachte und sagte. Seine Versuche, sich die Wirklichkeit in Gedanken und Bildern deutlich zu machen, scheiterten daran, daß es für die Wirklichkeit keine angemessenen Gedanken und Bilder gab. Er ging über eine Geröllhalde und versank immer wieder: die runden Steine, scheinbar so genau sichtbar und faßbar, wichen nach allen Seiten, waren nie fest da oder dort. Wie die Vögel vor dem Fenster, die jetzt, nachdem sie soeben auseinandergestoben waren, wieder zurückkehrten und sich in den Bäumen niederließen. Wie oft würden sie es noch tun?

Jörg lachte laut: wie wollte er sich mit Olga zusammenschließen? War Olga nicht Petra? War sie nicht eine Ikone wie Petra? Die gleiche Ikone? War der Umstand, daß sie – im Gegensatz zu Petra – der Bilderwand entbehrte, wo sie ihre feste Stelle in ihrem Rahmen hatte und von wo aus sie herrschen konnte, war dieser Umstand nicht nebensächlich? War es mehr als ein Zufall, daß nicht Olga Konstantia gefunden (Isa würde sagen: Konstantia sie gefunden), nicht Olga den Orden erneuert hatte? Wenn er zu ihr ginge, würde er vielleicht ihr Herr Doktor. Ein Kult, eine Doktrin ließen sich schon finden. Jörg lachte nicht mehr, er stöhnte: wohin rannte er wieder? Natürlich ließ sich ein Kult, eine Doktrin nicht finden, von ihm wenigstens und für ihn nicht. Konstantia-Petra-Isa mochten ihn verzaubern, verwunden, vielleicht töten. Ihre Sprache würde für ihn immer eine Fremdsprache bleiben, die er zwar genau verstand und deren Worte ihn aufrühren mochten, die er aber nie akzentfrei sprechen lernen würde. Er stapfte durch das Geröll, ohne vorwärts zu kommen. Seine Gedanken hatten mit den Dingen, die sie fassen sollten, nichts zu tun: wie konnte er aufhören mit Denken? Der häßliche Messingsarkophag stand jetzt da ohne die erregende Bewegung, die die Flügel des Falters über ihn geworfen hatten. Mit dem Tode Petras war der Schmetterling wieder in Jörg hereingeglitten. Er fragte sich, wie der Greuel auf seinen Tisch gekommen war: Isa hatte ihn wohl in der vergangenen Nacht ihm in die Tasche gesteckt, und daraus hatte er ihn dann mit den andern Sachen herausgenommen. Oder sie hatte das erst heute früh getan, als er auf der Mauer des Kreuzganges saß und sie ihm ihre Trostrede hielt: er hatte nichts bemerkt. So stark war ihr Zauber gewesen, er spürte es jetzt, wo er von ihm abzufallen begann. Darum war er unfähig gewesen, sie an sich zu ziehen, sie festzuhalten und sie zur Frau zu machen. Bodo am ehesten wäre, wenn er gewollt hätte, dazu imstande gewesen.

Es wäre doch denkbar, daß Bodo eines schönen Morgens, während der Sekunden, in denen er auf dem Sprungbrett wippt und den Absprung vorbereitet und nebenher auf die Unterworfenen hinabsieht, den Anblick Isas einfach nicht mehr ertrüge: Isa, die unten auf dem Rasen sitzt und die Füße über den Beckenrand baumeln läßt und ihm ganz kühl und sachlich interessiert zusieht und studiert, wie er es macht, von der allgemeinen Bezauberung überhaupt nicht berührt – es wäre doch denkbar, daß Bodo das einfach nicht mehr ertrüge. Er würde aber nicht zittern, er würde vielleicht schon etwas früher springen, als er es gewöhnlich tat, besonders schön und tadellos springen und den Neid, die Bewunderung der Zuschauer auf das äußerste provozieren. Er wüßte freilich im voraus, daß das Isa kühl lassen und daß sie immer gleich indifferent und gleich sachlich interessiert ihn vom Beckenrand aus studieren würde. Denn würde er ihretwegen besser springen als jemals. Um seinen Zorn wegen der geschuldeten und ihm auf unverschämte Weise vorenthaltenen Huldigung sorgfältig zu speichern, um einen Überfluß an Recht und Grund für das Folgende zu haben. Nachher in der Kabine würde er das Gefühl genießen, als der große Star abgetreten zu sein und die Bühne leer und die Zuschauer ohne Richtung und Mittelpunkt zurückgelassen zu haben. Er würde diesen Genuß mit seinem Zorn zu einem leicht entzündlichen Explosivstoff mischen und über dieser Beschäftigung ruhig warten, bis Isa ihrerseits in die Kabine zurückkäme. Bis sie aufstünde und über den Rasen zwischen all den jungen Leuten, ohne diese eines Blickes zu würdigen, hindurchginge: die jungen Leute würden verstohlen, mit geduckter Scheu und mit unterdrückter Wut, mit seiner, mit Bodos Wut, die sie sich nicht klarmachen würden, nach ihr umdrehen. Bodo würde geduldig warten, bis Isa in die Kabine gekommen wäre. Er hätte sie schon vorher, im Augenblick, da sie das Schwimmbad betrat, in seine Kabine eingeladen, ohne sich allerdings Rechenschaft darüber zu geben, was er ahnte und wollte und daß er die Demütigung Isas schon seit langem vorbereitete. Und Isa hätte die Einladung bedenkenlos angenommen. Hätte sie sich nicht zugegeben, daß sie sich fürchtete, wenn sie die Einladung ausgeschlagen hätte? Sie hätte ganz selbstverständlich ihr hellgrünes Rohseidenkleid, ihren Nylonunterrock, ihr Mieder und ihr Hemd neben Bodos schwarze Riffelsamthose, sein schwarzes Hemd und seine

Wäsche gehängt. Bodo würde warten und würde, wenn Isa in die Kabine hereinträte, vorerst nichts weiter zu tun brauchen, als in dem fortzufahren, was er ohnehin täte. Er würde das Hemd vom Haken und über die Schulter nehmen, dann schnell die Badehose abstreifen und nach der Unterhose langen. Isa, die immer noch an der Tür stünde, würde ihn auf einmal sehen, wie er den Arm zum Kleiderhaken höbe, so daß ihm das Hemd von der einen Schulter rutschte. Sie hätte immer schon zu wissen geglaubt, daß er gut aussah, sie hätte sich auch nie gescheut, das zuzugeben und es laut zu sagen. Aber jetzt würde sie ihn wirklich sehen. Es wäre das erste Mal, daß Isa einen Menschen, einen Mann sähe. (Ihn, Jörg, hatte sie nie wirklich gesehen. Auch Heinrich hatte sie nie gesehen, obwohl sie mit ihnen beiden wohl öfter zum Baden war als mit Bodo.) Bodo wäre in diesem Augenblick in der Kabine so, daß Isa ihn sehen müßte. Der Zorn, der Wille zur Rache und zu einer unerhörten rücksichtslosen Tat wäre in ihm nun so geballt und in der Langsamkeit seiner Bewegungen so brutal und allein gegenwärtig, daß seine Tierschönheit die Kabine prall füllen würde. Es würde Isa auch gar nichts nützen, die Augen zu schließen, Bodo würde auf jedem Quadratzentimeter ihrer Haut brennen. Und durch die geschlossenen Augenlider sähe sie ihn schärfer als je mit offenen Augen, so daß sie diese schnell wieder öffnen würde. Der Zorn und der Rachewille würden zu Bodos Schönheit hinzutreten und sich zusätzlich in Schönheit verwandeln. Er würde ein Wirbel, der die ganze Kabine an sich zöge und aufsöge. Der die ganze Welt an sich zöge und aufsöge. Und Bodo wüßte das genau und hätte das genau vorausberechnet. Isa müßte ihn sehen, ihn fühlen, in den Wirbel hineingeraten und mit der Kabine und der Welt in Bodo hinabstürzen und zu Bodo werden. Um so vollständiger und wehrloser, als sie nicht mehr denken würde und niemals zuvor auf den Gedanken gekommen wäre, daß ihr das – nach Jörg, nach Heinrich – überhaupt passieren könnte. Daß das ihr, die doch schon im Hause Konstantias wohnte, zumindest in seinen Vorraum getreten war, noch passieren könnte. Es würde genügen, daß Bodo sich ihr zuwendete, er brauchte sonst nichts mehr zu tun, sie würde ganz von selbst an seiner Brust liegen, Isa würde ihn umklammern, sich an ihn pressen und wissen, daß sie ihr ganzes Leben bisher nur auf diesen Augenblick gewartet hatte, daß es nur eine Reihe von Vorübungen für diesen Augenblick gewesen war. Und es wäre nicht einmal nötig, daß Bodo die Badehose auszöge, sie würde sie ihm, ohne nur eine Sekunde zu zögern, so, als ob das ganz selbstverständlich wäre, abstreifen, daß sie hinabfiele auf den nassen Bretterboden.

Jörg lachte wieder, noch lauter, er schlug sich mit der Hand auf den nassen Schenkel. Er rannte in ein Panoptikum, wo ihn von allen Seiten Isa anschaute, eine immer wieder andere Isa. Es war aber eine Isa aus Wachs, die es sonst nicht gab. Jene Isa, die er jeweils faßte, die war so auch schon nicht mehr da.

Auch Bodo hätte Isa nicht mehr zurückrufen und sie nicht zur Frau machen können. Selbst wenn das geschehen wäre, was jetzt in Jörgs Phantasie geschehen war. Isa hätte sogar diese Niederlage und diesen Triumph Bodos überstanden und nachher, zu einer Trophäe verwandelt, in den Sarkophag der heiligen Konstantia mitgenommen. Sie hätte Bodo als Totengabe mitgenommen.

Das, was in Jörgs Wachtraum zwischen Isa und Bodo geschehen war, das durfte draußen nicht geschehen: denn dann wäre Isa für immer gesichert in jenem fremden Haus und Grab, wo es keinen Tod und kein Leben gab.

Jörg wälzte seinen Kopf auf dem Kissen hin und her. Sein Blick fiel wieder auf die Zeitung in der Türspalte und auf die Todesanzeige.

Aber Bodo wäre dazu gar nicht imstande: was sich da in seiner Einbildung ereignet hatte, Bodo könnte es nicht besser leisten als Jörg selber. Hatte er doch oft genug gesehen, wie Marions Hand, wenn sie zusammen aufbrachen, erst nach einigem Zögern sich dem Arm Bodos unterschob. Als ob man auch von Bodo nicht wüßte, wer er eigentlich war. Auch Bodo war nicht einfach der Mann auf dem Sprungturm. Jörg wälzte seinen Kopf hin und her auf dem Kissen: auch Bodo hätte Isa nicht zur Frau machen und sie nicht unterwerfen können. Bodo war wie er, Jörg.

Jörg öffnete die Augen, es mußte jetzt Abend sein, obwohl es eigentlich heute nie Tag und nie wirklich hell gewesen war. Doch, heute früh, im Kreuzgang und noch im Schwimmbad, da hatte die Sonne geschienen. Aber jetzt war das Licht draußen und das Licht im Zimmer milchig, bläuliche entfettete Milch. Und das Kästchen drüben zwischen dem Taschentuch (das mußte er jetzt wechseln), der gelben Krawatte und dem Portemonnaie glänzte überhaupt nicht mehr. Wenn er es nicht anders gewußt hätte, so hätte er geglaubt, es wäre aus bemaltem Stuck, nicht aus Messing.

Bodo war wie Jörg, man sah es, wenn er mit Marion aufstand vom Tisch, um wegzugehen: Marion griff dann schnell nach seinem Arm, als ob er ihr abhanden kommen könnte und als ob sie fürchtete, der, den sie kannte und der neben ihr gesessen hatte, der wäre im Augenblick, wo er aufstand und seine Pfeife einsteckte, schon ein ganz anderer und überhaupt nicht mehr der gleiche, der dagesessen, geraucht und gesprochen hatte, von dem sie gemeint hatte, daß er ihr Freund sei. Und Jörg wußte jetzt, daß Bodo sogar im Bett bei Marion oft nur mit dem Körper da war und sogar Mühe hatte, bloß mit dem Körper den andern Körper zu lieben. Daß auch Bodos Seele ein Drachen war, den ein Knabe an der Leine festhielt, während der Wind aber stark genug ging, um ihn daran zu hindern, den Drachen wieder zu sich auf den Boden zu ziehen. Auch Bodo hätte – wie Heinrich, wie er selber – Isas Bitte, den Regen aufhören zu machen, nicht erfüllen können. Und was sollte Isa mit einem Menschen, der nicht einmal dies konnte?

Jörg hob seinen Kopf und griff sich mit der Hand an den Hinterkopf: seine Haare waren verknotet, wie sie es jeweils gewesen waren, wenn seine Mutter ihn beim ‹Köpfeln›, wie sie das nannte, getroffen hatte. Das Kämmen hatte ihm dann sehr weh getan. Und er hatte den Verdacht, daß seine Mutter sich auch gar keine Mühe gab, ihn zu schonen.

Er ließ den linken Fuß auf den Boden sinken, eine Falltreppe aus dem Schiff, das vielleicht doch nicht so schwankte, wie er gefürchtet hatte. Denn der Boden war da, der Teppich fühlte sich rauh an mit dem nackten Fuß. Jörg stand auf: der Boden schwankte nur wenig, aber immerhin ein wenig, es war ja auch nicht anders möglich.

Der Unterschied zwischen ihm und den andern war höchstens der: Heinrich wurde Jurist, er hatte endlich beschlossen, Jurist zu werden; Bodo wurde Ingenieur, er hatte schon längst beschlossen, Ingenieur zu werden. Und das war nicht verwunderlich bei Leuten, die von Sprungtürmen zehn Meter in die Tiefe sprangen. Für ihn war es schon sehr viel, bedurfte es aller Kräfte und der größten Überwindung seiner selbst, um seinen Fuß vorsichtig seinem Körper auf einen rauhen Teppich vorauszuschicken, um aus einem Bett zu steigen auf den Boden, der ihn eben trug.

Bodo und Heinrich würden ihn am Ende nicht weniger verachten, als Isa ihn bedauerte: Bewegungen, wie er sie vollzog, das Steigen aus dem Bett, das mit bloßen Füßen vorsichtig Über-einen-Teppich-Gehen, das waren für sie alle gar keine Bewegungen. Sie sprangen von Türmen, standen ihren Mann im Leben – so nannte man das – oder gaben sich selber auf und gingen ein in die heilige Konstantia, verwandelten sich in sie und wurden zur Ikone, zur ewig-heiligen Goldmumie. Und sie mochten einander verachten und ablehnen und bedauern und einander gegenseitig zu retten versuchen: woher wußten sie, daß ihre Bewegungen größer, ihre Entscheidungen wichtiger waren und wer am Ende weiterkam: sie oder Jörg, der mühsam Schritt für Schritt, wie einer, der nach einer langen Krankheit zum erstenmal aufsteht, über den Teppich zur Tür ging? Der Boden schwankte immer noch etwas, aber vor allem schmerzten ihn die Fußsohlen – es war das erste Mal, daß er sich nicht schämte wegen dieses Schmerzes, daß er nicht die Zähne zusammenbiß, ihn nicht zu übersehen versuchte, daß er ihn und seinen Ärger darüber akzeptierte –: würde er zu Olga ziehen? Die Stunde mußte wohl bald vorbei sein und Marion anrufen. War es nicht besser, mit der Entscheidung zu warten, bis Marion anrief? Oder sollte er nicht zuerst die Zeitung aufnehmen, dann war auch das andere leichter? Es wäre ein erster Schritt, der ihn auf den zweiten, größeren einüben würde. Wie man zuerst vom Zweimeterbrett sprang, bevor man aufs Fünfmeter-, aufs Zehnmeterbrett ging.

Die Vögel verdunkelten jetzt das ganze Fenster, das fahle Zimmer war schwärzlich, lag unter Kohlenstaub. Jörg hatte die Straßenbahn nicht gehört. Er hob die Zeitung auf, sah aber nicht auf die Todesanzeige, er sah das weiße Blatt auf dem Boden liegen. Die drei Zeilen waren mit Bleistift geschrieben, man konnte sie im Dämmerlicht kaum lesen. Jörg trat ans Fenster: «Hoffentlich hast du nicht vergessen, daß wir heute zu der Kundgebung der Kommunistischen Partei gehen wollten. Marion kommt auch mit. Wir holen dich um acht Uhr ab. Bodo.»

# Calabria

Reiseskizzen

*Für Medi Kraft*

## Tageszeiten

AM MORGEN, wenn ich erwachte, war es dunkel in meinem Zimmer, denn ich schloß abends die schweren weißen Holzläden, die in diesem Lande Gardinen und Rolläden ersetzen. Ich wußte, was mir drohte: im Augenblick, in dem ich sie aufmachte, trat ein überheller Tag herein, ein Licht, das sogar die Erinnerung an Dunkelheit vernichtete. Dieses Licht lag nicht, wie unter unserer matten Sonne, auf den Dingen, es beleuchtete nicht die Häuser und die Felshänge und die Ölbäume und das Meer. Es war vielmehr in diesen Dingen enthalten, sie strahlten das Licht aus wie Phosphor. Im Augenblick, in dem ich das Fenster öffnete, erlebte ich eine Sonnenorgie, einen stillen Taumel, der draußen die Welt ergriffen und bisher nur mein Zimmer mit seiner hohen gewölbten Decke ausgespart hatte, wie eine Grotte und einen Fluchtort der Nacht. Ich ging hinaus, die lange Straße hinunter. Alles war lebendig und betriebsam: der Markt mit den Fruchtständen, die Kaffeehäuser mit den Männern, die dort den ganzen Tag zu sitzen schienen, die Läden, die zur Straße keine Wand hatten. Leute gingen auf und ab und hin und her, teils in der Verfolgung irgendwelcher Zwecke, teils nur, um sich zu bewegen. Ich ging die ganze Straße hinunter bis zu dem Geländer, wo der Felsen ohne Übergang hinabstürzte zum Strand. Das Meer lag weiß gekräuselt und tiefgrün, begrenzt auf beiden Seiten von Felshügeln, deren Kuppen Öl- und Palmengärten bedeckten. Auf dem Hügel links erhob sich ein breiter, palastartiger Bau, ein Kloster, wie es hieß. Ich stieg eine breite Treppe hinab zum Strand. Unter dem einen der Hügel konnte man hindurchgehen: durch ein Gewirr von Höhlen. Auf der andern Seite setzte sich der Strand fort, nochmals geteilt durch einen Felssporn. Um dessen Spitze wiederum konnte man, wenn man Glück hatte, trockenen Fußes herumsteigen. Hatte man Pech, benetzte die Brandungswelle Füße und Waden. Ich lief den ganzen Strand entlang in dem heißen, leuchtenden Sand und war froh, Sandalen an den Füßen zu tragen, schon die Sandkörner, die mir ab und zu zwischen die Zehen gerieten, brannten mich. Ich war der einzige Mensch in der Stadt, der noch Sandalen trug: nach Ansicht der Einheimischen war es Winter. Das Licht war so grell, daß ich jede Vorstellung verlor, es könnte irgendwann und irgendwo anders sein. Ich war selber ein Teil dieser ungeheuren Sonne, und die Zeit stand still.

Sie stand still bis nachmittags zwischen drei und vier. Dann stürzte der Tag in einer Katastrophe ins Meer. Die Vulkaninsel draußen wurde beängstigend schwarz und schien sich mit immer größerer Schnelligkeit zu entfernen. Wohl war der Himmel einen kurzen Augenblick rot und gelb und grün. Aber kaum nahm ich es wahr, war alles schwarz. Die Finsternis des Todes und einer unaufhebbaren Verbannung fiel wie aus einem Hinterhalt über die Stadt und den Strand und das Meer. Ich wußte nicht, warum. Es war jeden Tag so, und immer traf mich das Unglück unvorbereitet. Denn in dem großen Tag, der Welt einer einzigen Sonne, war es nicht möglich, das Schreckliche zu ahnen. Trat es ein, war es aussichtslos, ihm zu entfliehen und sich mit der Erinnerung an die zerbrochene Herrlichkeit zu trösten. In jener kurzen Zwischenzeit, in dem Augenblick, da die Katastrophe eintrat, aber noch nicht vollendet war, ergriff mich immer Angst und Verzweiflung: ich setzte mich in ein leeres Fischerboot und schaute in eine bunte Illustrierte, die ich mir eigens als Medikament gegen diese Stunde gekauft hatte. Aber Farah Dibas Lächeln kam nicht auf gegen die heranziehende Finsternis. Ich konnte mir nur helfen, indem ich tat, was alle andern Leute taten: ich kehrte zurück zur Hauptstraße und verbarg mich in der Menge, die unter den hellen Straßenlampen innerhalb eines haarscharf umschriebenen Raumes auf und ab flanierte.

## Eisenbahngespräche

DER ZUG, mit dem ich die Küste entlangfuhr, war noch europäisch. Die Küste selbst nur noch teilweise. Sie war auf lange Strecken hin einsam, ohne Baum und Strauch und ohne Häuser, nur Macchia und Sand und Felsen und das riesige Meer. Dazwischen jedoch lagen Behausungen und Fabriken verstreut, die meist ganz neu waren und oft die berühmte Aufschrift trugen, daß hier die Kasse für den Süden arbeite. Es war nicht sehr heiß, es war schon Herbst, und es schien, als ob die ganze Welt in einem tiefen Schlaf liege, aus dem nichts und niemand sie herausreißen könne. Das Leben im Abteil änderte nichts an diesem Eindruck. Ein Leben der Verzweiflung, ein Leben im Tode, ein Aufbegehren gegen etwas, womit man sich schon längst abgefunden hatte. Da saß etwa ein kleiner lebhafter Mann, ein Unternehmer, Besitzer einer kleinen Fabrik. Er wohnte in der Gegend von Palermo und war auf der Rückreise aus Oberitalien, wo er sich in Geschäften aufgehalten hatte. Er klagte über den Mangel an Arbeitern, darüber, daß man Techniker und Ingenieure und Spezialisten aller Art aus dem Norden, ja sogar aus Deutschland holen müsse. In seiner eigenen Fabrik und in den meisten Unternehmen seiner Gegend gebe es viele Deutsche, sie seien unentbehrlich. Das bestritt der unscheinbare junge Mann in der andern Ecke des Abteils. Er war korrekt angezogen wie ein Geschäftsreisender oder Beamter, trug eine schwarze Hornbrille und strahlte Distinktion aus, wenn man von Ausstrahlung bei einem Menschen sprechen kann, der so sehr in sich selbst zurückgezogen ist und gleichsam ein Schild ‹Rühr mich nicht an!› vor sich herträgt. Jetzt ließ er das Schild fallen und griff heftig ein: es gebe einen Überfluß an Arbeitern in Süditalien, die Unternehmer seien nur zu kurzsichtig und zu träge, sie heranzuziehen, sie ausbilden zu lassen und ihnen anständige Löhne zu bezahlen. Der

Unternehmer gab zu, daß ein Arbeiter kaum mehr als dreißigtausend Lire im Monat verdiene. Da wundert man sich, daß die Leute nach Norden abwandern, trumpfte der junge Mann auf. Der andere: Es ist besser so, denn hier lernen sie ja doch nichts. Der distinguierte junge Mann: Aber im Norden gelten sie als fleißig und gelehrig. Der Unternehmer: Nur darum, weil die wenigen Tüchtigen auswandern. Die andern, die man nirgends brauchen kann, bleiben hier. Ich war Zuschauer und Zuhörer und kam mir unbeholfen vor, unfähig, die Sachlage auf den ersten Blick zu beurteilen. Ich versuchte, die Argumente der beiden zu verstehen. Hier handelt es sich offenbar um ein Übel, dessen Wurzeln schwer aufzudecken sind. Der junge Distinguierte und der Unternehmer schienen beide bemüht, hinter die Dinge zu kommen. Dennoch entwarfen die beiden ein grundverschiedenes Bild, wobei sie sich immer mehr ereiferten – der Gegensatz wurde immer größer. Wenn auch der junge Mann viel geschickter und differenzierter sprach als sein Gesprächspartner, war dennoch nicht einzusehen, was für ein Interesse der Unternehmer haben sollte, teure Arbeitskräfte aus der Fremde herbeizuziehen, die Einheimischen aber abwandern zu lassen. Ich mußte an den Artikel eines Professors in Palermo denken, den ich kurz zuvor in der Zeitschrift ‹Epoca› gelesen hatte. Er bezeichnete das Problem des Südens als unlösbar und meinte, man könnte ihm nur mit Zwangsmaßnahmen im Stil des chinesischen Kommunismus beikommen. Man müßte die Bewohner ganzer Landstriche in Kalabrien und Sizilien aussiedeln und in ein anderes Klima verpflanzen, nur so würden sie ihre Lethargie überwinden. Am gleichen Tag las ich zufällig im ‹Monde› einen anderen Artikel; der Autor lehrt an der Sorbonne und malt nach seiner Rückkehr aus Kalabrien ein pessimistisches, ja erschreckendes Bild von den Zuständen in den abgelegenen Gegenden südlich von Salerno. Es soll Dörfer geben, wo der Großteil der Bevölkerung krank ist, angesteckt von jener ägyptischen Krankheit, die vor allem durch verseuchtes Wasser übertragen wird. Die Kinder sitzen den ganzen Tag apathisch in der Sonne, Fliegen laufen ihnen ungehindert über die weit aufgerissenen Augen, das Lid zuckt nicht einmal. Der Unrat wird durch die Fenster auf die Straße geworfen; die Haustiere, die mit den Menschen im gleichen Raum zusammenwohnen, wälzen sich im Kot. Diese Schauergeschichten fielen mir ein, während das Gespräch meiner Reisegefährten immer hitziger wurde. Der junge Distinguierte entpuppte sich als Rationalist der altitalienischen Schule, berief sich auf Benedetto Croce und am Ende auch auf Kant. Er schaute mich mißbilligend und halb ungläubig an, als ich ihm bekannte, nur der Umstand, daß ich von Kants Philosophie nie etwas verstanden hätte, verbiete mir, zu sagen, der Königsberger sei mir unsympathisch.

Er schüttelte den Kopf und betrachtete mich nur noch als Kuriosum. Schließlich stellte sich heraus, daß er Student der Rechte an der Universität Neapel und auf dem Heimweg zu seinen Eltern nach Catanzaro war. Seine Reden klangen bei aller Leidenschaft immer zurückhaltend im Ton, ja leise. Im Gegensatz zu dem etwa vierzigjährigen Unternehmer gestikulierte er kaum, verlor nie die Kontrolle; seine Sätze waren immer druckreif.

Das freilich wunderte mich nicht nach allem, was ich in Italien schon gesehen hatte. Je südlicher man kommt, desto nördlicher geben sich die Oberschichten, vor allem aber die Intellektuellen. Das Mittelmeer ist – nicht nur in der nordeuropäischen und amerikanischen Vulgärmeinung – eine Landschaft der ungebrochenen und unreflektierten Kraft und Leidenschaft. In diesen Gegenden wohnen noch die Götter, das heißt, die Menschen haben ein viel weniger abstraktes, viel unmittelbareres Verhältnis zur Natur, zu den Dingen, zueinander. Von den Intellektuellen dieser Zonen aber gilt das Gegenteil: sie haben ein unausrottbares und fast fanatisches Ressentiment gegen die Mentalität und die Überlieferung ihres Landes. Sie leben in der Bewunderung des Nordens und seiner Leistung. Mit einem rührenden Eifer und mit Erfolg eignen sie sich die nordische Art zu denken und zu reagieren an. Sie gleichen jenen vornehmen jüdischen Familien, die an Großzügigkeit ihre christlichen Mitbürger weit übertreffen, deren Mitglieder nie eine Rechnung nachkontrollieren und immer doppelte Trinkgelder geben, weil sie unter dem Odium des Geizes leiden, das in manchen Kreisen den Juden anhaftet. Der süditalienische Intellektuelle ist still, eher verschlossen, kühl und abwägend in seinem Urteil, skeptisch durch und durch und zeigt seine Gefühle sowenig wie nur möglich. Ähnliches wird von den entsprechenden Schichten Griechenlands und des Vorderen Orients berichtet. Man muß das wissen, um Süditalien zu verstehen: es unterscheidet sich nicht nur von Norditalien so sehr, wie eine Nation sich nur von einer andern unterscheiden kann – auch innerhalb Süditaliens gibt es einen krassen Gegensatz zwischen oben und unten, dem Volk und der Intelligenz. In Parenthese: Die Stellung der Reichen und des grundbesitzenden Adels ist mir nicht klar; sie gehören, scheint mir, in ihrer Mentalität mehr zum Volk als zur Intelligenz. Das Verhältnis zwischen Intelligenz und Volk kann man am treffendsten als ‹leutselig› bezeichnen. Die einfachen Leute werden von ihren gebildeten Mitbürgern wie unmündige Kinder behandelt und sind Gegenstand eifriger pädagogischer Bemühung. Daß er diese nur lässig und zögernd unterstütze, ist ein Vorwurf, den die Intellektuellen dem Staat machen; daher ihr Groll gegen die Regierung. Im Grunde interessiert sich der intellektuelle Süditaliener überhaupt nicht für sein Volk, so wie es lebt, es ist für ihn nur Material. Das, was es ist und darstellt, gehört für ihn in den Bereich des Obskuren, des Aberglaubens, des Nicht-ernst-zu-Nehmenden. Der ‹geistige› Süditaliener hat den Archetypen, den Göttern seines Landes, mit einer den Fremden erschreckenden Radikalität abgeschworen. Wie die europäisierte Intelligenz unterentwickelter Gebiete fühlt er sich in seinem Vaterland in einer Art Exil, glaubt an den Fortschritt, an das Buch, an Statistik und neigt dazu, jene Länder über die Maßen zu bewundern, die diese Dinge am rückhaltlosesten entwickeln oder zu entwickeln scheinen, also Deutschland, vor allem aber Amerika und mehr noch Rußland. Dieses Land zumal hat die große Chance, auch heute noch unerreichbar zu sein, und ist darum zur ungestörten Placierung des irdischen Paradieses am geeignetsten, während Deutsche und Amerikaner immerhin schon in beachtlichen Mengen als Reisende ins

Land kommen und nur in den seltensten Fällen gut von ihren heimischen Verhältnissen reden. Ich traf einmal einen persischen Studenten, der fassungslos war, als ich ihm sagte, daß ich ‹Tausendundeine Nacht› für eines der klügsten und wichtigsten Bücher der Weltliteratur hielte. Das seien doch Ammenmärchen, meinte er und geriet aus dem Staunen nicht heraus, als ich ihm entgegnete, ich gäbe nicht nur meine persönliche Meinung wieder, sondern die vieler urteilsfähiger Menschen in Deutschland.

Indes hatten sich der Unternehmer und der Student längst geeinigt. Nicht, daß einer von beiden nur einen Deut vor dem andern zurückgewichen wäre, aber sie fanden sich in der selbstverständlichen Ansicht, daß die menschlichen Dinge im großen und ganzen ungewiß, im einzelnen aber nie wirklich problematisch, bedrohlich, unlösbar seien. Sie glitten, als sie merkten, daß sie in der grundsätzlichen Unterhaltung nicht weiterkamen, hinüber in die persönliche Sphäre und befragten mich über meine Herkunft und mein Reiseziel. Als ich sagte, daß ich das Land kennenlernen wollte, empfahl mir der Fabrikant, nach Reggio Calabria zu fahren, das sei eine moderne, nach einem einheitlichen Plan gebaute und saubere Stadt mit einer riesigen Strandpromenade, die in Italien ihresgleichen suche. Wir näherten uns Tropea, wo ich aussteigen wollte; beide gaben mir ihre Adressen und luden mich ein, sie zu besuchen. Kein Zweifel, daß sie es aufrichtig meinten.

# Das Hotel

Es war abends halb zehn, als der Zug im kleinen Bahnhof hielt. Ich war der einzige Mensch, der ausstieg, und ich folgte einer alten Schrulle, die mir seit meiner Kindheit anhängt, die ich nie abzulegen vermochte und die mir schon viel Kummer gebracht hat: ich fragte weder den Bahnhofvorstand noch den Kellner in der Bahnhofbar, der gerade die Stühle zusammenstellte und die Türläden schloß, sondern ich suchte allein den Weg ins Zentrum der Stadt, mit der Idee, dort müsse sich auch ein Hotel finden. Ich ging eine lange, finstere Allee hinab und fand mich unversehens auf einem großen und hellerleuchteten, menschenleeren Platz. Auch die Straße, die von dem Platz weiterführte, war hell und leer. Ich bekam Angst: war ich in eine Gespensterstadt geraten? Ich schaute nochmals auf meine Uhr und hielt sie ans Ohr. Sie lief richtig und zeigte Viertel vor zehn. Aus einer Seitenstraße näherte sich in großer Eile ein alter Mann, er wollte schnell an mir vorbei; ich hielt ihn an und fragte ihn nach einem Hotel. Er machte mit dem Arm eine vage Bewegung über den Platz hinweg und stolperte weiter. So ging ich nach rechts, in diese Richtung ungefähr hatte er gezeigt, und geriet an ein Gebäude, dessen Fassade mit weißen Stuckornamenten verschwenderisch verziert war. Die Fenster waren, wie die aller Häuser, fest mit Läden verschlossen, die Tür hatte keine Klinke. Ich klopfte an die Tür, ich klopfte an die Fenster des Erdgeschosses, nichts regte sich. Plötzlich platzte der Himmel in einem wütenden Regen auf die Stadt herab, auf mich, der ich einsam mit meiner Reisetasche dastand und nicht wußte, wohin fliehen. Ich polterte mit den Fäusten gegen Tür und Fenster, ich schrie aus Leibeskräften, ich lief um das Haus herum: an der Rückseite war nichts mehr von weißem Stuck, nur eine unverputzte Mauer, und die Türen und Fenster waren nicht mit Läden geschlossen, sondern mit Brettern vernagelt, alles noch trostloser und abweisender. Als ich wieder am Haupteingang ankam, öffnete sich oben eine Terrassentür und ein Mann im Unterhemd schaute verwundert heraus. Ich bat ihn, mich einzulassen. Das Zimmer jedoch, das er mir zeigte, war düster und schmutzig, ein algengrüner Anstrich blätterte von den Wänden, eine uralte Waschkommode trug einen blinden Spiegel. Ich weiß nicht wie, aber ich überwand die Müdigkeit und das Gefühl der Verlassenheit, der Angst vor dem unbekannten Ort für einen Augenblick und setzte mich in die Pose dessen, der es sich ja leisten könne, der es ja nicht nötig habe, und wies das Zimmer zurück. Der Wirt, immer im Unterhemd und langen Unterhosen, mit karierten Hauspantoffeln an den Füßen, meinte darauf, es sei leider das einzige Zimmer, das frei sei, und geleitete mich die hohle, kahle Treppe wieder hinab zum Ausgang: das andere Hotel liege am Bahnhof.

Der Regen hatte gottlob aufgehört. Ich ging die lange finstere Allee zurück und fand gegenüber dem Bahnhof ein graues Gebäude, das ich bei der Ankunft nicht beachtet hatte, weil der Name ‹Albergo Mediterraneo›, mit Leuchtschrift über der Fassade angebracht, schon erloschen war. Ein Mann, der im Vorraum im Schein einer nackten Klarglasbirne auf einem Liegestuhl lag, begrüßte mich überrascht und holte einen zweiten Mann, mit dem zusammen er, «Elena, Elena!» rufend, durch das ganze Haus lief. Er ließ mich in einem Treppenhaus warten, das man offenbar halbfertig hatte stehen lassen: es war unverputzt, die Treppe ohne Geländer, die Außenwand bestand zum Teil aus Brettern, zum Teil fehlte sie überhaupt. Endlich kam aus einem der vielen, in langen Fluchten aufgereihten Zimmer eine dürre, lebhafte Frau mit Glutaugen und pechschwarzem Haar. Sie trug einen blau geblümten Schlafrock und rasselte mit dem Schlüsselbund. Ihre Ungehaltenheit über meine Ankunft verbarg sie hinter großem Diensteifer und führte mich in den ersten Stock. Zu den ersten drei Türen fand sie den Schlüssel auf Anhieb nicht. Beim vierten Zimmer paßte der erste Schlüssel, den sie ins Schloß steckte: ich trat in einen weißgetünchten Raum, von dessen hoher Decke eine Kugellampe hing. Rings an den Wänden standen vier Betten oder was man dortzulande so nennt: schmale Eisendrahtgestelle mit einer Matratze. Das Zentrum des Raumes aber war, auf einem Gestell, ein großer Fernsehapparat, dessen Bildschirm man von allen vier Betten aus bequem sehen konnte. Dieses Zimmer bekam ich für achthundert Lire. Neben dem Zimmer gab es ein Bad, fast so groß wie das Zimmer selbst, ganz modern wie alles hier. Aber aus dem Wasserhahn in der Badewanne floß kein Wasser, und die Spülung des Klosetts funktionierte nicht, und auf meine Fragen antwortete Elena immer wieder, das Haus sei noch im Bau, und ich müsse Mängel entschuldigen. Am andern Tag und an allen folgenden Tagen sah ich keinen einzigen Arbeiter, niemand baute an dem Haus. An vielen Orten hatte ich schon erlebt, daß kein Wasser lief oder der Strom aussetzte. In diesem Haus aber hatte sich das Versagen zur Perfektion entwickelt und kontrastierte mit dem Anspruch, alles zu bieten, was ein modernes Hotel seinen Gästen zu bieten hat.

## Streifzüge

DAS MORGENLICHT stimmte mich mißmutig: es entblößte schonungslos die weiße Leere und die Größe der Räume, so daß ich schon deshalb, kaum aufgewacht, die lange Allee wieder hinunterlief. Ich kam in ein ganz anderes Tropea als das, welches ich am Abend, in der Nacht gesehen hatte. Überall Stände, wo man Früchte und Gemüse verkaufte. Dahinter, in den Häusern, waren die Kaufläden geöffnet, ein reges Hin-und-Herwimmeln. Ich trat bei einem Friseur ein, um mich rasieren zu lassen. Er war ein immer freundlich mit den Augen zwinkernder Mann, der mich fragte, ob ich ein Fremder sei. Bald schauten alle Leute, die hinten und an der Seite bis auf die Straße hinaus auf Stühlen warteten und Zeitung lasen, mich an wie eine merkwürdige Erscheinung. Fremde seien selten hier, und man gehe auch selten fort, es sei denn, gleich nach Amerika, wo viele Einheimische Verwandte hätten. Als ich nachher in der Bar gegenüber meinen Morgenkaffee trank, bestätigte sich, was ich eben gesehen hatte. Die jungen Leute, die dort saßen – sie waren kaum weniger elegant angezogen und unterhielten sich kaum weniger spitz und geistreich als die jungen Leute auf der Via Veneto in Rom –, sprachen mich alle zugleich an: es war Oktober, und das Studienjahr in Neapel und in Messina, wo die meisten studierten, hatte noch nicht begonnen. Einfach der Umstand, daß ich ein Fremder war, machte mich in ihren Augen zu einem würdigen Gesprächspartner. Natürlich kämen schon Fremde her, Badegäste im Sommer. Dieses Jahr wären etwa fünfundzwanzig auf einmal dagewesen. Aber jetzt sei wieder Winter, und man bliebe ganz unter sich. Man fragte mich gleich nach meiner Meinung über ‹das Gesetz›. Das Gesetz ist die sogenannte ‹Legge Merlin›, welche die Bordelle abgeschafft hat. Wohin ich komme in Italien, auf den Plätzen aller Städte, vor allem aber im Süden, hört man über die ‹Legge

Merlin› klagen, und zwar merkwürdigerweise nicht nur von jungen Leuten, sondern ebensosehr von älteren. Dieses Gesetz sei unmoralisch und utopisch: unmoralisch, weil es die jungen Leute zu Exzessen treibe, utopisch, weil es undurchführbar sei. Allein in den Städten werde es gehandhabt, auf dem Lande blühe die Prostitution wie eh und je, nur daß der Staat sich jetzt der Kontrolle begeben habe. Unsinnig, ein Gesetz einzuführen, das eine ganz andere Sozialstruktur voraussetze als die des heutigen Italiens, Süditaliens vor allem. Hier sei die Frau tabu, sie könne niemals mehr heiraten, wenn sie einmal ein Verhältnis mit einem Mann gehabt habe. Andererseits seien die jungen Männer wie überall auf der Welt, man müsse ihre Bedürfnisse in Rechnung stellen. Die ‹Legge Merlin› sei vielleicht in Ländern wie Skandinavien oder Amerika oder England, ja vielleicht sogar in den Städten Mailand und Turin durchführbar: dort sei die Emanzipation der Frau weithin Tatsache, sie könne sich frei in der Öffentlichkeit bewegen, und so sei auch Freundschaft zwischen Männern und Mädchen möglich, womit ein Hauptgrund für die Prostitution entfalle. In Süditalien aber sei die Prostitution eine von der öffentlichen Meinung sanktionierte Einrichtung, ein Ventil, das die überschüssigen Kräfte abziehe, so daß sie keinen größeren Schaden stiften könnten. Man solle nur die Zeitungen lesen: täglich stünden Berichte über bestialische Vergewaltigungen darin, über Angriffe jugendlicher Banden auf Frauen und Mädchen. Es komme gelegentlich sogar vor, daß ein Mädchen einen Vergewaltiger ersteche. Dies nicht als Folge einer besonderen Neigung des Italieners zur Grausamkeit und Gewalt, sondern es ergebe sich ganz einfach aus dem Umstand, daß die Menschen sich nicht von einem Tag auf den andern ändern könnten, nur weil das Parlament in Rom auf Grund philosophisch-moralischer Erwägungen ein Gesetz erlassen habe.

Nach einiger Zeit fiel mir auf, daß meine Gesprächspartner immer wechselten, daß kaum einer länger als vielleicht eine Viertelstunde in dem Café saß, daß einer nach dem andern immer wieder hinausging und nach einer weiteren Viertel- oder halben Stunde wiederkam. Oft brachte er dann noch einen

Freund mit, der mir auch gleich vorgestellt wurde. Auf diese Weise lernte ich an einem halben Vormittag eine große Zahl von Leuten kennen. Alle nannten sich nur mit Vornamen, und auch ich mußte mich mit Vornamen nennen und duzen lassen. Was mich sehr wunderte, denn ich hatte bisher angenommen, dies sei nur in Amerika Sitte und auf dem europäischen Kontinent in kleinen Bauerndörfern, wo ohnehin jeder jeden kennt. Schließlich nahm mich ein Mediziner, der sich in dem Disput um die ‹Legge Merlin› hervorgetan hatte, mit auf die Straße: dort mischte man sich unter das geschäftige Volk, sprach Leute an und ließ sich von ihnen ansprechen, ging auf und ab und hin und her, ohne etwas anderes zu wollen als eine exzessive, überbordende, grenzenlose Kommunikation. Was mir gleich auffiel: keiner dieser müßigen Spaziergänger und Plauderer hätte auch nur einen Augenblick eine der vielen Seitenstraßen betreten. Mein Begleiter blieb immer auf der Hauptstraße und ging höchstens noch über einen großen Platz, der sie von der Allee trennte, die zum Bahnhof führte. Man ging über diesen Platz nach rechts bis zu einer Stelle, wo der Asphaltbelag endete. Obwohl die Straße bequem und breit weiterlief und auf beiden Seiten schöne Häuser standen, wäre weder mein Begleiter noch irgend jemand sonst über die Asphaltgrenze hinausgegangen. Ich sah das mit Verwunderung. Ein Horror vor etwas Unbekanntem am hellen Tag.

Wir gingen nicht lange allein, bald kamen Bekannte und Freunde von überall her. Die einen begnügten sich damit, zu grüßen, andere aber gesellten sich zu uns und unterhielten sich, wieder andere veranlaßten uns zum Stillstehen und breiteten ihre persönlichen Angelegenheiten, Berufs- und Familienprobleme aus. Zuweilen auch Liebesaffären, diese aber immer nur vorsichtig und verschlüsselt, so daß ich einige Mühe hatte, zu merken, worum es sich jeweils handelte. Nach einiger Zeit – es war nicht schwer bei dem ununterbrochenen Kommen und Gehen, bei der völligen Unverbindlichkeit aller Begegnungen und Gespräche – setzte ich mich ab und durchstreifte die Stadt auf eigene Faust. Ich hatte inzwischen erkannt, daß es unmöglich war, einem Kalabresen klarzumachen, daß man eine Stadt systematisch anschauen könnte. Für diese Leute waren Städte Ansammlungen von Häusern zwecks Erleichterung des Umgangs der Menschen untereinander, nicht mehr und nicht weniger. Schon nach wenigen Metern hielt mich ein etwa fünfzehnjähriger Knabe an und fragte mich, ob ich nicht gute Trauben essen möge: er zeigte auf einen Früchtestand, wo man Trauben feilbot. Diese seien besonders gut, ich solle sie kaufen, die besten Trauben, die man in der ganzen Stadt finden könne. Ich ging hin und kaufte ein Pfund: sie waren wirklich wunderschön und sehr billig. Als ich meinem Führer davon anbot, war er entsetzt: Nein, er wolle keine Trauben, er habe nur mir als einem Fremden helfen wollen, das, was es in der Stadt Gutes gebe, zu finden.

Nach einigem Herumirren in den winkligen Nebenstraßen, in denen sich nur schwarz gekleidete Frauen und barfüßige Kinder und auf kleinen Plätzen Ziegenherden zusammendrängten, mithin für die Begriffe dieser Männerstadt keine Menschenseele, stieß ich auf die Kathedrale, einen einfachen spätromanischen Bau. Er war im Innern fast kahl. Nur über dem Hochaltar hing ein byzantinisches, in Edelsteine gefaßtes Madonnenbild. Im Schiff spielten ein paar kleine Mädchen. Sie liefen auf mich zu und fragten mich, ob sie das Madonnenbild beleuchten sollten. Gleich erstrahlte das Bild im Neonlicht. Da sie das Entzücken, das sie offenbar hatten auslösen wollen, auf meinem Gesicht nicht fanden, nahmen die Kinder mich an der Hand und führten mich zurück zur Portalwand der Kirche: auf beiden Seiten des Portals war je eine verrostete Bombe mit großen Klammern an der Mauer befestigt. Was die hier bedeuteten, fragte ich. Amerikanische Brandbomben, die während des letzten Krieges über Tropea abgeworfen worden, aber durch die Gnade der Madonna wunderbarerweise nicht losgegangen seien.

## Ein Liebesbrief

ALS ICH IN DAS CAFÉ zurückkehrte, nahm mich die Runde – wenn man etwas derart wechselnd Beständiges, beständig Wechselndes so nennen kann – wieder selbstverständlich auf. Niemand fragte, wo ich gewesen sei und was ich inzwischen getan hätte. Das gibt es in Deutschland wohl allenfalls in Schwabing. Sonst ist man bei uns zu schwerfällig, man legt sich zu schwer mit dem ganzen Gewicht in eine Situation, als daß man nicht unter auch nur geringfügigen Änderungen litte und gleich aus dem Konzept geriete. In Italien ist das anders, vor allem in Süditalien. Es zählt nur der Augenblick. Wer in den Augenblick eintritt, gehört selbstverständlich dazu. Ich hatte mich kaum wieder gesetzt und mit der Lektüre meiner Zeitung begonnen, als ein elegant gekleideter junger Mann hereintrat und sofort auf mich zukam: er habe gehört, daß ein Reisender aus Deutschland gekommen sei, er bitte mich, ihm eine Stunde zu schenken, er müsse mit mir sprechen, er werde deshalb am Abend des folgenden Tages wiederkommen. Eine höfliche Verbeugung, und schon war er wieder zur Tür hinaus. In der allgemeinen lebhaften Unterhaltung vergaß ich die Episode sofort.

Am Abend des folgenden Tages schlenderte ich über die Hauptstraße. Ich hatte mich dem Lebensritus der Stadt schon so eingefügt, daß ich überzeugt war, nichts mehr würde mich wundern. Da hielt auf einmal ein großer Wagen neben mir. Ein freundlicher junger Mann beugte sich heraus und forderte mich auf, einzusteigen. Erst als ich neben ihm saß, erkannte ich ihn wieder: es war der Mann, der tags zuvor in die Bar gekommen war und gesagt hatte, er werde zurückkehren, um mit mir zu sprechen. Er fuhr mich durch unbeleuchtete Straßen in ein großes Haus unten am Fuß des Stadtfelsens, wo uns ein Rudel Hunde wild ansprang. Er schenkte ihnen keine Beachtung und suchte – wie alle Hundebesitzer der Welt – meine Angst dadurch zu beschwichtigen, daß er mir riet, ich solle nur keine Angst zeigen, dann würden mir die wohlerzogenen Tiere sicher nichts tun. Wir kamen in einen Saal, in dem alle möglichen Gegenstände des täglichen Gebrauchs, Kleidungsstücke, Eßgeschirr, Geschäftspapiere in malerischer, aber zweifellos unbeabsichtigter Unordnung herumlagen. An einem ovalen, halbabgeräumten Eßtisch saß ein älterer Mann in einem nicht mehr ganz sauberen Schlafanzug. Er erhob sich und begrüßte mich förmlich, beinahe feierlich, was zu seinem Aufzug in einem sonderbaren Gegensatz stand. Er lud mich zum Sitzen ein und begann ein konventionelles Gespräch über meine Reise. Doch ich reagierte nur schwach und recht unhöflich, indem ich seine Fragen zerstreut und ungenau beantwortete. Ich war vollauf damit beschäftigt, die möglichen Gründe für meine Anwesenheit zu suchen, mich über meine kindische Neugier aufzuhalten, die mich wieder einmal in diese Lage gebracht hatte. Die anhänglichen Hunde waren uns in den Saal gefolgt und konnten sich an mir nicht satt sehen, satt springen, satt lecken. Das allein hätte schon genügt, mich an einem halbwegs konzentrierten Gespräch mit dem Alten zu hindern. Ich wehrte die Sympathie der Tiere kaum ab, denn aus langer Erfahrung weiß ich, daß Hundebesitzer die leiseste Reserve ihren Bestien gegenüber als persönliche Kränkung empfinden. Der junge Mann war in einen Nebenraum gegangen. Als er zurückkam, nahm er mich gleich am Arm und zog mich wieder hinaus in sein Auto. Der Mann im Schlafanzug sei sein Vater. Er sei nur nach Hause gefahren, um das zu holen, was er mir zeigen wolle. Zu Hause könne er das nicht. Immerhin, so meinte Marco – unter diesem Namen stellte er sich vor –, sei ich doch wohl verwundert, daß er so spätabends noch, es war etwa zehn Uhr, ohne weiteres von zu Hause wegfahren könne. Aber er sei eben der älteste Sohn und genieße gewisse Vorrechte. Wir hielten auf der Landstraße, er zog aus der Tasche einen Brief und bat mich, ihn zu übersetzen: er war deutsch geschrieben. Es handelte sich um die gewundene Erklärung einer Dame, daß sie ihn, Marco, zwar sehr liebe, daß er aber keineswegs glauben müsse, er sei nun – nach den schönen Stunden, die sie vergangenen Sommer zusammen erlebt hätten – an sie gebunden. Die irdischen Dinge seien eben vergänglich und schwankend, man dürfe sie sich nicht allzusehr zu Herzen nehmen. Ich übersetzte das Schreiben gewissenhaft, gab mir aber doch Mühe, die eigentliche Absicht nicht allzu deutlich hervortreten zu lassen, um den Empfänger sowenig wie möglich zu kränken. Zu meiner Überraschung aber heiterte sich sein Gesicht während meiner Lektüre immer mehr auf: ein Stein sei ihm vom Herzen gefallen. Wir stellten den Wagen irgendwo in der Stadt ab und streiften durch die Straßen. Der Abend war sternklar und von einer milden Kühle. Mein Begleiter fiel mir dadurch auf, daß er der einzige Mensch im Ort war, der die einsamen Straßen liebte, er führte mich durch Wohnviertel, wo die Leute in Gebäuden lebten, die mehr an Ruinen als an bewohnte Häuser erinnerten. Zuweilen rief er zu einem Fenster hinauf, es öffnete sich, und eine Frau, im Schlafrock oder schwarz gekleidet, zeigte sich und wechselte ein paar freundliche Worte mit ihm. Manchmal waren es ältere Frauen, Marcos Tanten und Basen, manchmal sehr junge. Er machte sich lustig über die Furcht seiner Mitbürger vor der Einsamkeit und vor der Finsternis. Es freute ihn, daß ich dachte wie er, und er wurde sehr neugierig auf Deutschland, als ich ihm sagte, die Leute dort flüchteten in ihren freien Stunden aus den Stadtzentren und gingen an die Flüsse, in die öffentlichen Gärten, aufs Land. Er schien das nicht zu glauben. Als ich ihm sagte, daß dies vor allem die Liebespaare täten, weil sie ja für sich sein wollten, nahm seine Verwunderung kein Ende mehr: «Dürfen das die Mädchen bei euch? Es wäre unvorstellbar, daß ich mit einem unserer Mädchen am Abend an den Strand ginge.» Ich lachte: «Wenn diese Stadt von Deutschen bewohnt wäre, dann wäre dieser herrliche Strand jeden Abend voll von Liebespaaren.» Es gelang mir nicht, ihn von der Idee abzubringen, daß Deutschland im Gegensatz zu seinem Vaterland ein Paradies sei.

Wir traten auf einen winzigen, ganz in den Gassen verborgenen Platz. Marco klopfte an einen Fensterladen, ein Lämpchen flammte auf, eine Alte im Nachthemd öffnete, reichte schweigend ein Paket Zigaretten heraus und erhielt dafür ein paar Münzen, der Fensterladen schloß sich, das Licht erlosch. Diese Frau verdient sich etwas Geld dazu, für ihre Familie, indem sie in der Nacht, wenn die Läden geschlossen sind, Zigaretten verkauft. Das ist natürlich illegal, es gibt ein Tabakmonopol. Immerhin, so jede Stunde einmal kommt wohl einer vorbei, der Zigaretten kauft.

## Die Pinien und die Katzen

IN DER HITZE des Tages steht sie wie aus Glas gegossen: so unbeweglich, daß man denken könnte, jeder Zweig und jede Nadel würden eher abbrechen als sich auch nur ein wenig regen. Sie ist in ihre Meditation eingeschlossen wie eine gläserne Mumie, spröd, zartgliedrig, voller Verachtung der Welt. Mit ihrer Krone bewohnt sie bereits den Himmel und nimmt an seiner Ruhe selbstverständlich teil. Daran ändert der Gesang der Zikaden nichts. Sie bewohnen zwar die Krone, aber das weiß ich nur, weil man es mir gesagt hat. Der Gesang klingt wie eine abstrakte Musik, wie Spinett oder Glasharfe.

Erst am Abend, wenn der Wind vom Meer heraufkommt, fängt die Pinie an, sich in ihrem Schlaf zu rühren. Ihre Glieder lösen sich, die Zweige schwingen leise. Gegen neun Uhr nachts wird der Wind so stark, daß die ganze Krone ins Wiegen gerät und daß die Äste, lange und wilde Arme, um sich schlagen. Aber auch dann noch hat man keinen Augenblick den Eindruck, die Pinie sei erwacht. Sie steht nur in schweren Träumen, als hätte sie ein Betäubungsmittel getrunken, oder als wäre sie ein Leichnam, den man unter Strom gesetzt und so zu einem Scheinleben erweckt hat.

Mit dem Wind kommen auch die Katzen. Als ich sie das erste Mal sah, erschrak ich. Es war Nacht, die grünen Augen standen wie im Flug erstarrte Glühwürmer um den Stamm. Als ich herantrat, liefen sie im Kreis und schnurrten, als wollten sie der Gottheit des geheimnisvollen Baums einen Opfertanz darbringen. Sie wichen mir nicht aus, als sei der Zirkel, den sie zu umschreiben hatten, unverrückbar festgesetzt. Nur ein leises Miauen verriet, wenn ich eines der Tiere getreten hatte.

Ich wußte nicht, woher sie kamen, denn die nächsten Häuser lagen weit entfernt. Nur einmal fand ich die Katzen am

Nachmittag: wohl zwei Dutzend schliefen eng aneinander und übereinander um den Fuß der Pinie. Doch noch ehe ich hinzukam, stoben sie auf, huschten in langer Reihe davon und verschwanden hinter dem nächsten Felsen.

## Die Menschenfreundlichen

AM NACHMITTAG gab es eine Zeit, zu der die Hauptstraße fast so tot war wie am späten Abend, die Einwohner verbargen sich, sie schliefen wohl alle. Diese Stunden zwischen eins und vier waren die schönsten des Tages. Die Sonne lag als ein ungeheurer schnurrender Kater auf allen Plätzen: sanft, weich und glänzend. Aber ich schien der einzige, der diese Schönheit wahrnahm und durch sein Herumgehen das Tabu verletzte. Das machte mir ein schlechtes Gewissen. Ich dachte an die unglücklichen Reisenden in alten Sagen, die, weil sie die Götter des Gastorts nicht achteten, ein jähes und schreckliches Ende fanden. So kehrte ich durch die lange Allee in mein Hotelzimmer zurück. Auf dem Liegestuhl im Vorraum lag wieder schnarchend der dicke Mann. Ich schlief nicht lange und spürte bald, daß sich draußen irgend etwas veränderte, obwohl ich durch die dicht geschlossenen Läden nicht hinaussehen konnte. In Süditalien sind die Fensterläden den ganzen Tag über geschlossen, auch im Herbst und im Winter, wenn es nicht heiß ist und unsereiner jedem Sonnenstrahl nachläuft. Am Ende des langen Flurs in dem unfertigen, nur halb vorhandenen Treppenhaus sang Elena mit plärrender Stimme: sie stand vor einem hier gänzlich deplacierten Waschtrog und bewegte wütend Wäsche hin und her. Ich trat in den kleinen Vorgarten und auf die Straße: der Himmel hatte sich überzogen, er war grau mit einem giftigen Gelbstich. Die Düsternis war groß und bedrückend. Aber sogar hier, in der abgelegenen Bahnhofsgegend, ging man wieder eifrig hin und her, wider alle Vernunft und Forderung der Situation, wie mir schien. Vor zwei, drei Stunden hatten die Luft, das Licht, der Himmel ins Freie gelockt. Aber jetzt konnte man nur zurückschrecken und sich verkriechen, hinter eine Lampe und eine große Weinflasche und Gespräche, oder meinetwegen in ein Kino. Aber ich durfte das Ritual nicht vergessen, das das Leben des Ortes streng regelt. Und jetzt war wieder die Zeit, da man hinausging, dagegen gab es keine Berufung. Es sei denn, der Himmel verbot den Ausgang ausdrücklich: nämlich durch Regen. Wenn es regnete – oft hatte ich das schon gesehen –, dann stockten Handel und Wandel, die Schüler gingen nicht in die Schule und die Beamten nicht ins Büro. Aber jetzt regnete es nicht, und es war die Zeit am Abend, da man sich auf der Hauptstraße und im Kaffeehaus einzufinden hatte. So ging denn auch ich, unzufrieden über den Zwang, aber immerhin einsichtig genug, um mir zu sagen, daß es zwecklos sei, sich ihm zu widersetzen.

Der Trubel am Vormittag war nicht wiedergekehrt, es herrschte eine heitere und müßige Stimmung, die Leute schlenderten, wie am Morgen die Studenten, lachend und diskutierend auf und ab. Nur taten es jetzt eben alle, ausgenommen jene, die damit beschäftigt waren, die ganze Bühne zu bedienen, durch ihre Dienste die ganze Bewegung zu lenken, fast unmerklich zu bestimmen. Wie der Barkellner zum Beispiel, der nicht nur hinter seiner Theke die Getränke mixte und den Gästen, die an den Tischchen in dem kleinen rotgekachelten Raum saßen, das Gewünschte brachte, sondern auch Stühle und Tische vor die Tür stellte für die Vorübergehenden: damit sie sich setzten und die anderen Spaziergänger bequem betrachten konnten. Es war ihm gleichgültig, daß die Leute draußen nichts konsumierten, er erwartete dies gar nicht von ihnen. Und auch drinnen, das war mir schon anfangs aufgefallen, saßen viele lange Zeit und kamen im Lauf der Stunden immer wieder zurück, ohne irgend etwas zu trinken. Ich dachte an die deutschen Kellnerinnen, die den sparsamen Gast ständig mit der unerbittlichen Frage in Verlegenheit setzen: Gibt's da noch ein Bier? Das wäre bei einem italienischen Kellner unvorstellbar, er würde das als plumpe Grobheit weit unter seiner Würde finden. Ich mischte mich unter die Leute auf der Straße, ging auf und ab, grüßte nach rechts und links alle, die ich schon kennengelernt hatte. Und alle waren herzlich zu mir und zugleich distanziert und zeigten mir so, daß sie mich in ihren Kreis aufgenommen hatten, und daß ich nichts Besonderes mehr war, nicht mehr und nicht weniger als einer der vielen Freunde in einem Land, wo jeder jedermanns Freund ist, normalerweise wenigstens und auf den ersten Anschein hin. Diese beiläufige Herzlichkeit gehört zu den Dingen, die den Fremden schnell für die Menschen einnehmen: es scheint da überhaupt keine sachlichen Beziehungen zu geben, alles ist persönlich, aber nie lastend, nie aufdringlich. Die Geständnisse und Eröffnungen des Herzens gibt es freilich auch, aber sie finden auf einer anderen Ebene statt als bei uns. Es muß schon etwas vorgefallen sein in einem dieser so durch und durch gesellschaftlichen Menschen, bis es dazu kommt.

Als ich in einer Gruppe stand und nebenher äußerte, ich möchte jetzt nachtessen gehen, erboten sich alle gleichzeitig – mindestens vier, fünf Leute –, mir das beste und zugleich billigste Lokal Tropeas zu zeigen, wo ich sicher gut bedient würde. Außerdem würden sie mitkommen und genau darauf achten, daß alles richtig zugehe. Das war einer der seltenen Fälle, wo Einheimische die Hauptstraße verließen und eine der halbfinsteren Nebenstraßen betraten. Der ganze Haufen ging in die Küche der Trattoria und parlamentierte lang und breit mit der alten Wirtin über die Art, wie sie die Spaghetti für mich bereiten hätte. Dann stellten sie sich um meinen Tisch und schauten mit Wohlgefallen zu, wie ich aß. Ich fand die Spaghetti zu scharf, aber ich verzog keine Miene, ich wollte ihnen die Freude nicht verderben. Ich konnte sie aber bitten, soviel ich wollte, keiner ließ sich dazu bewegen, auch nur ein Glas Wein zu trinken. Sie hätten alle schon zu Hause gegessen, sagten sie, und tränken nur zum Essen.

# Banditen

Ich saß wieder in meiner rotgekachelten Bar und trank einen Orangensaft, neben mich setzte sich ein Mensch von vielleicht dreiundzwanzig, vierundzwanzig Jahren, einer, mit dem ich noch nicht gesprochen hatte und der zu keinem der Kreise zu gehören schien, in die ich von selbst und ohne es zu wollen eingedrungen war. Er sei Fernfahrer und transportiere vor allem Möbel, aber auch alles mögliche andere von hier nach Norditalien und zurück. Ob ich mich nicht fürchte, allein in einer kalabrischen Stadt? Warum ich mich fürchten solle, fragte ich, ich hätte noch nie in meinem Leben so viele freundliche und zuvorkommende Menschen gesehen wie hier. Da täusche ich mich aber gehörig, er bleckte sein schneeweißes, breitzahniges Gebiß und lachte gutmütig, aber nicht ohne herablassendes Mitleid: natürlich, hier in der Bar würde mir kaum jemand etwas tun, aber auf der Straße sei es nicht ungefährlich. Ob ich denn von dem Raubüberfall letzte Woche, gerade hinter dem Dom, nichts gehört hätte? Nein!? Da sei eine Frau am hellen Tag überfallen worden, man habe ihr die Tasche mit allem, was sie eben auf dem Markt gekauft habe, und natürlich die Börse mit dem Geld weggenommen. Er zog seinen schönen gelben Pullover auf der rechten Seite über den Gürtel empor: ich sah eine Pistole. Der Ausdruck des Schreckens in meinem Gesicht amüsierte ihn. Viele Leute trügen hier Waffen, sagte er, das sei nötig. Ich solle ja nicht ohne Waffen auf die Straße gehen, schon gar nicht nachts.

Als ich wieder mit ihm und mit andern Bekannten auf der hellerleuchteten Hauptstraße schlenderte: nach oben bis zum Platz und über den Platz bis an die Stelle, wo die Pflasterung aufhörte, nach unten bis zum Gitter über dem Felssturz zum Strand, immer auf und ab, auf und ab, als ich wiederum sah, wie alle Leute ohne Ausnahme ganz wie von selbst nie auch nur einen Meter über diesen Bereich hinausgingen, schien mir das noch unheimlicher als vorher. Das war offenbar das Reich der Sicherheit, das man nicht verließ. Aber es handelte sich um ein echtes Tabu: niemand schien das Eigentümliche dieses Verhaltens überhaupt zu empfinden, einen Gedanken an die Gründe zu verschwenden oder auch nur die geringste Versuchung zu spüren, anders zu handeln als die andern. Und das bei einem Menschenschlag, der aus Individualisten besteht, wo jeder in seiner Sprechweise, in seinen Bewegungen, in seiner Kleidung seine Besonderheit mit Geschick und Charme, aber auch mit Entschiedenheit ausdrückt. Der Himmel war sternlos dunkel, die Wolken hingen tief über das Meer, die Vulkaninsel draußen sah man nicht mehr. Ein Wind kam auf, lau und schleichend. Es war unbehaglich, aber das störte hier niemanden. Am Gitter lehnten die Leute jeden Alters reihenweise nebeneinander: sie sprachen, sie rauchten, sie pißten zwischen den Stäben hindurch in weiten Bogen. Das machte nichts, denn es war unvorstellbar, daß um diese Stunde jemand unten am Strand spazierenging, und der Fischerhafen befand sich weit links. Meine Begleiter scherzten und sagten: ein richtiger Bürger der Stadt pißt jeden Tag einmal hier, das gehört zum Abendspaziergang.

Mich langweilte es wieder, immer nur das allgemeine Ritual zu befolgen, ich bekam Hunger nach Freiheit und lief – schnell und mich vorsichtig umschauend, als täte ich etwas Verbotenes – aus der schwatzenden und lachenden Schar nach der Seite, wo auf einem kleinen Platz ein alter Palast stand, wohlgefällig in seinen Proportionen, aber wie alle Häuser der Stadt im Zerfall; in den Mauern klafften breite Risse, Moos und Gras nisteten darin. Nur eine der Seitenmauern hatte noch ihren Verputz, auch er grau und runzlig. Darauf war groß das Profil Mussolinis gemalt und darunter, noch eben lesbar, die Devise: Credere, obbedire, combattere (Glauben, gehorchen, kämpfen). Diese Inschrift war, so schien es mir, der Beitrag der Stadt, der Landschaft zur fiebrigen Aktivität der faschistischen Epoche. Wäre nicht diese Inschrift gewesen, der Reisende, der nur Tropea kannte, hätte glauben müssen, die Geschichte sei hier seit Jahrhunderten stillgestanden, zumindest seit der Zeit, als man diese Paläste baute, von denen jetzt der Verputz abfiel und aus deren Portalen statt Kutschen mit livrierten Dienern meckernde Ziegen herauskamen, die nur darum nicht über die mitten im Weg liegenden Katzen stolperten, weil sie schon so lange an Katzen gewöhnt waren, die im Wege lagen. Neben dem Palast stand ein neugotischer Bau, höchstens fünfzig, sechzig Jahre alt, aber schon so zerfallen wie alles andere: er war als Krankenhaus bezeichnet. Ich ging weiter durch immer engere Gassen, bis ich auf einen großen Platz kam, eine Art Terrasse über dem Meer. Sie war eingefaßt von einem niedrigen Geländer, dem Geländer entlang luden Steinbänke zum Sitzen ein, aber ich war der einzige, der von der Einladung Gebrauch machte. In der Tiefe sah man die Scheinwerfer der Fischerboote wie beschauliche Glühwürmer langsam dem Ufer zuschwimmen. Es war vielleicht neun Uhr abends. Von dem Platz aus strahlten Straßen nach allen Richtungen, sie liefen auf entferntere Plätze zu. Aber es war wieder alles verlassen. Außer Katzen, die überall herumschlichen, und den fernen Fischerbooten bewegte sich weit und breit nichts. Nur der einschläfernde laue Wind strich gleichmäßig herüber. Plötzlich ratterte langsam und stockend aus der Richtung des Zentrums ein Fahrzeug heran, ein dreirädriger Lieferwagen, eine Art hypertrophierte Lambretta. Das Fahrzeug fuhr dicht an das Geländer, ein etwa vierzigjähriger Mann mit einer Segeltuchjacke und struppigem pechschwarzem Haar stieg aus und stellte sich neben mich und schaute aufmerksam zu den Scheinwerfern hinunter: einige waren schon in der sanften Brandung. Ein Fischer sprang ins Wasser, man sah ihn ganz scharf im Licht, watete ans Ufer und warf ein Seil hinaus. Die anderen hielten es fest, und er zog das Boot ans Land. Der Mann neben mir stopfte sich langsam eine Pfeife und fragte mich, was ich hier täte. «Zuschauen», sagte ich, «spazierengehen, ich liebe es, in der Nacht spazierzugehen.» «Das tun Sie besser nicht», sagte er, «hier tut man das nicht!» «Aber Sie sind doch auch da», meinte ich. «Das ist etwas anderes. Ich bin Fischer, ich muß jetzt hinausgehen. Sobald die da draußen alle eingefahren sind, komme ich dran, ich werde die ganze Nacht draußen bleiben. Und im übrigen bin ich bewaffnet. Ihnen kann ich nur raten: gehen Sie nach Hause, es ist gefährlich hier allein auf der Straße!» Mir reichte es: waren diese Leute alle wahnsinnig, sahen sie Gespenster, konnte es etwas Friedlicheres geben als diese Nacht? Aber unheimlich war auch mir die Nacht immer gewesen, obwohl ich von mir aus nicht auf den Gedanken an Räuber gekommen wäre. Unheimlich der düstere Himmel und der laue Wind und die Menschenleere der erleuchteten Straßen. Ich ging zurück zur Hauptstraße, die hell und öde dalag. Nur zwei Carabinieri, schwarz von Kopf bis Fuß, mit schneeweißen Gürteln und schneeweißen Pistolentaschen und schneeweißen Handschuhen, wandelten in der Mitte gravitätisch auf und ab. Ich sprach sie an und fragte sie höflich, ob es wirklich gefährlich sei, in der Nacht spazierenzugehen. Sie schauten mich bestürzt an: «Wer hat Ihnen so etwas gesagt?» «Alle Leute, immer wieder werde ich gewarnt, ich bin fremd hier, ich kenne die Gegend nicht.» «Seien Sie ganz unbesorgt», sagte der ältere, ein dicklich jovialer Mann und klopfte mir auf die Schulter, «hier kann Ihnen nichts passieren.» Und sein junger Kollege, der einen wundervoll gepflegten, ebenholzfarbenen Schnurrbart trug, lächelte mir ermutigend zu: «Wohnen Sie im Hotel am Bahnhof?» «Ja.» «Da müssen Sie durch die lange Allee ... O nein, Ihnen kann nichts passieren!» Ich verabschiedete mich mit Dank und lief, so schnell mich meine Füße trugen, in mein Hotel. Der dicke Mann schnarchte laut auf dem Liegestuhl im Vorraum.

# Ein Ausflug

Ich ging mit Marco auf der Hauptstraße auf und ab, es wurde dunkel, die geschäftig Eilenden fingen an zu schlendern. In der Ferne tauchte ein Paar auf und winkte uns zu. «Das ist der Posthalter aus dem nächsten Dorf, seine Frau ist meine Freundin, letzte Nacht war ich wieder bei ihr, weil er Dienst hatte. Wenn er es wüßte, würde er mich umbringen und sie dazu.» Die beiden kamen heran: der Mann klein, gedrungen, mit lederner Haut und einer dicken schwarzen Hornbrille. Die Frau sehr dürr, mit wohlonduliertem, aber etwas schütterem Haar, das Gesicht eingefallen und schon nicht mehr ganz glatt, dafür kokett lächelnd. Sie kaute nervös an ihrer Zigarette, während Marco und der Posthalter sich in burschikos kameradschaftlichem Ton unterhielten: sie schlugen eine gemeinsame Fahrt nach Pizzo vor. Dieses sei berühmt durch seine Lage an einer alten Festung, die noch von den Anjous erbaut worden sei, und man könne dort sehr gut essen. Wir quetschten uns zu viert in den alten Topolino des Posthalters, Marco saß am Steuer und fuhr uns über die herrliche Küstenstraße, unser Fahrzeug war fast das einzige. Wenn uns während dieser Stunde Fahrt fünf Wagen begegneten, war es viel. Wir fuhren immer schneller um die zahlreichen Kurven, unser Fahrer sang aus Leibeskräften ein Potpourri der in den letzten Jahren in San Remo preisgekrönten Schlager: er sang laut, aber mit schmelzender Stimme, die Frau hinter ihm redete auf ihren Mann ein, erzählte ihm irgendwelche Begebenheiten aus ihrem Alltag in gereiztem Ton und eine Zigarette nach der andern rauchend, vielmehr zündete sie die Zigaretten an, rauchte sie halb und warf sie zum Wagenfenster hinaus. Die Festung von Pizzo war in der Tat trutzig. Vor dem Portal stand, von Lorbeerbüschen umrahmt, eine Marmorbüste Viktor Emmanuels II., des Vaters des Vaterlandes, wie man auf dem Sockel lesen konnte. Das Lokal aber, dessentwegen wir gekommen waren, hieß Zi Tommaso und bestand aus mehreren kleinen Räumen, die in dem schmalen Haus übereinanderlagen, durch steile Treppen miteinander verbunden. Gleich unten am Eingang lagen die Speisen, die man bestellen konnte, auf enormen Schüsseln und Platten zum Betrachten ausgestellt. Mir fiel – außer vielen Gemüsen, deren Namen ich mir nie merken kann, die ich aber sehr liebe – das Meergetier aller Art auf, das die Einheimischen zu meiner großen Verwunderung zu essen pflegen. Hier aber waren diese Hummern und Krebse und Tintenfische und Krabben und Seeigel nicht nur auf der riesigen weißgedeckten Schautafel am Eingang zu sehen, sie krochen und schwammen auch über alle Wände hin: jemand hatte sie genau und farbenprächtig überall hingemalt. Ich saß in der Gesellschaft, von der ich zu viel wußte, um mich darin ganz wohl zu fühlen, und schaute zu, wie sie die Meeresfrüchte verschlang, die ich schon gemalt kaum ertrug. Dazu kam: ich durfte keine Pastasciutta, die ich so mag, essen und keinen Wein trinken. Denn nach jenem Mahl, zu dem ich in Gegenwart der menschenfreundlichen Einheimischen die Spaghetti mit der scharfen Soße gegessen hatte, hatte sich mein ganzer Körper mit einem Ausschlag überzogen. Die alte Frau, die in einer Ecke der rotgekachelten Bar an der Kasse saß, schickte mich zum Arzt, der mein Leiden nicht auf Flohbisse zurückführte – wie ich es getan hätte –, sondern als allergischen Ausschlag diagnostizierte. Ich müsse drei Tage Diät halten. So saß ich zwischen den gemalten und den grausam ermordeten Meerestieren in der Gesellschaft dreier Menschen, die voreinander schlechtes Theater spielten. Der Ehemann war mißtrauisch und gereizt, die Frau nervös und boshaft, Marco strahlte angestrengt. Ich war froh, als wir aufstanden und, der Sitte des Landes gemäß, in ein Café umzogen: die Neonröhren an der Decke waren defekt, flammten auf und erloschen abwechselnd in kurzen Abständen, indes der Wirt und seine Gehilfen fieberhaft nach der Ursache und nach einem Handwerker suchten. Licht und Stimmung waren die eines Hochsommergewitters.

## Die Madonna

IN MEINEN Aufzeichnungen kommen kaum Frauen vor. Die Frau des Posthalters ist – außer Elena natürlich und ein paar Statistinnen, wie etwa die Frau, die in der Nacht Zigaretten verkaufte, und die Kassiererin der Bar, die mir den Arzt nannte – die einzige. Die Kassiererin in der Bar hatte übrigens noch eine andere Bedeutung für mich: sie erzählte mir täglich alles Neue und Wissenswerte, das in der Gegend geschehen war, gleich am Morgen, wenn ich zum Frühstück kam. Über jedermann im Ort hatte sie ein bestimmtes Urteil: er ist gut, oder: man muß sich vor ihm in acht nehmen! Das sagte sie ohne jede Bosheit, indem sie ruhig und wissend und besinnlich hinter ihren Brillengläsern hervorschaute. Dennoch, Frauen kommen in meiner Geschichte kaum vor. Sie können nicht vorkommen, und das muß ich erklären. Die einzige Frau, überall sichtbar und gegenwärtig, ist die Madonna.

Wo bei uns in den Bars die Bilder von Boxern und Filmstars an den Wänden hängen und in den Spiegeln stecken, da hängen und stecken auch in Kalabrien die Bilder von Filmstars und Boxern, aber daneben und dabei und darunter ist auch immer das Bild der Madonna. Achtlos auf Tischen und auf Ruhebänken liegen Bildchen der Madonna, die vielleicht Kinder dort vergessen haben oder die absichtlich jemand hingelegt hat, damit ein anderer sie finde. Das Bild der Madonna hängt aber auch an den Anschlagsäulen, grellbunt wie die Kinoplakate, und immer wieder liest man huldigende Inschriften: Es lebe die Madonna! Oft werden sie spezifiziert: Es lebe die Madonna vom Siege, es lebe die Madonna von Pompeji, es lebe die schmerzhafte Madonna, es lebe die Madonna vom Rosenkranz! Die Möglichkeiten sind unerschöpflich. Bei besonderen Gelegenheiten vermehren sich diese Plakate: vor den großen allgemeinen Marienfesten wie Maria Himmelfahrt oder

Maria Geburt. Vor allem jedoch hat jeder Ort seine eigenen Madonnenfeste: zum Beispiel den Jahrestag der wunderbaren Auffindung eines verlorenen Madonnenbildes oder seiner Heranbringung durch Engel. In Tropea stieß ich überall auf Plakate, die mit pomphaften Worten die Bürger aufforderten, sich zu der feierlichen Einbringung einer wundertätigen Marienstatue einzufinden, die man zur Restaurierung nach Palermo geschickt hatte und die nun mit dem Schiff zurückkehrte. Bürgermeister und Rat und Militär und Schulkinder und natürlich der ganze Klerus mit Mönchen und Nonnen erwarteten das Schiff auf der Reede und geleiteten das Bild unter Gebet und Gesang in seine Kirche zurück. Dort steht es nun wieder auf dem Hochaltar. Aber es ist nicht allein: auf anderen Altären derselben Kirche stehen andere Madonnen. Die Madonna ist eine universale Gottheit, und es wäre ein Sakrileg, nur einen Aspekt dieser Gottheit zu verehren. Wie der Rosenkranz das Lieblingsgebet der Frauen dieses Landes ist, weil ihnen darin ihr schmerzens- und freudenreicher Weg erhöht und gesteigert vorgelebt wird, so bedürfen sie der vielen Madonnenbilder, worin ihnen die Grundstimmungen ihres eigenen Daseins gereinigt und geweiht und unantastbar gezeigt werden. Ich denke, diese Bilder sind Trost und Aufrichtung für die Frauen in diesem Land der Männer. Am Pfeiler zur Linken steht hinter Glas das Wachsbild der trauernden Königin, ganz in schwarzer Seide, das Kleid ist mit Silber bestickt, sie trägt eine silberne Krone, die Tränen rinnen ihr über die Wangen, in der ausgestreckten Hand hält sie ein seidenes Spitzentuch. In ihrer Brust steckt ein breites Schwert, das Kleid ist von Blut getränkt. Aber bei allem Schmerz bleibt ihre Haltung ehrfurchtgebietend, in einem höheren Sinn konventionell, höfisch; man denkt an Spanien, an die dortigen Wachsbilder, an die lebensgroßen Madonnen, die in den spanischen Kirchen unter Blumen begraben auf Katafalken liegen. Auf dem Altar zur Rechten steht die Madonna mit strahlendem Gesicht, gekrönt mit einer goldenen Krone, gekleidet in eine schneeweiße Seidenrobe, in der einen Hand trägt sie das Szepter, in der andern den goldenen Rosenkranz: die schmerzhafte Madonna und die freudenreiche Madonna blicken einander an. Das stört hier niemanden, die Logik des Landes verlangt es.

Die Madonna vertritt alle Frauen, sie repräsentiert die Frau in der Öffentlichkeit, wo die gewöhnlichen irdischen Weiber aus Fleisch und Blut fehlen: sie sind nicht auf den Straßen und Plätzen, sie sind kaum in den Läden, sie sind nicht in den Bars, wo es überall von Männern wimmelt. Sie gehen vielleicht schnell vorbei, meist zu zweien oder dreien oder in ganzen Rudeln, meist schwarz gekleidet, sie vermeiden jeden unnötigen Aufenthalt, erledigen ihre Geschäfte und eilen wieder nach Hause. Ihr ganzes Verhalten steht im krassen Gegensatz zur lässigen, breiten, lauten, behaglichen Lebensweise der Männer, die auf der Straße und in der Öffentlichkeit leben wie in einer geräumigen zimmerreichen Wohnung. Die Frau aber ist nicht da. Manche behaupten, gerade darum werde sie vom Mann desto mehr geliebt, nirgendwo auf der Welt sei die Liebe der Männer zu den Frauen so heiß und so ausschließlich wie hier, wo die Sphären der beiden Geschlechter streng voneinander getrennt sind. Daß die Männer ihren Frauen physisch nicht treu wären, das sei etwas anderes, das habe mit Liebe nichts zu tun, sexuelle Freiheit sei ein selbstverständliches Vorrecht des Mannes, und im Ernst wage auch keine Frau, es zu bestreiten. Über diese Dinge will ich nicht urteilen, ich habe nur immer dies gesehen: der Mann hat für uns unvorstellbare Privilegien, aber er denkt immer an die Frauen, spricht immer von den Frauen. Die Frau jedoch lebt zu Hause im Verborgenen. Wer sie kennenlernen, wer die Welt der Frauen sehen will, muß ins Haus gehen.

# Die Taufe

Schon bald wurde ich zu einer Taufe eingeladen, und zwar von Elena, deren Bruder, ein Fischer, soeben Vater eines fünften Kindes geworden war. Ich hatte mich beklagt, weil sie immer am Morgen, wenn ich schlafen wollte, laut singend durch den Flur ging. Das wollte sie offenbar wiedergutmachen. Ich wurde in einem großen Taxi abgeholt und zuerst ins Haus der Kindseltern gebracht, wo eine Menschenmenge versammelt war: die Mutter des Säuglings, die Hebamme, die vier älteren Kinder, zwei Tanten mit fünf und vier Kindern, zwei unverheiratete Kusinen, ein Vetter des Familienvaters und natürlich dieser selbst. Und Elena. In dieser Schar von Frauen also nur drei erwachsene Männer. Zum Taufakt in die Kirche gingen nur die Patin, die Hebamme, der Vater und ich. Alle andern blieben zu Hause und bereiteten das Büfett vor: mitten in dem großen Zimmer – das Haus war wohl zweihundert Jahre alt – bog sich eine weißgedeckte Tafel unter Gebirgen von Schinkenbroten, Salamibroten, mit dickem Zuckerguß überzogenen Nuß- und Cremetorten. Die Erwachsenen saßen an Wänden entlang auf Sofas und Stühlen, die Kinder gingen herum und zwangen einen zum ununterbrochenen Essen, alle aßen und aßen, stundenlang, die Vorräte gingen nie aus. Wenn der Tisch leer zu werden drohte, wurden neue Schinkenbrote und neue Torten hereingetragen. Dazu gab es Liköre: rote, grüne, gelbe, süß und klebrig. Die Kinder schenkten immer wieder ein. Es war fast unmöglich, nicht zu trinken: wenn man ablehnte, kamen von allen Seiten besorgte Fragen, ob man sich nicht wohl fühle, ob das Getränk nicht gut sei, ob man lieber ein anderes probieren wolle. Die Frauen sprachen laut und ausführlich miteinander über Kindererziehung und Haushalt, die Männer wurden überhaupt nicht beachtet, sie hockten bescheiden und kleinlaut in einer Ecke wie Schüler auf der Strafbank. Ich war plötzlich aus dem Reich der Männer, wofür ich das Land bisher gehalten hatte, in das Reich der Frauen geraten. Matriarchat und Patriarchat herrschen am Mittelmeer nebeneinander, besser gesagt, ineinander. Das Patriarchat ist die Schale, die das Matriarchat enthält. Immer wieder trifft man junge Männer, die ihr ganzes Geld der Mama nach Hause bringen, und diese sorgt dafür, daß es ins Sparbuch kommt. Man trifft Leute, die das Motorrad schon bestellt haben, es aber im letzten Augenblick wieder abbestellen, weil die Mama von dem Kauf abgeraten hat. Wenn man diese großsprecherischen und selbstsicheren Männer besser kennt, wird man von ihnen immer wieder hören, daß sie um zehn oder elf schon vom Kartenspiel aufstehen und nach Hause gehen, weil die Mama sich sonst Sorgen macht und nicht schlafen kann. Und erst die Macht der Frau, wenn es ums Heiraten geht: kein junger Mann heiratet ein Mädchen, das der Mutter nicht gefällt. Und keine Mutter gibt ihre Tochter einem Mann, der nicht vorher ihre strenge Prüfung bestanden hat. Damit hängt die Bedeutung zusammen, welche die Puttana im süditalienischen Leben hat: jede Mutter in diesen kleinen Landstädten wacht eifersüchtig über die Unschuld ihrer Tochter. Die jungen Männer helfen sich, wie immer sie können.

## Ecce Homo

Die kirche ist weniger düster als manche andere in Catanzaro. Aber es gibt ein dunkles Seitenschiff, das nur Kerzen erhellen, sie sind an einer Stelle konzentriert, an derselben Stelle verdichtet das Gemurmel vieler Beterinnen die Düsternis. Ein Kampf zwischen gleich starken Kräften. Er findet statt vor der Wandnische, in der hinter einer Glasscheibe eine Halbstatue steht: ein männlicher Oberkörper, bedeckt mit blutigen Striemen und blauen Flecken; ein Purpurmantel verhüllt notdürftig die Schultern und die Arme. Die Stirn ist von einem Dornenkranz umwunden, das Blut fließt in Bächen herab, das dunkle Haar ist verklebt, die Augen sehen glasig und schmerzvoll unter fast geschlossenen Lidern hervor. Die verkrampften Finger halten einen Rohrstab. Ecce Homo. Eine Lampe beleuchtet indirekt das Bild, übergießt es mit einer gleichmäßigen Blässe, vor der das Flackern der Kerzen verhält. Es löst dafür die Gewölbe und die Wände ringsum auf, verwandelt den Stein in rötliche Bewegung. Aber das schreckenerregende Bild ist nicht allein, die Welt draußen, die Welt der murmelnden Beter bedrängt es nah. An den Fingern des gequälten Mannes stecken Ringe, einfache Eheringe, Siegelringe, Ringe mit Steinen, mit Topasen, Amethysten, Türkisen, Diamanten; schmale Ringe, breite Ringe, an manchen Fingern zwei und drei, ja sogar vier. An den Armen aber trägt der Gemarterte goldene Armbänder und Uhren, mindestens zwei Uhren an jedem Arm. Andere Uhren sind am Purpurmantel mit Nadeln festgesteckt, Damen- und Herrenarmbanduhren, goldene und silberne hängen zwischen den Falten. Auch hängen, gleichfalls mit Nadeln festgesteckt, viele Geldscheine, Tausendlirescheine, überall, an den Schultern, an den Armen, allerorts stecken Tausendlirescheine, kaum einer allein, meist drei, vier oder fünf gebündelt. An einer Stelle des Mantels, ganz unten, hängt sogar ein Zehntausendlireschein. An manchen Uhren, Armbändern und Geldscheinen sind wiederum kleine Zettel befestigt, auf denen man, meist in hoher, dekorativer Schrift, lesen kann: ‹Dank für die erwiesene Gnade›, oder ‹Dank für die Rettung aus großer Not›, oder ‹Du hast mir geholfen›. Zuweilen dankt jemand auch für eine Gnade, die einem anderen erwiesen worden ist, etwa eine Mutter dafür, daß der Sohn Arbeit fand. So sieht die Ecce-Homo-Figur abenteuerlich und bizarr aus, erinnert an eine Gottheit aus fernen Zeiten und fernen Gegenden: Indien, Mesopotamien, dem Reich der Inkas.

Auf den Fliesen knien dicht gedrängt die Beterinnen – es gibt hier fast nur Frauen, alte Frauen mit schwarzen Kopftüchern –, viele den Rosenkranz in den Fingern. Die meisten murmeln leise, einige knien in stummer Verzückung, als sähen sie etwas, was alle anderen nicht wahrnehmen. Ein ganz altes Weib kauert an der Mauer und hält sich mit der einen Hand an einem vorkragenden Stein fest. Ihre Augen sind weit aufgerissen, dem Bild, der geschundenen, geschmückten, mit Gaben bedeckten Figur zugewendet. Ich gehe zwischen den betenden Gestalten hindurch, bis zur Nische, ich schaue mir alles an, genau, fremd, kalt, aber auch ängstlich: ich dringe ein in den Raum einer gewaltigen fremden Macht. Ich betrete einen fremden Stern, von dessen Leben, von dessen Luft ich nichts weiß. Aber mir geschieht nichts, ich durchschreite alles wie unter einer Tarnkappe. Niemand nimmt mich wahr, es gibt mich nicht.

## Die Terrasse

CATANZARO liegt im Gebirge, genauer: zwischen den Bergen. Ich habe es tagelang durchstreift, möglich aber, daß ich große Teile nie entdeckte. Es fädelt sich in enge Schluchten ein, überklettert Bergkuppen und setzt mit Vorliebe Kirchen darauf. Manchmal sieht man von einer belebten Straße in einen stillen Olivengarten hinüber oder, noch merkwürdiger, von einem verkehrsreichen Platz, auf dem die Autobuskarawanen ruhen, hinunter in eine öde ausgetrocknete Felsschlucht. Die modernen Läden sind aufgereiht an einer langen Straße, die sich aber nicht gerade hinzieht, sondern sich umständlich windet. Abseits gibt es viele alte Plätze, wo die Menschen gedrängt wohnen, auch zu ebener Erde, wie überall in Süditalien, in Gewölben, die sonst in Europa als Kaufläden verwendet würden. Zwei junge Mädchen stehen vor der Tür und halten abwechselnd das kleine Brüderchen im Arm, ein Vorwand, daß sie so lange draußen bleiben. Sie sind schon in dem Alter, in dem sie sich möglichst im Haus zu halten haben. Die Gasse ist so abgelegen, daß sie eine einzige Wohnung scheint, die Nachbarinnen laufen hin und her, und man verbirgt wenig voreinander. Dennoch gibt es Ansätze zur Intimität: die beiden Mädchen weichen nicht von der Schwelle, das Herumlaufen ist den Müttern in höheren Jahren und den Großmüttern vorbehalten; sie sind schon Institutionen, jenseits der Gefährdung dieser Welt. Die Mädchen lassen mich die Wohnung nicht betreten, aber einen Blick hineinwerfen. Die Wände des Raums sind kaum getüncht, fast wie in einer Höhle, rohes Mauerwerk. Eine schmale Treppe führt hinauf in einen oberen Raum, der, ursprünglich nicht vorgesehen, ein unförmiges Loch als Fenster hat. Er liegt über der Nachbarswohnung, die dafür um die Hälfte niedriger ist. Im Hauptraum sehe ich einen großen Mahagonitisch, strahlend sauber, ein Mahagonibett, so breit wie lang, mit einer dicken roten Steppdecke. Daneben ein moderner Kühlschrank, ein Riesenradio, ein Fernsehgerät, ein Sofa, darauf Seidenkissen und eine Schlafpuppe, und über allem ein vielarmiger Leuchter – eine Mischung aus Pomp und Ärmlichkeit.

Nahe dieser Behausung erhebt sich die Kathedrale, ein gigantisches weißes Ungeheuer, erst vor zwei Jahren gebaut, wie mir ein Franziskanermönch, der eben aus dem Portal tritt, stolz erklärt. Als ich ihn frage, ob das turm- und kuppelreiche, pathetische Gebilde dem ‹Heiligen Benito› geweiht sei, schaut er mich erstaunt an: er versteht meine Bosheit nicht.

Die Stadt wird durch die Kathedrale verschandelt, man muß es hinnehmen, man kann sie nicht einfach abreißen. Die Zeit wird sie bald ins Ganze einfügen, das Gebilde wird grau werden und verlottern wie alle Häuser ringsum, man wird es bei Bedarf mit An- und Umbauten versehen, die möglicherweise schöner sind. Die Stadt wird verschandelt, sage ich, aber man kann Catanzaro nicht verschandeln: sie ist ein großes Tier, das unter dem Himmel und über die Hügel sich hinflegelt, Pranken und Schweif und Ohren von sich streckt, auf das einzelne kommt es nicht an, es fällt nicht auf. Wie in Tropea endet auch hier die große Straße an einem Geländer. Aber an diesem Geländer steht kaum jemand: es gibt hier keine Stelle, wo sich alles sammelt. Es gibt wohl den Corso am Abend wie fast in jeder italienischen Stadt, aber das Leben quillt darüber hinaus in die Gassen und Plätze und hinunter über die krausen, winkligen Treppen. Auch bis zu dem Geländer kommt gelegentlich jemand, denn es gibt hier keine verbotenen Zonen, und niemand erzählt von Banditen. Dennoch, das Geländer schließt einen stillen Platz ab. Verwunderlich: die Aussicht ist grandios. Aber die Einstellung der Mittelmeermenschen zur Landschaft ist eine andere als die unsere. Den Kult der Aussichtspunkte hat er erst spät von den Fremden übernommen. Unter Aussichtspunkten verstehe ich Orte, von denen aus man Landschaften sieht, leere, unbewohnte Landschaften. In Italien hingegen hat man eher Geschmack an Stadtveduten. Hier ist ein Aussichtspunkt in unserem Sinn: das Gebirge verebbt in riesigen grau-grün-gelben Wogen hinaus zum Horizont, wo man, wie die Einheimischen sagen, das Meer sieht. Ich habe es nie gesehen, die Luft war immer dunstig. Die Öde und Kahlheit des Landes ist erschreckend. Daran ändern auch die Olivenhaine, die Weinberge, die spärlichen Äcker nichts, sie sind wie verstaubt und passen sich ängstlich der herrschenden Färbung an. Der Vergleich mit dem Meer kommt mir immer wieder. Hier hat einmal ein großer Sturm getobt, den jemand mit einem Machtwort aufhielt. Die Wellen erstarrten auf dem Höhepunkt ihrer Wut, nun bieten sie diesen grandiosen, erschreckenden Anblick. Auch der Bahnhof, der tief unten am Ende der Serpentinenstraße liegt, steigert das Gefühl der Verlassenheit: die Gebäude der Menschen schwimmen wie Boote, im Sturm verloren; verloren ist auch die ganze Stadt, darum drängt sie sich, eine bedrohte Flotte, eng zusammen. Man muß weggehen, bevor der Zauber sich löst und alles von neuem in Bewegung gerät.

# Ein bürgerliches Mittagessen

Herr leoni war vierundzwanzig Jahre alt, sah aber aus wie achtundzwanzig. Das machten seine ernste Miene und seine schwarze Hornbrille. Nicht zuletzt seine Ideen: ich kannte ihn als sozialkritischen und sozialreformerischen Intellektuellen. Er arbeitete bei Montecatini, weil er sich das Geld für sein Jurastudium verdienen wollte. Er lebte mit seiner jungen Frau, auch sie mußte er erhalten. Denn daß eine verheiratete Frau verdiente, das wäre unvorstellbar gewesen in Catanzaro. Selbst wenn es vorstellbar gewesen wäre, es hätte gegen den Ehrbegriff des aufgeklärten und emanzipierten Herrn Leoni verstoßen.

Ich fand ihn in der Montecatini-Filiale an der Hauptstraße. Wir hatten uns auf Punkt zwölf verabredet, denn um Viertel nach zwölf sollte seine Frau das Mittagessen fertig haben. Wir stiegen zusammen die Treppen zur Unterstadt hinab, er sprach mir von den Schwierigkeiten seines Lebens: seine Eltern waren gegen die Ehe gewesen, die Eltern seiner Frau noch mehr. Als sie heirateten, war er einundzwanzig, seine Frau siebzehn. Ihre Eheschließung wurde von allen Verwandten und Bekannten als eine Revolte empfunden. So hätten sie heute zu den beiden Familien nur höflich konventionelle Beziehungen, lebten im übrigen für sich. Ich hörte aus seinen Worten den Ärger heraus, den er überstanden und immer noch zu ertragen hatte, vor allem aber auch den Stolz darauf, daß er frei geworden war und sich gegen die Gesellschaft und ihre Ansichten behauptete.

Wir kamen in eines der modernen Wohnviertel, wie sie jetzt selbst in den entlegensten Städten Süditaliens aus dem Boden schießen, die kahle Landschaft wie schmutziggelber Schimmel überziehen. Die Straße, wo Leonis wohnten, war noch nicht gepflastert, ich habe in dem ganzen Viertel keine gepflasterte

Straße gesehen. Frau Leoni machte uns die Wohnungstür auf: sie war klein, dunkel, hübsch, sehr lebhaft. Sie nahm zuerst mir, dann ihrem Mann den Mantel ab und führte uns ins Speisezimmer. Wir setzten uns um ein Tischchen, die Hausfrau bot uns einen Campari an. Wir plauderten fünf Minuten, davon drei mit Frau Leoni. Dann stand sie auf und ging in die Küche und holte die Suppe. Sie bat uns an den Eßtisch. Das Mahl war lecker und für meine Begriffe fast raffiniert. Frau Leoni lenkte das Gespräch diskret und geschickt, wobei sie selbst wenig sagte, vielmehr darauf achtete, daß ihr Mann und ich gleichmäßig zu Wort kamen, ich als Gast noch etwas mehr als ihr Mann. Zwischenhinein stand sie auf und holte neue Gerichte und wechselte die gebrauchten Teller. Sie holte Wein und schenkte ein, sie schenkte nach, wenn ich oder ihr Mann ausgetrunken hatte. Es war offensichtlich, daß die Frau glücklich war über den Besuch, nicht weil sie mich besonders sympathisch fand, sondern einfach deshalb, weil jemand Fremdes sich zu ihr verirrte, oder genauer: von ihrem Mann zu ihr gebracht wurde. Sie lebte ihre Tage allein. Ihr Mann war meistens fort, im Geschäft, ein paarmal im Monat auf der Universität in Messina, und abends ging er oft aus mit Geschäftskollegen und Freunden. Man konnte einen Mann nicht einsperren. Sie aber konnte nicht ausgehen und auch ihren Mann nicht begleiten, denn das schickte sich nicht für eine Frau. Und da sie keine Kinder hatte, spürte man aus ihren Blicken, ihrem Mienenspiel, ihren Gesten – sie machte jede Bewegung größer, als für die betreffende Verrichtung nötig gewesen wäre, ihre Augen schauten immer etwas zu intensiv, ihr Lächeln war immer etwas zu stark –, daß sie nichts zu tun hatte, nichts mit sich anzufangen wußte, daß sie nicht ausgefüllt war, trotz der Dienstbarkeit gegenüber ihrem Mann.

Nach der Süßspeise, dem Käse, den Früchten, hob der Hausherr die Tafel auf. Vorher noch äußerte er den Wunsch, eine Zigarette zu rauchen. Seine Frau ging hinaus, kam mit einer Zigarette zurück, nahm sie zwischen die Lippen, zündete sie an und steckte sie dann mit zärtlicher Vorsicht zwischen die Lippen ihres Mannes. Herr Leoni erklärte, wir müßten nun leider gehen, seine Frau bedauerte das aufrichtig. Sie begleitete uns in den Flur, nahm die Mäntel, einen nach dem andern, von den Haken und half uns hinein. Sie verbringe den Abend immer mit Fernsehen, sagte sie, ob ich nicht Lust hätte, heute abend zu kommen, so zwischen acht und neun. Herr Leoni lachte schallend: Was so eine Frau nicht für Ideen hat, sie glaubt tatsächlich, Sie kämen heute abend zu ihr fernsehen! Als wir auf der Straße waren, fing er noch ein paarmal an zu lachen und wiederholte: Was so eine Frau nicht für Ideen hat! Dazwischen erzählte er mir, daß er heute abend mit einigen Geschäftskollegen in den ‹Fagiano› essen gehe, und daß er mich dort zu sehen hoffe. Ich aber dachte den ganzen Weg die steilen Treppen zur Oberstadt hinauf an die junge hübsche Frau, die jetzt in ihren zwei großen Zimmern sich zu schaffen machte: wie sie die polierten Möbel abstaubte, die rotseidenen Sofakissen zurechtrückte, den Aschenbecher mit der Inschrift ‹Ricordo di Napoli› und dem rauchenden Vesuv ausleerte, die Anzüge ihres Mannes bürstete und flickte und darüber nachdachte, was sie wohl zum Nachtessen kochen würde. Vielleicht auch erlaubte sie sich dazwischen, in einem Roman zu lesen, Moravia vielleicht. Möglicherweise aber war sie noch immer bei Flaubert.

## Der Fasan

KURZ NACH ACHT machte ich mich auf zum ‹Fagiano›. Ich folgte der Wegbeschreibung, die mir Herr Leoni gegeben hatte, und kam von der Hauptstraße in eine lange sich hinschlängelnde Gasse. Sie war um diese Stunde belebt: in den vielen hellerleuchteten kleinen Läden drängten sich die Kunden, Männer, aber auch Hausfrauen, meist schwarz angezogen, das dunkle Haar einfach gescheitelt. Zuweilen sah man ein schmales junges Mädchen. Aber wie eine Erscheinung huschte es über die Szene mit seiner Tasche und gönnte den Passanten nur scheue Blicke. Desto unbekümmerter gaben sich die Kinder, sie beherrschten das Feld mit ihrem Geschrei, ihrem Lachen, obwohl sie im Gegensatz zu den Kindern nördlicherer Gegenden – auch im Gegensatz zu den Kindern Roms – die Industrieprodukte nicht besaßen, welche das Prestige steigern und den Anspruch auf Macht und Geltung wirksam begründen: sie besaßen kaum Roller, Dreiräder, Kinderautos, um damit den Erwachsenen in die Beine zu fahren. Sie entbehrten der Klingeln und Hupen, womit man anderswo den übrigen Lärm übertönt. Zuweilen schoß ein Junge eine jener kleinen Sputnikraketen in die Luft, die seit ein paar Monaten Mode waren. Eine Gummischleuder besorgte den Start, ein Fallschirm trug die Rakete zurück aufs Pflaster. Das Ereignis zog immer eine Menge Kinder an. Sie standen in Haufen da und schauten zum Himmel. Aber obwohl es den Verkehr behinderte, störte es niemanden, niemand hätte sich beklagt.

In einem Winkel der Gasse war der ‹Fagiano›: ein goldener Fasan zog seinen Schweif über die ganze Breite der Tür hin. Die großen, altmodisch in dunkles Holz gerahmten Fenster waren erleuchtet. Aber dichte gelbliche Rollvorhänge verwehrten die Einsicht. Im Innern bediente ein freundlicher dicker Kellner mit Brille einige Herren, die um einen großen Tisch saßen. Auch die andern Tische waren groß, und auch an ihnen saßen ein paar Gäste. Aber dieser eine Tisch war der größte, die Herren waren offenbar Stammgäste; der dicke Kellner ging von einem zum andern, sprach und lachte mit ihnen, sie erzählten Familienneuigkeiten und fragten ihn um Rat, wie man sich Jungen in den Flegeljahren gegenüber verhalten solle, was man tun solle, um die Tochter von einem unerwünschten Liebhaber abzubringen. Nach der Beschreibung, die mir Herr Leoni von seiner Tafelrunde gegeben hatte, mußte dies der richtige Tisch sein. Ich begrüßte die Herren und setzte mich ans untere freie Ende. Sie schauten mich freundlich und leicht verdutzt an. Als ich erklärte, ich sei ein Bekannter von Herrn Leoni und erwarte ihn hier, behandelten sie mich sofort wie einen der Ihrigen. Und gleich fingen sie an, meine Herkunft zu raten. Ein pfiffiger, kleiner Alter mit dicken Brillengläsern und rosigen Backen strahlte übers ganze Gesicht, als er meinen deutschen Akzent ausmachte. Doch da kam er bei den andern schön an. «Das ist ja klar, daß du das merkst, ist er doch ein Landsmann von dir!» Der Kleine wurde böse, soweit er es bei seinem munteren Wesen überhaupt werden konnte, er wandte sich in gebrochenem Deutsch an mich: «Diese Ignoranten halten mich immer für einen Deutschen, für einen Österreicher, weil ich aus Belluno komme. Bitte, erklären Sie ihnen deutlich, daß Belluno nicht in Österreich liegt und daß man dort italienisch spricht. Vielleicht glauben sie Ihnen mehr als mir.» Herr Leoni erschien, man machte ihm Platz und fragte ihn aus, woher er mich kenne. Die Freunde waren ihm offensichtlich dankbar, daß er ihnen in meiner Person eine Abwechslung verschafft hatte.

Bald war der Tisch voll, wir waren gut zehn. Es gab wie überall Protagonisten und Statisten: in der Mitte der Langseite, links von mir, saß ein großer schmaler Mann, der von den andern ‹Marchese› genannt wurde. Er trug einen gepflegten Schnurrbart und sprach mit leiser, etwas näselnder Stimme, man konnte ihn nicht leicht verstehen. Dennoch war er es, der das Gespräch zum großen Teil bestritt. Mit besonderer Vorliebe erzählte er Zoten, welche die Gesellschaft zur Begeisterung hinrissen. Und ich muß zugeben: in ihrem Genre gehören die Zoten des Marchese zu den geistreichsten, die ich bisher gehört habe. Was mir aber in dieser Gesellschaft wieder auffiel, war die ungeheure Macht, die die Frau in Süditalien gerade dadurch ausübt, daß sie abwesend ist. Man könnte, wenn man mit Männern zusammensitzt, geradezu auf die Vermutung kommen, die Frauen hätten sich die klösterliche Abgeschlossenheit im Hause selber gewählt, um so die Männer desto wirksamer zu beherrschen. Das einzige Thema an dieser Tafelrunde im ‹Fagiano›, das, wenn man es auch zuweilen für kurze Zeit fallenließ, immer wiederkehrte, waren die Frauen. Gelegentlich hatte ich das Gefühl, in eine Gesellschaft von Besessenen geraten zu sein. Dabei waren die Leute durchaus nicht primitiv, sie gehörten alle zur städtischen Gesellschaft. Der Marchese etwa hatte einen hohen Posten inne in der Arbeiterwohlfahrt der Provinz, er war verantwortlich für die Freizeitgestaltung der Industriearbeiter. Übrigens beteiligte sich Herr Leoni an den lockeren und zugleich manischen Gesprächen über Frauen kaum: er war weitaus der jüngste und so auch derjenige, der zuletzt geheiratet hatte.

Jemand schlug vor, die Anwesenheit des Fremden müsse gefeiert werden, und bestellte Rotwein. Man trank Karaffe um Karaffe, was in einem Lande viel bedeutet, wo man nur bei besonderen Gelegenheiten über das obligate Glas zum Essen hinaus trinkt. Die Gesprächsthemen vermehrten sich. Bald erfuhr ich von den meisten Anwesenden etwas aus ihrem Leben, über ihre Herkunft. Ein paar, wie der Mann aus Belluno, den die andern hartnäckig ‹Österreicher› nannten und so immer wieder zum Zorn reizten, waren von ihren Firmen aus dem Norden hergeschickt worden. Den Leuten aus dem Norden schien es hier zu gefallen; sie machten nicht den Eindruck, als ob sie sich deklassiert und verbannt fühlten. Das lag wohl daran, daß Catanzaro ein Zentrum des industriellen Aufbaus ist, wo sich staatliche und private Initiative zur Modernisierung Kalabriens vereinigen.

Auf dem Höhepunkt der Stimmung, als bereits einer zu singen begann, ohne daß die andern Notiz davon nahmen, bat der

‹Österreicher› den Marchese, er möge doch aus seinen Gedichten vorlesen. Andere schlossen sich an. Der Marchese genoß es, sich bitten zu lassen, sich zu zieren. Schließlich zog er ein schmales Bändchen aus der Tasche und begann zu lesen. Er rezitierte mit leiser, entzückter Stimme und geriet mit der Zeit in eine Art Trance. Die andern lauschten ergriffen, niemand mehr im Raum sprach oder hätte es auch nur gewagt, sich zu räuspern. Der dicke, freundliche Kellner mit der Brille kam leise heran und lehnte sich an die Wand und schloß die Augen. Es waren pathetische Liebesgedichte, sie erinnerten an Carducci, Leopardi oder gar D'Annunzio. Die Lesung wurde mit Bravo-Rufen, mit Händeschütteln, mit allen Zeichen grenzenloser Bewunderung verdankt. Der Marchese nahm die Huldigung mit mühsam unterdrücktem Lächeln entgegen. Er hatte allen einen unbezahlbaren Dienst erwiesen, er hatte ihre Leidenschaft zu den Frauen vergeistigt und gerechtfertigt. Nur billig, daß gerade er diese Gedichte schrieb, er hatte schließlich die pikantesten Zoten erzählt.

Der Marchese öffnete seine Aktentasche und entnahm ihr eine Anzahl weiterer Exemplare seines Gedichtbändchens. Jeder wollte eines haben, jeder bat ihn um eine Widmung. Das Büchlein war in einem Zeitungsverlag der Stadt erschienen. Auch ich erbat mir und bekam eines. Die Widmung war in einer wunderschönen, schwungvollen Schrift geschrieben.

Der Schnörkel unter seinem Namen zeugte von mediterranem Selbstbewußtsein.

## Der Platz des Pythagoras

Hier lehrte Pythagoras. Nach ihm ist der Hauptplatz benannt. Ihm wendet das Hotel Pitagora die Front zu. Es ist das größte und älteste, wenn auch nicht das komfortabelste Hotel in Kroton. Abends sitze ich in der Halle; ein sehr hoher, kahler, graugetünchter Raum, an dessen Wand braune Ledersessel gereiht sind. Ich denke an einen Frisiersalon oder an einen Wartesaal. Die Halle ist tatsächlich ein Wartesaal. Allmählich schlüpfen durch das große Hoteltor Männer mittleren Alters, sie tragen elegante Überzieher und Borsalino-Hüte, der eine oder andere weist einen pomadeglänzenden Schnurrbart vor. Die Herren melden sich beim Pförtner, setzen sich in die Ledersessel und warten. Nach einiger Zeit trippelt eine Frau die Treppe herab: eine Spange hält ihre langen schwarzen Haare im Nacken zusammen, von dort fallen sie offen über den Rükken. Ein kurzer weiter Rock, der nicht ganz bis zu den Knien reicht, bringt die Beine zur Geltung. Die schwarzen Schuhe mit den nadelspitzen Absätzen erzwingen den seiltänzerisch balancierenden Gang. Die Herren stehen auf und versammeln sich um die Frau, sie lacht und gibt jedem die Hand, einigen erlaubt sie gar, ihr die Wange zu küssen. Die Herren bieten ihr und einander Zigaretten an. Lachend und schäkernd verzieht sich die Gesellschaft die Treppe hinauf, außer zwei Herren: sie haben sich etwas zurückgehalten, ihre Freundlichkeit war gemessener. Sie kehren in die Ledersessel zurück und warten weiter. Nach einiger Zeit kommt eine zweite Frau in Begleitung eines jungen Mannes durch das Tor, sie ist platinblond und trägt eine weinrote flauschige Wolljacke. Der junge Mann strahlt auf, als er die beiden Herren sieht, sie strahlen auch und erheben sich und begrüßen das Paar. Man wechselt freundliche Worte, man tauscht Zigaretten aus. Die beiden Herren steigen mit der Dame die Treppe hinauf. Der junge Mann bleibt unten, lehnt sich an die Brüstung der Pförtnerloge und schwatzt mit dem Pförtner. Er trägt eine Wildlederjacke mit schwarzem Pelzkragen. Nach einer halben Stunde kommen alle Herren wieder die Treppe herunter, verabschieden sich freundlich, förmlich, distanziert vom Pförtner, und zusammen mit dem jungen Mann verlassen sie das Hotel.

Zehn Uhr abends. Der Portier hat sich schläfrig in die Tiefe seiner Loge zurückgezogen. Ich will noch etwas Luft schnappen und trete auf den Platz. Die monumentalen Arkaden – offensichtlich Produkte der Ära Mussolini – sind fast leer. Nur an diesem und jenem Pfeiler schwatzen noch ein paar Leute, lehnt ein alter Mann in einem dicken schwarzen Mantel und wartet auf seinen Hund, der mitten in der runden Grünfläche sein Geschäft verrichtet. Ich geselle mich zu zwei jungen Leuten, die ein Bild betrachten, das mit farbiger Kreide auf das Trottoir gemalt ist: die Madonna, auf der Brust ein flammendes Herz. Das Bild ist mit Münzen übersät, daneben steht eine offene Schachtel, auch sie ist schon zu einem Viertel voller Münzen. Die beiden Männer – auch sie trotz der milden Nacht in Überziehern – lachen: «Um Mitternacht spätestens wird er kommen und das Bild auslöschen und ein neues malen.» «Wer?» «Sind Sie fremd hier? In welchem Hotel wohnen Sie?» Ich nenne den Namen. «Was wollen Sie mit mir wetten, daß ich in zehn Minuten alle Ihre Personalien, Ihren Namen, Ihr Geburtsdatum, Ihren Geburtsort weiß?» Ich sage: «Alles, denn etwas werden Sie auf keinen Fall erfahren können.» Er läuft davon, kommt nach wenigen Minuten wieder mit einem Zettel. Darauf steht, wenn auch sehr verstümmelt, mein Name, mein Geburtsdatum und der Name der Stadt, aus der meine Familie stammt und in der ich aufgewachsen bin. «Sie sehen, ich habe recht, meinen Geburtsort haben Sie nicht herausbekommen!» «Aber das ist er doch.» «Nein, ich habe einen Schweizer Paß, da steht nie der Geburtsort drin.» Er ist kaum zu überzeugen, aber immerhin, er ist stolz, daß er alles so schnell herausbekommen hat. «Ist das hier üblich, daß die Hotels die Personalien der Gäste jedem Beliebigen herausgeben?» «Nein, wie kommen Sie darauf, ich habe doch die Personalien nicht vom Hotel.» «Sie sind also von der Polizei?» Er lacht und meint: «Vorhin war die Polizei im Hotel Pitagora, haben Sie die Herren nicht herauskommen sehen, sie haben da ein paar Puttane entdeckt, eine ganze Gruppe Polizisten, in Zivil.» Jetzt schütteln sich die beiden vor Lachen und sagen gute Nacht und gehen. Ich bin etwas verstimmt, weil ich alles nur halb begreife – was für Regeln gelten hier?

Am Morgen sind die Trottoirs um den Platz und die Hallen gestoßen voll. Fliegende Händler mit Bauchläden halten Nähnadeln und Knöpfe und Taschentücher und Postkarten feil. Die meisten Leute aber lungern herum: sie reden miteinander im Vorbeigehen – und jeder kommt hier mehrmals des Tages zufällig vorbei –, viele studieren die Kinoplakate, die auf große Bretter aufgezogen sind. Man gibt einige farbige Historienfilme, ‹Spartakus›, ‹Der große Fischer›. Um das Bild der Madonna mit dem brennenden Herzen drängt sich die Menge. Der Maler hat es also nicht gelöscht. Er steht zu Häupten seines Werkes und senkt die braunen, verwirrten Augen, nur manchmal hebt er die Lider und sucht in den Blicken der Beschauer die Reaktion: es sieht aus, als wäre er verlegen, aber im Grunde ist er stolz. Die Münzen regnen von allen Seiten auf das Bild und in die Schachtel. Die Aufmerksamkeit des Malers geht hin und her: von den Zuschauern (was denkt ihr von meinem Werk?) zu den Münzen (wieviel werde ich wohl heute einnehmen?).

Nachmittags winkt mir ein Mann von einem der Kaffeehaustische unter den Arkaden zu: es ist jener, der meine Personalien erforscht hatte. Er bittet mich um Entschuldigung, er sei etwas angetrunken gewesen. Er lädt mich zu einem Kaffee ein, ich erzähle ihm, daß ich gleich zum Pförtner gegangen sei und mir das Gästebuch habe geben lassen. Mein Name stehe darin mit genau den gleichen Fehlern wie auf seinem Zettel. Auch der Heimatort meiner Familie sei als Geburtsort angegeben. Ich hätte dem Pförtner nur gesagt, er möge, wenn er schon Auskünfte geben wolle, genaue vorlegen, und hätte dann die Angaben verbessert. Mein Gastgeber wiederholt seine Entschuldigung und erklärt mir mit leiser Stimme: er und seine

Freunde forschten regelmäßig in allen Hotels der Stadt nach, ob etwa liebenswerte Damen abgestiegen seien. Er sei der Sohn des Besitzers eines großen Restaurants, man gebe ihm alle Auskünfte. Ob fragliche Damen nicht am Ort ansässig seien, frage ich. Das sei zu gefährlich, man habe es ja gestern wieder gesehen, der Polizei wegen. Und überhaupt, wenn die langhaarigen oder platinblonden Geschöpfe mit kurzen, weiten Röcken oder weinroten, flauschigen Wolljacken längere Zeit am selben Ort blieben, fielen sie auf. So aber zögen sie in der Provinz umher und blieben nie mehr als eine Woche im selben Revier.

## Café Asturi

Man rät mir im Hotel, als ich ankomme, ins Café Asturi zu gehen: dort finde man die merkwürdigsten Leute, vor allem auch den Herrn Angiolini, Direktor des Antikenmuseums, der über alle Altertümer der Gegend Bescheid wisse und gleichsam über sie verfüge. Man sagt mir auch am nächsten Morgen, Herr Asturi sei schon benachrichtigt, ein Fremder wäre gekommen, der etwas sehen wolle. Ich bin nicht sonderlich erbaut über diese unerbetene Propaganda, aber ich beuge mich den Regeln der Gastfreundschaft und zwinge mich zu einem Dankeslächeln.

Das Café Asturi liegt unter den Arkaden, im Schatten, und den ganzen Tag dringt kein Sonnenstrahl hinein. So partizipiert es an der Eigenschaft italienischer und vor allem süditalienischer Kaffeehäuser: im Winter ist es eiskalt von morgens bis abends. Es sitzt kaum jemand darin, und wie eine Höhle fast wirkt der hohe, halbdunkle Raum. Ein Herr in schwerem Überzieher liest die Zeitung, das Gesicht halb versteckt in einem dicken, karierten Wollschal. Der Kellner begrüßt mich, als hätte er mich schon erwartet: «Ah, Sie sind der fremde Herr, leider ist der Professor noch nicht da, aber er wird kommen, setzen Sie sich einstweilen hin!» Ich bestelle meinen Kaffee und esse das süße, überzuckerte Gebäck, das es hier überall gibt, eines der wenigen Dinge – außer der Kälte –, an die ich mich nur mit Mühe gewöhnen kann. Mit der Zeit kommen noch andere Leute herbei, das Café scheint der Treffpunkt der Honoratioren zu sein: alles würdige, meist etwas beleibte Herren, zwischen fünfzig und siebzig. Sie setzen sich um mich herum und fangen an, mit mir zu reden. Man sieht deutlich: ich habe eine feste Rolle in dieser Gesellschaft, eine Rolle, die wohl immer irgend jemand spielt, der Akteur freilich ist auswechselbar. Ich habe den Part des Fremden übernommen. Man fragt mich aus über das Woher und Wohin und Warum, bald aber geht man über zu den gewöhnlichen Gesprächen über die Lokalpolitik, über italienische Politik, über Weltpolitik. Man beachtet mich nicht mehr besonders, aber man zieht mich immer wieder durch Apostrophierungen und Fragen ins Gespräch.

Nach einer Weile erscheint ein spindeldürrer Mann, fast dandyhaft angezogen, seine wenigen grauen Haare kunstvoll über den Schädel verteilt, er lächelt liebenswürdig-ironisch, offensichtlich um seine Gutmütigkeit zu verbergen, die hier deplaciert wäre und gegen die Konvention verstieße. Er wird mit lautem Hallo begrüßt: es ist der Besitzer, Herr Asturi, zugleich das Haupt der Runde, wie man leicht erkennt. Er setzt sich, man gibt ihm einen Ehrenplatz zwischen den beiden würdigsten der würdigen Herren. «Wie alt, meinen Sie, daß er ist?» fragt mich einer. «Ich weiß nicht, ich schätze fünfundfünfzig, sechzig.» «Er ist siebzig, und immer noch der größte Don Giovanni der Stadt.» Asturi greift ein: «Das liegt nicht an meiner besonderen Begabung, das liegt an der Dummheit der heutigen jungen Leute, sie wissen nicht mehr, was Galanterie ist, sie haben keine Ahnung davon, da ist es nicht schwer, sie zu übertrumpfen.» Er wendet sich an mich: «Sie lieben die Frauen doch auch, ich sehe es Ihnen an, Sie verstehen mich.» Er strahlt und kommt auf mich zu und drückt mir die Hand. Er wendet sich mit großer Gebärde zu den anderen: «Dieser fremde Herr versteht mich! Wissen Sie», sagt er zu mir, «ich liebe die Freiheit, ich habe sie immer geliebt, in all ihren Formen. Wenn jemand sie angriff, habe ich sie verteidigt.» Er fragt mich, ob ich wissen wolle, wie das Lokal zu seinem Namen gekommen sei. Alles nickt Beifall, einige rufen Bravo, es scheint sich um eine der klassischen Episoden aus der neueren Chronik Krotons zu handeln.

Das Café Asturi hieß früher ‹Caffè della libertà›. Der Name war den faschistischen Funktionären ein Greuel, sie bedeuteten dem Besitzer, er möge ihn ändern, sonst müßten sie Sanktionen gegen ihn ergreifen. Asturi erklärte sich schließlich einverstanden. Die Umbenennung wurde feierlich vollzogen. Die

Parteiprominenz war vollzählig anwesend, man lobte Asturi für seine Einsicht. Er aber erklärte den betretenen Bonzen vor allen Gästen: Er habe zwar den Namen Freiheit in seinen Familiennamen umgeändert, doch sei ihnen hoffentlich klar, was Asturi bedeute; der Name erinnere an eine der freiheitsdurstigsten spanischen Provinzen, die sich schon gegen die Tyrannei Napoleons aufgelehnt hätte und gerade jetzt wieder gegen den Diktator Franco kämpfe. Jeder in der Stadt verstehe ohnehin, was es mit der Umbenennung auf sich habe.

Asturi kehrt in die Gegenwart zurück, ich müsse jetzt die Stadt besichtigen, ich wisse wohl von ihrer Bedeutung, aber die wichtigsten Dinge erfahre man nur durch Professor Angiolini, den Museumsdirektor. Er habe ihn schon meinetwegen angerufen, der Professor werde gleich nach der Schule vorbeikommen.

Und dann eilt ein kleiner beweglicher Mann herbei, auch er trägt einen schweren grauen Überzieher, wie ich ihn nur an den kältesten Januartagen in Deutschland trage. Eine dicke schwarze Hornbrille sitzt auf seiner Nase, durch die Gläser blinken lebhafte Augen. Sein Gesicht ist etwas gerötet vom schnellen Laufen. Man macht uns bekannt, er beteuert seine Freude, daß ein Fremder gekommen sei, der sich für die Altertümer interessiere. Ich werfe zaghaft ein, daß ich mich für Kroton interessiere und so auch für die Altertümer. Glücklicherweise überhört er meine pedantische Einschränkung, packt mich am Arm und führt mich davon.

## Der Museumsdirektor

Professor Angiolini hält mich fest am Arm und zieht mich den Burghügel hinauf. Er spricht begeistert von den Ausgrabungen und von der Antikensammlung, die er seit dreißig Jahren betreut. Der Weg ist steil, der alte Mann atmet schwer, aber er läßt sich weder in seinem Gang noch in seiner Rede aufhalten. «Hier rechts», sagt er, «wird man das neue Antikenmuseum bauen, noch dieses Jahr fängt man an, ich habe lange genug gekämpft, endlich hat die Regierung die Mittel bewilligt. Dann werde ich offiziell Museumsdirektor und nicht mehr in die Schule gehen müssen.» «Sind Sie Lehrer am Gymnasium?» «Nein, an der Volksschule, so habe ich mehr Zeit für die Altertümer. Sie wissen, Kroton war eine der wichtigsten griechischen Siedlungen in Italien, eine der ältesten, und sie stand aufrecht bis ins 16. Jahrhundert. Erst damals hat Don Pedro von Toledo, der Vizekönig Karls V., die antike Stadt schleifen lassen und mit den Steinen die Bollwerke der Festung verstärkt. Ich hasse die Spanier», knirscht er leidenschaftlich, «nur aus Angst vor den Türken haben sie eine antike, eine griechische, eine dorische Stadt zerstört!»

Die Mauern des Kastells bieten Hütten Schutz, in denen Familien mit vielen kleinen Kindern wohnen. Sie rollen uns halbnackt vor die Füße, spielen, von ihren Müttern vergeblich zur Ordnung gerufen, verstecken sich zwischen der Wäsche, die von den überall aufgespannten Seilen herunterhängt. Der pittoreske Wirrwarr vervollständigen Stacheldrahtverhaue, die gegen irgendeinen Feind schützen sollen, aber ich glaube nicht, daß der verhaßte Don Pedro sie errichtet hat. Man sieht weithin über die beiden Häfen, riesige, leere Becken, lange Molen mit Leuchttürmen links und rechts vom Burgfelsen in der Tiefe. Links nur liegt ein rostiges Ungetüm vor Anker, ein Frachter mit Sowjetflagge. Draußen, blau und unendlich, das Ionische

Meer. An das alles verschwendet der Professor keinen Blick, er spricht von seinen Publikationen über die Tempelanlagen der Stadt, er geht auf einen niedrigen Schuppen zu und schließt das halbmorsche Tor auf: das Museum. Zwischen Kapitälen, Altarsteinen und Grabstelen des Altertums sind Glaskästen aufgestellt, darin säuberlich geordnet und beschriftet das übliche Inventar solcher Provinzmuseen: Götterstatuetten, Tonvasen, Schalen, Schmuck, Bronzefigürchen, die Athleten und Epheben und Mädchen darstellen, Gemmen mit mythologischen Szenen. An der Rückwand findet man ganze Tempelgebälke, Simse, Architrave, meist aus der Spätantike. Das Gesicht des Professors leuchtet. Er spricht pausenlos und erklärt sachkundig jede Einzelheit in jenem Ton, den man in Deutschland an den Universitäten pflegt. Ich merke, daß es nicht geraten ist, Fragen zu stellen oder irgend etwas einzuwerfen; als ich an einer mir passend scheinenden Stelle den Mythos von der Gründung Krotons durch Herakles erwähne, gerät der Professor außer sich: Aber das sei bloß eine Legende, das habe gar keinen historischen Wert. Ich versinke, entschuldige mich: gerade Legenden zögen mich an. Er schaut mir fassungslos ins Gesicht und fährt mit seiner Erklärung fort. Dabei stellt sich heraus, daß das Kastell nicht erst von den Spaniern, sondern schon von den Hohenstaufen und den Anjous gebaut wurde. Die Spanier haben es nur vergrößert. Dennoch trifft sie die immense Schuld der Zerstörung einer antiken Stadt. Ich kenne den antispanischen Affekt der Süditaliener, er ist heilig, man darf nicht daran rühren.

Zurück ins Café Asturi. Der Professor ermahnt mich, ihm das Buch zu schicken, sollte ich etwas über die Stadt schreiben. Ein Deutscher sei vor einigen Jahren bei ihm gewesen und hätte ihm nie mehr geschrieben und nie etwas geschickt. Er lädt mich noch zu einem Espresso ein und dankt mir für mein Interesse, nun plötzlich sehr persönlich, sehr herzlich, als hätte nicht er mir, sondern ich ihm einen Dienst getan.

Am Nachmittag will ich weiter, aber ich kann nicht, ich habe kein Geld, um das Hotel zu bezahlen, ich muß warten, bis Geld aus Rom kommt. Was bleibt mir anderes übrig, ich setze mich wieder ins Asturi und lese Zeitung. Professor Angiolini geht draußen vorbei, schaut herein: warum ich noch hier sei? Ich schildere ihm die Lage, er ist begeistert. «Sehen Sie, so kommen Sie doch noch dazu, den Tempel der Hera Lakinia in Capocolonna zu betrachten. Mein Sohn hat ein Auto, er wird Sie hinfahren.» Er telefoniert, eine Viertelstunde später ist der Sohn schon da. Er fährt einen Fiat 1200, himmelblau, ein kleines Männchen, mit einer riesigen dunklen Brille, wie sein Vater. Aber beim Sohn wirkt die Brille anders, sie ersetzt fast das freundliche, immer lächelnde, braune, kleine Gesicht. Dieser Sohn ist ein Intellektueller, er hat sich Bildung wie einen Mantel umgelegt, während der Vater ein Besessener ist, ein in seine Sache, seine Arbeit Verliebter. Aber wie der Vater trägt auch der Sohn jenen dicken Überzieher, offenbar ein Zeichen höheren Standes in diesem Land. Die Sonne scheint, es ist warm, und auch an kühlen Abenden reicht im Freien ein Regenmantel, in den Räumen aber friert man so und so. Der Sohn des Professors ist Advokat. Wir fahren hinaus, am Meer entlang, auf einer holperigen roten Straße. Die Erde ist hier rot, in großen Wogen steigt sie auf zum Gebirge, das kahl ist und ebenfalls rot. An den Hängen wachsen Oliven. Wir fahren durch große Wiesen und Äcker. Auf ihnen stehen allerorts, einzeln und in Gruppen, kleine weiße Häuser. Tafeln am Straßenrand weisen darauf hin, daß es sich um Bauernkolonien handelt, welche die Kasse für den Süden auf dem Boden ehemaligen Großgrundbesitzes anlegt.

Die Stadt ist schon weit entfernt, sie versinkt gleichsam in der Bucht, wir fahren auf das Kap hinaus. Ein paar wenige Häuser, kaum genug für ein Dorf, und wohleingezäunt die freigelegten Grundmauern antiker Gebäude. Der Priesterhäuser, erklärt der Sohn des Museumsdirektors. Ganz vorn aber, wo die Äcker schollig ins Meer abfallen, steht eine riesige dorische Säule. Das Kapitäl und die Deckplatte sind zwar zur Hälfte abgebrochen. Aber vielleicht gerade diese Verwundung steigert ihre Schönheit, eine unzerstörbare geistige Kraft fällt den Beschauer an und setzt ihn in stumme Verlegenheit. Man hat das Pflaster, auf dem die Säule steht, erneuert. Sporttaucher sollen im Meer die Schäfte von acht weiteren Säulen gefunden haben, die Kriegsmarine will sie heben und neben dieser Säule aufstellen. Auch die Straße hinaus zum Kap soll ausgebaut werden. Neben den Ruinen erhebt sich eine kleine neugotische Kapelle mit dem Gnadenbild der Madonna von Capocolonna, welche die Hera Lakinia beerbt hat. Eine schwarze Madonna, die auf wunderbare Weise aus einem Brand unversehrt, wenn auch rußgeschwärzt, hervorging. Diese Geschichte – von wie vielen Madonnenbildern der Ost- und der Westkirche wird sie nicht erzählt? – findet in dem Advokaten, der im übrigen wie sein Vater und alle gebildeten Italiener sehr rational denkt, einen überzeugten Gläubigen. Neben der alten Kapelle ist eine neue, soweit man aus den Mauernansätzen schließen kann, byzantinisch-romanische, mitten im Bau steckengeblieben: man wartet auf Spenden. Das wird, wenn sie einmal fertig ist, keine Kapelle, sondern geradezu eine Kirche sein. Ich hoffe, sie wird nie fertig, und erinnere mich daran, daß der Tempel der Artemis von Ephesos am größten und prunkvollsten war, als der Kult der Göttin anfing zu zerfallen.

## Die Stadt des Herakles

DER KÖNIG LAKINIOS, der Herakles nicht ohne Grund fürchtete, suchte ihn aus seinem Land zu vertreiben, indem er auf dem heutigen Capocolonna der Hera einen Tempel errichtete. Und tatsächlich, der Haß des Herakles gegen seine Stiefmutter war so groß, daß er beim Anblick des Tempels voller Abscheu von dannen zog, aber in der Nähe, wie das so seine Art war, ohne besonderen Grund einen gewissen Kroton umbrachte. Diese Tat reute den sanguinischen, brutal-empfindsamen Heros alsbald: er begrub den Kroton mit großen Ehren und prophezeite, daß an der Stelle des Grabes eine berühmte Stadt entstehen werde. Er selbst half eifrig nach, damit seine Prophezeiung in Erfüllung ging. Er erschien dem Griechen Myskelos im Traum und forderte ihn auf, eine argivische Kolonie nach Kalabrien zu schicken und die Stadt zu gründen. Als die Griechen dennoch zögerten, verwandelte er die schwarzen Stimmsteine, welche die Mehrheit bei der Volksabstimmung über das Projekt abgab, in weiße, schreckte also nicht einmal vor Wahlbetrug zurück, wenn es um seine Stadt Kroton ging.

Die Krotoniaten haben es dem Herakles im ganzen schlecht gelohnt, sie ergaben sich fleißig dem Kult seiner Widersacherin Hera im Tempel des nahen Capocolonna. Die Göttin wurde die Schutzpatronin der Stadt. Die nüchternen Bürger rechneten sich aus, daß die Protektion der zwar etwas hausbackenen Gattin des Zeus wohl mehr wert sei als die seines schönen und wilden, aber launischen und eben doch nur natürlichen Sohnes.

Es scheint, daß die Überlegung richtig war: Hera machte Kroton zu einer der berühmtesten Städte, nicht nur in Italien, sondern in der ganzen Griechenwelt. Man sagte, daß der letzte Krotoniat noch der erste unter den anderen Griechen sei. Ein anderes geflügeltes Wort hieß: er ist gesünder als ein Krotoniat. In einer einzigen Olympiade gewann Kroton sieben Preise im

Wettlauf. Und der Ringer Milon wurde in Olympia sechsmal zum Sieger gekrönt. Dieser Milon ist ein Beispiel dafür, daß die Krotoniaten versuchten, das eine zu tun, ohne das andere zu lassen, über die Verehrung der Göttermutter die des Stadtgründers Herakles nicht ganz zu vernachlässigen. In der ersten großen Schlacht gegen die verhaßte Nachbarstadt Sybaris – der die sportlichen Krotoniaten vor allem Verweichlichung vorwarfen – schritt Milon seinen Mitbürgern als Herakles aufgemacht voran: ein Löwenfell um die Schultern und eine Keule in der Hand. Außerdem konnte er nicht umhin, sich die verschiedenen olympischen Siegeskränze aufzusetzen. Und Herakles half dem in allen Dingen glücklichen Kroton, Sybaris wurde besiegt und dem Erdboden gleichgemacht. Als die Sybariten mit der Hilfe Athens ihre Stadt wieder aufbauten, dauerte es nicht lange und Kroton schlug sie zum zweitenmal.

Aber die Krotoniaten waren nicht nur große Wettläufer und Ringer und Soldaten. Um 570 ließ sich Pythagoras bei ihnen nieder, lehrte sie seine Weisheit. Jahrhundertelang bestand seine Schule. Außerdem gab es in Kroton eine im ganzen Mittelmeerraum bewunderte Schule der Medizin. Ihr entstammte der Arzt Demokedes. Er ging als Leibarzt zu demselben Tyrannen Polykrates von Samos, dem Pythagoras nach Kroton entlaufen war. Mit Polykrates geriet Demokedes in persische Gefangenschaft. Es gelang ihm aber, nach Kroton zu entkommen, wo er die Tochter des Milon heiratete. Philolaos von Kroton soll als erster gelehrt haben, daß die Erde sich um die Sonne drehe. Was im übrigen Pythagoras angeht, so schürte er die moralische Entrüstung gegen die Sybariten und riet den Krotoniaten zum Krieg. Sie blieben bieder und sportlich und kamen ungeschoren durch die Jahrhunderte, bis zum Feldzug des Pyrrhus gegen die Römer: damals verlor die Stadt die Hälfte ihrer Bevölkerung und wurde von den Römern als Kolonie neu gegründet.

## Die Gewölbe

Das kastell beherrscht Kroton: es steht auf dem Hügel zwischen beiden Häfen. Es sieht bedrohlich aus, als ob in seinen Mauern unzählige bewaffnete Krieger verborgen wären, die nur auf das Zeichen warten, um hervorzubrechen und das Land ringsum zu unterwerfen, das Meer mit Piratenschiffen zu bedecken und auszuschwärmen nach fremden Küsten.

Der Schein trügt. Das Kastell ragt zwar mächtig auf, aber es träumt, es verliert sich in riesigen leeren Gewölben, es verliert sich in sich selber. Seine Zinnen und Mauern sind nur aufgesetzt auf unendliche Höhlen. Die Zinnen und Mauern verbergen den wahren Charakter des Kastells, das nicht nach außen, sondern nach innen schaut.

Man führt mich links vom Portal um die Mauern, in einem ziemlich großen Abstand, denn irgendeinmal im Lauf der letzten Jahrzehnte spann sich das Kastell in Stacheldraht ein, er liegt in großen Windungen da, er sticht als Verhau in den Himmel. Aber es gibt eine Lücke darin und eine Bresche in der Mauer. Als ich näher trete, sehe ich, es ist gar keine Bresche, es ist ein geöffnetes Maul, das mich hinabsaugt in den Bauch des Wals. Ich weiß nicht, bin ich in einem Berg oder in einem Gemäuer. Eine steile Treppe führt in die Tiefe. Sie ist sehr schmal und klebt nur mit der einen Seite an der dunklen Wand. Ich taste mich von Stufe zu Stufe und fürchte immer, daß ich das Gleichgewicht verliere und ins Schwarze stürze. Aber ich komme unten an. Der Boden ist weich wie aus Tannennadeln. Ich merke, es ist nicht ganz dunkel. Ich unterscheide Bogen und Türen und Durchbrüche in andere Räume. Es riecht nach altem fauligem Stoff, nach Exkrementen und nach Verwesung. Die Luft ist stickig, als wäre hier schon lange kein Fenster mehr geöffnet worden. Dennoch macht ein kühler Luftzug mich frösteln. Ich taste mich vorwärts zu einem Durchgang. Der Boden sinkt plötzlich steil ab wie eine Rampe. Unten ist es noch dunkler. Ich laufe hinab, mehr als daß ich gehe. Ein Katzenkopfpflaster? Am Ende der Rampe stoße ich an etwas Weiches, Stinkendes: altes Stroh, ein Komposthaufen? Die Stimme meines Führers ruft mich von oben, hallt wider. Ich steige langsam wieder hinauf. Oben scheint es mir fast hell. Das Gewölbe ist eine Art Kuppel. Etwas Dunkles fliegt hin und her. Mein Führer lehnt in einer Nische und zündet sich eine Zigarette an. Die scharfe Spitze seines staubigen Schuhs schiebt ein großes Stück Papier weg. Hier war eine Feuerstelle, das Papier ist übriggeblieben, ich erkenne verkohltes Holz.

## Madonna di Capocolonna

Ich streife durch das nächtlich erstorbene Kroton. Es ist elf Uhr. Wie immer ist kaum jemand mehr auf der Straße. Aus einer offenen Werkstatt tönt Jazzmusik. Ich trete an die Tür. Drinnen – es ist nicht anders möglich in einem Land, wo die Frauen ganz im Hause leben – tanzen etwa zehn junge Leute. Sie tanzen teils allein, teils zu zweien. In der Mitte ein Junge von vielleicht achtzehn, neunzehn Jahren. Er tanzt, als hätte er nie etwas anderes getan, er macht Schritte und Sprünge und Figuren wie ein Ballettänzer, immer wilder, ekstatischer, schließlich geradezu rasend. Die anderen unterbrechen ihren Tanz und schauen ihm zu: er ist kleiner als alle, braun, gedrungen, gelenkig. Er scheint eine Art König zu sein. Immer wieder tritt einer auf ihn zu und schließt ihn voller Bewunderung in die Arme. Alle bilden einen Kreis um ihn und klatschen im Takt der Musik in die Hände. Plötzlich sieht der Tänzer mich in der Tür stehen, er hält an und ruft: «Komm herein!» Ich gehe und setze mich auf die Werkbank. Aber er dringt in mich: «Ich will, daß du mit mir tanzest, du bist unser Gast.» Ich sage: «Willst du mit einem Bären tanzen?» «Ja», sagt er, reißt mich an der Hand herunter in seinen rasenden Wirbel. Und merkwürdig: ich habe auf einmal das Gefühl, ich kann tanzen. Die anderen stehen ringsum und klatschen immer noch, immer wilder in die Hände. Plötzlich hält er ein und zieht mich in eine Ecke der Werkstatt. Aus der Brusttasche seines roten Hemdes nimmt er ein kleines Heft: alles weibliche Aktfotos. Er küßt jedes einzelne Bild andächtig: die Brüste, den Nabel, die Scham. Nach jedem Kuß richtet er die Augen zum Himmel und ruft: «Santissima Madonna di Capocolonna!» Dann muß auch ich die Bilder küssen, er reicht mir jedes mit feierlicher Geste wie eine Ikone. Nach jedem meiner Küsse ruft er wieder: «Santissima Madonna di Capocolonna!» Der Plattenspieler ist verstummt, die jungen Leute nehmen ihre Jacken und gehen. Der größte und kräftigste, der Besitzer der Werkstatt, selbst wenig über zwanzig, faßt den Tänzer um die Schulter und geleitet ihn hinaus. «Er ist mein jüngerer Bruder, ich muß auf ihn aufpassen.» Zusammen führen sie mich zu meinem Hotel. Weit draußen liegt im Mondschein das Kap mit der Säule der Hera.

## Nächtlicher Hafen

DER HIMMEL ist klar und voller Sterne, in ihm steht ein halber Mond, ein in blaues Eis eingefrorenes Stück Zitrone. Das Meer ist unbewegt, der lange breite Sandstrand noch länger und noch breiter als am Tag und völlig menschenleer. Im Hafen ragen die Kräne, in düsteren Träumen erstarrt. Man hat Angst, sich ihnen zu nähern, sie könnten ja aufwachen und mit ihren Armen ausschlagen oder einen ergreifen und aufheben und hinaus in das schwarze Wasser werfen. Das Wasser ist nicht bloß schwarz, es ist auch silbern, wenn auch nur an einzelnen Stellen und für Augenblicke. Bevor ich die Mole betrete, muß ich am Schiff der Grenzpolizei vorüber: es liegt grau da, bedrohlich, bösartig, das einzige Heitere daran ist die Fahne der Kriegsmarine, eine Zusammenstellung der Wappen der vier alten Seerepubliken Amalfi, Pisa, Genua und Venedig. Auf dem Verdeck des kleinen Dampfers hängt die Wäsche der Soldaten bewegungslos in der Windstille. Ein Soldat liegt da, in einem dicken Pullover und einer Trainingshose, und spielt auf der Mundharmonika. Dennoch macht er den Eindruck, daß er schläft, daß er im Traum spielt. Die Mole ist sehr lang, sie verliert sich, da ich sie betrete, im Unendlichen wie das Meer, man weiß nicht, wo es den Horizont berührt. Auf beiden Seiten liegen große Betonblöcke im Wasser, nur an ihnen merkt man, daß es nicht ganz tot ist, daß es sich trotzdem regt: es schlägt herauf zwischen den scharfen Kanten. Ich gehe lange, ich würde mich nicht wundern, wenn mir jemand sagte, ich sei eine halbe Stunde gewandert. Dann stehe ich plötzlich an der Spitze der Mole. Auch hier Betonblöcke im Wasser, die Mole scheint nicht fertig geworden, man hat irgendwann mit dem Bauen aufgehört.

Ich gehe über die Mole zurück, das Meer ist jetzt schwarz, der Mond versunken, ich stehe auf einmal zwischen Bergen, eine dunkle sandige Masse, Kohlen oder Kies oder ich weiß nicht was. Ich fürchte mich, ich schaue nicht genau hin. Eine Katze, ein Hund schießen hervor. Bevor ich zu den Hütten gelange, die sich zum Hafen herabziehen, sehe ich einen roten Feuerschein. Ich gehe auf ihn zu, ein alter und ein junger Mann sitzen unter einem Blechdach, das auf vier Holzpfeilern steht, vor einem Bottich, worin Kohlen glühen. Sie wärmen sich die Füße, schweigend, begrüßen mich freundlich, würdevoll, schweigen weiter. Der jüngere steht auf und bietet mir seinen Stuhl an. Er müsse mit seiner Arbeit anfangen. Mit was für einer Arbeit? Südfrüchte mit dem Lastwagen wegbringen, in andere Städte, ins Landesinnere. Er geht, steigt hundert Meter weiter in einen grauen Kasten, den ich erst bemerke, als er sich bewegt und davonfährt. Ich sitze allein bei dem Alten. Er fragt, aus welchem Lande ich käme, sagt dann, er sei noch nie weggewesen, er habe auch nie das Bedürfnis gehabt. Dann schweigt er wieder lange Zeit, fordert mich höchstens mit einer Bewegung auf, näher ans Feuer zu rücken, mummt sich in eine Wolldecke, lächelt mich an, er ist ganz im Frieden. Zuweilen stochert er im Bottich, dann wird die Glut röter. Aber es ist weniger kühl als zuvor. Ein leiser, milder Wind erhebt sich, die Sterne ziehen sich zurück.

Ich gehe nach Hause. In der Ferne ein einziges Auto, es kommt näher, die Lichter streifen über das Wasser, die Mole, aber unruhiger, schneller als das Licht des Leuchtturms. Zwei Jungen auf einem Fahrrad kommen herbei, das Auto hält, jemand steigt aus, jemand ruft ‹Gute Nacht›. Keine Antwort. Es ist alles weit, endlos, öde, die Häuser am Quai sind dunkel, kein Fenster ist erleuchtet. Das Auto fährt langsam weg, den Strand entlang, das Geräusch des Motors lärmt, aber niemand schrickt auf, der Schlaf der Stadt ist bleiern. Auf dem Fischmarkt riecht es immer noch penetrant, obwohl alle Fische längst weggeschafft worden sind. Zwei Männer liegen auf den steinernen Verkaufstischen und schnarchen. Zwei Hunde balgen sich jaulend. Plötzlich trifft mich das Licht des Leuchtturms. Ein dritter Hund führt an der Leine einen Blinden.

# Die Post

EIN NEUES GEBÄUDE in einer Seitenstraße. Es zeigt seine Würde dadurch, daß es schon zerfällt. Es muß ein Verfahren geben, auch ganz neue Häuser mit der Patina des Alters zu überziehen. Ich kenne mehr als ein Land, wo man diese Technik beherrscht, Kalabrien gehört dazu. Man hat, geschickt über die Fassade verteilt, mehrere Fensterscheiben eingeworfen und sie nachher künstlerisch durch Pappe ersetzt. Dann hat man die weißen Travertinsteine, aus denen das Gebäude besteht, an vielen Stellen geschwärzt, so daß es aussieht, als hätte es gebrannt.

Im Innern ist es fast leer, die Beamten stehen schwatzend hinter den Schaltern beisammen. Ein freundlicher Greis setzt sich an den Schalter mir gegenüber und winkt mich heran. Auch die Scheibe des Schalters ist zerbrochen, hier freilich wurde mit Leukoplast geflickt. Der Beamte öffnet den Schieber und fragt nach meinem Begehr. Ich will wissen, ob meine Postanweisung aus Rom eingetroffen ist. Der Beamte klopft auf eine Messingröhre, die aus dem Boden steigt und neben dem Schalter in einer Öffnung endet, die aussieht wie der aufgerissene Mund einer Klapperschlange. Dann ruft er etwas in den Mund hinein, eine Stimme gurgelt aus dem Rohr, der Beamte wendet sich bedauernd wieder zu mir: nein, leider sei noch nichts gekommen. Aber wenn es eine telegraphische Postanweisung sei, könne sie natürlich jeden Augenblick dasein. Ich warte. Der Kopf des Beamten ist fast kahl, das Gesicht unrasiert, voller weißer Stoppeln, der graue Anzug ist überall durchgescheuert und gestopft. Die Kanten der Ärmel und des Kragens sind aufgewetzt, sinnlos, sie noch zu nähen. Dennoch wirkt der Mann distinguiert, ja gepflegt. Das liegt an seiner Herrenallüre: seine Bewegungen sind frei und würdig, er empfindet die Schäbigkeit seiner Aufmachung nicht, und so vergißt man sie nach kurzer Zeit.

Er muß bis zehn Uhr abends hier sitzen, dann wird er nach Hause gehen. Dort erwarten ihn Frau und Tochter mit dem Nachtessen, dort erwartet ihn der Fernsehempfänger. Bis halb zwölf wird er sich das Programm ansehen, dann geht er schlafen. Arbeiten muß er erst wieder morgen nachmittag. Vormittags sitzt seine Frau am Schalter, sie wechselt sich mit ihm ab. Von ihr stammen die Heiligenbilder, die rings um die Schalteröffnung auf die Scheibe geklebt sind: die Madonna natürlich, die schwarze Schutzpatronin von Kroton, aber auch noch eine andere, geläufigere Madonna mit Kind. Dazu ein Herz Jesu und der Erzengel Raphael, der den jungen Tobias geleitet. Dieser hat offensichtlich besondere Beziehungen zur Post. Zu Hause erwartet den Beamten auch ein kleiner Sohn, der zur Schule geht. Das kostet Geld. Aber der Junge soll die Reifeprüfung machen und studieren. Die Tochter ist sechzehn Jahre alt, mit vierzehn weigerte sie sich, länger in die Schule zu gehen, so kümmert sie sich jetzt um den Haushalt. Einem Mädchen könne man nicht zumuten, in eine Lehre zu gehen und außer Hause zu arbeiten, meint der Beamte. Dabei denkt er offenbar nicht an seine Frau. Aber diese ist eine Ausnahme. Das Gehalt eines Postbeamten ist so dürftig, daß die Familie sich genötigt sieht, eines der heiligsten Tabus zu verletzen und die Mutter arbeiten zu lassen. Immerhin: die Mutter ist eine reife Frau über fünfzig, die Tochter indes muß beschützt und für die Ehe aufbewahrt werden, sie ist eine Art Familienschatz, den man keinesfalls den Nachstellungen der bösen Welt, das heißt der Männer, ausliefern darf. Der Beamte spricht leise und mit bekümmerter Miene weiter, spielt dabei mit einem riesigen gelben Bleistift: diese Stadt sei tödlich, in seiner Jugend sei er einmal ein Jahr in Rom gewesen, und auch sonst habe er immer in großen Städten gearbeitet, in Bologna, in Florenz. Erst im Krieg sei er hierhergeschickt worden, sozusagen evakuiert. Aber in einigen Jahren werde er pensioniert, und dann werde ihn nichts mehr halten, dann ziehe er wieder nach Rom.

Zehn Uhr. Der Beamte bedauert, daß nichts für mich gekommen ist. Nochmals klopft er an die Röhre und spricht kurz hinein in das Schlangenmaul: Nichts. Am nächsten Morgen pilgere ich wieder zur Post, die Leute drängen sich. Hinter meinem Schalter, zwischen der Madonna und dem Erzengel Raphael, sitzt eine hagere Frau mit streng gescheiteltem Haar, schwarzer Brille, schwarzer, hochgeschlossener, langärmeliger Kunstseidenschürze. Als sie mich sieht, ruft sie mich und fordert die Wartenden auf, mir Platz zu machen. Sie tun es ohne Murren. Ich sei doch der Fremde von gestern abend, ihr Mann habe mich ihr beschrieben. Die Postanweisung sei zwar immer noch nicht da, aber ich solle warten, sie könne jeden Augenblick eintreffen. Ich trete zur Seite, die Schaltergespräche gehen weiter. Es sind wirkliche Gespräche, oft mit privatem Einschlag. Selten beklagt sich jemand. Und wer sich beklagt, wird einfach übersehen, niemand nimmt ihn ernst, er ist schlecht erzogen. Nach einer Stunde wird es mir zu dumm, ich bitte um eine Audienz beim Direktor. Die schwarze Frau weist mich zu einer Tür an der Rückseite des Postamts. Dort erwartet sie mich und führt mich in ein Büro, in dem eine Anzahl Herren eifrig um einen andern Herrn herum diskutieren, der ruhig an einem Riesenschreibtisch sitzt. Niemand würdigt mich eines Blickes, obwohl die schwarze Frau längere Zeit leise auf den Herrn am Schreibtisch einredet. Er hört weiterhin der Diskussion zu. Postangestellte in Uniformen schleppen Säcke herein, schichten einen Teil des Inhalts auf dem Schreibtisch auf. Der Herr am Schreibtisch wühlt lässig mit der linken Hand in den Sachen, ohne hinzusehen. Plötzlich zieht er ein Blatt heraus, steht auf und kommt zu mir. Ich schaue das Papier ungläubig an, schon hatte ich geglaubt, für immer in Kroton bleiben und von der Mildtätigkeit meiner neuen Freunde leben zu müssen.

## Das Feuerwerk

DIE LEUTE sitzen auf langen Holzbänken, die man auf dem Platz und weit hinaus auf dem Strand aneinandergereiht hat. Es ist schon dunkel, und die Cafés werden immer leerer, die Bänke immer voller. Draußen auf dem Sand stehen Gerüste, eigentümliche Gebilde, die zwar aus Stroh und Holz sind, aber wie abstrakte Rohrplastiken aussehen oder wie jene Maschinen, die keinen Zweck haben und heute in den Museen die Bewunderung oder zumindest das Erstaunen der Leute erregen. Bei genauerem Hinsehen freilich stellt sich heraus, daß die meisten dieser Gebilde aus sehr einfachen Figuren zusammengesetzt sind: Sterne, Räder, Kreise, Dreiecke.

Er schaut von der kleinen Steinbrüstung, die den Platz vom Strand trennt, hinüber; sie ißt Eis und plaudert. Besonders mit dem Mann rechts neben ihr, einem schmalen Blonden: jetzt steht sie sogar mit ihm auf, sie gehen zusammen in das Lokal. Der andere läuft zum Fenster und schaut hinein: sie telefoniert und lächelt den Blonden an. Sie kehrt mit ihm an den Tisch zurück. Der andere umkreist den Tisch einmal langsam, dann tritt er näher, daß sie ihn sehen muß. Sie winkt nur ab. Er läuft zu den Bänken, stolpert fast über die Beine der Leute, einem Kind stößt er mit dem Ellenbogen die Zuckerstange aus der Hand, auf den Boden. Das Kind heult. Er läuft durch die Reihen. Er steht vor der Felswand: Scheinwerfer strahlen die riesige Inschrift an: Hoch die Alpenjäger! Seile hängen über die Felswand herunter. In den Seilen baumeln Männer mit roten Strümpfen und roten Pullovern. Sie suchen mit den Füßen Spalten und Vorsprünge, sie klettern, aufwärts die einen, abwärts die andern. Er macht kehrt und läuft zurück. Sie sitzt bei ihren Schwestern auf einer Bank mitten im Gedränge. Sie hält das kleinste Schwesterchen auf dem Schoß. Sie weicht seinem Blick aus und antwortet nicht, als er «Guten Abend» sagt. «Ich habe dich gesucht», sagt er freundlich, aber es klingt rauh, sogar zornig. Er arbeitet sich weiter durch die Reihen. Der Platz ist jetzt leer. An den Gerüsten hantieren ein Mann und ein kleiner Junge. Er läuft durch die Straßen, er ist schweißnaß. Zu Hause ist niemand, alle sind zum Fest gegangen. Auf dem Tisch stehen noch die halbgeleerten Gläser. Er tritt ans Fenster: die Scheinwerfer sind erloschen, man sieht die Kletterer nicht mehr. Und plötzlich beginnt das Feuerwerk: die Räder drehen sich, die Sterne, die Kreise, die Dreiecke. Von den Rädern, den Sternen, den Kreisen, den Dreiecken steigen zischend Funken auf und kleine Sternchen, die oben im Schwarzen zerplatzen. Er starrt das Schauspiel einen Augenblick an. Seine Augen brennen, als wäre einer der Funken hineingeflogen. Er stürzt auf das breite Eisenbett und legt das Gesicht auf die Arme. Die Augen brennen immer mehr, die Ärmel, das Kissen werden naß. Er läuft zum Tisch und nimmt ein Glas nach dem andern, wirft sie in großen Bogen gegen die Funken, gegen die goldenen Schlangen, die sich immer tiefer in das Schwarze beißen. Er zielt genau: ein Funken nach dem andern erlischt, eine Schlange nach der andern wird blaß und stirbt. Das Spektakel breitet sich aus: jetzt gibt es farbige Blumen und riesige goldene Dolden, die unter Krachen platzen und andere Dolden, rote, grüne, blaue, weiße, gelbe, gebären. Er starrt sie an, wütend und machtlos, er hat keine Gläser mehr.

## Hermes im Hafen

In alten Zeiten gab es einen Gott, der den Auftrag hatte, die Reisenden durch unwegsame Gegenden und auf gefährlichen Wegen zu geleiten, insbesondere auch, sie in unbekannte Länder zu führen. Als die Reise ins unbekannte Land schlechthin galt der Tod, und jede Reise empfand man als Ab- und Vorbild des Todes. Bei andern Völkern und in späteren Zeiten nahm ein Engel den Platz dieses Gottes ein. Aber das macht für uns, die wir keine Götter und keine Engel haben, keinen großen Unterschied. Geblieben sind die Erfahrungen und Erschütterungen, in denen die Alten Götter und Engel fanden. Aber nicht mehr als das: wir sehen noch die Stelle, wo ein Gott oder ein Engel, wenn es noch mit rechten Dingen zuginge, erscheinen müßte. Und nur gelegentlich passiert es, daß an diese leere Stelle etwas tritt, das man als Ersatz und Vertreter dessen, den es nicht mehr gibt, verstehen kann.

Ich habe etwas voreilig gesagt, daß für uns Gott- und Engellose kein großer Unterschied zwischen Gott und Engel besteht. Aber gerade in dem Zusammenhang, um den es hier geht, muß ich doch auf den Unterschied hinweisen: ich glaube, daß der Engel eine Schrumpfform des Gottes ist. Der Gott wird noch total, als beseelter Körper erfahren. Der Körper mag noch so verklärt und übermenschlich sein, einen körperlosen Gott gibt es nicht. Es sei denn den jüdisch-christlichen Gott, der mit den Göttern, an die ich denke, nichts mehr gemein hat, wohl aber mit den Engeln. Sie sind leiblos wie er. Wenn man sie sich körperlich vorstellt, dann mit Vorliebe geflügelt, immer bereit, wegzufliegen, sich in den Lüften zu verlieren. Man denke nur an die Engel an der Decke des Baptisteriums zu Florenz: geflügelte Traumwesen auf goldenem Grund und schon hart an der Grenze der Sichtbarkeit. Der Gott aber ist mehr als körperlich, körperlicher und plastischer und gegenwärtiger als irgendein Mensch, und eben dieses frappiert uns, bereitet dem, der ihn sieht, einen schrecklichen Schmerz: er weiß nun, daß er selber nicht ganz wirklich ist, daß er, im Gegensatz zum Gott, halb im Unsichtbaren steckenblieb.

Es war hell, ich ging hinein in das Hafenareal. Die Leute waren alle zu Hause und schliefen oder aßen noch. Nur am Rande des Hafenbeckens, dort, wo die Mole begann, war jemand, der Pflastersteine aus dem Boden riß, sie auf eine Karre lud, wegfuhr und auf einen großen Haufen kippte. Erst jetzt fällt mir auf, daß ich das gar nicht genau gesehen habe, daß es genausogut umgekehrt gewesen sein kann: daß er die Pflastersteine aus dem Haufen holte, sie mit der Karre an den Rand des Hafenbeckens fuhr und sie dort in den Boden setzte. Ich sah nur die Bewegungen dessen, der arbeitete, sah sie immer genauer, je näher ich kam. Seine Arbeit schien mir schwer, die Lasten groß, die er aufladen und von einem Ort zum andern transportieren mußte. Dennoch sah man ihm die Anstrengung nicht an, er bewegte sich in einem selbstverständlichen Rhythmus. Erst als ich ganz nahe kam, sah ich die Schweißtropfen, die über seine Stirn liefen. Als er mich erblickte, ließ er die Karre stehen, grüßte mich und fragte, ob ich den Hafen kenne. Ich verneinte, er bot mir seine Führung an und ging, ohne eine Antwort abzuwarten, zur Mole.

Ein langer Damm, der auf der linken Seite nur sehr wenig aus dem Wasser ragte, hier eine schön gepflasterte breite Straße. Auf der rechten Seite, etwa drei Meter hoch, so daß man von der Straße nur auf der einen Seite das Wasser sah, zur Rechten lief eine hohe Mauer. In Abständen führten steile schmale Treppen hinauf. Er ging vor mir her, und bei der zweiten Treppe nahm er mich an der Hand und zog mich vorsichtig, als ob er fürchtete, ich könnte fallen, die Stufen hinauf. Oben lief ein schmaler Weg, ein Steingeländer deckte ihn gegen die Meerseite. Wir gingen lange, mir schien sehr lange, bis weit hinaus, bis fast zum Leuchtturm. Ich setzte mich auf das Geländer und sah aufs Wasser. Aber er sprang mit den Füßen herauf und stand auf dem Geländer und fiel nicht ins Wasser und sah ebenfalls hinaus. Nur manchmal schaute er herunter auf mich und in seinen Augenwinkeln war etwas wie Belustigung. Ich nahm ihn zum erstenmal richtig wahr. Er trug ein purpurrotes Hemd, halb offen, auf der Brust hing an einer Kette eine Medaille mit der Madonna von Capocolonna. Seine Beine steckten in Nietenhosen. Kurz, er unterschied sich auf keine Weise von den Arbeitern des Landes. Nur, daß ich mich bei ihm sicher fühlte wie bei jemandem, den man mir eigens geschickt hatte. Er fing an zu erzählen, ich weiß nicht, ob er es mir, ob er es dem Wasser erzählte: daß er in Mailand arbeite als Maurer und daß er nur in die Ferien gekommen sei hierher, wo seine Eltern wohnten. In aller Frühe stünden sein Vater und seine Brüder auf, um zur Arbeit zu gehen, da könne er nicht allein liegenbleiben, in Kalabrien kenne man keine Ferien, das sei eine norditalienische Einrichtung. Wer gesund sei, müsse arbeiten, und so habe auch er für die drei Ferienwochen Arbeit gesucht und für ein paar Tage diese Beschäftigung im Hafen gefunden. Aber in Mailand sei das Leben schöner: man müsse nicht immer arbeiten, wenigstens am Sonntag nicht. Und am Abend könne man fortgehen, solange man wolle und wohin man wolle, und man finde auch Mädchen. Hier aber gebe es keine Mädchen, außer zum Heiraten. Das alles war banal und gewöhnlich, und ich hatte es schon hundertmal gehört, es war die übliche Klage des jungen Mannes aus dem Süden, der den Norden geschmeckt hatte. Aber aus seinem Mund, wie er es leise sagte, über das Wasser hinblickend, die Hand über den Augen, als empfinge er eine Inspiration, die er mir weitergeben müsse, aus seinem Mund klang es wie eine verschlüsselte Botschaft.

Weit hinten, vom Anfang der Mole her, kamen zwei große Gestalten, eine große und eine kleine, sie kamen auf dem Weg langsam näher. Ich stand auf und lief zum Ende der Mole und lief die Treppe hinunter und dann von der Straße die breite Treppe hinauf zur Plattform, auf der der Leuchtturm stand. Er war quer gestreift, weiß und rot. Ich setzte mich in seinen Schatten und lehnte meinen Kopf an die Turmmauer. Hier unten war sie rot. Als ich meine Augen wieder auftat, war mein

Begleiter schon nahe, schlenderte herbei und schaute in den Himmel. Er legte sich neben mich auf das Pflaster, die Füße in der Sonne, den Kopf im Schatten. Ich nahm seinen Kopf und legte ihn auf meinen Schenkel. Er wachte nicht auf. Das Wasser plätscherte an die Mauer und trug einen großen grauen Fisch heran. Er war tot und lag auf der Seite, die Augen waren rot, der Bauch weiß.

## Der Geburtstag

UNTER MIR WOHNT Antonio mit seiner Frau und seinen Kindern. Am Morgen fällt mein erster Blick auf die große Terrasse vor seinen Fenstern, auf seinen kleinsten Sohn, Bruno, der immer im Unterhemd, aber ohne Hosen zwischen den von der Leine hängenden Wäschestücken herumtollt. Später finde ich Antonio mit seinen vier anderen Söhnen – er hat fünf Söhne und fünf Töchter – in der Höhle am Strand, dort bessern sie die Netze aus und grüßen mich freundlich, wenn ich vorbeikomme. Mitten unter den Jungen – und der Vater Antonio selbst, der etwa fünfundvierzig ist, schlank und drahtig, sieht noch fast aus wie ein Junge – sitzt oft Demetrio, der Großvater. Man hört es schon von weitem, wenn er dabei ist, man hört das schallende Lachen über Demetrios Witze. Wenn er nicht da ist, sind die Söhne und Antonio still und fast ernst. Demetrio ist ein rosiger Bacchus mit strahlenden hellblauen Augen. Auf dem immer noch nicht ganz grauen blonden Haar sitzt eine alte Matrosenmütze.

Ich lerne ihn näher kennen an einem Novemberabend, er sieht mich in der Bar und winkt mich zu sich: es ärgert ihn offenbar, daß alles wie verzückt auf den Fernsehschirm starrt. Er mag das Fernsehen nicht, weil es die Leute stumm macht. Ihm aber ist nur wohl, wenn gesprochen wird oder gegessen oder getrunken. Andernfalls bleibt er lieber zu Hause. Er weiß, daß auch ich gern rede, und es gefällt ihm, mich zum Verstummen zu bringen, indem er mir eine Analyse der politischen Lage in Afrika vorträgt, in langen, kunstvoll gebauten Sätzen, die er schnell und ohne Stocken genüßlich zwischen den Lippen formt und wie ein Feuerwerk aufsteigen läßt. Ich gerate von einem Staunen ins andere, ich hielt die Leute des Ortes bisher für halbe Analphabeten, vor allem die älteren. Nun höre ich diesen Mann, der einen zwanzigjährigen Enkel hat, sich sachlich und kundig verbreiten über die Probleme der jungen afrikanischen Staaten. Er weiß Einzelheiten, die ich nicht gekannt habe, so daß ich mich meiner Arroganz schäme und dem Dorf und dem ganzen Land insgeheim Abbitte leiste. Ich frage ihn, woher er das alles wisse; er lese täglich die Zeitungen aus Neapel und Rom, sagt er, mehr als eine Zeitung, denn man müsse sie schließlich vergleichen, sonst urteile man einseitig.

Ich begleite ihn auf den Nachhauseweg. Er fragt mich, warum ich noch nie an einem der großen Dorffeste teilgenommen hätte. Es habe mich noch niemand eingeladen, und überhaupt, seit ich hier sei, habe noch kein solches Fest stattgefunden. Demetrio lacht: Natürlich hätten welche stattgefunden, gerade letzte Woche eins. Aber diese großen, diese wirklichen Feste feiere man nicht im Dorf, sondern droben in den Bergen. Dort hinaus zögen sie alle zusammen. Vor einer einsamen Weinschenke mache man halt, stelle die großen Holztische zusammen, lasse die mitgebrachten Hühner und Fische und Pasta kochen. Dann werde gegessen, die ganze Nacht bis zum Morgengrauen. Man trinke, ohne Unterbrechung. Wer nicht trinken und nicht essen könne, werde ausgeschlossen und nie mehr eingeladen. «Wie ist es möglich, daß ich von all dem nichts gehört habe?» Demetrio lacht, im Dorf werde von diesen Dingen gewöhnlich nicht gesprochen, schon wegen der Frauen. «Feiert ihr die Feste ohne Frauen?» «Aber wo denkst du hin, unsere Frauen müssen doch zu Hause bleiben. Doch ganz ohne Frauen, da hast du recht, geht es natürlich nicht. Wir nehmen eben fremde Frauen mit. Ich weiß nicht, ob man bei euch so etwas kennt: wir trinken und essen und singen die ganze Nacht. Und wir machen Spiele. Wenn einer aufgerufen wird, muß er auf den Tisch steigen und tun, was man von ihm verlangt. Er darf nicht herunterfallen, auch wenn er noch so betrunken ist.» «Betrunken, hier? In diesem Land gibt es doch keine Betrunkenen.» «Bei solchen Gelegenheiten sind wir es alle. Jeder muß bereit sein, auf den Tisch zu steigen und alle Fragen beantworten, alle, oder ein Lied vorsingen, oder was weiß ich ...»

Am nächsten Abend sitzt Demetrio im ‹Aurora› und winkt mich wieder zu sich: «Heute bist du mein Gast, heute ist das Fest des heiligen Martin, des Patrons aller Gehörnten, das müssen wir feiern!» Er bestellt Rotwein und eine große Schüssel Nudeln. Er ißt aus der Schüssel, ich aus dem Teller. Er schaut mich immer wieder unzufrieden an, sagt aber nichts, bis auch ich aus der Schüssel esse. Er strahlt: «So ist es richtig, jetzt gehörst du zu uns!» Sein ältester Enkel kommt herein mit einer ganzen Schar von Freunden. Sie umringen unsern Tisch, drücken alle Demetrio die Hand, wünschen ihm Glück. «Wissen Sie nicht», fragt mich der Enkel, «daß mein Großvater heute seinen siebzigsten Geburtstag hat?» Sie setzen sich zu uns, Demetrio bestellt neuen Wein. «Ich bin heute in der Stadt gewesen», verkündet er den jungen Leuten, «ich war bei den Damen, und ich habe es zweimal gemacht!» Die Jungen jubeln, sie beglückwünschen ihn aufs neue, klopfen ihm begeistert auf die Schulter. Bald fängt er wieder an, über Politik zu reden. Er meint, der Kommunismus wäre das beste für Italien, dann endlich würde etwas für die Leute getan, heute lasse man sie in Armut und Unwissenheit verkommen. Meine Einwände nimmt er nicht ernst: Nein, ein italienischer Kommunismus wäre natürlich anders als in den Oststaaten. Überhaupt, schlechter als jetzt könne es nicht mehr werden. Auch als ich ihm sage, daß es unter dem Kommunismus keine Damen in der Stadt geben und daß er seinen Geburtstag in irgendeinem Kollektiv mit roten Wimpeln und Reden über Erfüllung und Übererfüllung irgendwelcher Pläne begehen werde, hält er das alles für Schwarzseherei: Was ich da beschriebe, sei in Italien unmöglich. Die Jungen beteiligen sich nicht am Gespräch, hören höflich zu, sie sind langweilig, sie wissen nichts und scheinen sich nicht einmal dessen zu schämen. Der Alte ist ein Phänomen, das sie offenen Mundes ehrfürchtig anstaunen. Nun, er ist ein Phänomen. Um elf steht er auf, seine Frau sei schlafen gegangen, er wolle nun nach Hause gehen. Ob sie nicht traurig wäre, daß er den ganzen Geburtstag ohne sie gefeiert habe, frage ich taktlos. «Nein, sie ist es so gewöhnt seit fünfzig Jahren: sie ist im Hause, und ich bin draußen, was ich draußen tue, kümmert sie nicht. Dafür hat sie sieben Kinder von mir.« Er schwenkt beide Hände in der Luft zum Abschied, tritt zur Tür hinaus und fängt an zu singen: man hört ihn noch lange von der Straße herauf.

## Schloß im Gebirge

Der weg ist steil, streckenweise besteht er aus Treppenstufen. Wie kam man da mit Wagen herauf? Die Finsternis wächst. Nicht nur wegen der Nacht, die herabstürzt, sondern auch wegen der fremdartigen Nadelbäume, die ihre Äste immer tiefer heranstrecken, deren Nadeln zuerst silbern waren und nun immer schwärzer und blauer werden. Hinter der Mauer, nach dem ersten Tor, ein Garten. Überall leere Springbrunnen. In ein Becken trete ich aus Versehen. Es ist nicht leer, sondern voller Vogelmist, mein Fuß sinkt tief ein. Ich laufe in den inneren Torweg, da streicht mir etwas übers Gesicht. Eine Fledermaus? Eine alte Fahne, die man als Trophäe in die Wand gesteckt hat. Sie ist zerfetzt, hängt nur noch an wenigen Fäden zusammen. Die Treppe hat Löcher. Aber, obwohl meine Füße immer wieder steckenbleiben, will ich hinauf, sehen, was da oben steht, riesengroß und schneeweiß. Es ist eine Büste, mein Kopf reicht kaum an ihren Halsausschnitt. Das eine Auge schwarz, aus ihm quiekt es kläglich: Katzen. Rechts davon eine offene Tür, ein großer Raum, graues Licht, fast dunkel. Ich berühre Polstermöbel: rauhes Tuch. Gobelins? Sacktuch? Ich setze mich auf ein Sofa, breche durch. Mein Gesäß ist im Rahmen eingeklemmt, ich arbeite mich mühsam frei. Ich stoße an etwas Gläsernes: ein Glockenspiel spielt ein Menuett. Eine Wanduhr? Die Balkontür ist ohne Flügel, ein Wind zieht herein. Draußen ist es kalt. Drunten im Park etwas Dunkles, Steinernes. Eine Kaskade, trocken auch sie, vielleicht auch voller Vogelmist. Die kahlen Berge sehr nahe, leblos, nirgends ein Licht, nirgends ein Laut. Aber auf dem Geländer der Kaskade etwas Weißes, es bewegt sich, verhält. Plötzlich ein runder Schimmer, ein großer Fächer: ein Pfau. Ich drehe um. Der Pfau schreit kläglich, gequält. Oder ist es ein Uhu? Bin ich gar in die Höhle der nahen Skylla geraten:

*Drinnen wohnt nun Scylla, das fürchterlich bellende*
*Scheusal,*
*Deren Stimme so hell wie des neugeborenen Hundes*
*Hertönt; aber sie selbst ein entsetzliches Grauen, daß*
*schwerlich*
*Einer sich freut sie zu sehn, wenn auch ein Gott ihr*
*begegnet.*
*Siehe, das Ungeheuer hat zwölf unförmliche Füße;*
*Aber sechs der Häls' unglaublicher Läng'; und auf jedem*
*Droht ein gräßliches Haupt, worin drei Reihen der Zähne,*
*Häufig und dicht, umlaufen, und voll des finsteren Todes.*
*Halb ist jener Leib hinabgesenkt in die Felskluft;*
*Auswärts streckt sie die Häupter hervor aus dem*
*schrecklichen Abgrund,*
*Schnappt umher und fischt sich, den Fels mit Begier*
*umforschend,*
*Meerhund' oft und Delphin' und oft noch ein größeres*
*Seewild,*
*Aufgehascht aus den Schaaren der brausenden Amphitrite.*
*(Voss' Odyssee XII. 73-97)*

## Die Übertreibung

Eine art Perfektionismus trieb mich bis an das Südende Kalabriens, bis an die Spitze der Halbinsel. Der Student in der Eisenbahn hatte mir geraten, nur Catanzaro anzuschauen. Aber ich konnte es nicht lassen, ich wollte noch Reggio sehen (schon wegen der Kraniche des Ibykus), das sollte Höhe- und Schlußpunkt meiner Reise sein. Es gibt vielleicht die eine oder andere Stadt im Ruhrgebiet, die unter einer kommunistischen Herrschaft so grau und trostlos werden könnte, wie Reggio Calabria es ist. Ich ging vom Bahnhof durch eine endlose gerade Straße. Auf beiden Seiten einstöckige lehmgelbe Häuser. Die Straße wurde immer wieder gekreuzt von ebenso schnurgeraden Straßen mit ebensolchen einstöckigen lehmfarbigen Häusern. Und wenn ich abbog und durch eine dieser Querstraßen in eine Parallelstraße floh, so sah ich dort wieder dasselbe. Es war ein vollkommen ausgedachtes und genau ausgeführtes Labyrinth, das von oben, auf einer Landkarte, zweifellos übersichtlich war. Ich geriet in ein riesiges Hotel namens Miramare: ein pomphafter Bau aus der Zeit vor der Jahrhundertwende, offenbar eines der wenigen Gebäude, die das große Erdbeben von 1908 übriggelassen hat. Es erinnerte in vielem an das Hotel in Tropea: auch hier alles riesig, düster, kalt. Nur noch riesiger, noch düsterer, noch kälter. Dafür funktionierten hier die weniger modernen technischen Einrichtungen. Mein Fenster schaute hinaus auf den Lungomare, einen Quai, der wiederum durch seine übermäßigen Dimensionen erschreckte. Aber man sah darüber hinweg auf die Straße von Sizilien, auf Messina und die sizilianischen Berge. Das war mein Trost in Reggio. Ich ging auf einen Platz – eine Piazza, wo man lebt und wo sich alles trifft, fand ich in dieser Stadt nicht – und dort verkündeten Plakate an einem scheußlichen Palast, hier werde der neue, eben in der Presse heiß umstrittene Film ‹Rocco und seine Brüder› gegeben. In dem Saal, der in demselben käsigen Gelb getüncht war wie die Häuser der Stadt und dessen Boden mit Asche und Zigarettenstummeln bedeckt war, sah ich durch Rauchschwaden einen Film, der mich desto mehr erschütterte, je weniger die Zuschauer davon beeindruckt zu sein schienen. Sie lachten oft und von Herzen, machten witzige Bemerkungen, führten Gespräche über ihre Privatangelegenheiten und Geschäfte, standen auf und gingen durch den ganzen Raum, um einander zu begrüßen. Unterdessen sah man auf der Leinwand einen Toren vom Lande sich durch das Dickicht einer Industriestadt kämpfen, man sah Vergewaltigung, rohe Schlägerei, bestialischen Mord. Ich ertrug den Kontrast zwischen einem solchen Publikum und einem solchen Kunstwerk nicht mehr – ich war ungerecht: dieses Publikum kann dieses Kunstwerk nicht verstehen, es lebt zu nahe daran – und lief hinaus und in mein Hotel. Am Morgen lag die Stadt wie ein Albtraum auf mir. Aber als ich die Fensterläden aufstieß, war zu meiner unsäglichen Verwunderung strahlendes Wetter. Als mich nachher auf der Straße, wie es zu diesem Lande gehört, ein freundlicher Mann mit Spitznase und Hornbrille ansprach: Ich hätte meine Zeitung so ungeschickt gekauft, ich sei sicher ein Fremder, er wolle mir helfen, war ich herzlich dankbar, daß er mich zum Frühstück begleitete und mir erzählte, er sei Katasterbeamter, studiere aber daneben Musik, und zwar Violine am Konservatorium zu Messina. Ich war geradezu gerührt, als er mich zu einem Friseur führte und still wartete, bis ich rasiert war. Und ich fand keine Worte mehr, als er mich auch noch auf den Bahnhof brachte. Aber wenn der Bürgermeister persönlich mich zu einem weiteren Aufenthalt im Hotel Miramare eingeladen hätte, ich wäre nicht länger als vierundzwanzig Stunden in Reggio geblieben.

## Tageszeiten

Ich gehe wieder durch die deutsche Großstadt, wo es keinen Tag und keine Nacht gibt: wo der Tag nicht hell und die Nacht nicht finster ist und wo man nicht genau weiß, wann der eine aufhört und die andere anfängt. Es gibt hier zwar auch eine Sonne, sie beleuchtet die Dinge freundlich von ferne, weshalb sie immer genug Dunkelheit in sich zurückbehalten, um in der Nacht nicht ganz dunkel zu erscheinen. Die Sterne sind vielleicht nicht heller als in Kalabrien, aber sie sind ein Schleier über dem Himmel, dort sind sie einzelne, verlorene, glühende Punkte. Daher kommt es, daß uns das Licht hier nie ganz verläßt, daß die Nacht keine Katastrophe ist wie am Mittelmeer. Aber es gibt auch die Explosion der Sonne, die Orgie des Lichtes nicht, alles bleibt, wie es ist, und geht nicht wie dort in die Sonne ein. Dafür setze ich mich hier in der Dämmerung nicht in ein leeres Boot: die Dämmerung dauert zu lange. Und ich habe auch keine Angst und bin nicht traurig um diese Stunde. Es gibt hier keinen Rausch des Lichts, woraus ich schrecklich geweckt werden könnte.

# Die Düne

# I

Als albin pomerz auf die Terrasse trat, war es noch hell. In den Büschen lärmten die Zikaden so laut, daß es ihm lästig war. Er setzte sich an einen Tisch dicht an der Schlucht, die den Hang entzweiriß. Die Terrasse mit der Nachtbar «Trobadór» nahm den Hang auf beiden Seiten der Schlucht ein, eine Holzbrücke verband die beiden Hälften der Terrasse, ihre Rückwand war der Felsen. Man hatte sie bis auf die Likörflaschen, die in Nischen standen, ohne Schmuck gelassen. Hinter den Flaschen waren Lampen, so daß sie aus sich selber zu leuchten schienen. Es fing an, dunkel zu werden. Albin Pomerz sah jetzt sogar das Flackern der Öllampe unter einem Madonnenbild, einem wertlosen Öldruck, einer süßlichen Kopie nach einem byzantinischen Original, die ebenfalls in die Felswand eingelassen war. Ringsum waren kleine verdorrte Blumensträuße mit Klammern befestigt. Die Felswand hing etwas über. Der Schanktisch mit dem Mädchen dahinter, das mit dem Handtuch über die Köpfe der dösenden Kellner wischte, stand in einer Art Höhle und war vor Regen geschützt. Aber mit Regen rechnete man hier nicht.

Zu Brigitte gehörte der Regenschirm fast so wie der Seidenschal mit den langen Fransen. Zwar trug sie ihn nicht immer, aber wenn Albin an sie dachte, sah er sie immer in diesem Schal. Sie fühlte sich darin geschützt gegen die Welt. In Wirklichkeit war sie nicht ängstlich und fragte zum Beispiel nie, was sie anziehen solle. Und auch als er sich wunderte, daß sie einen goldenen Gürtel zu ihrem rohseidenen grünen Sommerkleid trug, goldene Gürtel waren eine Zeitlang Mode, fuhr sie in ihrer Rede fort, als ob sie seinen Blick gar nicht gesehen hätte. Sie sprach von ihrem gemeinsamen Gang durch die Via San Gregorio VII, denn an jenem Nachmittag hatte sie ebenfalls das grüne Rohseidenkleid getragen. Sie fragte ihn, ob er sich noch an die Staubwolke erinnere, welche die vielen Autos und Motorräder und besonders die Autobusse ringsum aufwirbelten. An ihre Klagen, daß er sie zwinge, mit ihren weißen Schuhen zu Fuß zu gehen. Er sagte: Ja, er erinnere sich. Endlich waren sie draußen bei Signora Letizia und sahen, daß der Blick durch den Garten auf St. Peter zum großen Teil versperrt war. Eines der vielen neuen Institute, die von Nonnen geleitet wurden und in jener Gegend eins nach dem andern aus dem Boden schossen, war neben dem Grundstück von Signora Letizia in den vergangenen zwei Jahren, seit dem letzten Besuch von Albin und Brigitte gebaut worden. Sie klingelten, die Signora empfing sie mit Schelten und Jammern: Man habe ihren Garten in einen Hinterhof verwandelt, und sie könne eben noch verhindern, daß die umliegenden Klöster ihren Kehricht hineinwürfen. Das war natürlich übertrieben, und sie legte auch gar keinen Wert darauf, daß man ihr glaubte, diese Tiraden gehörten zur Konversation. Während sie sprach, führte sie die Gäste in den Hauptraum, einen Gartensaal mit weißen Regalen voller Bücher an den Wänden. Die hell getünchten untapezierten Wände zeigten dunkle Stellen, wo früher Bilder hingen, die man später umgehängt hatte. Die Teppiche waren an manchen Stellen abgeschabt, an manchen fleckig. Albin hatte diese Dinge schon immer beachtet und Brigitte darauf hingewiesen. Sie hatte sich über seine Pedanterie lustig gemacht und gemeint, er wäre wohl schon ein unerträglicher Junggeselle, wenn sie nicht gekommen wäre. Sie machte solche Aussetzungen damals noch lächelnd und bat so um Verzeihung für das, was sie sagte. Jetzt tauschte sie mit Albin einen respektlos belustigten Blick, senkte ihn dann aber gleich beschämt auf ihr Kleid, und er sagte: «Du hast ein schönes Kleid.» Signora Letizia sah ihn verwundert an und rief: «Kakadu, Kakadu!» Kakadu hieß ihr Hündchen.

Es war jetzt ganz dunkel, nur die Flaschen in den Nischen der Felswand verbreiteten etwas Licht. Auf dem äußern Geländer trugen Holzpfeiler eine Girlande von bunten Glühlampen, die plötzlich aufleuchteten. Das Madonnenbild hätte man im Schein der Öllampe nun ernstlich für eine Ikone halten können. Das Hündchen der Dame, die sich gerade an den Nebentisch setzte, sah Kakadu zum Verwechseln ähnlich, es hatte die gleichen langen Ohren und langen Haare, mit denen es den Boden wischte, was Albin Pomerz an Kakadu immer geärgert hatte. Ein Grund mehr für Brigitte, ihn einen Pedanten zu schelten. Es störte ihn, als er jetzt an der Spitze seines schwarzen Schuhs einen weißen Flecken sah. Das kam von der Treppe, die man durch den Felsen herabsteigen mußte. Die Autostraße führte ganz oben vorbei, und zum «Trobadór» konnte man nur über eine Treppe gelangen, die in einen Felstunnel gehauen war. Das Gestein war weiß und bröckelte.

Das Hündchen der Dame am Nebentisch kam zu ihm herüber und beschnupperte seine schmutzige Schuhspitze. Er zog den Fuß an sich und holte zu einem heimtückischen, wenn auch bloß leichten Schlag gegen das Hündchen aus. Es jaulte, wich aber kaum zurück, bis die Dame es rief. Sie hatte das gleiche streng in der Mitte gescheitelte, glänzende Haar wie Signora Letizia. Aber es war grau, während Signora Letizias Haar schwarz war, gefärbt, wie Brigitte immer behauptete. Die Dame am Nebentisch trug über dem strengen Haar einen gelben Samtturban, und das Perlenhalsband war fünffach um ihren Hals geschlungen. ‹Eine aufdringliche Person›, dachte Albin Pomerz.

Signora Letizia trug sich herausfordernd einfach, fast nachlässig. Damals hatte sie das gleiche graue Schneiderkleid an, worin Brigitte und er sie schon mehrmals gesehen hatten. Und sie hatten sie seit zwei Jahren nicht mehr gesehen. Kakadu saß neben ihr, tief in den Sessel gekuscht. Sie fuhr fort in ihren Klagen über die Verbauung der Aussicht und erzählte von einem Gerücht, nach dem auch das letzte Anliegergrundstück von einer religiösen Genossenschaft aufgekauft und verbaut werden sollte. Damit würden die Büsche auf jener Seite verschwinden und vor allem: man würde die Peterskuppel, die jetzt darüber stand und auf welche die Fenster des Gartensaals schauten, nicht mehr sehen. Sie stand auf, ging zum Teewagen und goß persönlich eine Tasse für Brigitte ein. Das wunderte Albin sehr, denn sie rührte sonst keinen Finger, wenigstens nie dann, wenn man es erwartete, öfter kam es vor, daß sie plötzlich in den Garten ging, um Blumen zu gießen, das oft mitten im Gespräch. Man tat dann am besten, ihr zu folgen, und sie setzte während ihrer Tätigkeit die Unterhaltung fort, als wäre das das Selbstverständlichste von der Welt. Im übrigen machte sie sich nicht einmal die Mühe, ihre alte Dienerin aufzufordern, den Tee oder sonst ein Getränk hereinzubringen, sondern sie bat ihre Gäste, die alte Gioconda selber um Tee zu bitten oder sich zu holen, was sie wünschten. Und oft vergaß sie auch das, saß mit Kakadu im Sessel, knabberte Zwieback, den sie mit dem Hündchen teilte, und goß sich seelenruhig den Tee ein, der in einer Kanne auf einem Tischchen neben ihr stand. Albin konnte sich nicht erinnern, jemals in das Haus gekommen zu sein, ohne daß die Kanne und die Tasse für die Signora bereitstanden. Er fand sie geizig. Auch deswegen schalt ihn Brigitte einen Pedanten. Als Signora Letizia, gefolgt von Kakadu, Brigitte den Tee brachte, fiel sein Blick zum zweitenmal auf deren grünes Seidenkleid, und er sagte wieder: «Dein Kleid ist aber schön.»

Zur Dame am Nebentisch setzte sich ein Herr. «Ich habe auf dich gewartet», sagte sie traurig. Er entschuldigte sich leise. Albin Pomerz verstand nicht, was er sagte. Aber Tonfall und Miene zeigten, daß der Mann ein schlechtes Gewissen hatte. Eine Gruppe von jungen Leuten zog Albins Aufmerksamkeit vom Nebentisch ab. Es waren vier schwarzhaarige, dunkelhäutige Burschen, wie in dieser Gegend alle aussahen. Sie trugen rote Hemden und schwarze Hosen. Sie setzten sich an die Theke, von wo die Kellner aufgestanden waren, um die Gäste zu bedienen, denn viele Tische des «Trobadór» waren jetzt besetzt. Die Burschen schäkerten mit dem Mädchen hinter der Theke, und das Mädchen verhielt sich zu ihnen anders, als es sich zu den Kellnern verhalten hatte. Es strich keinem übers Haar, sagte fast nichts mehr, lachte nur zuweilen über einen Witz und ließ etwa zu, daß einer ihre Hand nahm und sie küßte. Aber das tat sie wie gezwungen, und auch ihr Lachen klang verängstigt. Dennoch widmete sie sich ganz den vier und beachtete die Gäste, die an der Bar saßen, nicht mehr. Die Uhrenmänner, so hießen die Burschen auf dem Werbeprospekt des «Trobadór», hatten Vorrechte. Die Bargäste, an einem Ende der Theke zusammengedrängt, sprachen leise zusammen und tranken schnell ihre Gläser aus, eins nach dem andern, als wollten sie sich Mut zutrinken. Die Atmosphäre, obwohl über den Tischen ein klarer Nachthimmel stand, gewann immer mehr etwas Vorgewitterhaftes.

Die Dame am Nebentisch fürchtete sich nicht. Sie saß schweigend neben ihrem Mann. Die Beziehung zwischen den beiden war wieder im Gleichgewicht. Sie schienen unter nichts auf der Welt so sehr zu leiden wie unter einem wenn auch noch so geringen Zerwürfnis. Das Paar trank seinen Aperitif, eine milchige Flüssigkeit, deren bloßer Anblick Albin Pomerz ekelte. Sie tranken in großen Abständen und in kleinen Schlucken, jedesmal wenn sie die Gläser aufhoben, nickten sie einander lächelnd zu. Sie waren zufrieden und wohnten ineinander, in einem Zelt, das sie gegen die Stimmung schützte, die sich von der Theke her ausbreitete.

Albins zweites Kompliment für ihr Kleid machte Brigitte verlegen: das meergrüne Rohseidenkleid offenbarte eine Seite von ihr, die sie sonst verbarg. Sie wollte nicht, daß Signora Letizia sie und ihre Beziehung zu Albin erkannte, den Anspruch, der darin lag, und das Scheitern, das sich schon anzeigte. Brigitte wollte kein Verständnis, kein Mitleid und vor allem keine Ratschläge von der Signora, von ihr am allerwenigsten, denn wenn irgend jemand, war sie vielleicht kompetent. Und jetzt, als Albin das Kleid schon das zweite Mal bewunderte, hob Kakadu seinen Kopf auf von dem Teppich, wo er sich zum Schlafen eingerichtet hatte, und schaute ihn an, als hätte er etwas Unerhörtes gesagt. Signora Letizia aber sagte: «Nein, das glaube ich nicht, ihr blau-silbern gestreiftes Kleid ist viel schöner, steht ihr viel besser. Aber die Männer, was will man? …» Es war falsch gewesen, vor Signora Letizia auf Brigitte hinzuweisen.

Albin hatte sich durch das Auftreten der Signora täuschen lassen und geglaubt, sie sei frei von den üblichen Anwandlungen der Eifersucht, wie man sie den Frauen nachsagt.

Die Uhrenmänner schwärmten von der Bar aus. Von überall her winkten die Gäste sie an ihre Tische. Die Dame am Nebentisch rief «Sebastián», so leise, daß Albin Pomerz es eben noch hören konnte. Einer der jungen Männer kam sofort zu dem Paar an den Tisch, als ob er nur auf diesen Ruf gewartet hätte. Er machte eine steife Verbeugung, von der man nicht wußte, ob sie aus Trotz oder aus Verlegenheit so ausfiel.

Das Ausschwärmen der Uhrenmänner löste die Vorgewitterstimmung auf. Es war der Ausbruch des Gewitters. An den Tischen fühlte man sich befreit und sprach laut. Nicht nur an den vieren, an denen Uhrenmänner saßen. Das heißt: nur an dreien von diesen vier Tischen ging es laut zu. Am Nachbartisch von Albin Pomerz, wo der Uhrenmann saß, der mit Sebastián gerufen worden war, blieb es auffällig ruhig. Das Paar und der junge Mann wechselten nur gelegentlich ein paar Worte. Überall sonst wurden unter Rufen und Gelächter Flaschen entkorkt. Der Lärm steigerte sich von Minute zu Minute, der «Trobadór» schien nahe daran, in Raserei zu geraten.

Man sah das Meer nicht in der Finsternis, die Brandung schwieg. Und da der «Trobadór» von Lichtern erhellt war, erschien der Himmel schwarz und sternlos. Das Öllicht unter dem Madonnenbild an der Felswand flackerte wie immer. Die Aureole um das Haupt der Madonna, der Saum ihres Mantels glänzten. Das Bild war eine Ikone, der Schein trog nicht: Vor ihrer Unternehmung traten die Uhrenmänner immer vor das Bild, sie stifteten gemeinsam das Öl und die Blumensträuße, die mit rostigen Klammern ringsum an der Felswand festgemacht waren.

Es war auf der Treppe, vor drei Monaten, daß mich Brigitte an das grüne Rohseidenkleid und an den Nachmittag bei Signora Letizia erinnerte. Und ich wußte, das war ein letzter Anruf, sie würde jetzt zu Helmut zurückkehren. Sie wollte mich nochmals an unsere, an meine Liebe erinnern. Aber auch an meine Unzulänglichkeit: weil ich nicht verstand, sie zu schonen, und sie vor Signora Letizia bloßgestellt hatte. Schwach sein wollte sie vor mir, aber nicht vor jener Frau, die sie um ihre Kraft beneidete. Die Erwähnung des grünen Kleides und des Besuchs bei der Signora änderte nichts daran, daß ich weggehen mußte. Im Gegenteil, mein bestimmtes Gefühl wurde zum Zwang, diese Stunde konnte nicht anders enden.

Als Brigitte mein Zimmer betrat – das Mädchen von Frau Brügge, so hieß meine Vermieterin, hatte ihr wie immer die Tür aufgemacht –, fand sie mich auf dem Bett beim Durchblättern von Sportillustrierten. Sie war den Anblick gewohnt und sagte nichts. Es gab, ein halbes Jahr früher noch, eine Zeit, in der sie etwa fragte: Wie weit bist du mit deinem Buch?, oder: Hast du heute gut arbeiten können?, oder: Bist du sehr müde von deiner Arbeit? Aber am Ende hatten mein Schweigen und meine ausweichenden Antworten ihre Wirkung, und sie fragte nichts mehr. Das war schlimmer. Denn am Anfang war sie mit jeder Antwort zufrieden und fing gleich an, von etwas zu sprechen, was sie gerade beschäftigte, mit Vorliebe von Bildern, die sie irgendwo reproduziert oder ausgestellt gesehen hatte. Als Malerin, glaubte sie, müsse man sich für Bilder und Ausstellungen interessieren. Im Grunde aber wartete sie darauf, daß ich sie unterbrach und von etwas Persönlichem zu reden anfing. Zum Beispiel von meinen Kleidern und deren Zuständen. Ich habe Zeiten, in denen mich meine Hemdenknöpfe sehr beschäftigen, weil täglich welche abfallen, Zeiten, in denen mich das Problem der Enge und Weite meiner Hosen, der Modernität der Muster meiner Schlipse so sehr einnimmt, daß ich den Eindruck eines Dandys machen könnte, wenn ich nur eine Spur von dem hätte, was gemeinhin als guter Geschmack gilt. Seit ich Brigitte kenne, weiß ich, nachdem ich es schon lange geahnt hatte, daß ich für diese Dinge überhaupt keinen Sinn habe. Keinen Sinn, aber desto mehr Interesse. Es entspringt meiner Nervosität: mein Geist muß etwas hin und her bewegen können, und meiner Trägheit: ich scheue jede ernsthafte Beschäftigung, für deren Ergebnisse man mich zur Rechenschaft ziehen könnte. Früher war Brigitte froh gewesen, wenn ich das Gespräch von Bildern auf Kleider brachte. Sie gab mir Ratschläge und bot sich auch an, mich bei meinen Einkäufen zu begleiten. Seitdem ich aber auf die Fragen nach meiner Arbeit immer verstockter schwieg und mich immer ausschließlicher damit beschäftigte, in den Illustrierten zu blättern, war das Gespräch zwischen uns fast ganz versiegt: Brigitte fühlte sich so lange berechtigt, mit mir über das, was sie verächtlich Banalitäten nannte, zu sprechen, als ich bereit war, den Eintrittspreis in diese nach ihrer Ansicht niedrige und bedenkliche Sphäre zu entrichten, die Reverenz vor dem Geist, der Kunst, dem Höheren zu machen, wie einem Kunstschriftsteller und einer Malerin zukam. Als ich meine Uninteressiertheit an der Kunst und am Geistigen überhaupt immer unverhüllter zeigte, fand Brigitte den Eingang ins Gespräch mit mir nicht mehr, wir schwiegen uns an. Höchstens ließ einer gelegentlich einen Satz fallen, auf den der andere nicht oder nur kurz und der Form halber einging. An diesem Vormittag vor jetzt drei Monaten geschah auch das nicht. Ich blätterte stumm weiter in den Illustrierten, sie saß mir gegenüber im Sessel, endlich fand ich die Lage unmöglich, legte die Illustrierten auf die Seite, fing an, mein Hemd aufzuknöpfen und sagte, als ich die Hand schon am obersten Hosenknopf hatte: «Du, zieh dich aus und komm!» Damit wollte ich eins der üblichen Verfahren einleiten, wodurch wir uns jeweils über die Verlegenheit weghalfen. Andere Verfahren waren: daß wir ins Kino oder ins Kaffeehaus gingen, daß wir zusammen Freunde, zum Beispiel Helmut Glöckner besuchten. Wir liebten uns, um uns nicht zu streiten oder nicht zu langweilen. Damit waren wir an dem Punkt angekommen, wo sich manches Ehepaar den Hauptteil seines gemeinsamen Lebens aufhält. Aber wir waren beide ungeeignet für diese Art Beschwichtigung und erbittert übereinander, weil wir uns zu Komplizen eines Verbrechens machten: den Gott als Liftboy und Hausmeister zu benutzen. Wir gaben ihm eine Funktion. Heute verhinderte Brigitte, daß wir durch den gewohnten Rausch in den gewohnten stillen Ekel voreinander glitten. Sie sagte: «Nein, ich meinte, du wolltest ein neues Hemd kaufen.

Wir müssen uns beeilen, wenn wir noch vor Ladenschluß hinkommen wollen.»

Im Treppenhaus fing sie auf einmal an, vom Besuch bei Signora Letizia zu sprechen, und fragte mich, ob ich noch wüßte, daß sie damals das grüne Rohseidenkleid trug. Die Distanz zwischen damals und jetzt, zwischen der Fahrt durch die staubige Vorstadt und dem Abstieg durch das schmutziggrün gestrichene Treppenhaus war zu groß. Es gab nicht einmal mehr eine Spannung zwischen uns. Zwischen wem eigentlich hätte sie stattfinden sollen, da es mich nicht mehr gab? Damals vor einem Jahr waren wenigstens noch Reste von mir vorhanden gewesen. Jetzt gab es mich nicht mehr. Ich wußte es, als Brigitte von dem Besuch bei Signora Letizia sprach: Der Zustand von damals war unerfreulich gewesen, ich stieß immer an mir selber an, an der Wand, die mich von Brigitte trennte, ich lief immer gegen diese Wand. Jetzt lief ich nicht mehr und stieß nicht mehr an, ich lag in einem toten Wasser, so lange schon, daß ich bereits in Verwesung überging. Die plötzliche Erhellung meines Zustandes machte ihn nicht besser. Mein Blick zersetzte die Schlinggewächse und Algen, selber schon Produkte der Auflösung, weiter. Ich schloß die Augen und tappte, indem ich mich am Geländer festhielt, die Treppe hinunter.

Im Hausflur bat mich Brigitte mit der rituellen zaghaften Stimme, ich möchte doch hinaufgehen und ihren Schirm holen, sie hätte ihn im Vorraum vergessen. Ich stieg die Treppe wieder hinauf und wunderte mich, routinemäßig, immer noch darüber, daß sie heute wieder den Schirm mitgebracht hatte, denn das Wetter war leidlich schön. Freilich standen ein paar Wolken am Himmel, und das war ein ausreichender Grund für Brigitte, ihren Schirm mitzunehmen.

Als ich herunterkam, war Brigitte nicht mehr im Hausflur, sie wartete wohl auf der Straße. Ich drehte um und lief zum rückwärtigen Ausgang hinaus ins Museum, wo ich seit drei Jahren nicht mehr gewesen war. Wenn man mich gefragt hätte, warum, so hätte ich geantwortet: Um nicht an das Buch über die antiken Torsen erinnert zu werden, das all die Zeit liegengeblieben war. Aber das war nicht der Grund. Die schöne Treppe war noch schlimmer als vor drei Jahren. Die Mäander an der Decke bedrohten mich nicht mehr unbestimmt, sie hatten mich längst hinabgezogen. Ich wollte gleich in den Saal mit den Torsen hineinlaufen. Aber von der Garderobe her rief es: «Ihr Schirm!» Er hing an meinem Handgelenk, ich hatte ihn vergessen.

Dann war ich im Torsensaal. Die Glasdecke ließ ein gleichmäßiges Licht einfallen. Ich erinnerte mich an den Schock, den ich vor drei Jahren, als ich das letzte Mal hier gewesen war, erlitten hatte. Ich erinnerte mich daran als an etwas ganz Vergangenes, Unbegreifliches, das einem anderen widerfahren war. Der Schock hatte eine so große Bewegung ausgelöst, daß ich das, was ich vorher gewesen war, die Welt, in der ich gelebt hatte, in mir nicht wiederfinden konnte. Jetzt wurde ich wieder ruhig. Die Düne war für eine Zeit in Bewegung geraten. Jetzt ruhte sie wieder, aber ganz woanders. Und ich lag in der Düne, unter dem Sand, war selber Sand. Es war heiß, und das Licht war trüb: Der Sand strahlte die Sonne wieder aus, die ihn einmal, als das, was jetzt unten war, oben lag, angestrahlt hatte.

Die Torsen waren stumpfe Klötze, sie waren tot, sie waren Stein. Ich begriff nicht mehr, warum sie mir vor drei Jahren so viel lebendiger als alles Leben erschienen waren. Sie waren inzwischen erstickt in der Umschlingung der Mäander, der weißen Schlinggewächse, die sie damals noch abgeschüttelt hatten. Jetzt lagen sie mit verkrampften Muskeln erstarrt da. Sie waren verstümmelte Leichen, die man aus der Asche eines Vulkans ausgegraben hatte, historische Merkwürdigkeiten und mir gleichgültig. Ich gehörte selber zu ihnen, war selber ein Klotz, der sich nicht mehr bewegte, weil das in ihm, was ihn bewegte, erloschen war. Ich war selber ein Torso. All das ringsum, das waren nicht einmal Merkwürdigkeiten, es war alles das gleiche, das ich selber war. Warum hätte es mich anziehen sollen? Die Mäander hatten mich heruntergezogen und mich so lange festgehalten, bis ich so geworden war wie alles hier innen. Seine Natur hatte ich damals höchstens geahnt, jetzt wußte ich genug darüber, es war mit uninteressant. Ich langweilte mich. Ich konnte hingehen, wohin ich wollte, ich blieb doch immer auf dem Grund der Düne. Ich holte den Schirm aus der Garderobe und reiste, so schnell es eben ging, fort von diesem Kontinent. Ich folgte meiner Schwerkraft und geriet wieder in eine Art Bewegung. Die Düne wanderte wieder, ich war mittendrin, ich fiel, ich sank. Ich bewegte mich nicht mehr, aber es bewegte mich. Ich hatte es satt, mich selber zu bewegen, es kam auf mich nicht mehr an, ich reiste hierher.

Am Nebentisch wurde fast nichts gesprochen. Der Uhrenmann, den die Dame mit Sebastián gerufen hatte, saß da in seinem grellroten Hemd und lächelte vor sich hin. Sein Lächeln war leer, wie sein Gesicht überhaupt leer war. Ein schönes Gesicht ohne jede Überraschung. Albin Pomerz mißfiel es. Vor drei Jahren hätte es ihn angezogen, vor vier Jahren hätte er es gar nicht bemerkt. Den Uhrenmann strengte das Lächeln auf die Dauer an, weil weder die Dame noch ihr Mann davon Notiz nahmen, obwohl der Mann jetzt, bevor er einen Schluck trank, das Glas jeweils auch gegen den Uhrenmann hob und freundlich «Auf Ihr Wohl, Sebastián!» sagte. Dieser war kaum empfindlich genug, um sich die Peinlichkeit seiner Lage klarzumachen. Er lächelte sich immer selber zu, das war ihm genug. Es gibt auch eine naive Spielart des Narzißmus, sie ist nicht sympathischer als die andere, dachte Albin Pomerz. Aber etwas spürte Sebastián doch. Er nahm den kleinen Hund mit den langen Haaren, der seit seinem Besuch bei Albin Pomerz unbeweglich zu Füßen seiner Herrin unter dem Tisch gesessen hatte, auf seine Knie und hatte so endlich ein Gegenüber für sein Lächeln. Der Hund schaute ihn immer an, wenn er nicht gerade den Saum der rotkarierten Tischdecke ins Maul nahm, woran ihn der Uhrenmann nur lässig zu hindern versuchte.

Die Dame im gelben Turban rief den Kellner, und bald brachte dieser eine Flasche Weißwein. Sie schenkte zuerst dem Uhrenmann, dann sich selber ein. Ihr Mann schien mit allem nichts zu tun zu haben, er saß da wie vorher und beachtete seine Frau gar nicht. Sie freilich benahm sich ganz anders als vorher und schaute den immerzu lächelnden Uhrenmann mitten ins Gesicht an, erwiderte sein leeres Lächeln auf einmal mit einem strahlenden Lächeln. Kaum schenkte ihm die Dame ein, ließ er den Hund fallen, als ob er nur auf dieses Zeichen gewartet hätte. Er trank in wenigen Zügen aus, sie schenkte ihm sofort wieder ein. Ihr eigenes Glas war noch halb voll. Aber wenn man sie so sah, mit ihrem gelben Turban über dem schon ergrauten Haar, mit der fünffachen Perlenkette, dann mußte man ihr Trinken schnell, ja hastig finden, obwohl sie nur halb so schnell trank wie der Uhrenmann, der Albin Pomerz immer mehr mißfiel. Nachdem sie ihm das zweite Mal eingeschenkt hatte, beugte sich die Dame ihm über den Tisch entgegen, streckte die Hand aus und berührte mit ihrem halbleeren Glas sein volles, das er schon an die Lippen gehoben hatte. Er trank zuerst einen Schluck, dann schaute er sie an und vergaß einen Augenblick zu lächeln. Sie sagte, halblaut bloß, aber immerhin so, daß Albin Pomerz es hörte: Sebastián. Der Mann sah immer noch nichts, hörte nichts, es war ihm gleichgültig. Der Uhrenmann begann wieder zu lächeln, zu trinken. Die Dame trank fast so schnell wie ihr Gast und fixierte ihn dabei mit einem Blick, der nicht liebevoll und schon gar nicht zärtlich war. Albin Pomerz dachte an eine Meeresbucht am Abend. Der Tag war heiß gewesen, gegen vier Uhr fing es an zu überziehen. Dicke Wolken standen über den Felsgipfeln. Sobald sie über das Meer hinausfuhren, lösten sie sich in dünne graue Schleier auf, die nach einer Stunde den ganzen Himmel über der Bucht bedeckten, bis hinaus zu der Linie, wo sich Meer und Himmel berührten. Immer neue Wolkenballen rollten hinter den Felskämmen hervor, wurden ausgewalzt und auseinandergezupft, ein Schleier legte sich über den anderen. Trotzdem sah es lange Zeit, bis es dunkel wurde, so aus, als ob nur eine ganz dünne Decke den Himmel verschlösse. Erst als es dunkel war, merkte man, daß sie schwer und dick war. Jetzt gab es auch keine Wolkenballen mehr über den Felsen, sie hätten dazwischen keinen Platz mehr gehabt. Das Meer fing an zu steigen, und die Wogen rollten auf den Strand, keinen Sandstrand, sondern einen Kiesstrand aus groben Kieseln. Sie knirschten leise, als die Woge sie nahm und zurückstieß und weiter hinten zu einer niedrigen, aber steilen Stufe aufhäufte. Das Merkwürdige war, daß kein Wind ging und daß auch das Meer, so bewegt es war, kaum lauter rauschte als sonst. Es war ein leiser Sturm. Die Wogen stiegen immer höher und schoben immer mehr Kiesel vor sich her und rissen immer mehr Kiesel mit sich zurück und trugen sie weit hinaus. Die Wogen waren gierig, aber sie waren still und leckten und griffen ohne Lärm und ohne Aufsehen. Jetzt fingen sie auch an, nach den Booten zu greifen, die man auf den Strand gezogen hatte. Dieser war viel schmaler als noch vor wenigen Stunden. Ein Boot fing bereits an zu wackeln, es bewegte sich wie ein Kranker, dem man das Laken wegzieht, um es zu wechseln. Die Fischer aus der Umgebung kamen herbei, Burschen wie dieser Uhrenmann Sebastián, und zogen die Boote weiter hinauf auf den Strand. Plötzlich faßte die Woge auch nach ihnen. Ihre Füße und ihre Hosen wurden naß und sandig. Sie rollten ihre Hosenbeine hoch und zogen und schoben, bis alle Boote in Sicherheit waren. Der Boden lief immer schneller mit dem Wasser weg, und die Boote saßen tief in den frisch ausgespülten Mulden.

Der Uhrenmann lächelte nicht mehr, er musterte das Tischtuch vor sich. Als aber jetzt, nachdem er das Glas zum zweiten Mal geleert hatte und auch ihr Glas leer war, die Dame wieder einschenken wollte, umspannte auf einmal die Hand des Mannes die Flasche und drückte sie fest auf die Tischplatte. Albin Pomerz rief den Kellner.

## II

SEBASTIÁN ging jeden Tag, kaum war es hell geworden, aus dem Haus. Auf Domingo, den kleinen Bruder, mußte er keine Rücksicht nehmen. Anders war es mit den Eltern. Sie schliefen hinter einem Vorhang, der nur nachts vorgezogen wurde und den einzigen großen Raum des Hauses in zwei ungleiche Teile teilte. Bei den Eltern schliefen noch die zwei ganz Kleinen. Sebastián und Domingo nannten sie die Zwerge. Sie wurden von ihnen nicht gezählt und gehörten zu den Gegenständen, nicht zu den Personen. Hingegen die Eltern: die Mutter lag immer ganz still da. Sebastián und Domingo dachten beide zuweilen, so lägen wohl Leichen da, so weiß und unbeweglich. Nur daß die Mutter nie wirklich schlief, sie sah und hörte immer alles. So mußte Sebastián sich anstrengen, damit sie nichts merkte. Denn wenn sie hörte, daß er etwas umwarf oder das Fenster aufstieß, fing sie sofort an, laut zu rufen und auf ihren Mann einzureden: «Er geht schon wieder herumstreunen, er wird nie arbeiten, er wird uns nicht helfen, halt ihn doch fest, lass ihn nicht gehen!» Es kam vor, daß der Vater wirklich aufwachte; obwohl er sehr unruhig schlief, hatte er einen tiefen Schlaf. In der Nacht war sein Schnarchen und Stöhnen das einzige Geräusch im Haus, es weckte manchmal sogar Sebastián und Domingo. Sebastián fand den Mann, der nur im Schlaf zu leben schien und den ganzen Tag über still und wie nicht da war, unerträglich. Er haßte das ganze Haus und ertrug es nur, wenn es schlief. Sobald er erwachte, ging er fort. Daran ließ er sich durch nichts hindern. Auch wenn es der Mutter gelang, den Vater zu wecken, ging er fort. Sein Aufbruch war dann nur unerfreulicher: Der Vater schimpfte, man solle ihn schlafen lassen, und wenn man ihn schon wecke, solle man ihm seinen Tabak und sein Zigarettenpapier bringen. In der Schlaftrunkenheit fand er die Sachen nie, obwohl er sie am Abend neben sich auf den Nachttisch legte. So langte die Mutter über ihn hinüber, nahm das Papier und den Tabak und reichte ihm beides. Aber dann fing der Vater erst recht an zu schreien: sie solle auf ihrer Hälfte bleiben, ob sie ihn aus dem Bett werfen, ob sie ihn ersticken wolle? Das war alles. Der Vater ließ Sebastián gehen, er kümmerte sich nicht um ihn und stritt sich nur mit der Mutter. Mit der Zeit aber gelang es Sebastián immer häufiger, fortzugehen, ohne daß es bemerkt wurde. Er schlüpfte in die Hose, stieß das Fenster auf – die Tür lag auf der andern Seite des Vorhangs – und stieg hinaus. Er war immer sehr hungrig am Morgen. Am Tag konnte er zwar zuweilen etwas stehlen, in der Frühe war alles Eßbare weggeschlossen. Er lief mit knurrendem Magen die Gassen von San Antonio Abad hinunter zum Strand und setzte sich auf das Geländer der Reede. Das erste Schiff kam an. Er rief und gestikulierte, stürzte sich auf einen der Reisenden und bot sich an, ihn zu einer guten Pension zu führen. Er achtete darauf, daß seine Leute wohlhabend aussahen, daß sie viel Gepäck hatten, gerade so viel, daß er es tragen konnte. Je bessere Gäste er brachte, desto mehr Kaffee und Brot bekam er vom Wirt, dem er sie zuführte. Von dem, was der Gast ihm bezahlte, gar nicht zu reden. Damit hatte Sebastián genug gearbeitet für diesen Tag. Er legte sich an den Strand und schlief und spielte mit den andern Burschen Karten. Zwischendurch sprang er von den Klippen ins Wasser und schwamm. Zu Mittag aß er in einer Kneipe Fischsuppe und viel Brot. Am Nachmittag schlief er wieder, spielte, schwamm.

Er war mit seinem Leben zufrieden. Die Klagen seiner Mutter machten ihm keinen Eindruck, er hatte kein Bedürfnis nach Tätigkeit. Manchmal hörte er sich an, was seine Freunde über Mädchen erzählten. Es machte ihm nicht mehr Eindruck als irgend etwas anderes, seine Freunde und die Mädchen erschienen ihm gleicherweise als fremde Tiere. Die andern Burschen mochten ihn nicht, sie fanden ihn träge. Auch wenn er an ihren Spielen manchmal teilnahm, so beteiligte er sich doch nicht am wichtigsten Spiel, am Kampf um die Mädchen. Dieses fand mehr in der Phantasie der Burschen statt als in der Wirklichkeit. Denn die Mädchen von San Antonio wurden von ihren

Müttern streng gehalten. Und sie ergaben sich nur dem, der sie zu heiraten versprach. Zum Heiraten aber waren Sebastiáns Freunde alle zu jung, das heißt sie besaßen nichts. Und wenn es auch diesem und jenem gelang, durch ein falsches Eheversprechen sich eines Mädchens zu bemächtigen, so ging die Sache fast immer schief aus: die Eltern zwangen ihn zur Ehe, oder der Betrüger war geächtet und mußte fortgehen. Aber es gab die Eroberungen in der Phantasie. Ihrer rühmten sich die Burschen am Abend, wenn es dunkel geworden war und sie zwischen den eingezogenen Booten am Strand oder oben auf den Felsklippen zusammensaßen. Keiner glaubte dem andern, die stillschweigende Übereinkunft gebot, daß man das nicht zeigte. Die Burschen sprachen von jungen Mädchen und beschrieben mit ausführlicher Lüsternheit, wo und wie sie sie fanden, verlockten, entkleideten, genossen. In Wirklichkeit waren ihre Freundinnen allenfalls reife Ehefrauen, Witwen oder verblühte ältere Mädchen. Und auch solche waren nicht leicht zu haben. Der Ort war zu klein, jeder wußte, was der andere tat. Darum flüchteten sich die jungen Leute, sobald es dunkel wurde, ins Reden. Es war eine allgemeine Erregung, sie dachten an Frauen und sprachen von Frauen, hatten aber nur einander. Einmal kam es vor, daß zwei, die sich stritten, von den andern gezwungen wurden, sich auszuziehen und nackt zu ringen. Der Kampf war sehr wild. Es gab zwei Parteien, und jede feuerte ihren Favoriten an. Als die beiden nachher erschöpft aneinander liegenblieben, machte alles zweideutige Witze, so daß sie verwirrt aufstanden und sich anzogen. Sebastián hatte dabeigesessen und dem Kampf wortlos zugeschaut. Er kritisierte nichts, er hatte gegen nichts und niemanden einen deutlichen Widerwillen, er hatte nur keine Lust zum Mitmachen. Seine Freunde waren von ihren Reden und von dem Kampf, den sie mit ihrem Interesse und ihren Wünschen begleitet hatten, erhitzt. Seine Ruhe, seine Abwesenheit reizte sie. Sie forderten ihn zum Kampf mit einem der Ihren auf, und zwar so dringend, daß er, bei den Ehrbegriffen, die unter ihnen herrschten, sich nicht entziehen konnte. Er war stark, schlug den andern nieder und ging davon. Seither mied er seine Altersgenossen.

Es kam eines zum andern. Das Geschäft am Morgen, womit er sich seinen Unterhalt verdiente, ging immer schlechter. Der Tourismus wurde von Tag zu Tag besser organisiert, und es kamen immer weniger Leute an, die ihre Unterkunft nicht schon vorher bestellt hatten. Alle fürchteten, sonst nichts mehr zu finden. Sebastián zerbrach sich vergeblich den Kopf darüber, was er unternehmen könnte, um zu Geld zu kommen, zu so viel Geld wenigstens, daß er nicht zuhause essen mußte. Denn er haßte Lärm und Verwirrung, zuhause aber war immer Lärm und Verwirrung. Und weil er auch seine Freunde nicht mehr ertrug, saß er allein am Strand und wartete. Als er schon ganz dösig war von der Sonne und eben seinen Kopf mit einer Zeitung zudecken wollte, die jemand hatte liegenlassen, sah er Doña Pilar neben sich auf einem roten Badetuch sitzen. Das war gegen die Regel. Sonst ließen sich die Damen in einer betonten Distanz von den Burschen nieder und warteten, bis diese den ersten Schritt taten. Sie selber warfen höchstens gelegentlich einen einladenden Blick aus. So wenigstens erzählten es Sebastiáns Freunde am Abend. Pilar war füllig, ihre Brüste quollen fast aus dem Badekostüm, ihre Schenkel lagen da wie braunrote Robben. Sie bekommt den Sonnenbrand, ging es durch seinen Kopf. Ihr Gesicht war von einer dicken weißen Krem-Schicht bedeckt. Eine plumpe ballonartige Mütze verbarg ihre Haare. Sie war häßlich. Sie fragte ihn, ob er Hunger habe, und bot ihm ein Schinkenbrot an. In ein anderes biß sie voller Behagen, was sie noch häßlicher machte. Sebastián griff wortlos nach dem Brot und aß es mit wenigen Bissen auf. Jetzt sagte sie: «Ich heiße Pilar, wie heißen Sie?» «Sebastián», antwortete er und wollte sich auf die andere Seite drehen. Da bot sie ihm, während sie langsam weiterkaute, ein zweites Schinkenbrot an. Er hatte auf einmal großen Hunger. «Es ist nicht gut, nach dem Essen gleich zu schwimmen», sagte sie. Er kaute und schwieg. «Es ist auch nicht gut, nach dem Essen in der Sonne zu liegen», fuhr sie fort, «wir gehen lieber etwas spazieren.» «Oben auf der Klippe gibt es einen Spazierweg», das war, außer seinem Namen, das erste, was er zu ihr sagte. «Gut, geh voran!» entschied sie, stand auf, nahm das Badetuch und schlüpfte in ihre Strandschuhe. Um diese Zeit ging kein Mensch spazieren. Alles lag im Schatten der Felsblöcke, der Nadelholzgebüsche, der Agaven. Pilar und Sebastián waren allein, auch als sie noch mitten unter Menschen gingen. Oben auf der Klippe rief sie: «Das ist ja kein Weg, das ist eine Autostraße!» Sie war verstimmt. Die Straße war an dieser Stelle neu, und Sebastián hatte sie noch nicht gesehen. «Es wird sich ja zeigen, wohin sie führt», tröstete sich Pilar und ging nun selber voran. Er sah ihren schweren Körper, die Brüste, die Schenkel, die bei jedem Schritt schwappten. Es war abstoßend. Sie schien sich nicht mehr um ihn zu kümmern, ging immer schneller, obwohl ihr das Atmen Mühe machte, und rief schon bald: «Ah, das ist es!» Sie standen vor einem Bauplatz. Der Fels stürzte hinunter auf eine Terrasse und von da wiederum direkt ins Meer. Vom Meer her biß eine Schlucht tief ins Land herein und die Terrasse entzwei. Hier überall wurde gebaut. Im Augenblick freilich hielten die Arbeiter ihren Mittagsschlaf in den Baracken, die zwischen Haufen von Backsteinen, Brettern und Steinschutt fast versanken: man grub einen Schacht durch den Hang. Pilar schüttelte den Kopf: «Viel einfacher wäre es, eine Treppe von der Straße zur Terrasse hinunter zu bauen. Das hier ist ein teurer Spleen.» Sie setzte sich auf einen behauenen Stein an einer Bretterwand, welche den Bauplatz abschließen sollte, aber eine große Lücke gegen die Straße offenließ. Sebastián stand vor Pilar, ihre Brüste waren noch größer als vorher. Er nahm sie in die Hand. Ihr Schenkel, rot, von blauen Adern durchzogen, war eingeklemmt zwischen seinen Schenkeln. Er fühlte ihre Hand auf seinem Nacken. Ihre Zunge sprengte seine Lippen auf und fand seine Zunge hinten in seinem Mund ... Sebastián drehte um und lief die Straße zurück nachhause. Lippen und Kinn waren naß. Trotz Pilars Schinkenbroten hatte er plötzlich wieder großen Hunger und bat die Mutter um Essen. Sie wollte ihm nichts geben: er solle Geld verdienen und nicht das wenige, das sie hätten, den kleinen Geschwistern wegessen. Als er wieder aus dem Haus trat, kam eben Domingo zurück, am Arm den großen Korb, worin er die reparierten Schuhe zu den Kunden trug. Sebastián ging auf die Hauptstraße und schlenderte auf und ab.

Man sah seinem Gang die Erregung nicht an. Er schaute niemanden an und grüßte niemanden. Es war schon dunkel, als er seinen Namen rufen hörte. Pilar saß vor einem Café und lud ihn ein, sich zu setzen. Er hatte nicht mehr an sie gedacht. Sie bestellte ihm ein Eis. Schweigend saßen sie da, bis Pilar ihn bat, sie nachhause zu begleiten. Sie wohnte in einem der kleinen Sommerhäuser in der Pinienwaldung, wie es dort viele gab. Es bestand nur aus einem großen Zimmer mit Kochnische und einem Waschraum. Pilar bot ihm einen Süßwein an. Er trank und schaute zu, wie sie die Mahlzeit bereitete. Sie briet Fleisch und machte eine große Schüssel Salat an. Dazu gab es Weißbrot. Sie aßen und tranken, als die Flasche leer war, brachte Pilar eine andere. Dieser Wein war leichter und herber. Langsam wurde Sebastián munterer, nicht nur wegen des Weins: Nach Mitternacht wurde er immer munter. Es wurde hell in seinem Kopf, und es kam ihm auf einmal alles in den Sinn, was er je erlebt und gehört und geträumt hatte. Und er warf alles durcheinander, so daß in seinem Kopf, ohne daß er es selber genau merkte, absonderliche Gebilde entstanden. Er verwechselte das, was er wünschte und was er fürchtete, mit dem, was war. Er zog den Gürtel aus seiner Hose, stand auf, schwang ihn wie eine Peitsche und rief: «Zweimal nur habe ich so geschlagen. Sie müssen keine Angst haben, Ihnen geschieht nichts. Aber ich will Ihnen sagen, wen ich mit diesem Gürtel geschlagen habe: Der erste war der Direktor der Militärschule, Marques Nunez in Pazdorú, ein Oberst. Ich gründete dort eine Bande aus acht Schülern. Als die Regierung für das große Christusbild, das jetzt über dem Hafen steht, sammelte, machte ich einen Plan, um das Geld aus der Nationalbank, wo man es aufbewahrte, zu rauben und es an die armen Leute, die ihre letzten Groschen für das Denkmal gegeben hatten, zu verteilen. Ich hatte alles sehr gut ausgedacht. Aber einer der Jungen bekam Angst und verriet mich.» Er spielte mit dem Gürtel und ging vor ihr auf und ab. Sie saß auf dem Bett und zweifelte das erste Mal an seinem Verstand. Aber sein Verstand war ihr gleichgültig, außerdem interessierte sie die Geschichte. «Der Oberst versammelte die ganze Schule und peitschte mich mit seiner Reitpeitsche aus, bis ich ohnmächtig wurde. Acht Tage lang lag ich im Krankenzimmer. Die erste Nacht, nachdem ich wieder aufgestanden war, drang ich mit den sechs in das Zimmer des Direktors ein. Wir trugen alle schwarze Masken. An seinem Bett nahm ich die meine ab, meine Freunde zogen ihn aus dem Bett, und ich vergalt ihm mit dem Gürtel, was er mir getan hatte. Er lag nachher gleichfalls eine Woche. Aber niemand hat von der Geschichte jemals etwas erfahren.»

Er ging immer schneller auf und ab, sein Gesicht glühte. Dann blieb er plötzlich vor Pilar stehen. Sie fürchtete sich, aber vor allem gefiel er ihr, und ihre Neugier war größer als ihre Furcht. Er schwang jetzt den Gürtel bedrohlich und nahm seinen Gang durch das Zimmer wieder auf, er lief fast:

«Der zweite, den ich mit meinem Gürtel geschlagen habe, war ein Mann in Buenos Aires. Dorthin geriet ich, als ich aus der Militärschule ausgerissen war. Ich hatte kein Geld, und gleich am Hafen sprach er mich an, ob ich ihm nicht eine Unterkunft wisse. Als ich sagte, ich hätte selber keine, lud er mich ein, mit ihm ein Hotelzimmer zu nehmen. Als wir schlafen gegangen waren, machte er sich plötzlich an mich heran. Zuerst tat ich, als ob ich schliefe und nichts merken würde. Dann aber, als er nicht abließ, stand ich auf, nahm meinen Gürtel und schlug auf ihn ein. Er lag da, wand sich unter meinen Schlägen und stöhnte. Ich wußte nicht, ob aus Schmerz oder aus Vergnügen. Darum schlug ich nicht lange. Nachher ließ er mich schlafen. Er hatte graue Schläfen und war schon alt, wahrscheinlich etwa vierzig. Am Morgen sollte ich mit ihm frühstücken. Aber ich wollte nicht, ich wollte Geld von ihm, doch Geld wollte er mir nicht geben. So nahm ich seine Uhr und seinen elektrischen Rasierer, die auf dem Tisch lagen. Er schimpfte und wollte die Sachen wieder heraushaben. Ich sagte ihm, wenn er weiterschriee, würde ich die Polizei rufen, und dann werde es ihm schlechtgehen. Ich nahm noch zwei Hemden und legte sie samt dem Rasierer in seinen Koffer. Die Uhr tat ich an meinen Arm. Zwischen unserem Zimmer und dem Nachbarzimmer war eine große verschlossene Doppeltür. Als ich mit dem Koffer hinausging, klopfte er laut an diese Tür. Ich lief schnell die

Treppe hinunter. Alles ging gut. Die Leute auf dem Stockwerk hatten den Portier gerufen. Als ich unten ankam, war er gerade im Aufzug, und ich konnte mit dem Koffer entwischen.»

Er stand wieder vor Pilar und schwang den Gürtel über ihrem Kopf. Sie streichelte seine andere Hand, die herunterhing, und glaubte ihm kein Wort. Aber er gefiel ihr sehr: sein Gang, der mehr ein Laufen war, seine laute, schnelle Rede. Er versprach sich oft und verschluckte halbe Wörter, so daß selbst eine bessere Zuhörerin als Pilar nicht alles verstanden hätte. Er ließ den Gürtel sinken, blieb aber vor ihr stehen und redete weiter:

«Der Oberst und der Mann in Buenos Aires gleichen beide meinem Onkel. Ich hätte beide umbringen sollen. Meinen Onkel werde ich vernichten. Als mein Vater starb, nahm er mir alles weg, die Häuser in Pazdorú, die Autos, die Möbel. Er ließ mir nur die Hütte hier.»

«Und Ihre Mutter?» fragte Pilar und zog ihn zu sich nieder. Er zitterte vor Erregung:

«Meine Mutter starb vierzehn Tage nach meinem Vater an einem Herzschlag. Es war gut, daß mein Vater starb. Er hatte sein ganzes Geld im Kasino verspielt und am Ende unsern ganzen Besitz verpfändet. Dann flog er mit seinem Flugzeug hinaus übers Meer und kam nie mehr zurück. Von dem Flugzeug fand man noch ein paar Trümmer. Mein Onkel löste unsere Häuser, unsere Möbel, unsere Autos aus. Aber er gab sie nicht uns zurück, er behielt sie. Das ertrug meine Mutter nicht. Darum hasse ich meinen Onkel, und er haßt mich, denn er weiß, daß ich ihn töten will. Darum stellt er mir nach. Als das alles geschah, war ich zehn Jahre alt. Seither versucht er immer wieder, mich umzubringen. Hier hat er schon einen Burschen gedungen, er sollte mich an einer der steilsten Stellen von der Klippe hinabstoßen. Ich habe es noch rechtzeitig gemerkt und bin weggelaufen. Und einmal, das war in Pazdorú, ließ er mich durch eine Frau zu sich locken. Auch das habe ich zu meinem Glück noch früh genug gemerkt: ich floh aus der Wohnung, als sie aus dem Zimmer gegangen war, um ihn zu holen. Sie werden sehen, ich bringe ihn um, ich schwöre es Ihnen!»

Als sie mit ihren Lippen die seinen berührte, wiederholte er nochmals: «Ich werde ihn umbringen, ich schwöre es Ihnen!»

Pilar erwachte, als Sebastián ihren Körper abtastete, systematisch von oben bis unten. Er war ganz still, und sie fürchtete sich schon, bevor er im Bett aufsaß, in ein wütendes Weinen ausbrach und sie anschrie: «Eine häßliche alte Frau bist du. Deck dich zu, ich kann deine Brüste nicht sehen, du bist eine fette Hure!»

Er stand auf, zog sich an und weinte in einem fort. «Auch dich will ich peitschen», sagte er, als er den Gürtel umnahm. Dann war er weg. Als er so dastand, die Backen naß von Tränen, mit tropfender Nase, wütend und hilflos, beruhigte der Anblick Pilar schnell und erheiterte sie sogar.

Am Morgen kam ihr Mann. Sie hatte ihn zwar erwartet, aber noch nicht jetzt. Er war aufgeräumt, weil es ihm gelungen war, früher aus Montevideo wegzukommen, als er geglaubt hatte. Gegen Mittag ging er mit Pilar an den Strand. Sebastián lag an derselben Stelle wie am Vortag. Er schlief nicht und musterte gleich den Mann: Er war alt wie Pilar selber, wohl schon gegen fünfzig. Aber er sah gut aus, seine Haare glänzten grau, sein Körper war straff und wohlproportioniert. Sebastián haßte Pilar noch mehr. Der Mann sah, wie der junge Mann herüberschaute, wie seine Frau dem Blick auswich und ihm schließlich den Rücken zudrehte. Als das Paar am Abend auf der Strandpromenade seinen Kaffee trank, sagte der Mann, nachdem sie eine halbe Stunde das Treiben auf der Straße beobachtet und einige Bemerkungen darüber ausgetauscht hatten: «Ich gehe noch eine Stunde den Strand entlang, wir sehen uns oben wieder.» Sie war das von ihm gewohnt, er mußte jeden Tag eine Zeit allein sein und ertrug Gesellschaft nicht immer, auch nicht die ihre. In diesem Punkt hatten sie sich seit jeher verstanden.

Fünfzig Meter von Pilar stand Sebastián, ganz gegen seine Gewohnheit, in einem Rudel von Burschen vor einem Musikautomaten. Pilar merkte, kaum war ihr Mann weggegangen, daß sie ihn schon lange gesehen hatte. Er kam herüber und setzte sich zu ihr. «Ich bin auf dem Weg zum Friedhof», sagte er, nachdem er angefangen hatte, sein Eis zu essen, «sie hat mir heute wieder gesagt, ich solle kommen. Ich weiß, Sie glauben mir nicht. Aber sie spricht immer wieder zu mir, wenn ich oben in den Felsen sitze, ich höre sie genau. Letztes Jahr habe ich sie kennengelernt, wir waren jeden Tag zusammen, bis ihre Eltern es ihr verboten. Sie wollte mich heiraten. Nach einem Monat starb sie, sie ertrank, obwohl sie gut schwimmen konnte. Ihre Eltern haben ein Haus in San Antonio Abad, und im Friedhof steht das Grabmal der Familie. Dort wartet sie auf mich.» Er stand auf und ging.

Als sie nachhause kam, war ihr Mann noch nicht da. Er kam erst, als sie schon im Bett lag. Sie ärgerte sich, weil sie den Gedanken an Sebastián nicht los wurde. Was tat er auf dem Friedhof? Blieb er die ganze Nacht dort? Ihr Mann fragte: «Was denkst du?» – «Was sollte ich schon denken?» – «Ich habe den jungen Mann heute gesehen, ich glaube, er gefällt dir.» – «Warum sollte er mir nicht gefallen?» – «Mir gefällt er auch.»

Am folgenden Mittag sagte Pilar zu ihrem Mann, sie möchte an den Strand gehen. Tatsächlich stieg sie nicht den steilen Weg über die Klippe hinunter, sondern ging landeinwärts durch die Pinienwaldungen und stieg auf den Friedhofshügel. Die Gräber lagen um eine Kirche, die schon zu zerfallen begann und die man offenbar nicht mehr benützte. Es gab viele Grabkapellen und ein paar pomphafte Mausoleen, was bei der sonstigen Ärmlichkeit von San Antonio Abad überraschte. Sie schaute sich alles an und las die Grabschriften: Seit ihrer Kindheit war die Lektüre der Grabschriften ihre Methode, mit einem neuen Ort in Beziehung zu treten. Sie wunderte sich, daß sie trotz der großen Hitze und trotz der furchtbaren Mittagsstille nicht müde war. Sogar der Lärm der Zikaden war fast verstummt. Ganz hinten an der rückwärtigen Mauer des Friedhofs, im größten Mausoleum, dessen Kuppel mit dem goldenen Kreuz die höchsten Zypressen überragte, fand sie Sebastián. Obwohl sie wußte, daß sie ihn gesucht hatte, war sie überrascht, als sie ihn im Halbdunkel in einem Winkel am Boden sitzen sah. Er schien, mit weit aufgerissenen Augen, die Arme um die Knie geschlungen, zu träumen. Sie berührte seine Schulter, aber er reagierte nicht. Sie breitete ihr Badetuch auf den Boden, der aus Grabplatten mit goldenen Inschriften bestand, und setzte sich an die Wand gegenüber. Es war kühl. Pilar hatte sich schon an die Situation gewöhnt und wünschte keine Veränderung mehr, als es Sebastián von Kopf bis Fuß in heftigen Stößen zu durchzucken begann. Er wachte auf und sah sie ohne Erstaunen an: «Hier ist kein Ort für Sie, Sie erkälten sich», sagte er. «Und überhaupt haben Sie hier nichts zu suchen.» Er stand auf, trat auf sie zu, zog den Gürtel aus der Hose, schlug sie auf die Schultern und auf die Brüste, nicht heftig, sondern gleichsam rituell, aber in seinen Augen glänzte wollüstige Erbitterung.

Als Pilar nachhause kam, saß ihr Mann lesend am Tisch. «Man hat uns die Metamorphosen des Ovid in der Schule immer als zweitrangig vorenthalten», sagte er, «heute finde ich sie das interessanteste Buch der ganzen antiken Literatur. Schade, daß du mich unterbrichst, ich hätte noch stundenlang weiterlesen können.» Sie gingen zum Strand und aßen vor einem Weinlokal. Sebastián kam vorbei und fragte, ob er sie zu einer Bootsfahrt einladen dürfe. Er ruderte in den finsteren Golf hinaus, es war Neumond. Pilar zog sich aus und ließ sich über den Bootsrand hinab ins Wasser. Bald schwamm ihre Badekappe wie eine weiße Mole weit in der Dunkelheit draußen. «Wie heißt du?» fragte der Mann Sebastián. «Wie heißen Sie?» fragte Sebastián zurück. «Eigentlich heiße ich Diego, aber man nennt mich seit jeher Dick, Dick Muller. Ich kann dir meine Karte geben, dann besuchst du mich, wenn du nach Montevideo kommst.» Er durchsuchte seinen Rock, nahm eine Brieftasche und ein Brillenfutteral heraus, dann aus einer andern Tasche ein Lederetui mit einem Paß oder einem Ausweis. Er durchsuchte alles so genau, wie es das Licht der Lampen, das von der Strandpromenade herüberschien, gestattete. «Leider habe ich keine Karte hier, ich hätte dir gern eine gegeben.» «Du hast mit Pilar geschlafen», fuhr er unvermittelt fort und fixierte Sebastián. Dieser ließ die Ruder sinken und sagte: «Niemals!» – «Es war ganz richtig, daß du es getan hast, du brauchst es nicht zu leugnen. Außerdem hat sie es selbst mir erzählt.» – «Aber es ist nicht wahr», Sebastián wurde zornig: «Sie haben kein Recht, so etwas zu behaupten, ich würde das nie tun!» Er ruderte wieder, langsam, stumm und mit gesenktem Kopf. Man hörte ein Plätschern, Pilar schwamm in der Nähe. Sie entfernte sich wieder. «Ihre Frau liebt Sie, Sie müssen sie auch lieben», sagte Sebastián und schlug mit dem Ruder auf das Wasser. Pilar schwamm heran und zog sich ins Boot empor.

Fortan traf Sebastián sie jeden Tag in dem Grabmal, manchmal am Nachmittag, manchmal in der Nacht. Das hing von Dick ab, Pilar richtete sich ganz nach ihm. Nach zehn Jahren Ehe war sie sich immer noch nicht klargeworden darüber, ob sie ihn für weise oder für apathisch halten sollte. Aber sie dachte in dieser Zeit wenig über ihn nach und war mit sich selbst und Sebastián beschäftigt. Manchmal fand sie diesen wie tot mit aufgerissenen starren Augen auf dem Boden des Grabmals liegen. Er sah sie nicht, wenn sie hereinkam und neben ihm niederkauerte. Sein Gesicht verzog sich vor Schmerz, und Krämpfe schüttelten ihn. In solchen Augenblicken fürchtete sie ihn. Wenn er dann aufwachte, hatten sie immer ihre schönsten Stunden. Und niemand konnte noch vermuten, daß sie es war, die sich seiner bemächtigt hatte, und nicht umgekehrt: Er liebte sie leidenschaftlich. Zuweilen, vor allem nachts, saßen sie draußen auf der Friedhofsmauer, und er sprach lange zu ihr, in einem ununterbrochenen, bewegten Fluß. Er sprach von seinem Onkel, daß es sein einziges Ziel sei, ihn zu töten, daß er ihn mehr hasse, als er irgendeinen Menschen zu lieben jemals imstande wäre. Gelegentlich machte sie Versuche, ihm diesen Gedanken auszureden. Doch gab sie das auf, als sie bemerkte, wie wichtig der Onkel für ihn war. Sie fürchtete, Sebastián würde ohne den Onkel vielleicht nicht leben können, nicht ohne den Haß. Wenn sie ihn fragte, wie der Onkel denn aussehe, nannte er nur immer dessen glänzendes graues Haar.

Eines Abends saßen Pilar, Diego und Sebastián zusammen im Strandcafé. Die Männer unterhielten sich über das Tauchen, wo die besten Stellen seien, um Tintenfische und Schwämme zu finden. Diego bat Sebastián, ihm eine dieser Stellen zu zeigen. Pilar blieb sitzen und schaute den beiden nach: Ihr Mann hätte der Vater Sebastiáns sein können. In diesem Augenblick war sie traurig, keine Kinder zu haben.

Sebastián führte Dick an eine Stelle, wo der Fels steil ins Meer abfiel. Das tiefe Wasser war so klar, daß man bis auf den Grund sah. Der Bursche kletterte voraus bis zu einer Höhle, deren Boden zum großen Teil unter Wasser lag. Nur den Wänden entlang gab es Steinbänke, die kühl und glitschig waren. Sie setzten sich, ließen die Füße baumeln, und Sebastián zeigte auf die Wasserfläche. Er sah Fische, Krebse und Wasserpflanzen, wo für Dick nur ein Flimmern, Glänzen und unbestimmte Bewegungen waren, obwohl er sich anstrengte und mit den Augen dem Zeigefinger Sebastiáns genau folgte. Der Bursche ließ sich ins Wasser gleiten, tauchte unter und erst nach langer Zeit, so schien es wenigstens Dick, wieder auf und drückte ihm einen Seestern in die Hand. Dick war enttäuscht. Er hatte gehofft, daß Sebastián etwas Außerordentliches, Niegesehenes heraufbringe. Statt zu danken, fragte er: «Springst du auch?» «Und ob!» lachte Sebastián. «Dann melde dich oben auf der Baustelle für das neue Lokal, dort sucht man Springer. Aber sie müssen geübt sein, sie müssen in die Schlucht springen. Dafür verdienen sie gut. Pro Abend bekommen sie hundert Pesos.» Plötzlich stieß Sebastián Dick in die Seite, so daß dieser beinahe ins Wasser fiel. Dann umklammerte er mit dem linken Arm Dicks Hals und würgte ihn. Als Dick sich loszumachen versuchte, wurde die Umklammerung noch enger. Endlich ließ ihn Sebastián los, Dick stand auf und trat vor die Höhle. Drinnen aber lief Sebastián hin und her und rief ihn mit ängstlicher Stimme an, er solle ihm helfen, seine Segeltuchschuhe zu suchen. Dick meinte zu wissen, daß er sie oben zurückgelassen hatte. Aber Sebastián bestand darauf, daß er sie erst hier unten abgelegt habe und sie nur mit Dicks Hilfe wiederfinden könne. Es sei dunkel hier, und er könne allein nichts sehen. Dick wartete, überrascht von der plötzlichen Ängstlichkeit des Burschen, der doch die Höhle kannte und soeben noch einzelne Gegenstände im Wasser gesehen hatte. Sie kletterten zurück, ohne die Strandschuhe gefunden zu haben. Sie lagen oben bei den Kleidern. Dick stürzte auf Sebastián und warf ihn mit dem Ruf

«Lümmel» auf den Rücken. Es war stockfinster jetzt, und Dick sah das Gesicht des andern, das dem seinen ganz nah atmete, nicht. Dann, mit einem Ruck, schüttelte Sebastián Dick ab, schnellte auf und war weg.

An den folgenden Tagen ging Sebastián wieder unruhig am Strand auf und ab. Manchmal legte er sich in den Sand, aber er nahm seinen Gang immer bald wieder auf. Die andern Burschen, die ihn, seit er ihre Gesellschaft mied, noch weniger mochten als früher, machten laut Witze über ihn und nannten ihn «Die weiße Maus». Sebastián kehrte sich nicht daran. Ein paarmal stieg er auf die Klippe und ging an der Kante des Felsens hin. Schließlich betrat er sogar, was er früher allein nie getan hätte, die Pineta und strich um die kleinen Sommerhäuser. In der Tür von Herrn Diego und Frau Pilar spielte ein kleines Kind. Jetzt wußte er, daß sie abgereist waren. Er lief zurück zum Felshang auf die neue Autostraße und zur Baustelle. Er trat in eine der Baracken, die große Glasfenster hatte und worin man Männer in weißen Hemden an großen mit Papieren bedeckten Tischen sitzen sah, und fragte, ob es seine Richtigkeit habe damit, daß man hier Leute suche, die springen könnten. Man bestätigte ihm das und nannte ihm den fünfzehnten Mai des folgenden Jahres als das Datum der Eröffnung des Lokals, das «El Trobadór» heißen solle. Man fragte ihn nach seiner Herkunft und nach seiner bisherigen Tätigkeit. Aber er wußte nicht viel zu antworten. Den Männern in den weißen Hemden genügte es, daß er aus dem Ort war, seine Art und sein Aussehen ließen ihn für die neue Aufgabe geeignet erscheinen. Er selber bat sich einen Tag Bedenkzeit aus, ohne Näheres über das Was und Wie zu fragen, was den Männern in der Baracke wiederum einen guten Eindruck machte. Dann lief er schnell hinaus und zum Friedhof. Es war sehr heiß. Beim Eintritt in den Friedhof fing er an, langsam zu gehen. Er merkte, daß ein leiser Wind sich erhob und daß er schwitzte. Er trat ins Mausoleum, zog das nasse Hemd über den Kopf und ballte es zusammen, legte sich auf die Grabplatte mit den goldenen Lettern und schob das Hemd unter den Kopf. Es war kühl, und er fror. Dennoch schlief er sofort ein.

Als er erwachte, dauerte es einige Zeit, bis er merkte, daß es schon wieder Tag war: Der Himmel, der in der Tür stand, war so schwarz, wie er nur zu Mittag und um Mitternacht sein kann. Aber in der Nacht hatte man die Zikaden gehört. Er hob den Kopf und sah das schreckliche Licht wie eine Anzahl glühender Münzen auf der Schwelle liegen. Sie fielen durch eine Lücke zwischen den Zypressen, die sich dicht an die Kapelle herandrängten. Er stand auf, taumelte zur Schwelle und legte sein zerknittertes Hemd auf die Münzen. Aber zu seinem Ärger lagen die Münzen jetzt auf dem Hemd, wie sie vorher auf dem Boden gelegen hatten. Er zerknüllte das Hemd, preßte und drückte es auf jede Art, um die Münzen darin einzuschließen und zu verstecken. Aber auch das mißlang, sie lagen immer wieder oben darauf. Er gab sich erst geschlagen, als die Münzen plötzlich auf seiner Hand brannten. Er schrie und lief hinaus und schwang das Hemd in die heiße Luft. Sie stand unbeweglich um ihn herum. Immer das Hemd schwingend, lief er durch den Friedhof zurück zur Autostraße und zur Baustelle und zu den Baracken. Die Männer in den weißen Hemden sagten, sie hätten ihn eigentlich nicht mehr erwartet und warum er so verstört sei und er solle sein Hemd, wenn er schon mit ihnen reden wolle, anziehen. Das tat er nicht, aber er sagte ihnen, er habe es sich überlegt und wolle am fünfzehnten Mai im «El Trabadór» anfangen. Sie waren es zufrieden und gaben ihm als Vorschuß zweihundert Pesos. Er kehrte langsam den Klippenrand entlang nach San Antonio Abad zurück und grübelte darüber nach, wie er wohl den Herbst und den Winter überstehen werde. Die zweihundert Pesos waren zwar viel Geld für ihn, aber sie würden vielleicht zwei Monate reichen, und sechs Monate dauerte es noch bis zum Mai. Dann freilich würde er jeden Tag hundert Pesos verdienen. Es schien ihm immer noch unglaublich.

## III

Obwohl wir uns fast täglich sahen, war dies das erste Mal, daß mich Helmut zu sich einlud. Er wohnte in einem großen Neubau des Zentrums. Ich betrat das Haus gleichzeitig mit einer jungen Dame und war gezwungen, mit ihr im Aufzug zu fahren: Ich hasse es, mit fremden Menschen in einer Kabine eingeschlossen zu sein. Die Dame stand hinter mir, als Helmut die Wohnungstür öffnete. «Warum versteckst du dich, Brigitte?» lachte er und gab mir die Hand, «tut doch nicht so, als ob ihr euch nicht kenntet.» «Aber wir kennen uns wirklich nicht», sagte Brigitte. Helmut schaute überrascht: «Ja, tatsächlich, ihr habt euch noch nie gesehen.» Er stellte uns vor. Wir waren nun schon im Flur, aus dem Zimmer hörte man Beethoven, ein spätes Quartett. Ich setzte mich auf einen niedrigen Hocker, um meinen Schuh, der aufgegangen war, neu zu schnüren. Das machte mir Atemnot, ich war zu dick. Brigitte hatte ich mir anders vorgestellt, sie war viel schöner. Der Gegensatz zu Helmut war geringer, als ich gedacht hatte: sie war ganz und gar nicht durchsichtig, sondern eher füllig, ohne eine Spur zu üppig zu sein. Die beiden saßen vor ihren Wermutgläsern und hörten die Musik. Ich schaute mich um: an den Wänden hingen Bilder, vor allem abstrakte, zumeist Reproduktionen, aber auch ein paar Originale. Es waren zu viele Bilder. Auch gab es eine Unmenge Bücher. Eine Wand des großen Zimmers war verstellt davon. Das Gestell reichte bis zur Decke, war aber erst halb voll. Wie mußte das erst werden, wenn es ganz voll sein würde? Nur ein einziger Gegenstand erinnerte an den Beruf des Hausherrn: Auf dem großen Tisch an der Wand – beschriebene Blätter lagen kreuz und quer, daneben ein aufgeschlagenes Buch und zwei, drei geschlossene – stand die Fotografie eines Boxers. Sie zeigte ihn in der üblichen Pose: die behandschuhten Hände vor der nackten Brust. Ich fand nichts Auffälliges an ihm, es sei denn seinen wilden, verzweifelten Blick. Aber das bilde ich mir vielleicht bloß nachträglich ein.

«Wer ist denn das auf dem Bild?», fragte ich. Helmut und Brigitte schraken auf, ich hatte die Musik gestört. «Das ist Bert King», sagte Helmut, «ich habe einen Kampf mit ihm gehabt und ihn geschlagen. Es war, glaube ich, sein letzter Kampf. Für mich war es einer der ersten, ich war damals noch unbekannt. Er kam ein paar Tage später zu mir und sagte, daß er nie mehr boxen werde. ‹Wegen einer Niederlage?› fragte ich. Nein, nicht wegen der Niederlage, erklärte er, aber er wisse, daß die Kraft von ihm gewichen sei. Eines Tages sei er mit Anita auf einer Party gewesen, auch Lamberto sei dort gewesen. Und der habe sich sofort an Anita herangemacht, jedermann kenne ja die Tour Lambertos. Er habe einen genau ausgedachten Plan, ein System, womit er jede Frau erobern könne. Auf jeden Fall habe er das seit jeher behauptet, und bei Anita sei es ihm auch gelungen. Ich fragte ihn, was das für ein System sei. Bert erzählte nun, daß Lamberto ihn eines Abends mit in den Luisenpark genommen habe, um ihm das System an Ort und Stelle zu erklären: Er führte ihn zuerst am Fischbach entlang und belehrte ihn, es komme darauf an, daß man nicht vorschnell zudringlich werde. Man solle zuerst still neben dem Objekt einhergehen, man dürfe es eventuell sanft am Arm fassen oder an der Hand führen. Natürlich gebe es Fälle, in denen man schon hier, in einer plötzlichen Aufwallung, einen Kuß riskieren dürfe. Aber ein Risiko bleibe das immer in diesem Stadium. Als sie den Kinderspielplatz betraten, setzte Lamberto eine feierliche Miene auf: Wie man sich an diesem Ort verhalte, sei entscheidend, von einer Nuance hänge hier oft Leben und Tod, Gewinn und Verlust des Objekts ab. Auf keinen Fall dürfe man der Versuchung erliegen, das Objekt dadurch zärtlich und geneigt stimmen zu wollen, daß man an dieser Stelle von Kindern zu sprechen anfange. Man erreiche sein Ziel viel eher, wenn man das Objekt auf die Schaukel einlade und mit ihm die Rutschbahn hinunterrutsche. Die Fröhlichkeit und die durch die Bewegung erzeugte angenehme Erhitzung würden sich mit dem unausgesprochenen Gedanken an Kinder zu einem entwicklungsfähigen Ganzen verbinden. Man könne das Objekt jetzt ruhig, in spontaner, wohlberechneter Entflammung, umfassen, an sich drücken und küssen. Dazu sei die Zeit nun reif. Allerdings müsse man auch jetzt wieder und gerade jetzt mit einem Rückschlag rechnen: Wenn das Objekt nicht zurückweiche oder den Kuß sogar erwidere, könne man die Partie für gewonnen halten. Im andern Fall aber, wenn es zurückweiche, wenn es sich verkrampfe und erkalte, dann müsse man sofort ablassen und es auf dem nächsten Weg zum Parkausgang führen. Dabei beginne man am besten vom Boxen zu sprechen: Daß man einen großen Kampf vor sich habe, einen für die Karriere entscheidenden Kampf, daß man keine Zeit verlieren dürfe und sofort nachhause gehen müsse, um zu trainieren.»

«Lamberto ging, während er diese Belehrungen erteilte, immer schneller. Als sie in seiner Wohnung angekommen waren, fuhr er fort: ‹Zuhause beginnst du gleich mit der Arbeit, zuerst am Expander, dann an den Hanteln, du machst alle Übungen ausführlich und umständlich und konzentriert. Nach dem Sandsackboxen bist du müde und nimmst aus dem Kühlschrank etwas zum Trinken und ein Glas. Du gehst zur Couch, wo, zu deiner Überraschung, das Objekt sitzt, bittest es um Entschuldigung, du habest es ganz vergessen, holst ein zweites Glas und setzest dich neben das Objekt. Das Getränk mußt du gut wählen: keinen Gin, keinen Wermut, keinen Süßwein, eher Weißwein oder einen guten Kognak, am besten aber Sekt oder einen guten Whisky. Ihr stoßt an, dann sinkst du erschöpft hintenüber und schließest die Augen, nimmst das Handtuch von der Schulter und reichst es dem Objekt mit der Bemerkung, du seiest schweißüberströmt. Es wird nicht umhin können, dir den Samariterdienst zu erweisen und dich abzutrocknen.›»

«Etwa eine Woche nach dieser Lektion merkte Bert, daß Anita ihm gegenüber kühler wurde. Als er sie zur Rede stellte, gab sie zu, daß sie Lamberto schon mehrmals gesehen habe. Bert sagte nichts, aber am andern Tag ging er in den B.V.A. und schrieb seinen eigenen Namen neben denjenigen Lambertos auf die Tafel im Umkleideraum. Im nächsten Trainingskampf mußte Lamberto gegen Bert antreten, und Bert holte zu dem Schlag aus, um dessentwillen er in dieses Treffen gegangen war: Er schlug Lamberto auf die empfindlichste Stelle des Kinns. Lamberto brach bewußtlos zusammen, man fuhr ihn gleich ins Krankenhaus. Er hatte ein Blutgerinnsel im Hirn, verblödete und blieb an beiden Beinen vollständig gelähmt. Seither konnte Bert nicht mehr boxen, er mochte sich anstrengen, wie er wollte. Er versuchte alles, Drogen nicht ausgenommen. Immer, wenn er in den Ring steigt, sieht er Lamberto vor sich: wie er ohnmächtig und leichenblaß daliegt, wie er lallend im Rollstuhl sitzt. Und das Schlimmste für Bert ist, daß niemand von der Geschichte weiß, daß alle Lambertos Unglück einem Unfall zuschreiben. Am liebsten würde er durch die Straßen laufen und rufen: ‹Ich bin schuld, ich bin schuld!› Vielleicht würde man ihn dann verhaften und bestrafen. Er hat es wenigstens mir erzählt, seither steht sein Bild auf meinem Tisch.»

Brigitte stöberte, während Helmut sprach, in den Papieren auf dem Tisch, so daß er nervös zu ihr hinübersah. Dann ging sie zum Bücherschrank und blätterte in einigen Büchern. Schließlich legte sie eine neue Platte auf, diesmal Strawinsky. Ich antwortete auf die Erzählung Helmuts mit Ausführungen über das Gewissen, über die Sensibilität mancher Menschen, denen man diese gar nicht zutrauen würde. Ich weidete alle Gemeinplätze ab, die sich gerade zum Abweiden anboten. Alles der hundertste Abklatsch dessen, was man in tausend Büchern lesen konnte, kombiniert und gemixt, um Konversation zu machen, damit das Gespräch nicht einschlief.

Brigitte setzte sich wieder hin und hörte nicht Strawinsky zu, sondern mir. Nachher, als wieder eine Unterhaltung aufkam, warf sie Helmut häufig seine ‹vulgären Ausdrücke› vor. Er hatte die Angewohnheit, nicht nur ‹saudumm› zu sagen, sondern auch ‹sauschön›, ‹sauklug›, einmal sogar sagte er ‹sauphantastisch›. Er nahm ihre Aussetzungen still hin, lächelte höchstens etwas bemüht. Obwohl ich Brigittes Betragen ihm gegenüber widerwärtig fand, gefiel sie mir von Minute zu Minute besser. Nicht, weil sie mir gläubig zuhörte, mein Gerede geistreich und meine Ausdrucksweise gebildet nannte – immer wieder etwa sagte sie ‹Ausgezeichnet› und noch häufiger ‹Genau› –, nicht deswegen gefiel sie mir, sondern trotzdem. Wenn sie herumging, um Platten zu wechseln oder Getränke zu holen oder Bücher herauszusuchen, sah ich ihre runden Hüften. Ich sah ihre Beine, ihre Arme, ihre Brüste. Seit dem Nachmittag im Museum und der Begegnung mit Helmut wußte ich, daß das, was jetzt geschah, geschehen mußte. Ich hatte in meiner Jugend, wie alle, Frauen gehabt. Aber seit langem war ich es zufrieden gewesen, allein zu schlafen. Jetzt wollte ich nicht mehr allein schlafen. Das war die letzte Änderung in meinem Leben, die fällig war.

Ich redete immer weiter, zum Beispiel über Piero della Francesca, ein Bildband mit den Farbtafeln seiner Fresken war eine Neuanschaffung Helmuts. Piero della Francesca interessierte mich überhaupt nicht. Aber Brigitte und Helmut bewunderten mich. Helmut schwieg, und Brigitte sagte ‹Ausgezeichnet› und ‹Genau› wie schon den ganzen Abend. Sie ärgerten sich nicht einmal mehr darüber, daß ich der Musik nicht zuhörte, obwohl Brigitte eine Platte nach der andern auflegte. Sie hörten selber nicht mehr zu, sie hörten nur mich.

Nachher schlief ich unruhig und schrak immer wieder auf, weil ich glaubte, es klingle, aber es meldete sich nie jemand. Schließlich, als es schon hell wurde und wieder klingelte, schalt ich mich, weil ich doch wieder an die Tür ging. Helmut stand da mit einem Paket unterm Arm. Darin war die gerahmte Fotografie Berts von seinem Schreibtisch. «Ich dachte, sie gefällt dir, weil dich die Geschichte Berts interessiert hat. Und Brigitte mag das Bild nicht. Sie sagt, der Kerl sei primitiv.» Er lief gleich wieder weg, er habe keine Zeit. Ich stellte das Bild auf meinen Tisch, wo es sich gut machte. An den Wänden hingen anstelle der Cézanne, Renoir, Picasso, Paul Klee, zwei Piero della Francesca nicht zu vergessen – mein Zimmer war mit Kunstdrucken tapeziert gewesen –, schon seit Wochen die Bilder von Fußballern, Rennfahrern, Schwimmern, vor allem aber die von Boxern. Natürlich die Bilder von Helmuts Kämpfen in Serien: jede einzelne Phase eines jeden Kampfes.

Ich kauerte lange in der Badewanne und ließ, ohne den Pfropfen in den Abfluß zu stecken, das Wasser über meine Hände und Arme, meine Schenkel, meine Knie und meine Füße fließen. Und dann wieder über meine Hände und Arme. Das Wasser benetzte allmählich meinen ganzen Körper. Ich freute mich für jedes Stück Haut, dem die Liebkosung des warmen Wassers bevorstand. Diese Vorfreude war das Schönste, ich hatte mein Verfahren, sie beliebig zu verlängern. Meine Bewegungen waren wie die eines Schlafenden, ich holte nach, was mir die Nacht versagt hatte.

Das Telefon klingelte. Ich sprang aus der Wanne und lief durch den Flur ins Zimmer. Als ich den Hörer abnahm, sah ich die Lachen, die ich überall auf dem Boden zurückgelassen hatte. Brigitte war am Apparat: ob mir der Abend gut bekommen sei, ob es mich gelangweilt habe, sie nachhause zu bringen; ich hätte auf dem ganzen Weg kein Wort gesprochen. Und vorher hätte ich doch bewiesen, daß ich keineswegs schweigsam sei. Sie habe wohl meine Ritterlichkeit überfordert. «Nein, nein», wehrte ich ab, während ich anfing zu frieren, «im Gegenteil, der Nachhauseweg war das Schönste an dem ganzen Abend.» «Sie machen sich über mich lustig», meinte Brigitte, «schließlich habe auch ich kein Wort gesagt, ich war unhöflich.» «Unsinn», widersprach ich, «darf ich Sie heute abend zum Essen einladen? Nicht großartig, nur hier in der Nähe in meine Stammkneipe? Ich hole Sie um sieben Uhr ab.» Um halb neun begann Helmuts Kampf, das ließ sich gut kombinieren.

Einen großen Teil des Tages verbrachte ich in meinem Zimmer und sah die Sportberichte der Zeitungen durch. Alles, was mir für mein Thema brauchbar schien, schnitt ich aus und legte es auf einen Stapel. Ich sammelte damals Material für ein Buch: «Die Psychologie der großen Sportler, unter besonderer Berücksichtigung der Boxer». Trotz großen Bemühungen war es mir noch nicht gelungen, bei einer Zeitung oder Illustrierten als Sportberichter anzukommen. Wenn man hörte, daß ich bisher als Kunstschriftsteller gearbeitet hatte, lehnte man mich gleich ab. Nur ein paarmal hatte ich kleine Reportagen über Helmuts Kämpfe in Provinzzeitungen untergebracht, und auch das nur auf seine persönliche Fürsprache hin. Mit dem Buch wollte ich mich der Sportwelt empfehlen und meine fragwürdige Vergangenheit zudecken. Es sollte reich bebildert werden. Die Fotografien an den Wänden gehörten zu der Sammlung, die ich zu diesem Zweck anzulegen begonnen hatte.

Zehn Minuten vor sieben war Brigitte bei mir: «Ich mußte auf dem Nachhauseweg ohnehin hier vorbei. Und da wir ja in Ihrer Nähe essen wollten ...» Ich ließ sie nicht eintreten, nahm meinen Mantel und ging mit ihr weg. Wir aßen und schwiegen zuerst lange, mir lag nicht am Reden. Endlich fragte sie mich nach meiner früheren Arbeit. Ich heuchelte, da es Brigitte so zu gefallen schien, Interesse an dem Gegenstand und verbreitete mich über das Torsenbuch, sagte auch etwas über meine älteren kunsthistorischen Schriften. Sie hörte gespannt zu und fragte immer mehr. Ich zwang mich, weiterzureden, und nahm den leichten Rotwein zu Hilfe, den wir, ein Viertel nach dem andern, tranken. Ohne ihn wäre ich sicher wieder verstummt und hätte mich damit begnügt, Brigitte anzustarren. Wir gingen in meine Wohnung, Brigitte wollte meine Bücher sehen. Sie fand alles, was sie erwartete: die Klassiker der Weltliteratur, moderne Romane und moderne Lyrik, Kunstliteratur, Philosophie, Geschichte. Ein Fach im großen Bücherschrank hatte ich freilich schon vor Wochen – damals als ich den Wandschmuck auswechselte – mit Sportliteratur, Büchern und Zeitschriften, gefüllt. Dieses Fach übersah Brigitte. Sie war voll des Lobes und freute sich besonders darüber, daß ich keinen Plattenspieler besaß: Das sei, neben dem Fernsehempfänger, das bezeichnende Requisit der Halbgebildeten. Glücklicherweise hatte ich ihr noch nichts von meiner Absicht erzählt, ein Radio mit Plattenspieler zu kaufen. Nur Geldmangel hatte mich bisher daran gehindert.

Den Wandschmuck freilich konnte sie nicht übersehen: Sie verstehe nicht, warum ich solches Zeug aufhinge, das sei doch primitiv. Das war offenbar das Stichwort. Wir saßen nun auf der Couch, und sie ließ mich ohne Sträuben ihre Hand nehmen und anschauen. Ich behauptete, ich müsse das tun, um ihren Charakter kennenzulernen. Ich bin über dreißig Jahre alt geworden, bis ich mich das erste Mal dieses alten Tricks der Verliebten bediente. Während ich noch eine plausible Entschuldigung für die Bilder suchte, fiel Brigittes Blick auf die Fotografie Berts: «Wie kommt das hierher, muß ich das überall finden?» Sie riß ihre Hand aus der meinen, lief zum Schreibtisch und drehte das Bild um, als wollte sie den armen Bert dafür, daß er eben nur ein Boxer war, bestrafen. Ich fing an, von Signora Letizia in Rom zu sprechen, ich dachte, dieser Charakter werde Brigitte gefallen. Ich erzählte vom Charme dieser Frau, der immer noch wachse, obwohl sie schon sechzig sei. Daß man in ihrer Bibliothek fast die ganze neuere englische und französische Literatur finde. Daß sie die Deutschen nicht möge und darum keine deutschen Bücher habe, obwohl sie die deutsche Sprache fast ebensogut beherrsche wie die italienische und nicht weniger gut als die englische und französische. Brigitte war deutsch genug, um an dieser Schilderung Gefallen zu finden. Sie kam zu mir auf die Couch zurück und sagte, sie sei noch nie in Rom gewesen, sie würde gern einmal hinfahren. Ich sähe kein Hindernis, meinte ich kühn, wir könnten die Reise ja zusammen machen. Die Frage sei nur, ob sie sich die Zeit dafür nehmen wolle. Mir schoß es zwar einen Augenblick durch den Kopf, daß meine Finanzlage bedenklich, ja schon beinahe kläglich war: Die Einkünfte, die ich aus meiner Kunstschriftstellerei noch hatte – noch immer etwa wurden alte Artikel von mir gedruckt, Exemplare meiner Bücher verkauft – schrumpften täglich mehr zusammen. Und meine neuen Unternehmungen brachten mir noch nichts ein, trotz aller Anstrengung. Ich wußte nicht, wie lange ich die Wohnung noch würde bezahlen können ... Brigitte ging auf meinen Reiseplan sofort ein und schlug als Abfahrtsdatum einen Tag der folgenden Woche vor. Bis dann werde sie ein Bild, woran sie gerade arbeitete, fertig haben. Und da es schon einen Käufer dafür gebe, sei die Unternehmung auch finanziell gesichert.

Gedankenlos schaute ich auf die Uhr, es war halb elf. Wir hatten Helmuts Kampf vergessen. Es war das erste Mal, daß mir das passierte, seit dem Abend, an dem ich aus dem Museum geflohen war, seit ich Helmut kannte. Um die Wahrheit zu sagen: einen Augenblick hatte ich daran gedacht, und zwar, als wir vom Essen aufstanden. Aber ich hatte nicht auf die Uhr geschaut, ich hatte mich dazu gezwungen, nicht auf die Uhr zu schauen. Jetzt sagte ich: «Es ist halb elf!» Brigitte: «Das macht doch nichts, oder gehen Sie so früh schlafen?» «Nein, aber Helmuts Kampf ...» Brigitte lachte: «Ich habe noch nie einen dieser scheußlichen Kämpfe gesehen, ich will auch keinen sehen. Überhaupt, warum denken Sie jetzt an so etwas, gerade jetzt?» Ich gab ihr keine Antwort, ich konnte ihr nicht sagen, daß ich nicht nur an Helmut und seinen Kampf denken mußte, sondern daß ich die ganze Zeit, sogar als ich ihre Hand hielt und von Rom erzählte, an Bert gedacht hatte, an einen jungen Boxer, den ich nicht einmal kannte. Ich sah Brigittes Brüste und Arme, ich sah ihre Augen, ich schwamm in einem wachsenden Rausch, es war wie am Abend zuvor in Helmuts Wohnung. Dennoch dachte ich an Helmuts Kampf und an den jungen Boxer. Seit Brigitte sein Bild umgedreht und ihn so in die Ecke verwiesen hatte, dachte ich besonders an ihn. Ich griff wiederum nach ihrer Hand und küßte sie. Ich küßte ihren Arm, ich küßte langsam aufwärts bis in ihre Armkehle. Es würde mir doch noch gelingen, Helmut und Bert und dessen traurige Geschichte zu vergessen. Ich mußte nur durchhalten. Unterdessen sprach Brigitte, sie stockte nur selten: «Helmut ist natürlich ein netter Mensch, schließlich ist er mein Freund. Er war mein Freund. Denn ich weiß nicht, ob das noch lange so weitergehen kann. Er ist doch sehr ungeistig, dabei ist er nicht dumm. Ich hoffte immer, etwas aus ihm machen zu können. Aber jetzt nicht mehr. Seit er Sie kennt, fängt er zwar an, zu lesen, er interessiert sich für Literatur und Musik, ja sogar für Malerei, was ich nie erwartet hätte. Aber das ist alles unecht, ich spüre, das paßt gar nicht zu ihm. Er ist und bleibt ein Muskelprotz, ein Boxer. Und ich habe ihn im Verdacht, daß ihn am Ende nur Geld interessiert, daß er nur für Geld lebt. Sie müssen verstehen, Albin, ich bin Künstlerin, auf die Dauer ertrage ich nur einen geistigen Menschen, nur einen solchen könnte ich ...»

Mein Mund lag lange auf ihrer Schulter, an der Stelle, die der Träger ihres Kleides eben noch frei ließ. Meine Wimpern berührten den Stoff. Als ich mich aufrichtete, sah ich, daß es grüne Rohseide war.

Zehn Tage später war ich mit Brigitte in Rom. Es gelang mir, ihr alles zu bieten, was sie von mir erwartete. Ich führte sie von Kirche zu Kirche, von Ruine zu Ruine, von Museum zu Museum. Das erste Mal in meinem Leben fand ich mein Wissen nützlich. Ich hatte Lambertos System meiner Situation angepaßt. Nicht ohne schlechtes Gewissen, aber mit unleugbarem Erfolg. Wir waren auch bei Signora Letizia. Sie gefiel Brigitte, so wie Brigitte ihr gefiel. Je mehr die Signora meine Fehler herausstrich, je häufiger sie mich für unausstehlich erklärte, desto zärtlicher war Brigitte zu mir. Am Ende behauptete Signora Letizia geradezu, Brigitte sei ein Engel, weil sie mich ertrüge.

Nach der Rückkehr fühlte ich mich unwohl, obwohl ich Brigitte fast täglich sah und, wenn ich sie einen Tag nicht sah, mit ihr wenigstens telefonierte. Bis eines Morgens Helmut anrief: was denn mit mir los sei, wo ich so lange geblieben wäre. Kein Wort von Brigitte. Abends ging ich zu ihm, er zeigte mir neue Bücher, neue Platten, die er gekauft hatte. Vom Boxen sagte er nichts, bis ich ihn danach fragte: Nein, seit dem Sieg über Ferenzi sei er nicht mehr im Ring gewesen. Sein Agent rufe ihn zwar immer wieder an, aber er weigere sich, ihn zu empfangen. Im Augenblick habe er ja genug Geld. Und abgesehen davon, daß es ihn nicht mehr interessiere, habe ihm das Boxen bei Brigitte nur geschadet, bei mir aber wenig genützt. Sonst hätte ich mich mehr um ihn gekümmert. Ich konnte dazu nicht viel sagen: Über meine Beziehung zu Brigitte wollte ich mich nicht äußern, in diesem Punkt war mein Gewissen zu schlecht. Meine Versicherungen, er täusche sich, gerade als Boxer bewundere ich ihn über die Maßen, überzeugten ihn nicht, so aufrichtig sie gemeint waren. Helmut ließ sich nicht beschwichtigen: Nein, ihn kotze das Boxen an, nur Dummköpfe boxten. Er versank in störrisches Schweigen, als ich ihm klarzumachen versuchte, daß gerade zum Boxen eine besondere Intelligenz gehöre, er solle nur an Lamberto denken.

Meine Lage war miserabel und wurde täglich schlechter. Für mein Buch über die Psychologie der großen Sportler hatte ich noch keinen Verleger, der Sportjournalismus brachte mir noch kaum etwas ein; und die Kunstschriftstellerei, mit der ich mich schlecht und recht durchschlug, hatte ich aufgegeben. Anderseits brauchte ich eher mehr Geld als früher: Denn ich hatte ja nun Brigitte und fühlte mich verpflichtet, sie einzuladen und ihr Geschenke zu machen. Von meinen Geldsorgen sprach ich ihr möglichst wenig, schon weil ich ihr die wahre Ursache nicht zu gestehen wagte, glaubte sie doch immer noch, daß ich an dem Buch über die Torsen arbeite.

Eines Tages erzählte ich ihr, ich hätte meine Wohnung gekündigt und zöge als Untermieter zu Frau Brügge. «Warum denn das?» wunderte sie sich. «Ich will nicht mehr allein wohnen. Am Anfang gefiel es mir. Aber jetzt kommt mir mein Appartement wie eine Nußschale im Meer vor. Es gibt nichts zwischen mir und der Welt. Ich muß nur meine Tür aufmachen und schon bin ich auf der Straße.» «Unsinn, du bist im Hausflur!» korrigierte sie mich. «Ja, aber dieser Hausflur ist wie eine Straße. Da ist eine Wohnung wie die meine an der andern, und in jeder wohnen fremde Leute, die mich und einander nichts angehen. Ich ertrage das nicht länger. Ich muß ein Polster zwischen mich und die Welt legen, muß jemanden haben, der sich um mich kümmert. Man hat mir Frau Brügge empfohlen, sie sei fürsorglich und zugleich diskret. Es kommt selten vor, daß man beides vereinigt findet.» «So», sagte Brigitte und rollte meinen Kopf, der auf ihrem Knie lag, weg, «du suchst also Geborgenheit bei Frau Brügge.» Sie kam nie mehr auf das Thema zurück. Am Abend war ich mit Helmut zusammen, ich teilte meine Zeit zwischen ihm und ihr. Erst später trafen wir uns gelegentlich zu dreien, ich war erstaunt, wie gut das ging. Mir persönlich freilich blieb es immer lieber, wenn noch andere dabei waren, zum Beispiel Bert, den Helmut uns jetzt, trotz Brigittes Widerstreben, vorstellte und der sich für mich zu interessieren behauptete, weil ich seine Psyche in mein Buch über die Sportler aufnehmen wollte. Ich sammelte auch die Bilder von seinen Kämpfen.

Berts Porträt allerdings entfernte Brigitte bald ganz von meinem Schreibtisch und schloß es in eine Schublade. Dafür schenkte sie mir ein Foto von sich selbst, das genau in den Rahmen paßte. Wir galten allgemein als verlobt, und wir hielten uns selbst dafür.

## IV

DER MECHANISMUS in der Empfangshalle des Frankfurter Flughafens, der sein Gepäck wog und aufhob und davontrug, erinnerte Dick an ein Krematorium, worin die Särge, von unsichtbarer Hand weggezogen, den Augen der Trauergemeinde plötzlich entschwinden. Dicks Stimmung war gedrückt, er hatte die Furcht vor dem Fliegen nie überwunden. Er setzte sich in einen Fauteuil an einen niedrigen Tisch und schrieb eine Karte an Pilar: «In einer halben Stunde fliege ich nach London, in zehn Tagen bin ich wieder bei dir, Dick.» Dazu trank er einen Kognak und schluckte ein paar Pillen gegen Luftkrankheit.

Das Flugzeug schien ihm zu klein, er unterdrückte ein Seufzen. Beim Aufstieg schlingerte die Maschine, er hielt sich an der Armlehne fest und äugte verstohlen nach rechts. Sein Nachbar lutschte die Bonbons, die die Stewardeß verteilt hatte, und nahm keine Notiz von Dick. Bei jedem Schwanken der Maschine fragte er sich hypochondrisch, ob er jetzt wohl einen Schwindelanfall bekäme. Aber, das bedauerte er fast, nichts dergleichen geschah. Sie waren jetzt hoch über den Wolken, der Flug wurde ruhiger, so daß er Pilars stete Ermahnung, sich doch nicht immer mit sich selbst zu beschäftigen, hervorzukramen begann. Dennoch, bei jedem leichten Absacken, bei jedem Leiserwerden der Motoren sah er besorgt auf die Propeller.

Der Mond am Himmel betrachtete teilnahmslos die Nacht. Dick war mit dem Taxi auf dem Hauptplatz von San Antonio Abad angekommen und hatte sich in einer Pension eingemietet. Er machte seinen ersten Gang zum Strand. An der Treppe zum Felsweg nach der Bucht von San Miguel stand ein Junge von siebzehn, achtzehn Jahren, nickte ihm zu und wünschte ihm einen guten Abend. Dick grüßte leichthin zurück und ging den Felsweg entlang weiter: woher kannte ihn der Junge? Endlich fiel ihm ein: es war Domingo, Sebastiáns Bruder. Dick hatte ihn früher ein paarmal gesehen, auf der Strandpromenade, oder wenn er schnell quer durch den «Trobadór» zur Falltür lief, die zur Küche führte. Als Dick schon nahe der Schlucht und an der Stelle war, wo der alte Wachtturm den Weg in einen Engpaß an den Hang quetschte, merkte er, daß Domingo rechts neben ihm ging. Der Junge war kaum größer geworden in den zwei Jahren, seit Dick zum letzten Mal hier gewesen war, aber er war breiter als damals. Er lachte Dick an, knöpfte sein Hemd auf, zog es aus und ließ es von seiner rechten Hand niederhängen, so daß es am Boden schleifte. Dann sagte er: «Die Nacht ist schön, Señor, wir können bis nach San Miguel gehen, dort ist jetzt niemand.» Statt einer Antwort faßte Dick ihn an die Schulter, sie war rauh, vom Sand und vom Meersalz, und kratzte die Hand. In San Miguel zog Domingo ihn in eine Höhle im Felshang voller Gerümpel, alten Schiffsplanken, Kanistern, Fischernetzen, leeren Säcken, reckte sich an ihm auf und küßte ihn auf den Mund. Dann flüsterte er zärtlich: «Dreitausendfünfhundert Pesos!» Dick schüttelte ihn ab und lief zurück zum Weg nach San Antonio. Domingo aber rief ihm nach: «Morgen um die gleiche Zeit hinten bei den Steinen!» Dick beschloß, nicht hinzugehen.

Am folgenden Abend ging er doch wieder nach San Miguel, an das Ende des Strands, wo ein paar Felsblöcke lagen, und setzte sich in ein Boot, das, halb versunken, aus dem Kies ragte. Es war Mitternacht, als Domingo herbeilief, ihn an der Schulter packte und lachte: «Du schaust ja ganz ängstlich, du sollst keine Angst haben!» Sein Atem, eine Fahne von Wein und Gin, schlug Dick ins Gesicht. Domingo lachte lauter, tollte nach rückwärts zu den Felsbrocken und verschwand dahinter. Das Meer lag schwarz, zuweilen tastete es sich bis zum Boot heran. Der Ruf «Komm her, komm her!» schreckte Dick auf: Domingo stand nackt und winkte. Dick folgte ihm hinter den Felsblock. Domingo streckte sich auf eine Luftmatratze, faßte Dicks Hand und flüsterte: «Mich friert.»

Am andern Morgen wechselte Dick die Pension und zog in ein einsames Haus, das an einer steilen Treppe über dem Strand von San Miguel lag. Er war bereits gerührt, daß Domingo mit keinem Wort mehr auf die dreitausendfünfhundert Pesos zurückgekommen war, als dieser eines Abends mit leiser, fast schüchterner Stimme erklärte, daß es natürlich so nicht gehe, daß Dick etwas für ihn tun müsse und wie er sich das vorstelle. Dick bot an, ihm für die Dauer seines Aufenthalts in San Antonio Abad täglich tausend Pesos und ein Paket Zigaretten zu geben. Eine Woche lang etwa hielten sie es so. Dann bat ihn Domingo, er möge ihm doch in Zukunft an jedem Werktag nur fünfhundert Pesos auszahlen – dieses Wort brauchte er –, den Rest aber für eine Woche jeweils nachträglich auf einmal am Sonntag. Dick bat ihn um eine Erklärung. Das bisherige Verfahren, meinte Domingo, habe ihn dazu verführt, die tausend Pesos immer an einem Tage auszugeben. Wenn er aber am Sonntag dreitausendfünfhundert Pesos auf einmal bekomme, sei das genug Geld, damit er es seiner Mutter bringen könne. Diese werde es für ihn auf die Post tragen und in sein Postsparbuch einschreiben lassen. Es bildete sich nun schnell der Brauch heraus, daß Dick jeden Morgen, wenn er gefrühstückt und sein erstes Bad im Meer genommen hatte, die Tasche mit Büchern und mit Schreibzeug unter dem Arm, den Felsweg entlang durch die Schlucht zur Strandpromenade ging und sich an einen Tisch vor eines der Kaffeehäuser setzte. Bald kam Domingo wie zufällig vorbeigeschlendert. Dick fragte ihn nach seinem Ergehen und drückte ihm verstohlen das Zigarettenpaket in die Hand. Domingo prüfte sofort, ob Dick auch die fünfhundert Pesos, beziehungsweise am Sonntag die dreitausendfünfhundert, hineingesteckt habe. Dann ließ er das Paket befriedigt in seiner Tasche verschwinden. Sie wechselten noch ein paar Worte und setzten die Zeit ihrer abendlichen Zusammenkunft fest, obwohl das eine Formalität und, normalerweise, im voraus klar war. Domingo schlenderte weiter, Dick aber fing an, Zeitung zu lesen, nahm ein Buch, Papier und den Kugelschreiber aus der Mappe, las wieder Zeitung, nahm die Mappe vom Stuhl rechts und legte sie auf den Stuhl links. Dann öffnete er das Buch und las: «Der Pasiphae als Mond wurden viele Söhne zugeschrieben: Kydon, der eponyme Heros von Kydon in der Nähe Tegeas und der kydonischen Kolonie in Kreta;

Glaukos, ein korinthischer Meeresheros. Siehe 71, 4 ...» Er schob das Buch zur Seite, ohne es zu schließen, der Aschenbecher fiel zu Boden, er hob ihn auf, gottseidank war er unbeschädigt, er nahm den Schreibblock und schrieb: «Liebe Pilar, die Tage hier sind gleichmäßig schön, nur gestern abend hat es etwa eine halbe Stunde geregnet, das empfand man bereits als Katastrophe.»

Nach vier Wochen machten sie den schon von Anfang an geplanten Ausflug auf die Echseninsel. Sie schlenderten durch die Gassen von Sierrablanca, der oben auf einem Bergsattel gelegenen Hauptstadt. Die Schaufenster waren schon beleuchtet, die Touristen drängten sich in den Läden und kauften die Spezialitäten der Insel: weiß überzuckerte Totenschädel und Totenbeinkuchen, buntgestickte Schuhe, grobe Stoffe, bedruckt mit winzigen, zu Dämonenmasken zusammengefügten Blumen. Domingo ging stumm neben Dick. Nur wenn ein Mädchen vorbeikam, drehte er sich um, lachte, rief: «Hübsch bist du, Schwarze, komm her!», wunderte sich, daß das Mädchen nicht reagierte und schloß sich Dick mißmutig wieder an. Die Hauptstraße mündete auf den Kirchplatz, von wo sie zur Rechten auf den Golf von San Antonio Abad, zur Linken auf den Golf von Pazdorú hinuntersahen. Vor dem Fenster eines Juweliers stand Domingo still und faßte Dick am Arm. Auf schwarzen Polstern schimmerten Ringe, Uhren, Broschen, Ketten, Ohrringe, sparsam über die ganze Breite der Auslage verteilt. Vorn an der Scheibe lag ein einzelnes Stück: eine schmale goldene Kette. Domingo zeigte darauf: «Das wünsche ich mir von dir, du sollst mir eine Kette schenken, zur Erinnerung!» Zehn, zwanzig Ketten zog der Geschäftsinhaber unter der Glasplatte des Ladentischs hervor, silberne, vergoldete, goldene, gab sie ihnen, sie ließen sie durch die Finger gleiten, Ketten aus kreisrunden, Ketten aus ovalen, aus viereckigen, aus dreieckigen Gliedern, feinere und gröbere Ketten. Domingo prüfte alle mit seinen Fingern und mit den kalten gelben Augen. «Diese hier!» entschied er endlich leise, lächelte eine Sekunde, dann sagte er: «Und ein Kreuz dazu!» Der Juwelier legte beides in ein Kästchen, wickelte es in Seidenpapier und reichte das Päckchen, indem er fast unmerklich mit den Augen zwinkerte, Dick, der es wiederum Domingo übergab. Für einen Augenblick, dann überlegte er es sich anders, nahm das Päckchen wieder an sich, nicht ohne Mühe, denn Domingos Finger hatten sich schon reflexartig darum geschlossen. «Später», sagte Dick. Ein mißtrauischer Blick Domingos traf ihn. Die Kette kostete zwölftausend, das Kreuz dreitausend Pesos, das machte zusammen fünfzehntausend Pesos. Vor der Abfahrt von San Antonio hatte Dick peinlich knapp, allzu knapp kalkuliert und alles gegeneinander abgewogen: sein mäßiges Professorengehalt, Domingos räuberische Grazie, Pilars Verwunderung bei der Lektüre der Kontoauszüge, er erschrak: «Wenn ich das bezahle, reicht es nicht mehr fürs Hotel.» Da zog Domingo seine Brieftasche und zählte feierlich dreißig Tausendpesoscheine vor: «Das Geld fürs Hotel kann ich dir vorstrecken.»

Nach dem Abendessen versuchten sie einen Nachtspaziergang, gingen nochmals durch die finstern und die von Schaufenstern erhellten Gassen, ließen sich von der Menschenmenge über den Platz schieben. Domingo, die Hände in den Taschen, gähnte: «Ich langweile mich.» «Was willst du denn, daß wir machen?» fragte Dick und fügte eilig hinzu: «Ich langweile mich nicht, du bist ja da.» Domingo musterte ihn von unten, ungläubig, nachsichtig. Sie gerieten aus dem Weichbild von Sierrablanca hinaus auf einen schmalen Weg, der zwischen niedrigen Mauern, Weinbergen und Maisfeldern, tintenschwarz und zinkweiß lagen sie unter dem Mond, sachte anstieg. «Wohin führst du mich?» fragte Domingo rauh und drehte sich brüsk um.

Das Hotel empfing sie, kalkig und leer die Korridore, steinern die Treppen, der Aufzug außer Betrieb. Der Portier reichte Dick den Zimmerschlüssel. Das in solchen Fällen gebotene Augenzwinkern gelang dem Mann nur schlecht, das mehlfarbene Lid blieb am untern Augenrand kleben.

Als Dick aus dem Waschraum kam, hatte Domingo das Licht im Zimmer schon gelöscht und lehnte, eine Zigarette rauchend, an der Spiegelkommode. Dick nahm das Päckchen aus seiner Hose, die über der Stuhllehne hing und legte Domingo die

Kette um den Hals. Die Wange noch immer an Domingos Wange wachte er am Morgen auf. Behutsam zog er sich an den Rand des Betts zurück und betrachtete unverwandt seinen Freund. Der Schlaf sänftigte die harten Züge. Er wünschte sich, Domingo möchte tot sein und für immer mumifiziert liegenbleiben.

Bald war es Spätherbst, die Saison vorbei, die Restaurants von San Antonio Abad schlossen eins nach dem andern. Domingo behauptete, seine Eltern sähen nicht gern, wenn er die Oberstadt verließe, davon, daß er zuweilen die ganze Nacht wegbliebe, könne überhaupt keine Rede mehr sein. Er kam zwar noch jeden zweiten Tag auf eine Stunde nach San Miguel und ließ sich nachher zum Essen einladen. Dies auch an den andern Tagen: er aß jeden Abend mit Dick im «Trobadór», ausschließlich im «Trobadór». Das Lokal hatte sich in den vergangenen zwei Jahren völlig verändert und war von einem luxuriösen Nachtklub heruntergekommen zu einer kleinstädtischen Arbeiterkneipe. Man hatte die Terrasse verglast, die Scheiben hingen in klapprigen, schlecht gebeizten Holzrahmen. Die Schlucht war mit einem Holzboden zugedeckt. Die Stelle, wo die Uhrenmänner zum Vergnügen der Gäste ihr Leben riskiert hatten, ließ sich nicht mehr ausmachen. Auch die Madonna mit den Blumensträußen in den rostigen Klammern und dem Öllicht war nicht mehr da. Noch da waren die rotweiß karierten Tischtücher, sie wurden nur mehr selten gewechselt. Noch da war Asunción, die einstige Bardame, jetzt war sie Kellnerin und bediente die Arbeiter, Fischer und Bauern, die einzigen, wenig zahlreichen Gäste des «Trobadór». Fremde kamen keine mehr hin. Dafür war der «Trobadór» jetzt billig, das billigste Lokal von San Antonio Abad, und blieb den ganzen Winter über geöffnet.

War Domingo bei Dick gewesen, stieg er jeweils allein hinauf, Dick folgte ihm nach einer viertel oder halben Stunde. Er fand Domingo, wie er mit seinen Freunden Karten spielte und Kaffee oder Coca-Cola oder überhaupt nichts trank. Dick setzte sich immer an denselben Tisch, hinten in der Ecke neben der Bartheke, die jetzt, kaum mehr als solche benützt, als Schanktisch diente. Asunción kam, er bestellte sein Essen und Wein. Domingo schob, nachdem er ein paarmal herübergeäugt hatte, die Karten beiseite, erhob sich langsam, näherte sich, die Hände in den Hosentaschen, stellte sich neben Dick und fragte laut, ob er sich einen Augenblick setzen dürfe. Dann bestellte er gleichfalls, fast immer dasselbe wie Dick. Während des Essens lief er häufig zu Asunción, wenn sie sich gerade hinter der Theke zu schaffen machte: er kraulte sie im Nacken, küßte sie ins Haar und kniff sie, so daß sie aufschrie. Dann kehrte er zu Dick zurück und aß, tief über seinen Teller gebückt, schweigend weiter. Er hatte nie viel getrunken, jetzt trank er fast nichts mehr. Dafür schien es Dick, als äße er das Doppelte wie früher. Dabei wurde er nicht dicker, im Gegenteil immer drahtiger und beweglicher. Kaum war er mit Essen fertig, sagte er trocken «Danke», stand auf, kehrte zu seinen Freunden zurück und fuhr mit Kartenspielen fort. Asunción räumte den Tisch ab und brachte Dick die Rechnung, wortlos, ohne ihn anzusehen. Auch reichliches Trinkgeld vermochte ihr keinen Dank und nicht einmal ein Lächeln zu entlocken.

Dick beschloß abzureisen. Er beschloß es erst probeweise, sagte Domingo nichts davon und schrieb auch Pilar nichts von seiner bevorstehenden Heimkehr: Vielleicht änderte sich noch alles, vielleicht wurde es wieder wie früher. Jede Zärtlichkeit, jedes freundliche Wort Domingos weckte in ihm die Illusion, daß sich nichts geändert habe. Aber das dauerte nie lange, bald kamen wieder die Zeichen der Nichtachtung, der Gleichgültigkeit. Domingo ließ ihn Stunden, halbe Abende, ganze Nächte warten. Es kam vor, daß er Dick aus dem «Trobadór» heimschickte mit der Erklärung, sie dürften nicht zusammen weggehen, das würde auffallen, und dann kam er nicht. Der Professor Diego Muller, Dozent der Mythologie, stand auf seinem Balkon und spähte hinaus, ob irgendwo die vertraute Gestalt erschiene. Sie erschien nicht, sie erschien immer seltener. Und immer fand Domingo eine Ausrede: Seine Mutter wollte ihn nicht fortlassen, er konnte nicht aufstehen vom Kartenspiel, das durfte er seinen Freunden nicht antun, sein Onkel hatte ihn plötzlich abgeholt und in seinem Auto mitgenommen ins Kino nach Pazdorú, wie konnte er sich da entziehen? Dick redete sich immer wieder ein, das alles habe nichts zu bedeuten. Domingo bestärkte ihn auch immer wieder in dieser Meinung und gab sich leidenschaftlich wie früher. Doch er kam immer seltener und blieb immer kürzer. An Domingos Geburtstag, den besonders zu begehen sie sich vorgenommen hatten, kam er zwar zur versprochenen Zeit. Aber nach zehn Minuten schoß er auf und zog sich hastig an: «Pablo wartet draußen mit dem Moped, ich darf ihn nicht stehenlassen.» Später, am selben Abend, sah Dick die goldene Kette mit dem Kreuz an Pablos Hals. Er beschloß endgültig, am übernächsten Tag abzureisen.

Am andern Tag freilich trug Domingo die Kette wieder, er habe sie Pablo nur für eine Stunde geliehen. Als Dick ihm seinen Entschluß abzureisen eröffnete, lief er wortlos davon. Am Morgen der Abreise stand er wieder da. Vielleicht hätte Dick jetzt, im letzten Augenblick, sich doch wieder anders besonnen, seinen Urlaub hatte er von der Universität schon zweimal verlängern lassen ‹aus Gesundheitsgründen›, vielleicht hätte er ihn ein drittes Mal verlängern lassen, wenn Domingo ihn zum Abschied nochmals geküßt hätte. Domingo tat es nicht, aber er trug den Koffer und die Aktentasche über den Felsweg zur Strandpromenade. Dorthin war das Taxi bestellt. Er stieg zu Dick in den Wagen und erklärte, er werde ihn bis nach Pazdorú zur Bahn begleiten. Dick gab zu bedenken: Was würden die Freunde, die Verwandten, die Eltern sagen, wenn sie gemeinsam mitten durch die Oberstadt von San Antonio fuhren? Das sei ihm gleichgültig, sagte Domingo. Auf dem Hauptplatz und auf den Straßen winkten die Einwohner in Haufen. Am Bahnhof von Pazdorú aber ließ Domingo sich auf keine Weise bewegen, die Abfahrt des Zugs zu erwarten. «Noch diese Woche hast du eine Karte von mir», sagte er, schloß den Schlag des Taxis hinter sich und gab dem Fahrer das Zeichen zum Aufbruch.

Der Lautsprecher verkündete, daß zur Linken London liege und man sich schnell Manchester nähere. Die Maschine geriet ins Schwanken, Torkeln und Schlingern, Tropfen prallten gegen das Fenster. Dick sah den rechten Flügel und zwei Propeller nicht mehr, dafür den linken über sich, dann sah er den linken Flügel und seine beiden Propeller nicht mehr, dafür den rechten über sich. Er wäre doch besser im Schwarzwald bei Albin Pomerz und dessen Frau geblieben oder mit dem Schiff gefahren. Er griff nach der Brusttasche, dort knisterten die Briefe Domingos, vier Briefe, alle noch aus San Antonio Abad: immer wieder die dringende Bitte, Dick solle sofort zurückkehren, es regne in San Antonio, jetzt habe Domingo den ganzen Tag Zeit für ihn, man könne weder in den Ölgärten arbeiten noch sich als Maurer etwas verdienen, sein Vater, der Schuster, habe jetzt, da die Fremden fort seien, auch nicht genug zu tun, Domingo könne ihm nichts helfen, Dick solle sofort, besser heute als morgen, zurückkehren. Dann aber, im letzten Brief, einer abstrusen Mischung aus Zärtlichkeit und Drohung, teilte Domingo mit, er werde jetzt, da Dick offenbar nicht komme und ihn vergessen habe, nach Manchester fahren, dort habe ein Vetter Arbeit für ihn gefunden.

Nach einer letzten unsicheren Schaukelbewegung, es war, als säße man im Bauch eines Volltrunkenen, setzte das Flugzeug rumpelnd auf einer Betonfläche auf und fuhr Spießruten durch den prasselnden Regen. Wenig später ließ Dick sein Taxi vor dem «Dragon Restaurant» an der Park Road in Salford halten. Er gab Koffer und Tasche an der Garderobe ab, im Erdgeschoß war sonst nur eine Bar, er stieg die Treppe hinauf, oben leuchteten weiße Tischdecken, von den Wänden sahen bunte Ansichten aus Mittel- und Südamerika und sogar aus Spanien. Dick bestellte und gab dem Kellner zugleich einen Umschlag, den er schon bei Albin Pomerz im Schwarzwald vorbereitet hatte. Er enthielt Domingos Fotografie, aufgenommen auf der Echseninsel, auf dem Platz von Sierrablanca. Dazu legte er zwei Pfundnoten in den Umschlag: «Bringen Sie das dem Koch Domingo!» Der Kellner machte einen Bückling und staunte: «Ah, der Herr kennt Domingo» und zog sich zurück. Bald brachte er den Wein, während des Einschenkens näselte er: «Domingo erkennt den Herrn auf dem Bild nicht, das Sie ihm geschickt haben, weiß auch nicht, wer Sie sind. Aber er bittet Sie, bevor Sie gehen, zu ihm zu kommen.» Dick kostete den Wein, er war säuerlich mit einem muffigen Beigeschmack. Dennoch trank er schnell ein Glas nach dem andern, die Flasche war leer, ehe das Essen kam. Er bestellte eine zweite Flasche. Auch das Essen war nicht gut, viel zu fett. Er aß, obwohl er keinen Hunger spürte, schnell und ohne zu kauen, und merkte bald kaum mehr, daß er aß und trank. Seine Blicke schweiften über das Tapetenmuster, Rosen, klein und bläßlich, in langen Reihen von der Decke bis zum Boden aufgedruckt. Er trank den letzten Schluck so hastig nach dem letzten Bissen, daß der Wein diesen nicht hinunterspülte, sondern wieder in den Mund zurückstieg. Er fürchtete zu ersticken, drückte die Serviette an die Lippen und legte sie naß und rot wieder neben sich. Inzwischen war der Kellner herbeigelaufen und klopfte ihn auf den Rücken. «Genug, genug!» wehrte Dick ab. Er bezahlte eilig und zu viel, weil er sich in der komplizierten Währung nicht zurechtfand. Als er zur Treppe ging, rief der Kellner hinter ihm her: «Die Küche ist ganz rückwärts im Erdgeschoß, hinter dem Ledervorhang.»

Domingo lehnte, die Arme vor der Brust verschränkt, am Spülbecken. Er trug die ehemals weißen Leinenhosen, sie waren fast schwarz. Er lächelte in den Mundwinkeln, die gelben Augen waren ausdruckslos höflich: «Ich habe nicht gewußt, daß Sie kommen, nein, ich habe es wirklich nicht gewußt», begrüßte er Dick, als ob er sich entschuldigen müßte. Dick drückte ihm ein großes Paket Zigaretten in die Hand. Domingo gab sie zurück: «Nein, nein, das ist nicht nötig ... Wo wohnen Sie hier?» «Ich weiß nicht», sagte Dick, «ich muß mir noch eine Unterkunft suchen.» «Da gibt es gleich in der Nähe, zehn Minuten stadteinwärts, das Mountain Hotel», mischte sich der andere Koch ins Gespräch, ein großer mit pomadisiertem Haar, der, einen Lappen in der Hand, weiter rückwärts am Herd stand, sonst nichts tat und, den Gast neugierig musternd, zuhörte.

Dick verabredete sich mit Domingo auf Viertel vor elf, brachte sein Gepäck mit einem Taxi ins Mountain Hotel und lief atemlos die von Gaslampen düster erleuchtete Park Road zum «Dragon Restaurant» zurück. Es nieselte wieder, Windstöße bliesen. Schon um halb elf war er wieder da. An der Bar saß noch ein Gast, zwei Kellner schwatzten mit einer dicken, pechschwarzhaarigen Frau, das war wohl die Besitzerin. Dick wartete draußen, Viertel vor elf fing er an, in kleinen schnellen Schritten auf und ab zu gehen, um elf kam Domingo immer noch nicht, aber die Kellner räumten die Stühle auf die Tische, die dicke Frau schloß dem Gast die Tür von innen auf und ließ ihn hinaus. Dick fragte nach Domingo: der sei schon um halb elf gegangen, wie immer, sagte sie. Wo er denn wohne, fragte Dick. «Gerade hier gegenüber», die Frau zeigte auf eine Straße, die in die Park Road einmündete: Domingo wohne in Nummer zwölf. Auf dem Straßenschild stand Dragon Road. Die Fenster von Nummer zwölf waren alle dunkel, im Erker des Erdgeschosses, in der Lücke zwischen den pompös gerafften Gardinen stand eine chinesische Vase hart an der Scheibe. Dick drückte kurz auf die Klingel. Keine Reaktion, er drückte nochmals. Ein Schlurfen hinter der Tür, eine Frau im fußlangen Barchentnachthemd öffnete. Ob Domingo da sei? Sie maß Dick von Kopf bis Fuß und sagte dann: «Ich weiß nicht, ich muß sehen. Sie können mitkommen.» Sie ging die schmale Holztreppe voran, wobei sie das Nachthemd, nicht ohne Koketterie, mit zwei Fingern so weit aufhob, daß ihr der Saum nicht mehr unter die Pantoffeln geraten konnte. Ein Öllicht im roten Glas flackerte auf einem Wandkandelaber. Oben klopfte sie an eine Tür, öffnete und machte Licht. Domingos Hose und Pullover lagen unordentlich auf einem Polstersessel. «Sehen Sie, er ist nicht da», stellte die Wirtin fest, «wollen Sie warten?» «Nein», sagte er, die Frau musterte ihn nochmals, seine Baskenmütze, seinen schwarzen Regenmantel, erstaunt über sein mit fremdländischer Pedanterie ausgesprochenes «No-u». Er stellte sich vor das Haus, schaute auf die Uhr und fing nach zehn Minuten wieder an, auf und ab zu patrouillieren.

Endlich kam Domingo um die Ecke der Park Road. «Ich habe dich gesucht», sagte er, «und bin dir zum Hotel entgegengegangen.» «Aber das Hotel ist auf der rechten Seite, in Richtung Manchester, du jedoch bist von links gekommen», wandte Dick ein. «Dann habe ich mich eben in der Richtung getäuscht», lachte Domingo und stellte sich breitbeinig vor ihn, eine scharfe Alkoholfahne wehte Dick ins Gesicht, wie damals auf dem Strand von San Miguel. Domingo trug einen grauen Anzug, ein weißes Hemd mit modisch stumpf geschnittenem Kragen und eine Seidenkrawatte. Als er Dick, wie nebenher, fragte, ob er mit hinaufkommen wolle, antwortete dieser: «Gern, wenn du magst» und stieg zum zweitenmal im Flackern des Öllichts die Holztreppe hinauf. Im Zimmer sah er sich diesmal genau um: ein großer, dicker Teppich, ein breites Bett, ein Kamin mit Marmorsims, darüber, im Goldrahmen des großen Spiegels, Fotografien aus San Antonio Abad, Gruppenaufnahmen: Domingo und Sebastián, Domingo mit den Eltern, den kleinen Geschwistern und Sebastián, Domingo mit Asunción, Domingo mit Pablo, Domingo mit anderen Freunden. Nur auf einem Bild fehlte Domingo, es war ein Porträt Sebastiáns. Auch darauf hatte er den harten, wilden Blick, der Pilar faszinierte und seit Sebastiáns Tod Domingo eigentümlich war.

Domingo räumte die ringsum verstreuten Kleidungsstücke, Hemden, Taschentücher, Gürtel, Unterwäsche, Krawatten, Halstücher in den Wandschrank, zündete die Wandlampen zu beiden Seiten des Kaminspiegels an, löschte die Deckenlampe und nahm eine Flasche aus der Kolonne, die auf dem Kaminsims der Größe nach aufgereiht war: «Willst du einen Martini oder lieber einen Whisky?» Dick wollte einen Martini. Domingo schenkte zwei Kelchgläser halb voll und stieß mit Dick an. Dann zog er den Umschlag aus der Tasche, nahm die beiden Pfundnoten heraus, betastete sie sorgfältig, als fürchtete er, sie wären gefälscht, und fragte: «Wo hast du die Zigaretten?» Dick gab ihm das Paket. «Ich konnte es vor den Augen meines Kollegen nicht annehmen, das verstehst du», sagte Domingo. «Wegen des Kollegen und wegen der Kellner, denen er es erzählt hätte, auch tat ich so, als ob ich nicht wüßte, daß der Umschlag von dir kam. Übrigens, wer ist das auf der Fotografie, bist du das selbst?» «Nein», lachte Dick, «schau das Bild nur an, so sehe ich doch nicht aus. Das bist du, die Vergrößerung deines Porträts von der Echseninsel.» Domingo zog jetzt auch das Bild aus dem Umschlag, starrte es kopfschüttelnd an wie eine Erscheinung und steckte es zu den andern Bildern in den

Spiegelrahmen, direkt über dem Porträt von Sebastián. «Du willst wohl mit mir ins Bett?» meinte er dann ruhig und höflich, «bitte, ich habe nichts dagegen.»

Später, als Dick gehen wollte und die Hand bereits an der Türklinke hatte, setzte Domingo sich plötzlich im Bett auf: «Wie lange bleibst du hier?» «Ich denke, zehn Tage.» «Schön», Domingo ließ sich aufs Kissen zurückfallen, dachte einen Augenblick nach und fuhr fort: «Dann waren die zwei Pfund heute zur Begrüßung. Von morgen an gibst du mir jeden Tag, außer dem Paket Zigaretten, ein Pfund. Übrigens, wenn du willst, fahren wir morgen nach Manchester, ich bin bis vier Uhr frei. Ich hole dich um zehn im Hotel ab. Einverstanden?»

Am Morgen, es war Sonntag, stand Dick schon um halb zehn im Mantel am Fenster seines Zimmers. Als der Zeiger seiner Armbanduhr gegen zehn rückte, verließ er das Hotel und ging in der Richtung des Dragon Restaurant. Ein Autobus kam ihm entgegen und hielt, ein Uniformierter stieg ein, der Autobus fuhr Richtung Manchester davon. Endlich erschien in der Ferne Domingo. Dick strengte sich an und ging, so langsam er konnte, auf ihn zu. Sie stiegen in den nächsten Autobus und setzten sich ganz vorn hin. Domingo schaute immer wieder zurück, lachte ein Mädchen an, das hinten saß. Dick zog die erste Karte hervor, die Domingo ihm geschickt hatte: eine Fliegeransicht von San Antonio in Bonbonfarben, der Felsweg, der große Strand mit der Promenade. «Sieh da, sogar San Miguel und die Steine!» staunte Domingo. Dann gingen sie durch die sonntagsöden Straßen von Manchester, bestaunten ein massiges Denkmal der «most gracious majesty» Königin Viktoria. Der Himmel war grau, aber es regnete nicht. Domingo fing an zu singen, ein Fischerlied aus San Antonio. Er sang falsch und heiser, er konnte überhaupt nicht singen. Plötzlich brach er ab und sagte: «Ich habe Hunger.» Es war nicht leicht, in dem toten Manchester ein offenes Lokal zu finden. Dafür stießen sie auf einen offenen Tabakladen und kauften Zigaretten. «Wie komisch, hier kaufen Frauen Zigaretten», Domingo mokierte sich über zwei alte Damen mit künstlichen Blumen, ganzen Gärten auf den Hüten. Als sie Domingo sahen und sprechen hörten, drängten sie herbei und staunten ihn an: «Was für ein hübscher Boy, sind Sie Italiener?» «Nein, Südamerikaner.» «Sind Sie katholisch?» «Ja.» «Da drüben über dem Platz, sehen Sie, gerade dort, ist eine katholische Kirche. Da ist jeden Sonntag um neun eine Messe.» «Nein», verbesserte die andere, «die Messe ist um zehn.» «Aber, meine Liebe, wie kannst du so etwas sagen, du weißt doch ganz genau, daß die Messe um neun anfängt ...» Dick und Domingo flohen. Gleich um die Ecke war ein offenes Restaurant, riesig und fast voll. Zum Essen tranken sie französischen Rotwein. «Das ist mein erster Wein, seit ich von zuhause weg bin», sagte Domingo. Er goß ein Glas nach dem andern hinunter, in zehn Minuten drei Gläser. «Du weißt noch nicht, wie ich deine Adresse gefunden habe, wie es dazu kam, daß ich dich aus San Antonio Abad anrief», begann Dick. «Als ich zwei Monate nichts mehr von dir hörte, fuhr ich nach San Antonio, ging in den ‹Trobadór› und fragte Pablo nach deiner Adresse. Er wollte nicht glauben, daß man dich von San Antonio aus telefonisch erreichen könne, so nahm ich ihn gleich mit zur Post und ließ mich mit Manchester verbinden.» «Wo war Pablo, während du mit mir sprachst?» forschte Domingo. «Draußen vor der Kabine im Vorraum.» «Und du hast es gewagt, mit mir zu sprechen, während Pablo draußen saß, statt selber draußen zu warten und Pablo sprechen zu lassen?!» ...

Dick bezahlte, sie gingen wortlos nebeneinander, die Rathausuhr schlug drei. Domingo lief voraus zum Autobus, setzte sich im obern Stock vorn hin, zog die Münzen zum Bezahlen aus der Tasche und steckte sie, als Dick zwei Fahrkarten kaufte, nur zögernd wieder ein. Auf der ganzen Fahrt nach Salford nahm er keine Notiz mehr von Dick und sah, wenn dieser ihn ansprach, demonstrativ aus dem Fenster. Dick beschloß abzureisen, mit dem erstmöglichen Flugzeug. Für morgen war es zu spät, dann würde er übermorgen fahren, er gab Domingo und sich noch eine Frist: Wenn Domingo morgen, Montag, nicht zu ihm kam und nicht anrief, dann würde er am Dienstag fliegen. Er verriet nichts von seiner Absicht, er ließ es darauf ankommen.

Er wartete den ganzen Montagvormittag im Hotel, lag auf dem Bett und las. Kein Zeichen von Domingo. Um Mittag fuhr er nach St. Ann's Square, bestellte den Platz im Flugzeug für Dienstag, aß zwei Würstchen in einer Wurstbude, kehrte ins Hotel zurück, legte sich wieder aufs Bett und las weiter. Er las den ganzen Nachmittag, den ganzen Abend, außer zwei Stunden, die er zu schlafen versuchte. Um zehn stand er auf und ging zur Dragon Road Nummer zwölf. Die Fenster waren dunkel. Um halb elf kam Domingo von der Park Road her, blieb an der Ecke stehen, schaute einem Mädchen nach, winkte, pfiff, rief es an, aber es kümmerte sich nicht darum. Dann sah er Dick und wünschte «Guten Abend!». Dick sagte, daß er am Dienstag früh fliegen werde. Domingo protestierte: «Ich will nicht, daß du wegfährst, du hast mir versprochen, zehn Tage zu bleiben. Überhaupt, ich habe mir alles überlegt, ich will wieder mit dir zusammensein wie in San Antonio Abad.» «Ich fahre morgen früh», wiederholte Dick. «Nein, das darfst du nicht. Oder fährst du wegen der Mädchen? Aber das ist kein Grund, ich habe immer Mädchen gehabt, auch in San Antonio. Dort habe ich Asunción gehabt, auch als ich mit dir zusammen war, habe ich sie jeden Tag gehabt, immer wenn du nachhause gegangen warst.» Dick streckte ihm die Hand hin: «So, ich gehe jetzt, auf Wiedersehen.» Domingo schwieg und steckte die Hände in die Taschen. «Willst du mir nicht die Hand geben zum Abschied?» «Nein.» «Und wenn ich dir zwei Pfundsterling dafür gebe?» «Für zwei Pfundsterling ja.» Dick zog seine Börse, nahm zwei Pfundnoten heraus, legte sie in Domingos Linke und drückte gleichzeitig mit der Rechten Domingos ausgestreckte Rechte.

# V

AM ABEND von Allerseelen, zwei Monate nach dem Tod Sebastiáns, kam Domingo zu Pablo und sagte: «Komm, wir gehen zum Friedhof, ich will Sebastián sehen!» Pablo folgte ihm mit einem Schritt Abstand; das war die Formation, in der sie seit jeher zusammen auftraten und deretwegen sie manchen Spott zu erdulden hatten. Domingo ging schnell voran, bis zur Grabkapelle an der Rückmauer des Friedhofs, wo Sebastián infolge eines merkwürdigen Vorkommnisses beigesetzt worden war: Am Tag nach seinem Tode erschien der Pfarrer bei den Eltern mit der Erklärung, er sei von den Besitzern des Mausoleums, die in Pazdorú wohnten, telegrafisch gebeten worden, den Toten in ihrem Erbbegräbnis zu bestatten. Die Eltern hatten nichts dagegen. Unklar blieb, wie man in Pazdorú so schnell von dem Unglück erfahren und warum man diese Bitte gestellt hatte. Die Verwandten Sebastiáns ruhten alle in den Gräbern am Eingang des Friedhofs, die aus einfachen Platten mit eingemeißelter Inschrift bestanden und höchstens durch niedrige steinerne Einfassungen voneinander getrennt waren.

Als Domingo und Pablo eintraten, war es im Mausoleum stockdunkel. Domingo zündete ein Streichholz an: sie sahen die vielen halb und ganz niedergebrannten Kerzen, die von der vergangenen Nacht übriggeblieben waren. Domingo entzündete ein paar davon mit einem zweiten Streichholz. Überall lagen Brotreste, Wursthäute und fettiges Papier herum, die Überreste des Proviants, den die Familie während der Allerseelenwache hier verzehrt hatte. Außerdem lagen Feldblumen da und duftende Nadelholzzweige, die man auf den Gräbern zu verbrennen pflegte. Das Grab Sebastiáns war bedeckt von Blumen, die in dem feuchten Gelaß schon zu faulen begannen. Statt einer Steinplatte verschlossen erst ein paar Bretter dürftig die Gruft. Aber die Blumen, Zweige, Kerzen, ein durchdringend duftender Hügel, verbargen fast die Bretter. Als Pablo in der Miene seines Freundes nach einer Auskunft suchte – was sollten sie hier um diese Zeit? – erschrak er: Domingo starrte, die Fäuste in den Hosentaschen, auf den Hügel, als lauerte darin ein Feind, der sich nun gleich auf ihn stürzen, den abzuwehren er sich bereit halten müßte. Sein Gesicht hatte die Farbe glanzloser Bronze, sein Mund stand ein wenig offen, als wäre er im Augenblick, in dem er zu schreien beginnen wollte, plötzlich festgebannt worden. Aber jetzt löste sich der Bann wenigstens von seinem Gesicht, er flüsterte zischend und halb erstickt: «Räum das Zeug hier weg!» Pablos Blick irrte von Domingo zum Grab, vom Grab zu Domingo, er fürchtete sich und rührte sich nicht vom Fleck. Er fühlte die Erstarrung, die seinen Freund festnagelte, in seinen eigenen Beinen heraufsteigen, schon konnte er die Arme nicht mehr bewegen. Aber jetzt zischte Domingo nochmals, eindringlicher, herrischer: «Was stehst du da und glotzt, räum das Zeug weg, aber sofort!» Pablo trat auf den Hügel zu, seine Hände zitterten, er kniete nieder und fing an, die Blumen und Zweige aufzunehmen und sie hinter sich und nach beiden Seiten zu werfen. Dabei fühlte er bald eine Erleichterung: So sah er wenigstens Domingo nicht mehr, obwohl er in dem kühlen Raum, wo er ohnehin fror, den Blick des Freundes kalt in seinem Nacken spürte. Den Kern des Hügels bildeten Kränze, die, soweit sie überhaupt aus Blattwerk und Blumen und nicht einfach aus an Drähten aufgereihten Glasperlen bestanden, den stärksten Modergeruch ausströmten. Pablo schob sie mit heftigen, ruckartigen Bewegungen zur Seite, nachdem es sich als noch mühsamer und vor allem als ekelhaft und unappetitlich erwiesen hatte, jedes der faulig aufgeweichten Stücke einzeln anzufassen und wegzuheben. Die Finger versanken in der braunschwarzen Oberfläche, zuweilen fanden sie nichts mehr zum Festhalten, und wenn Pablo sie zurückzog, waren sie klebrig, feucht und schmutzig und stanken süßlich. Er arbeitete, immer tiefer vornübergebeugt, mit den Armen, mit den Ellenbogen, ohne zu denken, was er tat, mit der einzigen Absicht, Domingo, von dem er nichts sah und nichts hörte, zufriedenzustellen.

Als die Bretter freilagen, blieb er müde und ratlos knien und leierte eines der Gebete herunter, die man an Gräbern zu beten pflegte: «Herr, bewahre ihn vor den Peinen der Hölle, vor den Tiefen der Unterwelt. Bewahre ihn vor dem Rachen des Bösen, daß die Hölle ihn nicht verschlinge, daß er nicht in die Finsternis hinabstürze. Sankt Michael, der Bannerträger, geleite ihn in das heilige Licht. Herr, gib ihm die ewige Ruhe, und das ewige Licht leuchte ihm.» Er fing nochmals von vorne an: «Herr, bewahre ihn vor den Peinen der Hölle ...» Obwohl er am ganzen Leibe fror, schwitzte er vor Angst, nicht so sehr wegen des Ortes, wo er sich befand, sondern angst machte ihm Domingo, den er nun schon so lange nicht mehr sah und hörte, der aber irgendwo stand und immerfort diese Eiseskälte ausströmte, ihn damit durchtränkte, als ob er, Domingo, selbst nicht nur längst zu den hier beigesetzten Toten eingegangen, sondern der Tod in Person geworden wäre.

Auf einmal trat Domingo heran, kniete sich hin und tastete die Ränder der Bretter, welche die Gruft zudeckten, ab. Er tat das schnell und sehr genau. Als er an eine Spalte, die zwischen zwei Brettern klaffte, kam, schob er zwei Finger, dann die ganze Hand hinein. Er zog, ruckte, hob tatsächlich ein Brett auf und warf es auf den Steinboden. Nun war es leicht, die übrigen Bretter beiseite zu schaffen. Domingo tat es wortlos, verbissen, sah kein einziges Mal Pablo an, der sich vorkam wie der heimliche Zeuge, der unter der Tarnkappe einer schwarzen Messe beiwohnt. Endlich, als alle Bretter kreuz und quer neben dem Grab, teils am Boden, teils auf den von Pablo beiseite geräumten Überresten des Grabschmucks lagen, schwang sich Domingo hinunter in die Gruft, hielt sich mit beiden Händen eine Zeitlang am Rand fest und ließ sich fallen. Pablo kauerte sich in eine Ecke, aus der Gruft krächzten rostige Schrauben, ächzte feuchtes, verquollenes Holz. Dann hörte er Domingos leise, scharfe Stimme: «Komm herunter zu mir und schau!» Pablo blieb regungslos in der Ecke. Endlich sah er wieder Domingos Finger am Gruftrand. Haar, verstaubt und schweißverklebt, tauchte auf, dann der Ellenbogen, der andere Arm. Domingo klomm aus der Gruft heraus. Als er auf dem

Steinboden stand, klopfte er sich die Erde von den Armen, vom Leib, von den Beinen und lief hinaus, ohne Pablo auch nur anzusehen. Erst nach geraumer Zeit stand dieser langsam auf, alles schmerzte ihn. Er hütete sich, in die offene Gruft zu schauen, aber sein Blick fiel auf die Platte daneben, wo das ringsum verstreute und gehäufte faulige Zeug einen in großen goldenen, wenn auch jetzt schon fast schwarzen Lettern geschriebenen Namen frei ließ: SOLEDAD.

Als Domingo am folgenden Nachmittag, wie täglich um diese Zeit, den «Trobadór» von rückwärts betrat und den Raum durchquerte, um hinter der Bartheke durch die Falltür in die Küche hinunterzusteigen, fiel sein Blick auf den Öldruck der Madonna an der Felswand. Er schaute schnell weg und wußte jetzt, daß er sich vor diesem Moment gefürchtet hatte. Die Angst wich augenblicklich einem grenzenlosen Wohlbehagen, einem Kraftgefühl, das ihm neu war. Den ganzen Abend pfiff er vor sich hin und lachte den Köchen und Küchenmädchen impertinent ins Gesicht, ohne freilich ein einziges Wort zu sagen. Der Oberkoch Lope, vor dem Domingo bisher immer demütig beflissen gekuscht hatte, rief denn auch, indem er ein großes Stück Schweinebraten in der Pfanne auf die andere Seite warf, den dicken Kopf auf den Halswülsten mühsam zur Seite wendend, seinem Personal zu: «Wir sind Domingo offenbar nicht mehr gut genug!» Niemand aber wagte, sich über ihn lustig zu machen. Das hatte seinen Grund nicht nur in dem Respekt, den alle vor Domingo hatten, war er doch der Bruder des toten Sebastián, der im «Trobadór» auf eine unheimliche Weise immer gegenwärtig war und unsichtbar umging, das hatte seinen Grund auch darin, das die sonst üblichen Witzeleien und Spottreden, die früher die düstere Kellerküche erheitert hatten, längst verstummt waren. Man sagte nur noch wohlüberlegte Sätze, wenn man es nicht vorzog, zu schweigen. Schon seit Wochen ging das Gerücht, der «Trobadór» werde spätestens am Ende der Saison geschlossen. Oder wenigstens die Uhrenmänner würden weggeschickt werden, die Polizei habe die makabre Attraktion verboten. Inzwischen war Allerheiligen vorüber, der «Trobadór» war noch geöffnet, und die drei übriggebliebenen Uhrenmänner saßen wie immer in ihren roten Hemden auf den Barstühlen. Aber sie setzten sich nicht mehr zu den Gästen auf die Tische und schäkerten auch nicht mehr mit der Bardame Asunción. «Ich werde nächstes Jahr an Sebastiáns Stelle springen», antwortete jetzt Domingo laut und triumphierend dem Oberkoch Lope. Dieser schüttelte den Kopf, soweit seine Halslosigkeit es zuließ, und sagte: «Spätestens Weihnachten gibt es keine Uhrenmänner mehr.»

Als sie am andern Tag aufräumten, sahen die Kellner erstaunt, daß das Madonnenbild fehlte. Auch waren die Blumensträuße, die Weihegaben der Uhrenmänner, aus den rostigen Haltern gerissen und lagen zerstampft am Boden. Von der Öllampe fanden sich nur noch rote Scherben auf der Erde. Niemand wagte, nach dem Schuldigen zu forschen. Aber alle waren davon überzeugt, daß es Domingo gewesen sein mußte, obwohl keiner zu sagen vermochte, wann er diese, gelinde gesagt, Flegelei ungesehen hätte verüben können.

## VI

Zehn gongschläge, lang nachhallend und durch einen Lautsprecher bis zur Unerträglichkeit verstärkt, machten die Gäste des «Trobadór» verstummen. Albin Pomerz begriff gleich, daß die pathetische Verkündung der Stunde, die es geschlagen hatte, auf die in dem Programm – rot und schwarz gedruckt lag es auf allen Tischen – angezeigte Produktion der Uhrenmänner hinwies: Diese sei außerordentlich, las man da, sensationell und habe nirgends in der Welt ihresgleichen. Genaueres ließ sich dem Programm nicht entnehmen. Die Gäste schwiegen nur für einen Augenblick, dann ging das Reden und Lachen lauter weiter als vorher. Albin Pomerz jedenfalls schien es, die Leute steigerten sich alle in einen Rausch hinein, an dem der Alkohol geringen Anteil hatte, obwohl man ringsum eifrig trank. Auch von dem Nebentisch herüber tönte lautes Lachen, vor allem das tiefe, sonore der Dame im gelben Turban, rauh und kurz abgerissen dasjenige des Uhrenmannes. Der Ehemann hielt immer noch die Hand auf der Flasche, aber schon kam der Kellner und brachte auf einem Riesentablett Fleisch und Gemüse und Salate und andere Flaschen und frische Gläser. Die Frau, immer aufgeräumter, redete nun so laut, daß Pomerz, trotz dem Lärm, einige Brocken verstand: «O ja, diese Bungalows sind schön, aber in Italien soll es noch schönere geben ... Nein, Sebastián, in Spanien war ich auch noch nie, Dick nimmt mich ja nie mit zu den Kongressen.» Dabei kniff sie den Mann in den Arm, worauf dieser nicht reagierte. Das laute Reden, die Aufgekratztheit stand ihr nicht. Der Uhrenmann folgte ihr auch darin mit Verwunderung in seinen leeren Augen. Der Ehemann ließ sich nur zu einem gelegentlichen Lächeln, ein paar höflichen, leisen Worten herbei.

Albin war damals, vor drei Jahren, auf der Flucht aus dem Torsensaal in den Boxkampf geraten. Es war der erste Boxkampf, den er sah, und er begriff gar nichts davon. So wenigstens schien es ihm, wenn er vom Gipfel späterer Sachkenntnis auf seine damalige Ignoranz hinabschaute. Von diesem ersten Boxkampf sah er übrigens auch bloß das Ende. Genauer war es die vorletzte Runde, wie er von Helmut Glöckner später erfuhr, während der er in den Saal kam: in einen quadratischen Raum, worin die Sitzreihen von allen vier Seiten zur Mitte hinunterstiegen. Die Mitte selbst war eine erhöhte, leuchtend weiße Fläche. Im ersten Augenblick, und das zeigt den Grad seiner Verwirrung, glaubte Albin tatsächlich, es sei dort ein Linnen ausgebreitet, so daß er an den weißen Altar denken mußte, vor dem er als Kind jeweils zur Maiandacht oder zur Oktoberandacht gekniet hatte. Auf dem Altar stand die Monstranz mit dem Sakrament. Er verwarf die Assoziation, obwohl sie sich aufdrängte, als blasphemisch. Denn hier in dem verdunkelten Saal mit der leuchtenden Mitte handelte es sich um eine schwarze Messe. Das Fleisch, das gefeiert und geopfert wurde, war keineswegs vergeistigt und verwandelt: Zwei halbnackte, mäßig muskulöse junge Männer – sie erinnerten Albin an die Torsen, die er eben verlassen hatte, an Modelle zu Torsen – liefen auf der weißen Fläche hin und her, liefen gegeneinander, belauerten, schlugen einander mit den Fäusten auf die Brust, auf die Schultern, in die Seiten und zuweilen sogar auf Kinn und Wangen. Albin, heute lachte er darüber, wurde in solchen Momenten fast schlecht, es stieg in ihm hoch, er fürchtete, erbrechen zu müssen. Dennoch fühlte er sich gepackt und festgenagelt. Er fand hier das, was ihm die Torsen bloß, wenn auch mächtig, vorgespiegelt hatten, das Leben. Was die mäßige Muskulatur angeht, erfuhr Albin später, daß es sich bei dem Kampf um eine Meisterschaft im Leichtgewicht handelte. Das hatte sicher auch schon auf dem Plakat gestanden, das unmittelbar vor dem Museum an einer Bretterwand klebte und dem Albin auf der kopflosen Flucht vor den Torsen gefolgt war. Man las darauf die beiden Namen Helmut Glöckner und Jan Kollontaj. Neben Jan Kollontaj stand in Klammern: Finnland. Daran erinnerte sich Albin auch noch, als er im Saal des Volksstadions ankam, sonst an nichts. Er war jener Ankündigung auf dem Plakat nicht bewußt gefolgt, sondern unter einem tranceartigen Zwang: Er wußte nicht, was er wollte, wohin er gehen sollte, er wußte nur, daß er das Museum haßte, weil die Torsen plötzlich lebendig geworden waren, und daß er ihnen um jeden Preis entkommen mußte. Er folgte dem ersten zufälligen Antrieb, dem ersten Befehl, der ihn erreichte. Und das war eben dieses Plakat an der Bretterwand mit den Namen Helmut Glöckner und Jan Kollontaj, Finnland.

Der Nebentisch wurde nicht sympathischer, als der distinguierte Ehemann, der bisher immer auf Abstand gehalten, weg- oder in sich geblickt und nur maßvoll und langsam gegessen und getrunken hatte, an dem Exzeß seiner Frau und des Uhrenmannes teilzunehmen begann. Bald überbot er die beiden und trank mehr und schneller als sie. Als wäre er plötzlich erwacht oder von weit her angekommen und müßte Verpaßtes nachholen, stürzte er sich in den Trunk. Sein braunes Gesicht wurde rot. Er fing an, mit den Armen um sich zu werfen und seine Reden mit Gesten zu unterstreichen. Pomerz betrachtete das Treiben der drei Nachbarn wie einen Stummfilm. Denn er konnte jetzt von dem, was sie sagten, kein Wort mehr verstehen: Vorn am Geländer gegen das Meer zu hatte man vier, fünf Tische geräumt, die protestierenden Gäste anderswo plaziert und ein Orchester aufgebaut, Saxophon, Schlagzeug, eine große Gitarre, von der ein Kabel sich zum Boden ringelte und zwischen den Beinen der braun befrackten Musiker verlor.

Der eine der beiden Boxer hatte Albin damals gleich gefallen. Sein Gesicht war zwar ebenso stupsnasig wie das seines Partners, aber seine grauen Augen – das glaubte Albin trotz der Entfernung wahrnehmen zu können – blickten wach, nicht nur aufmerksam lauernd, wie es der Kampf verlangte. Auch um den Mund hatte dieser Boxer – nachher stellte es sich heraus, daß es Helmut Glöckner war – einen Zug, den Albin als Zeichen der Gescheitheit deutete. Er dachte sich gleich, mit diesem

Mann könne man reden, er wäre vielleicht imstande, einen Laien in die Mysterien der Box- und Sportwelt einzuweihen. Auf einmal kam es ihm so vor, als ob die Panik im Torsensaal, als ob die wirrköpfige Flucht den Sinn gehabt hätte, ihn diesen Mysterien zuzuführen. Die erste Runde, der Albin beiwohnte, endete schon fast mit einer Katastrophe: Auf einmal, als Glöckner von rechts unten in den Kiefer des Gegners fuhr, fing dieser an zu taumeln und mit den Armen wie ein auf dem Rücken liegender Käfer durcheinanderzufuchteln. Er öffnete den Mund mehrmals und schloß ihn wieder, als litte er unter Atemnot, obwohl er doch gar nicht, wenigstens diesmal nicht, auf der Brust oder am Rücken getroffen war. Dann beugte er sich zur Erde, stützte sich mit beiden Händen am Boden auf, erhob sich aber gleich wieder und wollte auf Glöckner losgehen. Doch der Schiedsrichter pfiff, eine Pause war fällig. Die letzte Runde dauerte nur ganz kurz: Kollontaj war erschöpft, die halbe Niederlage in der zweitletzten Runde (vielleicht war es eine Niederlage nach Punkten gewesen, das konnte Albin damals noch nicht erkennen, er wußte nicht einmal, was eine Niederlage nach Punkten war) hatte seine letzte Zuversicht zerstört. Er trat, als der Schiedsrichter das Zeichen zum Wiederbeginn gab, unbehilflich wie ein Tanzbär von einem Fuß auf den andern und betrachtete erstaunt die schnellen Bewegungen seines kleinen Gegners, als befände er sich nicht im Ring, sondern als Zuschauer in einer Übungs- und Demonstrationsstunde. Es war schade um die schönen katzenartigen Ansprünge Helmut Glöckners, um seine federnden Rücksprünge; Albin hatte den Eindruck, die ganze Kunst sei in diesem Falle überflüssig, ja, er hatte den Verdacht, Glöckner vollführe den Tanz um das hilflose Stück Fleisch nur aus Eitelkeit, daß ein Schlag genügen würde, den Finnen zu erledigen. Aber schnell ging er in sich: Mit den Sprüngen und Tänzen hatte es sicher seine Bewandtnis, sie waren wohl notwendig, was verstand schon er, Albin, der Laie, vom Boxen? Jetzt fiel ihm übrigens auch Glöckners niedrige Stirn auf, sie war nicht höher als eine halbe Handflächenbreite, und das war merkwürdig, da Glöckner in seinem ganzen sonstigen Aussehen und Gehaben eher überlegt und nachdenklich, als ein geradezu intellektueller Boxer wirkte. Nicht zum Vergnügen Albins, den diese Grenzüberschreitung störte. Viel Zeit für seine Reflexionen hatte er nicht. Denn obwohl sich Glöckner nicht beeilte und seinen Triumph wohl präparierte, er fand und fand keinen Grund und Vorwand mehr, zuzuwarten und schlug den armen Kollontaj mit einem Kinnhaken nieder: Der stürzte hin und ließ sich auch durch das beschwörende laute Zählen des Kampfrichters nicht mehr zum Aufstehen bewegen. Dieser streckte die Hand über ihn aus und schleuderte einen Finger nach dem andern gegen ihn, ein zorniger Wundertäter, dem es auch unter Einsatz seiner ganzen magischen Maschinerie nicht gelang, den doch dafür prädestinierten Toten wieder zum Leben zu erwecken. Ein allgemeiner Jubel brach aus, die Menge erhob sich von den Stühlen und rief im Takt «Glöckner, Glöckner», während Kollontaj sich inzwischen etwas aufgerafft, halb aufgerichtet hatte und schnappend um sich sah: Jetzt glich er nicht mehr einem Tanzbären, sondern einem Seehund. Aber das sah höchstens Albin. Das übrige Publikum hielt ihn, den zwei massige Männer aufhoben und hinausführten, ja hinausschleiften, nicht einmal des Spottes für würdig und überließ sich seinem Taumel. Glöckner, einen weißen, flauschigen Bademantel um die Schultern, wurde vom Schiedsrichter immer wieder in die Mitte des Rings geführt und seinen Verehrern nach allen Seiten hin vorgestellt. Dabei hob der Schiedsrichter die Hand des Siegers hoch in die Luft, so daß sie beide zusammen wie Verschwörer auf einem Historienbild aussahen, die eben durch pathetisches Händeerheben einen Eid leisteten: daß sie den Tyrannen bald und erbarmungslos umbringen würden. Für die akklamierenden Zuschauer hatte die Szene nichts Lächerliches, und man soll ihnen und ihren Gefühlen nicht zu nahe treten, besonders da auch Albin, eben den Torsen entflohen und darum auf neue Weise empfindlich, vor allem beteiligt, vor allem fasziniert war. Darüber dürfen die Reste von Ironie, die die Betrachtung des ganzen Schauspiels bei ihm durchsäuerten, nicht hinwegtäuschen.

Plötzlich, mitten in einem Cha-Cha-Cha, brach das Orchester ab, ein Gongschlag ertönte, die Gäste des «Trobadór» verstummten. Albin Pomerz sah auf die Uhr: Seit den elf Schlägen waren drei Viertelstunden vergangen. Nur am Nebentisch hatte das Schweigen des Orchesters, hatte der Gongschlag einen andern, einen gegenteiligen Effekt: Das Ehepaar und der Uhrenmann Sebastián, alle drei in verschiedenen Stadien der Trunkenheit, redeten noch lauter als vorher, man verstand in der allgemeinen Stille jedes Wort. «Bleib hier, bleib um Gottes willen hier!», rief die Frau im gelben Turban, indem sie aufstand und den Uhrenmann, der weglaufen wollte, am Hemdsärmel packte. Der Ehemann, knallrot im Gesicht, schrie: «Setz dich sofort hin, du Lümmel. In dieser Verfassung kannst du nicht gehen, setz dich hin, aber augenblicklich!» Das Paar redete, rief, schrie, gleichzeitig und durcheinander. Aber der Uhrenmann überschrie sie: «Bleibt mir vom Leib! Ich bin heute der erste, und ich schaffe es auch und gerade und erst recht, weil ich getrunken habe. Das wäre ja gelacht, wenn ich es nicht könnte, bloß weil ich getrunken habe. Und überhaupt, ihr beide, ich will euch nicht mehr sehen, ich habe euch beide satt, Doña Pilar und Professor Diego, ihr könnt mich!» Er riß sich von den rosa gefärbten Fingernägeln der Frau los und schüttelte gleichzeitig das Hündchen ab, das sich in seiner Hose festgebissen hatte. Albin Pomerz amüsierte sich das erste Mal an diesem Abend, er genoß die Komik der Szene. Sie endete damit, daß der Uhrenmann hinter der Bartheke in die Ökonomieräume hinabtauchte, während der Pseudokakadu – so nannte Pomerz inzwischen das Tier, das ihm dem Hündchen der Signora Letizia geradezu lächerlich ähnlich schien – sich wieder unter den Tisch verkroch. Das Ehepaar aber erstarrte in einem trübseligen Brüten und rührte kein Glas und keinen Bissen mehr an. Dafür belebte sich die übrige Gesellschaft etwas. Man sprach wieder, wenn auch gedämpft, die Kellner liefen wieder hin und her. Die Bardame lachte sogar einmal auf, mit konventionellem Silberklang. Doch die Stimmung blieb gedrückt. Man roch nach der Entladung des ersten Gewitters ein zweites, schwereres in der Luft, man wartete.

Als die Lichtergirlanden auf der Meerseite des «Trobadór» und sogar die Likörflaschen in den Wandnischen hinter der Bar auf einmal erloschen, flammte oben im Felsüberhang, der dem Lokal als Decke diente, ein Scheinwerfer auf und bestrahlte den rückwärtigen Teil: die Brücke über die schmale Schlucht und die Wand dahinter mit dem von kleinen Blumensträußen in rostigen Haltern umgebenen Öldruck der Madonna. Das Orchester fing einen leisen Tango zu spielen an. Albin Pomerz spürte Brechreiz, die drei andern Uhrenmänner standen vorn an der Holzbrücke zusammen und sprachen leise, aber heftig gestikulierend miteinander. Als Sebastián hinter der Bartheke wieder auftauchte, er trug jetzt nur noch eine Badehose, und auf das Madonnenbild zuging, spielte das Orchester einen Tusch, als ob der Löwe in die Arena oder der Seiltänzer aufs hohe Seil träte, die drei stürzten auf ihn zu und redeten auf ihn ein. Er rief laut und böse «Nein, nein, nein», stieß sie mit den Fäusten beiseite, verneigte sich vor dem Bild und blieb in dieser Haltung eine Minute stehen. Dann überreichte ihm ein Herr im Smoking einen Blumenstrauß, Mohn und Veilchen, wenn Albin Pomerz richtig sah. Sebastián steckte den Strauß in eine der Klammern neben dem Bild. Pomerz fürchtete, daß er seinen Brechreiz nicht mehr überwinden könne, daß er hinausgehen müsse. Das wäre in diesem Augenblick aufgefallen: Es war ganz still, die Kellner waren verschwunden, das Barmädchen stützte beide Arme auf die Theke und sah unverwandt nach Sebastián, der jetzt auf die Holzbrücke trat, an ihren Rand, und unten in der Finsternis einen bestimmten Punkt zu fixieren schien. Das Orchester erhob einen leise summenden Ton wie ein Insektenschwarm, der allmählich lauter wurde. Plötzlich lief der Herr im Smoking in großer Erregung herbei, stellte sich vor den Uhrenmann und fuchtelte mit seinen langen Armen und mit seinen schmuddlig braunen Händen, dann, bestürzt über seine eigene Nervosität, verschränkte er sie über der Brust und sagte mit ölig leiser, erstaunlicherweise aber dennoch klar vernehmbarer Stimme in preziösem Englisch: Die Ladies und Gentlemen möchten ihn entschuldigen, aber er habe ganz vergessen, den Beginn des Programms anzusagen. Seine Vergeßlichkeit habe ihren Grund wohl darin, daß er bei den verehrten Ladies und Gentlemen die Kenntnis davon, was hier geboten werde, vorausgesetzt habe. Nun aber habe man ihn aufmerksam gemacht, dem sei nicht in allen Fällen so. Undsoweiter, undsoweiter. In gewundenen Sätzen teilte der Smoking mit, es werde jetzt als erster der vier Uhrenmänner der «audacious» Sebastián in die dreißig Meter tiefe Schlucht springen. Was ein großes und nicht ungefährliches Unternehmen sei: Die Schlucht sei eine zwar schmale, aber sehr tiefe Meeresbucht, so daß man dank der außerordentlichen Geschicklichkeit Sebastiáns keine Sorge um ihn haben müsse. Dies gesagt, breitete er seine Arme wieder auseinander, ergriff mit der einen Hand eine brennende Fackel, die ihm jemand aus der Dunkelheit gereicht hatte, und gab sie dem Uhrenmann, der vom Rand der Holzbrücke etwas zurückgetreten war. Der Scheinwerfer erlosch. Das Orchester spielte wieder jenen Summton, spielte ihn immer lauter und höher, zwölf Gongschläge schallten und verhallten. Auf einmal hing der Summton scharf und grell wie ein großes Messer in der Luft. Die Flamme der Fackel beschrieb einen Bogen nach unten, einen Augenblick war es stockfinster. Der Scheinwerfer leuchtete wieder auf und bestrahlte die leere Brücke. Das Orchester spielte einen Wiener Walzer. Pomerz konnte den Brechreiz nicht mehr bemeistern und ging hinaus.

Es blieb nicht bei den Rufen «Glöckner, Glöckner»: Die Leute faßten den Sieger, hoben ihn auf und trugen ihn hoch über ihren Köpfen davon. Albin, längst von der Begeisterung, die er nicht verstand, eingeschmolzen, wurde mitgerissen von der Menge, die mit dem schwankenden weißen, flauschigen Paket über sich durch das breite Tor des Saales hinaus auf den schmalen Flur trieb. Daß man sich gegenseitig auf die Füße trat, Rippenstöße austeilte und einsteckte, daß man immer wieder fürchten mußte, der Brustkorb werde im nächsten Augenblick eingedrückt, schien niemandem etwas auszumachen. Als er so, von allen Seiten bedrängt, gepreßt und gequetscht, vorwärts gerissen wurde, wich die Verzauberung von Albin, er wurde sich, weil er die andern, ein Jubeln, das allmählich in ein Gröhlen überging, nur noch hörte, wenigstens für den Augenblick wieder seiner selbst bewußt. Das Geröll, das ihn stieß und drückte, das waren die Torsen, die ihn heute verwirrt hatten. Sie waren nicht mehr von der fragmentarischen, aber gerade darum besonders aufreizenden Schönheit, die ihn am Nachmittag so sehr erregt hatte, daß er aus dem geraden Gleis, auf dem er bisher gelaufen, hinaussprang. Sie waren nur noch amorpher Stein, worin er mitkollerte, wehrlos und ohne zu fragen, wohin. In diesem Moment, im Flur des Volksstadions hatte er einen Anflug von Klarheit, oder wenigstens von Zweifel, von Bangnis.

Albin schrak auf, beinahe hätte man ihn die Treppe hinuntergestoßen. Der Jubel verstummte mit einem Schlag. Die Leute, auf einmal ernüchtert, schauten einander, plötzlich entdeckte Komplizen, verstohlen von der Seite an und taten dann, als ob sie zufällig alle in diesen Flur, auf diese Treppe geraten wären. Jeder versuchte, gesittet und still und in seinem eigenen Schritt zu gehen. Was das Gedränge nur noch steigerte. Albin war überrascht, als er mit heilen Gliedern unten an der Treppe ankam. Von dem Sieger im Bademantel sah er weit und breit nichts mehr. An der großen Glastür überklebten bereits zwei Plakatkleber die Plakate, die in dicken roten Buchstaben die Namen Glöckner und Kollontaj zeigten.

Als Albin Pomerz an seinen Platz zurückkehrte, saß das Hündchen, der Pseudokakadu, kokett auf dem Stuhl, den der Uhrenmann Sebastián bis vor kurzem eingenommen hatte. Die Augen des Tieres schweiften, indem es die langen Ohren immer wieder schüttelte, als ob es sie wegwerfen wollte, von Tisch zu Tisch, die ganze Gesellschaft entlang. In seinem Blick glänzte die unverhohlene Befriedigung darüber, daß man ihn, den Hund, wieder in seine Rechte eingesetzt hatte und daß der Usurpator, der Eindringling, verschwunden war. Er war und blieb verschwunden. Der Hund war der einzige Gast des «Trobadór», der darob keine Bestürzung zeigte. Doña Pilar und Professor Diego saßen nach wie vor schweigend da. Sie hatten beide die Lider gesenkt, als wollten sie sich verbergen und nichts von dem sehen, was geschah und ihnen so oder so zur Kenntnis gebracht werden würde. Doña Pilars Gesicht, sonst immer von Mienenspiel bewegt, war ganz und gar erstarrt. Ihr Mund, der, solang sie sprach und lachte und sogar, wenn sie zu laut sprach und lachte, Albin Pomerz gefallen hatte, war jetzt schmal und verkniffen. Dem Professor stand die neue Haltung besser, sie gab ihm etwas von seiner in Gestikulation und Schwitzen zerbrochenen Würde zurück. Aber nicht bloß das Paar am Nebentisch war verändert, das ganze Publikum des «Trobadór» saß in einem erschrockenen Schweigen, das schon nicht mehr das Schweigen der Erwartung war, niemand mehr hob ein Glas an die Lippen. Die drei Uhrenmänner lehnten stumm an der Bar, ohne einander anzusehen, ohne sich hinzusetzen. Der Wiener Walzer wollte kein Ende nehmen, der Scheinwerfer erlosch, die Girlanden, die Likörflaschen leuchteten wieder auf. Der Uhrenmann Sebastián kehrte nicht zurück.

Albin war schon am Ausgang, als er einen Flur erblickte, der gleich rechts von der Glastür in die Halle einmündete und sich mit zahllosen Türen auf beiden Seiten in dem Dämmerschein einiger weniger schwacher Lampen verlor. Albin folgte, unersättlich und unendlich neugierig, wie er seit dem vergangenen Nachmittag war, auch dieser Einladung. Zuerst war es still in dem Flur, auf einmal aber hörte er Stimmen aus einer der gleichmäßig grau gestrichenen Türen. Er drückte, ohne zu zögern, ohne zu klopfen, auf die Klinke und trat ein. Eine Anzahl meist beleibter Männer saß um einen langen Tisch unter einer Kugellampe, diskutierte laut und trank Bier. Am obern Ende der Tafelrunde, dem eintretenden Albin gegenüber, saß der Sieger Helmut Glöckner, immer noch im weißen flauschigen Schlafrock, der über der Brust so weit klaffte, daß man die dunklen Haare auf der unschön geröteten Haut sah. Er beteiligte sich kaum am Gespräch, sah abwesend vor sich hin und trank ein Glas orangefarbene Limonade. Die Männer staken so tief in ihrem Gespräch, daß sie den Eintritt des Fremden gar nicht beachteten. Nur Glöckner schoß aus seinem Dösen auf, hob die Hand und winkte Albin leichthin freundlich zu, so wie man einen alten Bekannten grüßt. Albin verstand das nicht als ein

Zeichen der Zerstreutheit, sondern fand es ganz in Ordnung, ging um den Tisch mit den Männern, die ihn noch immer nicht beachteten, herum und schüttelte dem Boxer die Hand. Der zögerte nun doch einen Moment, bevor er sie ihm überließ, rief dann aber, indem er sich schnell in seine Rolle einfand: «Hallo, es freut mich, dich zu sehen, was treibst du immer?» Albin antwortete: «Gut, nichts zu klagen, die Freude ist ganz meinerseits» und setzte sich ohne weiteres in neu gewonnener, den Gewohnheiten seines früheren Lebens, das heute nachmittag im Torsensaal des Archäologischen Museums geendet hatte, gänzlich fremder Ungeniertheit neben den Sieger des Abends auf einen Stuhl, den er von der Wand an den Tisch herangezogen hatte. Jetzt wurden die Männer aufmerksam und glotzten den Eindringling an, indes ihre Bieraugen hervortraten und zuweilen sogar ihre Münder offenstehen blieben. Daß sie in kurzer Zeit sehr viel getrunken hatten, sah man auch daran, daß die leeren Flaschen nicht nur auf dem Tisch herumstanden, sondern daß sie auch bereits die Fächer einiger Bierkisten in den Ecken des Raumes füllten. Albin sah das nicht, er schaute respektvoll Glöckner an, suchte Worte, das Gespräch fortzuführen, und sagte schließlich, mit schlechtem Gewissen, weil er es nicht gleich getan hatte: «Und übrigens, ich gratuliere Ihnen zu Ihrem Sieg, das war ja fabelhaft, das war ja großartig!» «Willst du von meiner Limonade?» fragte Glöckner, «ich kann noch eine Flasche bestellen. Nachher werden wir gleich gehen, ich habe erst geduscht und muß mich noch umziehen, wir gehen ins Stadtkasino.» Er drückte auf den Knopf einer Klingel, die vor ihm auf dem Tisch lag. Ein Mann in einem schwarzen Zweireiher öffnete die Tür ein wenig, schob sich durch die Spalte herein, glitt an Glöckner heran und beugte sich, so daß sein von gelben, groben Falten wie ein ausgetrocknetes Stoppelfeld bedecktes Gesicht fast Albins Stirn berührte, zu dem Boxer nieder. «Bringen Sie noch zwei solche Wasser da!» sagte dieser. «Jetzt säuft er immer noch Limonade», entrüstete sich der Biertrinker, der rechts von Glöckner saß und schlug ihn mit seiner rosigen Pranke auf die Flanellschulter: «Du bist ja nicht mehr im Training!» «Später, später», wehrte Glöckner ab, «werde ich noch genug Whisky trinken, heute einmal Whisky.» Albin saß vornübergebeugt da, in der aufmerksamen Haltung, die er sich in Universitätsseminarien und wissenschaftlichen Gesprächen angewöhnt hatte: die Hände nahe unter dem Kinn gefaltet, sie berührten es beinah, hörte er den banalen Reden seiner Umgebung gespannt zu, als ob es sich um eine tiefsinnige Diskussion handelte. Sein Geist fand an dieser allzu glatten Wand keinen Halt und rutschte ab. Während seine linke Hand sein Kinn knetete, eine Geste, womit er sich schon auf dem Gymnasium den Spott seiner Mitschüler zugezogen hatte, hörte er sich auf einmal sagen: «Glauben Sie, daß man schon in der Antike absichtlich Torsen schuf, ich meine: daß man Statuen ohne Köpfe und Arme und Beine machte, ich meine, eine Art künstliche Mißgeburten aus Stein oder Erz oder Ton?» Er hörte es sich sagen in ruhigen, genau ausgesprochenen, nachdenklich bohrenden Worten, er war entsetzt, aber es war zu spät. Indes der Biertrinker sich schon wieder abwandte und der Zweireiher durch die Türspalte verschwand, lachte Glöckner hellauf und antwortete zu Albins grenzenloser Verwunderung: «Natürlich glaube ich das, man hat doch immer gespielt, es ist doch nicht möglich, daß man irgendeinmal nicht gespielt hat.»

Albin ging nicht mit ins Stadtkasino, er getraute sich nicht. Wäre er mitgegangen, hätte er Brigitte schon damals kennengelernt, nicht erst Wochen später im Aufzug. Doch es ist unwahrscheinlich, daß er sie schon an diesem Abend wahrgenommen, selbst wenn er sie gesehen und gesprochen hätte.

Die Falltür hinter der Bar knarrte. Der Küchenjunge Domingo stieg aus dem Untergrund herauf und ging langsam mit gesenktem Kopf, als ob er etwas am Boden suchte, zwischen den Tischen hindurch zur Schlucht und trat auf die Brücke. Er beugte sich über den Rand und spähte in die Finsternis hinab. Dann gab er mit der Hand ein Zeichen, worauf der Scheinwerfer wieder aufflammte und wenigstens die höchsten Teile der Schlucht beleuchtete. Domingo verließ die Brücke, beugte sich über den Schluchtrand und spähte nochmals hinab. Niemand rührte sich, als er vorsichtig, als ob er ins Wasser stiege und zuvor die Temperatur prüfen wollte, die Fußspitze in den Abgrund hinabtauchte, wieder zurückzog, dann sich niederkauerte und, indem er sich mit den Händen an der Kante festhielt, in die Schlucht hinabzuklettern begann. Er war vielleicht fünf Minuten verschwunden, als man von der Straße oben her Sirenen hörte. Noch ehe die Feuerwehrmannschaft durch den Felstunnel in das Lokal gelangt war, belebte sich dieses von einem Augenblick zum andern auf gespenstische Weise: Wie eine Spieluhr, die durch eine Hemmung in der Maschinerie plötzlich aufgehalten wurde und die man durch kräftiges Rütteln wieder in Bewegung setzte. Das Orchester spielte einen Madison, die Gäste führten ihre Gespräche fort, als ob nichts geschehen wäre, und wandten sich den vergessenen, halb ausgetrunkenen Flaschen zu. Die Kellner, in plötzlicher Begierde, einzuholen was sie versäumt hatten, stürzten aus ihren Hinterhalten hervor auf die Gäste und drängten ihnen Speise- und Getränkekarten auf, während das Barmädchen den vor ihr sitzenden drei Uhrenmännern große Gläser mit reinem Whisky vollgoß. Der Pseudokakadu auf Sebastiáns Stuhl knabberte an einem Zwieback, den Doña Pilar ihm in kleinen Brocken ins schnappende Maul warf: mit sichern und graziösen Bewegungen, so daß kein einziger Krümel zu Boden fiel. Signora Letizia hätte es nicht besser gekonnt, als sie den echten Kakadu fütterte, damals, als Albin Pomerz sie das erste Mal mit Brigitte besuchte und sie die beiden, ohne von ihrem Geschäft auch nur aufzusehen, mit ein paar beiläufigen Worten begrüßte. Professor Diego schaute seiner Frau zu wie ein besorgter Hausvater. Einige Paare traten auf die Tanzfläche am Schluchtrand, stellten sich in eine Reihe und tanzten, indem sie die Füße warfen und in die Hände klatschten, bald hintereinander vor- und rückwärts schritten, bald sich seitlich nebeneinander hin und her bewegten, sie tanzten einen muntern Opfertanz. Dabei fiel Albin Pomerz ein Mädchen mit rötlichen Haaren und in einer hautengen smaragdfarbenen Hose auf, das die anderen Tänzer an Geschicklichkeit und Sicherheit weit übertraf. Die Haare waren Brigittes Haare, die Farbe der Hose war Brigittes Grün.

Er stand auf und schloß sich neben dem Mädchen, das je nach der Richtung des Tanzes am Ende oder am Anfang der Kette schritt und sich wiegte, der Reihe an. Aber wenn er den Zug anführte, wußte er nicht, welche Schritte eben fällig waren und tappte ungeschickt umher. Sobald man sich jedoch umdrehte und er an den Schluß geriet, nutzte ihm auch die peinlichste Nachfolge seines zierlichen Vorbildes nichts: Er wußte nie zum voraus, wann er den Fuß zu werfen, wann er in die Hände zu klatschen hatte. Er kam trotz allem Lauern immer um einige Takte zu spät, was einen höchst lächerlichen Effekt ergab. Das verdroß ihn, und er wäre beschämt an seinen Platz zurückgekehrt, auch wenn jetzt nicht die Feuerwehrleute durch die Felstür in den «Trobadór» gestürmt wären. Sie brachten die eben wieder in Gang gekommene Spieluhr von neuem zum Stillstand und zertrümmerten sie am Ende: In schwarzen Uniformen mit glänzendschwarzen Ledergürteln, altmodische blankgeputzte Messinghelme auf dem Kopf, verteilten sie sich im Nu zwischen den Tischen, als wollten sie den Raum besetzen und einen darin versteckten Verbrecher am Entkommen hindern. Die Gäste schauten sich ängstlich um, in jedem erwachte sein besonderes schlechtes Gewissen wegen seiner eigenen, besonderen und nur ihm selber bewußten Bosheit, die diese Feuerwehrleute entdeckt hatten: Nun kamen sie, um Rechenschaft zu verlangen. Tatsächlich drängten sie sich alle nach kurzer Zeit, die Tänzer waren in alle Winkel verstoben, am Rand der Schlucht, dort, wo Domingo hinabgeklettert war. Sie zündeten große stangenförmige Taschenlampen an und leuchteten damit in die Tiefe. Einige begannen hinunterzusteigen, andere liefen zwischen den Tischen hindurch zum Ausgang zurück, wobei sie auf die verstörten Gäste wenig Rücksicht nahmen und sie mit offensichtlichem Vergnügen mehr oder weniger versehentlich in den Rücken und an die Schultern stießen. Einer stieß einen Uhrenmann an der Bar so heftig, daß dieser samt seinem Hocker stürzte und, alle viere ausgestreckt, das Gesicht auf der Erde, dalag, ein jämmerlicher Anblick, von dem aber niemand Notiz nahm. Es sei denn, daß dies für das Orchester den Anlaß abgab, sein der allgemeinen Stimmung schon seit längerem ganz und gar unangemessenes Spiel abzubrechen. Man hörte eine kurze Zeit nur noch das Gebell des Pseudokakadu, der auf seinem Stuhl unentwegt thronen blieb, aber, empört über das Durcheinander in seinem Reich, die Untertanen mit flatternden Ohren und hin und her geworfenem Kopf lauthals beschimpfte. Selbst wenn sich jemand dafür interessiert hätte, das Gebell war nicht lange zu hören: Ein lautes durchdringendes Surren wie von einem Riesenwespenschwarm erhob sich, gleichzeitig ertranken die vor den Felsüberhang hinausragenden Teile des «Trobadór», ertrank die Holzbrücke und alles, was man von der Schlucht sehen konnte, in grellem weißem Licht. Die Feuerwehr hatte eine Lichtmaschine herangefahren und oben auf der Straße aufgestellt, ein eisernes, lärmendes Mammut, das mit seinen überstarken Scheinwerfern die Schlucht und ihre Umgebung durchforschte.

An jenem Nachmittag vor drei Jahren fegte der Föhn den Himmel immer wieder rein und postkartenblau. Dieser aber zog sich, nicht weniger hartnäckig, immer wieder hinter Wolken zurück, welche die unter der Sonne bunte und heitere Stadt in einen grauen Steinhaufen verwandelten. Dann schlichen die Leute, die eben noch lustig miteinander geplaudert und sich leicht und fast hüpfend durch die Straßen bewegt hatten, gesenkten Kopfes und schweigend dahin. Wenn aber einer unversehens mit einem andern zusammenstieß, dann fauchten die beiden einander grimmig an. Bis sich der Himmel plötzlich auftat und alles wieder umgekehrt war. Ich hätte eigentlich keinen Grund gehabt, mich um das meteorologische Spiel zu kümmern, mein Tag war genau eingeteilt und in meiner Arbeit, dem Buch über die Torsen, verankert. So genoß ich dauernd ein Gefühl der Sicherheit, das ich leider erst später schätzen lernte, als es mir endgültig, wie es heute wenigstens scheint, abhanden gekommen war. Ich hatte in meiner Stammkneipe zu Mittag gegessen, Kartoffelklöße, Rotkraut und Blutwurst, die widerlichste Speisenkombination, die ich mir vorstellen konnte, kehrte mißlaunig ins Museum zurück und betrat den Torsensaal. Sofort stürzte es von allen Seiten auf mich ein, so daß sich mein

Mißbehagen ins Unerträgliche steigerte und ich mir vorkam wie der gänzlich unerwünschte Eindringling in einen Raum, wo sich eben die Teilnehmer an einer Verschwörung zu entscheidenden Beschlüssen versammelt hatten. Was für eine Verschwörung, was für Beschlüsse das waren, wußte ich freilich noch nicht. Aber ich spürte sofort, daß es sich um etwas mir Konträres, ja Feindliches handelte. Ich war der Spion der Gegenpartei, der sich hier eindrängt. Trotzdem ging ich nicht hinaus, trotzdem blieb ich. Als ob man es mir befohlen hätte, wich ich nicht von der Stelle. Die Verschwörer aber, nachdem ich einmal in ihre Gesellschaft geraten war, ließen mich nicht so leicht los, sie machten mich zu einem der ihren. Die Wolken eilten über der Glasdecke des Saales dahin, so daß Licht und Schatten die Torsen abwechselnd beleuchteten und verdunkelten. Ich sah entsetzt, daß diese nicht einfach aus Stein waren, wie ich bisher geglaubt hatte, daß sie jedenfalls viel lebendiger waren als alles, was da in Konfektionsanzügen auf den Straßen der Stadt und in den Sälen des Museums steif und wie von Automaten bewegt herumging. Weil sie verstümmelt waren, ohne Köpfe teils, teils ohne Hände, teils ohne Füße und Beine, barsten die Torsen von gestautem Leben. Und sie waren zornig, weil man sie hier eingesperrt hatte. Mein Mißbehagen diesen ganzen Tag über rührte daher, daß ich dies geahnt hatte und mich fürchtete. Denn der Zorn der Torsen richtete sich gegen mich persönlich, nicht nur, weil ich ein Teil der Welt war, die sie in diesen Saal einsperrte, sondern vor allem auch, weil ich im Begriff war, dieses vermaledeite Buch über sie zu schreiben und so den Prozeß der Verwandlung alles Fleisches in Papier auch für meinen Teil, sei es aus Bosheit, sei es aus Dummheit, zu befördern. Ich blieb an der Tür stehen, wagte keinen Schritt vor- oder rückwärts und erwartete resigniert, daß sie von allen Seiten auf mich stürzen und mich zermalmen würden. Aber das taten sie nicht, sie wählten ein anderes Verfahren, mich desto sicherer zu vernichten, den, der ich bis zu dieser Stunde gewesen war, zu vernichten, und machten mich zu ihrem Komplizen. Auf einmal fühlte ich mich als Torso unter Torsen, verstümmelt und durch die Verstümmelung desto begieriger nach

Leben. Ich begriff nicht mehr, warum ich die Torsen so lange als tote Gegenstände eines bloß ästhetischen und wissenschaftlichen Interesses verstanden hatte. Ich wankte durch den Saal und strich mit meinen Händen, die gewohnt waren, Bücher zu durchblättern, Papier zu berühren, über Marmor, Sandstein und Erz dieser Standbilder, die nicht mehr Marmor, Sandstein und Erz waren, sondern lebendige Haut, lebendiges Fleisch. Ich begriff auf einmal das Einfachste, das Selbstverständlichste, das Gewöhnlichste: daß ich lebte. Wohl wollte ich fliehen und lief aus dem Saal ins Treppenhaus, wo von der grünen Decke die weißen Mäanderlinien herabhingen, nach mir griffen, mich fingen und zurückzogen in den Torsensaal, auch wenn es mir scheinbar gelang, zu entkommen: Unten, gleich vor der Tür des Museums, hing das Plakat, das mich zum Boxkampf Helmut Glöckner – Jan Kollontaj aufbot.

Viel zu spät, als man eigentlich hätte glauben müssen, alles sei vorbei und die Leute hätten sich mit dem Unglück abgefunden, brach im «Trobadór» die Panik aus. Sie ertrugen das Summen des Mammuts, das grelle Licht nicht mehr, nachdem sie sich so lange Mühe gegeben hatten, zu tun, als ob nichts wäre. Schreiend lief Doña Pilar nach vorn zum Schluchtrand, wo Domingo und die Feuerwehrleute verschwunden waren, riß ihren gelben Turban vom Kopf und warf ihn hinab, sie schrie unartikuliert und immer lauter. Die grauen Haare hingen ihr in langen Strähnen über das Gesicht auf die Brust und auf den Rücken. Sie lief am Schluchtrand hin und her, ich glaubte, sie würde sich hinabstürzen. Ihr Mann blieb unbeweglich sitzen, die beiden Hände hielten sich an der Tischplatte fest, als fürchtete er, wie der Titelheld des «Don Giovanni» in manchen Inszenierungen, von einer plötzlich aufklaffenden Erdspalte verschluckt zu werden. Und auch seine weit aufgerissenen Augen, blaß bemalte Kugeln, ließen vermuten, daß er den Steinernen Gast gesehen hatte und darüber schon erblindet war. Da sich das Paar dem Schrecken überließ und offensichtlich von Sinnen war, tat sich im «Trobadór» niemand mehr Zwang an: Mehrere andere Damen folgten Doña Pilar und liefen heulend am Schluchtrand hin und her. Andere wankten zum Ausgang. Die Männer mimten Überlegenheit, indem sie sich laut auf die Bäuche klopften, dicke Zigarren anzündeten und damit lachend auf die Frauen wiesen. Einige versuchten, ihre Damen an die Tische zurückzuholen, andere führten sie zum Ausgang. Den jämmerlichsten Anblick aber bot jener Herr im roten Frack, der sich vor Lachen gar nicht zu halten wußte und in hilflosem Vergnügen eine ganze Flasche Champagner auf den Boden goß. Dann aber lief sein Gesicht auf einmal purpurn an, er stieß Schaum aus dem Mund, den er in der Qual des Erstickens auf- und zuklappte. Zwei Kellner trugen ihn hinaus und retteten ihn dabei nur mit Mühe vor der Zunge des Pseudokakadu: Dieser war von seinem Sitz gehüpft, umsprang die Träger und ihre Last mit lustigem Gebell und versuchte, das Gesicht des Unglücklichen, dessen Anblick ihn zu immer neuen Freudenausbrüchen provozierte, abzulecken. (Wenn ich die kleine, wüste Bestie nochmals Pseudokakadu genannt und so wiederum mit dem Hündchen der Signora Letizia verglichen habe, so geschah das aus purer Gewohnheit. Denn in diesem Augenblick hatte das Hündchen der Doña Pilar mit dem braven Spielhund der Römerin keine größere Ähnlichkeit mehr als die beiden Besitzerinnen untereinander: In diesem Augenblick verband sie nichts mehr. Ich weiß nicht, mit was für einer Miene Signora Letizia den Spuk im «Trobadór» betrachtet, ob sie sich schweigend abgewandt oder die Zügellosen zurechtgewiesen hätte. Ich vermute das zweite. Auf jeden Fall hätte sie sich nicht gewundert, mich hier mittendrin vorzufinden, und sich in ihrer Meinung bestätigt gesehen, daß ich ohne Brigitte verloren sei, diese aber wohl daran tue, sich von mir zu trennen, da sie doch zu gut sei für mich.)

Der Spuk dauerte nicht lange. Über dem Schluchtrand tauchte ein Messinghelm auf, ein zweiter, ein dritter. Ein Feuerwehrmann nach dem andern schwang sich elegant oder kletterte unbeholfen über die Kante des Abgrunds herauf. Der zweitletzte zog mit der einen Hand ein Segeltuchpaket hinter sich her. Der letzte hielt es am untern Ende fest und schob es mit einem Ruck auf den Fußboden des «Trobadór». Dort blieb es liegen, während die Feuerwehrmänner sich mit großen, weißen Tüchern, die zu ihrer Uniform zu gehören schienen, die Stirnen wischten und als allerletzter der Küchenjunge aus der Tiefe heraufklomm: Er machte einen Bogen um das Paket, schaute es mit keinem Blick an, drehte im Gegenteil den Kopf entschieden davon weg und lief atemlos, als ob ihn jemand verfolgte, zum Ausgang. Das lärmende Mammut, das diesen Vorgang noch angestrahlt hatte, verstummte jetzt plötzlich, so plötzlich, daß die Stille wie ein anderes Ungeheuer hereinbrach. Es war kaum zu glauben, daß die ängstlich an den Wänden klebenden und in den Ecken zusammengedrängten Gestalten die schreienden Frauen, die lachenden Männer von vorhin waren. Die drei Uhrenmänner, die Bardame, der Hund waren weißgottwohin, vielleicht durch die Falltür in den Küchenuntergrund versunken. Allmählich hörte man wieder die Zikaden und den Wogengang des Meeres. Die Lichtergirlanden wackelten seltsam lächerlich in einem leisen Windzug. Ich beschloß, so schnell wie möglich nach Deutschland zurückzukehren, vielleicht zu Brigitte, vielleicht sogar zu den Torsen: Das Fleisch war nicht weniger traurig als der Geist, äußere Bewegung konnte diesen Sachverhalt höchstens für einen Augenblick vertuschen.

Das Segeltuchpaket lag immer noch da, man hatte es offenbar vergessen. Auch der Professor Diego saß noch da, immer noch wie versteinert, mit beiden Händen an der Tischkante festgekrallt. Außer uns beiden war niemand mehr im «Trobadór».

# Der Brand

Ein Hörspiel

Personen

DER GENIUS DER STADT
DIE FRAU
DER MANN

DER GENIUS DER STADT: Aber ihr seht doch den Vulkan, nein, ihr seht ihn nicht, ihr sähet ihn, wenn ihr aus der Tiefe des Zimmers nach vorn ginget zum Fenster. Aber auch dann sähet ihr ihn nur, wenn ihr die schweren Vorhänge beiseite schöbet, wenn ihr sie auseinander zöget: dann, dann sähet ihr den Vulkan, nein, dann sähet ihr ihn immer noch nicht, dann müßtet ihr noch die hölzernen Fensterläden öffnen, die Riegel wegschieben und das Fenster öffnen, dann, dann sähet ihr den Vulkan.

DER MANN: Nein, ich weiß nicht, ob es den Vulkan gibt, ich will auch nicht wissen, ob es ihn gibt, ich will hinten bleiben im Zimmer, ich habe genug zu tun hinten im Zimmer, was soll ich mich um den Vulkan kümmern, darum, wie er aussieht, darum, ob es ihn überhaupt gibt. Ich habe genug zu tun hinten im Zimmer, ich muß die Stühle richtig aufstellen, ich muß die Tische richtig hinstellen, ich muß die Papiere von den Tischen in die Regale räumen, und ich muß die andern Papiere aus den Regalen auf die Tische räumen. Ich habe keine Zeit, ich habe keinen Grund, nach vorn zum Fenster zu gehen, die Vorhänge zurückzuschieben, die Riegel wegzuschieben, das Fenster zu öffnen, nein, ich habe keinen Grund, ich habe keine Zeit dazu.

DIE FRAU: Ja, wenn du dort hinten bleibst, immer eingeschlossen, wenn du weder die Vorhänge noch die Läden, noch das Fenster öffnest, dann kannst du die Straße nie sehen, zu der du gehörst, genauso, wie ich dazu gehöre, dann darfst du dich auch nicht wundern, daß sich niemand von der Straße um dich kümmert, daß du allen gleichgültig bist, daß du für alle gar nicht da bist, daß es dich gar nicht gibt.

DER MANN: Die Leute sind mir gleichgültig, ich will mit der Straße nichts zu tun haben, ich will eingeschlossen, abge-

schlossen sein, ich will nicht sehen, was die andern sehen.
Denn wenn ich ihr Licht nicht sehe, das Licht, dem sie alle
nachlaufen, nachlauschen, nachlauern, wenn ich dieses Licht
nicht sehe, das doch nur außen ist und immer wieder erlischt,
jede Nacht wieder erlischt, wenn ich dieses Licht nicht sehe,
wenn ich auf dieses äußere Licht verzichte, dann sehe ich
dafür das andere Licht, das nur mir in der Dunkelheit leuchtet, ein schwarzes und geheimes und inneres Licht. Wie sehr
ich dieses Licht liebe, das nur in mir ist und das mich nicht
verläßt, das jedes andere Licht ersetzt und überflüssig macht,
das nicht mit der Nacht verschwindet und erst mit dem
Morgen wiederkehrt.

DER GENIUS: Daß ihr mit euren kleinen, daß ihr mit euren unwichtigen Dingen beschäftigt seid, das macht euch so verächtlich. Wenn ihr den Berg nicht seht, wenn ihr nicht am
Fenster steht und hinausschaut und wartet, bis er kommt,
wenn ihr das nicht tut, wenn ihr das nicht wagt, wenn ihr
dazu den Mut nicht habt: wozu seid ihr dann da, wozu lebt
ihr dann überhaupt? Vom Hin- und Hertragen von Papier,
vom Ordnen eurer Dokumente, die euch nur den Tod aller
Dinge, euren eigenen Tod, den Tod der Welt bestätigen? Das
Leben ist nur im Berg, nur dort unter der Asche im Krater
ist es noch nicht erloschen, dort allein, auch wenn es verborgen ist, wartet noch das Feuer, es wartet auf den Augenblick, auszubrechen, aufzusprühen. Und ihr müßt bereit sein
und im Fenster stehen und auf den Augenblick passen, in
dem die Starre weicht, für eine Stunde, für einen Tag, für eine
Woche: ihr müßt bereit sein für den Augenblick, in dem alles
wiederbeginnt, in dem der Anfang wiederkehrt und alles
wieder möglich wird, dafür nur lebt ihr, dafür nur habt ihr
noch das Recht, dazusein. Sonst aber, da hinten im Winkel
des geschlossenen Zimmers, wühlend in euren Papieren und
Dokumenten, schnüffelnd im Staub eurer Regale, dort seid
ihr tot, dort seid ihr nichts.

DIE FRAU: Aber wenn du die Vorhänge nicht öffnest, wenn du
die Läden nicht öffnest, wenn du die Riegel nicht zurückschiebst, wenn du das Fenster nicht öffnest, dann wirst du

die Straße nicht sehen, dann wirst du die Menge nicht sehen, die sich draußen drängt, die sich jede Nacht hin und her schiebt, unermüdlich flaniert, lachend und winkend und grüßend, du wirst es nie sehen, du wirst eingeschlossen und abgeschlossen bleiben, als ob du nicht da wärest, verstehst du, als ob es dich nicht gäbe. Denn für die andern bist du nicht da, und auch für mich bist du nicht da: ich stehe unten vor dem Fenster und warte, daß du es aufmachst, daß du herausschaust, aber das Fenster bleibt geschlossen und finster, und ich warte umsonst, du kümmerst dich nicht um mich, du willst von mir nichts wissen. Und dabei komme ich doch nur für dich in diese Straße, dränge ich mich nur für dich im Gedränge, für dich, den alles nicht kümmert, dem alles gleichgültig ist, dem auch ich gleichgültig bin. Ich glaube, du weißt nicht einmal, daß es mich gibt. Warum solltest du überhaupt wissen, daß es mich gibt, warum überhaupt?

DER GENIUS: Ihr Eingeschlossenen in den Gräbern, ihr Maulwürfe in euren Häusern, ihr wühlt in den Regalen und durchstöbert die uralten, immer und immer wieder beschriebenen Papiere: ihr wühlt und seht nicht, was draußen ist, draußen über der Straße, über den Dächern. Jenseits der Stadt steigt der große Berg auf, auf den alle warten, nach dem alle sich richten, ohne es zu wissen, ohne es zu wollen. Nur ihr nicht, ihr Vergrabenen und Verborgenen und Versteckten und Eingeschlossenen nicht, ihr wollt die Wahrheit nicht wahrhaben, ihr wollt die Wirklichkeit nicht sehen, den Berg, der steht und herrscht und von weit oben herab herrscht und droht, ganz still und unbewegt herrscht und droht. Nur in der Nacht, da bewegt sich auf seinem Gipfel die Flamme, dann glimmt in seinem Krater das Feuer, wirft seinen Schein hinauf ins Gewölk, das Gewölk spiegelt das rote Licht wider, wirft den Glutschein zurück. Das alles seht ihr nicht, drinnen in eurem Zimmer könnt ihr nichts davon sehen, nichts davon erfahren. Ihr steht gebeugt, Tag und Nacht gebeugt über euren großen Tischen vor den alten, bräunlichen Papieren, die von oben bis unten bedeckt sind mit den winzigen Zeichen einer uralten Schrift, die keiner mehr lesen kann außer euch. Und auch ihr könnt sie nur lesen, weil ihr diese Apparate habt, die Mikroskope, die euch das Winzige vergrößern, daß eure späten Augen, für die die Geheimnisse nicht bestimmt sind, daß eure Augen sie trotzdem sehen und erkennen. Aber dafür bezahlt ihr, für das Eindringen in die verbotenen Geheimnisse bezahlt ihr, indem ihr, was allen offen daliegt, nicht seht, allen, die sich draußen auf der Straße drängen, draußen auf der Straße wimmeln und sich schieben. Sie lachen und schwätzen und winken zwar und zeigen es nicht, daß sie den Berg, der über den Häusern und über den Dächern steht, fürchten. Sie fürchten ihn am Tage und in der Nacht und vor allem in der Nacht, auch wenn sie es nicht zeigen, auch wenn sie lachen.

DIE FRAU: Ich habe schon zu lange gewartet, auch heute wieder habe ich länger gewartet als erlaubt und als gut ist: die Menge drängt sich schon wieder dichter, die Leute drängen sich so sehr, daß man fürchten muß, zu ersticken. Warum denn machst du das Fenster nicht auf, warum denn nicht? Ich kann schon fast nicht mehr atmen, meine Arme sind eingeklemmt, ich kann nicht mehr vor-, nicht mehr rückwärts, warum machst du nicht auf? Am Ende der Straße bewegt es sich schon wieder weiß, genauso weiß wie alle Nächte zuvor, weiß und unerbittlich von einer Häuserreihe zur andern rücken die Trommeln voran, die weißen Trommeln rücken voran in der ganzen Breite der Straße, sie rücken wie jede Nacht die ganze Straße entlang, sie lassen nichts frei, sie räumen die Straße, rücken voran, stetig und weiß und unerbittlich, sie tönen und dröhnen laut und weiß und räumen die Straße leer ohne Rücksicht. Ich kann nicht mehr bleiben, nicht mehr warten, ich kann nicht mehr bleiben und warten, bis du aufstehst und aus der Tiefe deines Zimmers hervorkommst, hervorkommst und den Vorhang zurückschiebst und den Riegel zurückschiebst und den Laden öffnest und das Fenster öffnest und dich herausbeugst und mich siehst, ich kann darauf nicht mehr warten!

DER MANN: Da ganz hinten im Zimmer sind die Wände verstellt mit Regalen und voll von Büchern, vom Boden bis zur

Decke. Ich ziehe die Bücher heraus, ich ziehe ein großes und altes Buch nach dem andern heraus und lege es auf den Tisch und schlage es auf und lese darin. Nein, oft lese ich gar nicht darin, oft sehe ich mir nur die Seiten an, betrachte ich die Seiten wie Bilder, Rätselbilder, Vexierbilder. Die Bücher sind in vielen verschiedenen Schriften geschrieben, in fremdartigen und seltenen Lettern gedruckt. Aber wenn ich sie anschaue, wenn ich jede Seite von oben bis unten betrachte, dann verstehe ich alles, obwohl ich gar nichts verstehe, obwohl ich die Sprache, worin die Bücher geschrieben sind, sowenig verstehe wie die Lettern, in denen sie gedruckt sind. Wenn ich jede Seite von oben bis unten betrachte, im Licht der kleinen Tischlampe, deren Kegel die einzige helle Stelle im Zimmer ist, wenn ich die Bücher, die Seiten, die Lettern betrachte, und ich betrachte sie den ganzen Tag, dann erfahre ich mehr, dann weiß ich mehr, dann verstehe ich mehr, als wenn ich der Sprachen und Schriften kundig wäre: es ist dann ganz hell in mir, und die fremdartigen Zeichen rufen alles herauf, was in der Welt verborgen liegt, auf einmal weiß ich alles, sehe ich alles, sehe ich auch das, was die andern nicht sehen. Obwohl sie doch nichts anderes tun, als draußen herumgehen und die Augen aufsperren und gaffen.

DER GENIUS: Ihr seid alle sonderbar und eigentlich Sonderlinge, weil es euch genügt, in der Straße auf und ab und hin und her zu gehen und immer an den Mauern hinaufzusehen und euch gegenseitig zu begaffen, zu beschnüffeln, euch anzulachen, weil ihr finster denkt voneinander, euch anzufauchen, weil ihr euch liebt. Ob eure Herzen gut sind, ob eure Herzen böse sind, wer weiß es, aber ihr steht nicht zu euren Herzen, ihr wollt nicht wissen was darin ist, ihr starrt nur die Mauern der Straße hinauf, ihr beäugt euch nur gegenseitig, einer den andern, voller Mißgunst, voller Haß, voller Liebe. Aber an der Erkenntnis liegt euch nichts, wissen wollt ihr nichts.

DIE FRAU: Warum machst du denn das Fenster nicht auf, weißt du nicht, daß dein Fenster das einzige geschlossene Fenster an der ganzen Straße ist, daß alle anderen Fenster weit offen sind, daß die Lichter brennen in den Zimmern in der Nacht, daß am Tage die Leute herausschauen, um zu sehen, was auf der Straße passiert, daß in der Nacht die Zimmer alle hell sind, erleuchtet, aber leer, weil die Leute alle draußen sind und auf der Straße flanieren, um einander zu sehen, zu grüßen, Neuigkeiten zuzuklatschen? Weißt du das alles nicht, kümmert dich das alles nicht? Und wenn du es wüßtest, wenn es dich kümmerte, wäre es jetzt auch schon zu spät; schon dringen die weißen Trommeln in die Straße ein, die ganze Breite der Straße entlang rücken sie vor, die weißen Trommeln, und die weißen Schlegel schlagen, schlagen unermüdlich, und der weiße Klang erfüllt schon die Straße, so daß die Leute sich zusammendrängen, sich ducken und fliehen, in ihre Häuser flüchten. Denn es ist schon wieder Sperrstunde, wie jede Nacht ist wieder Sperrstunde, die weißen Trommeln trommeln den Großen Zapfenstreich und räumen die Straße. Aber das alles weißt du nicht, das alles kümmert dich nicht, du bist ja nie draußen, du bist ja immer drinnen und verborgen, und die weißen Trommeln, die die Sperrstunde verkünden, die die Straße allnächtlich räumen, sie können dir nichts anhaben. Daß du das alles nicht siehst, daß du das alles nicht weißt, die Freude nicht siehst und die Angst nicht siehst, die Bedrängnis nicht siehst und nicht weißt! Daß du mich nicht hörst, daß du nicht öffnest, daß du mich nicht erkennst! Nicht erkennst!

DER GENIUS: Dort oben hoch über euch und über euren Häusern und über euren Dächern wartet der Vulkan, rumort der Vulkan und brodelt und glüht und spiegelt seinen Schein in den Wolken, er wartet auf seine Stunde, und ihr schaut nie hinauf, und ihr kümmert euch nicht darum, nie, ihr schaut nicht hinauf zum Himmel am Tag, wenn die Rauchschwaden auf einmal darüber hinfahren, ihr kümmert euch nicht darum, ihr schaut nicht hinauf zum Himmel in der Nacht, wenn die Funkenschwärme plötzlich darüber hinziehen. Ihr seht es nicht, ihr macht euch keine Sorgen, ihr mißachtet die Warnung.

DIE FRAU: Nicht immer, ich gebe es zu, stehe ich unter deinem Fenster und warte, nicht immer schaue ich zu deinem Fenster hinauf und warte, daß du die Vorhänge zurückschiebst, daß du die Läden aufschlägst, daß du das Fenster öffnest, nicht immer halte ich das aus, manchmal treibt es mich fort, manchmal zieht mich etwas mit sich davon, ich weiß nicht was, irgend etwas zieht mich fort, manchmal denke ich, es ist Angst, aber ich weiß nicht, wovor ich Angst habe, manchmal denke ich, es ist einfach Sehnsucht, nicht mehr stumm und allein an dieses schwarze Fenster hinaufzustarren, zu warten, Sehnsucht, mit irgend jemandem zu sprechen, irgend jemandem etwas zu sagen. Obwohl ich doch gar nicht weiß, was ich sagen und wem ich etwas sagen sollte. Was hat schon einer zu sagen, der nur dasteht und wartet, auf einen andern, der in einem Zimmer eingeschlossen ist, wartet, auf einen, der nie öffnet und gar nicht weiß und gar nicht wissen will, daß man draußen auf der Straße auf ihn wartet? Nein, ich weiß nicht, wem ich etwas sagen, warum ich überhaupt etwas sagen sollte. Aber manchmal halte ich es einfach nicht mehr aus, manchmal habe ich einfach Angst, manchmal will ich einfach etwas sagen, manchmal will ich, daß mich jemand anhört. Und dann gehe ich fort aus der Straße, weg aus der Menge, obwohl das doch verboten, streng verboten ist. Aber das Verbot ist mir gleichgültig, warum sollte ich mich daran halten, da ich es ja doch nicht verstehe, warum sollte ich mich an das Verbot, die Straße zu verlassen, halten, da mich die Straße ja schließlich nichts angeht, da ich schließlich nur darin wohne, da ich schließlich nur darin warte, unter deinem Fenster, daß du es aufmachst. Aber du machst es doch nicht auf: was geht mich die Straße an, was geht mich das Verbot an, manchmal halte ich es einfach nicht mehr aus, manchmal muß ich einfach weggehen. Und ich gehe weg, ich stehle mich weg, ich schleiche mich fort mit dem Zug der vielen Leute, der vielen Frauen und Kinder, der vielen Männer aus den andern, den nicht verbotenen, aus den offenen Straßen, ich mische mich in ihren Zug, ich tauche unter in ihrem Zug, ich muß dann nur aufpassen, daß ich in der Nacht wieder da bin, wenn die weißen Trommeln anrücken und in der ganzen Breite der Straße vorrücken, ich muß dann nur aufpassen, daß ich wieder zurück bin, wenn die weißen Trommeln mit ihrem weißen Klang die ganze Straße füllen: nur daran muß ich denken, nur darauf muß ich aufpassen, wenn ich mich heimlich davonmache und aus der Straße wegschleiche, wenn ich in dem Zug untertauche, der durch die vielen anderen offenen Straßen hinaus aus der Stadt zieht, nur darauf muß ich aufpassen, daß ich rechtzeitig zur Sperrstunde zurück bin.

DER GENIUS: Ihr wißt alle nicht, was ihr tut, ihr wißt alle nicht, woran ihr seid, ihr kennt den Ort nicht, wo ihr wohnt, ihr kennt seine Kräfte nicht, ihr habt keine Ahnung von den Gefahren, die euch bedrohen, von den Geschenken, die euch angeboten sind, ihr habt keine Ahnung. Und auch wenn ihr hinauszieht vor die Stadt und hinaus vor die letzten Häuser und über die letzten Lampen und letzten Gärten und letzten Gartenhütten, über die letzten Gemüsepflanzungen und Weingärten hinaus, auch wenn ihr da hinauszieht und die steilen Wege hinaufzieht, den Hang des Berges hinauf: ihr habt keine Ahnung. Ihr wißt nichts von dem Berg, ihr kennt sein Inneres nicht, ihr wißt nicht, was er euch will, euer Berg, weil ihr nicht weiter hinaufschaut, als ihr kommt mit euren Füßen, weil ihr den Kopf nicht aufhebt, sondern mit den Augen immer an euren Füßen klebt, die euch schon schmerzen, ehe ihr ankommt. Die euch schon schmerzen und voll sind von Blasen, bevor ihr ankommt bei dem alten Grab, dem weißen Gemäuer, das ihr jährlich besucht und verehrt und fürchtet und das euch immer wieder anzieht, so daß ihr jedes Jahr hinpilgert in langen Zügen. Eure Füße schmerzen euch schon, ehe ihr angekommen seid an dem Grab, obwohl es doch nicht einmal auf halber Höhe des Berghanges liegt, nicht einmal auf einem Drittel der Höhe, obwohl es doch noch fast am Fuße des Berges liegt, wo man noch nichts wahrnimmt von seiner Natur, noch nichts von dem, was er euch ist und was er euch will, euer Berg. Obwohl man von dort aus, von dem weißen Grab, dem alten

Gemäuer, kaum schon die ganze Stadt übersehen, obwohl man von da nicht einmal die Spitze des Berges sehen kann, sehen könnte, wenn man überhaupt wollte, wenn man überhaupt aufschauen wollte.

DIE FRAU: Ich kann mich dem Zug anschließen, ich kann in dem Zug untertauchen, auch wenn ich nicht dazugehöre, auch wenn ich ganz genau weiß, daß ich nicht dazugehöre, daß man mich eigentlich fortschicken sollte und zurückschicken in meine Straße, die zu verlassen ich kein Recht habe. Trotzdem gehe ich mit dem Zug der Kinder, Frauen und Männer. Denn ich halte es nicht mehr aus bei den Leuten meiner Straße, die zufrieden sind, den ganzen Tag zu schwatzen und auf und ab zu gehen, die nur auf die Sperrstunde warten und darauf, daß die weißen Trommeln sie wegdrängen, wegwischen und nachhause jagen. Ich halte es da nicht mehr aus, wo ich doch niemanden kenne, niemanden und keinen einzigen von allen, mit denen ich doch immer zusammen bin, die mir doch immer und den ganzen Tag auf die Füße treten, denen ich immer und den ganzen Tag auf die Füße trete. Ich habe sie alle, mit denen ich nicht reden kann, satt. Ich habe es satt, unter dem Fenster zu stehen, dem einzigen geschlossenen, dem einzigen dunklen Fenster der Straße, und darauf zu warten, daß es sich öffnet und hell wird und daß mir daraus jemand antwortet. Ich habe es satt zu glauben, daß mir gerade aus diesem einzigen dunklen Fenster eine Antwort kommen muß. Ich laufe davon und tauche unter im Zug, der aus der Stadt hinauszieht, der die vielen Windungen der Straße langsam entlangzieht und manchmal hält und lange stehenbleibt. Dann fangen die Kinder an zu plärren, und der Gesang der Frauen wird weinerlich und klingt falsch, und die Männer murren. Aber keiner geht weg, kein Kind, keine Frau, kein Mann würde den Zug verlassen, und sogar die Burschen, die die großen Transparente, die leuchtenden Transparente auf langen Stangen tragen, auch sie laufen nicht davon, obwohl sie doch todmüde sein müssen: auch sie laufen nicht davon und lassen ihre Transparente nicht im Stich, sie stellen sie nur auf die Erde und wischen sich den Schweiß von der Stirn. Und auch jene andern Burschen, die die goldenen und silbernen Reliquiare tragen mit den Reliquien aller Heiligen der Stadt, die großen Reliquiare in Gestalt goldener und silberner Häupter und Büsten und ganzer Figuren von Bischöfen und Mönchen und Soldaten mit Siegespalmen, auch all die Reliquienträger laufen nicht davon und lassen ihre Reliquiare, die sie auf langen Stangen tragen, nicht im Stich: sie stellen sie, wenn der Zug in den vielen Windungen der Straße nicht mehr weiterkommt und stillsteht, nur ab und wischen sich den Schweiß von der Stirn und lehnen sich, wenn sie glauben, daß niemand sie sieht, an die silbernen und goldenen Häupter und Büsten und ganzen Figuren, um etwas Halt zu haben, um sich etwas auszuruhen. Manchmal sehe ich das, aber ich tue, als ob ich es nicht sähe und sage nichts und schaue auf meine Kerze. Ich schaue nur auf meine Kerze, ich achte nur auf meine Kerze, weil sie tropft und weil das Wachs auf meine Finger rinnt und meine Haut brennt. Viel, viel Wachs, viele, viele Tropfen rinnen während des Zuges und während der Halte in den vielen Windungen der Straße auf meine Hand, auf meine Finger und brennen mich. Darauf schaue und achte ich, und nur zufällig sehe ich manchmal für einen Augenblick einen Reliquienträger, der sich an sein goldenes oder silbernes Reliquiar lehnt. Nein, meine Kerze beschäftigt mich, und auch wenn mich das immerfort rinnende Wachs brennt und schmerzt, auch dann achte und schaue ich darauf, doch unternehme ich nichts: was sollte ich schon unternehmen dagegen, wie sollte ich mich wehren gegen das Wachs, da ich ja die Kerze halten muß, da ja die Kerze brennen muß in meiner Hand während der ganzen Dauer des Zuges, vom Anfang bis zum Ende?

DER GENIUS: Die vielen Windungen der Straße zieht ihr hinauf an den Berg, und ihr seht doch nicht, wohin ihr geht, und ihr wißt doch nicht, was es ist, dem ihr euch nähert, und ihr steigt langsam hinauf und bleibt doch immer unten und berührt den Berg kaum, ihr rührt den Leib des Berges nicht an, ihr bleibt an seinem Fuß. Ihr kitzelt nur seinen Fuß, ihr kitzelt und reizt ihn und wißt nichts und schaut nur auf eure Füße, ihr hebt die Augen nicht auf, ihr schaut nur auf eure Füße, schaut nur auf die Kerzen in euren Händen, die groß sind und für Stunden reichen und immer brennen und auf eure Hände und Finger tropfen und euch brennen. Nur eure kleinen Lichter seht ihr und nicht einmal die Funken, die von euren Kerzen weg und über die Straße weg und in die Büsche und in die Gemüsegärten und in die Weingärten fliegen, nicht einmal den Funken eurer Lichter schaut ihr nach, nicht einmal auf sie achtet ihr, noch viel weniger achtet ihr auf die Glut oben über euren Köpfen, auf die Glut oben im offenen Gipfel des Berges, auf die Glut, die sich in der Wolkendecke spiegelt und in ihr widerscheint. Die Glut färbt die Wolkendecke rot, aber ihr achtet nur auf eure Lichter, von denen das Wachs auf eure Hände rinnt und euch brennt und schmerzt, ihr schaut nur auf eure Füße, die voller Blasen sind und aufspringen und euch brennen und schmerzen, aber auf die Glut, die flackert und die Wolkendecke färbt und euch den Willen des Berges verkündet, darauf schaut ihr nicht und achtet ihr nicht.

DIE FRAU: Aber es gibt keine Ruhe auf diesem Weg, die Straße zieht uns immer weiter, wenn eine Kerze niedergebrannt ist, wird sie ersetzt: überall am Wegrand stehen alte Frauen und bieten lange weiße Kerzen feil. Und es ist schon vorgekommen, daß ich zweimal eine neue Kerze kaufen mußte. Es ist schon vorgekommen: wenn der Zug allzuoft stillstand, wenn die Transparente mit den Bildern der Heiligen auf den Boden gestellt wurden, wenn die goldenen und silbernen Köpfe und Büsten und ganzen Figuren mit den Reliquien der Stadtheiligen allzuoft auf den Boden gestellt wurden. Doch ich merke es kaum, ob der Zug schnell oder langsam geht, ich merke es kaum, ob ich eine oder zwei oder drei Kerzen brauche: ich warte nur auf die Ankunft in dem weißen Grabhaus im Kahlschlag über der Stadt, nur darauf warte ich, daß ich dort ankomme, daß ich dort reden kann, daß ich dort Antwort erhalte. Und ich kann es nicht verschweigen, ich muß es sagen: bis heute habe ich auch dort immer ins

Leere geredet, bis heute habe ich auch dort keine Antwort erhalten und nur hinausgeredet in die leere Luft, genauso hinausgeredet in die leere Luft wie unten in der Stadt, in der verbotenen Straße, wo ich immer und jeden Tag und jahrelang an das geschlossene Fenster, an das einzige dunkle und geschlossene Fenster hinaufrede. Um es zu gestehen: bisher und bis heute habe ich auch oben an dem einsamen, weißen Grabhaus ins Leere und ohne Antwort geredet. Ich weiß, man wird lachen, wenn ich das sage, wenn ich das zugebe. Aber am Ende habe ich recht bekommen, ich habe nicht vergeblich geredet. Heute habe ich nicht mehr vergeblich geredet, heute habe ich Antwort bekommen.

DER MANN: So groß war meine Furcht vor mir selber geworden, daß ich es geraten fand, mich mir nicht mehr auszusetzen, nicht mehr darauf zu warten, was ich mir wohl wieder antun würde, daß ich beschloß, nicht mehr unter die Menschen zu gehen, aus denen ich mir nur doch immer wieder anders und widerwärtiger entgegenkam: ich wollte es nicht mehr, daß mein Gesicht mir in den Gesichtern all jener, mit denen ich sprach, wiederbegegnete, daß ich jedes dieser Gesichter für mein eigenes hielt, daß ich alle Gesichter für mein eigenes hielt, daß ich kein Gesicht mehr für mein eigenes hielt. Ich wollte nicht mehr wissen, ich wollte nicht mehr täglich daran erinnert werden, daß ich kein Gesicht hatte. Ich beschloß, mit niemandem mehr zu reden, niemanden mehr zu sehen, mich hier einzuschließen, festzusetzen, zu verstecken, ich beschloß, das Licht der Sonne, das mich immer betrog, zu meiden, das Licht der Sonne, das mir allen Trug als wahr und alles, was es nicht gab, als wirklich vorgaukelte. Ich sperrte die Sonne aus und gab mich zufrieden mit dem Licht dieser kleinen Lampe, mit diesem schwarzen Licht, das eben reicht, um meine Bücher zu beleuchten, eine kleine Fläche zu erhellen, eine knappe Seite des großen Buches, das vor mir liegt. Da liegt der große Walfisch, der den Jonas ausspie, da liegt der große Walfisch, der die arme Seele ausspie, der trotz allem die Gefangene nicht festhalten konnte. Die Gefangenen werden nie festgehalten, sie werden nie und nicht eine Stunde länger festgehalten als nötig: sie werden festgehalten, bis sie etwas anzufangen wissen mit der Freiheit, bis sie imstande sind, auf den Straßen zu gehen, bis sie es ertragen können, den Menschen in die Gesichter zu schauen, ohne darin nur immer sich selber zu begegnen. So lange bleiben sie im Walfisch. Das lese ich in dem Buch, das lese ich in dem Bild des großen Walfischs. Jetzt freilich stört mich die Mücke, die immer an meine Lampe heraufschießt, die immer von meiner Lampe wegschießt, auf mich zufährt, so daß ich nach ihr schlage, so daß ich für Augenblicke die Geschichte des Walfischs vergesse: wie kommt die Mücke herein in das geschlossene Zimmer, durch das immer geschlossene Fenster? Ist es nicht dicht? Habe ich es nicht zugeschlossen, verriegelt, Wattepolster in die Ritzen gestopft?

DER GENIUS: Jetzt schreit ihr, jetzt drängt ihr euch auf der Straße, jetzt tut ihr, als ob plötzlich käme, als ob auf einmal ausbräche, was doch immer schon da war, als ob der Berg erst jetzt euch nicht mehr möchte, erst jetzt beschlossen hätte, euch zu vernichten. Und den Rauch und die Funken am Himmel saht ihr nie und nahmt ihr nie zur Kenntnis, obwohl es doch immer über euch hing, obwohl es doch immer da war über euren Köpfen und wartete.

DIE FRAU: Die weißen Trommeln, die weißen Trommeln kommen heute zum zweiten Mal, noch nie ist es passiert, daß die weißen Trommeln zweimal kamen. Die Straße ist voll von Menschen, sie drängen sich von der einen Häuserreihe zur andern, sie drücken einander an die Mauern der Häuser. Morgens um vier ist es und noch immer Sperrstunde, und sie kümmern sich nicht darum, sie stehen alle da und starren hinauf an die Häuser, starren hinauf an die brennenden Häuser, sie starren hinauf in den Brand und rühren sich nicht, obwohl sie vom Ende der Straße die weißen Trommeln hören, obwohl sie sie laut schlagen hören herüber vom Ende der Straße, obwohl sie sie immer lauter schlagen hören, die weißen Trommeln, immer lauter und näher. Sie rühren sich nicht, sie starren unbeweglich hinauf in die Flammen: was die tun, wie die sich bewegen? Und ich bin mitten unter ihnen, und ich habe wie immer nichts zu tun mit ihnen, und die Flammen sind mir gleichgültig, der Brand geht mich nichts an, ich schaue nur zu dem einen Fenster hinauf. Wegen dieses einen dunklen Fensters bin ich zurückgekommen, gerade eben noch, bevor die Straße gesperrt wurde, bevor man sie schloß und einschloß in den Brand. Ich habe eben noch gesehen, wie man das neue Kleid am Grab niederlegte, wie man es in das Gemäuer hineintrug, das habe ich eben noch gesehen. Und dann war es auch schon Zeit, dann mußte ich laufen, um zurechtzukommen, bevor die weißen Trommeln zurückkehrten. Jetzt sind sie da, jetzt drängen sie heran, kommen vom Ende der Straße her immer näher, weißer, lauter. Und gottseidank bin ich zurechtgekommen, eben noch zurecht, um an das dunkle Fenster hinaufzuschauen, um zu sehen, ob es sich endlich erhelle, ob es sich jetzt, da die Straße brennt, von innen erhelle, das einzige dunkle Fenster, ob es sich von innen erhelle.

DER GENIUS: Jetzt drängt ihr euch, ihr Blinden, und schaut immer noch in der verkehrten Richtung, jetzt, da es brennt, schaut ihr immer noch in der verkehrten Richtung, bleibt hängen an dem Brand, an den Flammen, dem nahen Spektakel vor eurer Nase, aber der Berg hat schon begonnen, euch zu erobern, das Seine zu nehmen, die Stadt zurückzunehmen, die an seinem Fuße schmarotzt. Ihr seid zwar hinaufgestiegen zu dem Gemäuer, zu dem weißen Grab. Wie jedes Jahr habt ihr auch diesmal das Kleid gebracht, in langem Zuge habt ihr das neue, gestickte Kleid hinaufgebracht, und mit dem Kleid habt ihr alle eure Heiligen getragen, die Reliquien in den goldenen und silbernen Reliquiaren habt ihr zusammen mit dem Kleid hinauf zu dem Grab getragen: ihr habt das Kleid auf das Grab gelegt in dem Glauben, die Heilige werde es annehmen, sie werde es als das ihre betrachten und annehmen und mit ihrer Kraft und Macht erfüllen, und diese Kraft und Macht werde dann euch gehören und euch beschützen. Das habt ihr geglaubt, aber nichts habt ihr von dem Berg gewußt.

DIE FRAU: Ich schaue hinauf zu dem Fenster, ich warte und

rufe: Geh auf, Fenster, werde hell, Fenster, und ich spiele mit dem Messer, das ich schon seit Jahren mit mir trage, um den zu erstechen, der das Fenster aufmacht und mir antwortet. Ich will, daß er mir antwortet, aber wenn er mir geantwortet hat, darf er mit niemandem mehr sprechen, wenn er mir geantwortet hat, will ich ihn töten, weil er sein Schweigen gebrochen hat, weil dann alles zu Ende ist, ich will, daß endlich alles zu Ende ist.

DER MANN: Die Mücke surrt durch das geschlossene Zimmer, das Zimmer ist nicht mehr still, die Mücke bewegt es von innen, das Zimmer ist nicht mehr still, die Trommeln kommen näher, ich höre die Trommeln, ich höre ihr weißes, ich höre ihr schneeweißes Dröhnen durch die geschlossenen Fenster, durch geschlossene Läden, durch die dicht geschlossenen Vorhänge höre ich die Trommeln immer näher, immer lauter, immer weißer. Tot liegt mein Walfisch da, stumm liegt er da im Licht der kleinen Lampe, erschöpft und tot, nachdem er den Jonas ausgespien, nachdem er die schon verlorene Seele ans Ufer gespuckt und dem Land zurückgegeben, dem Land und dem Licht und den hellen Straßen und dem Himmel und der großen Stadt Ninive: ist das Erlösung für sie, ist das nun ewiges Leben? Der Walfisch liegt erschöpft und erledigt und tot, und auf der andern Seite der Stadt, Jonas, wird es keinen Walfisch geben, dich fort in die Freiheit zu tragen, dich vor der großen Stadt zu beschützen, dich still zu bewahren im Wasser, in der Finsternis, wo du allein bist und du selber. Die Mücke surrt und stört mich, die Trommeln, immer weißer und lauter, dringen heran und stören mich, ich kann nicht mehr lesen, und die Bücher tun sich mir nicht mehr auf, auch wenn ich die Seiten aufschlage, sie schweigen mich an, und sie geben keine Antwort mehr. Die alten Schriften, die wunderbaren Zeichen, die ich nicht lesen kann und die mir, weil ich sie nicht lesen kann, alles sagten, die mir alles, was ich wissen wollte, die mir viel mehr noch, als ich wissen wollte, sagten: die Bücher sind stumm, und der Walfisch liegt vor mir mit blinden Augen, mit stumpfen Augen, worin sich nichts mehr spiegelt. Das Zimmer ist leer, seit die Mücke herumfährt darin, es gibt nur noch die Mücke, die Mücke hat den Walfisch, den leeren Walfisch getötet. Die Trommeln dröhnen weiß herein, die Fenster klirren unter der Weiße der Trommeln, die Trommeln haben den Walfisch, sie haben die ganze Welt in den Büchern getötet. Das Zimmer ist leer, und alles ist draußen.

DER GENIUS: Lauft nur und lauft keuchend hinauf, das Kleid vom Grabe zurückzuholen. Glaubt nur, es habe sich vollgesogen mit Kräften, lauft nur, als ob es euch hülfe, wenn ihr mit auf die Füße gehefteten Blicken hinauflauft auf den Bergfuß: dort beginnt der Berg ja noch kaum, dort merkt euch der Berg ja noch gar nicht, dort achtet er gar nicht auf euch, die ihr ihn nicht seht, die ihr nicht auf ihn achtet, lauft nur und keucht nur und holt das Kleid zurück, das eben mit Pomp hinaufgetragene, holt es nur wieder!

DIE FRAU: Die Trommeln sind da, aber sie ersticken, die Trommeln versinken in Watte, niemand läuft vor den Trommeln davon, obwohl es doch morgens um vier ist, obwohl es doch gerade erst hell wird, niemand hat Angst vor den Trommeln. Das weiße Dröhnen versinkt, die Wirbel versickern. Niemand hat Angst, niemand geht, niemand flüchtet, läuft weg. Sie stehen alle aneinandergedrängt und schauen hinauf in die Flammen und lesen im Brand das Urteil über ihr Leben. Nur noch mein Messer ist kalt, nur noch das Messer in meiner Hand ist bei kühlem Verstand. Wenn nur keiner mir Antwort gibt, wenn nur das Fenster nicht hell wird, wenn nur das Fenster nicht aufgeht und ein Wort, eine Antwort herausläßt: die einzige Antwort, die ich brauche, die habe ich erhalten, im Gemäuer über der Stadt, als meine dritte Kerze abgebrannt war, habe ich die Antwort erhalten, und niemand soll sie ergänzen, übertönen, verdrängen. Auf den, der das Fenster aufmacht und erleuchtet, warte ich hier, auf den, den der Brand auf- und herausscheucht, auf ihn warte ich hier mit dem Messer. Er soll es büßen, daß er mir die Antwort, die ich in dem weißen Gemäuer heute erhielt, ergänzt und übertönt und verdrängt, er soll es büßen. Nicht umsonst habe ich drei lange Kerzen niedergebrannt, nicht

umsonst habe ich das Brennen der Tropfen auf der Hand
und auf den Fingern ertragen. Er soll es büßen.

DER MANN: Blicklos schaut der Walfisch aus den verstummten Schriften, draußen prasselt es, und heiß weht es durchs Zimmer, zieht durch die Fugen der Fenster, durch die Lücken der Läden, bauscht den Vorhang herein, ein glühender Wind weht durchs Zimmer. Und jetzt rauscht es auch noch, als hätte der Walfisch das Meer herbei- und hereingerufen, als hätte der leere Walfisch das Meer vom Hafen herauf und hereingerufen ins Zimmer und auf den Tisch und ins Buch, worin er trocken liegt zwischen vertrockneten Lettern. Ein Rauschen steigt und steht im Zimmer, höher schon als das Prasseln und als das Sausen des Windes. Das Meer kommt, das Meer. Und der Walfisch macht sich zum Schwimmen bereit, das kleine Tischlicht erlosch, der Walfisch hat mich in seine Finsternis aufgenommen, mich in seinen Bauch geschlungen und trägt mich durchs Wasser. Das Meer kommt, das Meer.

DER GENIUS: Jetzt rennt ihr alle hin und her durch die Straßen und tragt euer Zeug aus einem brennenden Haus ins andere, auch jetzt noch glotzt ihr nur auf die Füße und auf die Funken, die das Leder eurer Schuhe versengen, so daß es stinkt. Auf eure Schuhe starrt ihr und auf das Zeug, das ihr tragt, und seht immer noch nicht den Himmel und das, was er vom Berg herab- und heranbringt: Funkenwolken fahren heran und fallen über die Dächer, fallen in die Straßen und rufen Brände hervor und prasseln auf die Pflastersteine, die Mauern, daß sie glühen und schmelzen. Und ihr seht nur eure Lumpen, eure Ware, Kleider und Möbel, ihr lauft damit vor- und rückwärts und nach links und rechts, als ob nicht vorne und hinten, links und rechts auch Brände wären, als ob nicht ein einziger Brand überall wäre. Nur in der einen, geschlossenen, verbotenen Straße, da steht ihr stumm und starrt hinein in den riesigen, geblähten, roten Vorhang, als ob ihn irgendeiner plötzlich wegziehen könnte. Und jetzt holt ihr auch noch die Löschzüge herbei, unterm Geschrei der Sirenen, Meersirenen fahren mit Wasser heran, als ob der

Berg dies nicht bedacht hätte bei seinem Unternehmen, als ob er euch diesen Ausweg ließe. Die Wasser schießen aus den Schläuchen und zischen und schmücken den Brand, jagen ihn weiter und weiter, daß er auch das letzte Haus und den letzten brüchigen Laden fasse und fresse: ihr steht und starrt und seid darum zumindest etwas klüger als die anderen, weil ihr, wenn ihr auch hofft und eine Rettung, die nicht kommt, vermutet, nicht lauft und nicht rettet, nicht tragt und nicht schleppt, ihr seid weiser, eine Spur weiser seid ihr als die andern, weil ihr schweigt und den böigen roten Vorhang betrachtet, weil ihr schweigt und den Wassern zuseht, die zischen und steigen und die Flamme weiter und weiter hetzen, sie auseinandertreiben bis ans Ende der Straße.

DIE FRAU: Jetzt wirst du, Messer, bald sehen, was ich dir vorbehalten habe. Jetzt wird das Fenster bald aufgehen, aufleuchten. Jetzt ist auch die letzte weiße Trommel verstummt und versickert, erstickt. Man bringt schon das Meer, die Löschzüge fahren herein und schreien durch die verbotene Straße, die Sirenen schreien und lachen über die verbotene Straße und über das Fenster, das allein von allen noch geschlossen und dunkel ist. Sie schreien und lachen, die Wasser schießen herauf, das Meer kommt herauf in die Stadt und schießt durch die Schläuche über die Mauern und Dächer und ergreift und bedeckt, überschwemmt und nimmt alles ein, was hoch und enthoben war bisher, das ganze trockene Land. Oben im weißen Beinhaus war ich heute mit dem langen Zug, und am Ende der Kerze, als die lange Kerze niedergebrannt war und das Wachs auf meinen Fingern und Händen zu brennen aufhörte, da bekam ich die Antwort: die Heilige rief mich an und rief: ich komme, ich komme! Deine Antwort, du hinter dem Fenster, du hinter dem einzig geschlossenen, lichtlosen Fenster, deine Antwort kommt zu spät und nützt mir nichts mehr. Und wenn du jetzt kommst, so kann mich dein Kommen nur stören, mit meinem Messer will ich dich empfangen. Wenn man jetzt klopft bei dir und dich herausruft ...

DER MANN: Das große Maul ist aufgesperrt und wartet auf das Meer, das steigt und rauscht. Der Walfisch wartet, er wird allen Büchern voranschwimmen, mit dem Wasser, mit dem Meer wird er allen Büchern voranschwimmen ins Meer. Man pocht, man poltert an meine Tür, ich komme, ich komme. Was will ich hierbleiben, wenn es schon hereinrauscht und zieht, wenn schon der heiße Wind dem Brand voran durch die Ritzen des Fensters, durch die Spalten der Läden, durch die Naht des Vorhangs hereinzieht, wenn das Wasser schon durch das Fenster, die Läden, den Vorhang hereinsteigt. Ich komme, ich komme, dem Walfisch mit dem offenen Maul voran komme ich und laufe die Treppe hinab, dem Walfisch voran, der durch den Brand in das Meer schwimmt. Ich laufe voran, ich komme, ich komme!

DER GENIUS: Jetzt werft ihr alles hinaus aus den brennenden Häusern auf das glühende Pflaster, jetzt bringen die Sirenen euch Wasser mit rotem Geheul, um euch, noch bevor ihr verbrennt und versengt und verkohlt, zu ertränken. Und ihr seht immer noch nichts, seht immer noch bloß eure Füße, die Spuren lassen im Pflaster. Und seht nicht die gelben Wolken, die im Morgengrauen hinter den Zündfunken über den Himmel heranfahren, die der Berg euch hinter den Zündfunken nachschickt, ihr seht auch sie nicht, ihr seht nicht weit, ihr schickt nur ein paar Leute hinauf in das weiße Gemäuer, in das Beinhaus, hetzt sie, damit sie das Kleid zurückholen, das Geschenk plumper und falscher Berechnung. Wie ein Schwamm, so glaubt ihr, hätte es sich inzwischen vollgesogen mit der Kraft der Begrabnen. So dachtet ihr, so setztet ihr es voraus, es war euch selbstverständlich und ein Grund mit, nie hinaufzuschauen zum Berg, immer nur auf eure Füße zu schauen.

DER MANN: Nach rechts und links muß ich stoßen und ausschlagen, ich muß mich durch die vielen Leute, durch das Gedränge durchkämpfen, durch die Menschen, die sich nicht vom Fleck rühren, die mir nicht Platz machen wollen. Aber ich muß schnell gehen, ich muß laufen, es eilt, der Walfisch schwimmt hinter mir her, der Walfisch will mich einholen, er springt mit den Fluten, die von oben her das Haus überschwemmen, mit den Fluten, die aus den Schläuchen in das Dach und in die Fenster stürzen, springt er die Treppe herab und verfolgt mich. Sein Maul ist weit aufgesperrt, nachdem er die Bücher und die vielfach und stets wieder neu beschriebenen Blätter verschluckt hat, steht es sperrangelweit aufgesperrt und verlangt, auch mich, den Leser, zu fressen. Aber ich komme nur mühsam voran durch die Masse der Menschen, ich kann um mich schlagen und stoßen nach allen Seiten, soviel ich will. Niemand will weichen, alle gaffen bewegungslos hinauf an die rote Wand und denken nicht daran, mich überhaupt nur zu sehen. Obwohl sich doch eben jemand um mich gekümmert, an meine Tür geklopft, mich herausgeklopft hat. Jetzt macht mir niemand Platz, niemand schaut mich an oder ärgert sich auch nur über mich. Niemand wird zornig, obwohl ich doch wütend und ohne Rücksicht schlage und stoße. Niemand, bis auf ein Gesicht, das mich mitten aus dem Gedränge böse anstarrt, bis auf das einzige Gesicht in diesem Gedränge, das nicht glotzt wie die andern, das nicht ausdruckslos und verzaubert hinaufstarrt ins Fenster. Das einzige Gesicht, das nicht hinaufstarrt, schaut mich böse, von Zorn verzerrt, an, als ob es auf Rache sänne, als ob ich ihm etwas getan, an ihm etwas versäumt hätte.

DIE FRAU: Da will er sich durchstehlen, hindurchdrücken zwischen den Leuten, die ihm gleichgültig sind, um die er sich sein Leben lang nicht gekümmert hat. Der aus dem stummen, immer verschlossenen Zimmer, jetzt will er sich davonmachen, allein und unbemerkt wie immer. Aber es gelingt ihm nicht, es wird ihm nicht gelingen, sowenig es ihm bisher gelungen ist, unbemerkt zu bleiben. Ich habe auf ihn geachtet und achte auch jetzt auf ihn und fluche ihm, und mein Messer wartet auf ihn, wenn er in meine Nähe kommt. Dann wird er merken, daß man an ihn gedacht hat, daß er nicht unbemerkt geblieben ist hinter seinem verfinsterten Fenster, er wird merken, daß man immer an ihn gedacht, immer auf ihn gewartet hat.

DER GENIUS: Jetzt, wahrhaftig, tragt ihr das Kleid die gewundene Straße hinunter, und auch jetzt noch, wahrhaftig, schaut ihr auf eure Füße, ob sie nicht über die Steine stolpern. Ihr tragt das Kleid auf dem großen Gerüst, es schwankt über euren Köpfen, diesmal singt ihr nicht, diesmal murmelt ihr nur stockend eure Gebete, es klingt, als ob ihr schimpftet, als ob ihr murrtet. Und ihr seht nicht, ihr Träger, und auch die unten in der Stadt sehen nicht, daß der funkenrote Himmel aufhört, rot zu sein, daß der Brandhimmel nicht mehr rot ist wie bisher, und nicht etwa wegen des Morgens, der kommt. Es ist nicht die Bleichheit des Morgens, die den Himmel auf einmal gelb färbt, ganz gelb. Ein ganzes Feld voller Dotterblumen, ein ganzes Feld voller fiebrigen Löwenzahns kommt heran, kommt immer näher heran.

DER MANN: Dieses Gesicht konnte ich nicht länger ertragen. Daß es mich so böse und drohend ansah, als wollte es sich an mir für irgend etwas rächen, konnte ich nicht länger ertragen. Alles andere hätte ich ertragen und nicht nur ertragen, es hätte mich sogar amüsiert, dem Walfisch davonzulaufen und mich da unten unter den Leuten zu verstecken, in dieses schwarzes Gegaffe einzugehen als ein kleiner, ununterscheidbarer Gaffer: das hätte mir nichts gemacht, das hätte mich sogar amüsiert. Ich hätte hinaufgegafft in den Brand, der sich fast nicht bewegte, der breitbeinig dastand und sich nur immer breiter hinstellte, wenn nicht das böse, drohende, enttäuschte Gesicht gewesen wäre. Das machte mir angst, weil es nicht davon abließ, mich anzuschauen und mir nicht erlauben wollte, im Gegaffe unterzugehen. Es bestand darauf, Gesicht zu bleiben, und bestand darauf, mich zu unterscheiden, und machte mir damit angst und ein schlechtes Gewissen, und, wahrhaftig, ein schlechtes Gewissen habe ich nicht nötig: ich drängte mich durch das Gegaffe, ich duckte mich, ich machte mich aus dem Staub und kam ans Ende der Straße und kam hinaus über das Ende der Straße: hier heraus auf die Mole, wo der Wind mir um die Ohren bläst, immer stärker um die Ohren bläst, je weiter hinaus ich komme, je mehr ich mich von der Straße, von der

Stadt, vom festen Land entferne, je mehr Wasser um mich herum ist. Ringsum ist nur noch Wasser, meinem Walfisch würde es gefallen. Wenn ich lange genug warte, wird er sicher herausschwimmen, wird er sicher ankommen mit allen Papieren und allen Büchern im Maul. Wenn ich lange genug warte. Und warum sollte ich nicht?: Hier ist es schön, hier gefällt es mir. Und sieh da, es ist auch nicht mehr Nacht, es ist Morgen, ein sonderbar gelber Morgen, es zieht dottergelb, es zieht löwenzahngelb heran, fiebrig löwenzahngelb zieht es vom Land und vom Berg heran. Aber das macht hier nichts, das ist hier ganz egal, ich lasse meine Füße ins Wasser baumeln, ich plansche mit den Füßen im Wasser, das ist hübsch, weil es so gluckst.

DIE FRAU: Jetzt ist er entwischt, jetzt ist er doch noch entkommen unter die schwarzen, gedrängten Gaffer, ich finde ihn nicht mehr in der ganzen geschlossenen Straße, aus der keiner mehr entkommt, finde ich ihn nicht mehr. Als ob es ihm als einzigem gelungen wäre, aus seinem verdunkelten Zimmer mit dem geschlossenen Fenster, mit den zugeriegelten Läden, mit den zugezogenen Gardinen zu entkommen. Das müßte sonderbar zugegangen sein, denn keiner kommt hier heraus, weil keiner hier herauskommen will, es müßte sonderbar zugegangen sein, wenn er allein von allen hier, wo niemand will, gewollt hätte, wenn einzig er hier, wo niemand wollen kann, hätte wollen können. Sonderbar wäre das. Doch würde es ihm nichts nützen, gar nichts. Denn die Stadt würde ihn einholen, die Straße würde ihn einholen, der Brand würde ihn einholen, überall, wo er auch wäre. So weit kann er gar nicht fliehen, daß ihn der Brand nicht einholte. Der Brand und das, was nach dem Brand kommt. Denn dort am Ende der Straße kommt schon auf dem Gerüst das Kleid der Heiligen zurück, da kommt schon die Heilige zurück. Ich habe heute drei Kerzen verbraucht, die Tropfen haben mir auf den Händen gebrannt. Und die Heilige sagte, die Heilige kündigte an, daß sie käme. Und sieh da, sie kommt dort am Ende der Straße, und der Himmel ist anders, die Straße ist anders, alles ist anders. Die Heilige kommt, wie sie gesagt hat, und nimmt die Stadt und die Straße und nimmt alles an sich. Auch ihn wird sie an sich nehmen, der aus dem Zimmer und aus dem Gegaff und aus der Straße entkam, indem er sich klein machte und duckte und wegschlich. Auch ihn, wo immer er ist, wird sie an sich nehmen. Auch wenn er dem Brand und dem Messer entkam, das wird ihm nichts nützen, die Heilige nimmt ihn, die Heilige kommt.

DER MANN: Aber da bewegt es sich am Ufer, wo die Straße auf die Mole mündet, da kommt auf dem Prunkgerüst im Jubel, im Gesang und im Geschrei aus allen offenen Straßen der Stadt das Kleid der Heiligen. Alles Geschrei und Gejammer aus den offenen Straßen der Stadt wirbelt um die hohe Vogelscheuche, Prunkvogelscheuche, die heranschwankt an der Wurzel der Mole zur Mündung der verbotenen Straße. Als könnte das Kleid sie retten, als könnte dieser von Gebeten und Hoffnungen vollgesogene Talisman den Brand löschen und hintanhalten, das, was auf den Brand folgt, verhindern. Und da kommt es auch schon entgegen, da sperrt sich die Straße auch schon und wehrt sich gegen die angetragene Rettung: der weiße Kordon der Trommeln, von einer Häuserreihe zur andern, ist wieder da, die weißen Trommeln sind auf einmal wieder da, sie erfüllen die Straße; sie kommen näher, ich sehe sie deutlich, sie dröhnen in der Mündung der Straße, sie erfüllen die Mündung der Straße mit ihrem weißen Dröhnen, sie schützen den Brand, damit er das Zimmer und die Bücher und die immer wieder von neuem beschriebenen Blätter verschlinge, damit er alles getrost und auch den Walfisch verschlinge. Die weißen Trommeln versperren dem Prunkgerüst, der Prunkvogelscheuche den Weg, damit alles ungestört verbrenne, damit ich abgetrennt und abgeschnitten und frei hier draußen sitze, damit meine Füße ruhig ins Wasser baumeln, damit meine Zehen mit dem glucksenden Wasser spielen, damit sie es necken.

DER GENIUS: Jetzt ist es da, was der Berg sich für euch ausgebrütet, gebraut hat, jetzt ist es da. Jetzt brennt die Stadt, ein großes Opfer, und eure Versuche, zu retten, zu löschen, bestärken nur den Willen des Berges, der seine Glorie ausbreitet am Meer, der seine Glorie herabregnet auf eure Häuser, dem eine riesige rote Antwort daraus entgegensteigt. Ihr wollt, daß eure Stadt verbrennt, denn ihr habt die Heilige herab aus ihrem Beinhaus geholt, ihr tragt dem Feuer das Kleid auf dem Prunkgerüst zu. Und ihr wißt doch, die Heilige ist mit dem Berg verbündet, sie bewohnt seine Flanke, und wenn sie herabkommt, so nur, um ihm voranzugehen, ihn zu verkünden, seine Prophetin, seine Sibylle.

DIE FRAU: Dort, die Heilige kommt, dort, vom Ende der Straße schwankt sie groß auf dem Gerüst heran. Wie sie gesagt, wie sie verkündet hat, kommt sie, sie kommt!

DER GENIUS: Als seine Sibylle kommt sie, als seine Prophetin: der Brand ist erst der Anfang dessen, was euch der Berg schickt, was euch vom Berg bevorsteht, der Brand ist erst der Anfang. Starrtet ihr nicht bloß in die Flamme, ihr Stiere, stiertet ihr nicht bloß in die Röte, dann säht ihr, wie es gelb über euch kommt, wie es löwenzahngelb, dottergelb, fiebrig löwenzahngelb über euch kommt, und herabrinnen wird es, herabrieseln, den Brand wird es ersticken, die Stadt wird es bedecken, begraben. Der Berg wird die Stadt begraben, retten, begraben, bewahren.

DIE FRAU: Die Heilige kommt, wie sie gesagt, wie sie verkündet hat, kommt sie, sie kommt!

Mißverständnisse

*Für Zitas und Doro*

# Vorwort

Sollten diese Phantasien, Geschichten, Rätsel und Reflexionen einen gewogenen Leser finden, so nur darum, weil er, offen oder verschüttet, die Begierde nach Flucht in sich trägt, den Drang, sein Gehäuse zu verlassen, seine Hecke zu überklettern und in fremden Gärten zu streunen. Es bewiese aber gleichfalls, daß er auch den Gegentrieb spürt, und der ist nicht schwächer: den Trieb zur Beschränkung, zum Rückzug auf ein paar erste, einfältige Erfahrungen und Bilder. Der Gegensatz und Widerspruch, der aller Bewegung innewohnt, foltert uns. Die Kunst versucht, die Qual zu beschwören, weshalb in ihrem Bannkreis alles stillzustehen scheint. Das ist das Ärgernis: was die Ekstase, aufschäumend, aus sich entläßt, erstarrt im selben Augenblick schon zur Geste. Mag auch der Künstler sich als Revolutionär fühlen – und wie gern tut er es! –, gerade sein Aufstand gibt ihn der Tradition endgültig gefangen. Um das zu wissen, braucht einer nicht von jenem chinesischen Kaiser gehört zu haben, über den Jorge Luis Borges berichtet, daß er, in der Absicht, die ganze Vergangenheit zu vernichten, die Verbrennung aller Bücher befahl und eben dadurch eine Tradition der rituell in Abständen immer wiederholten Geschichtszerstörung begründete.

Einem Autor, der die Dinge so sieht, konnte es nicht darauf ankommen, Kuriosa um ihrer selbst willen auszugraben, als archäologischer Sonderling Verstiegenes und Abseitiges ans Licht zu ziehen. Nein, er gibt nichts auf Originalität, sondern ist, im Gegenteil, besessen von der Mitte, weshalb er denn auch zu jenen gehört, die Dantes Paradiso dem Inferno vorziehen. Doch da er die Mitte für unerreichbar und das Paradies, trotz Dante, für unbeschreiblich hält, peinigt ihn eine unheilbare Randangst: wohin und wie weit er dringt, immer fürchtet er, doch wieder an die Peripherie zu geraten, in irgendeiner

Suburb hängenzubleiben. Denjenigen, die fragen, warum er, statt über Aktuelles zu schreiben, in Altertümer und andere Entlegenheiten flüchte, glaubt er die Antwort auf jeder dieser Seiten von neuem zu geben: alle längst ausgebrannten Brände brennen noch immer in uns, alle Katastrophen der Jahrtausende geschehen in jedem einzelnen von uns fortwährend. Wenn wir nur die Vorstellungskraft haben, uns selbst als einen Teil der Welt, unsere eigene Bewegung als Niederschlag und Analogie aller Weltbewegung zu erkennen. Die Welt ist nicht vernünftig und der ganze Zivilisationsapparat nur dazu nutze, diese Tatsache auch der plumpsten Nase unterzureiben. Schönheit und Süße des Lebens, herausdestilliert in Jahrmillionen, steigern am Ende nur die Verlegenheit: Täglich bestürzt uns schrecklicher die Erkenntnis, daß alles, was wir gewonnen, mit dem eigentlich Gesuchten gar nichts zu tun hat. Daß wir nicht einmal wissen, was eigentlich wir suchen und wollen. Darum können die Menschen in diesen Geschichten nie miteinander reden, leben sie aneinander vorbei. Jene, die, resigniert, in Höhlen und Wüsten oder in furchtbare Entrückungen flüchten, auch sie erkennen wenig und halten nichts fest, auch auf sie lauert nur die letzte, allerletzte Enttäuschung. Weshalb sie denn ihre ganze Mühe, um nicht davon überfallen zu werden, daran wenden, sie vorwegzunehmen. Der Tod allein rettet sie vor dem Hunger nach dem Kuß, der nie endet und nicht nur ein Zeichen, sondern das Gefühl selbst ist, wofür zu stehen er behauptet. Bis dahin gibt es nur Mißverständnisse, die wuchern und sich unablässig vermehren. Das einzige Gegenmittel ist das Spiel: Vermummung, immer wieder anders, Maskenwechsel, unaufhörlich. Die Maskerade enthüllt, die Verkleidung weist die nackte, irreduktible Gestalt.

New York, Greenwich Village, Café Figaro,
Anfang Februar 1968.

## Arethusa I

Es ist denkbar, daß sie, dem Zugriff des Alfäos buchstäblich entronnen, aus seinen Händen, eine einzige Angst, davonfloß ins Meer, es durch unterirdische Leitkanäle erreichte, daß sie dann, süß, wie sie, als sie den Tolpatsch entzückte, gewesen, süß auch im Meer blieb, ein anderes und einzigartiges Wasser, vom salzigen abgetrennt und durch ihre unverminderte Angst vor jeder Vermischung bewahrt – denn wie sollte sie das große Meer weniger fürchten als den kleinen Fluß? – So daß sie als eine Sonderströmung sich durch die Wassermasse hinwegstahl, erkennbar, erspürbar nur für die, die sie berührten und, ohne daß sie sie verletzen konnten, in sie eintraten. Bis sie endlich am Inselrand von Ortygia, wenn auch untermeerisch, unterirdisch, die Erde wieder betrat, die wenigen Meter durch einen Geheimgang aufstieg, um zwei, drei Schritte vom Ufer, in der Wassergestalt, an die sie sich mittlerweile gewöhnt, als Quelle zu erscheinen, als sprudelnde, murmelnde Hüterin der Schwäne, Forellen und Enten.

Aber auch das andere ist denkbar: Sie sickerte so tief in die Erde hinein, daß sie unter dem Meeresgrund ankam und dort, verborgen und sogar von dem mächtigen, riesigen Wassergott nicht zu entdecken, durch die Erdadern, zur größeren Sicherheit vor Verfolgung in viele Rinnsale geteilt, durch die Finsternis wegfloß, bis sie, neu gesammelt, an jenem Inselquellort wieder aufstieg und als frisches, fisch- und vogelliebes Wasser zutage trat.

Im ersten Fall drang die zu Wasser gewordene Arethusa in die Erde ein und fürchtete sich nicht bloß vor der Dunkelheit und vor dem Gewürm und Finstergetier aller Art, vor allem fürchtete sie um ihre Identität, hatte Angst, sich vollständig zu verlieren, sich so restlos zu verteilen, daß auch nicht mehr ein Tropfen von ihr übrigblieb. Noch fehlte ihr das Vertrauen zu

Artemis, die sie retten wollte. Diese Qual der Angst um die Identität, schlimmer als Todesangst, veränderte und steigerte sich, sobald sie hinaus- und hineintrat ins Meer. Wenn dies nicht in allzu großer Tiefe geschah, blieb ihr wenigstens der Trost, daß sie aus der Finsternis in eine gedämpfte Helle gelangte und die starre Gesteinsmasse mit dem bewegten, auch in der Ruhe nie ganz beruhigten Wasser, also mit einer Art Freiheit vertauschte. Dennoch mußte hier die Angst vor dem Selbstverlust ins Maßlose wachsen. Denn jetzt war Arethusa Wasser im Wasser, süßes zwar im salzigen, doch im Vergleich zu diesem nicht mehr als ein paar Tropfen. Und es ist nicht anzunehmen, daß sie ihrer Retterin jetzt schon genug vertraute, um nicht von der schrecklichen Furcht geplagt zu werden. Wie sollte sie in solcher Verfassung erkennen, daß die Tiere des Meeres ihr nichts antun konnten; wie sollte sie, noch an den Körper aus Knochen, Fleisch und Blut gewöhnt, schon begreifen, daß alles durch sie hindurchging, daß die Delphine, Schwertfische, Haie, Seeschlangen sich vielleicht wunderten über den fremden Geschmack ihres Süßwasserleibes, aber ihm nichts anhaben, ihn nicht tangieren konnten, weil er sie durchließ, ohne daß er auch nur die geringste Verletzung erlitt?

Im zweiten Fall: das träge Dahinrinnen, die mühsame Wegfindung um Brocken fremden, in sonst gleichmäßige Schichten eingeklemmten Gesteins herum, der Durchschlupf zwischen übereinandergelagerten, abgesunkenen, urzeitlichen Wäldern und Savannen. Und dies jetzt nicht bloß für die kurze Dauer des Weges von Elis bis zum Golf von Korinth, sondern für die unabsehbare Zeit der Wanderung von Griechenland bis nach Sizilien. Zur Angst vor dem Versickern und Sich-Verlieren kam die Verzweiflung eines Wesens, das nicht wußte, wo und wie lange und in welcher Richtung es ging, zugleich aber unter einem Befehl stand, der es vorwärts zwang. Arethusa schlüpfte durch riesige Schachtelhalmwälder, die sie als solche nicht erkannte. Zu ihrem Trost, zu ihrer größeren Verzweiflung, wer weiß: Ist Gesteinsfinsternis oder das Schlinggewirr saftpraller Pflanzen voll verborgen lauernden, überall unter Blättern und Wurzeln vermuteten Getiers schreckenerregender? Nun, möglich ist es, daß sie, so oder so, sei es in der Erdtiefe unten, sei es oben im Tiefmeer, trotz aller Angst, nicht so sehr zu sterben, als, was schlimmer ist, ihre Individualität, ohnehin noch nymphenhaft unbestimmt, unfest und unbegrenzt, schon im Entstehen gleich wieder an die Natur zu verlieren: möglich ist es, daß sie so oder so sich trotz allem erleichtert fühlte, weil sie dem Zugriff des Rüpels Alfäos entronnen war. Möglich ist es, aber auch das Gegenteil ist denkbar: daß sie den Kerl, den sie eben noch verabscheute, jetzt vermißte, daß sie sich jetzt seine Gier und seine plumpe Attacke geradezu zurückwünschte, daß sie es bereute, den Flußgott zurückgestoßen zu haben, um statt ihm der Erde, dem Meer anheimzufallen. Dann wäre sie der Retterin, die sie eben noch herbeigerufen, bereits undankbar gewesen, ehe die Rettung vollendet und stabilisiert war.

Zu guter Letzt ist auch nicht auszuschließen, daß Artemis, zu allem hinzu, ihr Mut machte und auf den langen, untermeerischen oder unterirdischen Weg das Hoffnungsbild des Glücks, das ihr bevorstand, als Wegzehrung mitschickte.

Oder ist es kein Glück, durch die Quellengestalt maskiert und unkenntlich gemacht einerseits, im eigenen Wesen bestätigt, darauf zurückgezogen, ganz und gar damit vereinigt, zu sich selbst also gekommen anderseits: die Jahrhunderte als das zu verträumen, was sie immer gewesen, Arethusa, ein einfältiges Mädchen, das gern durch die Wiesen streifte und, wenn es an den Strand kam, übers Wasser hinschaute, niederkauerte und, nachdem es die Blumen und Gräser und Schilfrohre, die ihm so gefielen und die es am Bachrand geschnitten, rings um sich abgelegt und ausgebreitet hatte, mit den Kieseln spielte? Ist es kein Glück, für immer geduckt in der Mulde zu sitzen, mit dem immer offenen Auge den Himmel zu betrachten und außer mit Binsen und Blumen und Gräsern und Kieseln auch noch mit Fischen zu spielen, ja sogar mit Enten und ein paar pathetischen Schwänen? Artemis jedenfalls nahm es an, als sie das verschreckte Mädchen nach Ortygia schickte, es als Quelle in der Strandmulde verbarg und damit zugleich sein allzu leises, schüchtern vor sich hin singendes Wesen aller Welt offenbarte. Dabei steht es freilich dahin, ob die nicht eben einfühlsame Jägerin sich nicht täuschte und dem Kind, indem sie es auf einen Teil seiner Natur fixierte, es in einem Übergangsstadium festhielt, voreilig half und einen Bärendienst erwies. Denn der Schock, von dem Mann ergriffen und entführt zu werden, wäre Arethusa vielleicht gut bekommen, die Psychiater hätten es vielleicht an der Zeit gefunden, daß dem Jüngferchen endlich so etwas widerfuhr. Artemis hat es, aus Mitleid halb und halb aus Eifersucht, verhindert. Hätte sie sich anders verhalten, wäre das für uns, die wir ihr die Quelle am Meer verdanken, nicht gar so schlimm: Wenn es sie nicht gäbe, nie gegeben hätte, würden wir sie auch nicht vermissen. Da ist der Grobian Alfäos mehr zu bedauern: er hat sein Glück, was für so ein simples Geschöpf Glück eben sein kann, wirklich verpaßt. Wie es sich mit Arethusa verhält, das zu entscheiden ist weniger leicht. Was ist ihr Glück jetzt, was wäre es, hätte der Rüpel sie tatsächlich erobert, geworden? Es gibt offenbar verschiedene, ja gegensätzliche Glücke. Zum Beispiel das Glück der Ekstase, das sich zwar im Augenblick erfüllt, zugleich aber auch den, der sich ihm überläßt, verwandelt und weitertreibt. Es ist das Glück der Liebenden und der Heiligen, die Reifung und Individuation in heftigen Schüben. Das Glück jedoch, das Arethusa erwählte, oder besser: das die präpotente Göttin ihr aufdrängte, ist das Teich- und Quellenglück, das nie ganz wache, träumende Gleichmaß des Spiels mit Blumen, Fischen und Enten. Nichts ändert sich da über Jahrtausende, und was das Wasser bisweilen trübte, war die immer vagere Erinnerung an jene andere Möglichkeit, die es nun nicht mehr gab. Einige behaupten, das sei immer dann geschehen, wenn man drüben in Elis dem im letzten Augenblick um seine Beute betrogenen Alfäos Opfer darbrachte. Ihm, oder nach der Meinung anderer, der Artemis, es kommt nicht darauf an: Seit mehr als anderthalb Jahrtausenden opfert niemand mehr, Arethusa bleibt immer klar, einig mit Pflanzen und Tieren, und hat, wie nicht anders zu erwarten, teils aus einer gewissen Dumpfheit des Geistes, teils in kluger Bescheidung, alles Vergangene schon eine geraume Weile vergessen.

## Arethusa II

ABER ALS SIE, an den Strand gekauert, mehr vor sich hinträumte denn bewußt hinschaute übers Meer und bereits ihrer Zukunft, ihrer absonderlichen Verewigung vorsann, wer anders, der sie so sah, hätte ihr damals schon ein Schicksal zugedacht, das jenseits der Enge von Elis, der Beschränktheit des häuslichen Lebens lag, wie sie jener frühzeitlichen Ordnung entsprach? Deren Wandungen waren dünn, und ihre Feinde durchbrachen sie immer etwa wieder. Dünnwandig genug war auch Arethusas Seele, das unerbittliche Lächeln der Jägerin Artemis widerstandslos einzulassen. In jener Zeit vor aller Psychologie erschien einem Mädchen vom Land eine so spröde und überlegene, von Vätern und Gatten und Brüdern (das letzte gilt nur mit Einschränkung: denn es gab ja den Bruder Apollon) unabhängige Dame mehr als Wunder denn als Problem. Doch auch als Beispiel und Versuchung: Konnte sie, Arethusa, nicht auch so bleiben, frei über die Wiesen und durch die Buschwälder laufen und immer wieder zurückkehren zum Strand, träumen und spielen? Konnte sie sich nicht immer mit ihrer Freundin und Jagdlehrerin auf den Bergen herumtreiben? Immer, nicht bloß ein paar Jahre, bis sie einem dieser Männer in der kleinen Flußwelt von Elis zufiel, durch einen kurzen Rausch hinab aufs Spießerbett, das sie nie mehr wechseln und wo sie ihre Kinder gebären würde? Und dann trockenlegen und waschen und striegeln und abhalten: Widerwärtig! An der Jagd selbst lag ihr, wenn sie's bedachte, nicht so viel: Daß sie am liebsten übers Wasser hinsann, war ja schon ein Zeichen ihrer Spaltung: Einerseits wollte sie ungebunden sein wie ihre wilde Freundin, andererseits war sie selbst alles andere als wild, war sie sanft und beschaulich. Ein scheues und auf seine Unberührtheit erpichtes, sagen wir es ruhig, frigides, schwer zu entjungferndes Mädchen. Eine Lösung war da nicht ohne weiteres zu finden, sie sollte sich, wie Lösungen meistens, zufällig ergeben aus dem Zusammenspiel dreier Momente: der Neigung und Art der Arethusa, der Herrsch- und Eifersucht der Artemis und endlich aus der vulgären, sehr unfeinen, mit der Türe ins Haus polternden Geschlechtslust des Alfäos. Er war der Flußgott und Herrscher des Landes Elis: Das ging damals, in dieser zwar schon gestalteten, aber noch modellierbaren und nach Verwandlungen süchtigen Welt, ineinander über: Fluß und Gott und Herrscher und Mann überhaupt waren dasselbe. Alfäos also löste die Bewegung aus, trampelte in den Porzellanladen, warf alles durcheinander und verhalf so, ohne sein Wissen und ganz gegen seinen Willen, Arethusa zu ihrer eigentlichen und angemessenen, wenn auch, zugegebenermaßen, nicht gerade abwechslungsreichen Definitivexistenz. Doch nicht in all dem sattsam Bekannten wollen wir hier herumstochern, sondern nur eben dies Vorleben soll uns beschäftigen, dies Vorspiel und Traumahnen, das Arethusa, hingekauert am Meerstrand, spielte, führte, wovon sie erfüllt war. Damit dargetan werde, daß sich nichts veränderte und daß alles spektakuläre und staunenerregende Geschehen nur seit jeher flüssig Vorhandenes gerinnen ließ und so unseren plumpen Sinnen zudringlich darbot.

Arethusa saß am Ufer nämlich nicht zuletzt auch aus Angst vor derjenigen, die sie doch sonst so bewunderte und immer und auf jede Weise nachzuahmen versuchte: aus Angst vor Artemis, ihrer Freundin und Lehrerin. Deren Besitz- und Herrschgier lastete immer schwerer auf ihr, Arethusa fühlte sich als Abziehbild, an die Wand geklebt, oder, um es schön modisch, wenn auch etwas fade zu sagen, frustriert, nicht jedoch angenommen als etwas Eigenes und anderes, etwas Weibliches, als was sie sich immerhin deutlich empfand, sich deutlich geworden war an Hand der Bären:

Bären zu jagen, erschien ihr von Anfang an greulich. So gern sie mit der Meisterin und den anderen Mädchen durch die Büsche und Bachtobel lief, so sehr ihr die Schrammen, die ihr die Zweige ins Gesicht rissen, als Auszeichnung und Lohnschmuck für ein freies Leben gefielen, so sehr ihr Wildnacht und Wildtag, hauslose Winter und dachlose Sommer, ungefilterte

Hitze und brutaler Frost behagten, so wenig begriff sie die Lust der Freundinnen am Aufspüren, Umstellen, Erlegen der großen, dunklen Tiere; denn für sie, Arethusa, waren die Bären die Inkarnation der geheimnisvollen Finstermacht des Holzes und der Kahlgebirge darüber, aus denen sie herabbrachen. Und wenn man ihr sagte, die Tiere seien gefährlich, mordgierig, glaubte sie das nicht oder doch nur insofern, als sie annahm, die Bären würden durch die Bosheit und den Blutdurst der Menschen provoziert, im Grunde, wenn man sie in Ruhe ließe und ihnen den Respekt, auf den sie als Berg- und Waldherren Anspruch hätten, erwiese, würden sie sich freundlich und still und, bei all ihrer unbändigen Kraft, sogar weise zeigen, wie es ihrem Rang zukam. Daß sie sich mit solchen Gedanken und Vermutungen bereits aus dem Orden der Artemis fortstahl und an die Tür der Bärenschule klopfte, das blieb ihr verborgen; bei der Vorstellung, die Tür könnte sich öffnen und sie einlassen, wäre sie sicher erschrocken. Artemis dagegen, mit den Antennen der Eifersucht, erriet gleich, was sich da unterschwürig anbahnte, und als sie mit sich zu Rate ging, wie sie den Zögling und Augapfel von der Schwelle der Bären- und Männerwelt zurückreißen könnte: sieh, da kam ihr Alfäos, der Wasserrange und Wellenflegel, ein Sinnenbold von hohen Graden, gerade zupaß. Er erschreckte das Jüngferchen so sehr, daß es seinen ohnehin geheimen und wie eine Sünde gehüteten Freiheitsdrang und Lösetrieb vergaß und endgültig der Herrin und Freundin, deren Hilfe allein es noch vor dem Phallus retten konnte, anheimfiel: Wenn Arethusa die Bären heimlich liebte, so zerplatzte dieses uneingestandene Gefühl unter dem Ansturm des Flußgecks, auf einmal spürte sie in der Kraft und der Wildheit nur noch die Drohung, in Alfäos erschienen ihr alle Männer, erschienen ihr auch die bewunderten und insgeheim unter Zittern und Zagen begehrten Bären nur noch fürchterlich. Als sie am Strand kauerte und übers Meer hinsah, wußte sie das alles noch nicht und wußte es doch: Sie träumte und spielte und ließ den Sand durch die Finger rieseln, kuschte sich in eine trockene Mulde, breitete Schilf, das sie aus dem nahen Fluß geholt, um sich her, versuchte, Kränze aus den blassen Wasserrosen zu winden, was ihr mißlang; dafür aber weckte ihr rührend hilfloses Planschen den Flußmann, seine Gier, die nur einen Augenblick, der Pegel stand tief, gedöst hatte. Doch davon merkte sie, obwohl sie sonst immer alles ahnte, nichts: gerade heute, wo es zufällig einmal darauf angekommen wäre. Der Mann stand auf und schüttelte sich und bereitete seinen Überfall vor, die Göttin dawider entwarf ihre Rettungsaktion, die dem Mädchen zu gleichen Teilen ihre Liebe und eine nachsichtige Mißachtung bewies: Wenn es schon zur Jägerei nicht taugte, dem Wald- und Gebirgs- und Schluchtentreiben nicht gewachsen war, so sollte es doch auch nicht der Gegenwelt der Bären und Flüsse, nicht den Männern gehören, sondern es sollte fernab drüben in Sizilien als Quelle an ihrem Geplätscher stricken und weiterträumen. Im Grunde freilich kam es auf die Gefühle, Triebe und Absichten der beiden anderen gar nicht an: Arethusa war die fischhütende Quelle, das blaugrün verschwimmende Traumauge schon hier in der elischen Sandkuhle, sie schaute in ihrer Teenagervision ihr Brunnenleben auf Ortygia voraus: All die göttlichen Machinationen waren überflüssig, ein Gratisvergnügen ihrer Urheber. Hätten sie Arethusa dort, wo sie war, sitzen, mit Sand und Schilfwerk und Wasserpflanzen spielen lassen, alles wäre gleich gewesen, wie es auch heute noch ist: die Quelle auf Ortygia und das Strandmädchen in Elis unterscheiden sich kaum, es handelt sich bloß um einen anderen Aggregatzustand derselben Substanz. Viel Lärm war da um nichts, ein gewaltiges Bergbeben für eine winzige Maus. Nur Arethusa, in sich versunken eh wie je, ein Wasser, worin sich vieles regt und alles spiegelt, kann zufrieden sein. Zu bedauern ist Alfäos: bestraft, betrogen und beraubt, nur weil er, wie alle Einfältigen, einfach leben wollte: Verdammt noch mal, warum sollte er nicht leben! Für den Moralisten allerdings kommt die große Göttin verdientermaßen am schlechtesten weg in der Geschichte: Mit ihrer ganzen Wunderinszenierung hat sie nur erreicht, daß ihr nun alle, Männer und Mädchen, gründlich mißtrauen und sie in ihren Wäldern und Schluchten zu den Bären und glatterdings zum Kuckuck wünschen.

## Dädalos und Talos

DIE LIVRIERTEN Wächter, die an diesem windigen Vormittag vom Belvedere der Akropolis aus mit dem Fernrohr das Ruinenfeld am Fuß des Felsens absuchten, sahen zwar, wie Dädalos, indem er sich nach allen Seiten umschaute, den Sack vom Boden aufhob, über den Rücken auf die Schulter hochzog und ihn aus dem Gebüsch wegtrug: die Wächter sahen es wohl, aber sie machten sich keine Gedanken darüber, geschweige denn, daß sie gewußt hätten, worum es sich bei dem, was sie sahen, handelte. Das war desto verwunderlicher, als sie alle in der Nacht von Träumen geschreckt und, der eine und andere, sogar aus dem Schlaf gerissen worden waren. Als sie sich am Morgen trafen zu ihrem Dienst, waren sie gereizt gegeneinander, klagten, daß sie schlecht geschlafen hätten, ohne daß auch nur ein einziger genau zu sagen gewußt hätte, was er geträumt hatte. Immerhin erklärten sie alle übereinstimmend, der Traum habe damit geendet, daß ein Vogel unter schrillen Schreien von der Akropolis weg und bei Phaleron übers Meer hinaus davongeflogen sei. Jetzt standen sie um das Fernrohr gedrängt, spähten hinaus, hinunter, sahen den Dädalos mit dem Sack und wußten nicht, daß sie sahen, was sie suchten, obgleich sie alle demjenigen, der gerade durchs Rohr schaute, aufmerksam zuhörten und begierig darauf warteten, selber ans Fernrohr zu kommen und mehr zu sehen und zu berichten, als die andern gesehen und berichtet hatten.

Der Wind kam erst auf, als es hell wurde, vorher war es sogar auf der Akropolis, wo sonst die Luft nie, sogar in der Nacht nicht, ruhte, windstill. Dädalos, dem der Aufstieg Mühe machte, hielt alle Augenblicke an, um, wie er sagte, das Panorama der mondbeschienenen Stadt zu betrachten. Er tat dies desto häufiger, je mehr er die Ungeduld des Talos, der ihm schnell voranlief, spürte, und dachte dabei unentwegt an den Zirkel, den ihm Talos heute gezeigt hatte und mit dem man nun endlich den vollkommenen Kreis zeichnen konnte. Seit Jahren hatte Dädalos an nichts anderes gedacht als an den vollkommenen Kreis, und immer, wenn er am Morgen brütend in der Werkstatt saß, hatte er dem Talos, der ihn verwundert zu fragen pflegte, was ihn bedrücke, geantwortet: Der vollkommene Kreis, ich möchte einen vollkommenen Kreis zeichnen! Talos interessierte der Kreis nicht, er begriff nicht, warum so etwas zum Problem werden konnte, und darum begann er den Dädalos, bei allem Respekt, für einen Narren zu halten. Da er aber gutmütig war, zeigte sich seine Meinung über den Zustand des Dädalos nur darin, daß er sich noch ergebener, noch aufmerksamer, noch beflissener ihm gegenüber zeigte und jede erdenkliche Anstrengung machte, ihn aufzuheitern. Darum auch, nur darum bildete er eines Tages das Skelett des Fisches, den sie beide, Lehrer und Schüler, zu Mittag gemeinsam aßen, in Eisen nach. Das sei praktisch zum Holzschneiden, meinte er zu Dädalos, der an diesem Tag besonders verstimmt war, das Werkzeug erstaunt musterte und nur sagte: Das muß einem einfallen. Sonst nichts. Talos jedoch bildete sich ein, er habe dem Dädalos, wenigstens für den Augenblick, eine Freude gemacht. Dieser aber, krankhaft auf seine Idee fixiert, fing gleich wieder vom vollkommenen Kreis zu reden an, daß es ein Verfahren geben müsse, ihn zu zeichnen. Und fortan brütete er nicht mehr bloß am Morgen, bevor sie mit der Arbeit anfingen, über seinem Problem, sondern er sinnierte auch während vieler Stunden den Tag hindurch, immer länger und immer ausschließlicher, so daß die Arbeit liegengeblieben und nie zu Ende gekommen wäre, wenn nicht Talos, besorgt, wie das weitergehen solle, sich doppelt bemüht und für zwei gearbeitet hätte.

Doch heute war er zufällig auf die Idee mit dem Zirkel gekommen, indem er nämlich achtlos zwei gespreizte Finger seiner Hand auf die Tischplatte gestützt und, in einer plötzlichen Eingebung, gedacht hatte: Wenn man diese Finger in irgendeinem Material kopiert, so daß man sie beliebig drehen kann, hat man das Instrument, das den vollkommenen Kreis zeichnet. Und er hatte es gleich mit zwei Holzstäben, an deren einen er eine Kohle band, versucht. Als ihm der erste vollkommene Kreis gelang, als ihm die ersten zehn, zwanzig vollkommenen Kreise gelangen – denn in seinem Vergnügen an dem neuen Spielzeug zeichnete er gleich eine ganze Menge neben- und übereinander – lachte er laut auf, so daß Dädalos kam und ihm über die Schulter schaute. Erst jetzt, sonderbarerweise, fiel dem Talos ein, daß damit das Problem des Dädalos, das diesen schon so lange bedrängte und allmählich zerrüttete, gelöst war. Überrascht und erleichtert, als hätte er die Frage seines eigenen Lebens beantwortet, ließ er den Zirkel fallen, drehte sich um und schloß, was er sich in weniger aufgewühlter Verfassung nie erlaubt hätte, seinen Lehrer in die Arme. Dädalos, befremdet, entzog sich gleich der Umarmung, lud ihn dann aber zu dem Abendspaziergang auf die Akropolis ein. Talos, der an den Propyläen immer zwei, drei Treppenstufen auf einmal nahm, wunderte sich über sein eigenes Glücksgefühl, konnte sich dieses überhaupt nicht erklären, da ihn ja schließlich der vollkommene Kreis keinen Augenblick interessiert hatte. Die Sache mit den beiden Hölzern, das schien ihm klar, war ein primitiver Einfall, seinem einfachen Geist gerade angemessen, des Genies eines Dädalos jedoch wäre er wohl keinesfalls würdig gewesen. Desto freudiger überrascht war er darum, als ihm der Lehrer seinen Dank in der Form dieser Einladung zeigte; daß Dädalos auf dem Wege das Wort an ihn richten würde, erwartete er nicht, empfand es vielmehr als zusätzliche Belohnung, als der Meister oben am Parthenon, nachdem sie schon eine ganze Weile über die Stadt hingeschaut hatten, auf einmal bemerkte, es sei doch eigentlich absurd, daß man den ganzen Weg nach Piräus oder nach Phaleron vom Felsen hinunter und durch die Straßen gehen oder fahren müsse, Fliegen wäre doch viel einfacher. Man müßte nur Vogelfedern mit Wachs zu großen Flügeln zusammenkleben und sie an Schultern und Armen mit Schnüren festbinden, dann könnte man fliegen wie die Vögel, und zwar nicht bloß bis nach Piräus, sondern hinaus übers Meer bis nach Kreta oder sogar nach Ägypten. Talos, in kindischer Weise damit beschäftigt, mit ausgebreiteten Armen auf der Brüstung der Akropolis zu balancieren, meinte, im Scherz natürlich, denn nie hätte er im Ernst gewagt, den Dädalos zu kritisieren, das mit dem Wachs leuchte ihm nicht recht ein, Wachs sei ein zu hitzeempfindliches Material, ob man es nicht mit etwas anderem versuchen sollte. Als er die Annäherung des Dädalos, der ihn wohl in seiner hypochondrischen Ängstlichkeit, so nahm Talos an, von der Brüstung herunterziehen wollte, bemerkte, lachte er auf, wandte sich mit dem Gesicht zur Stadt, bewegte die Arme hin und her und rief, daß er jetzt über Athen und das Meer davonfliegen wolle, Dädalos möge ihm nur seine wachsgeklebten Flügel geben, der Mondschein werde ihnen sicher nichts anhaben. Nun flieg schon! flüsterte Dädalos hinter ihm, der, ahnungslos bis zuletzt, immer noch lachte.

Als der Wächter, der gerade an der Reihe war, durchs Fernrohr den Dädalos sah, wie er den in einem alten Sack versteckten Talos aus dem Gebüsch auf seine Schulter zog, kam weder er noch einer seiner Kollegen, denen er den Vorgang genau schilderte, auf den Gedanken, daß es sich hier um das Ereignis handelte, das sie alle beunruhigt und ihre Träume gestört hatte. Lange Zeit sagte niemand auch nur ein Wort, bis endlich einer bemerkte, der da unten habe vielleicht eine Schlange gefunden und sie nach Hause getragen. Diese ohnehin nur nebenher geäußerte und offenbar an den Haaren herbeigezogene Deutung rief schon deshalb keine Reaktion hervor, weil nun plötzlich ein anderer schrie: ob sie nicht den Vogel vom Dach des Parthenon hätten auf- und in der Richtung des Meeres davonfliegen sehen. Ein dritter behauptete, es sei ein Rebhuhn gewesen, und versteifte sich darauf, es hätte genauso ausgesehen wie dasjenige, das ihn nachts im Traum erschreckt habe. Jetzt erhob sich ein allgemeines und freudig erregtes Stimmengewirr: ja, ein Rebhuhn sei es gewesen, ein Rebhuhn wie dieses hätten sie im Traum gesehen, sie fühlten sich alle sonderbar befreit und glücklich, ließen von dem Fernrohr ab, räumten das Belvedere und zogen sich in das Akropolismuseum zurück, um abzuwarten, bis der Wind sich legen und der Ansturm des der Führung, der Beaufsichtigung und der Zurechtweisung bedürftigen Publikums beginnen würde.

# Labyrinthischer Brief I

ALS DU WIEDER in den Palast hineingingst, versteckte Ikaros gerade die Schleuder, womit er, verbotenerweise, auf die Vögel in den Wipfeln der Minosgärten geschossen hatte, hinter seinem Rücken. Dir taten die Vögel leid, weil sie so heiter und schön sind und, im Gegensatz zu dir, der du immer im Labyrinth gefangen bist, woraus dir sämtliche Fäden sämtlicher Ariadnen nicht heraushelfen, ganz und gar ungeeignet als Labyrinthbewohner (vielmehr: sie denunzieren mit ihren Flügeln sogar den Himmel als eine einzige Verwicklung allerkompliziertester Irrwege, da muß sie jedes irdische Labyrinth, als dürftiger Abklatsch, nur lächern): Erst auf der langen Treppe hinunter in den Thronsaal des Minos begriffst du: Ikaros wußte über die Vögel genausoviel und mehr als du, er wußte so viel und war von seinem Wissen so voll, daß er seiner grenzenlosen Begierde, selber ein Vogel zu werden und aus dem Irrhaus wegzufliegen, nur Herr werden konnte, wenn er die Leichten, Geflügelten (die zum voraus und ohne ihr Zutun Geflügelten) haßte, angriff, abschoß, briet, aufaß, vernichtete.

Auf der Treppe erst fiel dir das ein, als du hinunterstiegst in den Thronsaal, wo aber, obwohl du ihn da zu finden hofftest, der Minotauros nicht war. Auch dahinter, im Bad des Minos, war er nicht: Schon glaubtest du, daß er daläge in dem großen, flachen Becken, aber es war nur eine schwarze Ziege, die sich, weiß Gott wie, hierher verirrt hatte in diesen abgesperrten und verbotenen und ausgenommenen und heiligen Bezirk. Es blieb dir nichts anderes übrig, als weiterzugehen durch die dämmerigen Gänge und um die vielen Ecken, durch den langen Flur schließlich, auf den die Türen der vielen Vorratskammern münden. Du spähtest hinein und sahst zuerst nichts, die Kammern waren stockdunkel, bis es dir endlich gelang, die mannshohen, aneinandergereihten Krüge zu unterscheiden, Ölkrüge, Honigkrüge (worin, als sie zu naschen versuchten, viele Sklaven des Minos ertranken, man fand ihre zusammengekrümmten Skelette). Du fürchtetest dich und betratest keine der Kammern, sondern liefst weiter ans Ende des Flurs, wo in einem engen Hof der Minotauros seinen Stierkopf hob und dich sanft und dankbar anblickte. Und plötzlich wurde dir klar, warum Ikaros sich von seinem Vater Flügel machen und zur Flucht bereden ließ: Da er diesen Augenblick, der auch ihm bestimmt war, fürchtete, machte er, wie alle anderen auch, einen kraftlosen Versuch, ihm zu entrinnen, was ihm, wie allen anderen auch, natürlich mißlang. Es gelang ihm nur, den Augenblick aus dem engen Hof hinauszuverlegen in den leeren Himmel der Ägäis, wo die Vögel, mit Recht, über ihn lachten. (Wenn er doch nur gewußt hätte, was sie wußten!) Nur sein Vater Dädalos war traurig, weil er noch viel weniger als Ikaros, genaugenommen überhaupt nichts verstand und glaubte, er habe verloren, was ihm ohnehin nicht gehörte und was er durch einen Trick seiner Bestimmung hatte entreißen wollen: indem er dem Ikaros Flügel machte, oder wenigstens eine Schleuder, die Vögel abzuschießen und zu vernichten, wenn er sie schon nicht nachahmen, im Flug einholen und erreichen konnte.

Was aber dich angeht, du hast dir keinen Augenblick Illusionen gemacht, als ob du stark genug wärst, aus den Irrgängen hinaus auf und davon zu fliegen. Und auch die Rache an den Vögeln, sie mit der Schleuder herunterzuholen, stand dir nicht an, seit du durch die Flure und um die vielen Ecken gegangen warst und in den Kammern die mannshohen Krüge mit den Skeletten gesehen hattest. Getändel, Aufschub und Flucht paßten nicht mehr zu dir, als du den Minotauros fandest, wenn auch nicht genau dort, wo du geglaubt, daß er wäre, erst ein paar Ecken, ein paar Gänge, ein paar Höfe weiter lag er und richtete sich auf und blickte dich an. Und du liefst nicht fort und stelltest dich ihm, weil du wußtest, daß er lange genug auf dich gewartet hatte. Lange genug.

## Labyrinthischer Brief II

OFFENBAR bist du von dem Gedanken besessen, Theseus habe im Versteck unter den Korallenriffen, wo ihm die Nereiden den Ring des Minos und die Krone, die er später der Ariadne schenkte, zeigten, auch das Wollknäuel gefunden, das er nach der allgemeinen und seit jeher herrschenden Meinung erst viel später von Ariadne erhielt. Nun, ich verstehe auch diese deine Extravaganz, sie entspricht deiner neptunischen Betrachtung der Dinge, deiner Neigung, alles im Wasser beginnen, im Wasser enden zu lassen (im bewegt Unbestimmten, unbestimmt Bewegten, das sich nach der Tiefe hin immer mehr in die Finsternis verliert). Dennoch kann ich dir nicht verhehlen, daß du, wenn du das Wollknäuel kurzerhand zur Meeresfrucht und zum Tiefenfindling erklärst, in große, ja unentwirrbare Schwierigkeiten gerätst. Wenn nicht Ariadne es war, die dem Theseus das Knäuel gab, dann fällt zu vieles und zu Wichtiges aus den Angeln: Naxos und die Nacht in der Grotte, die durch die Jahrtausende tönende Klage der Ariadne («O Teseo, Teseo mio!»), endlich die Landung des deux ex machina Dionysos und das Happy-End: seine Vereinigung mit der Verlassenen.

Die andere Theorie allerdings, daß das Knäuel schon vor der Ankunft des Theseus von Dädalos der Ariadne geschenkt worden sei, daß dieser es ihr mit dem ausdrücklichen Hinweis gegeben habe, man könne damit unbeirrt und ungeschoren in das Irrhaus hinein und bis in den engen Hof vordringen, wo der Minotauros liegt und auf dich wartet: diese andere Theorie sei überhaupt nicht wichtig, denkst du, und ließe sich ohne Schaden für die Geschichte beiseite schaffen. Abgesehen davon, daß du das Getue des Dädalos, so oder so, mißbilligt hättest: Er war allzu plump eitel, hatte Starallüren, glaubte sich unersetzlich (worin ihn Minos, als er ihn im Labyrinth, um ihn an der Flucht zu hindern, einsperrte, törichterweise bestärkte). Du hattest stets ein Vorurteil gegen seinen Charakter und sahst dich bestätigt darin, als man dir sagte, Dädalos habe, während er der Ariadne das Wollknäuel zusteckte, bedeutungsvoll geflüstert: es sei ein magischer Gegenstand, sie könne sich darum auf seine Kraft unbedingt verlassen. Welche Angabe! dachtest du, welche Schaumschlägerei! Weshalb dieses «Darum»? Was braucht ein Wollknäuel magisch zu sein, damit es einen so banalen Zweck erfülle? Es genügt, den Faden an der Tür festzubinden und ihn dann, auf dem Weg durch die Schlinggänge ins Zentrum, abzurollen. Natürlich muß man aufpassen, daß der Faden nicht reißt, aber nichts zwingt dazu, ihn sich wollen zu denken, hier empfiehlt sich eher ein unzerreißbarer Faden aus Kunststoff. Magisch jedoch, nein, das ist wieder so eine Windmache und Aufschneiderei des Dädalos, und Ariadne, die später so listige, muß sich, wenigstens für den Augenblick noch, Naivität vorwerfen lassen, weil sie ihm das einfach abnimmt und schluckt.

So denkst du und bist nicht nur nicht unglücklich, sondern von Herzen zufrieden, wenn in der von dir drauflos phantasierten Version der Geschichte Dädalos aus dem Spiel bleibt. Dabei merkst du gar nicht, daß dir eben jetzt der Kern durch die Finger geschlüpft ist: Dädalos hat das Irrhaus geplant und gebaut, es liegt nahe, daß nur er die Schliche kennt, daraus zu entkommen. Mehr noch: ohne ihn, der für Pasiphaë die hölzerne Kuh erfand, gäbe es auch den Minotauros nicht. Nein, wenn es in der Überlieferung den Dädalos nicht gäbe, müßte man ihn, den Erfinder, erfinden.

(Und schon höre ich dich wieder mit deinen quengelnden Einwänden, du bist steckköpfig bis zur Unerträglichkeit. Warum kann ich es dennoch nicht lassen, immer weiter auf dich einzureden? Du hast, wahrhaftig, die Stirn, zu behaupten, der Palast des Minos sei gar kein erbauter Palast gewesen, er sei, wie die Korallenriffe, ungewollt und unbemerkt entstanden, von selbst sozusagen. Er war sowenig gewollt und geplant und geschaffen wie der Bewohner des Irrhauses selber, der Minotauros. Er und seine Wohnung, beide waren nicht geschaffen und gemacht, vielleicht nicht einmal, wie die Korallen, geronnen in der Tiefe eines Meeres, des Ozeans Wasser, des Ozeans Zeit, des Ozeans Geist, beide waren vielleicht schon immer da, waren und sind der Anfang und das Ende von allem. Die ganze Welt hat sich, so stellst du dir das vor, dem Labyrinth entwunden, dort, in dem engen Lichthof, wurde sie vom Minotauros geträumt, und am Ende wird sie wieder eingezogen, wieder verdaut von dem Irrgang und, also zubereitet zum Brei, zurückgeschlungen vom hungrigen Stiermann. Wer weiß, ob du recht hast? Doch nein, das wäre zu abwegig, ich kann nicht all deinen Kaprizen folgen, nicht all deine Radschläge mitmachen!)

Und solltest du wirklich so widerspenstig sein, auch den Umstand, daß Dädalos der Schöpfer des Labyrinths und, mittelbar, auch des Minotauros ist, hochmütig zu übersehen oder gar glattweg zu leugnen, so habe ich einen Trumpf gegen dich auszuspielen, der dich zur Raison bringen und dich davon überzeugen wird, daß Dädalos unentbehrlich ist und daß man ihm gestatten sollte, der Ariadne das Knäuel zu geben: Er ist der Vater des Ikaros, der mit der Schleuder die Vögel draußen von den Zweigen schießt. (Mit der Schleuder, die er von Dädalos bekommen hat. Dessen Beschäftigung mit dem Fliegen beginnt ja so, daß er, der große Kindskopf, die Schleuder erfindet, um sich an den Leichten und Freien, an den ohne ihr Zutun und zum vorneherein Glücklichen zu rächen. Vielmehr, er trägt, weil er nicht nur kindisch und eitel, darin teile ich deine Meinung, sondern, schlimmer noch, feige ist, die Rache seinem Sohn auf und vernichtet ihn damit ahnungslos, zieht ihm sein Schicksal zu, knüpft es, das noch mit beiden Enden offen dahing, endgültig und unauflöslich zusammen.)

Ohne Dädalos aber gäbe es den Ikaros nicht, der die Vögel in den Bäumen des Minos stellt und angreift, abschießt und tötet und brät und aufißt und vernichtet, weil er, aus falschem Respekt, sein größeres Wissen hinter die Unwissenheit seines klugen Vaters zurückstellt und ihm gehorcht. So sehr gehorcht, daß er am Ende mit ihm flieht und davonfliegt. Ohne den Dädalos gäbe es den Ikaros nicht, als dessen Tausch- und Doppelmann du, weil er selbst ausknif, durch das Irrgehäuse des Minos gehen und die Schlingtreppen hinabsteigen mußt: da kommst du nicht drum herum. Darum laß den Dädalos, den bauernschlauen Erfinder, stehen an seinem Platz, wo er, wahrhaftig, immer noch wenig genug ist, noch nichts erreicht hat von dem, was er wollte, nicht einmal Unsterblichkeit, von Glück ganz zu schweigen. Sei kein Neidhammel nicht, und laß ihm seinen Ruhm, den brüchig beschränkten. Im übrigen brauchst du dich nicht um ihn zu kümmern, geh ruhig an ihm vorbei durch die Flure bis zu dem engsten, innersten Lichthof, wo der Minotauros, den kein Theseus (hier, tatsächlich, frisiert und beschönigt der Mythos die Wahrheit) umzubringen vermochte, dich schon lange erwartet und dankbar anblickt und annimmt und packt und, wie der andere Ikaros draußen die Vögel, zerreißt und verschlingt.

## Der Kaiser und der Basilisk

KAISER HEINRICH ließ sich die Überzeugung, daß der angemessene, der einzig würdige Ort für die Errichtung der Pfalz und des Münsters auf dem Felsen sei, der die Strombeuge beherrschte, von seinem Hofstaat nicht nur nicht ausreden, sondern im Gegenteil, die Einwände bestärkten ihn, weil sie bewiesen, daß kaiserliches Denken hoch über demjenigen der Untertanen kreise: man mußte sie zwar anhören, durfte ihnen aber keineswegs folgen, wenn sie immer wieder auf die Unausführbarkeit des Vorhabens hinwiesen und ihren Herrn davon abzustehen beschworen, weil das Hindernis so groß und bedrohlich sei, daß seine Überwindung, sogar wenn sie gelänge, in keinem Verhältnis zur Mühe und zu den Gefahren stünde. Das Hindernis war der Basilisk, der riesig und grünschuppig auf dem Felskeil saß und die Uferstraße und den Fluß beherrschte, entvölkerte, leerte, indem er Schiffahrt und Fährverkehr und Kaufmanns- und Heerzüge lähmte und aufhielt. Denn alles Lebendige, das das Reptil von seinem Hochsitz aus anschaute, verendete sofort unter seinem Blick. Und das beleidigte Kaiser Heinrich, reizte ihn aufs höchste, weil er es als mit seiner Würde unvereinbar ansah, den zum Reichsthron bestimmten Felsen über dem Stromknie irgend jemand anderem und gar noch einem archaischen Ungeheuer zu überlassen, das einem von der vernünftigen und wohlgeplanten kaiserlichen Ordnung längst überwundenen Weltalter angehörte. Nein, der Basilisk war unerträglich an sich und überhaupt, dann aber auch, weil er ausgerechnet die Stelle, wo Kaiserstadt, Kaiserpfalz und Kaisermünster stehen mußten, allein stehen konnten und unzweifelhaft hingehörten, frech okkupierte. Dies Relikt der Farndickichte und Schachtelhalmwälder, ein Ärgernis, eine Verhöhnung aller geistigen Macht, mußte gestürzt, beseitigt, vernichtet werden, das war dem Kaiser klar, er beriet sich mit seinem Hofstaat, weil es sich so gehörte, dann schickte er, mürrisch wie immer, wenn er auf Ängstlichkeit, Dummheit (das heißt: Mangel an Phantasie) stieß, alle hinaus und blieb allein in seinem Zelt, das oberhalb des Stromknies aufgeschlagen war, in den Ruinen der Stadt, die Julian, einer seiner heidnischen Vorgänger, in vorsichtiger Distanz vom Basilisken, wer weiß, vielleicht hielt er diesen für einen Gott, gebaut hatte. Der Basilisk, das war nun schon siebenhundert Jahre her, hatte selbst jene behutsame Annäherung übelgenommen, Julian bestraft und in ihm das ganze Kaisertum gedemütigt, indem er das Stromknie blockierte und so die mit hoffnungsvollem Pomp eingeweihte Residenz erstickte: wie sollte sie ohne Zufuhren, ohne Kommunikation mit den reichen Städten der unteren Reichshälfte leben?, sie verödete binnen weniger Jahrzehnte, ihre Paläste, Theater, Tempel, Thermen, Basiliken verfielen, ehe sie vollendet waren. Das geschah seinem überbedächtigen, zaghaften, unkaiserlichen, heidnischen Vorfahren recht, sehr recht, dachte der fromme Kaiser Heinrich beim Anblick der Trümmer und schmunzelte befriedigt. Nur um das Reich und dessen Ehre tat es ihm leid, ihr, die er zu rächen und glanzvoll wiederherzustellen beschlossen hatte, fühlte er sich nicht weniger verpflichtet, als er jenen götzendienerischen Julian verabscheute. Am folgenden Morgen, als er vor das Zelt trat, zeigte seine heiter entschlossene Miene dem erleichterten Hofstaat, daß die Nacht die Lösung gebracht, daß nur noch Befehle zu erteilen, anzuhören, auszuführen waren. Der Basilisk seinerseits, längst daran gewöhnt, soweit seine Naivität solche Reflexionen überhaupt zuließ, sich für den eigentlichen Herrscher zu halten, betrachtete wohlgefällig das Stromknie und das Land ringsum, die Dynastien und Staaten starben und wechselten an ihm vorbei, und da er keinen Begriff von den Kräften und Mächten der Welt hatte, glaubte er allen Ernstes, der Strom, die Ebene, das Reich lebten von seiner Gnade, ihre Funktion erschöpfe sich darin, sein Aufenthalt und Theater zu sein. Vom Tod wußte er nur insofern, als er die Schiffe plötzlich in den Strudeln schlingern und am Steilufer zerschellen, die Handelszüge jäh halten, an der Straßenböschung auffahren oder über das Steingeländer ins Wasser kippen sah. Aber das waren für ihn nur sonderbare, im Laufe der Jahrhunderte sogar bloß banale Vorkommnisse, die kaum noch Abwechslung in seinen Alltag brachten. Er war völlig unvorbereitet, als er, den unschuldig blanken Blick wie jeden Morgen auf Strom und Straßenenge gerichtet, die Machination Kaiser Heinrichs, gegen ihn in Bewegung gesetzt, den Fluß langsam herunterschwimmen und, so einfach in Entwurf und Ausführung wie tückisch in der Wirkung, herankommen sah. Seine fatale Macht war so identisch mit ihm, daß er nichts davon wußte und auch nicht im entferntesten daran dachte, jemanden aufzuhalten, zu schädigen, umzubringen. So wie angeblich die Menschen vergangener oder weltentlegener Kulturen das Kausalverhältnis zwischen Geschlechtsakt und Geburt nicht realisierten, sowenig erkannte der Basilisk den Zusammenhang zwischen seinem Blick und dem Untergang derjenigen, die dieser Blick traf. Die Folge solcher Unkenntnis freilich war fürchterlich, zuerst für alle, die ihm unter die Augen gerieten, dann schließlich für ihn selbst. Denn das Monstrum, obwohl es, herrscherlich träge, nie von seinem Felsthron wegrückte, war über die Maßen neugierig und sah alles, was in seinen Gesichtskreis trat, genau an, bis das zu seiner Vernichtung listig erdachte Fahrzeug herantrieb und seiner unschuldigen Schaulust zur Falle wurde: ein unbemanntes Floß, ganz mit Spiegeln verkleidet, so daß, wer es ansah, ob er wollte oder nicht, insbesondere wenn er, wie der Basilisk, fernsehende, scharfe Augen hatte, sein Abbild erblicken mußte. Und der arglos mörderische Saurier wollte natürlich, er wandte seine Augen keine Sekunde von dem Schimmergefährt, das, endlich wieder einmal etwas Überraschendes und Neues, ihn entzückte, weil es ihn schuppig grün und glänzend, mit aufgerecktem Reptilienkamm hundertmal vervielfältigt, von den gemächlich vorüberziehenden Planken zurückwarf. Er brauchte einige Zeit, bis er, der sich noch nie gesehen, mit Genugtuung sein Spiegelbild erkannte. Und eitel wie alle Unschuldigen, die ja nur nach außen schauen und zu ihrem Vorteil nicht wissen, daß einer sich selbst zum gefährlichsten Gegenstand seiner Betrachtung und Erkenntnis werden kann, versenkte er sich hinein, und so widerfuhr ihm das gleiche, das allen anderen, die sein Blick getroffen hatte, widerfahren war: ihn schwindelte, aber nicht aus Schrecken oder Angst, sondern ein ihm bisher unbekannter Taumel ergriff ihn, als ob eine Rauschwolke ihn aufhöbe von seinem Sitz und zum Himmel trüge.

Als Kaiser Heinrich am Nachmittag, ungeduldig hatte er sich schon am Morgen mehrmals nach dem Verlauf der gottwohlgefälligen Aktion erkundigt, den Abbruch des Zeltlagers befahl – er konnte die Abreise nicht erwarten, der Aufenthalt in den Ruinen, die ihn immerfort an die Blamage seines götzendienerischen Vorgängers erinnerten, hatte ihn derart irritiert, daß er kaum mehr aß und schlief: diesem Umstand allein verdankte er übrigens den Einfall mit dem Spiegelschiff, eine jener Eingebungen, die uns nur in den letzten nüchternen Stunden wacher Nächte kommen und die wir dann gern, wie es schon das Wort nahelegt, den Göttern oder Gott oder einem Engel, je nachdem, zuschreiben. Kaiser Heinrich seinerseits hielt den Herrn Jesus Christus für den Urheber seiner Idee von dem Spiegelschiff und beeilte sich, diese erbauliche Version in seiner Umgebung zu verbreiten. So gebar diese Nacht nicht nur den Plan zur Vernichtung des Basilisken, sondern auch die Legende von der besonderen Begnadung und Heiligkeit des Kaisers, die dann schon kurz nach seinem Tode die kirchliche Kanonisierung und Erhebung auf die Altäre zeitigen sollte – als er Abbruch und Abreise befahl, dachte er nur daran, den Reichsnabel und Felssitz am Strom dem Basilisken wieder zu entreißen und so die Überlegenheit des christlichen Kaisertums über das verrottete heidnische glänzend darzutun. Wie er nun mit seinem Prunkschiff, dessen Zeltbedachung, sollte das Unternehmen Spiegel wider alle Berechnung mißlungen sein, vor dem Blick des Vorwelttieres schützte, die Ruderer saßen ohnehin tief in ihren Luken, in die Strombeuge einfuhr, rief der mit dem Auslug betraute Attentäter, der letzte von zahllosen, die den Herrscher hatten erdolchen wollen, und der für den Fall, daß die Aktion gut ablief, von der Räderung, Tränkung und Vierteilung zur bloßen Enthauptung begnadigt werden sollte: er liegt da unten, er liegt da unten, er ist tot! Der

Kaiser, mißtrauisch, wartete unter seinem Thronhimmel, bis die Hofleute alle hinausgestürzt und unbeschadet zurückgekehrt waren. Erst jetzt gab er Befehl, am Felsfuß neben dem Kadaver anzulegen, Kreuz und Adler aufzupflanzen und die Grundsteinlegung von Münster und Pfalz vorzubereiten. Tagelang hörte er, während er, das Gesicht zur Zeltwand gekehrt, auf seinem Bett vor sich hindöste, das Hämmern der Steinmetze, die die Stufen zum Felssitz aus der Klippe schlugen. Und wenn er sich auch täglich über den Fortschritt der Arbeiten berichten ließ, so bemerkte der Kämmerer doch ohne Mühe, daß der Kaiser gar nicht zuhörte und ihn nur pro forma zu Ende reden ließ. Als Heinrich, nachdem er in der dritten Nacht endlich eingeschlafen war, von einem Feuerstein, der das Halbdunkel des Zeltes verstörte, geweckt wurde und die Wache ihm erklärte, eben werde das gefällte Ungetüm auf der Flußaue unterm Felsen bei öffentlichem Tanz und Trunk, wozu die von aller Angst plötzlich befreiten Umwohner herbeigekommen seien, verbrannt, fiel er in jähe Traurigkeit und befahl, das Fest sofort abzubrechen, die Leute heimzuschicken und den Schuppenleichnam zu bewahren. Daß es dazu bereits zu spät und der Basilisk nur noch ein verkohlter Klumpen war, einzig dazu geeignet, daß man ihn in den Strom warf, das freilich wagte ihm niemand zu eröffnen. Er fragte auch nicht weiter, blieb, das Gesicht zur Wand, hartnäckig liegen und wollte niemanden mehr sehen, so daß sich der Hof ernstliche Sorgen um ihn machte und am Wert des Sieges über den Basilisken zu zweifeln begann.

Erst nach vielen Wochen erwachte der Kaiser aus seiner Lethargie, stand wieder auf und gab sofort, wie das seine Art war, pedantisch genaue Anweisungen für den Bau von Pfalz und Münster. Das Leiden, eine Form von Schlafkrankheit, hatte die Inkubation gefördert und seine Vorstellungen zu fertigen Plänen ausgebrütet, den Dienern blieb nur noch die Ausführung. So viel sich auch im Lauf der Jahrhunderte an den Bauten änderte, noch nach einem Jahrtausend fielen die Basiliskenbilder auf, die von allen Stadttoren, von der Pfalz und vom Rathaus herunterdrohten. Und auch die Sitte, jedes Jahr zu Frühlingsbeginn einen als Basilisken vermummten jungen Mann auf einem Floß bis zur mittleren Brücke heruntertreiben zu lassen, wo ihn die versammelten Bürger empfingen: auch diese Sitte bestätigte nur, was alle Nachdenklichen längst erkannten: Das auf so findige Weise erlegte Ungeheuer hatte am Ende doch gesiegt und die Befestigung der kaiserlichen Ordnung vereitelt, indem es jetzt, nach seiner Vernichtung, seine Unschuld verloren hatte und, tatsächlich zum Höllendämon, der es früher nie gewesen, pervertiert, als Giftgnom in den Bewohnern der Kaiser- und Reichsstadt saß und herrschte. Sie galten als böse, wurden gemieden, und schon nach wenigen Generationen war der Nabelpunkt und Handelsknoten, wozu doch Flußwendung und Straßenenge vorbestimmt schienen, von neuem verödet. Kein Kaiser ließ sich, nachdem der von Hypochondrie und Angstgesichten nie mehr genesene Basiliskenbesieger schon bald gestorben war, in der Pfalz nieder. Sie stand genauso leer wie das dem heiliggesprochenen und zum Bekenner des Glaubens erhobenen Heinrich geweihte Münster, für das sich trotz Exkommunikationen, Interdikten und päpstlichen Repressalien aller Art unter den Priestern des ganzen römischen Reiches kein Bischof fand. Am Ende kam es so weit, daß die mit so viel Aufwand und Hoffnung gegründete Stadt schon darum kein Fremder mehr zu betreten gewagt hätte, weil keiner den Mut besaß, das Gerücht nachzuprüfen, daß die Bewohner alle den tödlichen Basiliskenblick hätten. So blieb der ganzen Welt verborgen, daß die Bürger eines Tages, nunmehr mit dem ganz und gar verteufelten Monstrum völlig eins und einig, das einzige Bild des heiligen Gründerkaisers von seinem Sockel über der Münsterpforte herabgestürzt und zertrümmert und an seiner Stelle ein weiteres Denkmal des grünschuppigen, mit aufgerecktem Zackenkamm grimmig geschmückten Basilisken errichtet hatten.

## Heillos

ALS KÖNIG WILHELM, die Krone auf dem Haupt, das Zepter in der einen, den Reichsapfel in der anderen Hand, vom Stuhl Eduards des Bekenners aufstand und durch die Reihen der sich tief verbeugenden Höflinge und Würdenträger schritt, fand er das ganze Spektakel nicht so sehr lästig, pompös und leer, als viel eher komisch und sich selbst darin eine lächerliche Figur. Er wurde den Verdacht nicht los, die sogenannten Großen des Reiches, diese Überbleibsel des von ihm gestürzten und übers Meer davongejagten Herrschers, wollten sich über ihn lustig machen und ihn dem öffentlichen Gespött preisgeben: sie hatten ihn in diese schweren Stoffe, in diese gestickten Handschuhe eingewickelt und eingesteckt, ihm diesen goldsamtenen Hut aufgestülpt, um sich für seinen Sieg, für sein Eindringen in ihr Land, obwohl sie selbst es waren, die ihn gerufen hatten, zu rächen. Aus einem Eroberer verwandelten sie ihn in eine Staatsmumie und -vogelscheuche. Die Schmach solcher Vergewaltigung empfand er desto peinvoller und mit desto tieferer Wut, je stärker ihn zuvor sein Sieg berauscht und mit der Überzeugung durchdrungen hatte, der Mann der Stunde, vielleicht sogar des Jahrhunderts, jedenfalls aber der Retter dieses verkommenen und verkalkten Reiches zu sein. Mit welchem Geschick hatte er den Vorgänger, seinen Schwiegervater, getäuscht, ihn durch zärtlich unterwürfige Briefe in Sicherheit gewiegt, indes er bereits Armeen und Schiffe für die Invasion der Insel ausrüstete, die Diener des Einfältigen bestach, die Heerführer und Kommandeure der Küstenbefestigungen aber durch eine ebenso wohldosierte wie unermüdliche, aus Versprechungen und Drohungen kunstvoll gemischte Propaganda von der Vergeblichkeit, ja Verwerflichkeit jeglichen Widerstandes überzeugte, davon, daß der alte Herrscher nicht nur ein Tyrann, sondern, viel schlimmer noch, ein Reaktionär sei, er, Wilhelm, aber der Bringer und Garant der Freiheit und jeglichen Fortschritts. Erwägungen und Erinnerungen solcher Art stießen ihm sauer auf, als er, nicht anders angetan als der gestürzte Schwiegervater an seinem Krönungstag auch, durch die geduckte Menge dahinschritt oder vielmehr, soweit es die umständliche Gewandung zuließ, weglief und dem Portal zufloh.

Doch dort erwartete ihn die hinterhältigste Machination, mit der ihn die bigotten Reichsgreise endgültig fangen und für immer blamieren wollten: Die Krüppel und Bresthaften von ganz London lagen, saßen, krochen da und wiesen ihm, nicht so sehr begierig nach Mitleid als aus hemmungslosem Drang zur Exhibition, ihre Beulen, Geschwüre, Wunden, zeigten ihm alles das erste und, wie sie fest überzeugt waren, auch das letzte Mal, stöhnten und schrien nochmals, zum letzten Mal auf, kläglicher als je während ihrer ganzen Leidenszeit: Sie vollendeten das Ritual ihrer Passion und kündigten, indem sie ihre Schmerzen beschrien, den Umschlag an ins Gegenteil, in die Heilung, ja, in das Heil überhaupt: Das müßte ihnen jetzt werden, sie hatten Anspruch darauf, in ihren Köpfen war das eine mit dem andern identisch. So sehr, daß sie sich zur Not, auch ohne geheilt zu werden, zufrieden gegeben hätten mit der Gnade, die, so oder anders, seit jeher der frisch gesalbten Hand des Königs entfloß, wenn er mit ihr die Kranken berührte. König Wilhelm jedoch war, als sie ihren ganzen Glauben auf ihn warfen, nicht nur weit davon entfernt, seine Hand für wunderkräftig zu halten, es wäre ihm sogar peinlich gewesen, wenn er hätte heilen können. Unwirsch blickte er über die Elenden weg, stolperte zum Staatswagen und ließ sich, ohne auf Protokoll und Etikette auch nur einen Pfifferling zu achten, schleunigst nach St. James zurückfahren. Als die Kutsche schon in Bewegung war, gab er, und jetzt hatte er den Rest seiner Haltung verloren, Anweisung, daß man alles verfügbare Geld unter die Betrogenen verteile.

Tatsächlich, Wilhelm glaubte, seine Heil- und Wunderpflicht zusammen mit dem Geld fortzuwerfen und dem Dämon, der bei der Salbung und Krönung in ihm Wohnung genommen, mit seiner achtspännigen Karosse im Galopp zu entrinnen.

Absurd! Die Krone zwar konnte er ablegen, er konnte sie in den Schatzturm bringen, einschließen und, damit nichts von ihr jemals wieder heraus ans Tageslicht träte, bewachen lassen. Zur Not konnte er sogar das Salböl, obwohl es schon in seine Haut eindrang und sich mit seinen Säften vermischte, von seinen Händen abwaschen. Dem Königsdämon jedoch konnte er durch keine Flucht mehr entkommen: der saß in seinem Innern fest, wucherte und wuchs und verzehrte alle Eingeweide, bis er, Wilhelm, nur noch sein Traggestell und Schaugehäuse wäre. Wer begriffe nicht das Entsetzen, das ihn, wenn auch vergeblich, davontrieb? Nachdem er alles, was er vermochte, getan, um die Macht über die Insel zu erobern, merkte er zu spät, daß er gefoppt und überlistet war, daß er den Reichsgreisen bis zum Schluß hätte widerstehen müssen, daß er die Krönung und Salbung und Weihe nie und nimmer hätte annehmen dürfen.

# Die schwedische Krone

Während der Reichstagspräsident die Dankadresse für die Thronrede aufsagte, wurde König Gustav am Einschlafen nur durch die Frage gehindert, warum die Farbe des Polsters neben ihm, worauf die Krone lag, nicht rot, wie es Kronenkissen zukam, sondern blau war: immerhin, auch die Krone von Frankreich, die vornehmste nach der Kaiserkrone, lag auf Blau, das minderte die Zweifel an der Ebenbürtigkeit seiner eigenen Krone etwas. Die Zweifel an der Ebenbürtigkeit seines Hauses waren freilich nicht so leicht zu beschwichtigen. Längst hatte er jedoch gelernt, sie zu verdrängen, zu vergessen, daß der Gründer seiner Dynastie ein aus dem revoltierenden Bodensatz eines fernen Landes heraufgespülter Matrose gewesen war; er hatte eine immer vollkommenere Routine darin entwickelt, sich, wenn die Rede des Präsidenten allzu lange dauerte, ganz auf das Blau des Polsters zu konzentrieren, dessen Würde gegen das Rot in seinen Gedanken zu verteidigen und dabei sogar die Krone selbst, die doch auf dem Polster lag, obwohl er sie immer sah, zu übersehen. Denn König Gustav hatte die Krone nie getragen, er hatte die Krönung verweigert, jetzt, nach dreißig Jahren, fiel es ihm wieder ein, oder besser: es gelang ihm das erste Mal nicht mehr, nicht daran zu denken, daß er damals eine, übrigens von der ganzen Nation begrüßte, von der Presse aller Parteirichtungen wegen des darin aufscheinenden Verantwortungsgefühls gelobte Proklamation erlassen hatte: er halte die Krönung für ein veraltetes, der Gegenwart nicht mehr einsichtiges Zeremoniell, das den Staat viel zu viel koste; er bitte das Parlament, die dafür bestimmte Summe der königlichen Stiftung für rachitische Kinder zuzuleiten. So wie er es in dieser einzigen öffentlichen Äußerung, deren Text er selbst verfaßt hatte, vorgeschlagen, geschah es. Zu spät bemerkte er, daß er ein ungekrönter und so eigentlich gar kein König war, erst jetzt nach dreißig Jahren, und er merkte es nur darum, weil die Dankadresse des Präsidenten auf seine Thronrede (ein Manuskript aus der Kanzlei des Premierministers, das er so gewissenhaft wie unbeteiligt abgelesen) diesmal über die Maßen lang und nicht nur leer wie immer, sondern zudem außerordentlich schwülstig war, so daß das sanfte Blau des Kissens nicht genug Kraft besaß, ihn wach zu halten, und er zu stärkeren Gedankenreizen greifen mußte.

Er schrak auf, bildete sich ein, die, wie immer zur Parlamentseröffnung, frisch polierte Krone blende ihn, und drehte den Kopf brüsk nach der andern Seite, wo eben der Fraktionschef der Regierungspartei aufgestanden war und einen Gesetzesvorschlag erläuterte: der achtzehnjährige Kronprinz solle, im Gegensatz zu allen übrigen Schweden, nicht mit zwanzig, sondern erst mit fünfundzwanzig Jahren volljährig und somit auch erst dann regierungsfähig werden. Auf einmal wußte der alte Mann, was er vor dreißig Jahren getan und unterlassen, warum er sich immer gescheut hatte, die Krone anzuschauen: Als die Abgeordneten über die Stellung seines Enkels und Erben umständlich zu debattieren begannen, konnte er nicht mehr anders und versuchte, den Gegenstand, den er bisher nur für ein Museumsstück gehalten, zum ersten Mal zu fixieren. Aber als hätte eine boshafte Regie es so arrangiert, lag jetzt die Sonne prall auf der Krone, so daß sie ihn nun wirklich blendete und ein plötzliches, unerklärliches und seinem bisherigen Wesen fremdes Haßgefühl in ihm weckte. Entschlossen, nie mehr in diesen Saal, in diese Gesellschaft zurückzukehren, erhob er sich, nahm den Arm des Obersthofmarschalls und ließ sich hinausführen. Die Krone aber blieb, bis man sie am Schluß der Sitzung mit achtlos pietätvoller Feierlichkeit in ihren Glaskasten im Keller des königlichen Schlosses zurückbrachte, neben dem leeren Thron, wie es sich gehörte, liegen.

# Der Palast

Als der König das erste Vorzimmer betrat, fragte er sich, warum er den Palast so und nicht anders gebaut, warum er die Räume und die Fenster so hoch hatte machen lassen: obwohl er doch die Verborgenheit, die Verschlossenheit und das Geheimnis liebte, obwohl er es haßte zu sprechen, sich nur in unpersönlichen Reskripten äußerte, und auch das ungern: lieber türmte er die Relationen seiner Ratgeber, Beamten und Gesandten um sich auf, Papierhaufen, die ihn den Blicken entzogen und hinter denen nur seine Stimme hervordrang. Er fragte sich, wie die Liebe zu den weiten Zimmern und großen Fenstern mit der Furcht vor allem Offenen zusammenhing und fand die Antwort gleich, als er auf die Hochebene hinausschaute, von weitem freilich nur, denn nie hätte er sich erlaubt, den Mittelteppich, der durch alle Zimmer und durch alle immer geöffneten Türen lief, zu verlassen und den Mosaikfußboden zu betreten, mit dem alle Räume ausgelegt waren und der im ersten Vorzimmer, zum Beispiel, alle Tierkreisbilder zeigte. Diese Scheu hatte freilich nichts zu tun mit einem Respekt vor der Schönheit der Bilder, die er, da er seinen Blick niemals senkte, gar nicht wahrnahm, dies hätte ihm nicht zugestanden, er richtete ihn vielmehr immer geradeaus und vermied so Hochmut genauso wie Unterwürfigkeit, die er dafür allerdings von allen andern im Palaste verlangte, so daß diese immerhin den Anblick der Bodenbilder genossen: eine Belohnung für ihren Gehorsam, die gleichfalls vom König nicht beabsichtigt war, die er ihnen aber, wenn sie überhaupt in sein Bewußtsein drang, stillschweigend gönnte. Denn er hatte die Mosaiken nicht legen lassen, damit irgend jemand sie betrachte, sich an ihnen erfreue, sondern von seiner Begier nach Vollkommenheit und von der Überzeugung bestimmt, daß sein Palast ein Abbild des Himmels und Gottes selbst würdig sein müsse.

Als sein Blick, wenn auch nur von ferne, die wüste Hochebene streifte, wurde ihm klar, daß die Weite und Ödnis, die sich da draußen als eine Schutzzone zwischen ihn und die Welt legte, in der Weite und Leere der Zimmer hier drinnen sich wiederholte und ihm zu versinken und sich zu verlieren und, so wie Gott selber sich in die Unsichtbarkeit des Alls zurückzog, ihm in seine Unsichtbarkeit sich zurückzuziehen gestattete. Wäre er übrigens, statt unerbittlich auf dem Mittelteppich zu bleiben, ans Fenster getreten, hätte er unvermeidlich das Gartenparterre gesehen, dessen Beete und Blumen die Außenwand des Palastes umsäumten und von denen dasselbe galt wie von den Mosaikböden der Zimmer: ihm stand es nicht zu, sie zu betrachten. Wenn seine Diener es taten, betraf es ihn nicht und war ihm gleichgültig, Blumenbeete und Brunnen gehörten zur Vollkommenheit der Anlage und bedurften keiner weiteren Rechtfertigung.

Langsam, wie jeden Morgen, ging der König durch alle leeren Zimmer, durchschritt er alle weit offenen Türen, hinter deren Flügeln, wie er wohl wußte, die Diener, seinen Vorübergang erwartend, sich verborgen hielten. War einer so unvorsichtig, sich von ihm erblicken zu lassen, fand der Haushofmeister am Abend einen Zettel auf dem königlichen Schreibtisch, worauf die Entlassung des Dieners, der im soundsovielten Vorzimmer Türwache hielt, verfügt wurde. Wobei es dem König so klar wie unwichtig war, daß viele Diener absichtlich einen Ärmel oder einen Schuh hinter dem Türflügel hervorschauen ließen, um des bedrückenden Lebens in dem stillen und öden Palast ledig zu werden; denn es gab die Möglichkeit, um Entlassung zu bitten, ebensowenig wie diejenige, sich um eine Stelle im Palast zu bewerben: der Haushofmeister wählte die Diener aus dem Volke völlig von sich aus, verfügte Anstellungen und Entlassungen, ohne nach den Wünschen der Betroffenen auch nur zu fragen.

Als der König auf einmal dem Fenster, das von seinem Zimmer sich auf den Hochaltar der Kirche hin öffnete, gegenüberstand, bemerkte er, daß er, was noch nie vorgekommen war, den ganzen Weg durch alle Räume gemacht und wieder am Ausgangspunkt angelangt war, ohne im fünfundzwanzigsten Vorzimmer die Akten auf seinem Schreibtisch zu lesen, ja, ohne den Schreibtisch und die Akten überhaupt wahrzunehmen. Nur mühsam gelang es ihm, seinen Schrecken, denn Schrecken stand ihm nicht zu, zu verbergen, die Frage zu unterdrücken, ob er tatsächlich, in unköniglicher Zerstreutheit, im Kreise gegangen und den Ort seiner Machtausübung übersehen, oder ob jemand, was nicht weniger schlimm und kein weniger beunruhigendes Zeichen des Zerfalls gewesen wäre, den Schreibtisch samt den Akten fortgetragen habe. Mit höchster Anstrengung bewahrte er die Gravität seiner Bewegungen, ging auf das Fenster zu, kniete auf den Betschemel nieder und verharrte lange in der Betrachtung des Tabernakels auf dem Hochaltar, als ob er dadurch die Macht, die er verloren hatte, zurückgewinnen könnte, als ob nicht die Diener alle schon ohne jede Scheu hinter den Türflügeln hervorgekommen wären und ihn zuhauf begafft hätten. Was er freilich, da sie in seinem Rücken standen, nicht merkte.

# Löwenjagd

Wenn könig Assurbanipal im Garten seines Palastes spazierte, und er tat das täglich zwischen vier und fünf Uhr nachmittags, dann sah er in den Büschen hinter dem Gitter, das den Park umschloß, die Löwen auf und nieder gehen, er sah sie sich an den Baumstämmen reiben, sich im Gras strecken und räkeln und in die sinkende Sonne blinzeln, wenn sie es nicht vorzogen, zusammengerollt, das Schweifende am Maul, zu schlafen. Der König nahm diesen Anblick täglich in sich auf, er trank ihn, ohne sich über die Wirkung des Getränkes zum vorneherein klar zu sein: er wurde sich klar, als es zu spät, als er von den Löwen so durchdrungen war und ihr Wandeln, ihr Ruhen, ihre Bewegungen ihn so ganz und gar bestimmten und beherrschten, daß er keine Freiheit mehr hatte und gezwungen war, in der eingeschlagenen Richtung weiterzugehen, dem Sog zu folgen auf jede Gefahr hin. Und so beschloß er, den Garten zu verlassen, die Löwen zu belauern, anzugreifen und zu töten. Er ließ die Eisenstäbe des Gitters ausreißen und schlug alle Mahnungen seiner Diener, die den Einbruch der Außenwelt in das heilige Palastareal fürchteten, in den Wind, er kümmerte sich nicht um ihre Angst vor den Dämonen der Wildnis, die die königliche Ordnung umstürzen könnten: ihn beherrschte nur noch die Begier, sich den Löwen zu nähern und all das, was ihn, den Beschauer, seit jeher von ihnen getrennt hatte, aufzuheben und wegzuräumen. Und es begann seine Einweihung und Initiation ins Löwentum, in die Löwenheit, er zertrampelte die Lilienbeete, die Rosenbeete, die Türkenbundbeete, welche den Palastgarten dem Gitter entlang säumten, er zertrampelte sie nicht nur achtlos, sondern sogar wollüstig und schritt über die Blumenleichen durch die Lücke, die durch das Ausreißen der Eisenstäbe in dem Gitter entstanden war, hinaus in die Büsche. Nur eine Lanze trug König Assurbanipal bei sich, und diese hob er gleich gegen den ersten Löwen, den er antraf, ein schönes und mächtiges Tier, das zwischen den Büschen an den Wurzeln eines Baumes lag. Und als er die Lanze hob und sie auf den Löwen richtete und, um richtig zu treffen, den Löwen genau anschaute, den Blick insbesondere auf jene Stelle an der Stirn zwischen dessen Augen heftete, von der man ihm gesagt hatte, daß sie die entscheidende, die Todesstelle des Löwen sei: als er die Lanze hob und das Tier in der angegebenen Weise fixierte, erfaßte ihn auf einmal eine große Sehnsucht, oder genauer, die Sehnsucht, die schon lange in seinem Herzen gewohnt und gelauert hatte, stand auf und wuchs empor und erfüllte sein ganzes Wesen. Und Assurbanipal warf die Lanze auf den Löwen, aber er warf sie nicht nach jener Todesstelle zwischen den Augen, sondern er warf sie ihm in den Rücken, so daß der Löwe, tief verwundet und zu höchster Wut gereizt, aufsprang und den König Assurbanipal ansprang und ihn mit seinen Pranken zerhieb und mit seinem Gebiß die Brust und den Bauch des Königs zerfleischte. Das letzte, was Assurbanipal, bevor er sein Bewußtsein verlor, noch sah, waren die wutblitzenden grünen Augen unmittelbar vor seinen eigenen Augen, auf das letzte, was Assurbanipal dachte, war, daß er sein Ziel erreicht, daß er die Grenze zwischen sich und dem Löwen aufgehoben und endgültig zerstört habe. Und das ließ ihn die Todesschmerzen vergessen oder doch für gering achten. Die Diener, denen er jede Annäherung oder gar Hilfeleistung verboten hatte, wußten nichts Besseres zu tun, als, nachdem es dunkel geworden war, das Parkgitter schleunigst wiederherzustellen, die Lilienbeete, die Rosenbeete, die Türkenbundbeete sorgfältig neu zu pflanzen, und im übrigen sorgten sie mit Geschick und Erfolg dafür, daß der König Assurbanipal vergessen, sein Andenken ausgetilgt wurde, als ob es ihn nie gegeben hätte. Auch behaupteten sie, daß in der Umgebung des Palastes Löwen weder existierten noch jemals existiert hätten. Diese Überzeugung wurde am Ende so stark und so allgemein, daß tatsächlich keiner mehr, selbst wenn er ganz nah am Gitter entlangging, draußen in den Büschen einen Löwen zu sehen sich getraute. Es bedarf keiner großen Einbildungskraft, um sich vorzustellen, daß schreckliche Zeiten begannen, und zwar nicht nur wegen der Träume, welche die Bewohner des Palastes seit jenen Tagen heimsuchten. Der König Assurbanipal dagegen, sofern Glück darin besteht, daß einer erreicht, was er will, war eines glücklichen Todes gestorben.

# Der Schiffbruch oder Die Seifenblase

DIE SEIFENBLASE, die, unter dem Jauchzen der Kinder, taumelnd und zögernd, vom obern Stock herabsinkt und zuletzt, wenn sie nicht schon vorher mit einem lautlosen Knall zerplatzt, am Sims zerschellt: ist sie vergänglicher als alles andere ringsum, hinfälliger sogar als die andere Kugel, auf der ich lebe und schreibe? Schön und glänzend, eine reine Ergötzung bleibt die Seifenblase, wenigstens solange ich ihr, der Warnung eingedenk, die mir von ihr selbst kommt, nur mit dem Blick folge: sie hat allen Anlaß, die Annäherung zu verbieten. Denn sollte es mir, ehe sie zerspringt, gelingen, ihre Wange zu durchbohren und zu erkennen, was in ihrem Inneren vorgeht, dann sähe ich zu viel, und es ist eine Frage, ob ich weiterleben könnte, wenn ich wüßte, daß die schimmernde, schwebende Kugel nicht nur eine kurzlebige Kinderlaune und eine selige Täuschung ist, sondern daß sie alle offenbaren Schrecknisse und geheimen Entzückungen des Schiffbruchs enthält.

Das Haus auf dem Felsufer, mit seinen Lichtern in allen Fenstern und auf allen Terrassen, sog das Schiff, das Agrippina trug, an: die Kaiserinmutter stand vorn über der Gallionsfigur, einer goldbehelmten Roma, und dachte nichts anderes, als daß Nero auf sie warte, daß sein Auge, durch die Finsternis hindurch, ihre winkende Hand fände. Ganz so, wie sie selbst ihn im Dunkeln sogar genauer vor sich sah als je zuvor am Tage und, ein Opfer der großen Täuschung und phantastischen Spiegelung, die allein ihr das Leben erträglich machte, wußte, daß er der Wiederbegegnung genauso entgegenbrannte wie sie selber. Sie wußte, daß ihre Liebe eine Antwort hervorrief, ja hervorzwang und nur die andere Hälfte seiner Gegenliebe war. Und vielleicht hatte sie sogar recht, vielleicht hatte Nero im Ernst versichert, daß er nur danach trachte, seiner Mutter in den innersten und verborgensten Höhlen von Bajä alles zu geben, ihr aus dem Sohn zum Mann und Liebhaber zu werden, damit sie beide, ein Abbild der höchsten und ältesten Götter, den Ring vollendeten und ihn, wie sie ihn zusammen begannen, auch, als Paar, zusammen schlössen. In den Grotten von Bajä, so sagte er, würden sie es wagen, dort sei es möglich, die Höflinge fernzuhalten, was doch leider, wie sie wohl wisse, weder auf dem Palatin noch drinnen in den Prachtgelassen seines neuen Goldenen Hauses auf dem Esquilin angehe. Und aus dem gleichen Grund, so fuhr er fort, um die Leute irrezuführen und schon den Keim eines jeden Gerüchts und Geredes zu zertreten, sei es besser, wenn er allein zu Lande nach Bajä vorausfahre und sie, Agrippina, ihm zwei Tage später auf dem Seeweg folge.

Die sonst so welt- und staats- und menschenkluge Frau, geblendet und umnebelt von ihrem Gefühl, ihrer allzu lange niedergehaltenen Begierde, konnte die Fäden nicht mehr unterscheiden, die einen Satz mit dem nächsten, ein Argument mit dem andern verknüpften. Von Neros offenbarem und entschiedenem Willen, sich ihr zu entziehen, sie loszuwerden, merkte sie in seinen Vorkehrungen für das Treffen – etwas in jeder früheren und freieren Epoche ihres Lebens Unvorstellbares – auch nicht die Spur. Was sollte ihn, der zwar über dem, was andere von ihm denken mochten, viele Nächte schlaflos durchbrachte, sich aber in seinen Taten nie darum kümmerte: was sollte ihn plötzlich daran hindern, seine Mutter in einem der riesigen römischen Paläste, wo er stets alles tat, was ihn ankam, allein zu sehen? Und wenn er, was zu seinem hemmungslosen Schaustelldrang überhaupt nicht paßte, tatsächlich einmal Bedenken trug, eine seiner imperialen Wahnfeiern vor den Augen all seiner Höflinge, Freigelassenen und Sklaven zu begehen, warum sollten ihm, da sein Troß ihn doch überallhin begleitete, die Grotten in Bajä ein sichereres Versteck bieten als die Prunkkeller des Palatin und des Goldenen Hauses? Es mag sein, zugegeben, daß es auch dem Scharfblick einer Agrippina unmöglich war, zu erkennen, was genau Nero gegen sie im Schilde führte. Aber daß er irgendein schwarzes Ei ausbrütete, hätte ihr spätestens in dem Augenblick, in welchem er ihr das Staatsschiff anbot, klarwerden müssen: Auf spektakulärere

Weise konnte sie schlechterdings nicht zu ihm stoßen. Es wäre, wahrhaftig, unauffälliger gewesen, wenn sie gleich mit ihm gefahren wäre, als daß sie jetzt mit der plumpen Prunkgaleere, der hundertrudrigen, fünfsegligen, ihm nachreiste. Doch der Purpurnebel, der sie umwogte, enthob sie der Außenwelt so gänzlich, daß sie immerfort mit Nero allein war, daß sie nur ihn, von dem sie sich in Wahrheit keinen Augenblick entfernt hatte, sah, ihn, dessen Gegenwart, eine der Paradoxien der Liebe, sie sogar dann mit Höllenqualen ersehnte, wenn sie, scheinbar und äußerlich, nur eine Stunde von ihm getrennt war. Statt das Glück, das sie besaß, zu genießen, jagte sie unter Gefahr ihres Lebens dem unmöglichen, unerreichbaren, absurden Glück nach: sie wollte närrischerweise (aber in eben dieser Narrheit besteht wohl die Liebe) den, den sie sicher in sich trug, mit dem andern vereinigen, in dem andern finden, der mit jenem ersten überhaupt nichts gemein haben, geschweige denn mit ihm identisch sein konnte. Ihre Entrückung und Verzückung war so absolut und gebieterisch, daß sie auch den Hofmeister Creperius und die Kammerfrau und Vertraute Sosia in sich einsog und allen Sinns für jene Seite der Welt, die man die Realität zu nennen pflegt, beraubte: Obgleich sie beim Gang an Bord sogleich gemerkt hatten, daß das Schiff gar nicht die Kaisergaleere, sondern nur eine prunk- und farbenschreiende Kopie aus windigem Material war – splittriges Sperrholz äffte die Bohlen des Originals nach, hastig übermalte Tannenbretter bemühten sich vergeblich um den Glanz des vergoldeten Metalls –, waren die beiden mit dem Gefühl der Herrin und Freundin schon so sehr verschmolzen, daß sie den Betrug, den sie zwar durchschaut hatten, aber nicht bloßzustellen wagten, am Ende, als sie auf dem Verdeck standen und mit der Mutter Isis zum Sohn Osiris fuhren, auch tatsächlich vergaßen. Die Nacht war windstill und klar, mondlos, aber voll von Sternen. Die hundert Ruderer ruderten. Bis das Schiff barst: Kaum knisterte es in den Fugen, war es schon säuberlich aufgelöst, seine Teile fielen wie unter der Hand eines Bastlers, der die Aufgabe gestellt bekam, es zu zerlegen, und nun mit seinem Geschick und seiner Fixigkeit prahlen wollte, auseinander und sanken leise krachend ins Wasser. Agrippina, viel eher erstaunt als erschrokken, so schnell war alles gegangen, blieb in ihrem Element, das das Wasser nicht zu durchdringen vermochte, so tief geborgen und verwahrt, daß sie sogar jetzt noch nichts begriff von allem, was da draußen geschah. Sie hatte nur das Fahrzeug vertauscht und schwamm in der eingeschlagenen Richtung weiter, dem Sohn und Geliebten entgegen. Ihre unbedingte Entrückt- und Verrücktheit verwunderte sogar die Natur, so daß die See die Schwimmerin, um sie in ihrem Wachtraum nicht zu stören, williger und sanfter trug. Creperius und Sosia dagegen fielen, als das Schiff brach und absackte, auch aus der Einheit mit Agrippina sofort hinaus und, so jeglichen Anspruchs auf Schonung verlustig gegangen, ertranken sie lautlos. Agrippina ihrerseits brauchte, um an Land zu kommen, weder Kentaur noch Delphin, und als die Uferanwohner, die Kunde vom Bruch des Truggefährts hatte sich schnellstens verbreitet, sie, schon fast am Strand, auf eine Fischerbarke zogen, war das nicht mehr als eine freundliche Geste. Die Kaiserin hätte es auch allein geschafft, den Grottenpalast und den Sohn, der seine peinvolle Überraschung und den Zorn des durch die Einfalt der Leidenschaft überlisteten Schläulings hinter gespielter Rührung, unfehlbarere und brutalere Anschläge hinter erheucheltem Schmerzensschrecken verbarg, auch ohne fremde Hilfe erreicht ...

Das Wunderbare und das Klägliche, die Widerwärtigkeit und Fäulnis und Schönheit der Welt: alles fände ich beisammen, wenn es mir einmal gelänge, die Schimmerkugel, die vom obern Stock an mir vorüber hinabsinkt, ehe sie zerschellt oder einfach sonst, die allzu zarte, zerspringt: wenn es mir gelänge, ihr so nahe zu kommen und so lange an ihr zu verweilen, daß mein Blick in sie eindringen und den Schiffbruch in ihrem Innern erkennen könnte. Unbekümmert um alles Äußere geschieht er fortwährend, wiederholt er sich ohne Unterbrechung, es ist nicht auszumachen, ob es immer derselbe ist oder ob es viele Schiffbrüche sind, die sich so sehr ähneln, daß ich sie miteinander verwechsle. Doch die Seifenblase entzieht sich, ich gleite an ihr ab, so begierig auch mein Blick sich an ihr festhaken, ihre spiegelnde Außenfläche durchdringen will, er rutscht ab, die Kugel sinkt, taumelt, tanzt ungerührt vorüber, ihrem Ende, ihrem Zerschellen am Sims zu. Trotzdem gibt es für mich weder das Fenster, durch das ich schaue, noch überhaupt etwas außer ihr. Nur sie ist wirklich für mich, weil sie unbewußt sinkt und schimmert und, kaum gerundet, zerspringt. Welche Lust, sie anzuschauen, so lange, bis ich eins bin mit ihr! Das ist genug, was bedarf ich da noch der Agrippina und ihres Schiffbruchs? Laß ihn drinnen in der Kugelhülle verborgen; aufgehoben in ihrem Gefühl, schwimmt die Kaiserin fort. Da ich aber nicht einmal einen einzigen Rudersklaven retten kann, ist es besser, daß mein Blick von der Schale abgleitet. Dränge er ein, er wäre nur eine Sonne, die fremd aufginge über der Katastrophe, traurig und hilflos darauf niederbrännte und nichts zu ändern vermöchte.

## Die Mumie

IM 15. JAHRHUNDERT, als man sie zum ersten Mal am Fuß der aurelianischen Mauer fand, war das Moment der Betroffenheit, des Schauders, ja des Schreckens (als wäre man in ein eigentlich verbotenes, unbetretbares Heiligtum eingedrungen) um vieles größer als dasjenige der Überraschung oder gar des Entzückens, von der Neugier gar nicht zu reden, die diesmal, als man beim U-Bahn-Bau von neuem auf sie stieß, alle erfaßte, die davon hörten und hinzuliefen, um sich das Wunder anzusehen. Das Wunder: ein Sarkophag, auf den die Baumaschinen eindrangen, den sie aufhoben und wegschoben von seinem Ort und ans Tageslicht stießen, wo ihn die Bauarbeiter als erste beäugten, ohne freilich die Reliefs, welche die Geschichte von Dido und Äneas darstellten, zu beachten; denn diese Reliefs waren ja nur außen und aus Stein und den zwar an Altertümer gewöhnten, aber daran, soweit sie nicht kurios oder aufdringlich kostbar waren, uninteressierten Menschen gleichgültig. Doch als nun die Maschine den Sarkophag entschiedener faßte, bewegte und aufhob, stieß sie ihn derart an, daß er halb umkippte und der Deckel wegrutschte und herunterfiel. So sahen die Arbeiter den Inhalt des Steinkastens, der im genaueren Sinn und eigentlich ganz allein das Wunder war, nämlich den Leichnam eines Mädchens, eines Kindes noch, gänzlich unverwest, ein Diadem im Haar, Ringe an den Fingern, in Seide, die wie neu schimmerte, gekleidet. Aber nicht das fiel den Beschauern auf, nicht dieses Spiel der Natur, das besonderen, von den Gelehrten später untersuchten und in Fachzeitschriften breit erklärten geologischen und klimatischen Umständen zuzuschreiben war. Nicht dies fiel den Arbeitern auf als das Wunder, sondern in ihrem Schock, in der plötzlichen Erschütterung der Grundlagen ihrer Welt hielten sie sich an etwas anderes, das im Verhältnis zu der Gesamterscheinung überhaupt keine Bedeutung hatte: Alle schauten erstaunt und entzückt und mit einer aus den verschiedenartigsten Begierden gemischten Verzauberung auf eine Gemme, die, an der Brust des, als ob es noch lebte, lächelnden Mädchens befestigt und in einen dreifachen Perlenkranz gefaßt, gleichfalls die Geschichte von Dido und Äneas darstellte, genauer die Szene, wo Dido, da sie die Flucht des Äneas nicht erträgt, sich auf dem Scheiterhaufen selbst den Tod gibt. Daß die Arbeiter ihr Augenmerk gerade auf dieses Schmuckstück richteten, soll hier keinesfalls zuerst ihrem Sinn für auffallende stoffliche Kostbarkeit zugeschrieben werden, sondern vielmehr einem altbekannten und sehr allgemeinen Mechanismus der Seele: Wenn uns etwas völlig überrascht und so sehr erschüttert, daß es uns an unsere Grenzen stößt und bedroht, dann flüchten wir uns in eine Nebensache, konzentrieren uns auf eine verhältnismäßig harmlose Begleiterscheinung der Katastrophe. So folgten auch die Bauarbeiter an der aurelianischen Mauer ihrem Schutztrieb und bewunderten das Schmuckstück, das eine Szene aus der weitläufigen Darstellung an der Wand des Sarkophags wiederholte und auf einer winzigen Fläche zusammendrängte. Welches ausweichende und, wenn man will, sogar ängstliche Verhalten, trotz allem, der Einzigkeit und Würde der Entdeckung angemessener war als dasjenige der gebildeten Menge, die, kaum hatte sich die Nachricht davon verbreitet, herbeilief. Angemessener auch als dasjenige der Gelehrten, welche sich des Funds und Geschenks schon nach wenigen Stunden präpotent bemächtigten und, indem sie es, wie zum vornherein zu befürchten stand, musealisierten, für immer entweihten.

Doch sei dem wie immer, als, wie schon erwähnt, im 15. Jahrhundert der Sarkophag, weil man nämlich Steine für die Kirche Santa Maria del Parto brauchte, das erste Mal entdeckt, ausgegraben, auf das Kapitol gebracht und ausgestellt wurde, damals, unter der Regierung des Papstes Nikolaus V., war die Reaktion der Menschen, die auf einmal der staunenswerten Erscheinung gegenüberstanden, unvergleichlich richtiger und adäquater, weil damals in der heraufsteigenden Erinnerung und Wiedergeburt des Altertums alles bereit war, den Auftritt des Jenseitigen und Unerklärlichen in der Gestalt der Schönheit, wenn auch nicht ohne Furcht, so doch ohne Hintergedanken und Hintergefühle anzunehmen und zu verehren. Darum waren jene Menschen auch nicht genötigt, das unverweste und so durch einen gleichsam ewigen Schlaf dem Tod abgelistete Kind dadurch ihrer Fassungskraft anzupassen, daß sie von der Gestalt ab- und darüber wegsahen und sich einer kunstvollen und kostbaren Einzelheit wie etwa jener Gemme mit dem Liebestod der Dido zuwandten; noch viel weniger aber hatten sie es nötig, sich selbst und ihre Wunderbegier dadurch zu bestrafen, daß sie die Erscheinung zwar als Ganzes und, äußerlich und scheinbar, ohne Einschränkung akzeptierten, aber ihren Vorwurf und ihre Qual, was beides ja ein plötzlicher Einbruch von unten oder oben immer mit sich bringt, dadurch lähmten und abtöteten, daß sie das Kind unter Glas, von livrierten Wächtern umschlichen, in einem gleichmäßig erhellten und klimatisierten Saal mit einer erklärenden Aufschrift neben anderen Schaustücken einordneten und den übersättigten Augen der Museumsbesucher gegen ein Eintrittsgeld preisgaben. Nein, das taten sie nicht, sondern, weil sie nicht wußten, was mit der Epiphanie gemeint war, schlossen sie den Sarkophag nach wenigen Tagen wieder, übergaben ihn von neuem der Erde, die ihn ihnen zugespielt hatte, setzten ihn wieder bei an einer geheimen Stelle, die auf Befehl des Papstes niemandem verraten werden durfte.

Dies geschah jedoch erst, nachdem das Kind einige Tage auf dem Kapitol im Senatspalast gelegen hatte und von den Römern, die in ununterbrochener Reihe daran vorbeizogen, bestaunt worden war. Ihr Staunen, ihre Bewunderung jedoch, da sie der Macht, die ihnen dieses Geschenk, in welcher Absicht auch immer, gemacht hatte, näher waren als die Neugierigen unserer Zeit der zweiten Auffindung, ihr Staunen, ihre Bewunderung galt zuerst weder dem unversehrt schimmernden Kleid noch dem Diadem noch der Gemme, welche die Bauarbeiter der Gegenwart so entzückte, sie galt aber auch nicht so sehr dem damals noch viel unerklärlicheren Naturspiel der Unverwestheit, nein, sie galt zuerst und fast ausschließlich dem Lächeln auf dem Gesicht des Kindes, das den Römern als Unterpfand, ja Beweis für die Seligkeit des Altertums erschien: dieses wollten sie ja wieder errichten, weil sie meinten, die Götter hätten damals noch mit den Menschen und in ihnen gelebt, aus ihnen sogar im Tode gelächelt.

Unser Jahrhundert, bei der zweiten Auffindung, beachtete das Lächeln kaum, nur ein einziger Archäologe fand es in der Feuilletonbeilage einer schwedischen Zeitung einer kurzen, eher indignierten Bemerkung wert. So fehlte diesmal das große Entzücken, ohne daß an dessen Stelle Betroffenheit oder Schrecken, die Angst vor den allzu großen und immer unverdienten Geschenken getreten wäre, man gab dem wunderbaren Kind, der Botin aus der Zeit der frühen Kaiser, die ja an Jupiters Statt und in seinem Namen den Erdkreis beherrschten, einen Platz in dem toten Museum, wozu sich die Welt immer mehr verwandelt, und dachte keinen Augenblick daran, das einzig Richtige, das von der Lage der Dinge einzig Geforderte zu tun: Den Sarkophag über dem schlafenden Kind mit all seinem Schmuck wieder zu schließen, ihn an einem neuen, geheimen Ort zu begraben und es darauf ankommen zu lassen, daß ihn nach fünfhundert oder tausend Jahren wieder jemand finden würde. Möglich, daß es dann, nach einer Umwälzung aller Dinge, Hirten wären, daß es dann keine Stadt Rom und keine aurelianische Mauer mehr gäbe. Aber das ist nicht wichtig, wichtig wäre allein, daß jene neuen Finder und Eröffner, jene neuen Beschenkten wiederum das Lächeln sähen und verstünden und in ihm das Zeichen annähmen und mit allen Kräften ergriffen.

## Die Botschaft

Als er erwachte, fühlte er sich unwohl; als er dann aber die zusammengefaltete Zeitung auf der Bettdecke liegen sah, wurde ihm gleich besser, denn er wußte, daß darin die Botschaft von F., auf die er gewartet hatte, versteckt war und daß er sie nur zu lesen brauchte, damit alles in Ordnung käme. Da es jedoch das Erste und Nötigste war, daß er sich wusch, schob er die Zeitung beiseite, stand auf und verließ das Haus, um das Waschhaus, das, wie F. ihm schon vor Jahren erzählt hatte, abseits und jenseits der Straße lag, aufzusuchen. Dabei kam ihm sein gelber Schlafanzug, weil er ihn auf dem ganzen Weg als einen eben Erwachten und Waschwilligen vor jeder Ansprache durch die Tagmenschen schützte, sehr zustatten. Dennoch gab es Schwierigkeiten genug: Der Straße entlang wehten auf Masten viele Fahnen, so daß er, im Glauben, hier wäre der Militärflugplatz, fast seine Absicht vergessen hätte und hingelaufen wäre. Doch im letzten Augenblick bemerkte er seinen Irrtum, weil nämlich auf einmal von einer Wiese, die auf der andern Straßenseite, den Fahnen gegenüber, lag, Hubschrauber aufstiegen und sich in Schwärmen am Himmel verteilten. Er überquerte die Straße und betrat die Wiese neben dem Flugplatz dort, wo hohes Gras und Schafgarben ihm anzeigten, daß es hier zum Waschhaus gehen müsse. Und tatsächlich zeigten sich bald niedrige, schuppenartige Gebäude, Ökonomiebaracken aller Art, das Waschhaus mußte jedoch jenes weiße Haus sein, das, mitten in besonders hochstengligen Schafgarben, unmittelbar an den Flugplatz stieß. Als er es betrat, rauchten noch die Duschen, Dampf erfüllte den gekachelten Raum, so daß er kaum etwas sehen konnte. Aber es schien, daß niemand mehr da war und alle sich schon gewaschen hatten. Er warf den gelben Schlafanzug über eine Nickelstange, an der auch noch ein einzelnes Frottiertuch hing, duschte sich, seifte sich sorgfältig ein, und jetzt, als ihn der Schaum in den Augen schmerzte, dachte er plötzlich wieder an die in der Zeitung auf seiner Bettdecke versteckte Botschaft von F.: daß er gut daran getan hatte, die Zeitung nicht zu öffnen, den Zettel nicht herauszunehmen und die Mitteilung nicht zu lesen, weil es dafür gleich beim Aufwachen und vor dem Duschen zweifellos zu früh gewesen wäre. Es galt, den Zeitpunkt abzuwarten, in dem er fähig wäre, die Botschaft aufzunehmen, waren doch, seit er F. das letzte Mal gesehen hatte, mehr als drei Jahre vergangen, er selbst hatte sich verändert, F. hatte sich verändert und sprach nun von einer ganz andern Stelle aus zu ihm, er fürchtete, F. nicht zu verstehen, wenn er sich im falschen Augenblick von ihm anreden ließe. Übrigens war es deutlich, daß F. ganz ähnlich dachte über die Schwierigkeiten ihrer Wiederbegegnung. Darum hatte er ihn gestern abend, als ihn die Freunde im Auto herbrachten, nicht begrüßt, hatte er ihm nicht einmal einen Gruß ausrichten lassen, sondern sich damit begnügt, ihm, während er schlief, jene zusammengefaltete Zeitung auf die Bettdecke zu legen. Beim kalten Nachduschen und beim Abtrocknen mit dem weichen Frottiertuch fühlte er sich, in der Gewißheit, einen verwickelten Zusammenhang auf den ersten Blick durchschaut zu haben, so glücklich wie schon lange nicht mehr. Freilich, schon als er, nun wieder bekleidet mit dem gelben Schlafanzug, durch die Schafgarben und das hohe Gras, entlang dem Militärflughafen, von dem jetzt nur noch einzelne Hubschrauber aufstiegen, zur Straße zurückging, begann er, unsicher zu werden: er bemerkte, daß er barfuß war, daß F. ihm, trotz aller Vorsorge, keine Hausschuhe neben das Bett gestellt hatte, so daß das Waschen, was die Füße anging zumindest, sinnlos gewesen war, spätestens auf der Straße würden sie wieder schmutzig werden, auf der Wiese aber schmerzten ihn die scharfkantigen Gräser. Später, als er die Straße wieder überquert, einen letzten ärgerlichen Blick auf die nunmehr heftig flatternden Fahnen geworfen hatte und von einem Hubschrauber, der sich unter Gedröhn tief zu ihm niedersenkte, enttäuscht worden war: irgendein fremder Mann saß darin, nicht F., verlor er alle Sicherheit. Als er das Landhaus betrat, machte er sich Vorwürfe, weil er mit seinen

Füßen, die von dem heißen, weichen Asphalt noch brannten, die Teppiche zu beschmutzen fürchtete, er durchschritt alle Räume, rief nach den Freunden, aber niemand antwortete, lief in sein Zimmer, nahm die Zeitung vom Bett, entfaltete sie hastig: nichts war darin, und er wußte auf einmal nicht mehr, wo er sich befand, ob es F. gab, ob es ihn überhaupt jemals gegeben hatte. Jedenfalls, um sich wenigstens von seinem eigenen Vorhandensein zu überzeugen, rief er, obwohl ohne Hoffnung auf Antwort, immer wieder die Namen seiner Freunde, wenngleich er auch schon an deren Existenz zu zweifeln begonnen hatte. Er rannte, immer noch im gelben Schlafanzug, durch alle Zimmer und rief immer lauter, nur nach F. wagte er nicht zu rufen: denn nun plötzlich hätte er sich nichts Schrecklicheres denken können, als daß F. antwortete.

## Das Gerüst

Zu seiner Verwunderung war er, wenn er auf den Gerüstbrettern ging, die unter seinen Füßen wippten, frei von jedem Schwindelgefühl: Bisher hatte ihn schon der bloße Blick aus dem Fenster geängstigt und mit der Verlockung, auf die Brüstung zu steigen und hinunterzuspringen, versucht. So daß er offene Fenster überhaupt mied und sich stets in den rückwärtigen Teilen der Zimmer aufhielt, wo ihn Angst und Versuchung am wenigsten erreichen konnten. Hier oben auf dem Gerüst focht ihn nichts mehr an, in der nächtlichen Halle, in die aus der Tiefe das Licht der Straßenlampen, aus der Höhe der Mondschein diffus hereindrang, stieg er furchtlos die Leitern hinauf und hinunter, schritt er über die schmalen Planken sicherer als über die Straßen, die ihn mit ihrem Verkehr derart schreckten, daß er, um die Fahrbahn zu überqueren, den Gehsteig nie verließ, ohne vorher das Kreuz über Stirne, Brust und Schultern zu schlagen. Die Gerüstgänge nahmen ihm jede Schlaflust: wenn er in den frühen Morgenstunden, sobald die Dämmerung die von der Nacht geweiteten und berauschten Gewölbe zu verengen und zu ernüchtern begann, den halb fertigen Bau durch den von einer Holzschranke schlecht verstellten Werkausschlupf verlassen hatte, lief er noch lange durch die wenigstens um diese Zeit leeren Straßen, kehrte erst am späten Nachmittag in sein Zimmer zurück und setzte sich auf sein Bett. Hier wurde ihm eines Tages, nachdem er früher immer geglaubt, daß er nur ziellos vor sich hin träume, klar, worüber er schon so lange Zeit nachgedacht: Er wußte plötzlich, daß er auf dem Gerüst stets nur auf den andern gewartet hatte, der ihm entgegenkam und sich von ihm hinunterstürzen ließ oder aber, da es da oben ein Ausweichen nicht gab, ihn selbst hinunterstürzte. Diese Erwartung hatte ihm Mut und Heiterkeit gegeben und seine Angst wenigstens provisorisch betäubt. Er würde sie, wenn er den andern hinabstieß oder selbst hinabgestoßen wurde, endgültig überwinden. Bisher freilich hatte er, obwohl er jede Nacht auf die Suche ging, sein Ziel nicht erreicht, weshalb er beschloß, sich einmal schon am hellen Nachmittag aufzumachen, kurz nach vier, wenn die Maurer und Stukkateure und Maler zwar schon nach Hause gegangen waren, aber noch die Sonne schien. Dann wäre es vielleicht günstiger, denjenigen, der ihm zu seinem Ziel half, anzutreffen. Überdies fand er zu dieser Stunde zweifellos leichter die Leiter zum höchsten Gerüststockwerk in der noch laternenlos offenen Kuppel. Nachts hatte er diese Leiter nie entdecken können, und als er sie jetzt am Nachmittag erstieg, faßte ihn die Höhenwonne, die Lust, über der Tiefe zu schweben, mit solcher Heftigkeit, daß er das, was ihn hergetrieben, schon vergessen hatte, als er unten in der Halle den Kardinal sich zwischen Stapeln von Bodenplatten hindurch nach vorn schleppen sah. Die Ärmel seiner Robe waren so weit, daß sie immer wieder an die Platten streiften und daß der Mörtelstaub die Säume grau färbte. Der Kardinal ließ es gleichgültig geschehen, denn mit der Vollendung des Bauwerks, die, wie er feststellte, nicht mehr lange auf sich warten ließ, war auch sein Leben abgeschlossen. Hatte er doch alles an diese Kuppel gesetzt, und nun er sie, die zwar eingerüstet, doch noch nicht gemauert war, aus der Tiefe betrachtete, bemerkte er, daß er schon nicht mehr an sie glaubte, daß ihm die bloße Erinnerung an das, was sie einst für ihn bedeutet hatte, abhanden gekommen war. Müde ließ er sich treiben und ziehen, was er sicher nicht getan, wenn er geahnt hätte, daß einer, der nach Berührung und Gemeinschaft süchtig war, ihn von oben aus den Gerüsten belauschte. Doch wie sollte der Gerüstwanderer den Alten, der den Wackelkopf mit dem Purpurmützchen zitternd aufhob, zum Erklimmen der Leiter, zum Gang über die Bretter bewegen? Er saß und grübelte und wollte es eben aufgeben, als auf einmal ein Vogelschwarm durch die zerrissenen Plastikhäute, welche die Fensterläden überspannten, hereinstürzte und die Halle finster erfüllte. So fand er die Abstiegsleiter nicht mehr und war schon dabei, den Kardinal zur Fata Morgana, die weder Annäherung und noch viel weniger Vereinigung erlaubte, zu erklären, als er ihm plötzlich oben im Kuppelraum gegenüberstand. Der Alte, schwer atmend, hielt mit der einen Hand das Käppchen, das seine Glatze nicht verdecken konnte, fest, mit der andern stützte er sich auf die Leitplanke, die jeden Augenblick zu weichen, zu brechen drohte. Die Robe war nun ganz verstaubt, an einzelnen Stellen sogar gerissen. Der verblüffte Gerüstgänger vergaß, daß er, was er wollte, erreicht und den Feind und Befreier von aller Angst doch noch gestellt hatte: «Kann ich Ihnen irgendwie behilflich sein, Eminenz?» hörte er sich fragen. Aber das klang schon lächerlich, die Straßenlampen draußen hingen zu tief, das Vogelnetz, dicht und dennoch ohne Kraft, zu fangen, zu halten, spannte sich unter dem wippenden Laufbrett schwarz von Wand zu Wand durch die Halle.

## Die vatikanischen Gärten

DIE SCHWÄNE auf dem Kanal zogen ihn hin zu Gott, der im Unendlichen, wo sich die Uferparallelen trafen, thronte. Der Kanal war imaginär und nur in der Phantasie des Papstes vorhanden, wenn er abends mit den Kardinälen seiner Kurie in den vatikanischen Gärten saß und sich über ihre endlosen diplomatisch erbaulichen Reden langweilte. Nie hätte er gewagt, ihn, den er bis zum Fuß des Gianicolo plante, in ihrer Gegenwart zu erwähnen. Sie hatten ihre Purpurroben, je nach Charakter, kokett oder malerisch oder würdevoll um sich gebreitet, kauten, versteckt hinter den weiten Ärmeln, ihre Fingernägel, rissen die Haut von den Nagelrändern und beschwichtigten, sinnend abgewandten Hauptes in der Nase bohrend, ihr Mißbehagen ob der Gleichgültigkeit ihres Herrn: Sie erschien ihnen jetzt, da die Vollendung der Peterskuppel täglich dringlicher wurde und die ganze Christenheit an dem schleppenden Fortgang der Arbeiten allmählich Ärgernis zu nehmen begann, nachgerade als Skandal. Papst Leo nahm die Bemerkungen der Kardinäle, behutsam und wohldosiert vorgebracht, gar nicht zur Kenntnis, er überhörte sie, was, sonderbarerweise, jene, die sie gemacht hatten, erleichterte: So schwer die Pflicht, Heil und Herrlichkeit der Kirche zu fördern, auf ihnen lastete, so groß war anderseits ihre Angst, in die Ungnade des Papstes und damit ins Elend zu fallen: Man konnte zum Beispiel nach Neapel geschickt werden, um den trägen König zur Vertreibung der Türken aus Otranto zu ermahnen; ein widerwärtiges Geschäft, schon zwei Legaten waren nicht nur unverrichteter Dinge zurückgekehrt, sondern der König, in seinem Stolz gerade deshalb besonders empfindlich getroffen, weil er theoretisch und von Rechts wegen immer noch ein Vasall des Papstes war, hatte sie monatelang als Gefangene in schmutzigen und verlausten Quartieren mit fauligem Wasser und schimmligem Brot verköstigt. Oder man konnte, und das war eine vielleicht zwar sublimere, aber nicht weniger harte Strafe, nach Deutschland geschickt werden: dort hatte eben wieder einmal ein Mönch eine mystische Erleuchtung gehabt, die er nun der ganzen Christenheit aufdrängen, aus der er die ganze Kirche an Haupt und Gliedern erneuern wollte. Mitgefühl und Schadenfreude mischten sich in den Blicken der andern Kardinäle, wenn sie verstohlen zum Kardinal von Ostia hinübersahen: Erst vor wenigen Wochen war er aus jenem Land zurückgekehrt. Im Angesicht des Kaisers hatte er dem Mönch die wahre Doktrin aus der Schrift, aus den Vätern, aus den Entscheidungen der Konzilien bewiesen. Doch der hielt nicht nur störrisch an seiner Schwärmerei fest, sondern zog mit seiner ungehobelten Beredsamkeit auch noch die barbarischen und sozusagen analphabetischen Zuhörer, und das waren, Gott sei's geklagt, die Fürsten des Landes höchstselbst, auf seine Seite. So daß der Legat, ratlos, gedemütigt, lächerlich gemacht und bodenlos blamiert, sich aus dem Staube machen mußte, um im Zentrum der Welt, an der Schwelle der Apostel neue Instruktionen zu holen. Daß er, außerdem, der Erholung im kultivierten Milieu des päpstlichen Hofes dringend bedurfte, versteht sich von selbst. Doch weit war es damit noch nicht: Immerfort drehte der Arme, als ob er ihn brännte, an dem Ring, den ihm Papst Leo zum Dank für seine Mühen geschenkt. Das Präsent, so flüsterte man an der Kurie, sollte den apostolischen Herrn von der Anhörung der umständlichen Relation dispensieren.

Nein, offensichtlich interessierte das alles ihn nicht, er schwieg und sah die Schwäne auf dem endlosen Kanal in der Ferne schrumpfen, verschwinden. Die erst begonnene Kuppel über den Dächern des Palastes, die Trommel war schon vollendet, die Gerüste für die Rundung standen bereits, störte freilich seine Vision und irritierte ihn täglich mehr, bedrängte den beleibten Papst bis zur Atemnot. Auch sie war ein Grund, noch lang nach Mitternacht in den Gärten unter der Loggia seines verhaßten Vorgängers Julius zu sitzen, zu trinken und die tranigen Gespräche der Kardinäle an sich vorbei in die Zeitkloake hinabrinnen zu lassen. Und als jetzt der Kardinal von Ostia die

Hand emphatisch hob und mit inständiger Beschwörung auf den Torso zeigte: Gott selbst warte darauf, dargestellt und bewiesen zu werden durch diese Kuppel, welche die Stadt beherrschen und den frechen Widerspruch ihrer leider immer noch zahlreich erhaltenen heidnischen Denkmäler erdrücken und zerschmettern werde. Er hustete einige Male krampfhaft, eine der vielen Mücken, die aus dem von Papst Leo als Tümpel verachteten Teich des Julius aufstiegen, war ihm in die Kehle geraten, beirrte ihn aber, während er sich mit dem Purpurärmel die tropfende Nase wischte, nicht in seiner frommen Argumentation: Die Halbkugelform bedeute die Vollkommenheit des göttlichen Wesens, ihr Sitz hoch über den Dächern seine Majestät, dadurch aber, daß sie den Domraum umschließe und in sich enthalte, versinnliche sie Gottes Allgegenwart, Größe und Macht, die die Welt in ihrem Dasein erhalte, trage, umfange.

Spätestens, als er diese Rede hörte, erkannte Papst Leo, daß er selber gar keine Vorstellung von Gott, von seiner Natur und seinen Dimensionen habe, daß jedoch der lange Gartenkanal, den er, wenn auch nur in Gedankenspielen, plante, seiner Erfahrung dessen, was man Gott nannte, angemessener sei als die von dem Kardinal soeben mit großem Aufwand der Theologie eingekörperte Kuppel: Er mußte ihre Vollendung zu hintertreiben versuchen. Der Kanal, der war etwas anderes, der hätte alles offengelassen, seine Uferlinien, wenn sie sich im Unendlichen schnitten, trafen die Wahrheit genauer. Gott lag am Ende. Doch als nun der Kardinal von Ostia auf seine Mission in Deutschland zu sprechen kam, auf den verrückten Mönch, der Gottes Willen zu kennen glaubte und nach ihm die Welt und die Kirche umkrempeln wollte, bezichtigte Leo sich müßig eitlen Spekulierens und verbot sogar seinen Träumen den Gedanken an den Kanal, obwohl er doch die stillen, klaren Wasserflächen, die sich im Horizont verloren und auf denen die Schwäne, vom unsichtbaren Ende angezogen, kleiner wurden und winzig und dann verschwanden, seit jeher über alles geliebt hatte. Er verbot sich den langen Kanal in jeder Form, selbst auf die Gefahr hin, daß er, wenn er ihn nicht wenigstens träumte, den Sinn seiner Herrschaft verfehlte, beschloß auch, die Verbrennung jenes närrischen Mönchs nicht zu übereilen, sondern sich dem Nächstliegenden zuzuwenden: Er unterbrach den Kardinal von Ostia mit der Frage nach dem Domino für den Johanniskarneval: Dies Jahr sollten alle Kardinäle auf Elefanten um den Petersplatz und zum Corso reiten, er selbst, Papst Leo, voran auf einem weißen Siamelefanten. Alle, voll Sorge um die Zukunft der heiligen Kirche, schwiegen bekümmert. Doch der Papst, da seine Geduld erschöpft war, stand brüsk auf und bat den Mohren vom Dienst, die ganze Gesellschaft zu den Remisen zu führen, wo die Elefanten soeben als ein Geschenk des Sultans eingetroffen waren. Dieser Johanniskarneval sollte, das war sein einziger unerbittlicher und unbezweifelter Wille, ein Spektakel werden, wie sogar Rom noch keines gesehen.

## Die Walfische

NUR EINE EINZIGE von den unzähligen Reliquien, welche die Angst der Venezianer vor Seeräubern, feindlichen Staaten und vor dem noch feindlicheren Meer jahrhundertelang manisch zusammenraffte, war derart eins mit ihrem Glück, daß sie sie in ihre Hauptkirche einmauerten und hinfort Antrieb und Kraft für all ihre Taten und Untaten aus den vertrockneten und eingeschrumpften Knochen sogen: Venedig, seine Paläste, Kirchen, Gemälde, die Verfassung der Republik selbst wurde, seit ihn venezianische Schiffer hinterlistig bei Nacht und Nebel aus Alexandrien entführten, zur zweiten Epiphanie und Wiederverkörperung des heiligen Markus.

Als der Patriarch Kyrillos von Alexandrien, ermutigt durch die große Kirchenversöhnung, vom Papst in Rom die Reste zurückforderte, schob die Kurie, wider all ihre Gepflogenheiten, die Entscheidung dem Patriarchen von Venedig zu. Dieser wiederum, hin- und hergerissen zwischen dem neuen Brudergefühl für die Christen im Osten und der Liebe zu seiner Herde, bedachte die Antwort so lange, daß darüber Venedigs schlechtes Gewissen, eine nur halb verkrustete, unter dem Verband glanzvoll bekundeter Pietät immerfort juckende Wunde, aufbrach und die Stadt entzündete mit fiebriger Furcht vor einer unbestimmten Strafe, einem vagen Unheil, das dadurch freilich erst recht angezogen und heraufbeschworen wurde: herbeigerufen wurde aus der Weite der Adria mit unzähligen Walen. Wale hatte es in diesen Gegenden, im mittelländischen Meer überhaupt nie gegeben, jetzt aber schwammen sie in langen dunklen Zügen heran und warfen sich, in befremdlicher Todentzückung, mit der Winterbrandung auf die Strände des Lido, wo sie sich hin und her wälzten, heftig mit den Schwänzen schlugen und mit den Riesenmäulern schnappten, bis sie nach wenigen Tagen, weil die vom Wasser nicht mehr gestützte Fleischmasse ihre Lungen zerquetschte, erstickten. Dennoch tauchten immer wieder neue schwarze Schwärme, als wäre das qualvolle Krepieren der Brüder nicht so sehr eine Warnung als vielmehr eine Verführung und Lockung, am Sturmhorizont auf und gesellten sich zu den Sterbenden und Toten. Was ihnen bevorstand, wußten sie wohl, aber das war das kleinere Übel im Vergleich zu dem andern, dem sie entgingen: Ein Volk von Haien hatte sie, die ebenso gutmütigen wie unbeholfenen und wehrlosen Riesen, aus dem Ozean durch die Enge von Gibraltar ins Mittelmeer gedrängt, sie auch dorthin verfolgt und nicht in Ruhe gelassen, bis sie sich, sogar im innersten Adriawinkel noch nicht frei von Angst vor den gefräßigen Knirpsen, keinen andern Rat mehr wußten, als den Tod auf dem Lido zu suchen. Das schien ihnen würdiger und ehrenhafter, als vor den Augen aller Meeresbewohner, bei denen sie ob ihrer beschaulichen Art immer in Achtung gestanden, in Stücke gerissen und, zum Genusse grausig zubereitet, verspiesen zu werden.

Im Frühling, als die Bora abflaute und mildere Süd- und Westwinde die Kadaver auftauten, schillerten sie bald in allen Farben der Verwesung. Der Gestank aber leerte nicht nur die Hotels und Restaurants von den Fremden, er stieg auch, von Tag zu Tag durchdringender und widerwärtiger, den Besitzern selbst und allen Bewohnern des Lido so ekelhaft in die Nase, daß sie drauf und dran waren, zu flüchten und alles stehen- und liegenzulassen. Nur die absurde Hoffnung, das Übel möchte sich auf irgendeine Weise von selbst verlieren, hielt sie noch eine Zeitlang zurück. Nach Pfingsten jedoch nahm, im Gegenteil, der Leichengeruch mit der Erhitzung der Luft noch zu und vertrieb nicht nur alle, vor Ekel mittlerweile kranken, Lidobewohner, sondern wehte auch in die eigentliche Stadt hinüber, schlich durch die Kanäle in die Häuser und erfüllte am Ende heillos die ganze Lagune: den Venezianern blieb, nachdem sie bis zum September durchgehalten, nichts anderes übrig, als ihre Inseln zu räumen und in einem lebensgefährlichen Gedränge, Panik hatte von einer Stunde auf die andere alles ergriffen, mit Eisenbahnzügen, Autos, Booten und sogar mit Hubschraubern aufs Festland zu weichen. So sehr schon war ihr Wille gebrochen, ihre Phantasie ausgedörrt, daß sie die Heimsuchung zwar erstaunlich lange tapfer ertrugen, aber, erstarrt in einer fatalen Apathie, einem schrecklichen Stupor, weder selbst etwas dagegen unternahmen noch sich um die Hilfe anderer bemühten. Vielmehr redeten sie sich ein, ihr Verderben sei nur die Bestätigung dessen, was sie bereits seit dem Gesuch des Alexandriners zu wissen geglaubt hatten: die Zeit Venedigs sei abgelaufen, der Augenblick der Rückkehr ins Meer, aus dem es einst als das größte Wunder des heiligen Markus aufgetaucht, sei gekommen.

Die Reliquie aber: rissen die Stürme sie in die Tiefe, zusammen mit den Resten der Paläste und Kirchen, die über den verfaulten und rapide absackenden Holzrosten, auf daß sie vollends abgeräumt und weggetragen würden, zusammenklappten und einstürzten? Stahlen Plünderer, die in den verwesenden Eingeweiden der Stadt nach Schätzen wühlten, den Schrein? Nach Jahren, als die Skelette der Wale, Schiffsgerippe in einer Werft, weiß am Lido aufragten und den Kindern der Fischer, die sich mittlerweile zaghaft wieder angesiedelt hatten, als Klettergerüst dienten, wußte niemand, wohin die Kassette geraten war. Ob nicht der Patriarch Kyrill sie vielleicht doch noch, vom Chaos begünstigt, in einem Gegenraubzug nach Alexandrien zurückgeholt hatte? Daß der heilige Markus, wie andere gestohlene Heilige, nach mehr als einem Jahrtausend öffentlich und offiziell in den Osten zurückgekehrt wäre, fällt außer Betracht: Am Ende hatte auch der Papst, da Kyrill von dem venezianischen Metropoliten (er saß jetzt auf dem Festland in Mestre), der jede Verhandlung rundweg ablehnte, an ihn zurückkappellierte, einer Entscheidung nicht mehr ausweichen können und das Ansinnen des östlichen Bruders in Christo zurückgewiesen: Sollte Gott, wenn es ihm so gefiel, das Meer mit seinem Getier vorschicken und die Stadt Venedig für den nach menschlichen Begriffen längst verjährten Frevel höchstpersönlich bestrafen. Ihm, dem Papst, stand es nicht zu, sich in sein Gericht zu mischen und sie um ihren Talisman und Schutzherrn zu bringen. Nein, ihm stand es nicht zu.

# Flucht aus Eleusis

Als er nach langem Irren zwischen Lagerbaracken, Eisenbahnschuppen und Benzinkanistern endlich das Gittertor erreichte, atmete der Autokrator auf. Aber es war nur der plötzliche Wechsel der Umgebung, der ihn zu täuschen versuchte: Die aus den eingestürzten Torgiebeln gebrochenen Schlußsteine, Riesenlorbeerkränze um die starren Gesichter der Kaiser, welche zum letztenmal die Mysterienstätte erneuert hatten, konnten ihm auch nichts helfen. Es hätte ihm nichts genützt, sich dahinter zu verstecken. Behindert durch den langen Mantel, den er seit der letzten, vergeblichen Auseinandersetzung mit seinem Gegner im Parlament noch nicht abgelegt hatte, stieg er durch die Ruinen: All diese Reste von Gebäuden und Standbildern waren in ihrer Auflösung schon so weit fortgeschritten, daß der Augenblick nicht mehr fern schien, wo sie in die Natur zurückkehrten. Insofern allerdings war das Gefühl der Befreiung berechtigt: Der Duft der Wildnis drang nicht nur von außen auf ihn ein, er stieg aus seinem Innersten auf. Der Autokrator begriff, daß seine Sache mit der Landschaft, in die er sich immer tiefer verstrickte, eins und identisch war. Daß die aus ihrer Form überanstrengt ins Ungeformte zurücksinkenden Steine, daß die Gesichter und Glieder, deren Züge verflachten und deren Umrisse sich zu verlieren begannen, daß alles er selber war und sein Gang durch das Trümmergelände nichts anderes als eine große Reflexion und Gewissenserforschung. Auf den verwaschenen Stufen, die mit tückischer Bequemlichkeit zur Einweihungshalle hinaufführten, raffte er, um nicht darüber zu stolpern, den schleppenden Mantel hoch und wickelte ihn um den Bauch. Oben, von der Steinestrade aus, sah er das Meer an jener unbestimmten Farbe kränkeln, die einen Wetterumschlag ankündigte. Die Rauchsäulen standen zwar noch steil über den Schloten: Die Fabriken und Werften arbeiteten offenbar weiter, und einen Augenblick fürchtete er, das Geschick seiner Herrschaft betreffe, außer den General, nur ihn selbst. Doch das immer nähere Geknatter der Maschinengewehre belehrte ihn, daß sich noch irgend jemand für ihn schlug. Er stand auf und kletterte durch die Trümmer und über die zahlreichen umgestürzten Schilder mit Verboten, Hinweisen und Ermahnungen: teils trieb ihn Neugier, teils ein Rest von Kampflust und das Gefühl der Verpflichtung gegenüber seinen enttäuschten Getreuen. Aber am unerbittlichsten bedrängte ihn die schnell zur Panik wachsende Angst, ein einziger Irrtum zu sein, den Purpur, obwohl er darin geboren war, nur einem Zufall zu verdanken. Oder warum sonst hatte ihn weder einer der Soldaten, die den Palast umstellt hielten, noch ein einziger von den Arbeitern, die mit ihm im Autobus zur Frühschicht hier herausfuhren, behelligt? Obwohl sein Bild jahrelang täglich in den Zeitungen stand und obwohl er, zu allem Überfluß, den Mantel immer noch trug, hatten sie ihn einfach nicht erkannt. Vielmehr, sie hatten ihn besser erkannt und gespürt, daß er der Autokrator, für den alle ihn bisher gehalten, gar nicht war und daß der General sich die Mühe, ihn zu entsetzen, hätte sparen können. War es ihm doch nicht einmal gelungen, die Torgiebel wieder aufzurichten und die Bildnisse der alten Kaiser an ihren Platz zurückzubringen. In seinem Selbstzerfleischungswahn vergaß er ganz, daß niemals ein Parlament die Mittel zur Restauration der Ruinen bewilligt hatte. Aber der Gram über den Gegensatz zwischen seiner Mittelmäßigkeit und seiner Begierde nach Größe benebelte ihn, peitschte ihn auf und hinaus und zurück zu dem rostigen Gittertor. Drüben vor Salamis lag die Kriegsflotte, die er gestern noch die seine genannt hatte: ein paar alte Kanonenschiffe und, als Prunkstück, ein dreißigjähriges U-Boot, das zu seines Vaters Zeiten beim Ausverkauf der deutschen Seemacht übernommen worden war. Unmittelbar vor dem Gitter auf der Straße aber hupten rhythmisch die Autos, wie sie das auch bei seiner Thronbesteigung getan hatten. Doch jetzt skandierten sie den Namen des Generals. Er lief über den Fahrdamm in die Zuckerbäckerei «Demeter» und merkte erst, als er von seinem wackligen Marmortischchen durch das Schaufenster hinaussah, daß vor der Dreierreihe der Autos viele junge Leute in blutbeschmierten Hemden auf dem Pflaster lagen. Offenbar war er über sie weggelaufen. Das wunderte ihn weniger, als daß auch der Blick des Kellners, der ihm schon das zweite Mal frisches Wasser brachte, gleichgültig und gelangweilt über seinen Purpur glitt. In der Tat, er wußte nicht mehr, vor wem und warum er eigentlich floh und was er hier draußen gesucht hatte. Vielleicht die Tortenstücke, die hier besonders groß und besonders süß und von einer dickeren Zuckerschicht bedeckt waren, als er das jemals woanders gesehen. Doch jetzt knatterten wieder die Maschinengewehre: diesmal gleichzeitig von den Schiffen und von der Stadt her. Die andern Gäste und der Kellner standen längst auf dem Trottoir, klatschten in die Hände und skandierten, zusammen mit den Autohupen, den Namen des Generals. Der Autokrator ging zur Theke, nahm das größte, schneeweiß überzuckerte Tortenstück, trug es mit zitternden Händen an seinen Tisch und aß es andächtig und sehr langsam, als ob es die heilige Oblate wäre, die er jeweils an Ostern in der Metropolitankirche der heiligen Konstantin und Helena aus der Hand des Patriarchen empfing.

## Die Tränen

Die unterstände, in den letzten Jahren vor dem Krieg in die Felsklippen über der Stadt hineingebrochen, waren jetzt nur noch wüste Grotten hinter dem für die Kirche der weinenden Muttergottes abgesteckten Platz. Salvatore hatte sich immer vor seiner Mutter gefürchtet, aber seit sie die Madonna hatte weinen sehen, mied er sogar das Haus und zog es vor, sich in den Grotten, auf deren Eingang oder besser Einschlupf er auf einer seiner nächtlichen Streifereien gestoßen war, zu verstecken. Als ihn die Polizei hier aufgriff und ins Untersuchungsgefängnis brachte, begann man eben die Fundamente der Kirche auszuschachten. Aber auch wenn die Scheiben des Polizeiwagens nicht verhängt gewesen wären, hätte er die Baugrube, die Leitern und Bretter, die schwitzenden Arbeiter nicht wahrgenommen: Er saß, endlich zur Ruhe gekommen und glücklich, mit geschlossenen Augen, ließ sich stoßen und schieben und führen und gab auf alle Fragen, die ihm Anwälte, Richter, Psychiater und Zeugen stellten, karge und nichtssagende, genaugenommen überhaupt keine Antworten.

Wenn er zum Beispiel zu Protokoll gab, daß er immer die Einsamkeit gesucht und Freunde nie gehabt, daß er kaum je mit jemandem gesprochen habe, so verwirrte diese Aussage mehr, als sie klärte. Wie er denn an seine Opfer herangekommen sei, wenn er sich nicht mit ihnen angefreundet, nicht mit ihnen gesprochen habe? Nur durch die Befehle. Und sie hätten ihm einfach gehorcht, ohne daß es einer Erklärung, Verführung, Verlockung bedurfte? Ja, so sei es gewesen. Und zwar habe er am Tage nach der ersten Tränenerscheinung an der Keramikmadonna seiner Mutter plötzlich den Drang und die Kraft zu opfern in sich gespürt. Was denn das mit der Erscheinung zu tun gehabt habe, ob er etwa glaube, daß seine scheußlichen und abartigen Handlungen der Muttergottes gefallen hätten, von ihr etwa gar gefordert worden seien? Doch, das glaube er, er habe nur die Befehle, die er empfangen, ausgeführt und weitergegeben. Darum auch habe er eine Kopie der Keramik, die man, seit der Bischof der Diözese, wenn auch zögernd und auf Widerruf, die Erscheinung anerkannt und den Kult des Bildes erlaubt hatte, in allen Devotionalienläden kaufen konnte, über der Marter- und Opferbank an der Felswand befestigt. Damals begann er den Schutzraum als seine eigentliche Unterkunft anzusehen, je größer der Andrang der Frommen und Neugierigen wurde, desto seltener ließ sich Salvatore zu Hause blicken: Es kam vor, daß das Schlafzimmer seiner Mutter voll war von Menschen, die, weil sie das Keramikgesicht an der Wand von Tränen überströmt sahen, alle gemeinsam aufstöhnten; einmal schrie ein etwa vierzigjähriger Mann, der, mit gleichfalls tränenüberströmtem Gesicht, am ganzen Körper zuckte, laut: Mütterchen, hilf mir! Mütterchen, hilf mir!

Schließlich konnten die städtischen Behörden, gedrängt von den Franziskanern, die als erste das Phänomen geprüft und für echt befunden hatten, nicht mehr umhin, davon Notiz zu nehmen und der Familie eine neue Wohnung anzubieten, damit die bisherige, zur Stätte des Wunders und göttlicher Offenbarung geworden, ganz den Gläubigen zur Verfügung stünde. Seit die bescheidene Zweizimmerwohnung, sie lag praktischerweise im Erdgeschoß eines einstöckigen Hauses, sich in eine Kapelle verwandelt hatte, von der alten Einrichtung blieb nur das Wunderbild an der Wand des Schlafzimmers übrig, an die Stelle der Betten, Schränke, Tische, Stühle traten Betschemel, ja sogar ein Beichtstuhl und ein kleiner Taufstein, und die Familie in die neue, bequemere und größere Wohnung einzog, blieb Salvatore überhaupt weg, tatsächlich hatte er die neue Behausung auch nicht ein einziges Mal betreten. Jetzt nahm er auch immer häufiger, wie er sagte: auf Anweisung der Madonna, Jungen mit in die Grotten, opferte sie unter umständlichen Marterungen, deren Ritual er im Lauf der Zeit immer mehr entwickelte und perfektionierte. Roberto, den er am auf die ersten Tränenerscheinung folgenden Tag der Prozedur unterwarf, befahl er, sich auszuziehen und sich auf den Opferaltar zu legen, damit er ihn festbinden und langsam, jede neue Phase der Handlung feierlich ankündigend, zu Tode peinigen konnte. Er verging sich in jeder Weise an ihm, ließ Liebkosungen und Marterungen abwechseln, ohne daß die Befrager seiner Darstellung zu entnehmen vermochten, welche Handlungen er selbst für das Opfer als lust-, welche er als schmerzbringend ansah. Am Ende vermuteten sie, er habe, wenn er Roberto peinigte, ihn zu liebkosen, wenn er ihn liebkoste, zu peinigen geglaubt. Je öfter die Madonna seiner Mutter weinte, je häufiger sie Wunder wirkte, und immer wieder wurden Kranke, wenn sie das Bild gläubig betrachteten, gesund, desto mehr Jungen führte er in seine Höhle. Tommaso war der erste, den er kreuzigte, Franco der erste, dem er das lebendige Herz aus der Brust riß. Die Frage, ob er etwas von den Opferbräuchen der Azteken gehört habe – was durchaus möglich gewesen wäre: die Comics, die zu jener Zeit unter den jungen Leuten zirkulierten, reizten die Vorstellungskraft mit der phantastisch gesteigerten Darstellung von Sadismen aller historischen Epochen –, verneinte er gereizt, als ob ihn jeder Zweifel an der Originalität seiner Erfindungen kränken würde. Anderseits konnte er nicht genug darauf hinweisen, daß die weinende Muttergottes jede Opferhandlung in allen Einzelheiten festgelegt habe: tatsächlich geschahen alle Morde ausnahmslos kurz nach Erscheinungen, einige sogar gleichzeitig damit.

Am Tage des Einzugs seiner Mutter in die neue Wohnung, als das Wunderhaus von allen profanen Gegenständen geräumt und in ein Heiligtum verwandelt wurde, kam Salvatore auf den Gedanken, die Leichenkammer oder das Reliquiarium, oder wie man es nennen will, einzurichten: In einer Nebenhöhle, gleichsam einem Seitenschiff des Schutzraums, das vom Hauptteil durch Betonpfeiler abgetrennt war, legte er die verstümmelten Leichen sorgsam nebeneinander, und als der Fußboden dafür nicht mehr reichte, schichtete er sie übereinander, so daß, hätte der Zwischenfall mit Bernardo seinem abscheulichen Treiben, wie es die Zeitungen angewidert nannten, nicht ein Ende bereitet, mit der Zeit hier eine regelrechte Knochenkatakombe entstanden wäre. Die Polizisten fanden die unterste Leichenschicht schon fast fleischlos, als reines Skelettwerk, indes der faulende Geruch, den die oberen Schichten ausströmten, den Raum so sehr durchdrang und erfüllte, daß niemand begriff, wie der Schlächter, wie seine Opfer, solang sie noch lebten, es hier auch nur eine Stunde hatten aushalten können. Im Gegenteil, Salvatore erklärte, der Geruch, er vermied den Ausdruck Gestank hartnäckig, sei ihm nicht unangenehm gewesen, Bernardo sei der erste, der ihn nicht ertragen, der ihn überhaupt bemerkt habe: im Augenblick, in dem er anfing, sich die Nase zuzuhalten, sei ihm, Salvatore, klargeworden, daß er sich in Bernardo getäuscht, daß es ein Fehler gewesen, ihn mitzunehmen. So wunderte es ihn nicht mehr und fand er es ganz in Ordnung, daß Bernardo, nachdem er ihn, um den Ort nicht zu entweihen, die im Reliquiar und Beinhaus beigesetzten Opfer nicht zu kränken, fortgeschickt hatte, das Geheimnis aufdeckte und den Schlächter oder, wie Salvatore sich selbst nannte, Opferer der Polizei überlieferte. Bernardos Darstellung bestätigte die Aussage Salvatores: Nachdem dieser ihn bereits auf der Schlachtbank festgebunden und ihm mit zärtlicher Stimme angekündigt hatte, er werde ihn jetzt umbringen, löste er plötzlich die Stricke, befahl ihm, sich wieder anzuziehen, und wies ihn barsch aus der Grotte. Erst draußen, auf dem Rückweg durch das Gestrüpp, befiel Bernardo, obwohl es heller Nachmittag war, für einen Augenblick Angst, er könnte nicht mehr ins Freie finden. Dann aber spürte er gleich nur noch Wut darüber, daß Salvatore ihn einfach wegschickte, und er beschloß, sich zu rächen.

Das Gericht, aus dem Konzept geworfen durch die Tatsache, daß der Sohn einer Heiligen ein Verbrecher, ein Monstrum war, verwirrt auch durch die Rätsel, welche die peinvolle Untersuchung, die endlose Befragung eher noch verdunkelt als erhellt hatte, erklärte sich, nicht zuletzt unter dem Eindruck der Szenen, die sich bei der Konfrontation der Familien mit den grausig entstellten Resten ihrer zum Teil seit Jahren auf unerklärliche Weise verschwundenen Söhne abspielten, für beschlußunfähig und vertagte die Entscheidung darüber, ob Salvatore ins Zuchthaus oder in eine Heilanstalt zu überweisen sei, auf einen Zeitpunkt nach den Feiern, womit gerade damals die Weihe der großen Kirche der weinenden Muttergottes und die Überführung der wunderbaren Keramik dahin begangen wurden. Die öffentliche Gerichtssitzung ausgerechnet in diesen Tagen wäre unpassend gewesen. Daß die Besitzerin des Gnadenbildes den Feiern fernblieb, sich zu Hause einschloß und ihren Tränen und Gebeten überlassen zu werden wünschte, erstaunte niemanden: Ihre Abwesenheit bestätigte sie als ein schon zu Lebzeiten seliges und erdentrücktes Wesen, machte den Kontrast zur Verworfenheit des Sohnes erst recht deutlich und steigerte insofern zweifellos den Glanz des frommen Pompes.

# Der Heilige

Eine dumpfe Traurigkeit im Kopf, als ob sie zu nichts mehr nutze wäre und nichts mehr zu bestellen hätte auf der Welt, irrte Frau Krake zwischen ihren acht Zimmern, der Küche, dem Bad, der Toilette herum, irrte über den langen Schlauchflur und über den langen, schmalen Balkon, der fast um die ganze Wohnung herumlief. Und dabei tat sie immer etwas, räumte die von den Eltern ererbte Wäsche, Tischwäsche, Bettwäsche aus einem Schrank in den andern und dachte während dieser Arbeit angestrengt nach, ob wohl die Bettwäsche besser im gelben oder im grünen oder im rosa Zimmer untergebracht wäre. War es besser, sie in den vorderen Zimmern, also im rosa und im grünen Zimmer, die wie das Eß- und das Schlafzimmer nach vorn gegen den Platz lagen, aufzubewahren, oder aber war es nicht rätlicher, sie zusammen mit der Tischwäsche im gelben Zimmer, das nach hinten hinaus auf den Hof sah, zu versorgen, dafür aber in den Schränken des rosa und des grünen Zimmers das Porzellan und das Tafelsilber, das man täglich vor jeder Mahlzeit hervorholte und nach jeder Mahlzeit wieder wegräumte? Während man ja die Tisch- und die Bettwäsche nur jede Woche einmal auswechselte, im übrigen blieb sie im Eß- respektive im Schlafzimmer? Frau Krake wurde, da keine der Lösungen, die ihr einfielen, sie überzeugte, immer heftiger und ruheloser umgetrieben, bis sie auf einmal, nachdem sie wieder durch alle Zimmer und durch die Küche und durch das Bad geirrt war, die Spülung in der Toilette kontrolliert hatte und wieder den Balkon betrat, unten auf der Straße neben seinem Fahrrad den Jungen liegen sah. Das ist etwas für den Schrank im grünen Zimmer, da paßt weder Wäsche noch Porzellan noch Silber hinein, dachte sie gleich, lief hinunter, hob den Jungen auf, schleppte ihn in die Wohnung und legte ihn im Schlafzimmer auf das hohe Bett mit den verschnörkelten Pfosten.

Die Operation war nicht leicht, denn der Junge war schon etwa sieben Jahre alt, sie selber aber dick und kurzatmig. Zu ihrer Überraschung, ja Bestürzung stellte sie fest, daß er noch lebte, sie hatte als selbstverständlich vorausgesetzt, er sei gleich bei dem Unfall – ein Auto mußte ihn angefahren haben – umgekommen. Aber er war nur ohnmächtig und lag bewegungslos mit geschlossenen Augen da. Sie lief in die Küche, setzte Wasser auf, trug es, als es kochte, ins Schlafzimmer und goß es über die Wunden, die Quetschungen, die blutunterlaufenen Stellen, über den ganzen Körper, den sie vollständig entkleidet hatte, bis sie ihn gleichmäßig krebsrot werden sah, und dachte: Das tut gut, jetzt wird er sauber und rein, und dann ist alles in Ordnung. Sie setzte einen zweiten, einen dritten Topf auf und goß das kochende Wasser, peinlich darauf achtend, daß auch nicht die kleinste Stelle unbenetzt blieb, über den Körper, wobei es ihr nicht das geringste ausmachte, daß die Laken und die Matratzen durchnäßt wurden und das ganze Zimmer sich mit Dampf füllte. Nach dem dritten Topf fand sie, es sei jetzt genug, ließ den Jungen, der keinen Laut von sich gab, liegen, fiel in den Sessel dem Bett gegenüber und entschlummerte, nicht ohne ein paarmal befriedigt: jetzt ist er rein, ganz rein, gemurmelt zu haben, freudig und ruhig, wie schon lange nicht mehr.

Am folgenden Morgen, als sie bemerkte, daß der Junge, dessen Haut sich mittlerweile abgeschält hatte und in Fetzen hing, sich immer noch nicht bewegte und auch nicht mehr atmete, bemächtigte sich ihrer ein Gefühl der Genugtuung, der Erleichterung: sie dachte wieder an den Schrank mit den Glastüren im grünen Zimmer, daß sich plötzlich die einzig richtige Verwendung dafür gefunden hatte. In der Drogerie um die Ecke kaufte sie eine große Tube Goldfarbe, drückte den Inhalt auf dem Körper des Jungen, den sie zuvor von den Hautfetzen befreit hatte, sorgfältig aus und verstrich die Farbe gleichmäßig. Aber die Tube reichte nur für die Vorderseite, für Gesicht, Brust, Bauch, Geschlechtsteile, Schenkel und Knie, dann war sie leer. Frau Krake blieb nichts anderes übrig, als nochmals zur Drogerie zu gehen und sich zum zweitenmal den verwunderten Blicken des Verkäufers auszusetzen, denn bisher hatte sie allenfalls Putzmittel und essigsaure Tonerde gekauft. Sie trug die zweite Tube Goldfarbe nach Hause, drehte den Jungen auf den Bauch, drückte die Tube auf seinem Rücken aus und verteilte die Farbe gleichmäßig über Schultern und Arme und Gesäß und Kniekehlen und Fersen. Jetzt war er ganz golden, aber sie verbot sich noch, ihn anzuschauen, ihn zu bewundern, vielmehr lief sie gleich ins gelbe Zimmer am andern Ende der Wohnung, kramte aus der obersten Schublade der Kommode das rote Weihnachtspapier und die Reißzwecken mit den weißen Köpfen, trug alles ins grüne Zimmer und schlug den Glasschrank, nachdem sie die Fächer herausgenommen hatte, damit aus. Dann nahm sie den Jungen vom Bett, die Farbe war inzwischen getrocknet, und schleifte ihn mehr, als daß sie ihn trug, zu dem Schrank und stellte ihn darin auf. Das war nicht einfach, denn der Körper sackte immer wieder zusammen, und sie fürchtete, daß er, wenn er gegen die Scheibe fiele, diese zerbräche. So band sie seine Arme an den Schrauben, die vorher die Fächer gehalten hatten, fest und schloß den Schrank. Sie fand, daß jetzt eigentlich alles in Ordnung sei, verließ das grüne Zimmer dann aber doch noch einmal, nämlich um Papierblumen zu holen, die sich von einer Faschingsdekoration aus ihrer Jugendzeit her in derselben Schublade des gelben Zimmers fanden, in der auch das rote Seidenpapier und die Reißzwecken mit den weißen Köpfen gelegen hatten. Sie warf auch nicht einen einzigen Blick in die andern Räume, was da etwa aufzuräumen wäre, sondern kehrte auf dem kürzesten Weg ins grüne Zimmer zurück, befestigte die Blumen an der Holzeinfassung der Glastür, so daß sie den vergoldeten Körper umrahmten, trat zurück, betrachtete glücklich ihr Werk und fand alles vollendet. Sie hatte keinen Drang mehr, irgend etwas zu tun oder zu ändern, verspürte, obwohl sie doch schon seit dem Vortag nichts mehr zu sich genommen hatte, weder Hunger noch Durst. Sie begehrte nur noch, in dem grünen Zimmer auf dem Sessel zu sitzen und unentwegt die goldene Gestalt anzuschauen.

Bis es dunkel wurde und, vorerst nur dumpf und unbestimmt, das Gefühl in ihr aufzusteigen begann, daß etwas fehle, daß doch noch nicht alles stimme. Als das Gefühl sich verschärfte, war ihr auf einmal klar: es fehlten die Lichter vor der Scheibe, auf beide Seiten des aufgerichteten Körpers, des vergoldeten Leichnams gehörten Kerzen. Sie sprang vom Sessel auf, lief aus der Wohnung, ohne zu spüren, daß sie dick war und noch vor vierundzwanzig Stunden Mühe mit dem Atmen gehabt hatte, zur Drogerie und verlangte zwei je ein Meter hohe gelbe Kerzen. Als der junge Verkäufer, der das Gewünschte nicht vorrätig hatte, sich zwar erbot, es zu bestellen, aber doch nachdrücklich fragte, ob sie sich nicht mit kleineren Kerzen begnügen wolle, fing Frau Krake zu bitten und zu flehen an: er habe die Meterkerzen sicher, sie seien wohl im Lagerraum, er solle sie bitte holen, sie bedürfe ihrer dringend. Doch der Verkäufer, immer verwunderter, zuckte die Schultern, hielt an seiner Behauptung, er könne im Augenblick nicht helfen, fest, bot ihr jedoch von neuem an, die Kerzen bis in zwei, drei Tagen herbeizuschaffen. Ja, da sie so groß seien, könne er sie ihr auch ins Haus bringen lassen. Jetzt wurde Frau Krake immer dringlicher, die Tränen traten ihr in die Augen: sie brauche die Kerzen sofort, sie habe den Leib eines Märtyrers zu Hause, wenn sie dem verweigere, was ihm gebühre, mache sie sich schuldig, und auch er, der Verkäufer, mache sich schuldig, wenn er nicht tue, was sie verlange. Die Sache dulde keinen Aufschub, auch nicht einen einzigen Tag, er solle doch die Ausreden lassen und sofort die beiden großen Herzen aus dem Lagerraum holen. Da tat der Verkäufer, um sie loszuwerden, als ob er ihr nachgäbe, als ob er ihr willfahren könnte und wollte, sagte, ja, ja, er werde das Nötige veranlassen, sie solle beruhigt nach Hause gehen, in einer halben Stunde seien die Kerzen bei ihr. Frau Krake, durch seine Zusage vom Groll zur überschwenglichen Freude umgestimmt, bedankte sich und kündigte ihm an, daß die Gnade des Heiligen über ihn kommen, daß der Märtyrer ihm das nie vergessen werde. Sie riet ihm auch, persönlich die Kerzen zu bringen und damit, zur Mehrung und Sicherung des Seelenheils, dem Märtyrer seine Verehrung zu bezeigen. Als sie sich zu Hause wieder auf dem Sessel gegenüber dem Glasschrank niedergelassen und eben beschlossen hatte, hier die Nacht im

Gebet zu verbringen, läutete es, und der Verkäufer aus der Drogerie stand mit drei andern Männern, die weiße Kittel trugen, in der Tür. Sie hatten die Kerzen nicht bei sich, achteten weder auf das Befremden noch auf die Fragen, noch auf die Proteste von Frau Krake, sondern drangen in die Wohnung und vorbei am gelben, am Eß- und am Schlafzimmer in das grüne Zimmer ein, rissen den Glasschrank auf, nahmen den Leichnam heraus, wickelten ihn in ein Laken und schickten sich an, ihn fortzutragen. Frau Krake, plötzlich wieder schwer atmend, schrie auf, warf sich auf die Männer, wurde aber zurückgestoßen und gewaltsam in den Sessel gedrückt. Kaum hatte sie sich wieder erhoben und die von jenen zugeschlagene Zimmertür erreicht, hörte sie auch schon die Wohnungstür ins Schloß fallen. Sie spürte wieder sehr, daß sie dick war, daß ihr der Atem wegblieb, daß ihr Herz unregelmäßig schlug, fürchtete einen Schwindelanfall und setzte sich hin: Das rote Seidenpapier war noch da, die Reißzwecken mit den weißen Köpfen waren noch da, die Papierblumen waren noch da, doch der Schrank stand offen und war leer. Nur das sah sie. Die Wäsche und das Silber, wo sie die Dinge am besten versorgen sollte, alles, was sie vor kurzem noch ausschließlich beschäftigt hatte, blieb ihr gleichgültig. Sie verharrte vor dem Reliquiar, das aufgebrochen, beraubt, leer, entweiht war, und schlief, nunmehr überzeugt, daß es nichts gab, das zu tun sich noch lohnte, bald ein.

## Panathenäen

ALS DER VULKAN seine Natur, die er jahrhundertelang versteckt hatte, brummend offenbarte und die Wolkendecke seinen Groll widerspiegelte, erbrachen sie die Kirchen, rissen von den Altären und aus den Sakristeien die silbernen Kopf- und Büsten- und Vollfigurenreliquiare und die Glasschreine mit den zähnebleckenden und edelsteingespickten Gebeinen, trugen sie auf den Hauptplatz, stellten sie zu den großen Kerzen: den Osterleuchtern aus den Apsiden, den Taufkerzen aus den Baptisterien, den Votivkerzen aus den Gnadenkapellen und zogen dann, mit allem beladen, in feierlicher Ordnung, wenn auch schwitzend, die vielen Windungen der Straße über Bergzehen und -fuß bis zum Stachelbuschwald hinauf. Dort hoben sie laut zu singen an, als ob sich die Gabeläste und Stachelzweige, welche die Kreuze, Fahnen, Reliquiare und Lichter bedrängten, damit zurückschlagen ließen. Doch wenn auch manche Silberbacke eine Ohrfeige einstecken mußte und mancher Docht zerquetscht wurde, am Ende erreichten sie ihr Ziel, und alle Behältnisse, geschmückten Skelette, Leuchter und Lampen drängten sich im Grabhaus um die Bahre der Großpatronin und Präsidentin aller Stadtheiltümer; die den Gnadenbildern abgenommenen silbernen, goldenen, wächsernen und tönernen Votivherzen, -beine, -arme, -rümpfe, -wickelkinder und -krücken häuften sich um den Katafalk. Um sich schadlos zu halten, entrissen sie der Mumie unter dem Seidenhimmel, obwohl sie es ihr eben erst an ihrem Festtag geschenkt hatten, das perlenbestickte Brokatkleid, ließen sie im Leichenhemd liegen und trugen den Wehrfetisch und Talisman auf einem hohen Gestell die Kehren hinunter zurück in die mittlerweile von den herübergewehten und abgesunkenen Funken an Ecken und Enden in Brand gesetzte Stadt. Das Löschwasser überschwemmte nicht nur die Keller, sondern auch die Straßen und Gehsteige, verwandelte die Treppen in Kaskaden und spornte die Flammen, statt sie zu beschwichtigen, an, hetzte sie auf zu boshaft trotziger Vermehrung. Die Prozession, eben noch wehleidig beschaulich in den Flehgesang der Litaneien versenkt, jagte erschreckt zwischen Feuer und Wasser hindurch zum Hafen, den Meerböen in die offenen Arme. Die heilige Vogelscheuche flatterte voraus auf die Mole und ließ die Stadt, weit davon entfernt, ihr gegen den Berg zu helfen, im Stich: Längst hatte die Patronin ihren Akkord geschlossen mit ihm, dessen Hang sie bewohnte, in dessen Gestrüpp sie sich kuschte, an seinen Greisenschrullen fand sie nichts zu bemängeln. Der Zusammenprall der Heißluft aus der brennenden Stadt mit der Kaltluft vom Meer wirbelte das Kleid auf und bauschte es zu einem Unheilsvogel über den Köpfen der Frommen, die noch nicht merkten, daß sie vergeblich vertrauten und daß man sie zum Narren gehalten. Den Funkenschwaden vom Berg folgten senfgelbe Wolken und begruben die Brandruinen unter Rieselpuder. Die auf der Mole trösteten sich immer noch mit dem Aufblick zu Heilsscheuche und Flatterkleid, das sie an dieses Ende gelockt hatte und nun die Flügel wieder hängen ließ. Die Tote oben auf dem Katafalk in ihrem Grabhaus war es zufrieden, freute sich der erschlichenen Schätze, ruhte an ihrem Berg und lauschte aus ihrem Mumienschlaf wohlgefällig auf das Rumoren in seinem Bauch: Erleichtert, daß es mit der Stadt nun vorbei war, mit ihrem quengelnden Schutzgefleh und -geplärr. Bald würden die Büsche und das Gestrüpp das Grab ganz überwuchern, sie würde endgültig einwachsen in die Seite des Greises, eine unveränderliche, aller Belästigung entzogene, nie mehr erweckbare Eva einsinken in den mächtigen, endlich zufriedenen Adam.

# Der Walfisch

Dass das wasser ihn aus dem Buch, welches im eingeschlossenen Zimmer mit dem verriegelten Fenster aufgeschlagen vor mir lag, erwecken und herausschwemmen würde, überraschte mich, ich begriff es zu spät, als daß ich mich dagegen hätte wappnen können. Der Palimpsest auf der linken Seite hatte mich so sehr beschäftigt, ja erregt, daß mir kein Auge für den Walfisch auf der rechten Seite übrigblieb. Obwohl, wenigstens ist mir das heute wahrscheinlich, der Walfisch zu dem Text, den ich nicht entziffern konnte, gehörte, als Illustration dazu mir vielleicht hätte weiterhelfen können. Doch damals glaubte ich, den Text zu verstehen, dessen Sprache mir ebenso unbekannt wie die Schrift war (eigentlich müßte ich von Schriften reden, da ja mehrere übereinanderlagen, einander verwischten und aufhoben): ich stieg und klomm durch die Verästelungen der Buchstaben von Zeile zu Zeile, durch das Liniengewirr der, je nach Alter, helleren oder dunkleren Schriftzüge, sprang von der einen Rundung oben hinab auf die dagegen leicht verschobene darunter, dahinter. Über dem Vergnügen der analphabetischen Lesung vergaß ich den Wal, der in seiner Hilflosigkeit der Teilnahme bedürftig, breit und schläfrig auf dem knackenden Schriftgestrüpp lag. Ich übersah ihn, bis das Wasser durch die Ritzen der Läden drang, bis es das Fenster eindrückte und auf einmal hinten in meinem Winkel stand, eine unansehnliche Lache zuerst, doch schon im nächsten Augenblick drohte es Stuhl und Tisch zu überschwemmen, so daß ich, während der Wal weit aufgerissenen Mauls auf mich zuschwamm, mit einem Satz auf- und aus dem Palimpsest hinaussprang, die Tür aufriß und gerade noch dem Wasser die Treppe hinunter auf die Straße entkam, wo mich nun freilich die Katastrophe, deren Beginn und Wachstum ich über dem Folianten versäumt hatte, bestürzte: Die Straße brannte, die Feuerspritzen peitschten die Häuser, machten sie alle überlaufen, ersaufen, ohne das Feuer auch nur zum geringsten Rückzug, geschweige denn zum Erlöschen zu rühren. Im Gegenteil, immer lüsterner leckte es hoch, immer geiler: schreckverzaubert, aber genau hätte ich mir den Kampf betrachtet, wenn nicht die Straße schon überflutet gewesen, wenn mir das Wasser nicht schon über die Knöchel gestiegen wäre und, zu böser Letzt, nicht auch noch der Walfisch sich mit der Woge, prustend und mit dem Schwanz schlagend, aus der Tür gestürzt, mich erspäht und, eingeschlossen in die Wasserstrahlen und geleitet von ihnen, mich verfolgt hätte. Vor seinem klaffenden Maul floh ich, so schnell es das Wasser, worin ich auszurutschen und zu ertrinken fürchtete, zuließ, und folgte der Strömung der Straße entlang hinunter bis zur Wurzel der Mole, lief, ohne auch nur ein einziges Mal zurückzuschauen, hinaus: auf der schmalen Betonbank stand ich endlich wieder auf trockenem Boden. Aber als ich mich eben beruhigt an der Molenspitze hinsetzen und von den Stufen des rotweißen Leuchtturmphallus meine ohnehin nassen Füße ins Meer baumeln lassen wollte, hörte ich auch schon das Planschen und Schnauben des Wals, der, das Maul klaffender und schlinggieriger als je, heranschwamm. Ich dachte an meine Palimpseststudien, auch im Bauch dieses Wals, wie in dem jenes uralten, mesopotamischen (wenn es nicht, und das schien mir sehr wohl möglich, derselbe war), mußte sich ein stiller Ort finden: ja, in diesem Bauchgrund lag jetzt mein Foliant für mich bereit. Ich war sicher, daß ich dort drin, in der Höhle hinter dem aufgesperrten Rachen, ungestörter als je von Arabeske zu Arabeske, von Buchstabe zu Buchstabe, von einer Zeichenrundung zur andern immer weiter in die Tiefe, von den frischeren und kräftigeren Schriften hinab in die älteren und blasseren klettern würde: das Hängen in den Biegungen der Oberlängen, das Schaukeln im Luftwurzelwerk der Unterlängen würde mir im Walbauch vollkommener und sorgloser vergönnt sein. Da ich dem Walfisch nicht die Unbequemlichkeit, sich an mich heranschieben und nach mir schnappen zu müssen, bereiten wollte, stand ich auf und sprang über die meterbreite Meerlücke stracks in sein Maul, das sich sofort über mir schloß. Zwar war es stockdunkel darin, aber ich fühlte mich geborgen und, beim Gedanken, daß Feuer und Wasser die Stadt mittlerweile gänzlich verschluckt hatten, gerettet, entrückt und enthoben; ich tastete mich durch die schleimige Höhle in die Tiefe, wo in der langsam aufhellenden Dämmerung tatsächlich die Palimpsestenlust darauf wartete, daß ich sie fand, ergriff und genoß.

# Blumen

Welche Blumen sie wählen sollte, wußte sie nicht, die Fülle war zu groß, auch die Fülle der Erinnerungen. Da gab es zum Beispiel die weißen Sterne, an die sie schon gar nicht herantrat, war doch die Bahre ihres Vaters von ihnen so dicht umgeben gewesen, daß sie, damals noch ein kleines Mädchen, gar nicht bis zu ihm hatte vordringen, sein Gesicht, dessen Schönheit im Tode die Verwandten rühmten, gar nicht hatte sehen können. Alles, was sie an den verhaßten Vater gemahnte, war ihr widerwärtig, sie schaute sich schnell nach anderen Blumen um, stieß aber gleich auf die Duftkelche, die es in vielen, den verschiedenen Gelegenheiten entsprechenden, Modefarben gab. Doch bereitete ihr der Anblick dieser Blumen, wenn möglich, noch mehr Mißbehagen als derjenige der weißen Sterne: mit Duftkelchen war die Hochzeitstafel ihrer Schwester geschmückt gewesen, in der Mitte türmten sie sich so, daß jedesmal, wenn sie den Aufsatz ansah, ihr Blick unvermeidlich auch auf das von Geldgier und Ehrgeiz bis auf die Knochen abgemagerte Gesicht des Bräutigams fiel. Nein, die Duftkelche kamen noch weniger in Frage, sie trat tiefer in den Laden hinein, die Worte der alten Verkäuferin: Wohin gehen Sie, gnädiges Fräulein, dort hinten werden Sie kaum etwas finden? erreichten sie unter den hohen Blattpflanzen, den dunklen Topfbäumen schon nicht mehr: Sie ging im Walde, wohin nur noch Spuren des Tageslichtes drangen, vorwärts; zu ihrer Verwunderung steigerte die Angst ihre Neugier. Das erklärte sie sich für einen Augenblick damit, daß sie das erste Mal in einem Höhlenwald ging. Doch spätestens die Stimme der Verkäuferin, und zwar gerade der Umstand, daß sie nicht die Worte, sondern nur den Tonfall aufnahm, belehrte sie eines andern: sie sah den Höhlenwald nicht zum erstenmal, sie hatte ihn schon einmal betreten, die Luft am Wiedererkennen setzte Furcht und Neugier ins Gleichgewicht.

Die Höhle war sehr hoch, das war gleich zu erkennen, weil das Gewölbe in einer von einer Mondöffnung abgebrochenen Spitze auslief, allerdings zu weit, viel zu weit oben, als daß von da mehr als ein Schimmer herabgedrungen wäre, der den großen, scheinbar unbegrenzten Raum und das Geäst der Gewächse darin nicht so sehr beleuchtete, als in ihren vagen und bizarren Umrissen nur desto finsterer, erst wirklich labyrinthisch erscheinen ließ.

Sie ging Schritt für Schritt voran, die Blätter streiften ihre Arme und Schenkel und übertrugen ihre Säfte auf sie, so daß ihr Körper sich den Pflanzen anglich, anschwoll und die gleichen vagen und bizarren Umrisse annahm. Wieder traf sie die Stimme der alten Frau: ob sie aus der Mondöffnung oben, ob sie aus der stockdunklen Tiefe der Höhle hinter den Gewächsen hervortönte, die einzelnen Worte erreichten sie nicht, wiewohl sie etwas zu verstehen glaubte wie: Paß auf, sprich nicht, man belauscht dich! Aber warum und mit wem sollte sie hier sprechen? Sie antwortete darum nicht, sah sich auch nicht nach der Sprecherin um, vielmehr, statt sich damit zu begnügen, sich von den Zweigen und Blättern streifen, sich von den Stacheln, die ihr den Pflanzensaft einspritzten, stechen zu lassen, begann sie die Gewächse mit den Händen abzutasten, als hinge alles von der Erkenntnis der Formen, als hinge alles davon ab, daß sie, indem sie von außen unerbittlich an sie herandrang, die Natur dieser Flora erkannte.

Und sie jubelte schon, glaubte schon, das Gesetz und die Formel des Höhlenwucherns erraten zu haben, als ihre Hand Riesenblüten auf hohen Stengeln berührte, noch saftiger, noch üppiger als alles andere hier. Und obwohl alles schwarz schien in der Höhle, war sie doch überzeugt von der weißen Farbe dieser Blumen, von ihrer gefräßigen und unersättlichen Unschuld. Auf einmal verstand sie den Sinn dessen, was ihr die alte Frau zugerufen hatte, obwohl er mit den Worten, die sie zu hören geglaubt hatte, so gar nicht übereinstimmte, floh zurück, schlug sich durch das Dickicht und wunderte sich, daß es immer noch Tag war, als sie wieder zum Eingang der Höhle gelangte, wo immer noch die alte Verkäuferin stand und den Kopf schüttelte, als ob sie eben erst ihren Satz von vorhin vollendet hätte: Die Zeit war eingestürzt, und als sie auf die Uhr schaute, hatte sie vergessen, was das Zifferblatt und die Zahlen und die Zeiger bedeuteten. Aber die Blumen sah sie noch, auch wenn sie nicht begriff, warum es außerhalb der Höhle auch welche gab, wie sie in dem grellen Licht wachsen konnten. Die bunten Blüten hier draußen erschienen ihr kraftlos im Vergleich zu der strotzend aufgequollenen, farblosen Flora dort drinnen. So, ohne jede Vorstellung davon, warum und für wen sie überhaupt Blumen wollte, warum sie hierhergekommen, entschloß sie sich zu den weißen Sternen, obgleich sie sie an den verhaßten Vater erinnerten, nahm einen großen Strauß davon aus den Händen der Verkäuferin, die jetzt wortlos lächelte, stürzte hinaus und fragte sich, wohin sie jetzt laufen, wo sie den Strauß aufstellen, was ihr das Widerwärtigste auf der Welt wäre, das sie damit ganz und gar zudecken könnte.

## Zwei Bäume

Als ich erwachte, war es noch dunkel, und ich brauchte einige Zeit, bis ich begriff, wo ich lag und mich erinnerte, wie ich hierher geraten und was vorgefallen war. Ich sprang auf und schlug mich, während die Zweige ringsum knackten und mein Gesicht peitschten, ins freie Feld durch, wo meine Füße im morastigen Boden versanken. Ich zog sie immer wieder mühsam heraus und suchte, was in der mond- und sternlosen Finsternis ziemlich aussichtslos schien, nach einer trockenen Zuflucht, bis endlich der Himmel zu erbleichen begann und sich am Horizont die schwarzen Riesengestalten kahler Bäume zeigten. Ich humpelte, so schnell die Lehmklötze an meinen Schuhen das eben gestatteten, darauf zu, wählte mir denjenigen aus, dessen Äste am tiefsten ansetzten, und kletterte hinauf. Je höher ich kam, desto größere Angst hinunterzufallen hatte ich, zugleich aber wuchs in mir die Begier, über die Landschaft, die ich ja noch nie gesehen und erst gestern, betrunken, zum ersten Mal betreten hatte, möglichst weit hinwegzuschauen. So geriet ich, indes mir, nachdem ich eben noch gefroren hatte, der Schweiß ausbrach, höher und höher und hielt erst inne, als ich auf dem obersten Ast, der mir noch stark genug schien, mich zu tragen, angekommen war. Dort blieb ich, unbequem genug, rittlings sitzen, ließ die Beine niederbaumeln, hielt mich an dem feuchten, glitschigen Stamm mit beiden Händen fest und betrachtete das Land, über dem es mittlerweile vollends Tag geworden war: ein grauer Tag, der Himmel lag, eine gleichmäßige fahle Decke, hoch oben, und ich fürchtete schon, es fange wieder an zu regnen, als auf einmal ein großer, schwarzer Vogel meine Aufmerksamkeit auf sich zog: er taumelte, plump und angestrengt mit den Flügeln schlagend, auf meinen Baum zu und ließ sich, nachdem er ihn zwei-, dreimal torkelnd umkreist hatte, auf einem der unteren Äste nieder. Ganz und gar mit ihm und seinem Anflug beschäftigt, hatte ich nicht bemerkt, daß schon ein zweiter Vogel, nicht weniger groß, nicht weniger schwarz als der erste, herantaumelte und sich gleichfalls, nach einigen musternden Umkreisungen, auf einen der unteren Äste setzte. Wenn mich die Erscheinung der beiden Vögel bloß wunderte und meine Neugier reizte – warum taten sie so, als ob sie am Ende ihrer Kräfte wären und sich kaum mehr im Flug zu halten vermöchten? –, bemächtigte sich meiner ein Unbehagen, das sich schnell zur Angst steigerte, als ein dritter, ein vierter, ein fünfter großer, schwarzer Vogel auf die gleiche Weise den Baum anflog und sich in den Ästen niederließ, als unzählige Vögel von allen Seiten herantaumelten, ohne daß ich erkennen konnte, ob sie hinter den fernen Büschen und Wäldern heraufkamen oder ob der hohe, gleichmäßig graue Himmel sie entließ. Sie waren, zuerst einzeln, dann in Gruppen, Schwärmen, schließlich in unübersehbaren Scharen auf einmal da, verschmähten alle anderen Bäume, die, nicht weniger hoch und nicht weniger ästereich, den meinen in geringer Entfernung umstanden, und versammelten sich alle ausnahmslos auf diesem einen, dessen Zweige sie bald lückenlos besetzten, so daß ein Vogel den andern bedrängte und, da immer noch andere und andere heranflogen, nicht abzusehen war, wie das enden sollte. Meine Angst jedoch vor den näher und näher heranrückenden Vögeln drohte zur Panik zu werden, als sie, nachdem sie nunmehr alle andern Äste okkupiert hatten, auch die letzte Hemmung verloren und die Neuankömmlinge, zuerst zögernd, dann sich immer dreister vom äußersten Ende her nach innen schiebend, auch meinen Ast in Besitz zu nehmen begannen.

Da, schon setzte sich ein Vogel auf meine Schulter, faßte auf einmal ein sanfter, doch unwiderstehlicher Sturm meine Seele, faßte und hob sie und trug sie davon und zurück in das Zimmer, wo ich so oft im Fenster gelegen und hinausgeschaut hatte. Das Fenster sah hinaus auf den Rasen, in dessen Mitte eine riesige Zeder alle andern Bäume des Parks überragte und in deren Geäst, wenn ich am Morgen die Läden öffnete, unzählige weiße Pfauen ihre Schweife bewegungslos niederhängen ließen und, die Köpfe im Gefieder versteckt, schliefen. Sobald aber die Sonne aufging und ihre Strahlen die Zeder berührten, erwachten die Pfauen, hoben die Köpfe und glitten in einem einzigen kurzen Flug auf den Rasen nieder, wo sie, bald in gravitätischem Gang den Schweif hinter sich herziehend, bald das Rad schlagend, den ganzen Tag über blieben und die Nacht erwarteten, deren Einbruch ihnen Aufforderung, ja Befehl war, wieder Platz zu nehmen in den Ästen der Zeder und zu ruhen, so daß sich die Tiere im Lauf von vierundzwanzig Stunden, als ob sie einer strengen Regel gehorchten, nie mehr als zwei Flüge erlaubten: den einen, am Abend, hinauf, den andern, am Morgen, hinunter. Zu jener Zeder kehrte mein Geist jetzt zurück, und es gelang mir, die Lage, in der ich war, zu vergessen, zu übersehen und nicht zu beachten, daß die großen, schwarzen Vögel sich nun ohne jede Scheu nicht nur auf meine beiden Schultern, sondern auch auf meinen Kopf, meine Arme und auf meine Schenkel setzten, daß einige, denn immer noch flogen ununterbrochen neue heran, mit ihren Flügeln schon gegen meine Stirn und gegen meine Wangen schlugen und mit ihren Schnäbeln meine Lider berührten. Ich bemerkte das alles nur noch mit meinen äußeren Sinnen, rührte und wehrte mich nicht. Ich schaute auf die Zeder mit den weißen Pfauen und wartete, daß sie sich von den Ästen hoben und niederglitten, ich wartete und blieb unerbittlich und ließ mich auf keine Weise verleiten, zurückzukehren auf meinen glitschigen Ast, auch dann nicht, als mein äußeres Auge nur noch schwarz und schwarze Flügel sah, als die Vögel mich mit ihrem Kot beschmutzten und langsam bedeckten, als es wieder zu regnen begann und regnete und regnete, so daß die ganze Welt bald nur noch schwarz und kotig und naß war.

## Die Pyramide

Die grösste Schwierigkeit bot, schon gegen das Ende des Aufstiegs, die Brustwarze. Aber das, was vorher kam, war schlimm genug. Sonst hatten sie kaum unter der Hitze gelitten, sie waren von früheren Expeditionen her daran gewöhnt. Doch hier kam die feuchte Luft dazu, die aufstieg vom See und sich vollsog mit den schweren, süßlichen Düften der Urwälder ringsum, mit der zu Gerüchen verwandelten Substanz von Tausenden und Millionen Kadavern, die in den Kronen der Bäume und zwischen ihren Wurzeln verwesten, von Tausenden und Millionen abgestorbener und verfaulender Pflanzen. Die Hitzedecke sog sich mit den Todesdünsten voll und lagerte damit über dem Land. Zuerst waren sogar die Forscher, die viele und merkwürdige Gegenden gesehen, überrascht, daß sie beim Aussteigen aus ihrem Geländewagen, der statt Scheiben Fliegengitter hatte, sich versucht fühlten, wie Touristen, «Herrlich» und «Wunderbar» zu rufen. Doch von den blütenüberfluteten Bäumen, deren Zweige unterm An- und Abflug bunter, langgeschwänzter Vögel wippten, in der dunkelklaren Stille des Sees, unter dem Getön der Insekten, der prästabilierten Harmonie ihres Summens und Zirpens wäre sogar die stummste und inständigste Bewunderung abgeglitten, ertrunken und erstickt. Aber vor allem schwiegen sie, weil sie merkten, daß sie, von einem tiefen und schrecklichen Trieb geleitet, zufällig etwas gefunden, das sie nie gesucht hatten und das sie, die Forscher, nie hätten suchen können. Das wurde ihnen spätestens klar, als sie sich den Stufen der Pyramide näherten, deren Spitze, über die Wipfel ragend, sie zum Halten genötigt hatte: Der Aufstieg über die Treppe, scheinbar nicht beschwerlicher als eine kleine Kletterpartie, strengte jeden einzelnen von ihnen mehr an als jede frühere Unternehmung. Und dabei waren die Stufen niedrig, unter allen andern Umständen hätten sie sie bequem und, da der Stein ganz von Moos überwachsen war, angenehm gepolstert gefunden. Nichts lag näher, als daß sie die mit Urwaldtodesdünsten vollgesogene Tropenluft für die Ursache der Mühsale hielten, ihr die Schuld an dem beängstigenden Herzklopfen und an den Schweißausbrüchen zuschoben. Doch, wie gesagt, das Schwierigste war das Überklettern der zerklüfteten, schrundigen Brustwarze: von hier bis zu den Schultern des auf der Pyramidenspitze hockenden Riesen war der Weg verhältnismäßig leicht. Die Hals- und Kinnsteine, locker gefügt, gaben den Füßen Halt, und als die Mannschaft sich nach kurzem Zaudern gegen die Ohren entschieden (welches hätte sie wählen sollen?) und auf die Mundroute geeinigt hatte, erreichte sie die Lippen zwar erschöpft, aber doch mit der Genugtuung, die Hauptarbeit geleistet zu haben. Zweifellos hätten sie sich jetzt auf das Moos gesetzt und eine Weile ausgeruht, wenn nicht jener Trieb sie wach gehalten, voran ins Innere des Mundes gezogen und sie, während sie behutsam auf der Zunge vorwärts glitten, in die Tiefe des Rachens zu schauen genötigt hätte: Dort breitete der mächtigste Baum, der den Männern jemals erschienen, seine Äste aus, die Krone verlor sich, unendlich verzweigt, in der Gaumenhöhle, zahllose, bizarr geformte Blätter schwollen derart in dem Geäst, daß es sich nur schwer ausmachen ließ, ob sie, prall und saftig, so wenigstens erschienen sie dem ersten Blick, nicht viel eher Früchte waren. Doch nicht nur zerfielen sie bei der leisesten Berührung zu trockenem Pulver, sondern sie erwiesen sich auch, das war in der Dämmerung der Mundschlucht nicht gleich zu erkennen gewesen, als durch und durch löchrig, von Würmern und Insekten zerfressen. Denn wenn immer ein solches Gebilde als Staub zu Boden rieselte, fielen immer auch unzählige Tierchen herab, tot und trocken wie die Früchte selbst. Mit den Vögeln aber, die überall im Geäst des Baumes saßen, verhielt es sich nicht anders: Als jemand, plötzlich von einem aus Entzücken, Neugier und Grausamkeit gemischten Rausch ergriffen, den Stock gegen eines der herrlich langgeschwänzten und mit üppigem Federkamm gekrönten Tiere hob: sieh da, auch es zerfiel und rieselte als Staub zu Boden, war, genau wie die Früchte, in einem einzigen

Augenblick nicht mehr da. Wären die Forscher jetzt überhaupt noch der Überraschung, des Staunens fähig gewesen, hätten sie schließlich, als sie mit einer Stablampe den Gaumen ausleuchteten, bemerkt, daß alles, Baum und Blätter oder Früchte, was immer es sein mochte, genauso wie die Vögel, farblos und grau war. Sie nahmen es nicht zur Kenntnis, sondern, im Gegenteil, als sie sich umwandten und wieder auf die Lippen hinaustraten, hatten sie die tatsächliche Beschaffenheit des Riesenmaules vergessen und bewahrten, sonderbarerweise, die Erinnerung an Glanz, Farbe und Leben. Eine Erinnerung, die sich während des Rückstiegs über Kinn, Hals, Schultern und Brust des Idols, über die tückische Warze hinunter zum Nabel und zu dem brüchigen Glied, während des ganzen Abstiegs über den Körper und über die Treppe so sehr verschärfte, daß sie, am Fuß der Pyramide angekommen, bereits fest davon überzeugt waren, einem von Blüten und Früchten strotzenden Baum begegnet zu sein. Als sie, immer noch schweigend, mit ihrem Geländewagen durch Wurzelwerk und Geröll zum Stammlager zurückholperten, verblaßten ihnen die in allen Farben leuchtenden Urwaldvögel hinter dem Gedächtnisbild der unvergleichlich bunteren Vögel in der Krone des Riesenbaumes. Und der eine und andere spürte tatsächlich den Geschmack jener Früchte auf der Zunge, so süß und so heftig, daß er die Urwaldfrüchte, wenn er wieder einmal in eine hineinbiß, angeekelt ausspuckte: sie schmeckten jetzt nur noch fade und mehlig.

## Erinnerung und Gegenwart

Nur die Vögel waren es, die ihn erschreckten, die Rudel junger Stiere hingegen, die, aus ihren Gehegen entlassen, durch die Straßen liefen, ängstigten ihn nicht, im Gegenteil: sie erheiterten und steigerten ihn, wenn er bald hinter ihnen herjagte, bald sich von ihnen jagen ließ: Er warf ihnen das rote Tuch entgegen, hob es ihnen vor die Augen, so daß sie die Hörner senkten und auf ihn losfuhren, er schwenkte das Tuch, drehte sich damit im Kreis, lockte und reizte die Stiere; wenn sie ihn dann von allen Seiten umdrängten, brach er, ehe sie ihn ganz einschlossen, gerade noch durch die letzte Lücke aus und sprengte den Kreis und lief weg und weiter die Straße entlang, lockte wieder andere Stiere und reizte sie mit dem Tuch, bis sie auf ihn losstürzten, ihn umschlossen, bedrohten und wieder zum Ausbruch zwangen. Das gleiche taten alle anderen Burschen der Stadt ringsum, es gab da nur einen Unterschied, einen einzigen: Während nämlich die andern sich mit diesem Spiel zufriedengaben, mit Lockung und Reizung, mit Jagen und Fliehen und so die Stadt von dem Treiben der jungen Stiere und der jungen Leute erfüllt war, so nahm er daran nur teil, bis er auf den großen Platz kam, wo mit Kapuzenmänteln vermummte Träger das riesige Bild der Patronin im perlenbestickten Brokatkleid auf dem mit Goldtuch überzogenen Traggestell aus der Kathedrale hinausschoben in das Gewoge, das sich darum nicht kümmerte. Dahinter schlossen sich die Kreise, öffneten sie sich mit Locken und Reizen, mit Jagen und Fliehen von neuem: Er allein geriet bei der Ankunft des Glanzpopanzes und Riesenbildes in Schrecken, hielt das Wilde und gefährlich berauschende hier, die stille, träge bewegte Feierlichkeit dort zusammen nicht aus, entlief dem Stierspiel, schlüpfte zwischen den Kapuzenträgern hindurch unter das herunterhängende Goldtuch, ging gebückt unter den Brettern, so daß ihm der Rücken und alles weh tat und er bald nicht mehr anders konnte und vornüberfiel und auf allen vieren ging wie die Stiere, nur daß er allein war im Staub und im Dunkeln, während jene alle zusammen sich draußen im Sonnenlicht tummelten. Er hörte den Lärm nur noch von weitem, durch die goldenen Vorhänge hindurch, seine Hände wurden schwarz wie die Füße der Stiere. Freilich, sobald die Prozession am Portal der Gegenkirche am andern Ende der Stadt ankam, blieb ihm nichts anderes übrig, als aus seiner Demutshöhle wieder hervorzukommen, es machte ihm dann Mühe, sich wieder aufzurichten, sich wieder auf seine beiden Beine zu stellen, so sehr hatte er sich an die Krümmung, an den Krampf und auch an die Schmerzen gewöhnt. Fast liebte er sie jetzt, besonders weil, sobald die Träger mit dem Gestell und der Riesenpatronin die Stufen der Gegenkirche betraten, die Vögel von den stumpfen Türmen und aus den Fensternischen und von den Simsen aufstoben und den ganzen Himmel über dem Platz als ein schwarzes Zeltdach bedeckten. Die Vögel fürchtete er, und er wäre am liebsten, nur weil er sie fürchtete, zurückgekrochen unter das Bild, obwohl doch auch die Stiere ringsum noch da waren wie vorher, sich auf ihn stürzten, ihn bedrohten. Aber er sah sie nicht mehr, spürte nur die schwarze Vogeldecke auf seinem Kopf lasten, lief zwischen den Kreisen, den Verschränkungen und Entwirrungen der Stiere und Burschen blind hindurch und nach Hause und schloß die Tür hinter sich. Und so war es jedes Jahr an diesem Festtag.

Jetzt, da er alt war, war das bloß noch eine Erinnerung, die ihn nicht mehr bedrückte, sondern höchstens verwunderte: daß es damals, daß es überhaupt einmal so gewesen war, daß ihn Stiere gereizt und aufgestachelt und sich in so hohem Grade seiner bemächtigt hatten, daß er nicht nur den Umgang, sondern sogar die Gleichförmigkeit mit ihnen gesucht hatte. Wenn er jetzt über den See im Keller seines Alterspalastes ruderte, begriff er das nur noch schwer, und da er, Pedant, der er war, es für unerlaubt hielt, etwas, das er tat oder getan hatte, nicht zu begreifen, dachte er, während er im Boot stand und das Ruder bewegte, unentwegt an seine Jugend und an das Fest der jungen Stiere, die er so geliebt, an die Vögel, die er so gefürchtet hatte. Immerhin, wenn sein Boot, aus Versehen, an einen Pfeiler stieß und, da das Wenden eine mühsame und verhältnismäßig langwierige Operation war, für einen Augenblick hielt, wurde ihm wenigstens für diesen Augenblick klar, daß sich nichts geändert hatte seit seiner Jugend, daß alles, im Grunde, gleich geblieben war und daß ihm die Pfeiler und Mauern hier unten den gleichen wechselnden und unvorhergesehenen Widerstand entgegensetzten wie früher die jungen Stiere, daß das Kellergewölbe ihn genauso zudeckte und den Himmel über ihm zuschloß wie damals die von den Türmen und von den Simsen in Schwärmen aufstiebenden Vögel. Etwas allerdings hatte sich trotzdem geändert: Für das Traggerüst mit dem Riesenbild der Stadtpatronin im perlenbestickten Brokatkleid gab es hier unten, wenn er auf seinem Kellersee ruderte, keine Entsprechung und keinen Vergleich, hier unten gab es nur Moder. Doch schließlich war er jetzt alt und fand in seiner Seele, so fleißig er auch darin stöberte, weder von Angst noch von Hoffnung, noch von Glauben und Liebe die Spur.

## Memmius

Der brunnen, worin Memmius an heißen Tagen seine Füße gebadet und auf dessen Geländer er zuweilen seine Strümpfe hatte liegenlassen, blieb ihm, mehr sogar als die Sonne, die zu stark war, als daß er sie hätte unmittelbar anschauen, unmittelbar hätte bewahren können, die eigentliche Lichterinnerung. Sonderbarer war es, daß ihn hier unten auf seinem endlosen Irrgang das Bild des Hinterhofs, worin er aufgewachsen war und die meiste Zeit seines Taglebens verbracht hatte, verfolgte, das Bild eines elenden Abstellplatzes voller Gerümpel und weggeworfener Glasscherben: schmutzig häuften sie sich auf dem Pflaster, trotzdem, wenn auch gebrochen und getrübt, glänzten sie. Memmius gefielen die Scherben, wenn der Regen über sie hinfloß und sie reinigte: gerade dann, wenn die Sonne nicht schien, unterm trüben Himmel, leuchteten sie besonders. Am schönsten jedoch schimmerten sie, schimmerten auch die vergessenen und weggestellten und auf Vorrat gestapelten Gläser in der Nacht, wenn weder Mond noch Sterne schienen und sie nur die Lichter aus den Hoffenstern und den Schein der Lampe an der Garageneinfahrt widerspiegelten. Dann reparierte er stundenlang sein Rad, flickte die Kette, die immer wieder riß, zusammen, wechselte die Lichtmaschine aus und zog die Bremsen, die stets versagten, an. Langsam, so langsam wie möglich machte er diese Arbeiten, weil er in der Nähe des vielen Glases bleiben und sich vorstellen wollte, was man damit anfangen könnte: Ein Glashaus zum Beispiel ließe sich bauen, eine Wohnung aus Glas, Wände und Treppen und Türen ganz aus Glas. Dann müßte er sich nicht mehr in Steinhäusern verstekken, dann wäre alles, was er tat, allen sichtbar, er müßte sich nicht mehr schämen: Was man zeigte, konnte nicht schlecht sein, die Grenze zwischen ihm und den andern wäre nur noch aus Glas und keine Grenze mehr.

Das war der Grund, warum sich Memmius hier unten mehr als nach der Sonne und mehr als nach dem Brunnen nach dem Hinterhof mit seinem Glasgerümpel sehnte, obwohl es doch hier, soweit er das in der Finsternis merken konnte, viel sauberer war als dort, jedenfalls nicht nach Abfällen stank, nicht nach Maschinenöl und verdorbenen Speiseresten. Höchstens ein leiser Modergeruch stieg ihm in die Nase, aber es war angenehm, auf dem weichen, sandigen Boden, der den Widerhall seiner Schritte schluckte, zu gehen, überall gab es Nischen mit Steinbänken zum Sitzen. Zuweilen stieß die vortastende Hand auf Gestäbe, das, trocken und brüchig, an den Wänden lehnte und unter seiner Berührung knisternd zusammensank. Was das war, wußte er nicht, und er wollte es auch nicht wissen, wie ihm hier überhaupt mit aller Hoffnung und aller Angst auch alle Neugier vergangen war.

Erst als er ein Licht sah, blitzhaft und plötzlich, als er in ein Gewölbe, hell von hin und her bewegten Lampen, trat, erst da wurde ihm bewußt, wie bedroht und gefährdet er war. Nicht etwa, weil er nun erkannte, daß er die ganze Zeit durch eine Katakombe gegangen, daß er auf Sarkophagen gesessen, daß das Gestäbe an den Wänden, das unter seiner Berührung knisternd zusammengeknackt und eingebrochen, Menschengebein war, nicht daher kam ihm das Gefühl der Gefahr. Noch viel weniger von den Menschen, die da herumstanden und -gingen und auf die Reden eines Mannes mit einer Schirmmütze, an der vorn ein verschmutztes, ehemals goldenes, hundeähnliches Tier befestigt war, lauschten: Nein, das Licht an sich, die Unterbrechung der Dunkelheit machte ihm angst, auf einmal begann die Zeit, die längst abgestellte, wieder zu laufen, ihn zu bedrohen mit Hunger nach Brot und nach Luft und nach Tag und nach Freiheit. All dessen hatte er, ohne es zu bemerken, längst nicht mehr bedurft, er hatte alles in sich hineingenommen, zum Teil seiner selbst gemacht, er brauchte nicht mehr die Bestätigung, daß es auch draußen noch irgend etwas gab: die Spiegelung der Sonne im Brunnen und die Scherben und Gläser, dreckig zwar meist, aber zuweilen gereinigt vom Regen und glänzend. Jetzt auf einmal, als er die Lichter und die hin und her gehenden Menschen sah, befiel ihn die Sorge um Anfang und Ende: seit wann und warum er wohl hier sei, und wie lange er das wohl noch aushalten, ob er nicht verdursten, verhungern, an Erschöpfung zugrunde gehen werde.

Schleunigst wandte er sich um, lief aus der erleuchteten und belebten Halle zurück in den Gang, aus dem er gekommen, lief und rannte, und erst, als er keinen Laut mehr hörte und keinen Schimmer mehr sah, setzte er sich auf eine Bank, atemlos und zitternd und immer noch voller Angst, man könnte ihn bemerkt haben und suchen und hinaufzerren ins Licht. Die Angst hielt an und wollte nicht mehr vergehen: würde es jemals wieder werden wie vorher, würde das Ticken der Zeit je wieder aufhören, oder würde sie explodieren, seine Erinnerung zerstören und sein inneres Licht, nachdem das äußere in sein Versteck eingebrochen, ersticken? Wie sollte er sich weitertasten, mit Händen und Füßen vorwärts fühlen und greifen, nachdem das Licht die Skelette und Sarkophage, ihm bisher blind vertraut und zugehörig, brüsk gezeigt, geraubt und entfremdet hatte? Zitternd saß er und wußte, daß er sich fortan immer fürchten würde und daß das jähe Licht den Höhlenzauber weggesogen hatte und daß das Schlagwetter kommen und ihn auch im verstecktesten Winkel einholen und den Brunnen und den Hinterhof mit allen Gläsern und Glasscherben zermalmen würde. Und er wußte, daß es tatsächlich den Tod gab. Warum eigentlich sollte er aufstehen?

## Der Bienenstein

Sie wusste nicht mehr, ob sie das von den Bienen auch nur einen Augenblick geglaubt, sie hatte sogar vergessen, wer es ihr erzählte. Doch jetzt auf dem ganzen Weg, auf dem ganzen Lauf über die Kiesel und über den Sand, atemlos und vorwärts getrieben nur von dem einen Wunsch, zu entkommen, mußte sie ununterbrochen daran denken, es war eine Besessenheit, eine ausgefallene, sinnlose, hinderliche Besessenheit, weil jetzt ja nur wichtig war, daß sie verschwand, daß sie der Gefahr entrann, daß sie aus der Kiesel- und Sandzone wegkam. Aber der Gedanke an den Stein tönte in ihrem Kopf und dröhnte noch immer lauter, je tiefer sie den runden Steinen, ihrem Kollern und Poltern die Treppe hinunter folgte. Tatsächlich, hier in der Wand war eine Öffnung, und Stufen führten hinein und ins Dunkel hinab. Es war nicht die Treppe, es waren nicht die Stufen nach oben, die sie erwartet, erhofft hatte, die sie hinaufführen sollten auf die Klippe, wo der Mischwald in vielen Farben leuchtete. Doch immerhin war jetzt alles verändert, und es war nicht mehr wichtig, ob die Stufen hinauf- oder hinunterführten, wichtig war nur, daß die Wand sich auftat und sie einließ, es war gut, daß sie das Poltern und Rollen hörte und das Aufeinanderprallen der Steine, das war ihr Glück, ihre Rettung, der Zwang, zurückzuschauen, hörte mit einem Mal auf, der Zwang, über die Kiesel und den Sand auf die Brandung zurückzuschauen und zu sehen, ob es sie immer noch verfolgte, ob es immer noch da war, dort draußen, ob es aus dem Wasser herauskam und sie verfolgte. Mit einem Mal hörte der Zwang auf, sie schaute nicht mehr zurück, sie schaute nur noch auf die rollenden, abwärts polternden Steine, die den Raum hinter der Öffnung mit ihrem Hallen erfüllten, die Treppe führte tief hinab, der Grund des dunklen Raumes lag tiefer, viel tiefer als die Kiesel und der Sand und das Wasser, aber das Wasser drang da nicht ein, und die Kiesel rollten nicht durch die Öffnung, und der Sand rieselte nicht hinab, nur die runden Steine kollerten ununterbrochen, dies allein, außer der Geschichte von dem Bienenstein, die lauter und lauter in ihrem Kopf summte, woher hatte sie die bloß?, beschäftigte sie, sie lief, sie stürzte in ihren nassen, zerrissenen Kleidern den Steinen nach, stürzte ohne Angst, daß sie sie überrollen, erschlagen, verschütten könnten, den Steinen nach, die nassen Fetzen klatschten um ihre Glieder, sie lief in die Tiefe, sie sog sie nach vorn und nach unten, und sie war nur noch Begierde und Neugier und wußte auf einmal, eben noch hatte sie davon keine Ahnung gehabt, daß sie das, was sie suchte, hier unten finden würde und daß sie gerettet war und daß ihr nichts mehr passieren konnte, ja, sie vergaß sogar, daß sie sich eben noch gefürchtet und nach Hilfe ausgeschaut hatte, sie vergaß es völlig und lief und stürzte nur noch, um schnell, schnell das zu erreichen, was sie genau seit jenem Tag suchte, an dem sie irgendwo vom Bienenstein gehört hatte. Und je finsterer es auf der Treppe wurde, je lauter die über die Stufen springenden, stürzenden, einander stoßenden und drängenden Steine polterten, desto sicherer fühlte sie sich, obwohl sie doch nicht einmal die eigene Hand vor den Augen, obwohl sie überhaupt nichts mehr sah. Aber ihre Ruhe war vollkommen und zu einem Glück über jede Beschreibung gefestigt, als sie, unten an der Treppe und hinten im Dunkelraum angekommen, mit der vortastenden Hand den Stein, der offenbar frei stand und ihr kaum bis zur Brust reichte, berührte, das Erinnerungssummen wurde jetzt zur Musik, die alles, auch das Steingepolter übertönte, sie begriff nichts mehr, sie brauchte nichts zu begreifen, und als die Taschenlampe aufflammte in der Hand des einen der beiden Jungen und ihr Licht die Wände auf und nieder fuhr, war sie auch schon jenseits aller Neugier und dachte sich nichts dabei, als die beiden, wie ertappt, erklärten, sie hätten schwarze Höhlenkrebse gesucht, fette, schwarze Höhlenkrebse, die es nur hier unten gebe, weil sie nur hier in der Finsternis, unterm dauernden, drohenden Gepolter der die Treppe herunterkollernden Steine leben könnten. Nur hier könne man sie finden, greifen, fangen. Und zu Hause gebe es dann ein Festessen, man erwarte sie schon, sie müßten sich beeilen, aber sie brauche sich nicht zu fürchten in der Dunkelheit, denn die Krebse seien gutartig, und sogar wenn man auf sie trete, würden sie nicht zuschnappen, nicht beißen. Aber das alles hörte sie nicht richtig, schon lagen ihre Hände auf dem Stein, und das Summen erfüllte alles, und jetzt endlich waren auch die Bienen da, stiegen zu Hunderten, zu Tausenden auf, kamen irgendwoher: aus dem Stein oder hinter dem Stein hervor und flogen auf sie zu und ließen sich auf ihr nieder und stachen sie in die Arme und Beine, stachen sie in die Brust, von der ihr die Kleider in Fetzen hingen, und setzten sich auf ihr Gesicht und zerstachen es, und der Schmerz machte sie glücklich und fiel auch gar nicht in Betracht gegen das Gesumm, das sie ganz in sein Dröhnen entrückte. So hätte sie sich dann auch um die letzten verlegenen Sätze der Jungen, sogar wenn sie sie verstanden hätte, nicht mehr gekümmert, und sie machte sich keine Gedanken darüber, als sie ihre Hemden in die Hosen stopften, die Gürtel hastig schlossen und, übrigens ohne irgendein Behältnis für die schwarzen Fettkrebse, die Stufen hinaufund entliefen. Das alles war ihr so gleichgültig, daß sie sich nicht einmal fragte, wie die beiden der ihnen entgegenspringenden, rollenden, kollernden, hüpfenden Steinkaskade entrinnen und den Ausgang oben in die Kies- und Sandzone, von wo man das Wasser sah, unbeschadet erreichen sollten. Das alles war ihr gleichgültig und fern und immer ferner und gleichgültiger. Da war nur der Stein mit seinen Bienen, die sie umschwärmten, bedrängten, zerstachen und summten und summten. Wo hatte sie von ihnen gehört, wann von ihnen erfahren? Aber auch das war jetzt ohne Bedeutung, sie war angekommen und würde hierbleiben und würde den Bienen gehören. Und wenn ihr jemand jetzt noch von Flucht und Entkommen gesprochen hätte, sie hätte diese Worte und ihre Meinung weniger verstanden als die fremdesten Worte der ihr fremdesten und entlegensten Sprache der Welt.

# Narziß

ALS NARZISS sich durch das weit geöffnete Gittertor in den Garten hineinstahl, als wäre ihm dieser fremd oder sogar verboten, war alles leer und dunkel; erst unter den Bäumen hinter dem Haus standen die Autos der Gäste, erst von da aus sah er die erleuchteten Räume des Erdgeschosses. Doch da schreckten ihn die Schatten von zwei oder drei Personen, die sich in einem der Autos bewegten, so sehr, daß es ihn einen großen Aufwand kostete, an ihnen vorbeizuschleichen und in das Haus hineinzuspähen. Einer von den Gästen spürte seinen Blick durch die Scheibe, öffnete die Glastür und forderte ihn auf, einzutreten und am Fest teilzunehmen. Narziß aber, da seine Angst wuchs, lief um das Haus herum zurück zum Gittertor, wollte hinaus, als ein Auto, voll von Masken, die sangen und, schon angetrunken, johlten, von der Straße einbog und hineinfuhr: die Masken riefen ihn an und luden ihn ein, umzukehren und mit ihnen zu kommen. Da lief er, von Panik getrieben, durch das ganze Villenviertel bis zum Fluß und über die gedeckte Brücke, deren Lichter heute – vielleicht hatte einer der Strolche, die an den Pfeilern zu lauern pflegten, die Birnen ausgeschraubt oder zertrümmert – nicht brannten. Dennoch begann hier seine Angst sich zu verlieren, so daß er bereits in der Mitte der Brücke seinen Lauf verlangsamte und mit schlendernden Schritten ans andere Ende, wo das Stadtzentrum anfing, gelangte. Die Treppe zu seiner Wohnung stieg er, ohne die Drohung der Stechpalmen, welche das Geländer säumten, zu beachten, empor, schloß beide Türen auf und sah sich überrascht in seinem Zimmer um, dessen Wände, lauter Spiegel, seine Gestalt unendlich oft wiederholten, was er auch dadurch, daß er die Maske abnahm und wegwarf, daß er sich auszog und die Kleider wegwarf, nichts ändern konnte: Im Gegenteil, nackt sah er sich nur noch eindringlicher, es blieb ihm nichts anderes übrig, als mit den Fäusten die Spiegel in Scherben zu schlagen. Daß er blutete, merkte er erst, als alles Glas bis zu der seinen Händen erreichbaren Höhe zertrümmert war und die Scherben den Wänden entlang den Boden bedeckten. Doch spürte er keinen Schmerz und ließ sich auch dadurch, daß er alles, was er berührte, beschmierte und überall, wo er ging, Bluttropfen hinterließ, nicht hindern, die Maske wieder aufzusetzen und, im übrigen nackt, die Treppe hinunterzulaufen. Die Polizeistreife, die ihn nach kurzem hinter einer Plakatwand aufgriff, konnte ihm, so dringlich sie ihn auch befragte, kein Wort der Erklärung entlocken und führte ihn, ratlos, was mit ihm anzufangen sei, aufs Revier.

# Die Sünde

S̲ie stand̲ am Fenster, es war lange nach Mitternacht, und dachte an ihr Heil und daran, daß Gott ihr nicht verzeihen konnte. Seit ihr die alte Fotografie, die sie und ihren Bruder Bernhard im Karnevalskostüm zeigte – ihn als Philipp II. im enganliegenden, schwarzen Wams und goldbestickten Pumphosen, sie als Elisabeth von England mit hoher, roter Perücke und steifem, perlenbesätem Kleid –, in die Hände gefallen war, dachte sie an nichts anderes mehr: Zur Zeit, als die Fotografie aufgenommen wurde, arbeitete sie als Verkäuferin in der Buchhandlung ihres Vaters, die jetzt Bernhard gehörte, und wenn keine Kunden da waren, schlich sie sich jeweils hinter die Bücherregale, nahm, obwohl der Vater das Lesen während der Geschäftszeit streng verboten hatte, «Das deutsche Mädchenbuch für das Jahr 1898» heraus und las darin: Das Gold des Titels und das Rot des Einbands brannten sie jetzt, nach mehr als einem halben Jahrhundert, Tag und Nacht in all ihren Gedanken und Träumen als das unauslöschliche Feuer. Und das, obgleich sie zu Bernhard gegangen, ihm ihren Fehltritt von damals gestanden und ihn um Rat und Hilfe gebeten hatte. Bernhard nahm seine Schwester zuerst nicht ernst, wäre sein Respekt vor ihr nicht so groß gewesen, hätte er vielleicht sogar gelacht, aber als sie ihm ihre schreckliche Lage, mit siebzig Jahren zu wissen, daß sie, weil sie eine Jugendsünde nicht bereut hatte, für immer verdammt war, eindringlich schilderte, wurde er nachdenklich und fragte, ob sie denn nicht gebeichtet hätte. Natürlich habe sie, gleich nachdem sie die Fotografie gefunden und ihre Sünde erkannt hatte, gebeichtet, aber es sei ihr nicht gelungen, ihrem Beichtvater, einem einfachen Kapuziner, die Schwere ihrer Verfehlung klarzumachen, was ihr schon daraus deutlich geworden sei, daß er ihr nur drei Vaterunser und drei Avemaria zur Buße aufgegeben habe. Was nützte ihr, so klagte sie dem Bruder, die Lossprechung durch den Priester, wenn sie doch wußte, daß Gott ihr nicht verziehen hatte, daß er ihr nicht verzeihen konnte, weil sie nicht ganz und aus tiefstem Herzen zu bereuen fähig war. Bernhard sah die schiere Angst in ihren Augen, begriff, daß er etwas für sie tun mußte und schlug vor, sie zum Stadtpfarrer, dem zweithöchsten Geistlichen der Stadt, zu begleiten, damit sie es dort nochmals versuche, zerknirschter und reuiger beichte und die Lossprechung aus einem würdigeren und berufeneren Munde empfange. Der Stadtpfarrer hörte ihr Bekenntnis auf seinem Lehnstuhl, während sie, obwohl er ihr das hatte verbieten wollen und erst nachgegeben hatte, als er das Entsetzen in ihren Augen «Ich will doch richtig beichten» sah, vor ihm auf dem Betschemel kniete. Was aber nicht hinderte, daß sie, kaum wieder zu Hause, allein in der eigenen Wohnung, wußte: auch der Stadtpfarrer hatte sie nicht ernst genommen, bloß zu ihrer Beruhigung hatte er ihr einen ganzen Rosenkranz als Buße aufgegeben, sie loszusprechen, war auch ihm nicht gelungen, weil sie nicht wahrhaft und aus ganzem Herzen bereute. In der Nacht konnte sie nicht schlafen, immerfort sah sie die Goldschrift und den roten Einband des «Deutschen Mädchenbuches für das Jahr 1898», sah sie die Flammen der Hölle vor sich, spürte sie ihre Glut, bis sie schließlich aus dem Bett stürzte, sich vor dem wächsernen Jesuskind, das auf der Kommode unter einem Glassturz in der Krippe lag, niederwarf und es anflehte, ihr die wahre Herzensreue zu schenken. Aber das Jesuskind blieb ungerührt und lächelte sie nicht einmal, wie es das früher, offenbar um sie über ihr Verderben hinwegzutäuschen, immer getan hatte, freundlich an. Dennoch, um ein Äußerstes zu versuchen, suchte sie in aller Frühe wieder ihren Bruder auf, erklärte ihm, daß sie immer noch nicht wirklich losgesprochen sei, weil sie immer noch nicht wirklich bereut habe und übrigens auch dem Stadtpfarrer ihre Sünde nicht habe klarmachen können, es bleibe ihr nichts anderes, als ihn, Bernhard, zu bitten, daß er sie, wie peinlich das auch sei, zum höchsten Geistlichen der Stadt, zum gnädigen Herrn Stiftspropst begleite: vielleicht vermöge dieser sie, kraft seiner höheren Weihe, von der Sünde, den Gewissensqualen und von der ewigen Verdammnis zu erlösen. Der Stiftspropst ließ sie, zu ihrer Beruhigung, ohne weiteres niederknien, hörte ihre umständliche Beichte mit ernster Miene und ließ sie zur Buße zwei Rosenkränze beten. Dennoch, als sie jetzt wieder mitten in der Nacht erwachte, wußte sie ganz sicher, daß es ihr auch nichts genützt hätte, zum Papst selber zu gehen: der gnädige Herr Stiftspropst hatte sie zwar ernst genommen, aber was half ihr das, wenn sie zur aufrichtigen Reue, zur wahrhaften Zerknirschung des Herzens unfähig war? Deutlicher als je sah sie die Höllenflammen, spürte heißer als je ihre Hitze. Mit zusammengekniffenen Lippen trat sie zur Kommode, stellte fest, daß das wächserne Jesuskind sie, wie sie es nicht anders erwartet hatte, mit spöttischen, kühlen, himmelblauen Augen süffisant und unbeteiligt anlächelte, hob die Glasglocke auf, nahm es aus der Krippe, trug es, indem sie flüsterte «Du verzeihst mir nicht, ich weiß, du kannst mir nicht verzeihen», mit zitternden Händen zum Fenster und warf es hinaus.

Als der Wächter morgens um fünf seine Runde machte, fand er den Leichnam einer alten Dame, umgeben von den rosigen Trümmern einer Wachsfigur, zerschmettert auf dem Pflaster des Hofes.

## Veronika

Wie oft sie sich auch den Kopf darüber zerbrach, sie fand keinen Ausweg: jeden Morgen, wenn der Stier vorbeikam, mußte sie ihm entgegenlaufen und mit dem großen, roten Halstuch, das ihr als einziges Andenken von ihrem Mann geblieben, sein Gesicht abwischen. Zuerst hatte sie nur prüfen wollen, ob das, was man den Stieren nachsagte, stimme: daß sie nämlich, wenn sie rot sähen, wild und gefährlich würden. Daran war natürlich, wie sie zu ihrer Genugtuung bemerkte, kein wahres Wort. Das Tier hob den Kopf auf und dem Tuch entgegen, bot ihn der Tröstung dar. Eine Tröstung war es für den Stier, Veronika zweifelte nicht daran, daß sie auf ihn wartete und ihm den Schweiß von Stirn und Schnauze wischte. Warum er aber immer zur gleichen Morgenstunde hier vorbei- und woher er kam, wohin er, einsam und träge trottend, ging, das fragte sie sich nie, vollauf beschäftigt damit, täglich auf ihn zu warten und immer wieder das gleiche an ihm zu vollziehen.

Den Vorsatz, wenigstens ein einziges Mal zu Hause zu bleiben und nach dem Rechten zu sehen, verschob sie von einem Tag auf den andern: Wenn sie nämlich vom Stier in ihre Küche zurückkam, wo sie jeweils alles für das Frühstück vorbereitet hatte, fehlte regelmäßig das Ei im Eierbecher neben dem Teller. Jedesmal nahm sie sich vor, am andern Tag den Dieb zu überraschen, oder, wenn es keinen Dieb gab, sonstwie hinter die Ursache der ärgerlichen Erscheinung zu kommen. Denn vielleicht bildete sie sich jeweils nur nachträglich ein, daß sie das Ei in den Becher gestellt habe, vielleicht hatte sie gar kein Ei gekauft, der Zwang, zum Stier zu gehen jedoch und ihm das schwarze Gesicht abzuwischen, war auf irgendeine Weise identisch mit dem Schmerz über den Verlust, ob es nun ein wirklicher oder bloß ein eingebildeter war. Diesen Punkt erreichte sie mit ihren Gedanken regelmäßig auf dem Heimweg, wenn sie das vom Schweiß und vom Speichel des Stiers durchnäßte Tuch zusammengeknäuelt in der Hand hielt. Hier verhedderte sie sich immer, so daß sie weder ein noch aus wußte, ja sogar an ihrem Verstand zu zweifeln begann und voller Angst die Treppe hinauf in die Küche lief, wo, wie jedesmal, der Eierbecher leer auf dem Tisch stand.

Dies geschah Tag für Tag, der Zwang erwies sich stärker als ihr Wille, ihre Furcht wuchs und drängte nach einer Rechtfertigung, die denn am Ende auch erschien: Eines Morgens, als sie sich wieder an der Ecke aufstellte und in Erwartung des Stieres das Tuch, sie hatte es eben frisch gewaschen und gebügelt, bedächtig entfaltete, rasselte ein Raupengefährt, von dem sie nicht wußte, ob es ein rostiger Kriegspanzer oder ein ausgedienter Traktor war, heran und schleifte den Stier an zwei Seilen hinter sich her. Das sonst glänzende schwarze Fell war jetzt so stumpf und staubig, voller Striemen und Wunden, die Glieder waren so verrenkt und verzerrt, daß sie ihn, wären nicht die Hörner gewesen, gar nicht erkannt hätte: schimmernd und glatt, wie sie Veronika vom ersten Tag an erschreckt und bezaubert hatten, ragten sie aus dem Kot der vom Nachtregen noch nassen Straße und strotzten bis in die Spitzen hinaus von der Kraft, die das zum Bündel aus amorphen und kaum mehr unterscheidbaren Teilen erniedrigte Tier verlassen hatte: Der Stier war tot, sie wußte nicht, wo und warum man ihn umgebracht hatte, aber sie begriff, daß sie seit jeher nur wegen dieses Anblicks hierhergekommen war. Nicht um der Tröstung willen, die sie ihm mit dem Tuch brachte, das war nur eine Geste der Entschuldigung, des Um-Verzeihung-Bittens gewesen; nicht um den Stier zu bewundern, zu grüßen, war sie jeden Tag gekommen, nein, nur um ihn tot und erniedrigt und entstellt und verhöhnt und für den Schindanger zubereitet zu sehen, nur dafür war sie gekommen.

Achtlos ließ sie das Tuch im Kotbrei schleifen und wußte auf einmal, daß sie es gewesen, die den Stier getötet hatte, daß sie selbst und allein es gewesen. Und da diese Erkenntnis sie mehr und fürchterlicher als alles Bisherige überstieg, machte sie kehrt und lief, laut aufschreiend, ins Haus und die Treppe hinauf in die Küche: Das Ei stand da, weiß im Becher, der Löffel lag blank daneben. Sie setzte sich hin, schlug es behutsam auf, löffelte es aus, empfand angenehm, daß es weich gekocht war. Der Genuß beschäftigte sie so intensiv, daß sie weder das Zuggefährt, das mit seinem Rasseln die ganze Straße erfüllte, hörte noch das Fehlen des Tuches, das sie bei ihrem Schreckaufbruch hatte fallen und im Kot liegenlassen, bemerkte.

Fortan verließ sie das Haus in der Frühe nie mehr, fand dafür täglich ihr Ei auf dem Tisch, wobei ihr Eßbehagen desto größer wurde, je spurloser sie den Stier aus ihrem Gedächtnis verlor.

## Salamander und Phönix

Der salamander hob nicht einmal, wenn auf dem Strom unten ein Lastschiff tutend vorbeizog, den Kopf aus den dürren Gräsern im Felsspalt, sondern verharrte in der Meditation der Vergangenheit, die sich in unendliche Perspektiven verlor. Und wenn auch die Gegenstände darin, je weiter ab sie lagen, desto kleiner erschienen, so standen sie deshalb nicht weniger scharf in seinem Gedächtnis: Er sah noch genau die Ameisenkolonnen der Arbeiter, die von den flachen Lastschiffen die Steinblöcke für den Bau der Pyramide zum Hochufer hinaufschleppten, er sah die Prunkschiffe mit den farbigen Zeltbauten, aus denen die Pharaonen und die Priester hervorkamen, zuerst, um die Arbeiten zu inspizieren, und später nochmals, um in den Pyramiden beigesetzt und eingemauert zu werden. Uralt war er, aber er wußte es nicht: ewiges Leben, die Sehnsucht aller anderen Geschöpfe, war ihm eine Selbstverständlichkeit. Immerhin wunderte er sich, daß ihm in der letzten Zeit Bilder aufstiegen, die er zwar, wie alles, was er erlebt, nie vergessen, aber doch unter all dem Gerümpel nicht mehr beachtet hatte, die älter als sogar die Pyramiden waren (er hätte diese, wenn er sich nur umgedreht, sehen können, doch fühlte er sich, regungslos in der Sonne, zu wohl, zudem standen die Pyramiden, kantiger als draußen, in ihm), älter als die Ameisengänge der Bausklaven: Da höhlte man aus den Uferklippen Gewölbe, stellte Steinriesen, die man aus den ausgebrochenen Quadern gemeißelt, an den finsteren Innenwänden und an den Eingängen auf. Diese Bilder kamen ihm jetzt häufiger, viel häufiger als früher, und er schloß daraus, daß die Zeit immer weniger Bedeutung für ihn habe, daß er den Sinn dafür immer mehr verlor und den Augenblick kommen sah, in dem er nicht mehr wußte, was früher und was später geschehen, was älter und was neuer war. Die Betrachtung der inneren Bilder füllte ihn ganz aus, und sein glücklichster Tag war derjenige gewesen, an dem er entdeckt hatte, daß er der Außenwelt nicht mehr bedurfte, daß er voll war von Epochen, daß sie ganz in ihn eingetreten und mit ihm identisch geworden waren: Es genügte ihm das Selbstgespräch und die Beschauung aller in ihm aufgestapelten Dinge, um mit dem ganzen Ägypten zu verkehren, mit ihm eins und einig zu sein, es regelrecht zu besitzen. Nur etwas störte ihn zuweilen noch, weil es gegen sein festgelegtes Konzept, gegen seinen unverrückbaren Plan von außen an ihn herandrang, ihn berührte und anstieß: Das waren die Gräser, rauh und grau vom angewehten Sand, bewegten und bogen sie sich beim geringsten, außer ihnen von niemand wahrgenommenen Luftzug. Hier über dem Wüstenstrom gab es eigentlich keinen Wind, und so widersprachen die Gräser dem Gesetz des Landes Ägypten. Der Salamander hatte es angenommen und sich zur völligen Regungslosigkeit entschlossen. Und er bereute es nicht: Was war alles, was er früher gewesen, was waren die Aufzüge und Erregungen, all das Gezerr und Hin und Her, dem er früher nachgeschlüpft und nachgekrochen, was war es gegen die Beschauung, worin er jetzt ruhte? Früher hatte er Ausschnitte, Teile, zufällige Bruchstücke gekannt, jetzt besaß er das ganze Ägypten, und es bestand keine Gefahr, daß er es jemals wieder verlor.

So meinte er, und so wäre es auch gewesen, wenn nicht der Phönix, statt, wie gewohnt, hoch und mit kaum bewegten Flügeln dahinzuschweben, auf und nieder zu flattern begonnen hätte. Zum erstenmal nahm er die tutenden, stampfenden Motorschiffe wahr, zum erstenmal die Flugzeuge, die neben ihm, unter ihm, über ihm dahinschossen. Es gab sie schon eine Weile, aber bisher hatte er sie nicht mehr beachtet als Vögel oder Weidevieh am Stromrand oder Insekten. Jetzt plötzlich brachten sie ihn aus der Fassung, er bildete sich ein, sie zeigten etwas an, verkündeten etwas vor. Die Luftlöcher, die ihn bisher, wenn er hineinfiel, stets nur amüsiert hatten, beunruhigten ihn, er sah die Wüstendünen rot und ängstigte sich, sie könnten sich überhitzen und in Flammen aufgehen. Er sah den Strom grün in der Mitte und an den Rändern gelb wie immer und machte sich auf einmal Sorgen, er könnte sich verlieren und versinken und das schmale Fruchtland an seinen Ufern der Verwitwung der Sandflächen ringsum überlassen. Sogar für die Oasen fürchtete der Phönix, obwohl er sie seit Ewigkeit unverändert, grün und palmensaftig gekannt hatte: sie könnten von Stürmen zerweht, vom Sand begraben, vom Salz der Syrten überschwemmt und zerfressen werden. Als er hier ankam mit seinen Ängsten, war es unmöglich, daß ihm das Hypochondrische ihrer Natur verborgen blieb, daß er sich der Gefahr, auf die er zusteuerte, wenn er das Aroma der Datteln, das Schattenweiß der Oasenhäuser, das Wasser in den reinen Steinrinnen vergaß, nicht bewußt wurde. Er vertraute auf nichts mehr, was Geist und Zeit geschaffen, und suchte einen Ort, der ihm Schutz und Ruhe böte. Er sah die Pyramide, hörte auf zu flattern und ließ sich im Gleitflug auf ihrer Spitze nieder, wobei, angestoßen von seiner Zehe, ein loser Stein den Halt verlor und abrutschte, ein weiterer Stein nach den vielen andern, die jedesmal, wenn der Phönix sich auf die Pyramidenspitze gesetzt hatte, abgerutscht waren. Das geschah immer am Ende eines Äons. Weshalb sich der Phönix nie daran erinnern konnte, denn sein Gedächtnis, eine Batterie, die sich langsam auflud, wurde am Beginn eines jeden neuen Äons durch ein neues ersetzt, und alle früheren Äonen waren, als ob sie nie gewesen wären. Darum dachte er sich nichts dabei, als er sich auf der schon recht lädierten, abgeflachten Spitze niederließ und die Flügel, so breit es nur ging, um sich ausbreitete. Im Gegenteil, er empfand den Verfall, die fortschreitende Zerstörung der Pyramide als eine Kommodität, die er, wenn nicht ein Rauschen seine Schläfrigkeit unterspült, ein Glucksen die für einen Augenblick wieder vollkommene Wüstenstille gebrochen, ungeniert genossen hätte. Er kuschte sich in das Reisignest, für das er jedes Jahrhundert aus den Urwäldern südlich der Wüsten einen Zweig herbeigetragen und von oben zielsicher auf die Pyramidenspitze hatte fallen lassen, und fand sich beunruhigt, weil da etwas wider die Erwartung seines Instinkts geschah, der auf die Entflammung durch die Sonnenhitze, die Verbrennung, Reinigung und Neugeburt des

Landes Ägypten gefaßt war. Das Rauschen, Glucksen kam vom Gegenelement, dem Wasser, das jetzt und hier offensichtlich nichts zu suchen hatte, denn jetzt war allein die große Dürre, die dem Brand bekömmliche Strohtrockenheit, fällig. Der Phönix verlor die Erwartungsruhe der Versunkenheit, die ihm, dem zur Vernichtung und Verwandlung bestimmten, allein angestanden hätte: weil dieser Äon anders zu enden drohte als jeder vorherige, ging ein Sträuben, Frösteln über sein Gefieder, doch seine Stellung zu verändern oder gar den Kopf zu heben, hätte er auch jetzt nicht gewagt, zu sehr fürchtete er sich vor der Sonne und vor der Uhr, die in seinem Innern ablief und sein Betragen bestimmte.

Da war der Salamander freier, er wartete auf den Brand als auf ein Fest. Vergraben in seine Erinnerungen an Stromprozessionen und Grablegungen, an das Stöhnen der Bau- und Trägersklaven, an den Gesang der Priester, die mit Kräutern und Dämpfen die Götter in ihre Phantasie und vor ihre Augen zerrten, vergraben in seine Erinnerung an tausend Wüstenjahre, geduckt in seinen Felsspalt am Steilhang, unbeweglich und in sich selbst endlos und unerschöpflich beschäftigt, wenn auch etwas gestört, geärgert von den wippenden, rauhkantigen, grauen Gräsern: hörte er, obgleich näher am Wasser, das Glucksen später als der Phönix. Obwohl doch auch er auf das Feuer und nur auf das Feuer wartete und darauf vorbereitet war, blieb es für ihn seit jeher eine bloße Episode, der Steppen- und Wüstenbrand war für ihn eine Abwechslung, die ihn nicht tötete und nicht verwandelte: er war für ihn einfach ein Erfrischungsbad, das er genoß und das weder sein Gedächtnis störte, noch viel weniger aber sein Wesen reinigte oder gar spektakulär wiedergebar. Darum hatte er sich immer über den Phönix amüsiert, über seine Existenz gelächelt, seine Anmaßung mißbilligt. Früher auf jeden Fall hatte er das getan, als er sich noch herbeiließ, den Kopf zu wenden und das Kreisen, das Niedergleiten des Vogels auf die höchste der Pyramiden zu betrachten. Das hatte er, wie jede andere Bewegung, längst aufgegeben. Ja, wenn er imstande gewesen wäre, etwas zu vergessen, den Phönix hätte er vergessen und die Berechnungen darüber, wie lange es wohl noch dauern würde, wie oft der dumme Vogel sich noch auf der zerbröckelnden Pyramidenspitze niederlassen müßte, bis das ganze Bauwerk einstürzte: diese Berechnungen langweilten ihn längst. Aber jetzt, als das Glucksen des gegen jede Regel steigenden Wassers auch in sein Ohr drang und ihm auf einmal die Gefahr, daß das Feuer ausbleiben und er der altgewohnten Annehmlichkeit beraubt werden könnte, bewußt wurde, war nicht einmal mehr seine Trägheit, oder war es die Weisheit der Meditation?, stark genug, ihn daran zu hindern, daß er sich vergaß, sich nach undenklich langer Zeit umwandte und mit Bestürzung sah, wie, indes der Phönix die Flügel in seinem Pyramidennest plump bewegte, große Wolken, er hatte Wolken noch nie gesehen, die Sonne verdeckten, so daß die Wüste grau wie die Gräser in seiner Felsspalte ohne das Wechselspiel der Farben, tot und steinern dalag. Er sah, ins Flußtal äugend, der Grünsaum war bereits versunken, das Wasser steigen. Das Schlimmste jedoch war, daß die Flut die Füße der Steinriesen am Eingang der Höhlen leckte, daß es bereits in sie eindrang. Und was bedeuteten die Hubschrauber, die mit schnell rotierenden Kreiselflügeln aus dem Gewölk herabfuhren, dann aufstiegen und wieder darin verschwanden? Zum erstenmal hatte der Salamander ein, freilich etwas despektierliches, Mitleid mit dem Phönix, was sollte der, storchengleich verschreckt, in seinem Nest da droben noch? Viele Schiffe, mit Maschinenlärm, mit Hupen und Geschrei, stampften den Fluß herauf. Was geschah, wenn das Wasser die Pyramide selbst anspülte? Der Salamander sehnte sich nach dem Feuer, hoffte, das Wasser möchte ihm ebensogut bekommen und vor allem den grauen, scharfkantigen Gräsern nichts anhaben. Auf einmal empfand er sie als bequemes Lager und wichtiger für seine Ruhe und sein Überleben als alles andere, als selbst die gehätschelten Erinnerungen an die Pharaonen und an die Kamele, deren gedunsene Kadaver auf dem hochgeschwollenen und immer schneller fließenden Strom dahintrieben. Vielleicht steckte hinter all den Veränderungen eine Absicht, dann ließ sich nichts dagegen tun, dann war es besser, auf das Wasser ebenso zu warten, sich darauf ebenso einzurichten wie bisher auf das Feuer. Und der Salamander war eingebildet genug, zu glauben, daß ihm das, da er ja weder Äonen zu beschließen noch zu eröffnen hatte, leichter gelingen werde als dem Phönix.

## Phönix und Salamander

Durch das Feuer, das die nach der langen Überschwemmung aufgeschossenen Graswälder im Sommer verzehrte, schlüpfte der Salamander bis an den Fuß der Pyramide: Nicht daß er das Feuer gefürchtet hätte, im Gegenteil, er genoß die Flamme, badete, erfrischte sich darin. Anderseits zog ihn die weiße Fläche der Pyramidenmauern an, ihre Glätte, die, indem sie abstieß und abwehrte, das Innere deckte und die Mumie in der Kammer bis zur vorbestimmten Stunde schützte. Bis zur Stunde, in der sie, nach Jahrtausenden des Zwischenlebens, verbrennen würde. Sie war für dieses Überdauern mühsam präpariert und somit immerhin noch da, während die Priester und ihr Staat längst vergangen waren, wie auch die Ordnung, die auf jene der Priester, und auch die dritte, die auf jene neue Ordnung gefolgt, lange vergessen war. Die Mumie war ein bloßer Überrest, von der Pyramide geschützt bis zu dem Tag, an dem der Salamander, vom Feuer gestärkt und verjüngt, aus Neugier und Sucht nach Abwechslung, die glatte, feingefügte Mauer zu erklimmen beschloß. Das war nicht nur nicht schwierig, es war vergnüglich, denn je höher er stieg, seine Zehen griffen geschickt in die engsten Ritzen, hielten sich an jeder winzigen Unebenheit, desto klarer überschaute er an diesem seinem letzten Tag den Plan und Zusammenhang des Landes Ägypten: das Stromtal, grün im Gras, den Fluß selbst, graubraun reißend mit weißen Schaumstrudeln, draußen aber die Wüste, gelb hinüberwogend zu der Oase, die sich mit ihren Palmen verachtungsvoll von der Erde ab zum Himmel wandte. Der schätzte ihre Anbiederung nicht, wehrte sich mit Gewölk, mit einer dichten und immer dichteren Decke, worunter das Land Ägypten wie in einem großen Dunstsarkophag wehrlos auf sein Verhängnis wartete. Das war freilich nicht das muntere Steppenfeuer, die prasselnde Gräserlust, die den Salamander eben noch erheitert hatte. Das Urteil, die Wendung und Verwandlung zeigte sich anders an, dem Salamander stieg eine Ahnung auf, als er, schon auf halber Höhe der Pyramidenwand, den Phönix, unsicher zuerst, suchend, taumelnd, dann immer zielsicherer niedergleiten und am Ende mit ausgespannten Flügeln kopfvoran aus dem Himmelsblock auf die Spitze der Pyramide hinabschießen sah. Einige Mörtelteile lösten sich bei der Berührung, rutschten und rollten über die Mauerflächen, ein Brocken hätte den Salamander, wenn er sich nicht flugs in seine Ritze geduckt, zerschmettert. Der Phönix ließ sich auf dem Reisighaufen, den er im Lauf der Jahrtausende Zweig für Zweig aus den Urwäldern südlich der Wüste herbeigetragen und auf der abgeflachten Pyramidenspitze aufgeschichtet hatte, nieder, ruhte aus von dem äonenlangen Flug, endlich durfte er seiner Müdigkeit nachgeben und auf das Feuer von oben, das das dürre Holz in Brand setzen würde, warten. Doch bevor es soweit war, bevor das Ende oder, je nachdem, der neue Anfang kam, erinnerte sich der Phönix plötzlich an den Inhalt des Feueraltars, auf dem er, als wäre er schon gestorben, mit ausgestreckten Klauen und ausgestreckten Flügeln reglos lag, er erinnerte sich an den in der winzigen Mittelkammer in drei Särgen aufbewahrten, mit Bändern umwickelten und von einer Goldmaske bedeckten Schrumpfleichnam und beneidete ihn, weil er all die Zeit, während er selbst unermüdlich sein Verbrennungsholz herbeigetragen hatte, bis er erschöpft und zu allem bereit, darauf niedersank, er beneidete den Toten, weil er die ganzen Jahrtausende über geduldig und würdevoll auf das gewartet hatte, was ihm und dem Stromtal und der Wüste und den Savannen und den Randoasen bevorstand. Was auch ihm selbst, dem einzigen Vogel, bevorstand, der hin- und herflog und, zu wessen Vergnügen und Belustigung eigentlich?, das Unabwendbare vorbereitete und anzeigte, so wie eben der Offiziant in einer Ritualhandlung vorbereitet und anzeigt und vollführt, was auf jeden Fall auch ohne sein Zutun geschähe. Jetzt, am Ende des Äons, kamen dem Phönix das erste Mal Zweifel, ob er nicht die Jahrtausende sinnlos vertan, ob er nicht hin- und hergeflogen, ohne das Geringste erreicht oder verändert zu haben. Er war seiner nicht mehr sicher und sehnte sich nach Kommunikation mit der Mumie.

Der Salamander hatte immer an sie gedacht, er bewahrte das Spektakel des Aufzugs zur Einsargung, Versenkung, Einmauerung, die Erinnerung daran erheiterte ihn, und er hoffte in seiner unstillbaren Neugier auf zahllose Jahrtausende, endlose Zukünfte ähnlicher Belustigungen und Schaustellungen: welches Ergötzen hatte ihm doch der Bau der Pyramide, das Krabbeln, Kraxeln, Stürzen und Sich-Wiederaufrappeln der Sklaven, das Schreien und Peitschen der Wächter bereitet: alles machte ihm Spaß, und er war entschlossen, noch viele Späße, jede neue Lustbarkeit, die sich ihm bot, zu genießen. Er beäugte den toderschöpften Phönix auf dem Pyramidengipfel mitleidig und nicht ohne Verachtung und übersah dabei, daß das obere Feuer schon eine Mittagsöffnung in den Himmelsdeckel brannte, daß es in wenigen Augenblicken nicht bloß den Reisighaufen und den reglosen Vogel versengen, nicht nur die Pyramide mit der dreifach eingesargten Mumie, das Stromtalgras, die Wüstendünen, die Randoase schmelzen, nicht nur den Strom zu Dampf verdünnen und auftrocknen, sondern auch ihn, den Salamander selbst, vernichten würde. Nur der ohnehin schon fast tote, seines Lebens überdrüssige Phönix würde, ein flaumiges Küken, dem Brand entschlüpfen, über neuen Wüsten, Strömen, Grassavannen und Oasen fliegen und, genauso zwecklos, genauso überflüssigerweise wie zuvor, aus irgendeinem Urwald hoch über den Wüstenstürmen Reisig auf den Gipfel irgendeiner Pyramide tragen. Aber er würde sich nicht daran erinnern, daß er das schon immer getan. Zu seinem Glück: denn sonst kämen ihm die Trauer, die Zweifel, die Müdigkeit zu früh, würde er sich auch allzu früh der Mumie im Pyramidenkern erinnern, sie um ihre Ruhe beneiden und die Feuervereinigung mit ihr wünschen: Wie aber sollte er dann seine Flüge vollführen, wie sollte er, vorzeitig resigniert, seine Bewegung, die zwar nicht das Geringste änderte, nichts beschleunigte und nichts aufhielt und dennoch unentbehrlich war für die alte Spieluhrpantomime, wie sollte er dann seine vorgeschriebene Bewegung setzen?

## Die Schildkröten

AUF EINMAL, als wollten sie vor einer unsichtbaren Gefahr Reißaus nehmen, gingen die großen und trägen Tiere in umgekehrter Richtung, fast hätte ich gesagt: sie liefen, wenn für ihre schwerfällige und langsame, zuweilen kaum wahrnehmbare Bewegung dieser Ausdruck nicht absurd wäre. Aber wenn irgendeinmal, so liefen sie am ehesten jetzt, als sie, wider alle Gewohnheit, landeinwärts, fort vom Strand ins Inselinnere zogen, sie gingen weniger bedächtig als sonst und hoben die auf den weichen Hälsen hin und her wiegenden Köpfe schnuppernd vom Boden auf. Und dabei war alles unverändert, das Stachelgebüsch, schwarzgrün wie immer und von Insekten tönend, erschwerte ihnen, wenn es ihn nicht geradezu sperrte, den Weg mit einem Widergewirr von Ästen, Wurzeln und häkligen Zweigen. Sie begannen ihn mühsam genug, durchquerten mit ungeschickten, einander eigenwillig zuwiderhandelnden Füßen die Sand- und die Kieszone und kletterten das Klippengestein an. Und das nur, um in der feindlichsten Landschaft voller Schlangen und Stacheltiere anzukommen, sich Bissen und Stichen ins zarte Bein- und Halsfleisch auszusetzen. Wenn sie aber den Kopf und, falls die Gefahr sie dazu zwang, auch die Beine unter ihren Panzer zurückzogen, waren sie zum Stillstehen genötigt. Was all ihrer Absicht zuwiderlief, da sie ja, obwohl seit jeher Wasser- und Meeresbewohner, jetzt um jeden Preis fort von der Küste und, warum auch immer, ins Binnenland und aufs höchste Trockengebirge drängten. Das Gestein längst erloschener Vulkane stand schwarz im regenlosen Himmel. Zuweilen fuhr Gewölk vom Meer heran, blieb über der Randzone liegen und goß sich, wenn auch selten genug, darauf aus, gerade so oft, daß die schwarzgrüne Stachelflora hochschießen und tückisch aggressives Getier aller Art nähren konnte. Kein Wunder, wenn die Meerschildkröten den Inselraum nicht we-

niger mieden als die öde Mitte: Bis zum Fluchttag dienten ihnen
Sandstrand und Kiesgürtel ja nur als Ruheplatz für ein paar
Stunden, dazwischen fraßen sie beschaulich vom Rand des
Vegetationsrings trockene Kräuter ab, die genügten ihnen als
Nahrung. Die meiste Zeit jedoch trieben sie, indem sie die kurzen Beine flossengleich bewegten und nur die Rückenkuppen
aus dem Wasser erhoben, dicht unterm Meeresspiegel langsam hin; so langsam, daß, wenn etwa einmal die See sich erregte und Wellen schlug, sie sich widerstandslos hin und her
und sogar an Land werfen ließen: Ihre Abneigung gegen jede
Eigenbewegung, solang sie sich nur eben vermeiden ließ, war
unerbittlich. Immerhin hielten sie sich klugerweise stets in der
Nähe des flachen Inselstrands, mieden Felsriffe und Steilküsten,
wo sie leicht auf Klippen und in hoch gelegenen Grotten gespült
worden und, abgetrennt von Süßwasser und Flora, verdurstet
und verhungert wären. Müßig die Frage, was Menschen, wenn
es in jener Meergegend welche gegeben, wenn Schiffe durchge-
fahren, Flugzeuge darüber hingeflogen wären, von den unzähligen braunen Schwimmkuppeln gedacht hätten: Ob sie die
Schildkröten als gefährlich neuartige U-Boote gefürchtet oder,
im Gegenteil, als anmutige ein- und oft, da jedes Muttertier sein
kleines auf dem Rücken trug, zweistöckige Schwimmpagoden
oder Dschunken archaisch entlegener Inselstämme bewundert
hätten?

Alles blieb gleich, wiederholte sich immer bis zu eben jenem
Tag der völligen Wendung und Umdrehung aller Verhältnisse
und Regeln. Es ist zum vorneherein auszuschließen, daß die
Schildkröten, diese statischen Tiere, die ihre Gewohnheiten
niemals änderten und ihr Dasein völlig durchritualisiert hatten, etwa bloß aus Laune ihren Brauch umstülpten, ins Landesinnere krochen, das Meer, das sie stets nur für eine flüchtige
Landberührung verließen, etwa bloß aus Laune panisch flohen.
Es mußte sich um einen gefährlichen Eingriff handeln, eine bedenkliche Verschiebung, einen Epochenbruch, fern oder nah,
oben oder unten. Und in der Tat, wer auf dem Steingipfel im
Inselzentrum gestanden und sich nicht bloß damit begnügt
hätte, den herankriechenden Zügen sinnverwirrter Schildkrö-

ten erstaunt und angstvoll entgegenzuschauen, sondern seinen Blick auch hinauf und übers Meer gerichtet hätte, hätte etwas Neues gesehen, das ihm zwar den Schildkrötenzug nicht gedeutet, aber ihn, so ratlos er auch im übrigen geblieben wäre, darauf hingewiesen hätte, daß etwas geschah und sich änderte, daß eine, vorerst unerklärliche, Macht und Drohung heraufkam.

Eine Drohung, worüber die Schildkröten eine Mitteilung, ein Signal empfingen: vielleicht, daß die Zusammensetzung der Luft, die sie atmeten, des Wassers, worin sie schwammen, sich nur wenig, aber gerade genug geändert hatte, um ihre reizbaren Sinne, ihre allen Ängsten offenen, unbewußten Seelen zu schrecken und zu warnen. Auf der Insel und um die Insel war jedenfalls nichts Besonderes wahrzunehmen, die Fische, Schlangen, Eidechsen, Insekten, Vögel schwammen, krochen, summten, stachen, kreisten in der Luft wie eh und je. Nur eben dieser Schildkrötenzug, die Umstülpung des Meerdranges in Landdrang reichte aus, um auch die sonst unverwandelte Insel völlig zu zerstören. Oder zerfiel nicht ihr ganzes Gefüge, wenn die schwerfälligen Geschöpfe, kaum hatten sie das Stachelbuschwerk und Dürrgras durchkrochen, in den Spalten des Karstgesteins hängenblieben? Am Ende langte nur eine kleine Zahl oben im ausgetrockneten Gipfelkrater an und drängte, so gut es ging, die Hinterteile nach außen gewendet, die Köpfe aneinander, während überall in den Schründen und Spalten die abgestürzten Gefährten vergeblich krabbelten, sich hochzustemmen versuchten und allmählich stumm und verlassen verendeten. Hätte aber jemand oben vom Kraterrand aus über die Insel und übers Meer hinausgeschaut, wäre er jetzt freilich auch, selbst wenn er nicht auf die Schildkröten zu seinen Füßen geachtet hätte, von einer neuen Erscheinung verwirrt und geängstigt worden: Eine Rauchwolke, schmal am schwarzen Sockel, nach oben immer breiter, spannte sich als heller Schirm so breit aus, daß sie den Horizont einnahm und beherrschte und, immer blendender und weißer, bald ganz allein da war und den ganzen Himmel, das ganze Meer und die ganze Insel überdeckte und an sich zog. Die gleißende Überdachung, unter der nun, spät, auch die See und der Sand und der Kies und das schrundige, dumpffarbige Gebirge und sogar die schwarzgrüne Busch- und Blätterzone über jeden Begriff hell und gewaltsam aufglühten, dieses sich immer schneller und weiter breitende Wunderglanzgewölk war es, wovor die Schildkröten, in plötzlicher Verkehrung ihres Instinkts und Triebes, ins Gestein flüchteten, in die Dürre und in den Dursttod.

# Anhang

# Nachworte

## Die Lügner sind ehrlich

Rs erster Roman *Die Lügner sind ehrlich* entstand zwischen 1957 und 1959 in der Manuskriptfassung, 1960 erschien das Buch bei Claassen. Jahre später, in seinem «Sehnsucht nach Führung, Zwang zur Revolte» betitelten Nachruf auf den Theologen Hans Urs von Balthasar (Bd. 5) von 1988 bezeichnete R sein Prosawerk als Auseinandersetzung mit dem Erlebnis der Bindung an die geschlossene Glaubenswelt des Studentenzirkels, der sich in den 40er Jahren in Basel um den ‹Meister› gebildet hatte. Der Autor hatte sich nur durch den sein ganzes Leben prägenden Bruch mit der Kirche aus dem damaligen Kreis lösen können. Im Aufsatz «Meine Geschichte mit der Kirche» von 1987 (Bd. 5) beschrieb er nicht nur die eigene, sondern gleichzeitig auch die Lebenswelt seiner Romanfiguren: «Damals, zu Beginn meiner Basler Studienzeit, geriet ich in den Kreis, dessen Mittelpunkt das Haus ‹Auf Burg› am Münsterplatz war, wo man die Ideen des französischen *Renouveau catholique* mit der Theologie Karl Barths und der mittelalterlichen und barocken christlichen Mystik zu einer Art Seelendroge verschmolz. Die Süchtigen bildeten eine verschworene Gemeinschaft und entwickelten eine hochartifizielle Technik zur Übertünchung und Verdrängung ihrer persönlichen Probleme.» Doch der spöttische Blick auf das neue «Port-Royal» gelang erst mit wachsendem Abstand. Beim Erscheinen des Werkes war R der Situation noch viel näher, wie ein Eintrag im Tagebuch vom 8. 1. 1961 zeigt. Danach ist der Roman «das Buch eines Skrupulanten, der seine Skrupeln über Bord wirft, das aber nur tun kann, indem er ununterbrochen von ihnen spricht. Er zertrampelt seine Skrupeln, nachdem er sie ausgespien hat.

Die *Lügner* sind der Schrei eines Gefangenen im Augenblick, wo er sein Gefängnis verlässt. Er steht auf der Schwelle und ist weder drinnen noch draußen, er ist genau dazwischen.»

Der Roman folgte auf den Lyrikband *Schiffe* (Bd. 1), mit dem R sich 1957 zum Dichter erklärt hatte, der für seine Aufgabe Ehe, Familie und wissenschaftlichen Beruf hinter sich lassen muß. Vom Beginn des Prosawerkes wird deutlich, wie wenig es sich in die gängigen Romanformen der 60er Jahre einfügt. Statt den Blick auf gesellschaftliche Vorgänge der Gegenwart und direkten Vergangenheit zu richten, verankert R seine Hauptfiguren überhaupt nicht in einer erkennbaren sozialen Wirklichkeit. Das Mädchen Isa sowie die jungen Männer Bodo, Jörg und der nur in der Erinnerung der anderen auftretende Heinrich leben während eines Zeitraums von 24 Stunden ganz im Bann der ‹Aufforderung zur Unbedingtheit›, die von der charismatischen Gestalt des ‹Doktors› ausgeht. Die geistige Ausstrahlung des Kreises mit den rivalisierenden Frauengestalten Petra und Olga beherrscht die Hauptfiguren so, daß alles praktische Handeln ausgeblendet bleibt und die Personen nur aus Gesprächen, Gedanken, Erinnerungen und Empfindungen zu bestehen scheinen. Alle vier Teile des Romans sind arm an äußerem Geschehen und münden nach den spiralförmig kreisenden Überlegungen stets ganz ‹existentialistisch› in einer Entscheidung. Der erste Teil endet mit Isas Entschluß, das weltliche Leben aufzugeben und dem Orden der Konstantia beizutreten. Der zweite führt Bodo mit Marion zusammen, die beiden Abtrünnigen, die sich dem Sog des Kreises widersetzen. Der dritte läßt Bodo im Schwimmbad seine Befreiung im Sprung erleben, der vierte endet mit den zaghaften ersten eigenen Schritten von Jörg, der schließlich tastend versucht, sich aus dem ‹Netz› zu befreien.

Rs erster Versuch mit dem Roman spiegelt in mehrfacher Hinsicht die Schwierigkeiten des Autors mit der neuen Form. Abweichend von den Fassungen der Manuskripte hat R für die Männerfiguren Bodo und Jörg in der Erstausgabe bei Claassen die selteneren Namen Olef und Joel gewählt, den abwesenden Heinrich zu H. verkürzt und den ursprünglich geplanten

Schlußsatz umformuliert. Diese Entscheidung läßt sich auf einen Rat des Malers Hans Platschek zurückverfolgen, der auch den Schutzumschlag gestaltete. Später muß sich R aber so daran gestört haben, daß er in der Taschenbuch-Ausgabe von 1982 die Veränderungen wieder rückgängig machte. Diese Unsicherheit vor dem Erscheinen des Buches war wohl auch auf die vernichtende Kritik bei der ersten öffentlichen Lesung aus dem Manuskript zurückzuführen. Im Oktober 1959 hatte R bei einer Tagung der Gruppe 47 auf Schloß Elmau den Schluß des dritten Teils mit Bodos Sprung im Schwimmbad vorgelesen. Walter Jens hatte die Szene scharf kritisiert und die vorgestellte Identifikation des in seiner Phantasie gefangenen Jörg mit dem aktiven, wirklich springenden Bodo als «Päderastenprosa» bezeichnet.[1] Fritz Arnold, der als Lektor des Hanser-Verlags oft mit R über literarische Fragen debattierte, hat zwar diese Äußerung eher der Verärgerung des ehemaligen Tübinger Universitätskollegen Jens über Rs Lebenswende als dem Werk selbst zugeschrieben, aber R war tief getroffen. Direkt anschließend bat er Ingeborg Bachmann, die auch zugehört hatte und mit der er seit einigen Jahren befreundet war, um ihr Urteil über den Roman. Ihre dreiseitige Antwort in einem Brief vom 2. November 1959 bildet die einfühlsamste und ausführlichste Auseinandersetzung mit einem frühen Prosatext Rs.[2] Sie schreibt: «Ich habe große Mühe gehabt, das Buch zu lesen, und ich glaube, ungefähr zu wissen, warum es so grosse Mühe macht. Ich kann es nur plump sagen: Sie geben den Personen zu wenig Halt in der Wirklichkeit. (...) Nun aber wissen Sie ja, dass ich einer der letzten wäre, die nach realistischen Dialogen und naturalistischen Kulissen schreien. Wir wissen sehr gut, dass die Wirklichkeit ein weites Feld ist, und Ihr Buch ist eine Wirklichkeitssuche. Aber, Kuno, etwas ist verfehlt daran, und nur Sie können den Fehler beheben. Diesen ‹Fehler› sehe ich gar nicht in den Details (er äussert sich nur manchmal darin), sondern, wenn Sie mir die Vermutung erlauben, in einer Unerlöstheit Ihrer selbst.»

Diese Äußerung bezieht sich nicht nur auf Rs Homosexualität, die zu dieser Zeit nicht öffentlich erwähnt werden konnte, sondern «unerlöst» war R vor allem in bezug auf seine künstlerischen Ziele. Der Verlust des geschlossenen Glaubenssystems, der den Kern des Romangeschehens bildet, hatte für ihn nicht zur Öffnung gegenüber der Welt nach dem Ende des religiösen Zeitalters geführt. Wie seine während der Entstehung des Manuskripts vollzogene Abwendung von Familie und akademischem Beruf veranschaulicht, gelang es ihm nicht, sich dauerhaft in der bürgerlichen Gesellschaft einzurichten, sondern er übertrug die im religiösen Bereich verankerte ‹Aufforderung zur Unbedingtheit› nun mit großer Konsequenz auf sein dichterisches Werk. Im Aufsatz «Meine Geschichte mit der Kirche» von 1987 schreibt er dazu: «Wie früher, zwischen meinem zwölften und meinem dreiundzwanzigsten Jahr, die Kirche alles enthielt, es tatsächlich außerhalb für mich keine Realität gab, so enthält heute die Kunstwelt, Wortwelt, die ich errichte, alles in sich.» Von Anfang an war Rs Prosawerk nicht am sukzessiven Erzählen ‹realer› Vorgänge ausgerichtet, und jede Beschränkung auf äußere Handlung hätte für ihn ein Verfehlen seiner ‹Wirklichkeitssuche› als Künstler bedeutet. Wenn er 1987 formuliert, sein Ziel sei: «schreibend einen Kosmos zu errichten, der den verlorenen Kosmos der Kirche, ihre Mythologie und Ordnung ersetzte», so ist bereits der Roman seiner Ablösung aus dem religiösen Kreis bestimmt von der Suche nach der Sprache, die den «Entwurf einer Gegenwelt» ausdrücken kann. Da R bisher nur Lyrik veröffentlicht hatte, in der eine Konzentration auf die sprachlichen Ausdrucksmittel zur Eigenart der Gattung gehört, war seine ebenso entschiedene wie ungewöhnliche Haltung gegenüber dem Erzählen äußerer Vorgänge noch gar nicht in den Blick gekommen.

Doch schon das Motto seines Romans mit der Klage über den Verlust des vereinfachenden Blicks der Gewohnheit weist auf den Kern seines künstlerischen Anliegens. Das Zitat stammt aus Hugo von Hofmannsthals fiktivem «Brief» des Lord Chandos von 1902.[3] Dieser Text mit seinen eindringlichen Bildern wie dem von den Worten, die angesichts der Wirklichkeit im Munde zerfallen wie modrige Pilze, bildet ein wichtiges Dokument am Anfang der Debatte um die Möglichkeiten einer spezifischen Dichtungssprache im 20. Jahrhundert. Die dort entfaltete Grundeinsicht der Moderne, daß Wörter nicht ein ‹wahrer› Spiegel der Welt sind, sondern ihre Bedeutung einer wandelbaren menschlichen Übereinkunft verdanken, bildete beim Klappentext zum Lyrikband *Schiffe* (Bd. 1, 414 f.) den Ausgangspunkt von Rs Definition der Poesie als ein Maskenspiel. Mit der Aufnahme von Hofmannsthals Metapher, daß die einzelnen Worte Wirbel sind, durch die hindurch man ins Leere kommt, bindet R die Begriffe von Lüge und Ehrlichkeit in einen poetologischen Zusammenhang ein. Später wird er die Denkfigur des spiralförmigen Wirbels bei seiner Reflexion über die Dichtkunst ganz ins Zentrum seines Werkes treten lassen, während hier erst Ansätze zu erkennen sind.

In einem Einschub, der die Aussage unterbricht und methodisch den Vorgang des Erzählens reflektiert (88 f.), greift R im dritten Teil des Romans direkt auf Lüge und Ehrlichkeit zurück und grenzt die Vielfalt der Fiktion gegenüber der eindeutigen Wirklichkeit ab: «Der Erzähler wird immer fühlen, daß er mit der einen Aussage alle andern gleichzeitig möglichen verdrängt und ausschließt, daß er also ein schrecklicher Vereinfacher ist.» Bei allem Unterschied der Ausdrucksweise wird hier dasselbe Thema berührt, das Musil im *Mann ohne Eigenschaften* sagen läßt, das Mögliche umfasse «nicht nur die Träume nervenschwacher Personen, sondern auch die noch nicht erwachten Absichten Gottes».[4] R läßt seine Romanfiguren ständig reflektieren, so daß dadurch das bereits Vergangene und das nur Denkmögliche viel stärker im Vordergrund stehen als die konkret erfahrbare Wirklichkeit, von deren Begebenheiten man nacheinander erzählen könnte. Schon im ersten Roman treten damit die Schwerpunkte seines späteren Schreibens hervor, das mit der Aufhebung des Zeitablaufs und der auffälligen Häufung und Fülle der Konjunktivformen charakteristische Eigenheiten entwickelt.

Bei der Stimme des Erzählers bildet das Verlassen einer einheitlichen Perspektive zwar ein allgemeines Kennzeichen moderner Literatur seit dem frühen 20. Jahrhundert, doch R erzählt nicht allein aus der Perspektive der wechselnden Personen. Er geht darüber hinaus und verteilt die Bewußtseinsvorgänge auf die männlichen und weiblichen Figuren in einer Weise, die zeigt, daß es ihm gar nicht auf eine wirklichkeitsnahe Ausformung von Individuen ankommt. Erlebnisse und Träume gleiten ineinander, und vielfach bleiben Gedanken ohne plausible Verknüpfung in einen Zusammenhang einfach nebeneinander stehen. Das Fehlen eines gesellschaftlichen Umfelds, in dem die Personen unverwechselbare Wesenszüge gewinnen könnten, führt dazu, daß die Unterschiede zwischen den einzelnen durch beständige Anspannung, Dramatisierung und Steigerung ihres inneren Erlebens überspielt werden. Zum Auflösen fester Konturen bei den Personen gehört auch, daß R biographische Vorkommnisse des eigenen Lebens auf Berichte der beiden Gestalten Heinrich und Jörg verteilt. Beispiele dafür sind der Bericht über Heinrichs Vortrag des Rilke-Gedichts im ersten Teil und die Schilderung der Kindheit Jörgs am Anfang des zweiten. Von der späteren Entwicklung des erzählerischen Werkes gesehen, erweist sich eine solche Auffächerung entscheidender Erlebnisse auf getrennte Figuren als ein Zwischenstadium. Die feste Identität eines an die Sehkonventionen der äußeren ‹Wirklichkeit› gebundenen Erzählers bedingt eine Perspektive, die alle anderen gleichzeitig möglichen Aussagen verdrängt. Der Wechsel zu einer anderen Gestalt bleibt im ersten Roman noch den Träumen vorbehalten, und schon die in Gedanken vollzogene Identifikation Jörgs mit Bodo am Ende des dritten Teils hatte zu kritischer Ablehnung geführt. Erst das der literarischen Vergangenheit entstammende Prinzip der Metamorphose in den Erzählungen *Mißverständnisse* wird dem Autor ermöglichen, im Raum der Poesie seinen Konflikt richtungsweisend für die künftige Entwicklung des Werkes zu lösen.

Die konsequente Ablehnung einer Erzählhaltung, bei der das zeitliche Nacheinander äußerer Geschehnisse den gewohnten ‹roten Faden› bildet, sollte sich vom ersten bis zum letzten Roman als stärkstes Hindernis einer breiteren Rezeption von Rs Werk erweisen und immer wieder zu Vorwürfen mangelnder Stringenz führen. Von Lesern wie auch von Verlagslektoren weniger beachtet wurde dagegen das komplementäre Ordnungsprinzip, das sich langsam herausbildet und auf so ungewöhnliche Weise Rs Prosa strukturiert. Statt narrativer Vorwärtsbewegung bei äußeren Vorgängen entwickelt er ein zusammenhängendes Netzwerk von visuellen Vorstellungen oder Motiven, das den gesamten Komplex, sprachlich ein ‹wahres Bild› in Worten zu erbauen, nicht nur in der Lyrik, sondern auch in den Erzähltexten verknüpft. Im ersten Roman ist dieses Bezugssystem noch nicht so ausgebildet, daß es den Text zusammenhalten könnte, aber einige ‹Grundbilder› des poetologischen Themenkreises werden hier bereits vorbereitet. Dazu gehört das Auftreten einer Heiligenfigur als Modellfall der Abwendung von der Alltagswelt. Die Reihe wird hier von der heiligen Konstantia eröffnet, mit der sich Isa schließlich beim Eintritt in den neubegründeten Orden identifiziert. Schon Isas Abwendung von der Welt ist mit dem Thema des Opfers verbunden, aber bei ihr bleibt noch die religiöse Ausrichtung und Bedeutung der Handlung im Vordergrund, während in den folgenden Werken deutlich wird, daß R diesen Vorgang auf den Bereich der Kunst überträgt. J. Egyptien hat darauf hingewiesen, daß die Vorstellung des Opfers als völliges Preisgeben und Auflösen der Individualität zuerst in dem für R so wichtigen Aufsatz Hofmannsthals «Das Gespräch über Gedichte» von 1903 als Quelle der magischen Kraft der Sprache im dichterischen Werk bezeichnet wird.[5] Außer dem Opfer gibt es weitere Bildvorstellungen, deren poetologischer Bezug erst später ganz entfaltet wird, wie beispielsweise die schimmernde Kugel (95), der flatternde Falter (119), das übertragene Herz (33, 55) und der Sprung in die Tiefe (51, 82).

Der hier für das Motto gewählte «Brief» Hofmannsthals enthielt mit seiner Abgrenzung des Lord Chandos gegenüber seinem fiktiven Adressaten, dem Philosophen Bacon, auch autobiographische Elemente der Ablösung seines jungen Autors von Stefan George. Damit ergab sich für R über das Zitat hinaus eine Anknüpfung an sein Verhältnis zum damaligen Lehrmeister Balthasar, dessen «Affinität zu George, seine Anlehnung an dessen Stil der Freundschaft, des Umgangs und der Belehrung»[6] er im Nachruf hervorhebt. Von all dem, was R am

Anfang seiner Basler Studienzeit daran so angezogen und begeistert hatte, mußte auch er sich abgrenzen, um seinen eigenen Weg zu finden. In ihrer Analyse des ersten Romans hatte Ingeborg Bachmann an R geschrieben: «Ich wünsche mir inständig für Sie, weil ich an Ihre Fähigkeiten glaube, dass Sie sich losmachen, sich trauen, springen, rücksichtslos.» Doch bevor es R gelang, die wandlungsfähige Stellvertreterfigur des Dichters zu gestalten, die dann aus dem Stadium des «schrecklichen Vereinfachers» erlöst ist, weil die Geschichten aus ihr «auf unzählige Arten» hervorgehen, warteten noch weitere Experimente.

## Anmerkungen

[1] Fritz Arnold, Vortrag zum 20. Mai 1998 im Literaturhaus München, Typoskript.
[2] Zwei Briefe von Ingeborg Bachmann an Kuno Raeber, *Jahrbuch der Deutschen Schillergesellschaft*, 46. Jg., Stuttgart 2002, 59–69.
[3] Hugo von Hofmannsthal, «Ein Brief», in: *Gesammelte Werke*, hrsg. von Bernd Schoeller, Frankfurt 1979, 466.
[4] Robert Musil, *Der Mann ohne Eigenschaften*, hrsg. v. Adolf Frisé, Hamburg 1952, 16.
[5] Jürgen Egyptien, «Der Duft des Weltgedichts», Vortrag zum 20. Mai 2002 in der Monacensia, München, Typoskript. Hugo von Hofmannsthal, «Das Gespräch über Gedichte», in: *Gesammelte Werke*, hrsg. von Bernd Schoeller, Frankfurt 1979, 495–509.
[6] Kuno Raeber, «Sehnsucht nach Führung, Zwang zur Revolte», Bd. 5.

## Calabria

1961 publizierte R die Reiseskizzen *Calabria*. Schon das gänzliche Fehlen der sonst bei allen Projekten Rs so akribisch ausgearbeiteten handschriftlichen Entwürfe macht deutlich, daß er diese Texte nicht als Teil seines künstlerischen Werkes auffaßte, sondern sie eher den anderen Arbeiten zum Broterwerb für Presse und Rundfunk gleichstellte. Eine solche Einschätzung zeigt auch ein Tagebucheintrag nach der Veröffentlichung. Am 6.11.1962 schrieb R über eine Lesung im Münchner Tukan-Kreis: «Die Stücke aus *Calabria* wie das ganze Buch nett, aber zu gewichtlos, Feuilleton». Trotzdem sollen die Reiseskizzen im Zusammenhang mit der Prosa der 60er Jahre erscheinen und nicht bei den kleinen Schriften in Band 5. Zum einen gehört ihr Thema Italien mitten ins Zentrum von Rs Leben und Werk. Ob als Schauplatz seiner literarischen Texte oder als Gegenstand theoretischer Überlegungen zur Kunst, immer wieder kommt R auf Italien und die umgebende mittelmeerische Welt als entscheidenden Bezugspunkt seines Schreibens zurück: «Der Bilderschatz der Antike, des Mittelmeers ist schon so lange Gemeingut, daß er gleichsam wie eine goldene Mumie in unserer Erinnerung, in unserem Empfindungsgrund liegt. Bei der geringsten Berührung zerfällt er zu Staub. Und dieser Staub enthält alle Ingredienzien der Magie. Alle übrigen Weltgegenstände sind im Vergleich dazu grobes, unstrukturiertes Geröll.»[1] Zum anderen präsentiert die Sammlung von Skizzen keineswegs einen sachlichen Reisebericht, sondern ein gestaltetes Ensemble, dessen sprachliche Formen sowohl Ähnlichkeiten als auch Kontraste zu Rs anderen Werken schärfer in den Blick treten lassen.

Reisebeschreibungen von Schriftstellern waren um 1960 durchaus verbreitet. Allein von den Autoren, mit denen R im Gespräch und in Briefen in Verbindung stand, publizierten Ingeborg Bachmann und Wolfgang Koeppen zu dieser Zeit Reiseberichte, die aufgrund ihrer atmosphärischen Beschreibungen beim Lesepublikum sehr beliebt waren. Italien, das traditionelle Land der Kunst und der Kunstreisenden, spielte dabei eine besondere Rolle. 1963 befragte R für die Zeitschrift *Das Schönste* Ingeborg Bachmann in Rom über ihr ‹erstgeborenes Land› und sie antwortete: «In Italien, könnte ich sagen, bin ich froher geworden, hier habe ich gelernt, Gebrauch von meinen Augen zu machen, habe schauen gelernt. In Italien esse ich gern, gehe gern über eine Straße, sehe ich gerne Menschen an.»² Auch für R selbst, der 1951 als Leiter der Schweizer Schule nach Rom gegangen war, bedeutete die Begegnung mit Italien eine deutliche Wendung auf dem Lebensweg. Nicht nur, daß dort seine «sinnliche Erlebnisfähigkeit erst eigentlich» geweckt wurde, wie er 1987 in einem Aufsatz schrieb, sondern er führte weiter aus: «Der Süden, der für die Bewohner der Länder nördlich der Alpen Mittelmeer heißt, war für mich, wie für viele andere vor mir, als ich ihn mit vierundzwanzig Jahren zum ersten Mal sah, eine Offenbarung. Ich betrat Rom, und der Schleier zerriß, ein Strahl fiel herein und blendete mich für einen Moment. Denn auch die Erfahrung, die Verwandlung durch die Begegnung mit dem Mittelmeer, ging in Etappen vor sich, erst in den Vierzigerjahren meines Lebens war ich soweit, mich ganz durchdringen zu lassen davon, mich dem mediterranen Lebensgefühl für eine Zeit ganz hinzugeben.»³

Die Reiseskizzen von 1961 stammen also von einem längst mit den Regionen, der Sprache und den Sitten der Bewohner vertrauten Besucher, der überall im Land leicht Menschen kennenlernen und an ihrem Leben Anteil nehmen konnte. Doch in Kalabrien betrat auch der erfahrene Italienreisende ein unbekanntes Land. Seine Reise führte ihn von Tropea über Catanzaro und Crotone schließlich nach Reggio. Das waren damals Orte, die gänzlich am Rand der modernen Welt lagen. Von den Reiserouten, die zu den seit Jahrhunderten besuchten und bewunderten Kunstschätzen Italiens führten, war die Landschaft unberührt geblieben. Der sensationelle Fund der griechischen Skulpturen von Riace, der die Provinzhauptstadt Reggio zur Museumsstadt machen sollte, lag in einer ebensowenig vorstellbaren Zukunft wie der heutige Touristenbetrieb, der in der Nähe von Tropea sogar einen Flughafen für die Badegäste entstehen ließ. Selbst für viele Italiener erschien damals der tiefe Süden als eine gänzlich geschlossene, archaische Welt. Doch in seinem Bericht vermittelt der Reisende aus dem Norden nicht den Eindruck des Exotischen, sondern den des Vertrauten. Die Anschauungen und Lebensformen der Menschen, die im Mittelpunkt stehen, spiegeln statt des Unerhörten das immer wieder aus der Vergangenheit Gehörte. Als Gesprächspartner treten Menschen aus allen Schichten auf, es sind Bürger und Honoratioren, ein Marchese, gelegentlich auch Arbeiter, und bei selteneren Anlässen kommen Frauen und Familien hinter den am öffentlichen Leben teilnehmenden Männern zum Vorschein und entfalten das Bild einer gesellschaftlichen Ordnung, die für uns zwar vergangen, aber nicht wirklich fremd ist. Neben den Lebensweisen der Menschen richtet sich der Blick auf die umgebende Welt, vor allem auf die kulturelle Vergangenheit und auf Natureindrücke.

Auch wenn der Autor selbst seine Reiseskizzen als leichtgewichtig empfand, so lassen sprachliche Gestaltung und Anordnung der Sammlung einen literarischen Text erkennen. Die 27 Skizzen halten auf ihren meist nur wenigen Seiten neben allgemeinen Überlegungen vorwiegend Erlebnisse und Beobachtungen des Augenblicks fest. Umrahmt wird ihre Abfolge von einer Betrachtung mit dem Titel «Tageszeiten». Indem R darin das dramatische Licht des Südens mit dem alltäglicheren des Nordens kontrastiert, nimmt er eine Sehtradition des literarischen Italien auf, die mindestens besteht, seit Goethe in den «Römischen Elegien» als Kontrast zum «graulichen Tag hinten im Norden» den «Glanz des helleren Äthers» pries.[4] Zu dieser Tradition gehört auch, daß die Ruinen und Scherben der Antike in der gegenwärtigen Landschaft dem Erlebenden als Zeugen eines gelungeneren und erfüllteren Lebens gelten. Mit diesem Thema berührt R eine für sein gesamtes Werk charakteristische Vorstellung. Die Überreste und Spuren vergangener Lebensweisen, die unter dem gegenwärtigen Alltag noch zu erfahren sind, bilden für ihn Orte der Erinnerung, an denen die begrabene und so bewahrte Tradition präsent wird. Vor allem fand er in den Riten der katholischen Kirche, die zu dieser Zeit im Süden noch das gesellschaftliche Leben von Grund auf prägten, immer wieder Hinweise, daß in der menschlichen Psyche Schichten älterer Kulturen simultan mit der Gegenwart weiterleben. Dieser Zusammenhang, für den er in den Erzählungen *Mißverständnisse* den später auch von anderen vielgebrauchten Begriff des Palimpsests einführt, zeigt sich besonders in den Geschichten von der Pythagoras-Stadt Crotone, aber ebenso deutlich in allen Bildern der Madonna. Ein weiterer Bezug zu den späteren Werken ergibt sich aus dem verstörenden Erlebnis des Kinobesuchs in Reggio am Ende der Reise. Der 1960, im Jahr der Reise veröffentlichte Film *Rocco e i suoi fratelli* von Luchino Visconti erzählt die Geschichte einer Familie aus dem armen Süden des Landes, die in der modernen Großstadt zugrunde gerichtet wird. Rs Erschütterung über Rocco, den «Toren vom Lande», gilt einer Gestalt, die in den jungen Männern seiner Theaterstücke, in Schorsch und Renzo ebenso wiederzuerkennen ist wie im römischen Strichjungen Pino im Roman *Das Ei* (Bd. 3).

Durch sprachliche Genauigkeit und Prägnanz bei der Beschreibung gesellschaftlicher Zusammenhänge und wirklicher Personen nehmen die Reiseskizzen eine besondere Position in Rs Prosawerk ein. Weder die sichtbare Wirklichkeit überhaupt noch das zeitliche Nacheinander von Vorgängen oder auch die individuellen Charakterzüge einzelner Menschen gehören zu seinen später verfolgten literarischen Zielen. Anders ist es bei den Naturschilderungen – das Licht, das Meer, die Bäume oder die Zikaden – von solchen Eindrücken aus lassen sich häufig Verbindungen zu den Gedichten erkennen. Eine sprachliche Eigentümlichkeit scheint so vorherrschend in Rs Werk, daß sie bei der Wirklichkeit und bei der Phantasie zugleich hervortritt: es ist die vielgliedrige Reihung und steigernde Aufzählung. Wenn R den Schmuck der Christusfigur in «Ecce Homo» beschreibt oder das «Feuerwerk» oder die Speisen bei der «Taufe», dann läßt sich der Bezug zu den Wortkaskaden der späteren Romane nicht überhören. Selbst die so charakteristische Dreierreihe bei den Verbformen ist hier vertreten, wenn der harmlose Hund in «Ein Liebesbrief» sich nicht «satt sehen, satt springen, satt lecken» kann.

Zu den weiteren Projekten für Prosa der 60er Jahre gehörte bei R auch der Plan, von einer ausgedehnten Griechenlandreise ein Buch mit Reiseskizzen zu schreiben, doch davon sind nur einzelne Teilstücke abgeschlossen worden. *Calabria* ist das einzige so ganz an der Wirklichkeit ausgerichtete Buch seines Werkes geblieben.

*Anmerkungen*

[1] Kuno Raeber, «Karl Rössings Bildwelt», Bd. 5.
[2] Kuno Raeber, «Begegnungen mit Ingeborg Bachmann», Bd. 5.
[3] Kuno Raeber, «Meine Geschichte mit der Kirche», Bd. 5.
[4] Goethe, «Römische Elegien», VII, 1–8, Hamburger Ausgabe, Bd. 1, 162.

## Die Düne

Noch während der Arbeit an seinem ersten Roman zeichnet R in einem Notizbuch am 29. 1. 1958 auf: «Stoff für eine Geschichte: Freundschaft zwischen einem Schriftsteller und einem Boxer. Beide haben darunter in ihrem Milieu zu leiden. Der Boxer wird mit der Zeit intellektueller, der Schriftsteller primitiv. Der Boxer tritt in ein großes Geschäft ein, wird reich und bürgerlich. Der Schriftsteller verändert, vereinfacht seinen Stil, wird populärer, verliert aber im Dichterischen.»[1] Varianten dieses Erzählkerns bilden dann einen Themenbereich der zwischen 1959 und 1962 konzipierten Fassung seines nächsten Prosaprojekts mit dem Titel *Die Düne wandert*. Rs Lebenskrise am Ende der 50er Jahre, seine Abwendung von der bürgerlichen Welt mit akademischem Beruf, Ehe und Familie steht im Hintergrund des zweiten Versuchs mit der Form des Romans.

Am 6. 2. 1961 hatte R im Tagebuch über seine schriftstellerischen Intentionen geschrieben: «In den *Lügnern* habe ich mein Vergnügen am reflektierenden Erzählen und am erzählenden Reflektieren so sehr strapaziert und abreagiert, daß ich im Moment nur das Sichtbare, Schmeckbare, Fühlbare im Roman ertragen kann. In der *Düne* gelingt es mir zwar noch nicht immer, meiner Forderung zu genügen. Aber ich streiche rücksichtslos ganze Seiten, wenn ich merke, daß ich wieder ins Räsonnieren geraten bin. Es mag aber sein, daß ich mich schließlich auf eine Mitte einpendle: eine kleine Dosis Reflexion in meiner Prosa dulde. Freilich, das liebste wäre mir, sie wäre nicht darin, sondern dahinter oder noch besser vorher:

die Reflexion würde ganz zu Bild und Geschehnis.» Am 27. 11. 1961 äußert er sich zum Inhalt: «*Die Düne* (ist) der erste Versuch, mein Leben und meine Produktion unter einen Hut zu bringen, aus den Umstürzen der letzten Jahre die literarische Konsequenz zu ziehen. Das Buch wird streckenweise schockieren, den vierten Teil, wenn nicht schon den zweiten wird man als obszön und exhibitionistisch empfinden (...) Ich stecke in einer der wichtigsten Unternehmungen: die Gegensätze zu überwinden, das Fleisch im Geist darzustellen, den Geist in Fleisch zu verwandeln. Während ich früher das Fleisch durch den Geist zu überspielen, hinter dem Geist zu verstecken suchte. Ich floh vor der Sexualität in die Poesie.»

Da R trotz mehrerer Versuche keinen Verlag für sein Werk gefunden hatte, unternahm er nach der Publikation des Lyrikbandes FLUSSUFER (Bd. 1) ab Mitte 1963 eine ausgedehnte Griechenlandreise. Im Tagebuch vermerkt er am 11.1.1964: «Ich schreibe *Die Düne*, die ich noch in Athen umgearbeitet, zusammengestrichen habe, nochmals vollständig ab. Am Ende werden vielleicht hundert Seiten bleiben. Obwohl dieses Buch ohne Zweifel noch nicht das ist, was mir als *mein* Buch vorschwebt, halte ich doch die neue Beschäftigung damit für der Mühe wert. *Die Düne* zeigt den vorläufigen Abschluß einer Entwicklung an, die Vollendung einer Haltung, die sich in einer langen Krise herausgebildet hat. Darum liegt mir an dem Buch, an seiner Beendigung und an seiner Veröffentlichung.» Doch auch für diese Umarbeitung, die als Typoskript von 89 Seiten unter dem Titel *Die Düne* mit dem Abschlußdatum 5.2.1964 im Nachlaß aufgefunden wurde[2], fand sich kein Verleger. Sie soll in dieser Werkausgabe publiziert werden, denn sie bildet ein wichtiges Verbindungsstück zwischen *Die Lügner sind ehrlich* und den Erzählungen *Mißverständnisse*, für die schon bald nach Abschluß der zweiten Fassung der *Düne* die ersten Entwürfe vorliegen.

Auch in der gekürzten Fassung hat der Roman sechs in einem komplexen System angeordnete Teile, die R im Tagebuch meist als ‹Stücke› bezeichnet. Eine Art von Rahmenhandlung im ersten und sechsten Stück umfaßt einen Zeitraum von drei Jahren und kreist um Albin Pomerz, einen Kunstwissenschaftler in Deutschland, der nach einem Schreckenserlebnis im Torsensaal des Museums die Welt des ‹Geistes› verlassen und sich der Vitalität zuwenden will. Teils wird über ihn in der dritten Person berichtet, teils spricht er selbst als Ich-Erzähler. Pomerz muß jedoch erfahren, daß sein Problem weder durch die Freundschaft mit dem Boxer Helmut Glöckner noch durch seine Liebesbeziehung zur Malerin Brigitte und nicht einmal durch seine überstürzte Flucht aus Europa nach Südamerika gelöst wird. Die Hauptperson der erträumten Gegenwelt der Vitalität, der junge Sebastián, der in San Antonio Abad sein Geld verdient, indem er von gefährlichen Klippen ins Meer springt, kommt dabei ums Leben. Der Schauplatz wechselt hier beständig zwischen Europa und Südamerika, wobei der Ortswechsel mit keinem Wort zur Sprache kommt, sondern nur durch eine Leerzeile im Text markiert wird. Das zweite Stück spielt durchgehend in Südamerika und blickt auf Sebastiáns Vorgeschichte zurück, die ganz vom Gegensatz zum ‹Geist› gekennzeichnet ist. Das dritte Stück enthält Rückblicke auf das Leben von Pomerz und dem Boxer Glöckner, die sich zum Teil mit dem Geschehen in Europa im ersten und sechsten Stück berühren oder überschneiden. Das vierte Stück spielt nach der Haupthandlung und stellt den schon vorher in Südamerika mit seiner Frau Pilar aufgetretenen ‹Mythologieprofessor› Dick Muller aus Montevideo ins Zentrum. Die Geschichte seiner Liebesbeziehung zu Domingo, dem Bruder Sebastiáns, führt ihn nach zwei Jahren von Südamerika nach England. Das fünfte Stück spielt zwei Monate nach Sebastiáns Tod an seinem Grab. Erst nach dem Blick auf Ereignisse, die auf den zeitlichen Abschluß der Erzählhandlung um Albin Pomerz folgen, greift das sechste Stück die Konstellation des Anfangs mit dem beständigen Wechsel der Orte in Europa und in Südamerika wieder auf und schließt den Ring.

Klar erkennbar ist von Anfang an Rs Abwendung vom realistischen Roman mit seinem sukzessiven Erzählen von Ereignissen und Erlebnissen aus dem Leben individuell gezeichneter Personen. Zwei Briefe an Lektoren nach Abschluß der ersten

Fassung³ zeigen Rs Bemühen, die Grundsätze seines Schreibens zu erläutern. An Fritz J. Raddatz schrieb er am 16. 2. 1962: «Ich hoffe, diese Explikation hilft Ihnen zum Verständnis der Geschichte, die ja auf zwei Ebenen, auf der einen von Z–A und auf der anderen von A–Z läuft. Dazu noch die Zwischenstücke, die nach dem Ende der Haupthandlung spielen, deren Endgültigkeit aufheben, das Bild des Kreises provozieren sollen: keine Situation ist endgültig, es geht immer weiter. Die Personen sind nicht Individuen im konventionellen Sinn, sie haben, wenn nicht identische, so doch sehr ähnliche, zum Verwechseln ähnliche Erfahrungen und Erlebnisse, zuweilen ohne einander zu kennen (wie z. B. Pilar und Letizia, Dick Muller und Pomerz, von Sebastián und Domingo gar nicht zu reden).» Sein Brief an Dr. Frank vom 25. 4. 1962 schließt mit der Bemerkung: «Im Grund dasselbe Thema wie in den *Lügnern*: alles hebt sich auf in seiner Entsprechung, das Individuelle ist bloß Schein, genauso wie Zeitablauf und Ereignisketten.»

Die Vermeidung individueller Züge bei Charakteren und Ereignissen sowie die Betonung des Wiederkehrenden und Typischen treten in Rs Werk zunehmend deutlicher hervor. Als Versammeln und Komponieren von ‹Grundbildern› wird er später sogar die Aufgabe der Dichtung überhaupt bezeichnen. In der Entwicklung der zwei Fassungen der *Düne* zwischen 1959 und 1964 zeigt sich, daß R in der Beschreibung von Personen alles, was zunächst individuelle Charakterzüge profiliert hervortreten ließ, bei der Umarbeitung eliminiert, und statt dessen typisierende Bilder und Analogien zur Verknüpfung der Orte und der Menschen einsetzt[4]. Später wird R ganz explizit auf das Vorbild von Jorge Luis Borges hinweisen wie im Vorwort der *Mißverständnisse*[5] sowie 1974 in seinem Aufsatz zu dessen 75. Geburtstag (Bd. 5), doch verdeckte Hinweise auf seine Entdeckung dieses Autors finden sich schon früher. In den ersten Entwürfen der *Düne* bis 1961 war die Gegenwelt zu Europa mit den Klippenspringern noch in Acapulco angesiedelt, während Sebastián erst in der gekürzten Fassung als Ort seiner erlogenen Heldentaten Buenos Aires nennt. Später führt R aus, er bewundere an Borges die Zurückführung individueller Vielfalt auf markante und immer wiederkehrende Grundformen. In der *Düne* zeigt sich Rs Absicht, seine persönliche Situation, die durch den Bruch mit dem Leben der Gelehrten und den bürgerlichen Moralvorstellungen geprägt ist, in ein Muster einzuordnen, das mit der literarischen Tradition mehrfach verknüpft wird. Statt eine individualisierte Hauptfigur des Intellektuellen als Zentrum einer ‹realistischen› Romanhandlung zu entwerfen, verteilt er das Geschehen auf zwei Personen, die wiederum auf zwei literarische Textbezüge ausgerichtet sind. Der Schriftsteller Pomerz erlebt seine Krise im Museum im Saal der Torsen. Sein dort gefaßter Entschluß, sofort sein bisheriges, auf die «Verwandlung alles Fleisches in Papier» ausgerichtetes Leben zu ändern, nimmt deutlich Rilkes Sonett «Archaischer Torso Apollos» auf[6], so daß es der Dichtergott ist, der die entscheidende Lebenswende einfordert. Die Abkehr von der Welt der Gelehrsamkeit und des ‹Geistes› läßt sich dadurch als Hinwendung zur Dichtung lesen. Die parallele Männerfigur aus der Bildungswelt in Südamerika, der ‹Dick› genannte Diego Muller, ist dadurch gekennzeichnet, daß er zwei Liebesverhältnisse leben kann, zu seiner Ehefrau Pilar und zu dem jungen Domingo. Dicks Beruf als ‹Professor der Mythologie› wird verknüpft mit den *Metamorphosen* des römischen Dichters Ovid. Schon in seinem Lyrikband von 1957 hatte R Verwandlungen als Titel gewählt[7], und dieses seit der antiken Literatur beglaubigte Prinzip der Umdeutung des Todes in ein verwandeltes Weiterleben wird in der Entwicklung von Rs Werk immer bestimmender hervortreten. Hier transportiert Dicks Lektüre der *Metamorphosen* den Verweis auf die fortlebenden Muster der Literatur, die der vernichtenden Zeit entzogen sind und bewahrt werden. Immer wieder umkreisen Rs spätere Werke die von ihm so definierte Aufgabe der Poesie. In diesem Roman geht er in seinem Anliegen, die Umbrüche des eigenen Lebens mit der literarischen Produktion in Beziehung zu setzen, so weit, daß er bei den Erlebnissen des Professors mit dem jungen Domingo ganz direkt auf Vorgänge zurückgreift, die er im eigenen Tagebuch festgehalten hat. Von heute aus läßt sich schwer nachvollziehen, daß die

Darstellung einer Liebesbeziehung zwischen Männern auch ein Wagnis und eine Herausforderung der Leser bedeuteten, weil Homosexualität zu dieser Zeit noch einen Straftatbestand darstellte.

Ob dieser inhaltliche Aspekt bei den Schwierigkeiten, einen Verlag für das Buch zu finden, auch eine Rolle gespielt hat, läßt sich aus der Korrespondenz nicht klären. Wahrscheinlich wird der Grund der mehrfachen Ablehnung eher darin zu sehen sein, daß *Die Düne* in beiden Fassungen auf der Ebene der Entsprechungen zwischen Personen, Zeiten und Orten so kompliziert angelegt ist, daß selbst Verlagslektoren ohne Leitfaden des Autors Schwierigkeiten hatten, von einem breiteren Lesepublikum zu schweigen. Doch im Zusammenhang gesehen bildet der Roman der zweiten Lebenskrise eine deutliche Entwicklungsstufe in Rs Prosawerk. Obwohl in seinen erzählenden Texten auch später noch tatsächlich beobachtete individuelle Gestalten auftreten, spielen sie nie mehr eine tragende Rolle in der Handlung, und realistische Kulissen erscheinen nur noch als Teile in einem Ganzen, das eben nicht auf die Darstellung der Wirklichkeit ausgerichtet ist.

Schon bald nach Abschluß des langen Ringens mit der *Düne* werden für R die beiden hier am Rand erscheinenden Vorbilder der Dichtung[8] – Borges auf der modernen und Ovid auf der antiken Seite – zu den Leitfiguren seiner Erzählungen *Mißverständnisse*.

## *Anmerkungen*

[1] NL, Schachtel 12, Notizbuch vom 22. 5. 57–12. 4. 62.
[2] NL, Schachtel 28.
[3] NL, Schachtel 51.
[4] Vgl. die zitierten Beispiele im Kommentar zu 234 und 237.
[5] Vgl. 343.
[6] Rilke, *Gesammelte Gedichte*, Frankfurt 1962, 313.
[7] *Die verwandelten Schiffe*, Bd. 1, 23 ff.
[8] Vgl. Nachwort 483.

## Der Brand

Das Hörspiel war in den 50er und 60er Jahren zu einer außerordentlich beliebten Form der dramatischen Literatur geworden. Zu den neuen Möglichkeiten der Darstellungsform gehört vor allem, daß Schauplätze und Zeitebenen von den Bedingungen der wirklichkeitsgetreuen Wiedergabe abweichen und statt dessen Bereiche des Traumes und der Phantasie einbezogen werden. Das hatte R schon in den 50er Jahren in Hamburg angeregt, mit Formen zu experimentieren, die er als ‹Funkbild› bezeichnete, doch keines dieser Projekte wurde als Text oder als Hördokument veröffentlicht. Sein zwischen Oktober und Dezember 1964 geschriebenes und am 28. April 1965 im Süddeutschen Rundfunk gesendetes Hörspiel *Der Brand* stammt vom Anfang einer Periode des Aufbruchs und Umbruchs, in der die Weichen für die spätere Entwicklung seines Werkes gestellt wurden. Nach seiner langen Griechenlandreise hatte R zwar Anfang 1964 die zweite Fassung von *Die Düne* abgeschlossen, doch sie blieb unveröffentlicht liegen. Bis 1966 finden sich noch vereinzelte Entwürfe für Gedichte und auch spärlicher werdende Tagebuchnotizen, doch dann werden beide der von ihm seit den schriftstellerischen Anfängen um 1950 regelmäßig gepflegten Formen der Äußerung für mehr als ein Jahrzehnt unterbrochen. Erst 1979, als das Manuskript des Romans *Das Ei* (Bd. 3) abgeschlossen war, schrieb R wieder Gedichte – die Entwürfe für den 1981 veröffentlichten Band *Reduktionen* (Bd. 1) – und Ende 1977 setzen auch wieder persönliche Aufzeichnungen ein, die er dann als *Tagebuch eines Greises*[1] bis zu seinem Tod fortführte.

Die dazwischen liegenden Jahre einer allmählichen Herausbildung und Entfaltung einer seinen Intentionen gemäßen Prosaform sind auf der einen Seite bestimmt vom Thema, das Ingeborg Bachmann in ihrem Brief[2] über die *Lügner* als mangelnden «Halt in der Wirklichkeit» bezeichnet hatte, auf der anderen Seite vom Problem des Erzählers, der ein «schrecklicher Vereinfacher» sein muß, da seine Aussage alle anderen gleichzeitig möglichen verdrängt. Weder mit dem ersten Roman *Lügner* über den Bruch mit der Kirche noch mit dem zweiten Romanprojekt *Düne* über den Bruch mit den bürgerlichen Lebensformen war es R gelungen, für den Bezug seiner Prosa zur Wirklichkeit und für das Problem der Identität des Erzählers eine zukunftsweisende Lösung zu finden. Die Konturen einzelner ‹Grundbilder› des poetologischen Themas der späteren Romane tauchen zwar schon in den beiden ersten Prosawerken auf, doch sie bilden keinen erzählerischen Zusammenhang, der alle Einzelheiten verknüpft.

Das stark von den Ausdrucksweisen lyrischer Sprache geprägte Hörspiel *Der Brand* bildet dann den entscheidenden Schritt in die künftig verfolgte Richtung. Eine Anregung in formaler Hinsicht war sicherlich Ingeborg Bachmanns Hörspiel *Der gute Gott von Manhattan*, dessen Erstsendung im Bayerischen Rundfunk R 1958 in der Münchner Wohnung der Autorin anhörte[3]. Er hat danach mehrfach festgehalten, wie sehr ihn dieses Werk begeisterte, und in der Konstellation der drei Figuren weist *Der Brand* deutliche Ähnlichkeiten mit Bachmanns Text auf. Vom Inhalt gesehen gibt es jedoch keine Parallele zu Bachmanns Spiel von der Unmöglichkeit der Liebe in der Welt, denn R gestaltet hier zum erstenmal außerhalb der Lyrik das Thema der Ambivalenz von Begraben und Bewahren, das in der weiteren Entwicklung seines Werkes eine so bestimmende Rolle spielt. Dabei verzichtet er vollkommen auf eine Handlung, die sich aus sukzessiven Vorgängen an erkennbaren Orten der Wirklichkeit entwickelt. Die drei Stimmen des zuerst als ‹Funkgedicht› bezeichneten Hörspiels hießen anfangs noch Anna, Carlo und der Sprecher. Doch bald gab R jede Form der Kennzeichnung einer individuellen Person auf und nannte die Gestalten: die Frau, der Mann und der Genius der Stadt. In litaneiartiger Sprechweise umkreisen die drei Stimmen mit ständigen Wiederholungen das Thema des Brandes, der sogleich ausbrechen und die ganze Stadt auslöschen wird. Der Mann ist in seinem Zimmer eingeschlossen, gänzlich von der Welt abgewandt und nur mit seinen Büchern, Papieren und Dokumenten beschäftigt. Die Frau läuft auf der Straße umher und berichtet von ihrer Teilnahme an der Bittprozession der Menschen zum Grabmal der Stadtpatronin, von der die Rettung der Stadt aus der Gefahr erfleht wird. Der Genius will die beiden aufrütteln und bereitmachen für den Ausbruch des Vulkans, «den Augenblick, in dem alles wiederbeginnt, in dem der Anfang wiederkehrt und alles wieder möglich wird» (316).

Zum erstenmal gelingt es dem Autor, unter Vermeidung aller Bezüge zu einer realistischen Kulisse die Struktur des Werkes nur aus den ‹Grundbildern› vom alles auslöschenden Brand und vom bewahrenden Grabmal aufzubauen. Die Denkfigur der Ambivalenz von Begraben und Bewahren strukturiert später vor allem den 1989 publizierten Roman *Wirbel* (Bd. 4). Im Zentrum dieser Bildvorstellung, dem multifunktionalen römischen ‹Grabmal› Engelsburg, ist die Hauptfigur ‹Er› rastlos mit seinen Papieren und Plänen zum Bewahren beschäftigt, während an der Peripherie der unaufhaltsame Wirbel der Ereignisse alle festen Formen wieder auflöst und zerstört. Die Prozession des Romans – der Zug der Männer, Frauen und Kinder, der dort die Engelsburg umrundet – ist mit seinen beständigen Variationen und Wiederholungen bis in die sprachlichen Details schon im Text des Hörspiels von 1965 vorgeprägt. Das Motiv des Brandes weist voraus auf die Gestalt des römischen Märtyrers Laurentius, der als poetologische Figur den Mittelpunkt von Rs Schaffen im letzten Jahrzehnt seines Lebens bildet. Doch in den Einzelheiten sowohl der Vorstellungen des Bewahrens als auch des Zerstörens sind auch Verknüpfungen zu früheren und gleichzeitigen Texten erkennbar. Am engsten sind die Bezüge zu Erzählungen des Bandes *Mißverständnisse*, für den zur Entstehungszeit des Hörspiels schon erste Entwürfe überliefert sind. Die zwanzigste Erzählung «Panathenäen» (415) entwickelt sich ganz ähnlich aus dem Bild eines drohenden Vulkanausbruchs und einer Prozession mit goldenen und silbernen Reliquiaren zum Grabmal der Patronin. Die daran anschließende Erzählung «Der Walfisch» (417) nimmt präzise Einzelheiten aus dem Umkreis des im Zimmer bei seinen Papieren eingeschlossenen Mannes auf. Dabei ist nicht allein der biblische Walfisch des Titels schon im

Hörspiel vorhanden, auch die «immer und immer wieder beschriebenen Papiere» (317) hat das Tier bereits verschluckt, so daß sogar die «Palimpsestenlust» im Bauch des Wals vorbereitet ist, die dann den abschließenden Höhepunkt der Erzählung bildet. Neben dem Grabmal und den Reliquiaren wird so die Schrift zum Instrument des Erinnerns und Bewahrens bestimmt, und in der endlosen Reihe der Dokumente, Papiere und Bücher reflektiert der Schreibende bereits seine eigene Tätigkeit genau wie die spätere Gestalt «Er» im *Wirbel* mit seinen Plänen, Skizzen und Entwürfen.

Zum Verschwinden aller individuellen Züge bei den Personen und zum Aufbau des Themas in kontrastierenden Denkfiguren tritt als weiteres Element im zukünftigen Schreiben Rs die Nachbildung einer kreisenden Bewegung durch die Wörter selbst, durch Wiederaufnahmen und Variationen. In kurzen Formen der Lyrik hatte er schon früher solche Muster verwendet, doch die Sprachgestaltung in den Monologen des Hörspiels bildet eine deutlich konturierte Zwischenstation auf dem Weg zu den seitenlang ausgeweiteten spiralförmigen Wiederholungsfiguren. Nach zwanzig Jahren werden solche mehrgliedrigen Figurationen im Roman *Wirbel* zum Aufbauprinzip eines gesamten Werkes von 300 Druckseiten, indem die vielschichtig geordneten Wiederaufnahmen und Variationen inhaltliche Vorgänge wie das Näherrücken und Entschwinden von Ereignissen in der Geschichte abbilden. Nicht nur bei der Kombination von Wörtern läßt sich das Hörspiel als wichtige Station der Entwicklung erkennen, sondern auch bei der Verwendung von Verbformen. Im Roman *Lügner* hatte R den Erzähler noch als schrecklichen Vereinfacher bezeichnet, der mit der einen Aussage alle andern gleichzeitig möglichen verdrängt. In *Der Brand* deuten die vom ersten Satz an vorherrschenden auffälligen Möglichkeitsformen mit ihrem wiederkehrenden «als ob» schon auf spätere Texte voraus, in denen R den Konjunktiv als beherrschendes Stilmittel einsetzt, wie es sich noch einmal besonders am Thema von Zerstören und Bewahren an dem Gedicht «Lauf der Welt»[4] zeigt.

*Anmerkungen*

¹ NL, Schachtel 32.
² Zwei Briefe von Ingeborg Bachmann an Kuno Raeber, in: *Jahrbuch der Deutschen Schillergesellschaft*, 46. Jg., Stuttgart 2002, 59–69.
³ Kuno Raeber, «Begegnungen mit Ingeborg Bachmann», Bd. 5.
⁴ Aus dem Band *Reduktionen*, Bd. 1, 200.

## Mißverständnisse

Der Erzählband *Mißverständnisse* von 1968 besteht aus einem programmatischen Vorwort, gefolgt von 33 Geschichten von einer Länge zwischen zwei und sechs Druckseiten, die untereinander thematisch verknüpft sind. Mit der Definition seiner künstlerischen Grundsätze, mit Inhalt und Form der kurzen Erzählungen sowie auch mit ihrer Anordnung ist R der richtungweisende Schritt in seinem Prosawerk gelungen. Nach den Experimenten der vorangehenden Jahre hat er nun Formen des Erzählens gefunden, die seinen künstlerischen Zielen entsprechen und die für seine zukünftige Entwicklung verbindlich bleiben.

Das Vorwort beginnt mit einer allgemeinen Definition der Kunst als Form. Im Kunstwerk werden Gegensätze und Widersprüche in einer Balance gehalten, in der alle Bewegung aufgehoben ist. Der Künstler glaubt in seinem Schaffen immer wieder, er habe seiner ganz spezifischen Individualität Ausdruck verliehen, aber er kann sich dennoch der Macht der literarischen Tradition nicht entziehen, alle Originalität ist eitle Einbildung. Für diese Sicht der Dinge wird der damals in Deutschland noch weniger bekannte Jorge Luis Borges mit dem chinesischen Kaiser aus seinem Essay «Die Mauer und die Bücher» von 1950 zum Zeugen angerufen. R betont den Aspekt, daß der Herrscher, der die ganze Vergangenheit durch Verbrennung aller Bücher vernichten will, gerade durch seinen Akt individueller Rebellion eine Tradition rituell wiederholter Geschichtszerstörung begründet. Die Schlußfolgerung, die Borges in seinem Essay zieht, «daß alle Formen ihren Geist in sich selber tragen und nicht in einem mutmaßlichen ‹Inhalt›»[1], wird von R hier nicht explizit erwähnt, doch nicht nur seine späteren Aussagen zur Kunst stimmen damit überein, sondern auch die folgenden Geschichten der *Mißverständnisse* selbst.

R führt seine Definition damit fort, was seine Phantasien, Geschichten, Rätsel und Reflexionen nicht sein wollen: weder Kuriosa um ihrer selbst willen noch Abseitiges oder Verstiegenes eines archäologischen Sonderlings. In dieser Ausdrucksweise läßt sich ein verdeckter Bezug zum zweiten – dem antiken – Bürgen für Rs Poetologie erkennen, nämlich Ovid. 1959 hatte der Altphilologe Heinrich Dörrie in seinem Aufsatz «Wandlung und Dauer» geschrieben, für Ovid seien die *Metamorphosen* «keine Sammlung von Curiosa; sein Interesse war nicht der Spieltrieb des gelehrten Sammlers und nicht der des preziösen Schöngeistes».[2] Inwieweit R bei seiner seit längerem dokumentierten Beschäftigung mit Ovid diese Wendungen als bewußte Varianten aufgenommen hat, läßt sich kaum klären. Deutlich wird jedoch, daß er die im Anschluß an dieses Zitat gestellte Frage des Philologen auf seine Weise gleichfalls aufgreift. Wenn Dörrie argumentiert, Ovid suche Antwort auf die Frage, was hinter allen Erscheinungen Dauer besitzt, was trotz der Verwandlung bleibt, was hinter dem zufälligen Mensch-Sein oder Tier-Sein als das Wesensbestimmende im gleichen Namen weiterlebt, so läßt sich darin genau das Thema erkennen, das R selbst 1957 in seiner Gedichtsammlung *Die verwandelten Schiffe* fasziniert hat. Im Klappentext hatte er dort formuliert: «Gedichte sind so viele möglich, als es Entsprechungen und Verwandlungen gibt.»[3] In den Erzählungen der *Mißverständnisse* erweitert R nun die Gültigkeit des Prinzips der Entsprechungen, das er im Werk von Borges vorfand, und des Prinzips der Verwandlungen, das Ovid überliefert, über den formalen Rahmen des kurzen Gedichts hinaus. Auch für die Erzähltexte, denen er sich künftig widmen will, gilt dieselbe künstlerische Voraussetzung, in den Entsprechungen und

Verwandlungen aufzuzeigen, wie «alle längst ausgebrannten Brände» in den gegenwärtigen Menschen weiterbrennen. Mit der dazu als nötig genannten Voraussetzung, daß wir «uns selbst als einen Teil der Welt, unsere eigene Bewegung als Niederschlag und Analogie der Weltbewegung» erkennen, knüpft R wieder an sein Vorbild Hugo von Hofmannsthal an, auf dessen Definitionen er sich schon mehrfach berufen hatte. In «Das Gespräch über Gedichte» von 1903 heißt es, die magische Kraft der Worte, uns zu verwandeln, beruhe darauf, «daß wir und die Welt nichts Verschiedenes sind».[4]

Abschließend geht R auf den Titel seiner Erzählungen ein und sieht in den Jahrtausenden der Geschichte durch alle Katastrophen hindurch die Menschen gefangen in einer Situation der *Mißverständnisse*, in der eine immer gleich unerfüllbare Suche nach einer Gewißheit jenseits der sprachlichen Zeichen den Unterschied historischer Epochen aufhebt. Das einzige Gegenmittel gegen die «Erkenntnis, daß alles, was wir gewonnen haben, mit dem eigentlich Gesuchten gar nichts zu tun hat», bildet das unaufhörliche Maskenspiel der Kunst. Mit diesem Begriff schlägt R einen Bogen, der diesen Abschluß des Vorworts von 1968 mit dem Anfang des elf Jahre zuvor geschriebenen Klappentextes «Das Gedicht heute» verbindet, wo es heißt: «Poesie ist für mich eine Maskerade, wo es keine Demaskierung gibt, sondern nur das Durchprobieren immer neuer Masken.»[5]

Auf das poetologische Programm folgen die 33 Geschichten der *Mißverständnisse*, in denen die Maskenspiele aufgeführt werden. Inhaltlich sind schon auf den ersten Blick Verbindungen zu den Dichtern, auf die im Vorwort angespielt wurde, deutlich. In den ersten fünf Geschichten stammen die Figuren des Geschehens direkt aus Ovids *Metamorphosen*, doch die Handlung spielt ebenso in der Gegenwart. Die in weiteren Geschichten auftretenden Fabeltiere Basilisk, Salamander und Phönix hat Borges in seinem *Handbuch der phantastischen Zoologie*[6] beschrieben, während die Vorstellung des Labyrinths der vierten und fünften Geschichte an beide Dichter zugleich anknüpft[7]. Trotz dieser Bezüge entstehen keine Nachahmungen der früheren Autoren, sondern ihre Themen von Dauer im Wandel und von Analogie und Entsprechung werden auf Rs eigene Weise neu aufgeführt. Der Bezug zu Hofmannsthal ist nicht in gleicher Weise an den Namen bestimmter Gestalten festzumachen, doch gerade im Hinblick auf die Entwicklung des poetologischen Themas in Rs späterem Werk ist sein erneuter Rückgriff auf den Aufsatz «Das Gespräch über Gedichte» bemerkenswert. In der Erzählung von Assurbanipals «Löwenjagd» hat der Herrscher «die Grenze zwischen sich und dem Löwen aufgehoben und endgültig zerstört» und erreicht dadurch in seinem Tod sein Glück (379). Dieser Vorgang bezieht sich deutlich auf Hofmannsthals Beschreibung des ersten Tieropfers, in dem ein Mensch «sein Dasein, für die Dauer eines Atemzugs, in dem fremden Dasein» auflöst.[8] R hatte diesen Zusammenhang schon in *Lügner*[9] angesprochen, denn im Akt des Opfers öffnet sich die Möglichkeit, die festen Grenzen des Individuums aufzulösen. Was Hofmannsthal zur grundlegenden Voraussetzung der magischen Wirkung der Poesie bestimmt hatte, bildet für R den entscheidenden Schritt zur Entwicklung der poetologischen Heiligenfiguren, die seine folgenden Romane kennzeichnen. Die erste dieser Gestalten mit ihrer sich stets wandelnden Identität ist der noch auf Hofmannsthals Anregung zurückzuführende Alexius des New-York-Romans[10], die zweite der römische Märtyrer Laurentius im Zentrum des Spätwerkes.

Neben dem Spiel mit den Themen anderer Dichter enthalten die einzelnen Geschichten der *Mißverständnisse* ein dichtgeknüpftes Netzwerk von Aufnahmen, Varianten, Verweisen und Verbindungen zu allen Facetten des poetologischen Themenkreises in Rs eigenem Werk. Auch wenn der Autor erst den *Alexius*-Roman von 1973 als das Buch nennt, das seine «Grund- und Leitbilder» annähernd vollzählig versammelt[11], so tritt hier im Nebeneinander der einzelnen Geschichten ein großer Teil der konstitutiven Bildvorstellungen schon hervor. Bei den Einzelgestalten ist etwa die Titelfigur von «Veronika» zu nennen mit der Suche nach dem wahren Bild im Schweißtuch, die bis in das letzte Buch *Bilder*[12] präsent bleibt. Auch Kaiser Nero als Grundbild des Sohnes im Kampf mit der Mutter ist in der Geschichte «Der Schiffbruch oder die Seifenblase» schon lange vor seinem Auftritt im Roman *Das Ei* (Bd. 3) gestaltet worden. Bauwerke wie in «Der Palast» oder «Die Pyramide» und Dinge wie die Krone und der Spiegel, sogar ganze Abläufe wie die Prozession in «Panathenäen» werden von R wieder aufgenommen und mehrfach in Gedichten und Romanen variiert. Besondere Aufmerksamkeit wird dabei allen Vorgängen zuteil, die individuell vergängliches Leben in dauerhafte Form verwandeln. Wo bei Ovid die Metamorphose vom Menschen zum Tier dem Leben Dauer verleiht, bevorzugt R selbst vor allem Vorgänge des Opfers, um vergängliches Leben in dauerhafte Form zu überführen. In der Erzählung «Die Tränen» begeht ein junger Mann mit dem sprechenden Namen Salvatore Ritualmorde an Knaben. Zu den grausamen Handlungen gehört unter anderem die ‹Entherzung›, die wiederum in den Romanen in derselben Funktion aufgegriffen wird. Auch der Erlöser Salvatore ‹opfert› die Knaben, um sie in seinem ‹Reliquiarium› (407f.) zu bewahren. In der daran anschließenden Geschichte «Der Heilige» verbrüht die einsame und verwirrte Frau Krake ein verletztes Kind zu Tode, bestreicht es mit Goldbronze und stellt es als dem Angriff der Zeit entzogene Figur eines Märtyrers in einem Glasschrank zur Schau. Zum Themenkreis des Aufgebens von Individualität zur Erlangung dauerhafter Form gehören auch die Gestalten der Herrscher, die sich im späteren Werk Rs mit den Märtyrer- und Heiligenfiguren überlagern. Der Herrscher wird seiner Individualität entkleidet, unter der prunkvollen Schwere der Amtsgewänder wird seine Person zur leeren Hülse, für die in der Erzählung «Heillos» zum erstenmal der Ausdruck der ‹Staatsmumie› verwendet wird, die später den Dogen von Venedig im *Alexius*-Roman oder die Figur «Er» in *Wirbel* kennzeichnet.

In der Anordnung der Geschichten folgt R hier erstmals erfolgreich dem Prinzip einer motivischen Verknüpfung, das die römisch numerierten Kapitel der Romane thematisch zusammenhält. Was R später immer wieder von Lektoren oder Rezensenten als mangelnde Folgerichtigkeit nach dem Verständnis einer konventionellen Erzählpoetik vorgehalten wurde, läßt sich von hier an als formal bewußtes Ordnungsprinzip beobachten, das verschiedene Facetten zu einem Bild versammelt, statt nur das Nacheinander des Geschehens als Methode der narrativen Verknüpfung zuzulassen[13]. Am Anfang der Sammlung ordnet sich die Abfolge nach der Zusammengehörigkeit der Figuren, die gemeinsam aus den *Metamorphosen* abstammen, anschließend folgen Geschichten über verschiedene Herrscher aufeinander. Auch die Abfolge von Themen aus dem Bereich religiöser Riten ist erkennbar, doch solchen einzelnen Aspekten übergeordnet bleibt immer der Bezug zur Verwandlung vom individuell Vergänglichen in dauerhafte Form.

In diesem Zusammenhang lassen sich Gemeinsamkeiten in den Formen des Maskenspiels der Kunst erkennen, die für Rs nachfolgendes Werk durchgängig charakteristisch sind. So bildet historisches Geschehen seitdem nie mehr einen eindeutigen, ‹wahren›, unwiderruflich abgeschlossenen Vorgang, sondern geschichtliche Abläufe werden stets als Raum von Möglichkeiten und Alternativen gestaltet. Damit wird auf dieser Stufe das Dilemma des Erzählers in *Lügner* (88f.) überwunden, wo er als schrecklicher Vereinfacher erscheint, weil er das Mögliche ausschließen muß. Die weitere Entwicklung zur wandelbaren Gestalt des *Alexius* zeichnet sich ab, für den die Dinge nicht so oder so geschehen waren, «sondern auf beide, auf unzählige Arten».[14] Schon in den Geschichten der *Mißverständnisse* zeigen sich die Grundelemente des Umgangs mit der Zeit darin, daß die normal geltende Chronologie aufgehoben wird und Vorgänge aus verschiedenen Epochen simultan werden. Das läßt sich zum Beispiel ganz offensichtlich am Dädalos der *Metamorphosen* beobachten, der durch die Fernrohre moderner Museumswächter auf der Akropolis sichtbar wird, oder verdeckter am Leben von König Wilhelm, der doch deutlich ins 11. Jahrhundert gehört, aber in der Geschichte «Heillos» in einer achtspännigen Kutsche im noch lange nicht gebauten Palast von St. James' verschwindet. Die komplexen Erscheinungen der späteren Romane wie etwa der mythische Gründervater Aeneas aus Vergils Epos, der im Roman *Wirbel*[15] über die bildliche Darstellung in Raffaels Fresko vom Brand im römischen Borgo wirklich in eine der gegenwärtigen Gassen des Viertels geraten ist und dort eine Druckerwerkstatt betreibt, lassen sich als konsequente Fortsetzung dieses Umgangs mit der historischen Zeit erkennen. Die freie Verfügung über Geschehnisse der Vergangenheit und die Unterordnung aller Chronologie unter seine künstlerischen Ziele haben den ehemaligen Berufshistoriker R oft der Kritik ausgesetzt, vor allem Ende der 60er Jahre, als die Beschäftigung mit den Problemen der direkten Gegenwart im Mittelpunkt der zeitgenössischen Literatur stand. In dieser Debatte machte R Borges, den er spätestens bei seiner Umarbeitung der *Düne* entdeckt haben muß, zum Kronzeugen seiner eigenen Ansichten. In einer Würdigung zum 75. Geburtstag des Argentiniers schreibt er: «Das ganze Gerede über Gegenstände, die der Dichter zu behandeln oder nicht zu behandeln habe, (ist) müßiges und eitles Geschwätz, Geschwätz auch die nachgerade todlangweilige Diskussion über ‹gesellschaftliche Relevanz›. Denn der vielgeschmähte Elfenbeinturm steht mitten in der Welt. (...) Ihn (Borges) interessiert nur Übersicht, Zusammenhang, Verwandtschaft, Analogie.»[16] Es ist nicht zu übersehen, daß die Reihe der vier Begriffe genau das umfaßt, worauf es R selbst bei seinem Werk ankommt. Im Vergleich dazu verurteilt er das vorwiegend auf Ereignisse der Gegenwart und jüngsten Vergangenheit ausgerichtete Interesse seiner dichtenden Zeitgenossen als kurzsichtiges Stochern in zufälligen ‹Kochtopfscherben›, dem er sich nicht anschließen wollte, auch um den Preis, als literarischer Sonderling zu gelten. Als der Themenschwerpunkt der Gegenwartsliteratur sich ab den 80er Jahren verschob und ein ‹postmoderner› Umgang mit der Vergangenheit sich bei vielen Schriftstellern durchsetzte, war Rs Werk schon aus der Aufmerksamkeit des Lesepublikums verschwunden und gänzlich in Vergessenheit geraten.

Auch in sprachlicher Hinsicht hat R mit diesen Erzählungen die charakteristischen Schreibweisen ausgebildet, die sein Werk seitdem kennzeichnen. In einem Brief an einen alten Freund bemerkt er dazu: «Anhand der *Mißverständnisse* habe ich ja erst kapiert, was Prosa schreiben für mich bedeutet. Nämlich unermüdlich, wie bei den Gedichten, von neuem anfangen, jede Seite so lange um und um schreiben, bis sie (so weit es das gibt) unangreifbar ist. Eine ebenso entsetzliche wie wunderbare Arbeit.»[17] Seitdem folgen in Rs Werk auf alle Prosaentwürfe in den Notizbüchern handschriftliche Ausarbeitungen auf DIN-A 4-Blättern, die mit A, B, C, D bezeichnet werden und aus denen er dann eine Auswahl traf, um eine Fassung E zu erstellen, die Grundlage für das Typoskript wurde.[18] Der Tonfall der Erzählerstimme, die oft in *Mißverständnisse* zu hören ist, läßt sich später in den Romanen wiedererkennen. In «Arethusa II» läßt R den Erzähler ironisch und mit verhaltenem Spott nach den möglichen Hintergründen und Ursachen von Arethusas Keuschheit fragen. Auf ganz ähnliche Weise werden im *Alexius*-Roman die psychologischen Motive der Handlungen von heiligen oder mythischen Personen kommentiert. In *Wirbel* XXII sind es die Figuren der Gegenwelt wie beispielsweise der König von Frankreich mit seiner aller Pietät spottenden Einrichtung des Videotafs, die in diesem Ton beschrieben werden. Seit diesen Erzählungen führt das Fehlen einer Grenze zwischen dem inneren Erleben der Personen und der sie umgebenden Welt zu Passagen der Selbstreflexion, die im Lauf des Werkes immer bestimmender und komplexer werden. Ein frühes Beispiel aus «Flucht aus Eleusis» zeigt, daß Außen und Innen noch benannt werden: «Der Autokrator begriff, daß seine Sache mit der Landschaft, in die er sich immer tiefer verstrickte, eins und identisch war. Daß die aus ihrer Form überanstrengt ins Ungeformte zurücksinkenden Steine, daß die Gesichter und Glieder, deren Züge verflachten und deren Umrisse sich zu verlieren begannen, daß alles er selber war und sein Gang durch das Trümmergelände nichts anderes als eine große Reflexion und Gewissenserforschung.» (402) In Rs letztem Werk *Bilder* gleiten dann in den über Seiten fortlaufenden Reflexionen Innen- und Außenwelt vollkommen bruchlos ineinander. In der ersten der drei Erzählungen «Der Ausflug» ist es Margarita, die Infantin aus Velazquez' Gemälde *Die Hoffräulein*, und in der letzten «Bilder

Bilder» der Ich-Erzähler selbst, deren unablässige Suche nach dem ‹wahren Bild› der vollendeten Kunst vom Bewußtsein in die umgebende Welt hinaus und wieder in die innere Welt zurückführt und dabei eine Sprache hervorbringt, die nach «dem Zustand der Musik» strebt.

R beendet seine Arbeit, die er 1964 mit ersten Entwürfen für einzelne Geschichten begonnen hatte, Anfang Februar 1968 und unterzeichnet unter dem zum Schluß geschriebenen Vorwort mit der Ortsangabe «New York, Greenwich Village, Café Figaro». An diesem Ort entstehen gleichzeitig schon die ersten Aufzeichnungen für den Roman *Alexius unter der Treppe*.

*Anmerkungen*

[1] J. L. Borges, «Die Mauer und die Bücher», in: *Gesammelte Werke* Bd. 5/II (Gesammelte Essays), München 1981, 10.
[2] Heinrich Dörrie, «Wandlung und Dauer. Ovids *Metamorphosen* und Poseidonios' Lehre von der Substanz», in: *Der altsprachliche Unterricht*, Reihe IV, Heft 2, 1959, 95–116, hier: 116.
[3] Klappentext zu *Die verwandelten Schiffe*, Bd. 1, 415.
[4] Hugo von Hofmannsthal, «Das Gespräch über Gedichte», in: *Gesammelte Werke*, hrsg. von Bernd Schoeller, Frankfurt 1979, 503. Vgl. Jürgen Egyptien, «Der Duft des Weltgedichts», siehe Anm. 5 im Nachwort zu *Lügner*, 468.
[5] Klappentext zu *Die verwandelten Schiffe*, Bd. 1, 414.
[6] J. L. Borges, *Einhorn, Sphinx und Salamander*, München 1964.
[7] J. L. Borges, *Labyrinthe. Erzählungen*, München 1959. In Ovids *Metamorphosen* wird das Labyrinth als Behausung für den Minotaurus in Buch VIII, ab Vers 155 beschrieben.
[8] Hofmannsthal, «Das Gespräch über Gedichte», siehe Anm. 4, 503.
[9] siehe Anm. 5 im Nachwort zu *Lügner*, 468.
[10] Vgl. Nachwort zu *Alexius*, Bd. 3, 241.
[11] Vgl. Nachwort zu *Alexius*, Bd. 3, 242.
[12] «Der Ausflug», in: *Bilder* XI ff., Bd. 4.
[13] Vgl. Nachwort zu *Alexius*, Bd. 3, 244 f.
[14] *Alexius*, Bd. 3, 30.

[15] *Wirbel* XIX, Bd. 4.
[16] «Im Elfenbeinturm mitten in der Welt», Bd. 5.
[17] Brief an Markus Kutter vom 22. 2. 1969, NL, Schachtel 49.
[18] Peter Spycher: «Ein Blick auf K. Rs *Mißverständnisse* von einem seiner Manuskripte aus», in: *Der Dichter K. R.*, hrsg. R. Klein, München 1992.

## Raebers Werke in Abkürzungen

| Bd. 1 | Gesicht im Mittag | *Gesicht* |
| | Die verwandelten Schiffe | *Schiffe* |
| | gedichte | *gedichte* |
| | FLUSSUFER | *Flußufer* |
| | Reduktionen | *Reduktionen* |
| | Abgewandt Zugewandt | *Abgewandt* |
| | | |
| Bd. 2 | Die Lügner sind ehrlich | *Lügner* |
| | Calabria | *Calabria* |
| | Die Düne | *Düne* |
| | Der Brand | *Brand* |
| | Mißverständnisse | *Mißverständnisse* |
| | | |
| Bd. 3 | Alexius unter der Treppe | |
| | oder Geständnisse vor einer Katze | *Alexius* |
| | Das Ei | *Das Ei* |
| | Vor Anker | *Vor Anker* |
| | | |
| Bd. 4 | Bocksweg | *Bocksweg* |
| | Wirbel im Abfluß/Sacco di Roma | *Wirbel* |
| | Bilder Bilder | *Bilder* |

Bd. 5 «Essays und kleine Schriften» werden mit vollem Titel angegeben.

Die häufig zitierte Sammlung von Heiligenlegenden «Legenda aurea» des Jacobus von Voragine wird nach der Übersetzung von Richard Benz im Verlag Lambert Schneider, Heidelberg (8. Aufl. 1975), unter der Abkürzung *Leg aur* mit Seitenzahl angegeben.
Die biblischen Texte werden mit den herkömmlichen Abkürzungen bezeichnet.

Der Name des Autors wird mit R abgekürzt. Sein umfangreicher Nachlaß (NL) befindet sich im Schweizerischen Literaturarchiv Bern.

# Kommentare

## Die Lügner sind ehrlich

Die erste handschriftliche Fassung des Romans wurde in drei Notizbüchern aufgezeichnet (NL, Schachtel 19). Auf dem Deckblatt des daraus hervorgegangenen Typoskripts von 181 Seiten nennt R als Daten: Hamburg 9. Mai 1957 – München 7. Februar 1959. Die Namen der Männerfiguren sind darin: Heinrich, Bodo und Jörg. Ein zweiseitiges Typoskript mit der Überschrift «Notizen zur Handlung» vom 18.12.1957 nennt als ursprünglichen Titel des Romans: *Das schadhafte Netz oder die Lügner sind ehrlich*. Durch Streichungen mit Tinte wird der Titel zur gedruckten Form verkürzt. Für den Erstdruck des Romans von 1960 im Claassen Verlag mit 151 Seiten hat R die Männernamen in H., Olef und Joel verändert. Spätere Typoskriptblätter, in denen er die Änderungen der Männernamen eingearbeitet hatte, finden sich als Konzeptpapier für Gedichtentwürfe in Schachtel 15 und 16. 1982 hat R in der Taschenbuchausgabe von 121 Seiten im Ullstein Verlag die Änderungen wieder rückgängig gemacht. Der vorliegende Text folgt dieser Ausgabe. Die vom Autor nur durch neuseitigen Anfang getrennten vier Teile werden hier mit römischen Ziffern I bis IV versehen, um die Auffindung von Verweisen zu erleichtern.

Die Kommentare verzeichnen:
– Erläuterungen zu Begriffen und Realien
– Querverweise auf Rs Werke mit Titel, Bandnummer der Werkausgabe, für den vorliegenden und die bereits erschienenen Bände auch die Seitenzahl.

9 *... so wie ich einmal:* das Motto zitiert: Hugo von Hofmannsthal, «Ein Brief» (1902), in: *Gesammelte Werke*, hrsg. von Bernd Schoeller, Frankfurt 1979, 466.
15 *Der Schauende:* Gedicht von R. M. Rilke, entstanden 1901, veröffentlicht in «Das Buch der Bilder» (2. Buch, 2. Teil). R. M. Rilke, *Gesammelte Gedichte*, Frankfurt 1962, 215 f. Im Zeitungsbericht

«Wie ich Luzern sehe» (12.8.1978) schreibt R: «Einmal sage ich sie (diese Verse) sogar in der Schule auf, meine Mitschüler finden mich arrogant.»

16 *Das Schmutzigste und Niedrigste:* vgl. *Das Ei*, Bd. 3, 260f.
*winzige Teile:* vgl. die Formulierungen im Motto und *Düne*, 241.

17 *Figaros Hochzeit:* vgl. Anm. zu *non più andrai* (*Alexius*, Bd. 3), 9.

21 *Grabkirche der heiligen Konstantia:* dieser Bau steht in Rom. Konstantia, Tochter Kaiser Konstantins d. Gr., ließ im 4. Jh. ihre Grabeskirche in der Via Nomentana neben der von ihr gestifteten Kirche St. Agnese fuori le mura errichten. Konstantia wurde am Grab der Märtyrerin Agnes durch eine Erscheinung der Heiligen von Krankheit geheilt und bekehrt (*Leg aur*, 136 und 421–422). Vgl. Anm. zu *Ring* (*Alexius*, Bd. 3), 59.
*zum Opfer bestimmte:* das hier im biblischen Beispiel von Abraham und Isaak zum erstenmal angeführte Motiv von Auserwählung und Opfer (1. Mose, 22,1–14) wird später zu einem der ‹Grundbilder› in Rs Reflexion über die Dichtkunst. J. Egyptien hat auf den engen Bezug zu Hofmannsthals Aufsatz «Das Gespräch über Gedichte» von 1903 hingewiesen (vgl. Nachwort Anm. 5, 468). Dort wird das Blutopfer eines Tieres, bei dem der Opfernde sich für einen Augenblick symbolisch in seinem Opfer auflöst, zur Wurzel aller Poesie erklärt. Bis zur Gestalt des heiligen Laurentius in Bd. 4 wird das dichterische Werk immer wieder aus dieser Übertragung des Glaubensaktes in einen Vorgang der Kunst begründet.
*ikarische Flüge:* vgl. Anm. zu *Rebhuhn*, Bd. 1, 171, sowie die Erzählung «Dädalos und Talos», 353.

23 *Falter:* vgl. 119–124 und Anm. zu *non più andrai* (*Alexius*, Bd. 3), 9.

24 *Hektor und Andromache:* Das Relief zeigt den Abschied des Trojaners Hektor von seiner Frau, die er nie mehr wiedersehen wird, im 6. Gesang von Homers *Ilias*.

26 *weiße Nachtmahre:* vgl. die Traumgestalt in *Vor Anker*, Bd. 3, 418f.

27 *Stoff die Form aufzwingen:* R hat sich immer wieder zu diesem Begriffspaar geäußert, zuletzt 1990 in der «Rede an Yvonne Böhler», Bd. 5: «Der Stoff, ja, das ist ein Auslöser, ein Anlaß, ein Antrieb, ohne den es nicht geht. Aber am Ende liegt es nur an der Form. Kunst ist Proportion, ist Rhythmus, ist Harmonie. Kunst ist Schönheit.»

33 *Ring:* vgl. Anm. zu *Ring* (*Alexius*, Bd. 3), 59.
*ihr Herz ersetzt:* Metaphorik des Herzens vgl. 55 sowie *Alexius*, Bd. 3, 174–186.
*ihr Leben aufgelöst hatte:* hier zeigt sich, wie eng die Anlehnung an Hofmannsthals *Das Gespräch über Gedichte* ist, wo es über den Begründungsakt der Poesie heißt: «Daß sich sein Dasein, für die Dauer eines Atemzugs, in dem fremden Dasein aufgelöst hatte. – Das ist die Wurzel aller Poesie.» Vgl. Anm. zu *zum Opfer bestimmte*, 21.

34 *Lockruf Gottes:* vgl. «Nilfahrt» VI, *Bilder*, Bd. 4, «sequere deum».

38 *die Caravaggios:* die Kunstdiskussion der folgenden Seiten bildet die erste Formulierung des Themas von Aufhebung der Spannung in der Harmonie der Bilder. Caravaggio (1573–1610) als Maler der starken Kontraste und Claude Lorrain (1600–1682) als Maler, dessen Natur in verklärtem Licht strahlt, werden hier als komplementäre Wege zur Aufhebung der Gegensätze in Harmonie gesehen, als Wiederholung *der Weltschöpfung aus Urelementen*. Das Thema begleitet Rs Werk und führt über den Aufsatz «Die königlichen Abbilder», Bd. 5, zum letzten Roman *Bilder*, Bd. 4.

42 *Eltern- und Kindschaften:* Heilige, von denen mystische Erlebnisse überliefert sind: *Konstantia* und die *Märtyrin*, vgl. Anm. zu *Grabkirche*, 21; *Teresa* (1515–1582) und *Johannes vom Kreuz* (1542–1591), beide aus Avila, Reformer des Karmeliterordens; *Franz* (1182–1226) und *Klara* (1194–1253), beide aus Assisi, Ordensgründer der Franziskaner und Klarissinnen; *Scholastika* und ihr Zwillingsbruder *Benedikt* (480–547) von Nursia, Ordensgründer der Benediktiner. Im Nachruf auf H. U. v. Balthasar (Bd. 5) schreibt R, dieser habe einem Vergleich seiner Beziehungen zu Adrienne von Speyer mit Johannes vom Kreuz (Juan de la Cruz) und Teresa von Avila nie widersprochen.

43 *Abbild:* vgl. Anm. zu *Urbild, Abbild* (*Alexius*, Bd. 3), 23.

46 *fuhr zu Petra:* also zum Eintritt in den Orden.

48 *fromm erzogen:* der folgende Bericht beruht in Einzelheiten wie der religiösen Prägung des Elternhauses, der Begegnung des Kindes mit *Lohengrin*, der Scheidung der Eltern deutlich auf autobiographischen Bezügen.

51 *Klippe hinabstürzte:* Bild der Lebenswende als Sturz von der Klippe, vgl. 82 sowie Anm. zu *Klippen sprangen* (*Alexius*, Bd. 3), 25.

52 *Brennen:* die Vorstellung des Brennens und auch des Opfers in

der Gestalt des Blutes in der Ampulle gehören zum Akt der Erwählung.
53 *blaugrünes Kleid:* vgl. 136 und *Düne,* Anm. zu 237.
55 *Leierspielerin:* vgl. Spieluhrpantomime, 454.
*Herz aus dem Leibe:* vgl. Anm. zu 33.
56 *Sancta Constantia virgo:* die hl. Jungfrau Konstantia, vgl. Anm. zu 21.
57 *Herr Doktor auch über Novalis:* R schreibt im Nachruf, daß Balthasar sich bei «der elementaren Erfahrung des Zusammenhangs aller Dinge» immer wieder auf den Dichter Novalis (1772–1801) berief, vgl. auch Anm. zu 75.
58 *Herakles bei Omphale:* Im Kampf mit Apollon muß sich Herakles an Omphale, die Königin der Lyder, verkaufen lassen und ihr drei Jahre dienen.
59 *Mandragola:* Ehebruchs-Komödie von Niccolò Machiavelli (1469–1527) um die Alraunwurzel (1518), die bei der jungen Frau eines alten Mannes die Kinderlosigkeit heilen soll, aber nur den als Arzt verkleideten Liebhaber in ihr Bett bringt.
60 *Schaljapin:* Fjodor (1873–1938), berühmter russischer Opernsänger.
69 *einschließt, verzaubert:* diesen Vorwurf gegen Balthasar erhebt R auch im Nachruf.
*Ariel:* der Luftgeist in Shakespeares *The Tempest,* der die Pläne des Zauberers Prospero ausführt.
75 *Novalis:* vgl. 57. Den Versuch, *die Welt und alles, was darin war, durch einen Handgriff in ein System zu bringen* kritisiert R an Balthasar.
77 *seraphisch:* von den Seraphim, den höchsten Wesen in den Chören der Engel; einem Seraph wird besondere Liebesglut zugeschrieben.
80 *Sanctae Constantia ...:* der heiligen Jungfrau Konstantia, der reinen Braut Christi.
81 *Hic est ordo:* dies ist der anerkannte Orden, nicht von Heiligen geschaffen, sondern vom höchsten einzigen Gott.
*Tristan:* im gleichnamigen Roman des Gottfried von Straßburg aus dem frühen 13. Jh. ist König Marke der rechtmäßige Ehemann der von Tristan geliebten Isolde.
82 *Klippe:* vgl. 51.
*Tiefseefisch:* vgl. «Der Fisch und der versunkene Poseidon», Bd. 1, 93, 420.
84 *Flöten, die sogar Felsen:* Orpheus, dem Sänger, wurde die Gewalt

zugeschrieben, die ganze Schöpfung zu bewegen, vgl. auch «Orpheus im Hafen», Bd. 1, 86.
85 *Artemis:* Schwester Apollons, jungfräuliche Göttin der Jagd.
*Haus, wo alle Größen fest waren:* Inbegriff der Sicherheit der Religion.
88 *Gewissenhaftigkeit:* die eingeschobene Reflexion über das Erzählen, die den Erzähler zwangsläufig zum schrecklichen Vereinfacher macht, begleitet Rs Werk und führt später zur Konzentration auf das Mögliche, vgl. *Der Brand*, 315, *Mißverständnisse*, 345, sowie *Alexius*, Bd. 3, 30: «Die Vergangenheit verlor ihren Zwang, die Dinge waren nicht so oder so geschehen, sondern auf beide, auf unzählige Arten.»
93 *saugender:* für die Metaphorik des Saugens vgl. Anm. zu *Saugen* (Bd. 1), 334.
94 *Zisterne:* vgl. Anm. zu *Zisterne* (*Vor Anker*, Bd. 3), 444.
95 *Kugel:* vgl. Anm. zu *Doppelkugel* (*Alexius*, Bd. 3), 20, und «Beschwörung», Bd. 1, 297.
97 *Sprungturm:* vgl. 99 ff.
103 *nie gelang es einem Menschen ...:* vgl. Vorwort zu *Mißverständnisse*, 344: «Darum können die Menschen in diesen Geschichten nie miteinander reden ...»
110 *Abraham ...:* vgl. Anm. zu *zum Opfer*, 21.
*Schauen sollst du:* Die Qualen der Hölle werden mit allen fünf Sinnen erfahren.
111 *Don Giovanni:* Am Schluß von Mozarts Oper *Don Giovanni* fährt der Titelheld, der jede Reue über seine Untaten zurückgewiesen hat, auf der Bühne zur Hölle.
112 *Entweder Oder:* 1843 veröffentlichtes, zweibändiges Werk des Philosophen Sören Kierkegaard (1813–1855), das für den Existenzialismus Mitte des 20. Jhs. große Bedeutung hatte. Kierkegaard fordert, der Mensch müsse ganz dem «Absoluten» leben, sich der christlichen Wahrheit hingeben bis zum Martyrium. Der 1. Teil von *Entweder Oder* enthält beim Thema des ‹Musikalisch-Erotischen› eine ausführliche Abhandlung über «Don Juan», die Titelfigur von Mozarts Oper. In «Meine Geschichte mit der Kirche» (Bd. 5) benennt R direkt seine damalige «pathetische Lebenseinstellung des Entweder-Oder.»
113 *seine Hand:* Bezug zum Motto, vgl. 9.
116 *tröstliche Bilder:* vgl. die Kirche, dieses «Vater- und Mutterhaus voller geliebter Bilder, Tröstungen und Träume.» «Meine Geschichte mit der Kirche», Bd. 5.

119 *schwebte als ein Falter:* vgl. 23.
*Hektors:* vgl. 24.
122 *Pferde des Karussells:* vgl. «Rosse», Bd. 1, 129, und *Alexius*, Bd. 3, 233.
124 *Kästchen:* Funktion des Bewahrens vgl. *Das Ei*, Bd. 3, 344, *Wirbel*, XXIV, und *Bilder*, «Der Ausflug» XIII, beide Bd. 4.
125 *Hic est ...:* vgl. 81.
126 *Märtyrertod:* die Vorstellung, daß durch den Märtyrertod Macht auf die Hinterbliebenen ausgeübt wird, bestimmt besonders die Figur Renzo in *Bocksweg*, Bd. 4.
133 *goldene Königsmumie:* vgl. «Heillos», 369, und Figur mit der goldenen Maske, *Wirbel*, IV, Bd. 4.
*Pyramiden:* vgl. «Planke» und «Drüben», Bd. 1, 159, 266.
136 *hellgrünes Rohseidenkleid:* vgl. 53.
137 *Wirbel:* vgl. Motto sowie Anfang und Schluß von *Wirbel*, Bd. 4.
141 Die unterschiedlichen Schlußfassungen lauten:
Claassen, Seite 151: auf die Todesanzeige, man hätte sie im Dämmerlicht auch nicht lesen können. Er trat ans Fenster. Die Vögel kamen von allen Seiten schon wieder zurück und ließen sich in den Bäumen und auf dem Geländer nieder.
Ullstein, Seite 121: auf die Todesanzeige, er sah das weiße Blatt auf dem Boden liegen. Die drei Zeilen waren mit Bleistift geschrieben, man konnte sie im Dämmerlicht kaum lesen. Jörg trat ans Fenster: «Hoffentlich hast du nicht vergessen, daß wir heute zu der Kundgebung der Kommunistischen Partei gehen wollten. Marion kommt auch mit. Wir holen dich um acht Uhr ab. Bodo.»

## Calabria

Da für die Reiseskizzen keine Entwürfe gefunden werden konnten, läßt sich die Datierung der Arbeit nur ungefähr angeben. Tagebucheintragungen Rs von einer Reise nach Kalabrien im Februar 1961 (NL, Schachtel 31) verzeichnen Ereignisse, die in den Reiseskizzen dargestellt werden. Da die Erstausgabe schon im gleichen Jahr 1961 im Biederstein Verlag München erschien, müssen die Texte bald nach der Reise entstanden sein. Diese Ausgabe enthielt acht Zeichnungen von Gaetano Pompa, die auch in der faksimilierten Taschenbuchausgabe im Mai 1982 bei Ullstein aufgenommen wurden. Der Druck folgt diesem Text.

145 *Für Medi Kraft:* die Besitzerin des Hotels Kaiserin Elisabeth in Feldafing am Starnberger See war mit R befreundet.
148 *Farah Diba:* die Frau des damaligen Schah von Persien war Gegenstand vieler Illustriertenberichte.
149 *Kasse für den Süden:* Cassa per il mezzogiorno, staatlicher Entwicklungsfonds für Süditalien, der von 1950 bis 1984 bestand.
151 *Benedetto Croce:* (1866–1952) Philosoph und Historiker aus Neapel, während des Faschismus durch passiven Widerstand und seine «Philosophie der Freiheit» Leitfigur des nichtmarxistischen Antifaschismus.
157 *Legge Merlin:* Am 20. September 1958 in Kraft getretenes, nach der sozialistischen Senatorin Lina Merlin benanntes Gesetz, das die staatlich kontrollierten Bordelle (case chiuse / di tolleranza, seit 1883) abschaffte und die Ausbeutung und Begünstigung der Prostitution unter Strafe stellte.
165 *Zikaden:* vgl. «Zikade», Bd. 1, 186.
172 *hypertrophierte Lambretta:* zu groß geratener Motorroller.
174 *Anjou:* Im Mittelalter Grafschaft der frz. Krone, ab 1265 stellte die Familie die Herrscher von Neapel bis zur Eroberung durch die Aragonesen.
*Topolino:* Mäuschen, kleines Auto der Marke Fiat.
176 *Madonna:* vgl. 208.
177 *Katafalk:* vgl. *Das Ei*, Bd. 3, 256.
180 *Puttana:* Prostituierte, vgl. 157f.
181 *Ecce Homo:* = seht, welch ein Mensch! Mit diesen Worten stellt Pilatus nach der Geißelung und Dornenkrönung Jesus zur Schau (Joh. 19,4–5). Ein Andachtsbild der Figur Jesu wie das hier beschriebene mit Dornenkrone, Purpurmantel und den Spuren der Geißelung wird ‹Ecce homo› genannt.
184 *Heiliger Benito:* scherzhaft für Benito Mussolini (1883–1945), den faschistischen Diktator Italiens, der in den armen Regionen des Südens beliebt war.
186 *Montecatini:* Bergbauunternehmen, seit dem 20. Jh. Chemiekonzern.
188 *Moravia:* Alberto (1907–1990), ital. Romancier, behandelt oft das Verhältnis der Geschlechter und die bürgerliche Ehe.
*Flaubert:* Gustave (1821–1880), frz. Schriftsteller, die Heldin

des berühmtesten Romans *Madame Bovary* (1857) scheitert an der Ehe.
189 *Der Fasan:* vgl. Rs Tagebuch vom 22. 2. 1961: «Gestern abend war ich hier mit ‹höheren Angestellten› (Olivetti u. ä.) in einem Ristorante zusammen, es wurden ununterbrochen Sexualwitze erzählt, vor allem solche über Homosexualität. Diese Leute sind, scheint mir, so bescheiden, dass es ihnen gelingt, ihre Triebe so abzureagieren.»
192 *Carducci:* Giosue (1835–1907), klassikbegeisterter Lyriker, Nobelpreis 1906.
*Leopardi:* Giacomo (1798–1837), bedeutendster Lyriker Italiens im 19. Jh.
*D'Annunzio:* Gabriele (1863–1938), von Carducci beeinflußt, sein egozentrisches, an Genuß und Erotik orientiertes Leben prägt seine Dichtung. Politisch stand er auf seiten der Nationalisten, später auch der Faschisten.
193 *Pythagoras:* Philosoph des 6. Jhs. v. Chr., vgl. 204. Ovid macht ihn zum Verkünder der Lehre vom ewigen Wandel (*Metamorphosen* XV, 60–478), die R immer wieder aufgreift.
197 *Asturi:* von der nordspanischen Provinz Asturien.
201 *Herakles:* Sohn des Zeus und der Alkmene.
*Hohenstaufen:* mittelalterliche Kaiserdynastie, Heinrich VI. erwarb das normannische Königreich Sizilien durch Heirat.
*Anjous:* vgl. 174.
202 *Hera Lakinia:* vgl. 204.
204 *Lakinios:* König der griechischen Sage, kämpft mit Herakles. Namensgeber des Tempels der Hera Lakinia.
*argivisch:* von Argos in Griechenland.
205 *Polykrates:* Tyrann von Samos, vgl. Schillers Ballade «Der Ring des Polykrates».
206 *Bauch des Wals:* vgl. «Der Walfisch», 417–419.
208 *tanzen:* vgl. Rs Tagebuch vom 25. 2. 1961: «Musik aus der offenen Tür. Etwa sechs, sieben Jungen tanzen. In der Mitte der Schönste, Aldo, dem alle den Hof machen. Man ruft mich herein. Aldo fordert mich auf, mit ihm zu tanzen. Dazwischen plötzlich führt er mich in eine Ecke, zieht ein Heft mit weiblichen Akftfotos aus der Tasche. Küsst die Bilder inbrünstig, mit dem Ruf: Madonna di Capocolonna! reicht er sie auch mir zum Kuss.»
225 *Sofa, breche durch:* vgl. «Der Teller», Bd. 1, 107.
*Höhle der Skylla:* In Homers *Odyssee* gerät der Held in eine Meerenge, die von dem vielköpfigen Ungeheuer Skylla versperrt

wird, das sechs der Gefährten umbringt. Zitiert wird die Übersetzung von Johann Heinrich Voß von 1781.
227 *Kraniche des Ibykus:* in Schillers Ballade steht der antike Name Rhegium.
*Rocco und seine Brüder:* ital. Film von Luchino Visconti, vgl. 472.

# Die Düne

Eine erste handschriftliche Fassung des sechsteiligen Romanentwurfs mit dem Titel *Die Düne wandert* hat R in vier Notizbüchern aus den Jahren 1959 bis 1962 festgehalten, darauf folgt ein Typoskript von 168 Seiten mit dem Abschlußdatum 15.10.1962 (NL, Schachtel 28). Von dieser Fassung erschien der Anfang von Teil I unter dem Titel «Der Ausbruch des Gewitters» im September-Heft von *Das Schönste*, 1961 (59–62). 1964 erschien der Anfang von Teil III unter dem Titel «Das System Lambertos» in dem Sammelband: *Texte: Prosa junger Schweizer Autoren*, Einsiedeln 1964, 247–259. Seit Ende 1963 hat der Autor den Romanentwurf umgearbeitet und wesentlich gekürzt. Das Typoskript dieser zweiten Fassung mit dem Titel *Die Düne* wurde im Nachlaß in Schachtel 28 gefunden. Es hat VI Teile auf 89 Seiten und trägt das Abschlußdatum vom 5.2.1964. Diese Fassung ist hier gedruckt.

233 *Terrasse:* Die Terrasse der Bar Trobadór ist auch Schauplatz der Schlußszene. Einen Ort San Antonio Abad gibt es auf Ibiza, das R wohl von einer Reise kannte. Aus dem Text läßt sich nur Südamerika als Lokalisierung angeben.
*Zikaden:* vgl. «Zikade», Bd. 1, 186.
*Likörflaschen:* vgl. Anm. zu «Artist» (Bd. 1), 58.
*Regenschirm:* Nur die motivische Aufnahme des Regens verknüpft den Text. Hier wechselt zum erstenmal der Schauplatz von Südamerika nach Deutschland und wie bei allen folgenden Fällen in den Teilen I und VI wird das nur durch eine Leerzeile im Text kenntlich gemacht.
*rohseidene grüne Sommerkleid:* Das Kleid kennzeichnet die Person, vgl. 237. In *Lügner* wird Isa ähnlich beschrieben: vgl. 53, 136.
*Via San Gregorio VII:* vgl. 270.

234 *Signora Letizia:* die Beschreibung der Römerin wird hier gegenüber der ersten Fassung so verkürzt, daß fast nur noch Züge benannt werden, die sie als Kontrastfigur zu Pilar in der Gegenwelt San Antonio Abad markieren.
*Sie klingelten:* hier folgt in der Druckfassung von 1961 die nähere Beschreibung:

> «Sie klingelten nicht ohne Besorgnis. Und tatsächlich empfing sie die Signora mit Schmähungen, als ob sie beide jene Macht wären, welche die schlimme Veränderung des vorher stillen Wohnviertels verschuldete. Diese Macht war natürlich die Kirche. Signora Letizia entstammte einer großbürgerlichen jüdischen Familie, die seit dem Risorgimento in der römischen Gesellschaft zu einem gewissen Einfluß gelangt war. Den Höhepunkt erreichte die Assimilation damit, daß die Eltern Letizias zum Katholizismus übertraten. Diese Konversion war in einer Epoche und einer Gesellschaft geschehen, der das Interesse für religiöse Fragen recht fern lag. So war vieles aus der alten mosaischen Welt von dem spezifisch römischen Christentum nicht durchtränkt, in ihm nicht aufgelöst worden. Manchmal schien sogar das Gegenteil der Fall zu sein: die uralte Abneigung eines unterdrückten und in dunkle Viertel verbannten Volkes gegen die prahlerischen Quäler wuchs im Augenblick, wo diese zum größten und entscheidenden Schlag ausholten: wo sie durch – scheinbare – Milde und Toleranz das Opfer ganz an sich zu ziehen und zu verspeisen begannen. So wenigstens pflegte Brigitte Letizias antikirchliche Ausbrüche zu erklären, und Albin pflichtete ihr bei. Wenn er auch meinte, man brauche nicht unbedingt so tief zu schürfen, es genüge, zu bedenken, daß Signora Letizia – obgleich die Witwe eines hohen Offiziers – eine italienische Intellektuelle sei, um ihr Verhalten zu verstehen. Er (Es sic!) sei im Grunde konventionell: Denn daß jemand wie Signora Letizia auch das Konventionellste auf eine ihr eigentümliche Weise trug und vorführte, verstand sich von selbst. Brigitte und Albin einigten sich darauf, in diesem Zusammenhang von Maßkonfektion zu sprechen.»

Auch die folgende Beschreibung des Beichtvaters Pater Maurus Hansen, die Signora Letizias Haltung zum Katholizismus in Italien weiter verdeutlicht, ist gestrichen. Im weiteren Text

bleiben von ihr fast nur noch ihr Haar und ihr Hündchen übrig.
234 *Kakadu:* das Hündchen verknüpft Letizia und Pilar.
236 *Zwieback:* vgl. 305.
237 *das Kleid:* in der Druckfassung von 1961 folgt darauf eine Deutung des Kleides:

> «Denn das Kleid, seine Farbe, bedeutete ihre Unbestimmtheit, ihr Zögern, ihre Neigung, alles offenzulassen. Es bedeutete das Schwebende und Rätselhafte, das Albin und überhaupt die Männer anzog. Meist gelang es ihr, diese Seite unter der Bestimmtheit ihrer Rede, unter ihrer entschiedenen, emanzipierten Lebensführung zu verbergen. Aber das meergrüne Kleid entsprach ihrem Innersten.»

Diese Charakterisierung gab der Figur Brigitte individualisierte Züge, die später fehlen. Auffällig ist, daß R die gleichen Begriffe des Schwebenden und Rätselhaften auf der einen Seite sowie der Entschiedenheit auf der anderen in seiner Beschreibung von Ingeborg Bachmann verwendet, vgl. «Erinnerung an Ingeborg Bachmann», Bd. 5.

238 *Sebastián:* sein Tod beendet den Text, Teil II erzählt seine Vorgeschichte.
*Ausbruch des Gewitters:* Titel der Erstfassung von Teil I, 1961.
*Helmut:* erster Hinweis auf den Boxer Helmut Glöckner.
239 *Frau Brügge:* vgl. 271.
240 *Reverenz vor dem Geist:* Kontrast zum Fleisch, vgl. 474, Tagebuchzitat.
241 *da es mich nicht mehr gab:* zur Auflösung des Ich vgl. *Lügner*, 16.
*antiken Torsen:* der Torso als verstümmeltes Bild des Lebendigen wird zum Auslöser der Krise bei Albin, der sich vom ‹Geist› abwenden will. Deutlich ist der Bezug zu Rilkes Sonett «Archaischer Torso Apollos», das mit der Halbzeile endet: «Du mußt dein Leben ändern.» (Rilke, *Gesammelte Gedichte*, Frankfurt 1962, 313). Erst in Teil VI, 308 wird hier deutlich, daß die Torsen voll von «gestautem Leben» sind und Albin aus seiner Existenz aufwecken, die allein auf «Verwandlung alles Fleisches in Papier» ausgerichtet war.
243 *fort von diesem Kontinent:* Verknüpfung der beiden Schauplätze.
*Weißwein:* dieser Wein führt zu Sebastiáns Tod, vgl. 298.

246 *Sebastián und Domingo:* die beiden frühesten Gestaltungen des jungen Mannes, dessen wichtigstes Kennzeichen ist, außerhalb gesellschaftlicher Normen und Gesetze zu leben. Sebastián, dessen Tod beim Klippensprung die Erzählung beendet, steht im Mittelpunkt von Teil II, in Teil V gräbt Domingo Sebastiáns Leiche aus und wird dadurch seinem Bruder vollkommen ähnlich. In Teil IV, der nach der Haupthandlung spielt, ist er der Geliebte des ‹Mythologieprofessors› Diego. Zur Faszination durch eine solche Gestalt, die Rs Lebenswende auslöste und sein Werk stark bestimmt, schreibt er am 14. 5. 1957 im Tagebuch:

> «In jedem Menschen sind einige Urbilder, die ihn manchmal über lange Zeit nur aus der Tiefe lenken und beherrschen. Wenn sie aber eines Tages plötzlich heraufdrängen, muß er sich ihnen stellen. Das Urbild, das in mir seit einigen Jahren heraufgekommen ist und mein Leben verändert hat, ist Attis, Adonis, Ganymed, Endymion, Antinoos; man kann es nennen, wie man will: Der Jüngling, in dem alle Möglichkeiten offen daliegen, der unschuldig ist, weil er nicht adaptiert ist, dessen Seele noch ungestutzt fliegt; der Freche, Kühne, Anmaßende, Maßlose und zugleich überaus Empfindliche, Sanfte, Lenksame (...) Meine Fähigkeit zum Glück ist damit gleichermaßen gewachsen wie meine Distanz von der Gesellschaft, der Zwang, mich zu verheimlichen. Und zu wenig Dingen bin ich schlechter begabt als zum Verheimlichen – Es ist nur mit dieser neuen Erfahrung ein Anteil am Vollkommenen, eine Teilhabe am Göttlichen möglich geworden, für die ich vielleicht sogar Verachtung und Gefängnis ertragen könnte.»

249 *Doña Pilar:* ihr Ehemann Diego toleriert ihre erotische Beziehung zu anderen.

251 *erlebt und gehört und geträumt:* die fehlende Trennung zwischen äußerer Wirklichkeit und inneren Wünschen und Träumen gehört auch zu Pino in *Das Ei*, Schorsch in *Vor Anker*, beide Bd. 3, sowie Renzo in *Bocksweg*, Bd. 4, den späteren Figuren des jungen Mannes.

252 *Buenos Aires:* Hinweis auf die Stadt von Jorge Luis Borges, die zum Ort der Lügengeschichten von Männlichkeit und Abenteuer gemacht wird.

254 *seine Haare glänzten grau:* vgl. der erträumte Onkel, 257.

255 *Friedhof:* vgl. 288 f.

256 *Metamorphosen des Ovid:* erste Erwähnung des Bezugstextes für Rs folgendes Werk, vgl. 484 und Anm. zu *beliebige Gestalt anzunehmen* (*Alexius*, Bd. 3), 20.
258 *in die Schlucht springen:* vgl. *Lügner*, 51, 82, sowie Anm. zu *Klippen sprangen* (*Alexius,* Bd. 3), 25.
260 *Münzen:* vgl. Anm. zu *Münzen* (*Alexius*, Bd. 3), 30.
261 *Ich:* Albin Pomerz spricht als Ich-Erzähler. Die Version von 1964 umfaßt nur den Text bis 269 oben und weist mehrere kleine Abweichungen gegenüber dem Typoskript auf.
262 *Bert King:* in der Version von 1964: Bert König.
264 *ihre Aussetzungen:* Vorwürfe.
265 *die fällig war:* nach dieser Stelle folgte 1964 ein Absatz über Brigittes Körper.
*Piero della Francesca:* (1415–1492) ital. Maler der Frührenaissance.
266 *Badewanne:* vgl. Anfang von *Wirbel*, Bd. 4.
269 *seit ich Helmut kannte:* Mit diesem Satz endet der 1964 gedruckte Text.
270 *grüne Rohseide:* vgl. 233, 237.
*in Rom:* vgl. 234
271 *Frau Brügge:* vgl. 239.
273 *Frankfurter Flughafens:* der Flug nach England folgt auf Ereignisse in San Antonio Abad, die zwei Jahre nach der Haupthandlung spielen.
275 *Pasiphaë:* In Ovids *Metamorphosen* (VIII, 133) die Gattin des Königs Minos von Kreta, die sich in einer hölzernen Kuh verbirgt und vom kretischen Stier das Mischwesen Minotaurus empfängt, vgl. 357. Die Altertumswissenschaft erkennt in der Gestalt der Pasiphaë auch Züge einer Mondgottheit.
*eponym:* Adj. namengebend.
276 *Echseninsel:* der Ausflug greift auf Rs Tagebuch vom Sommer 1960 zurück.
280 *Manchester:* Bezug zu Rs Tagebuch vom April 1961.
281 *Albin Pomerz und dessen Frau:* einziger Hinweis, daß die Hauptfigur nach der Krise nach Deutschland zurückgekehrt ist.
284 *seit Sebastiáns Tod:* vgl. 288 ff.
288 *Friedhof:* vgl. 255.
290 *Herr, bewahre ihn:* vgl. Anm. zu *Rachen des Löwen* (*Alexius*, Bd. 3), 105.
291 *Soledad:* Einsamkeit.
293 *Trobadór:* vgl. 233.

294 *Flucht aus dem Torsensaal:* das auslösende Ereignis, vgl. 241, 308.
*der erste Boxkampf:* mit der folgenden Beschreibung und dem Bild des Käfers, 296, wird auf zwei Texte Kafkas angespielt: «Beschreibung eines Kampfes» und «Die Verwandlung», wobei der letztere Titel einen Bezug zu den *Metamorphosen* erstellt.
298 *des ersten Gewitters:* vgl. 238.
300 *audacious:* engl. kühn, verwegen.
301 *amorpher:* formloser.
305 *Spieluhr:* vgl. *Lügner,* 55, «Phönix und Salamander», 454.
*Opfertanz:* vgl. der Tanz, *Alexius,* Bd. 3, 184–186.
308 *barsten die Torsen vor gestautem Leben:* vgl. 241.
309 *Don Giovanni:* vgl. *Lügner,* 111.
311 *Zikaden:* vgl. 233.

# Der Brand

Die erste handschriftliche Fassung des Textes liegt einem Notizbuch (NL, Schachtel 29) vor, dessen Eintragungen am 20.10.1964 beginnen. Die drei Stimmen werden in den ersten Eintragungen als Anna, Carlo und Sprecher bezeichnet, ab 24.10. lauten die Bezeichnungen ‹Die Frau, Der Mann› und Sprecher, ab 2.12. heißt der Sprecher ‹Genius der Stadt›. Auf die Notizbuchfassung folgt ein Typoskript von 28 Seiten mit vielen handschriftlichen Korrekturen des Autors. Es trägt den Titel *Der Brand. Ein Funkgedicht für drei Stimmen* und das Abschlußdatum 28.12.1964. Für die Sendung im Süddeutschen Rundfunk im April wurde am 15. Februar 1965 von der Produktionsleitung der Hörspielabteilung ein weiteres Typoskript von 35 Seiten mit dem Titel *Der Brand – Ein Hörspiel von Kuno Raeber* erstellt, das R der Münchner Handschriftensammlung Monacensia übergab. Dieser vom Autor überarbeitete und gegenüber dem Typoskript vom Dezember 1964 in einigen Wiederholungspassagen leicht gekürzte Text ist Grundlage für den Druck.

315 *Vulkan:* In Ovids *Metamorphosen* wird der Ätna (XV, 340) als Beleg angeführt, daß in der schöpferischen Natur nichts zugrunde geht, sondern sich alles wandelt und beständig erneuert.
*sähet, ginget, schöbet:* Die Möglichkeitsformen spielen eine beherrschende Rolle im gesamten Text.

315 *die Stühle richtig aufstellen:* Ordnungsvorgänge vgl. 410; später auch die Arbeiten der Figur «Er» im Kabinett, vgl. *Wirbel*, X, Bd. 4.
316 *inneres Licht:* vgl. «Das inwendige Licht», Bd. 1, 72.
317 *immer wieder beschriebenen Papiere:* vgl. die Schriften, 417; sie liegen übereinander und dort fällt auch der Begriff Palimpsest.
318 *Schrift, die keiner mehr lesen kann:* vgl. 417.
321 *Zug der vielen Leute:* die Prozession wird später als «der Zug der Männer, Frauen und Kinder» ein Grundelement im Aufbau des Romans *Wirbel*, III, Bd. 4.
322 *bei dem alten Grab:* vgl. Grabhaus, 415.
323 *plärren:* die Kinder in der Prozession, vgl. *Wirbel*, XIX, Bd. 4.
324 *goldenen und silbernen Reliquiare:* vgl. 415 und «Pfengschte», Bd. 1, 370.
326 *der große Walfisch:* AT Buch Jona, 2, 1–11 sowie 417.
328 *das neue Kleid am Grab:* vgl. 414.
331 *das Meer:* vgl. das Wasser, 417.
335 *gelb färbt:* vgl. 416. Auch in den *Metamorphosen* (XV, 351) begleiten gelbe Wolken den Wandlungsvorgang des Vulkans.
336 *meine Füße ins Wasser baumeln:* vgl. 418 und «Är heig», Bd. 1, 384 am Schluß.
337 *hohe Vogelscheuche:* vgl. heilige Vogelscheuche, 416.
338 *Sibylle:* vgl. «Die Sibylle», Bd. 1, 92.

## Mißverständnisse

Die erste Fassung der Texte ist in 7 Notizbüchern der Jahre 1964 bis 1968 überliefert (NL, Schachtel 12). Die meisten der später bis zur Druckfassung ausgearbeiteten Geschichten wurden in den Jahren 1966 und 1967 konzipiert. Der erste handschriftliche Entwurf für das Vorwort trägt das Datum 4.2.1968. Es sind die ersten Prosatexte Rs, bei denen er auf DIN-A 4-Bögen die ganze Seite mehrmals neu geschrieben hat, vgl. dazu Anm. 17, 492. Doch ist im Nachlaß nur die Mappe mit den bereits ausgewählten A, B, C, D-Fassungen vorhanden, weil der Autor die restlichen Manuskripte während seines Aufenthalts am Oberlin College/Ohio dem dort tätigen Germanisten Peter Spycher geschenkt hat. Spycher hat in seinem Aufsatz «Ein Blick auf K. Rs *Mißverständnisse* von einem seiner Manuskripte aus» in: *Der Dichter K R*, hrsg. R. Klein, München 1992, 211–227, die erste Darstellung von Rs Umgang mit den aufeinanderfolgenden Textversionen vorgelegt. In der Erstausgabe von 1968 im Biederstein Verlag München wurde, wie eine Mitteilung des Verlegers Gustav End (NL, Schachtel 51) vom 11. April 1968 belegt, der vom Autor als Vorwort geschriebene Text zum Nachwort bestimmt. Die faksimilierte Taschenbuchausgabe von 1981 im Ullstein Verlag behielt folglich diese Anordnung, dort fehlt nur die Widmungsseite. Der vorliegende Text folgt der Ausgabe von 1968, stellt aber das Vorwort, wie vom Autor beabsichtigt, an den Anfang.

341 *für Zitas und Doro:* Die Widmung gilt Rs Töchtern Felicitas und Dorothea.

343 *Begierde nach Flucht:* Im Entwurf des Vorwortes folgt an dieser Stelle in der Notizbuchfassung (NL, Schachtel 12), der Abschnitt: «Mallarmé (suchte), wie schon Hölderlin vor ihm, das vollkommene, das endgültige Gedicht. Natürlich gibt es so etwas nicht, deshalb schrieben Mallarmé und Hölderlin weiter, darum gibt es heute noch – und wahrscheinlich lange hin – nämlich solange noch, bis der Mensch von der Vergeblichkeit des Unternehmens nicht nur überzeugt, sondern auch erschöpft es aufgibt und sich einfacheren und realistischeren Dingen, zum Beispiel der Flucht auf andere Sterne zuwendet – gibt es noch auf lange hin Kunst, macht man und schreibt man weiter, treibt fort und fort den alten, wunderbaren Schabernack, in immer wieder anderen Variationen. Wenn einer schreibt, nochmals sei es gesagt, flieht er aus sich selbst und über sich selbst hinaus, und in dem Augenblick der Entwicklung unserer Spezies, in dem wir gerade noch leben, gehört solche Flucht zu unserem Wesen, ist ein Motor, der uns vorantreibt.»

345 *Arethusa:* Die ersten zwei Texte beziehen sich auf die Sage vom Flußgott Alpheios, der die Nymphe Arethusa verfolgt. Sie wird von der Göttin Artemis/Diana unter dem Meer aus Elis in Griechenland nach Sizilien gerettet, wo sie an der Nordseite in Ortygia = Syrakus als starke Quelle hervorbricht und sich mit dem Wasser des Alpheios vereinigt. Ovid, *Metamorphosen* V, 573–641.

*es ist denkbar:* der Erzähler läßt mehrere Möglichkeiten zu, ist also nicht mehr der «schreckliche Vereinfacher», vgl. *Lügner,* 88f.

347 *was sie immer gewesen:* vgl. «daß sich nichts veränderte», 350.

348 *Ekstase:* vgl. Vorwort, 343.

350 *Bachtobel:* von Tobel = schweiz. für Schlucht.
351 *unterschwürig:* verdeckt schwärend.
352 *Machinationen:* listige Anschläge.
*Bergbeben für eine winzige Maus:* vgl. Horaz, *Ars Poetica*, V, 139: parturient montes, nascetur ridiculus mus – Gebirge gebären, geboren wird eine komische Maus.
353 *Dädalos:* In Athen hatte der Erfinder Daedalos seinen Neffen (bei Pausanias: Talos) getötet, weil er ihn an Geisteskraft überragte. Der Knabe war von Athene in ein Rebhuhn (lat. = perdix) verwandelt worden. Vgl. «Hämisch», Bd. 1, 171, und *Metamorphosen* VIII, 236–259.
*Phaleron:* der frühere Hafen von Athen.
*Zirkel:* Erfindung des Zirkels, *Metamorphosen* VIII, 248–250.
354 *Skelett des Fisches:* die Erfindung der Säge, *Metamorphosen* VIII, 244–247.
355 *Propyläen:* Torbauten zu den Heiligtümern auf der Akropolis.
*Parthenon:* Tempel der Athena auf der Akropolis von Athen.
*Wachs:* das Wachs wird in den Flügeln schmelzen und so den Tod von Ikaros, dem Sohn des Daedalos, bewirken, *Metamorphosen* VIII, 225.
356 *Rebhuhn:* vgl. 353.
357 *Labyrinthischer Brief I:* Nach Kreta verbannt, hatte Daedalos für König *Minos* ein *Labyrinth* gebaut, das den *Minotauros*, das menschenfressende Mischwesen aus Mensch und Stier verbarg. *Pasiphaë*, die Gattin des Minos (vgl. *Düne*, 275), war als Strafe Poseidons in Liebe zu einem Stier entbrannt, den Minos dem Meeresgott nicht geopfert hatte. Sie hatte von Daedalos aus Holz den Körper einer Kuh bauen lassen, um darin verborgen den *Minotauros* zu empfangen. Der Athener *Theseus* kann mit Hilfe des Fadens der Minos-Tochter *Ariadne* ins Labyrinth eindringen und den Minotaurus töten. Daedalos will mit seinem Sohn *Ikaros* aus dem Labyrinth mit Hilfe von Flügeln aus Vogelfedern entkommen, doch Ikaros stürzt dabei zu Tode. Vgl. *Metamorphosen* VIII: Labyrinth, 155–183; Daedalus und Icarus, 184–235. In der Wallfahrtskirche Hergiswald (vgl. *Alexius*, Bd. 3, 245) steht das Bild des Ikaros (Nord 37) unter der Überschrift: «meliores dat Maria», Maria gibt die besseren Flügel. Vgl. auch «Labyrinth», Bd. 1, 182.
359 *Theseus:* hatte Ariadne nach der Flucht aus Kreta auf der Insel Naxos verlassen, wo sie von Dionysos/Bacchus gerettet wird. Der Stoff wurde seit Monteverdis Oper *Arianna* (1608) im

17. und 18. Jh. häufig vertont, am Anfang des 20. Jhs. entsteht nach dem Text von H. v. Hofmannsthal *Ariadne auf Naxos* von Richard Strauss.

359 *O Teseo, Teseo mio:* die Klage der Ariadne über den treulosen Geliebten ist Zentrum aller Opern zum Ariadne-Thema.

360 *Kunststoff:* vgl. «wäre er nicht aus Nylon», Bd. 1, 182.
*steckköpfig:* schweiz. für dickköpfig.

363 *Kaiser Heinrich:* Heinrich II. (973–1024), der letzte Sachsenkaiser (ab 1002). Er übernahm 1006 die Herrschaft in der Stadt Basel, die schon römisch besiedelt war. Er förderte den Neubau des Münsters, wurde als Stadtpatron verehrt und später heiliggesprochen, vgl. 366.
*Basilisk:* schlangen- oder echsenartiges Fabeltier der antiken Literatur. Neben Biß und Atem galt vor allem der Blick als tödlich, vgl. *Das Ei*, Bd. 3, 254. Zur Darstellung des Basilisken bei J. L. Borges vgl. 485 und Anm. zu 365.

364 *Julian:* Heinrich versteht sich als römischer Kaiser, daher ist der heidnische Julian (361–363) sein Vorgänger, vgl. Anm. zu *den gleichen Cäsar* (Bd. 1), 91.

365 *Machination:* vgl. Anm. zu 352.
*mit Spiegeln verkleidet:* J. L. Borges (*Einhorn, Sphinx und Salamander*, München 1964, 34) erwähnt die Tradition des Spiegels als Waffe gegen den Blick des Basilisken.

367 *Basiliskenbilder:* noch heute als Träger des Stadtwappens überall in Basel gegenwärtig.

368 *als Basilisken vermummten:* hier wird das Bild des Basilisken mit einem immer noch gepflegten, aus mittelalterlichen Zunft-Umzügen entstandenen Kleinbasler Volksbrauch verknüpft. Am «Vogel-Gryff-Tag» im Januar fährt als Vorbote des Fasnacht-Trommelns ein verkleideter «Wilder Mann» unter Trommel- und Fahnenbegleitung auf einem Floß flußabwärts bis zur Mittleren Rheinbrücke.
*Interdikt:* Strafe im katholischen Kirchenrecht.

369 *König Wilhelm:* Herzog der Normandie, erobert 1066 Großbritannien.
*Eduard der Bekenner:* König der Angelsachsen 1042–1066.
*Staatsmumie:* vgl. der Doge, *Alexius*, Bd. 3, 157.
*-vogelscheuche:* vgl. *Der Brand*, 337, «Panathenäen», 416.
*Vorgänger:* der Nachfolger Edwards war Harold Godwinson.

370 *St. James:* der Palast von St. James' wird nach 1530 von Heinrich VIII. gebaut.

371 *Salböl:* göttliche Bestätigung der Herrschermacht, vgl. *Wirbel*, XXX, Bd. 4.
372 *König Gustav:* Gustav V. von Schweden hatte 1907 die Krönung verweigert.
*Gründer seiner Dynastie:* war 1810 der französische Marschall Bernadotte.
373 *volljährig:* 1964 gab es in Schweden wohl eine Debatte, ob der Enkel – der heutige König von Schweden – erst später volljährig werden sollte als andere Bürger.
*in ihren Glaskasten:* vgl. *Das Ei*, Bd. 3, 336.
374 *König:* Der Habsburger Philipp II. (1527–1598) ist für R das Grundbild des absoluten Herrschers, auf den besonders Züge der Gestalt «Er» in *Wirbel* zurückgehen, vgl. auch «Die Sünde», 440.
*Palast:* gemeint ist der Escorial, vgl. Anm. zu *Escorial*, Bd. 1, 346. Im Roman *Wirbel* wird das Gebäude, das nach dem Sieg Philipps II. in der Schlacht von St. Quentin am 10. August 1557 zu Ehren des heiligen Laurentius errichtet wurde, zum «Gipfelbau» oben auf der Engelsburg.
*Reskripte:* amtliche Bescheide.
*Relationen:* Mitteilungen.
*Abbild des Himmels:* diese Vorstellung prägt auch den Palast im letzten Roman *Bilder*, Bd. 4. Dazu Eintrag im Notizbuch vom 15.10.85–12.5.88, vorderes Vorsatzblatt innen (NL, Schachtel 12): «Alles Spiegelung von oben nach unten: im Alcazár die Monarchie, in der Monarchie die Welt, in der Welt der Himmel, im Zimmer der König, der die Monarchie darstellt – und Gott.»
377 *König Assurbanipal:* assyrischer König, 668–629 v. Chr., eroberte Babylon und baute die Bibliothek in Niniveh.
*Initiation ins Löwentum:* der Vorgang der Grenzaufhebung zwischen Mensch und Tier steht einerseits in Bezug zu den *Metamorphosen* Ovids, andererseits zum Vorgang des Tieropfers als Stiftung der Poesie in Hofmannsthals «Das Gespräch über Gedichte», vgl. Nachwort zu *Lügner*, 467. Eine ähnliche Verwandlung zum Stier tritt in «Erinnerung und Gegenwart» auf, 429.
380 *Kugel:* vgl. 383 und *Lügner*, 95, sowie Anm. zu *Doppelkugel* (*Alexius*, Bd. 3), 20.
*Agrippina:* römische Kaisergattin und -mutter, Tochter des Germanicus. Im Jahre 49 heiratet sie Kaiser Claudius, den sie vergiftet, um Nero, ihren Sohn aus erster Ehe, auf den Thron zu bringen, Nero läßt sie 59 töten.

380 *Nero:* eine der Metamorphosen des Sohnes in *Das Ei*, Bd. 3, 285.
*Bajä:* Badeort am Golf von Pozzuoli in Süditalien, beliebte Residenz römischer Politiker aus Republik und Kaiserzeit, Nero plante dort eine große Thermenanlage.
381 *Goldenes Haus:* vgl. Anm. zu *das Goldene Haus* (*Alexius*, Bd. 3), 47.
*schwarzes Ei:* vgl. *Das Ei*, Roman des Anschlags auf das Bild der Mutter (Bd. 3).
382 *Isis:* ägypt. Göttin, Schwester und Gemahlin des *Osiris*, dessen Tod sie beklagt.
385 *Mumie:* Frühester Entwurf vom 14. 2. 1964 (Notizbuch, NL, Schachtel 12), zur Mumie vgl. besonders *Wirbel*, V, Bd. 4.
*15. Jahrhundert:* R greift auf einen Bericht bei Ferdinand Gregorovius in *Geschichte der Stadt Rom im Mittelalter* (Darmstadt 1978, Bd. 3, 1; 267f.) zurück, daß im Jahre 1485 auf der Via Appia ein Marmorsarkophag mit einer schönen, völlig unversehrten Mädchenleiche gefunden wurde.
386 *Dido:* Im 4. Buch von Vergils *Aeneis* die Königin von Karthago.
*musealisierten:* Museum als Entweihung der Kunst, vgl. *Vor Anker*, Bd. 3, 478.
*Santa Maria del Parto:* eine Kirche dieses Namens gibt es in Rom nicht.
*Nikolaus V.:* Papst von 1447–1455.
387 *Epiphanie:* Erscheinung einer Gottheit.
*Befehl des Papstes:* bei Gregorovius heißt es jedoch abweichend: «Innocenz VIII. erschrak über diesen enthusiastischen Kultus einer toten Heldin; er befahl, die Mumie nachts vor der Porta Pinciana zu verscharren, und nur der Sarkophag blieb im Hof der Konservatoren zurück.» (Bd. 3, 1; 268).
389 *Hubschrauber:* vgl. Bd. 1, 137.
392 *Das Gerüst:* vgl. Bd. 1, 149.
393 *Kuppel:* vgl. 395 ff. sowie *Das Ei*, Bd. 3, 365, und Bd. 1, 287.
*Kardinal:* vgl. Bd. 1, 131.
395 *Papst Leo:* vgl. Anm. zu *Leo X.* (*Das Ei*, Bd. 3), 350.
*trägen König:* Ferdinand III. von Aragon.
396 *Mönch:* Martin Luther.
398 *Johanniskarneval:* vgl. *Das Ei*, Bd. 3, 350f.
399 *Markus:* vgl. Anm. zu *hl. Markus* (*Alexius*, Bd. 3), 154, sowie Bd. 1, 110–118.
400 *Bora:* kalter Nordwind.

401 *Stupor:* lat. Erstarrung.
*Metropolit:* Titel des venezianischen Erzbischofs.
402 *Eleusis:* Mysterienheiligtum bei Athen, von römischen Kaisern erneuert.
*Autokrator:* Alleinherrscher.
404 *Tortenstücke:* vgl. die Tiaratorte des Kardinals in *Das Ei*, Bd. 3, 361.
405 *Salvatore:* ital. Erlöser. In der Notizbuchfassung (NL, Schachtel 12, verteilt auf zwei Bücher, S. 1–16 und 17–22, Abschlußdatum 26.7.66) ist der Name zunächst *Jürgen*, wohl nach dem damaligen Kindermörder Jürgen Bartsch, ab S. 11 Salvatore.
*Opfer:* vgl. Nachwort 467 und 487.
407 *Opferbräuche:* vgl. *Alexius*, Bd. 3, 169–174.
408 *Geruch:* Zeichen der Heiligkeit, vgl. Anm. zu *Duftgedächtnis* (*Alexius*, Bd. 3), 30.
410 *räumte:* vgl. *Der Brand*, 315. Immer ist das Ziel des Räumens oder Planens die Herstellung einer endgültigen und dauerhaften Ordnung.
412 *irgend etwas zu tun:* wenn der Zustand erreicht ist, wird alles Handeln sinnlos.
415 *Panathenäen:* zu Ehren der Göttin Athena begangenes Fest mit Prozession, vgl. die Darstellung am Parthenon-Fries im Britischen Museum. Ziel ist, den Peplos, das Gewand der Göttin, zur Akropolis zu tragen.
*Vulkan:* vgl. *Der Brand*, 315.
*Reliquiare:* vgl. «Pfengschte», Bd. 1, 370.
*Löschwasser:* vgl. *Der Brand*, 332.
416 *senfgelbe Wolken:* vgl. *Der Brand*, 333.
417 *Walfisch:* AT Buch Jona, 2, 1–11; vgl. *Der Brand*, 326.
*Palimpsest:* wörtlich: wieder Abgeschabtes. Die Bezeichnung für mehrfach überschriebene Texte, deren Schriften in Schichten übereinanderliegen, wird seit den 80er Jahren auch als Metapher für literarische Texte allgemein verwendet.
418 *Arabeske:* stilisiertes Rankenornament der islamischen Kunst, auch Bezeichnung für verschlungene Motive in Texten.
421 *ihr Körper sich den Pflanzen anglich:* Außen und Innen, vgl. Nachwort, 490.
423 *Vogel/Baum:* vgl. Bd. 1, 28, 192, 194.
425 *Pfauen:* vgl. Bd. 1, 60, 131, 147.
426 *Pyramide:* vgl. Bd. 1, 155, 159, 166, 266.
*prästabilierte Harmonie:* Begriff im System des Philosophen

Leibniz (1646–1716) für die geordnete Gesetzmäßigkeit in der Welt und allen Einzelerscheinungen.
427 *Pulver:* vgl. Anm. zu *Pulver* (*Alexius*, Bd. 3), 210.
429 *Stiere:* vgl. Bd. 1, 51, 58, 59, 104, 105, 199, sowie Ovid, *Metamorphosen*. In der abschließenden Rede des Pythagoras über die Wandlungen in der Natur (Buch XV, ab 238) werden die Stiere zu Vätern der Bienen.
*Patronin/Brokatkleid:* vgl. «Panathenäen», 415.
430 *auf allen vieren:* vgl. «Löwenjagd», 377.
432 *Memmius:* röm. Gentilname. Vergil sagt, sie stammten aus Troja, *Aeneis* V, 117.
433 *draußen noch irgend etwas gab:* vgl. «Drinnen und draußen», Bd. 1, 258.
435 *Bienenstein:* vgl. *Stiere*, 429.
*vorwärts getrieben:* vgl. den Lauf durch eine gänzlich innere Wirklichkeit mit dem Tunnel in *Wirbel*, VIII, Bd. 4, wo gleichfalls Krebse auftreten, die auch in der Rede des Pythagoras bei Ovid (*Metamorphosen* XV, 370) vorkommen.
438 *Narziß:* Ovid, *Metamorphosen* III, 340–511. Narziß kann nur sein eigenes Spiegelbild lieben, muß daran sterben und wird in eine Blume verwandelt.
*Masken:* vgl. 344, 485, sowie Bd. 1, 414.
440 *Gott ihr nicht verzeihen konnte:* vgl. *Lügner*, 49.
*Philipp II.:* vgl. «Der Palast», 374–376.
*Elisabeth:* Königin von England 1558–1603.
443 *Veronika:* Ihr Name ist eine Umstellung von vera icon (das wahre Bild), vgl. Anm. zu *Veronika* (*Alexius*, Bd. 3), 42.
*Stier:* vgl. 429.
*Ei im Eierbecher:* vgl. *Das Ei*, Bd. 3, 394.
446 *Salamander und Phönix:* beide Tiere sind sowohl in der Antike wie in christlichen Bildvorstellungen Sinnbilder der unzerstörbaren Dauer. Schon der Geschichtsschreiber Herodot (5. Jh. v. Chr.) berichtet vom ägyptischen Wundervogel Phönix (2, 73), der alle 500 Jahre zum Sonnentempel nach Heliopolis fliegt. Später kommt dazu die Legende von Selbstverbrennung und Neuentstehung, die bei Ovid (*Metamorphosen* XV, ab 393) den Phönix zum Sinnbild für Wandlungen und Erneuerungen macht. In der christlichen Tradition bürgt der Phönix für die Gewißheit der Auferstehung, seit der hl. Klemens von Rom am Ende des 1. Jhs. die Geschichte als Beispiel in seinen Brief an die Korinther (Kap. 25) aufnahm. J. L. Borges bemerkt zur Überliefe-

rung der beiden Tiere: «Die Theologen bedienen sich des Phönix, um einen Beweis für die Auferstehung des Fleisches zu erbringen; der Salamander dient ihnen als Beispiel dafür, daß die Körper im Feuer leben können» («Einhorn, Sphinx und Salamander», München 1964, 128). Auch die für R so wichtigen Deckenbilder in der Wallfahrtskirche von Hergiswald (vgl. Bd. 3, 245) zeigen in Nord 50 den Salamander – in vanum flamma laborat (die Flamme müht sich umsonst) und in Süd 44 den Phönix – ut in aeternum vivam (damit ich ewig leben werde), von dessen Textzeile wiederum ein Bezug zu knüpfen ist zum letzten Wort der *Metamorphosen* «vivam» – ich werde leben – mit dem Ovid seinen unsterblichen Nachruhm als Gewißheit verkündet.

446 *Pyramide:* vgl. 426.
447 *der Außenwelt nicht mehr bedurfte:* vgl. «Drinnen und draußen», Bd. 1, 258.
448 *Geist und Zeit:* diese Wortkombination tritt im dritten Teil von Rs letztem Erzähltext *Bilder*, Bd. 4, bei seinen vielfachen Varianten zu den Versen von Clemens Brentano «O Stern und Blume, Geist und Kleid, Lieb', Leid und Zeit und Ewigkeit» besonders häufig auf.
*Kommodität:* Bequemlichkeit.
452 *Mumie:* vgl. 385–388.
453 *Goldmaske:* vgl. *Wirbel*, Bd. 4.
454 *Spieluhrpantomime:* vgl. *Lügner*, 55, *Düne*, 305.
457 *Rauchwolke:* Atomexplosion.

# Kuno Raeber
# Werke in 5 Bänden

Band 1  LYRIK

    Gesicht im Mittag (1950)
    Die verwandelten Schiffe (1957)
    gedichte (1960)
    FLUSSUFER (1963)
    Reduktionen (1981)
    Abgewandt Zugewandt (1985)

Band 2  ERZÄHLENDE PROSA

    Die Lügner sind ehrlich (1960, Roman)
    Calabria (1961, Reiseskizzen)
    Die Düne (1964, Erzählung)
    Der Brand (1965, Hörspiel)
    Mißverständnisse (1968, Erzählungen)

Band 3  ROMANE UND DRAMEN

    Alexius unter der Treppe oder
    Geständnisse vor einer Katze (1973, Roman)
    Das Ei (1981, Roman)
    Vor Anker (1982, Schauspiel)

Band 4  ROMANE UND DRAMEN

    Bocksweg (1985, Schauspiel)
    Wirbel im Abfluß (1989, Roman)
    Bilder Bilder (1994, Roman)

Band 5  ESSAYS UND
        KLEINE SCHRIFTEN